陆学艺全集

北京市陆学艺社会学发展基金会 编

第6卷

社会科学文献出版社
SOCIAL SCIENCES ACADEMIC PRESS (CHINA)

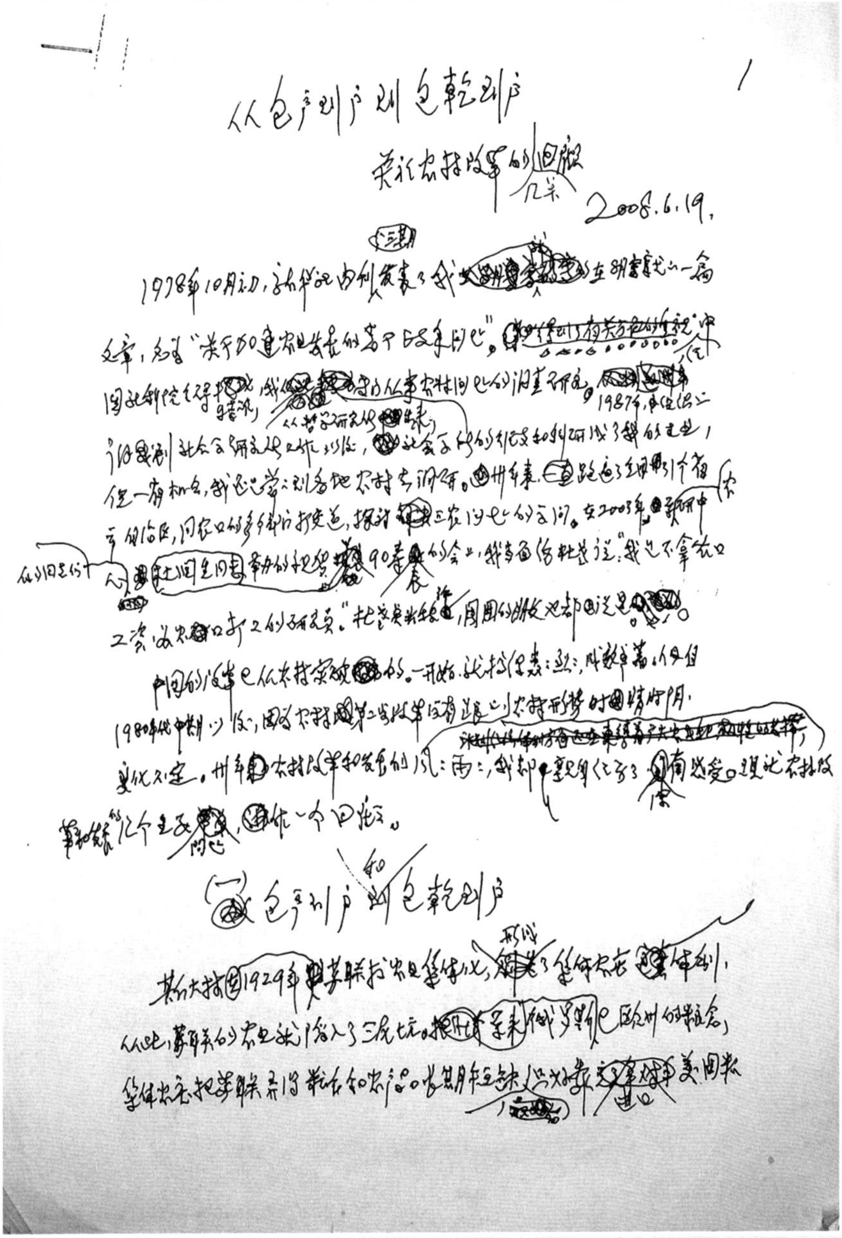

《农村第一步改革的回顾与思考》原稿第一页

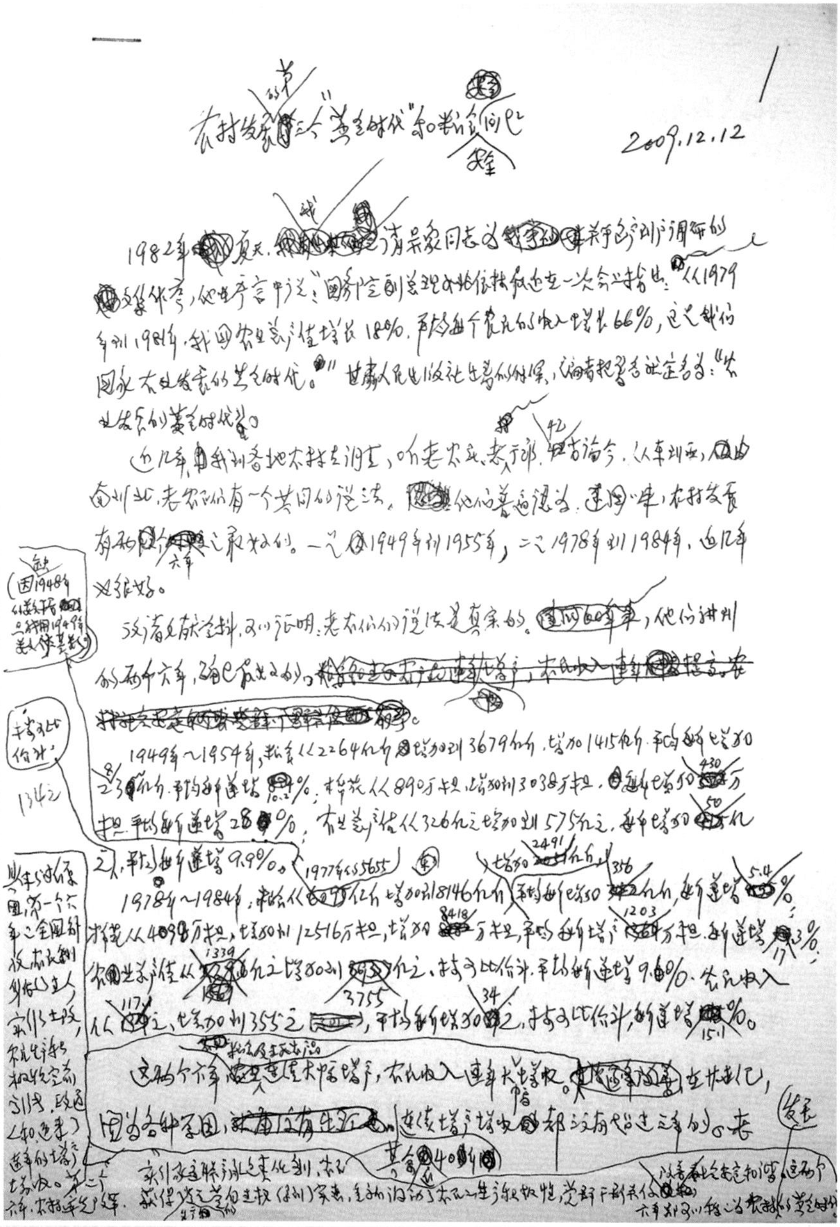
农村发展的三个"黄金时代"和粮食安全问题
2009.12.12

《农村发展的三个"黄金时代"和粮食安全问题》原稿第一页

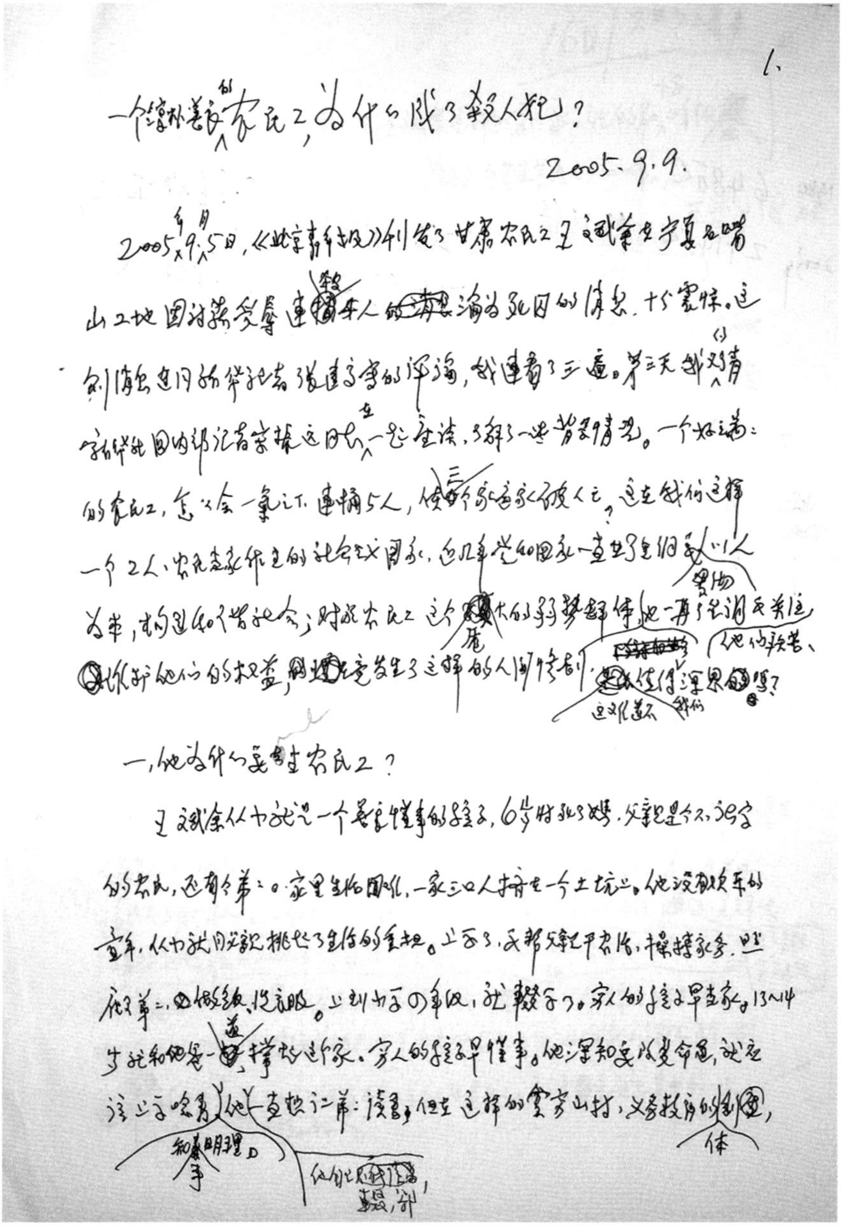

《个案剖析：一个善良的农民工为什么成了杀人犯》原稿第一页

第 6 卷　“三农”续论
（2005～2013）

本卷收录了陆学艺在2005～2013年撰写和发表的关于“三农”问题研究的学术论文、调研报告、演讲稿、发言摘要、书序及学术书信。在陆学艺生命最后的8年中，他的“三农”问题研究关注的重点仍然是如何破解城乡二元体制，统筹城乡经济社会、积极推进城乡一体化发展。他认为这是农村第二步改革的关键，也是解决“三农”问题的根本途径。这一时期这方面的代表作有《解决好“三农”问题亟须农村第二步改革》《城市化方针的检讨和成都市的实践》《城市化是现代化的题中之义》《城乡一体化的社会结构分析与实现路径》《破除城乡二元结构体制是解决“三农”问题的根本途径》《遵循社会建设原则 积极稳妥推进城镇化》，等等。为进一步推进城乡一体化发展，他继续高度关注户籍制度改革和农民工问题的解决，如《关于〈推进户籍管理制度改革的政策措施〉的几点意见》《要重视研究和解决农民工问题》等是这方面的代表作。这一时期，陆学艺还积极响应国家关于推进社会主义新农村建设的政策，积极开展新农村建设的研究，主要代表作有《新农村建设要处理好几个重要关系》《当前农村形势和社会主义新农村建设》等。

本卷目录

农村改革

农业农村发展形势

农民与农民工

城乡关系与户籍制度改革

县域经济与乡村治理

“三农”问题总论

新农村建设

农村改革

要进一步探讨取消农业税以后“三农”问题的变化趋势*

2006 年是中国农村建设具有转折意义的关键一年。1 月 1 日，在新中国实施了近 50 年的《农业税条例》被正式废止，标志着在中国延续了两千余年的农业税完全退出了历史舞台。改革开放以来关注“三农”问题的第八个中央一号文件也如期而至，制定了建设社会主义新农村的战略决策。按照这一战略，中国经济社会发展的思路和重点将有一个大的转变，建设资金将更多地向农村倾斜，公共服务的范围将逐步覆盖整个农村，从而逐步实现城乡统筹和协调发展。可以说，农业税的废除和社会主义新农村建设战略的实施，是中国农村经济社会发展的一个新历史阶段的开端，也是对广大农村和农民群众几十年来为推动国家工业化和现代化所作出的伟大贡献的回报。

中国许多研究“三农”问题的学者为促成这一历史性转变的发生作出了重要贡献。改革开放以来，党和政府在制定政策、推动改革的过程中越来越重视科学的社会调查研究工作及其成果。许多“三农”政策的酝酿和制定，都不同程度地凝结着中国“三农”问题研究者的辛劳和汗水。今天，国家农村政策的这些重大调整和创新，无疑让所有“三农”问题研究者感到振奋。然而，我个人并不认为，随着国家取消农业税，以及启动社会主义新农村建设计划，中国的“三农”问题将立即成为历史。对于学者们来说，这可能恰恰是进一步深化相关问题研究的新的契机和起点。例如，我们需要深化对中国“三农”问题历史的研究，深化对“三农”问题的成因及其已经产生的社会影响的分析，尤其需要进一步探讨取消农业税以后中

---

* 本文源自《中国农村税费制度的演变和改革——社会分层角度的研究》（周批改著，北京：中国经济出版社，2006 年 6 月），第 1 ~4 页。原稿写于 2006 年 4 月，系陆学艺为该书所写的序，现标题为本书编者根据序言内容所拟定。——编者注

国“三农”问题的可能变化趋势和新的表现形式，探讨社会主义新农村建设计划在实施过程中可能遇到或引发的其他问题、面临的其他挑战，以及解决问题和应对挑战的政策举措。总之，我们不能停留在已经取得的成就上，而应当在新的形势下把“三农”问题研究推向深入。

农民税费负担沉重，曾经是中国“三农”问题中的核心问题之一。回顾历史，我们可以看到，农民税费负担过重的问题，是与当时的农村税费制度及其演变过程密切相关的。从20世纪90年代以来，学术界关于农民负担问题的研究可谓汗牛充栋，但是，一个普遍存在的问题是，这些研究往往不注意农村社会分化的实际，从而很少注意到负担问题对不同阶层的农民的影响是不同的。与已有研究不同，周批改同志的这本书立足于农村社会分化的现实研究农民负担问题，分析农村税费制度的演变和改革对不同社会阶层的农村人口的不同影响，探讨农村公共财政建设的社会基础。这样一种研究视角、研究方法以及相关研究成果，不仅具有一定的学术价值，而且对社会主义新农村建设具有政策参考价值。

本书运用历史的、比较的和实证的研究方法，围绕农村税费制度与农村社会分层之间的相互关系和相互影响展开论述。作者发现，以往农村税费制度改革的理论不足和现实困惑的主要原因之一，就是忽视了农村社会分化的问题。传统的平摊税费负担的农村税费制度实际上加重了低收入者的负担，减轻了中高收入者的负担；加重了种粮农户的负担，减轻了非种粮农户的负担。尽管现在农村税费制度已经不复存在，税费征收所导致的农民负担问题已经得到解决，但这项研究仍然具有重要的启示意义：国家今后制定和颁布农村政策，应当充分考虑农村社会已经分化的现实。正是从这样的理论认识出发，作者在本书一开始就提出，当代中国“三农”问题的核心是农业劳动者的利益问题。无论是减轻农民负担，还是增加农民收入以及其他农村发展政策，都应当把保护农业劳动者的利益放在第一位。对于这一观点，我个人是比较赞同的。而且我感到，国家对于这个问题也已经有所认识。2003年12月，《中共中央、国务院关于促进农民增加收入若干政策的意见》指出，“抓住了种粮农民的增收问题，就抓住了农民增收的重点”，“始终重视维护粮食主产区和种粮农民的利益，始终重视增加农民特别是种粮农民的收入”。[①] 这份中央文件将种粮的农民与其他农民区别

① 《中共中央、国务院关于促进农民增加收入若干政策的意见》，载中共中央文献研究室编《十六大以来重要文献选编（上）》，北京：中央文献出版社，2005年2月，第672、682页。

开来，标志着国家开始认识到农民分化对国家农村政策提出的挑战，是国家农村政策意图增强针对性的重要转变。

本书作者是我在1999~2002年指导的博士研究生。他的这部著作，是在他的博士学位论文的基础上修改而成的。在撰写论文期间，作者在史籍中爬梳，在实地进行调研，付出了很多心血，这使他得以在写作论文的时候确保文献资料比较翔实、经验材料比较可靠、观点较为鲜明、论据较为有力。

如上所述，我认为，中国农村发展问题在一个较长时期内还会继续存在，并且将随着国家整体发展的进程而在不同阶段有不同的内容或表现形式。因此，相关的理论和实践工作者有必要继续关注和研究农村发展问题。现在周批改同志一方面在地方政府承担了一定的行政工作，另一方面在学校里承担了一定的教学工作，这种双重身份或许能够为他继续关注和研究农村发展问题提供一些得天独厚的条件。因此，我祝愿作者在未来的行政实践和理论研究工作中取得更好的成绩。

解决好"三农"问题亟须农村第二步改革*

改革开放初期，农村率先改革，调动了广大农民的生产积极性，解放了生产力，农业连年丰收，农民首先受益，很快基本解决了温饱问题。但因体制改革还不到位等方面的原因，此后的"三农"形势，时好时差、时晴时阴，变化不定。当下，我国已进入改革发展的关键时期，解决好"三农"问题，成为工作的重中之重。本文就"三农"问题，讲几点意见，供参考。

一　农村已经进入新中国成立以来第三个发展的黄金时期

党的十六大提出了把统筹城乡经济社会发展作为解决"三农"问题的战略方针。5 年多来，党和政府把解决"三农"问题列为全党工作的重中之重，采取了一系列重大政策和措施。从 2004 年开始，中央连续发了 5 个"一号文件"，提出"工业反哺农业、城市支持农村""多予、少取、放活"的方针。2005 年，发出建设社会主义新农村的号召，明确提出了"生产发展、生活宽裕、乡风文明、村容整洁、管理民主"的社会主义新农村建设的目标。免除农业税费，给种粮农民直接补贴，大量增加对农业、农村基础建设的投入，重建新型农村合作医疗体系，免除农村中小学生的学费，

---

* 本文原载《中共福建省委党校学报》2008 年第 7 期，发表时间：2008 年 7 月 10 日。原稿写于 2008 年 4 月 8 日，原题为"解决好三农问题，必须进行农村第二步改革"。人大复印报刊资料《农业经济导刊》2008 年第 11 期转载。该文还收录于文集《"三农"续论：当代中国农业、农村、农民问题研究》（陆学艺著，重庆：重庆出版社，2013 年 5 月），收录时题目改为"解决好'三农'问题亟须农村第二步改革"。——编者注

全面实施农村免费义务教育，在全国范围实行农村低保。2006 年国务院颁发《关于解决农民工问题的若干意见》的文件，为保障农民工权益、改善农民工待遇、调动农民工的积极性作出了政策性规定。2007 年设立了成渝城乡综合配套改革试验区，探索农村进一步改革的道路。

党的十六大以来，一系列强农、惠农政策的实施，大大推进了农村经济社会的新发展，农业已连续四年丰收，粮食总产由 2003 年的 8614 亿斤增加到 2007 年的 10030 亿斤，农民收入连续四年大幅增加，从 2003 年的 2622 元增加到 2007 年的 4140 元，[①] 农民生活普遍提高，农村的教育、医疗、养老等多项社会事业稳步前进。从总的发展趋势看，农村已经进入新中国成立近 60 年以来的第三个黄金发展时期。

第一个黄金发展时期是 1949 ~ 1955 年。这 6 年农业总产值持续增长（平均每年递增 9.34%），粮棉连年丰收（粮食平均每年递增 8.43%，棉花平均每年递增 22.7%），农民收入平均递增约 10%。那 6 年农村百业兴旺，欣欣向荣，全国总人口由 1949 年的 54167 万人，增加到 1955 年的 61465 万人，每年净增 1216.3 万人。[②] 最高是 1954 年，当年生了 2051 万个孩子，净增 1470 万人，出现了第一次人口生育高峰。

第二个黄金发展时期是 1978 ~ 1984 年。这 6 年农业总产值平均每年递增 9.4%，粮食总产平均每年递增 4.95%，棉花总产平均每年递增 19.3%，农民人均年纯收入从 1978 年的 133.57 元增加到 1984 年的 355.33 元，按可比价计算，平均每年递增 15.1%。[③] 这 6 年，农村实行家庭联产承包制改革，使农民得到自主和实惠，生产积极性被调动起来，农业农村形势都很好，农村社会稳定，出现了政通人和的好局面。

第三个黄金发展时期是从 2004 年开始的，同前两个黄金时期一样，也是通过党和政府实行惠农、支农政策，调动了广大农民的生产积极性。现在已进入第 5 个年头，如果这种惠农、支农政策能够坚持贯彻下去，那么不仅能够实现持续 6 年的好形势，而且这种好形势还能够更长期持续地发展下去。中国农业的潜力还很大，中国农村的潜力还很大，中国 9 亿农民的潜力

---

① 国家统计局编《中国统计摘要·2008》，北京：中国统计出版社，2008 年 5 月，第 101、120 页。

② 国家统计局编《中国统计年鉴·1983》，北京：中国统计出版社，1983 年 10 月，第 103 页。

③ 国家统计局编《中国统计年鉴·1985》，北京：中国统计出版社，1985 年 10 月，第 255、551 页。

还很大。

为什么以前两个黄金发展时期都只持续了6年就变了？回顾总结，作一个反思，可以看到：不是天时变了（1956年、1985年气候正常），也不是地利变了（耕地并没有减多少），而是因为我们的惠农、支农政策变了，损害了农民的切身利益，打击了农民的生产积极性。举一个大家还记忆犹新的例证：1984年，农业实现特大丰收，粮食总产达到8146亿斤，棉花总产达到12516万担的空前水平，在这种大好形势下，财政部门提出了“棉花越丰收、财政越困难”等理论，政策部门就改变粮棉收购政策，大幅降低粮棉收购价格。1985年粮食减产7%，棉花减产33.7%，[①] 从此中断了第二个农村发展的黄金时期，农业进入了一个新的徘徊期。

二　当前“三农”形势仍很严峻

不是说农业连年丰收，农民收入持续增加，农村发展进入了第三个黄金时期了吗？怎么又说“三农”形势仍很严峻？这是因为时代背景不同了，经过近60年的建设，我国现在已进入了工业化中期阶段，国家对农村农业的要求不一样了。在1949～1955年和1978～1984年那两个时期，中国还处在农民占80%左右的农业社会，农民的积极性调动起来，农业生产就上去了，农业兴则百业兴，农民安则国家安。现在不同，农业只占国内生产总值的12%以下，[②] 农业兴，百业未必兴。相反，农业发展要靠二、三产业的带动，受到二、三产业发展的制约，这是其一；其二，上两个黄金时期，都是通过大的体制性的改革取得的，第一次是土地改革，第二次是普遍实行家庭联产承包责任制，极大地调动了农民的生产积极性。这一次，还只是进行了税费改革等较低层次的改革，体制性的大改革还未启动（下面再论），所以还并没有充分地把农民的生产积极性调动起来。

说当前“三农”形势仍很严峻，有以下几点。

第一，在农业方面，说近几年农业形势好，是相对于1999～2003年粮食连续4年减产，从1999年的10168亿斤减到2003年的8614亿斤（共减1554亿斤），农业再次出现徘徊的背景来讲的。2004年粮食开始增产，到2007年才达10030亿斤（4年共增产1416亿斤）。还未达到1996年10091

---

① 国家统计局编《中国统计年鉴·1986》，北京：中国统计出版社，1986年10月，第180页。

② 国家统计局编《中国统计摘要·2008》，北京：中国统计出版社，2008年5月，第21页。

亿斤的水平。[①] 可见，这4年连续增产，还只是恢复性的增长。

从1996年到2006年，全国人口增加9060万，城市人口增加2亿多。人均粮食产量1996年为414公斤，2006年只有379公斤。正是在1996年以来的十多年中，经济快速增长，居民收入增加。按可比价格计算，2006年与1995年相比，我国职工平均工资水平提高了2.2倍，城镇居民收入增加1.3倍，农民居民收入增长75%。[②] 城乡居民消费水平相应有了较大提高，对粮食和主要食品的需求增加，供需关系逆转，供需矛盾凸显。1997~1998年我国是农产品净出口国，每年有60亿~80亿美元的顺差。近几年，我国已是农产品的净进口国了，2006年有140亿美元的逆差。2007年出现猪肉、粮食大幅涨价，这是一个信号。

1996年我国农业获得了改革开放以来的第三个特大丰收，结束了粮食和主要农产品长期短缺的局面，进入了"总量基本平衡，丰年有余"的农业发展新阶段。但是由于体制和政策等方面的原因，农业仍未摆脱"少了少了多，多了多了少"的"扭秧歌"发展的格局。但1999年以后，连续减产4年，供需关系又转入总量平衡偏紧、粮食和主要农产品供求出现较大缺口的状况。据张晓山、李国祥同志的计算，2006年，国外为我国提供了约3.7亿亩播种面积的农产品（主要是粮食、大豆、棉花），约占国内总播种面积的15.6%，以复种指数1.29计算，折合耕地2.8亿亩，占国内农用耕地资源的13.5%。[③] 这就是说，2006年，我国主要耕地密集型农产品的国内自给率已经下降到86.5%。这就大大超出了关于我国主要农产品立足国内、保证自给可以有5%左右的进口的预想，这是一个重大问题，必须引起我们的高度重视。

第二，在农村方面，十六大提出要扭转工农差别、城乡差别和地区差别扩大的趋势。三大差别中，城乡差别是主要的。5年多来，党和政府采取了很多措施，投入了从未有过的财力、物力和人力，做了很多工作。但是，5年来三大差别还是持续扩大。2002年城乡居民的收入差距为3.11：1，2003年为3.23：1，2004年为3.21：1，2006年为3.28：1，2007年已超过

① 国家统计局编《中国统计摘要·2008》，北京：中国统计出版社，2008年5月，第120页。

② 国家统计局编《中国统计年鉴·2007》，北京：中国统计出版社，2007年9月，第39、105、165、345页。

③ 张晓山、李国祥：《当前农业经济形势和有关政策建议》，载陈佳贵主编《2008年中国经济形势分析与预测》，北京：社会科学文献出版社，2007年，第167页。

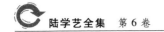

3.33∶1。[①] 按照现在的体制发展，如不改变，则还是有扩大的趋势。

城乡居民消费方面的差距也在扩大。2000年，城市居民人均消费支出4998元，农民为1670元，相差3328元，差距为2.99∶1；2006年，城市居民人均消费支出8697元，农民为2829元，相差5868元，差距为3.07∶1。差距在逐年扩大。[②] 现在三个多农民的购买力还抵不上一个城市居民，农村居民的消费水平比城市居民要落后10～15年，这表明农民没有得到改革以来经济发展相应的实惠。这也是目前中国内需屡拓不大、许多消费品销售不出去的重要原因。

农村社会事业薄弱，基础设施建设落后。5年来，中央和地方政府十分重视农村各项社会事业和农村基础设施建设，投入了很多的人力、物力和财力，已有了很大的改观。但因为欠账太多，积重难返，加上重城轻乡的体制还未改变，所以，实际上，城乡在社会事业、基础设施建设方面差距扩大的趋势还在继续。例如，近十年来，中国的城市建设突飞猛进，成绩斐然，大马路、大广场、立交桥、轨道交通、喷泉绿地、亮化美化，竞相与国际接轨，建设得相当好了。但是，这些年的农村，尤其是中西部的农村，主要是为城市作贡献，献出了以千万亩计的承包农田，献出了数以亿计的青壮年劳力，献出了数以万计的古木大树。农村本身却变化不大，有的村镇还背了一身债，没有搞多少基础设施建设，多数是依然故我，有的还凋敝破败了（如被撤并掉的上万个乡所在地的集镇）。据统计，直到2006年底，我国还有2.9亿的农村人口饮用水有困难，还有约4%的行政村不通公路，3%的村不通电话，绝大多数的村庄没有下水系统，还在使用传统的旱厕，多数农村生态环境也成问题，有些是城镇工业排放造成的，有些则是村镇社会管理不善的后果。

第三，农民（农业户口）人数越来越多的趋势还在继续。世界上的工业国家在实现工业化和城市化的过程中，农业劳动力是逐步减少的，农民是逐步减少的。中国不是这样。我们一面是大规模的工业化，一面是农民越来越多。1952年，中国有50319万农民，占总人口的87.5%。1978年，农民达到79014万人，占总人口的82.1%。26年间农民增加28695万人，每年增加1104万人。1998年，农民达到94025万人，占总人口的75.3%。

① 国家统计局编《中国统计摘要·2008》，北京：中国统计出版社，2008年5月，第101页。

② 国家统计局编《中国统计摘要·2008》，北京：中国统计出版社，2008年5月，第102页。

20年间农业人口增加15011万人，平均每年增加约751万人。[①] 2006年，农民达到94900万人[②]，占总人口的72.2%。这8年增加875万人，平均每年增加约109.4万人。从1953年我国开始大规模工业化，到2006年，一共53年，农民增加44765万人，平均每年增加约844.6万人。这在世界工业化历史上是仅见的。

在94900万农业户口人员中，有2亿~2.1亿人已经进入城市务工经商。2000年，第五次人口普查时，把其中在城镇居住满半年的，称为城镇常住人口，被统计为城镇人口。据调查，2006年，进城的农民工已有1.32亿人。农民工是农民身份（农业户口）的二、三产业的职工，是工人阶级的重要组成部分，现在已经是工人阶级的多数，约占整个工人阶级总数的60%。近20年来，农民工为我国的社会主义工业化、城市化、现代化建设作出了巨大贡献，但农民工的农业户口未改，农民身份未变，使他们受到了不公平、不合理、不应有的对待。所以农民工这个群体一方面为国家创造了“中国奇迹”，创造了“中国制造”，另一方面引发了诸多社会矛盾。十六大以来，党和政府高度重视解决农民工问题，先是通过解决孙志刚事件，取消了收容遣返等做法；2006年又专门颁发了《国务院关于解决农民工问题的若干意见》，各地政府也做了大量工作，大大改善了农民工就业和生产生活的境遇。但是农民工问题还未从根本上解决。

现行的这套农民工体制和做法，实质是城市和工厂使用农民工，只要求农民工为工厂劳动、做贡献，既不能解决农民工自身的问题，也不能解决农村的问题。只要农民工的“工”，不要农民工的“农”。近20年实践的结果是，输入地城市靠着农民工的劳动，一座座都发展繁荣起来了，但输出地的农村地区却依然贫困落后；使用农民工的工厂，一家家都兴旺发达了，而农民工病残了、年老体衰了，仍回到农村，依然是农民；老总、老板都富起来了，而农民依然贫困。

现行的这套农民工体制和做法，近20年实践的结果，是新时期广大农民为国家社会主义现代化作贡献的一种新形式。我在2003年做过一个估算，当年一个农民工在城镇打工平均创造2.5万元，而得到的工资加福利为

---

① 国家统计局编《中国统计年鉴·1983》，北京：中国统计出版社，1983年10月，第103~104页；国家统计局编《中国统计摘要·2000》，北京：中国统计出版社，2000年5月，第33页。

② 2005年户口在乡村的常住人口为94907万人，参见《中国统计摘要·2007》，北京：中国统计出版社，2007年5月，第128页。——编者注

8000 元，平均每个农民工为国家和城市作了 1.7 万元的贡献，但农村和农民工及其家庭并没有得到应有的好处。2002 年，农民工总量为 9460 万人，这一年农民工为国家、城市做了 16082 亿元的贡献。近几年农民工年年在增加，他们创造的财富、作出的贡献也更大。这从一个侧面解释了为什么这些年城乡差距、地区差距、城市居民同农民的收入差距年年在扩大。

总体分析，党的十六大以来，我们在解决“三农”问题方面投入了很大的力量，出台了多项重要政策，办了几件大事，解决了一大批问题，农业得到了恢复性的增长，农村的各项社会事业有了新的发展，农民和农民工的生产生活大有改善，农村总的形势是好的。但是，“三农”的深层次问题并没有得到解决，“三农”问题仍然是我们建设中国特色社会主义现代化事业的头号难题，解决好“三农”问题仍然是我们党和政府各项工作的重中之重。

三　“三农”问题本质是结构性、体制性问题

“三农”问题之所以久久解决不了，是因为经济社会结构层面出了问题；“三农”问题的解决，需要从改革体制的层面入手。“三农”问题，说到底是结构性问题、体制性问题。

2006 年，在全国国民生产总值中，农业只占 11.7%，而从事农业的劳动力则占全国总就业劳动力的 42.6%。农村人口按城乡分，占总人口的 56.1%；按农业、非农业户口分，农业人口占总人口的 72.2%。那就是说，42.6% 的劳动力创造了 11.7% 的国内生产总值。这说明，农业劳动生产率太低（不是农民本身的原因，主要是农民的生产资料太少），有 30.9 个百分点的结构差。56.1% 的人去分 11.7% 的增加值（还应有扣除），有 44.4 个百分点的结构差（更不要说是 72.2% 的人去分了）。

这种不合理的经济社会结构，农民焉得不穷？农村焉得不落后？

而这种经济社会结构是由于不合理的体制造成的。大家知道，我国现有的这套城乡体制，是在计划经济体制背景下形成的。这套体制的特点是，对工业、对城市、对城市居民实行一套政策，对农业、对农村、对农民实行另一套政策。农业供给工业的需要，农村服务城市，农民为国家作贡献。我在 20 世纪 90 年代写过一篇文章，把这种现象叫作“城乡分治，一国两策”。1958 年我国实行把公民区分成农业户口、非农业户口，这是城乡分治的根据、界线，逐步形成了中国特有的城乡二元经济社会结构。

近30年来，为了改变这套束缚生产力发展的体制，破解城乡二元经济社会结构，解决"三农"问题，广大干部和农民群众曾经做了多方面的实践和探索。

第一，家庭联产承包责任制。20世纪80年代初期，农村实行家庭联产承包责任制，把土地承包给农户，让农民自主经营，这本质上是一次以市场经济为导向的改革，是对计划经济体制的第一次冲击和突破，取得了极大的成功。但在当时计划经济思维十分强大的背景下，实行家庭联产承包责任制是以农村集体所有制不变、集体经营方式不变为条件的，提出了所谓的集体和农户双层经营的说法，名曰：既能发挥集体经济统一经营的优越性，又能发挥农户自主经营的积极性（事实上，在大多数农村，自从实行分户经营以后，就没有什么统一经营）。当时有很多人认为，实行联产承包责任制，只是当时农业生产不好，不得已而为之的权宜之计，是居住在深山沟中的人，要走上阳关道，先要走独木桥，"走独木桥正是为了走阳关道"①。一旦条件成熟，还是要搞集体经济的。所以，农村第一步改革，主要是实行了家庭联产承包责任制，1983年又实行了农村政社分开的改革，撤销人民公社，建立乡、镇人民政府，将生产大队改为行政村、生产队改为村民小组。诸如人事、劳动、就业、户口、财政、金融、流通等方面的体制，基本上还是计划经济的架构。农业生产在家庭联产承包责任制的推动下大幅度提高以后，同原有体制的矛盾就凸显了。20世纪80年代中期以后，就有农村要进行第二步改革的呼声，全国有很多议论和探索。但自20世纪80年代末、90年代以后，关于农村第二步改革的讨论就很少提了。

第二，乡镇企业。实行家庭联产承包责任制以后，不久就涌现了两个产物：一是大量的粮食棉花和各种农产品，二是大量的农业剩余劳动力。农民有了生产积极性，不仅把原有的耕田种好了，而且发现田不够种了。这正是发展工业、就业的好时机（那时工业品还非常短缺）。但当时的计划经济体制改革刚刚启动，户口制度还没有改革，农村干部和农民不得已，只好就地办乡镇企业，出现了村村办厂、处处冒烟的蓬勃发展局面。几年工夫，就办起了上千万的乡镇企业，有上亿农民工就业，创造了以千亿计的各种产品（1988年已有1888万个企业，有9545万农民户口的职工就业，

① 吴象：《阳关道与独木桥——试谈包产到户的由来、利弊、性质和前景》，《人民日报》1980年11月5日，第2版。

创造了6495亿元产值)[1]，一时间乡镇企业声名鹊起，被誉为中国农民的又一个伟大创造。但乡镇企业这个在特定阶段、特殊背景下产生的经济形式，实质上也是一种不得已而为之的权宜之计。如果没有户口制度等的限制，那么本来是可以不必要用这种方式办工业的。所以全国社会主义市场经济体制改革一深入，乡镇企业的优势就逐渐减弱。统计表明，1996年是乡镇企业最兴旺的一年（当年乡镇企业达2336万个，职工人数达13508万人，创造增加值10259亿元，上交各种税金826.5亿元)[2]，自此以后，就逐渐减少了。有的迁进城市，有的转为公司，转化为一般的工商企业。原来各省区的乡镇企业局多数已改为中小企业局，摘了牌子。

第三，小城镇建设。自20世纪80年代中期到90年代，在乡镇企业蓬勃发展的推动下，小城镇建设也在各地成为热潮，涌现了一批农民城，声誉日隆，被称为是解决农民问题的又一大创造。有人设想，将来可以把几亿农民安置在小城镇，进可以发展成中小城市，又不要国家投资搞建设；退可以在万一遇到1960年那样的经济困难时就地返回农村，国家还可以不要背供应粮油等的包袱。1998年，有关领导同志指出，“发展乡镇企业是一个重大战略，是一个长期的根本方针。在大力发展乡镇企业的同时，积极推进小城镇建设，也是一个大战略。认真总结经验，进一步发展乡镇企业，进一步发展小城镇，应当作为农村经济社会发展的一个重点”。[3] 自1998年以后，特别是2000年第十个五年计划（2001～2005年）把“积极推进城镇化，调整城乡结构”作为国家重点战略之一[4]以后，各地的城镇化步伐大大加快。但各地建起来的不是小城镇，主要是大城市和特大城市。农民不是去了小城镇，而是主要涌进了东南沿海的大城市和特大城市。

第四，农民工。前面已经说过，这也是设想用以解决“三农”问题的一个探索，但20年来实践的结果并不理想，开始是利多弊少，大家很赞赏；现在已是利弊互现，利弊都很突出；往后将是弊多于利，值得我们反思。

---

① 农业部乡镇企业局组编《中国乡镇企业统计资料：1978～2002》，北京：中国农业出版社，2003年8月，第3、5页（1988年乡镇企业总产值数参见国家统计局编《中国统计提要·1996》，第169页——编者注）。

② 农业部乡镇企业局组编《中国乡镇企业统计资料：1978～2002》，北京：中国农业出版社，2003年8月，第3、5、9、17页。

③ 《江泽民在江苏、上海、浙江考察时强调：沿海发达地区要率先基本实现农业现代化》，《人民日报》1998年10月8日，第1～2版。

④ 参见《中共中央关于制定国民经济和社会发展第十个五年计划的建议》，中共中央文献研究室编《十五大以来重要文献选编》（中），北京：人民出版社，2001年5月，第1371页。

从国际国内的经验看，我国目前正处在由农业、农村的传统社会向工业化、城市化的现代化社会转型的时期。1978 年以来，我国又处于由计划经济体制向社会主义市场经济体制转轨的时期。在这两种转变同时进行的背景下，农业、农村改革和发展的任务是什么呢？第一，农业要在保证农业生产不断发展、粮食和主要农产品有效供给的过程中，实现由传统的小农经济向现代农业转变，实现农业现代化；第二，农民中的大多数要逐步转变为二、三产业的职工，转变为城镇居民，少数农民转变为现代农业产业的经营者和农业产业工人，实现自给自足传统农业条件下的农民的终结；第三，农村要在工业化、城市化的带动和支持下，进行整体规划，进行大规模的基础设施建设和各项社会事业的建设，使城乡居民只是有居住地的差异，而没有大的收入差距和享有公共产品的差别，共享社会主义现代化建设的成果，实现城乡一体化。

实现这个宏伟的目标，事关我国社会主义现代化建设的全局，同时是一项十分艰巨的历史任务，需要全国人民在党的领导下，进行长期奋斗才能逐步实现。其实，这个目标和任务早在 1991 年 11 月党的十三届八中全会通过的《中共中央关于进一步加强农业和农村工作的决定》中就提出来了。全会公报指出，"农业是经济发展、社会安定、国家自立的基础。没有农村的稳定和全面进步，就不可能有整个社会的稳定和全面进步；没有农民的小康，就不可能有全国人民的小康；没有农业的现代化，就不可能有整个国民经济的现代化"。[①] 1998 年 10 月举行的十五届三中全会通过的《中共中央关于农业和农村工作若干重大问题的决定》指出，"十二亿多人口，九亿在农村，是我国的基本国情。农业、农村、农民问题是关系改革开放和现代化建设全局的重大问题。没有农村的稳定就没有全国的稳定，没有农民的小康，就没有全国人民的小康，没有农业的现代化，就没有整个国民经济的现代化"。[②]

从上述两个决定看，关于农业、农村、农民要实现现代化的目标，早已是很明确的。30 年来，党和政府领导全国人民进行了伟大的实践，制定了一系列改革发展的方针和政策，进行了不断的探索和试验，解决了一大批问题，取得了十分重要的成就，积累了正反两方面的经验。现在的问题

---

① 中国共产党第十三届中央委员会第八次全体会议公报（1991 年 11 月 29 日），http://cpc.people.com.cn/GB/64162/64168/64566/65391/4441858.html。

② 中共中央文献研究室编《十五大以来重要文献选编（上）》，北京：人民出版社，2000 年 6 月，第 554 页。

是，我们如何在已经取得很大成就的基础上，继续把农业、农村、农民实现现代化的任务向前推进。

从以上总体分析可以看到，当前制约中国农业、农村改革和发展的深层矛盾，主要是计划经济体制条件下形成的户口、土地、财政、金融、信贷、就业、社保等体制，还没有得到应有的改革，也就是城乡二元经济社会结构还没有得到应有的破解，致使上述四项大的探索和实践没有取得应有的成就。例如，上述一亿多农民工已经进城从事二、三产业劳动多年了，但因为现行的户口、社保等体制束缚着，他们不能成为真正的工人阶级，不能成为当地的市民，而只能当候鸟型的城乡两栖人，成为城市的弱势群体。所以，要解决好“三农”问题，关键是要进行农村第二步改革，破解城乡二元经济社会结构，进一步把农民从计划经济体制的束缚中解放出来。

四　解决好“三农”问题，农村必须进行第二步改革

党的十七大指出，“新时期最鲜明的特点是改革开放”。“只有改革开放才能发展中国”，“改革开放符合党心民心、顺应时代潮流”。[①] 这是完全正确的。农村改革发展30年的实践，证明了这一条。农村一开始，就抓了改革，冲破了旧体制，形势一泻千里，势如破竹，取得了比预想还要好的成就。总结农村发展的经验，最基本的经验就是要敢于改革、善于改革。因为我们是在实行了20多年计划经济体制的基础上搞建设、谋发展，不对计划经济体制及其相应的体制作改革，许多工作就寸步难行。1985年以后的农村形势之所以时好时差，徘徊反复，变化不定，就是因为早就提出的第二步改革迟迟没有进行。目前的基本状况是，城市这一块基本上已经建立了社会主义市场经济体制，而农村这一块社会主义市场经济体制基本上还没有建立起来，在很多方面还受着计划经济体制留下的很多条条框框的制约。目前，城乡之间有很多差距，而城乡体制方面的差距是根本的，是最大的差距或者说许多方面的差距是由这种体制性的差距派生的。所以，要解决“三农”问题，要统筹城乡经济社会协调发展，就必须要进行农村第二步改革。

① 《中国共产党第十七次全国代表大会文件汇编》，北京：人民出版社，2007年10月，第8、10页。

第一，要进行户籍制度的改革。现行的户籍制度，是适应计划经济的需要建立的，已经实行了50年，是世界大国中独一无二的。实际上已经形成了一种体制，是束缚农民发展的紧箍咒，一定要改革。

现在全国已经有13个省市对农业、非农业户口的体制进行了改革，实行城乡统一的户口登记制度，取得了一定的成效。但户口体制是全国性的问题，涉及人口的流动、就业、享受公共服务等一系列政策，光靠一省一市是不行的，必须在全国范围内统筹解决。现在有两种思路：一种是设想把已经附着在户口上的就业、住房、教育、医疗、社保等多种问题一个个解决好，再进行户口改革；一种是先进行户口改革，再逐步解决各种问题。我建议先进行户口体制改革，再一个个解决其他问题。前者实际是推迟改革的托词，因为要剥离上述附着在户口上的东西，不知要等到猴年马月，实际上这些东西还在增加，而且增加越多，户口体制改革就越难。

第二，要改革现行的土地制度。使农村产权制度明晰，使农民有自己可以支配处置的固定资产，可以获得财产性的收入，可以作为参加工业化、城市化建设的本钱。

在现行的土地制度下，农民不能获得财产性的收入，没有参加市场经济竞争的立足之地。自然法人连个抵押物都没有，土地随时有被征的危险，不能把握自己的命运。现行的土地集体所有制，是计划经济体制的遗产。不仅农民无权无力保护自己的“命根子”，而且，如不改革，国家要保护18亿亩基本农田的红线不久就会被突破。对此，温家宝总理曾经有个批示：“三令五申，收效甚微，触目惊心，后患无穷。”① 这种状态至今不仅没有改变，而且在恶性发展。据有关部门统计，现在失地的农民已经超过6000万。农业税免除以后，农村社会还不安定的主要原因是占地、抢地和保护耕地的矛盾，许多刑事犯罪、群体事件都与土地争夺有关。土地制度的改革已经刻不容缓。如何改革的议论很多，我建议在现有的条件下实行“土地国有制，永包到农户”，把承包权、使用权做实。确定一个时点，从此，生不增、死不减，不再变动。越南农村改革的基本做法是学我们的，现在则有值得我们学习的地方。最近他们已实行土地国有，农民承包99年不变，可以借鉴。

当然，这样一件根本性的大事需要从长计议，可以选几个县区，作多

① 孙文盛：《关于严格保护与合理利用国土资源》，载《理论动态》编辑部编《树立和落实科学发展观》，北京：中共中央党校出版社，2004年4月，第180页。

种方案试点，比较优劣，然后推广。

第三，要改革现行的农民工体制。这套体制本来是不得已而为之的权宜之计，没有想到，沿用下来已20多年了，现在农民工已成为我们工人阶级的主要部分，占整个二、三产业职工总量的60%以上、建筑工人的90%以上、煤矿工人的80%以上。这种体制对输入地城市、对企业、对老总、对老板是大有利的，但对输出地、对农村、对农民工、对农民是非常不利的。现在矛盾已经很突出了。例如，多个大城市和特大城市调查的结果表明，近些年因刑事犯罪作案而被批捕的，70%以上是外来人口，其中70%以上是农民工，而且被侵害的对象70%也是农民工。

农民工体制改革有两种方案：一种是就事论事治标的办法，另一种是从根本上治理，逐步使农民工成为真正的工人和市民。

户口制度、土地制度改革了，农民工体制就很自然地改了。如果前两项近期改不了，那么可以先改农民工体制。输入地的城市、企业、单位可以根据本地、本企业的实际需要制定合理的标准，把现在1.32亿农民工中的一小部分、一部分乃至近半数、半数分期分批地转为正式工人、市民，这对输入地、对企业的长远发展是有利的。以后再根据经济发展条件，逐步把直系家属转为市民。这样大约就会有上亿农业户口的人员转为正式的市民。这项改革成功了，再进行全国户口制度改革也可以。

第四，要调整粮食和主要农产品的价格。按社会主义市场经济的要求，建立粮食和农产品价格的形成机制。

近几年，党和政府为增产粮食投入了很大的财力、物力，作了很大的努力，为什么还只是小幅增产、只获得了恢复性增长呢？一个很重要的原因是，目前粮价过低。1996年，小麦收购价格就是0.72元，直到2007年，小麦收购价格一直在0.70元左右波动。但这十一年，农业生产资料、化肥、农药、石油、电、水的价格涨了很多了，现在很多农区种粮食已无多少利可图，所以农民种粮的积极性不高。近几年，市场粮价有过几次上涨。但因为1996年以后，国家有大量的粮食库存，政府为了保证市民生活，只要市场粮价一涨，就大量抛售粮食，把粮价压住，其实这是不明智的。

一条基本经验是要按社会主义市场经济规律办农业。农村改革初期，国家为了促进粮食生产，一方面推进家庭联产承包制，进行体制改革；另一方面大幅提高粮食和17种主要农产品的收购价格。1979年3月1日春耕前宣布，粮食收购价从夏粮上市起提高20%，棉花平均提高15%，油料平均提高25%，生猪平均提高26%。18种农产品的收购价格平均提高

24.8%。这样才迎来了粮食多年大丰收，1984年一举超过8000亿斤，后来把这次农业大发展，完全归功于包产到户，这是不全面的。

1993年秋，市场粮食大涨。国家为了促进粮食增产，决定1994年、1995年两次大幅提高粮食收购价格，每次提幅都在30%以上。实际超过市场粮价，极大地调动了农民的积极性，1995、1996两年增产1188亿斤，立竿见影，迎来了1996年的特大丰收，粮食总产超过1万亿斤。

要克服这次粮食和主要农产品低速徘徊的困境，除了继续推行已经出台的诸项惠农支农政策以外，近期应该出台大幅提高粮食和主要农产品收购价格，并逐步建立粮食和主要农产品价格的形成机制。

第五，要进行财政体制改革，真正向农村倾斜。农村第二步改革是需要成本的。中央已经提出“工业反哺农业、城市支持农村”的方针，[①] 财政部门首先要贯彻执行这个方针，出台重大举措。免除农业税之后，中、西部地区相当多的县、乡两级财政很困难，有的县、乡至今连干部工资都不能按时、足额发放，日常工作运转的经费很拮据，还有不少乡镇在负债运行。这对农业、农村的改革发展不利。必然的结果是，农民负担再度反弹，对农村社会稳定不利。要积极推进省以下财政体制改革，加快改变农村基层的这种状况。这几年国家财政好了，已经有条件来进行这项改革，要及时作出决断，进行调整和改革，改变这种不合理的头重脚轻的财政格局。

第六，要加快农村金融体制改革的步伐。农村要搞社会主义市场经济，但多数银行现在已经撤走了，很多乡镇没有银行，农村信用合作社还受计划经济框框的约束，多半不景气。现在我国银行有很多钱贷不出去，但农村资金非常紧缺，农民买化肥、看病、孩子上学要贷点款都不行，只好借高利贷。农民要搞现代化农业生产，要创办乡镇企业，要上市场，没有银行信贷支持不行。中西部农村不发达，创业艰难，没有创业资金。我最近调查了两个县：一个是四川省大邑，私营企业主只占就业劳动力的0.56%（全国是1.6%）；另一个是福建省的晋江，私营企业主占3.2%，差别很大。所以，一些欠发达的县市不仅要培训农民工，而且要培养老板。现在有不少农民工回乡创业，要有办企业的资金，就要靠银行信贷。这实际也是支持解决“三农”问题。国家不能再用老一套的金融体制办法对付农村

---

① 《关于工农城乡关系的两个趋向》（胡锦涛同志在中共十六届四中全会第三次全体会议上的讲话），参见王伟光主编《建设社会主义新农村的理论与实践》，北京：中共中央党校出版社，2006年2月，第38页。

了，国家银行不办，让县以下村镇办，这是新农村建设的重要一环。

第七，要改革现行的农村公共服务和基层设施建设的体制。这几年国家下了很大的力气支持农村普及义务教育，并重建新农村合作医疗体制，已初见成效，农民得到了实惠，国家得到了民心。2008 年 1 月，我到成都农村调查，看到近几年农村建设了由市里统一设计的标准化的中小学校舍、标准化的卫生院和卫生站，建得都很好，受到农民百姓的欢迎。在这方面，可见只要党和政府领导重视，惠民政策提上议事日程，许多难题是可以解决的。

第八，加强县级领导体制的建设，使之成为社会主义新农村建设的指挥部。2004 年全国有 2860 个县级行政单位，县域面积占国土总面积的 94%，人口占全国的 70.4%。但是，县域的生产总值只占全国的 56.1%，[①] 而且县与县之间差距很大，以人均 GDP 和人均财政收入比，最富与最穷之间，相差在 20 倍以上，发展很不平衡。

推进社会主义新农村建设以来，多数地区推行以培育某几个行政村为典型的发展方式，对整体推进影响不大。如何统筹城乡经济社会协调发展，全面推进社会主义新农村建设，需要有一个前线指挥部。乡镇党委、政府，限于本身的条件，统筹协调力量不够，省或市（地级）又离基层太远，鞭长莫及，县应是最合适的。据我们调查，凡是一个县的经济社会发展比较好的，这个县的整个社会主义新农村建设就比较好。自古以来，中国就有“郡县治、天下安”的传统经验。县是中国经济社会发展中最稳定、最基本的实体。社会主义新农村建设要运用这个历史经验，把县级体制改革好、建设好，县级领导班子选调好、配置好，使之成为建设社会主义新农村的前线指挥部。这对推动农业、农村发展是很有用的。

第九，组建统筹城乡发展、推进社会主义新农村建设、解决“三农”问题的新农委。在 20 世纪 50 年代，党中央设农村工作部，国务院设农业部，分别主管农村生产关系的调整和农业生产的发展。十一届三中全会以后，设农业委员会，不久改为农村政策研究室、农村发展研究中心，统一领导农村改革和农业发展的各项工作。20 世纪 90 年代初因故撤销。我们这样一个有 9 亿农民的大国，农村改革、农业生产的工作千头万绪，需要有一个协助党中央具体主持和主管“三农”工作的办事机构，具体贯彻落实党

① 刘福刚、孟宪江主编《中国县域经济年鉴（2005）》，北京：社会科学文献出版社，2006 年 6 月，第 7～8 页。

中央、国务院解决“三农”问题的方针、政策。近60年来，社会主义建设实践，有一条基本经验，凡是党和国家提出的重大任务乃至战略任务，都必须在组织上落实，要有组织，要有人具体去贯彻执行，才能实现。如果只停留在会议上、文件上，那任务再重要，讲得再动听，没有组织保证，只能是一纸空文。我们有许多重要的事项，讲了多年，鲜有成效，皆源于此。正反两方面的经验，都可以说明这点。计划生育工作，是天大的难事，中国共产党做成功了，就因为自上而下建立了计生委，有组织保证，有数以万计的计生工作者在辛勤劳动。我们已经把解决好“三农”问题列为我们党和政府各项工作的重中之重，就应该建立相应的组织，在组织上先落实。这次国务院机构改革，主要围绕转变职能、合理配置宏观调控部门职能、探索实行职能有机统一的大部门体制。其实，解决“三农”问题，是一个巨大的系统工程，需要协调各方面的力量，形成合力，才能逐步解决好。现在涉农部门很多，群龙治水又群龙无首。建议成立新的农委，统筹城乡经济社会改革和发展的各项工作，把“三农”问题解决好。

这些要改革的深层次问题，就是农村第二步改革的主要方面，做农村工作的同志、研究工作者，已经讲过多年了，但至今还未解决。这些都是计划经济体制遗留下来的束缚农村发展的东西，必须通过改革来解决。这样才能把农民的生产积极性充分调动起来，使农业、农村工作做得更好，使中国的改革发展再上一个新的台阶。

古人云：“授人以鱼，不如授人以渔。”我们现在的状况是把农民捕鱼的工具收了，每天给几条鱼。给当然比不给好，但不能真正解决问题，所以还是要把打鱼的工具还给农民，让农民自己解放自己、自己发展自己。这样才能改变城市这条腿长、农村这条腿短的状况，才能真正解决“三农”问题，农村才一定会好起来，国家才会更好地发展起来。

农村第一步改革的回顾与思考*

1978年10月初，新华社内刊发表了我在8月写就的一篇文章，名为《关于加速农业发展的若干政策问题》①，得到了有关方面的重视，经中国社会科学院领导特准，我从哲学研究所原来的研究岗位上下来，专门从事农村问题的调查研究。1987年，组织上调我到社会学研究所工作，社会学研究所的行政和科研成了我的主业，但一有机会，我还是常常到各地农村去调研。30年来，我到过全国31个省市自治区的农村作调研，同农业单位的多个部门打交道，探讨“三农”问题的学问。有人说我是农村工作的最早志愿者。2003年，在祝贺杜润生同志90岁寿辰的一个会上，我对杜老说：“我是不拿农口工资，为农口打工的研究员。”杜老点头称许。

中国的改革是从农村突破的，一开始就搞得轰轰烈烈、成效卓著。但自20世纪80年代中期以后，因为农村第二步改革没有跟上，农村形势时晴时阴、变化不定。30年农村改革和发展的风风雨雨，我都亲身经历了，深有感触。现就农村改革和发展的几个主要问题，作一个回顾。

---

* 本文原载《社会科学战线》2009年第1期，发表日期：2009年1月1日。该文原稿写于2008年6月19日，手稿题目为“从包产到户到包干到户——关于农村改革的几点回顾”。该文部分内容摘要发表于《中国社会科学院报》2008年10月21日第5版，《农民日报》2008年12月19日第5版。《公安研究》2009年第8期（8月10日）转摘。该文还收录于《改革开放三十年 见证与回顾》（魏礼群主编，北京：中国言实出版社，2008年10月），《中国学术三十年：1978—2008》（郦正、邵汉明主编，北京：人民出版社，2009年4月），集刊《三农中国》（宋亚平主编，武汉：湖北人民出版社，2010年6月、12月连载），文集《我认识的杜润生》（余展、高文斌主编，太原：山西经济出版社，2012年7月），文集《“三农”续论：当代中国农业、农村、农民问题研究》（陆学艺著，重庆：重庆出版社，2013年5月）。此外，《文史博览》（理论）2009年第1期也转摘了该文部分内容。——编者注

① 新华通讯社《国内动态清样》，1978年10月3日。

一　包产到户和包干到户

斯大林1929年在苏联搞农业集体化，形成了集体农庄体制，从此，苏联的农业就陷入了泥坑。俄罗斯原来是欧洲的粮仓，集体农庄把苏联弄得粮食和农产品长期短缺，只好靠进口美国粮食来填饱人民的肚子。实践证明，集体农庄这套体制不符合经济规律，不适合农业生产的特点，注定要失败。但苏联的宣传机器很强，把集体农庄吹得天花乱坠，蒙骗了很多人。

新中国成立以后，实行土地改革，调动了5亿农民的积极性，农业生产连年丰收，农民收入逐年增长，迎来了农村发展的第一个黄金时期，形势本来是很好的。1953年我国开始搞第一个五年计划，不久就产生了城乡和工业农业矛盾。农业生产不能满足大规模工业建设和城市发展的需要，粮食供应紧张，棉花等工业原料紧张。于是就实行粮棉油的统购统销，接着实行生猪等的派购制度，但这种做法遭到了广大农民的强烈抵制。实践发现，国家要从上亿个农户那里统派统购粮油和棉花等工业原料，成本太高。于是就加快了农业合作化的步伐。

毛泽东同志也是受了苏联集体农庄宣传的蒙蔽，早在1949年的《论人民民主专政》中就说过："严重的问题是教育农民。农民的经济是分散的，根据苏联的经验，需要很长的时间和细心的工作，才能做到农业社会化。没有农业社会化，就没有全部的巩固的社会主义。"① 1951年，党中央作出了农业互助合作问题的决定，在党内发了文件，并在1952年专门成立中共中央农村工作部，准备用10～15年的时间，在全国实现农业合作化。但从1955年下半年开始，在毛泽东同志的亲自推动下，农业合作化运动骤然加快，到1956年4月，入社的农户已达90%，全国基本实现农业合作化。1958年，又在全国实现人民公社化。人民公社"一大二公"，在经济上基本是集体农庄模式，后来实行"三级所有，队为基础"，核算单位比集体农庄的规模要小；在政治上，实行"政社合一"，又搞了城乡分治的户籍制度，把亿万农民管起来了，比集体农庄要严。

从1956年到1978年，合作社、人民公社搞了22年，党和政府倾全力抓农业、搞运动，结果令人大失所望。1955年粮食总产3678.7亿斤，当年全国61465万人，人均598.5斤。到1977年，粮食总产5654.5亿斤，全国

---

① 《毛泽东选集》第4卷，北京：人民出版社，1991年6月第2版，第1477页。

人口增加到94974万人，人均占有粮食595.4斤。辛辛苦苦干了22年，人均粮食反而下降3.1斤。[①] 1955年城镇人口只有8000多万，1977年城市人口超过1.6亿。[②] 1955年还有少量粮食出口，从1961年起就要靠进口粮食了。

包产到户这种在集体所有制条件下的责任制形式，早在1956年就在浙江温州、四川江津等地区创造出来，但被错误地认为是资本主义而打下去了，后来几起几落。1961年，在省委第一书记曾希圣的支持下，安徽比较普遍地实行包产到户，1962年就被压下去了。1978年，在"实践是检验真理的唯一标准"的思想解放大潮推动下，亿万农民迫切要求摆脱贫困，解决温饱问题，于是再一次提出要求实行包产到户这个行之有效的责任制形式，要求党和政府给予支持。

1977年，万里主政安徽。1978年夏秋，遇上特大干旱，到10月，小麦种不下去，眼看要误农时了，肥西县山南区区委书记汤茂林到柿树公社黄花大队开会研究如何把小麦种下去。会议开到半夜，大队干部都说，干旱使田都板结了，牛耕不动。汤书记说："一点办法都没有了？种不上小麦，明年要饿肚子的。"有个支部委员说："办法还是有的。"汤书记问："什么办法?"这位委员说"老办法"（系指1961年安徽实行过的包产到户的办法）。汤书记默然，不久就走了。汤书记一走，这个支部一班人就讨论开了，支部书记说："今天汤书记态度有变化。要在以往，你一提搞包产到户，马上就会把你批个狗血淋头，今天怎么没有吭气?"有人说："他也为难，小麦种不下去，荒了田，明年要出大问题。同意我们用老办法干，那是路线问题，他不好说。"有人说："他不讲话，就是默认。"大家说："对，他不批判，就是默认。我们干吧!"这个村支部的干部，1961年都是干过包产到户的，知道这个办法好，也知道怎么干，连夜作出决定，第二天就把田分下去了。这个大队的农民，田一到手，如鱼得水，男男女女、老老少少一起下田，牛耕不了，用铁锹翻地，几天工夫，就把小麦种下去了。黄花大队小麦种好了，很快就传了出去，纷纷仿效。仅一个来月，山南区1006个生产队，就有775个实行了包产到户，把小麦种得又快又好。但这样的好事，在当时是犯忌的。不久，就有人把山南区的包产到户和汤茂林

① 国家统计局国民经济综合统计司编《新中国五十年统计资料汇编》，北京：中国统计出版社，1999年11月，第1、33页。

② 国家统计局编《中国统计年鉴·1983》，北京：中国统计出版社，1983年10月，第103页。

书记告到县里、省里。肥西县委作出决定，发文件要山南区委纠正。省里也派工作组调查，所幸工作组如实向省委汇报了山南区的情况，省委也有争论。万里同志最后说："对包产到户，过去批了十几年，把许多干部都批怕了，一讲到包产到户，就心有余悸，谈包色变！但是，过去批判过的东西，有的可能是正确的，有的可能是错误的，必须在实践中加以检验。我主张在山南公社搞包产到户试验。不宣传、不推广、不登报，秋后总结。"就这样，肥西县山南区的包产到户被保下来了。

1978 年 12 月，十一届三中全会通过的《关于加快农业发展若干问题的决定（草案)》指出，"人民公社各级经济组织必须认真执行各尽所能、按劳分配的原则，……可以在生产队统一核算和分配的前提下，包工到作业组，联系产量计算劳动报酬，实行超产奖励"。① 1979 年 2 月，安徽凤阳县贯彻三中全会精神，在全县普遍推广"包产到组"。但凤阳是滁州地区最穷的县之一，历来逃荒要饭的多，文盲多，在实行包产到组过程中，在计算包产包工和各种上缴粮钱的比例过程中，总算不清楚。后来有的公社、生产队就想出办法来了，认为可以不要这么烦琐，只要把土地分到各组，根据土地的好坏，算出产量，算出各组应摊的要交国家的粮、钱和集体提留的数字，保证完成任务，剩下都是各组自己的。并且起名为"大包干"（这里的"干"，是"乾"字的简体字。是干干净净的干，而不是干部的干，也不是干活的干），即包干到组。这个办法好，任务明确，方法简单，群众明白。有人总结为"大包干，大包干，直来直去不拐弯。保证国家的，留足集体的，剩下都是俺们自己的"。不久，大包干就在凤阳全县推广了。1979 年就有 2554 个生产队实行大包干，占全县生产队总数的 72.8%。

在实行大包干到组的过程中，凤阳县梨园公社的小岗生产队，20 户人家，先分为四个组，不行，又分为 8 个组，还不行，怎么办呢？在 1979 年开春的一个晚上，小岗生产队 18 个人在一起开会，决定把大包干（到组）再分解，干脆实行小包干到户。这在当时也是犯忌的。幸好，凤阳县委的陈庭元书记、滁州地委的王郁昭书记理解农民的苦衷，冒着风险，把他们保下来了。

1979 年 6 月初，我和贾信德、李兰亭三人拿着盖有中国社会科学院公章的介绍信，到安徽省调查。省农委副主任刘家瑞同志向我们介绍安徽农

---

① 中共中央文献研究室编《三中全会以来重要文献选编》（上），北京：人民出版社，1982 年 8 月，第 185 页。

村改革发展的情况，谈了一天半，双方谈得很投机。第二天11点座谈会结束时，刘家瑞说："前面主要是介绍了全省包干到组和凤阳大包干的情况，其实，我们这里还有个小范围的包产到户的试验区。"我们当即要求他作一个介绍，刘家瑞就给我们详细讲了肥西县山南区实行包产到户的全过程。我们问："现在麦收了，试验区的效果怎么样？"他说："试验的效果比预想的要好很多，今年夏粮肯定是特大丰收了，点上的干部群众都很高兴。"我们提出能否去实地看一看。刘家瑞说自己作不了主，一定要省委批准才行。当时约定，他回去请示，如同意，明天陪我们去肥西；如不准，我们就直接去安庆。

第二天一早，刘家瑞带了一辆上海轿车，陪我们去肥西。路上他向我们交代，不要说我们是北京来的。车行约一小时多，就到了肥西县山南区。进到试验区境内，就看到了一种特殊的景象，已经黄熟的麦子，呈高矮不同的三层楼式的分布，大片是长得又密又高的麦子，有一部分则矮一些，小部分的麦田则更矮。老刘说："长得最高最好的是包产到户种的，矮一些的是包产到组种的，最矮的是生产队集体种的。"我们的车在柿树公社东大街生产队的田边停下。有的社员已在开镰割麦。我们到了，他们停下来向我们问好，有的还举着刚割下的沉甸甸的麦穗，向我们示意，喜悦之情溢于言表。

1979年7月初，我们一行回到北京，向时任中国社会科学院副院长的宋一平同志汇报，他听得很仔细，特别询问了凤阳的大包干和肥西山南区包产到户的情况，他提议我们把有关试点情况写成报告。8月下旬，我们收到刘家瑞同志寄来的关于山南区包产到户试点的三份调查报告，里面讲到夏收的结果，证实了他们6月份的预测：按生产队老办法干的增产一倍，包产到组的增产两倍，包产到户的增产近三倍。山南区包产到户的队占77%，夏粮总产2010万斤，比1978年增长265%，上交征购粮1149万斤，比1978年增长5.7倍。一季就解决了温饱问题，效果之好，出乎了所有人的意料。9月中旬，我们写成了《包产到户问题应当重新研究》的研究报告。宋一平同志阅后，专门找我谈了一次话，要我们作些准备，在中国社会科学院的双周座谈会上作介绍，并说报告已经转给《未定稿》，供他们发表。不久，宋一平同志又告诉我，邓力群同志看了我们的研究报告后说："十一届三中全会的文件，明确讲过'不许分田单干，不许包产到户'，四中全会的文件也讲了，'不要包产到户'。我们中国社会科学院公开讲'包产到户问题要重新研究'，不妥。"所以宋一平同志决定，不到座谈会上去讲了。

《未定稿》正刊不发，发增刊，印200份。《未定稿》增刊于1979年11月3日印出了那篇研究报告和安徽的三个包产到户试点的调查报告。中国的事情是很怪的，越是印得少的东西，越有人注意，越有人看，也能起一定的作用。这份《未定稿》增刊，传到了安徽，万里等同志都看了。万里同志后来还在一次干部会上说，最早为包产到户做宣传的文章，是中国社会科学院同志写的。这份增刊传到甘肃省，省长李登瀛同志专门转给省委书记宋平，并在刊物上写了一段话，“这份材料是从北京捎来的，其中社科院写作组的那一篇要重视，同文件的说法不一致，值得我们思考”。

前面说过，包产到户这次最早是1978年10月在肥西县山南区搞起来的，并且是作为安徽省委特批的试验点，而包干到户是1979年2月（也有说是1978年11月）在凤阳县普遍实行大包干到组的过程中，梨园公社小岗生产队先搞起来的。一个在先，一个在后。一个是万里和安徽省委特批的试验点，一个是凤阳县委书记陈庭元同志保下来的点。1980年5月31日，邓小平在《关于农村政策问题》的讲话中说：“安徽肥西县绝大多数生产队搞了包产到户，增产幅度很大。‘凤阳花鼓’中唱的那个凤阳县，绝大多数生产队搞了大包干，也是一年翻身，改变面貌。”① 表扬了肥西的包产到户和凤阳的大包干（包干到组）。据时任安徽省委副秘书长吴象同志的回忆，“在这次会上（指1980年1月2日~11日开的安徽省委扩大会），万里第一次听到小岗‘包干到户’的事情，会后专程赶去考察，给予了热情的支持”。可见，安徽开始搞的是肥西山南区的包产到户。为什么后来小岗村成了农村改革的星星之火，成了发源地呢？这要从包产到户和包干到户的关系和异同说起。

包产到户是在坚持集体所有制的条件下，生产队实行统一计划、统一分配、定产到田、责任到户，对农户实行包产量、包工分、包费用。双方签订合同，超产者奖、欠产者罚。一年签一次合同，秋后社员按定产合同向生产队交粮食等农产品，统一核算后，再按合同向社员分粮分钱。这种联产承包责任制的形式，早在1956年就有了，几起几落，肥西县山南区的包产到户只是联产承包责任制的重新恢复，并在新的条件下得到了推广和发展。

包干到户是在20世纪70年代末农村改革大潮中的新创造。它的直接来源是凤阳在1979年实行的大包干到组。小岗村因为历史原因，连几家一起

① 《邓小平文选》第2卷，北京：人民出版社，1994年10月第2版，第315页。

干也合不拢、搞不好，就把组的责任田和任务分到户，所以开始这里叫“小包干”（到户）。但这实际就是一种制度创新，表面上是包产到组、包产到户的简化，省去了统一核算、统一分配的烦琐手续，实质上是免去了生产队这一级的集体经济的统一经营、统一核算的组织。后来的实践证明，生产队这个原来的基本核算单位，在全部实行了家庭联产承包责任制（包干到户）以后，绝大部分就名存实亡了，这一层级的集体经济组织就不再存在了。社员自主经营承包的责任田，交足国家的，留够集体的，剩下都是自己的。这样责任更明确、利益更直接、方法更简便，得到了广大农民群众的普遍欢迎。据我在20世纪80年代的调查和那时有关部门的统计，1980年12月全国搞包产到户的生产队占9.4%，搞包干到户的占5%。全国双包责任制推广以后，到1981年10月，搞包产到户的占7.1%，搞包干到户的占38%。到1982年6月，搞包产到户的占4.9%，搞包干到户的占67%。可见，自1981年以后，许多生产队就直接搞包干到户，搞了包产到户的也转为搞包干到户。到1983年，全国普遍实行家庭联产承包责任制，绝大部分都是搞的包干到户。所以我们后来说小岗村是农村改革的发源地，把大包干纪念馆建在凤阳小岗村是有道理的。

二 从不许分田单干，不许包产到户，到可以包产到户，也可以包干到户

中国的语言文字是世界上历史最悠久、最优美的文字之一，不仅表达力强，而且精确简洁，往往只要改动一个字，就能表达不同的含义。农村改革初期，对包产到户的不同说法，可以反映农村改革曲折演变的全过程。

包产到户在1956年合作化初期就在四川的江津、浙江的温州等地区搞起来了，但在1957年反右派过程中被批下去了，以后几起几落。1958～1961年，在大跃进、大公社引发了严重经济困难后，各地有20%～30%的农村自发搞起包产到户，效果都很好，对恢复农业生产、解决人民温饱问题起了很大的作用。有很多地方把包产到户的责任田称作“救命田”。1962年春，中央农村工作部、中央政策研究室等部门和一部分领导干部，包括陈云、邓子恢、李富春、田家英等同志，到各地农村调查。1962年5～6月，邓子恢在中央党校等单位作报告，主张支持包产到户。田家英也向毛泽东报告，认为可以让40%的地方搞包产到户或分田单干。陈云主张分田到户。1962年6月，他分别同刘少奇、周恩来、林彪、邓小平等人交换过

意见，大家的看法大体一致，或者没有表示不同的意见。6 月 24 日，陈云向毛主席申述了主张分田到户的理由，并说分田到户不会产生两极分化，不会影响征购，恢复只要 4 年，否则需要 8 年。据陈云后来回忆说："谈话以后，毛泽东同志很生气。"①

1962 年 1 月开过七千人大会以后，毛泽东就到各地调查研究，3 月底回京参加全国人民代表大会，5 月又南下，7 月 6 日才回京。他经过调查研究，对形势有了自己的看法，对农村情况尤为关注，亲自提出再次缩小生产队的规模，把基本核算单位定在生产队。修改《人民公社六十条》，领导起草《关于进一步巩固人民公社集体经济发展农业生产的决定》。在中央工作会议和八届十中全会期间，毛泽东发表多次讲话，力排众议，明确反对包田单干和包产到户。并且把搞不搞包产到户提高到阶级斗争的高度，认为这是资本主义和社会主义的路线斗争，并多次在会上点名批评邓子恢、田家英，也不点名地批评了陈云分田到户的主张，明确提出反对单干风。会后不久，中央农村工作部就解散了。

这两次会议前后开了近四个月，党内高级干部都参加了，就形势、矛盾、阶级斗争问题进行了反复讨论，最后统一了思想，形成了决议。所以，高级干部对农业要走集体道路，反对分田单干、反对包产到户，有很深的印象。

1978 年末，十一届三中全会原则通过了《中共中央关于加快农业发展若干问题的决定（草案)》。文件总结了新中国成立以来农业发展方面的经验和教训，批判了长期存在的"左"的错误，如违背自然规律和经济规律，剥夺生产队的自主权，搞平均主义，压抑打击广大农民的积极性，阻碍农业生产发展，有针对性地提出了 25 条加快农村改革和发展的政策。这是调动农民积极性、加快农业发展的一个纲领性文件。但就是这样一个重要文件，对人民公社"政社合一""三级所有，队为基础"等体制性问题，仍然没有触动。在提出坚决反对平均主义问题时，讲到"可以按定额记工分，可以按时记工分加评议，也可以在生产队统一核算和分配的前提下，包工到作业组，联系产量计算报酬"，② 但同时明确规定"不许分田单干，不许包产到户"，又重申了 1962 年八届十中全会的精神。

---

① 中共中央文献研究室编《陈云年谱》（1905～1995）下卷，北京：中央文献出版社，2000 年 6 月，第 120 页脚注。

② 中共中央文献研究室编《三中全会以来重要文献选编》（上），北京：人民出版社，1982 年 8 月，第 185 页。

自1956年实行了农业合作化以后，从一家一户的生产经营，到集体生产经营，几亿农民经过了20多年的实践。关于如何办好集体经济、如何搞好统一经营，实际上经历了几次大的探索。

第一是要不要实行生产责任制。刚一开始集体生产很混乱，上工一条龙，干活磨洋工，下工打冲锋。所以20世纪50~60年代生产责任制就在各地实行了，开始是在生产队里搞评工记分，生产队设记工员，社员每天上工，下工后记工分。后来又搞分组作业，小段包工，这使集体生产逐渐有了秩序。

第二是责任制要不要联系产量计算劳动报酬。这在高级合作社时期就产生了，就是合作社统一经营、统一核算、统一分配，合作社下面分生产队（或组），社对队实行“三包一奖”（包田块、包产量、包工分、超产奖励），这就是联产计酬。1958年实行人民公社，生产大队对生产队也有很多是实行“三包一奖”的。后来明确“三级所有，队为基础”，生产队是基本核算单位。规模缩小了（20~30户），要不要再划作业组，各地正在实践中，有的是联产到组的，也叫包产到组。有的没有联产。不久，“文化大革命”开始了，政府对此没有管。“文化大革命”结束后，分组作业、联产到组，又被重新提出。十一届三中全会的农业文件，明确讲了可以“包工到作业组，联系产量计算劳动报酬，实行超产奖励”。

第三是联产到组还是联产到户。实践证明，生产队几十户人家在一起，“干和不干、干多干少、干好干坏都一样”，平均主义，吃大锅饭，结果都不好好干了。联产到组，户少了，好一些，但还有二锅饭的问题，所以农民要求包产到户。但包产到户与最初集体经济的观念不符，被认为不是社会主义，屡遭禁止。十一届三中全会还是明确宣布，“不许分田单干，不许包产到户”。

实际上，在十一届三中全会前后，安徽、甘肃、贵州等地在解放思想和改革开放的大潮的推动下，已经搞了不少包产到户的试点。有的是农民和基层干部自发搞的，有的是得到上级领导同志批准的。对此，上上下下，党内党外，争论很大。安徽肥西县山南区在1978年10月搞了包产到户试点。1979年春，省委工作组去宣传贯彻三中全会精神，老百姓议论纷纷，有的说“早也盼，晚也盼，盼来两个不许干”。好在包产到户以后，效果明显，农业生产出人意料的好，也没有人硬要去纠正。

1979年5月，万里亲自到肥西山南区调查，观察了解这个包产到户试验点的情况。当他看了行将成熟的麦苗，穗大籽饱，随风滚滚的麦浪，听了包产到户的农民、生产队长、公社书记等人在田间的答话，他对包产到户试验的成功心里有了底，多次讲到，不虚此行、不虚此行![①] 不久就传来了山南区夏粮获得大丰收的喜讯，单季小麦总产 2010 万斤，比 1978 年翻了两番。后来秋季水稻也大丰收。他把这些丰产信息带到了北京。

1979 年 9 月，中共第十一届四中全会开幕，万里和贵州、内蒙古等几个有包产到户实践的省份的领导，向中央介绍了小范围包产到户成功的实践，据理力争，在正式通过《中共中央关于加快农业发展若干问题的决定》时，把原来决定草案上的"不许分田单干，不许包产到户"改为"不许分田单干，除某些副业生产的特殊需要和边远山区，交通不便的单家独户外，也不要包产到户"。[②]

从"不许"改为"不要"。一字之差，不仅语气缓和多了，而且有了商量的余地。指出在某些有条件的地方，可以例外，开了一个小小的门缝。而后来农村改革的大潮，正是从这个小门缝里发展起来的。

1980 年 2 月，中共十一届五中全会，决定重建中央书记处，胡耀邦任总书记，万里、谷牧、余秋里、胡乔木、姚依林、彭冲等为书记处书记。从此,[③] 万里调到北京工作。他将自己在安徽两年多工作的实践经验带进了决策层，这对农村改革的推进，无疑是很有利的。

1980 年 4 月 2 日，邓小平找胡耀邦、万里、姚依林、邓力群谈长期规划问题。姚依林说："工业、农业都要甩掉一些包袱。农委同志建议如甘肃、内蒙古、贵州、云南等省，中央调给他们粮食很多，是国家很大的负担。可不可以考虑，对这些地区，在政策上放得宽一点，地广人稀、经济落后、生活贫困的地区，索性实行包产到户之类的办法。让他们自己多想办法，减少国家的负担。"[④] 邓小平说："对地广人稀、经济落后、生活贫困的地区，像贵州、云南、西北的甘肃等省份中的这类地区，我赞成（有的文本有"依林的意见"）政策要放宽，使它们真正做到因地制宜，发展自己的特点。……政策要放宽，要使每家每户都自己想办法，多找门路，增加

---

① 此处 12 字根据《"三农"续论：当代中国农业、农村、农民问题研究》收录文本增加。——编者注

② 中共中央文献研究室编《三中全会以来重要文献选编》（上），北京：人民出版社，1982 年 8 月，第 185 页。

③ "从此"二字根据《"三农"续论：当代中国农业、农村、农民问题研究》收录文本增加。——编者注

④ 参见杜润生《杜润生自述：中国农村体制变革重大决策纪实》，北京：人民出版社，2005 年 8 月，第 115 页。

生产，增加收入，有的可包到组，有的可包给个人，这个不用怕，这不会影响我们制度的社会主义性质。”①

从“不要”到“不如（索性）”也只是一字之差，但这是一个阶段，把开启的一条小门缝扩大了，为云、贵、陇、蒙这类省区开了一扇小门，其根据就是“实践是检验真理的唯一标准”。前述肥西山南区等地的实践证明，包产到户确实能大幅增产（粮食），为什么非要死守越大越公、越平均越好的所谓的社会主义，与其国家背包袱，进口粮食调给他们，不如（索性）放宽政策，实行包产到户一类的办法。道理就这么简单。

这两位领导人的讲话，当时并没有公开发表，但在高级干部中作了传达，这对各地当时正在展开的能不能搞包产到户的激烈争论是很起作用的，对主张实行包产到户的同志，是莫大的支持。贵州省委专门为此开省委扩大会议，召开地、州、市委书记会议，统一思想，作出了《中共贵州省委关于放宽农业政策的指示》，明确要从贵州省的省情出发，实事求是地允许包产到户可以超出“深山偏僻、孤门独户”的规定，也允许包干到户。从此，包产到户、包干到户迅速在全省推开。

可不可以搞包产到户，当时成了全国农村争论的焦点。到 1980 年初，各地自发搞包产到户的约有 9%，贫困地区多一点，发达地区很少。关键时期，邓小平同志发表意见了。5 月 31 日，他同胡乔木、邓力群谈话时说：“农村政策放宽之后，一些适宜搞包产到户的地方搞了包产到户，效果很好，变化很快。安徽肥西县绝大多数生产队搞了包产到户，增产幅度很大。‘凤阳花鼓’中唱的那个凤阳县，绝大多数生产队搞了大包干，也是一年翻身，改变面貌。有的同志担心，这样搞会不会影响集体经济。我看这种担心是不必要的。”② 十一届三中全会确立了邓小平在党中央的核心地位，他的谈话，一言九鼎。胡耀邦和邓力群把谈话整理后，在党内传达。这一次谈话传达的范围比上一次的广，我当时就听了传达，还看到了谈话记录稿。小平同志这两次谈话，把允许搞包产到户的门打开了。

但是，农业合作社，人民公社搞了二十多年，集体经济体制也让一小部分人（主要是干部）尝到了甜头，一直以为搞包产到户是单干，是否定集体经济。现在要搞包产到户，阻力很大，主要是干部不同意，越到上面，

① 中共中央文献研究室编《邓小平年谱・1975～1997》（上），北京：中央文献出版社，2004 年 7 月，第 615～616 页。

② 《邓小平文选》第 2 卷，北京：人民出版社，1994 年 10 月第 2 版，第 315 页。

反对的声音越大。当时的国务院总理到陕西米脂调查，发现专业承包、包产到劳的责任制比较好，专门向中央写了一封信，推荐专业承包责任制，提出包产到户可以多种多样，目前不论什么地方，群众已经选择什么就算什么。不搞包产到户的可以不搞，但搞了的也不要反对，现在要稳定下来，免得贻误农时，待秋后专门开会讨论。信经中央同意转发到了全国。

1980 年 9 月 14～22 日，中央召开省市自治区第一书记座谈会，对包产到户问题进行专题讨论。会上两派争论很激烈，黑龙江省委书记杨易辰说："黑龙江是全国机械化水平最高的地区，大平原，一搞包产到户，机械化发展受影响是倒退。集体经济是阳关大道，不能退。"贵州省委书记池必卿说："你走你的阳关道，我走我的独木桥，我们贫困地区就是独木桥也得过。"这次会议由胡耀邦主持，万里此时已担任国务院副总理兼国家农业委员会主任，杜润生以国家农业委员会副主任的身份负责文件起草，最后形成了一个妥协的文件。文件一方面重申集体经济是我国农业向现代化前进的不可动摇的基础；另一方面指出集体化经历过曲折、发生过一些失误，对人民公社脱离农民群众的一些做法必须改革。会议达成共识，对包产到户应当区别不同地区、不同社队采取不同的方针。文件指出，"在那些边远山区和贫困落后的地区，长期'吃粮靠返销，生产靠贷款，生活靠救济'的生产队，群众对集体丧失信心，因而要求包产到户的，应当支持群众的要求，可以包产到户，也可以包干到户，并在一个较长的时间内保持稳定"。① 会后不久，中共中央以《关于进一步加强和完善农业生产责任制的几个问题》的名义印发全党，是为 1980 年中央七十五号文件。这是中共中央以文件形式明确表明"可以包产到户，也可以包干到户"的第一个文件。这是对多年来关于包产到户争论问题的一个总结，是把十一届三中全会关于生产责任制的规定向前推进了，是根据实践作的校正和补充，也是党中央对农民群众在实践中创造的包产到户生产责任制做出了肯定性的回应，有极其重大的实践意义。七十五号文件一传达，立即受到亿万农民的热烈拥护，从此关于包产到户、包干到户的闸门被打开了，真正一泻千里、势不可挡。原来设想在贫困落后地区搞包产到户，50% 的中间地区搞包产到组，发达地区实行专业承包。但没有多久，包产到户、包干到户就席卷全国。1980 年底，贵州省就有 18.6% 的生产队实行包产到户，61.8% 的生产

① 中共中央文献研究室编《三中全会以来重要文献选编》（上），北京：人民出版社，1982 年 8 月，第 547 页。

队实行包干到户，这在全国是搞得最快的。

1980年是农村改革大争论的一年，也是中国的改革在农村取得突破的一年。争论的焦点是包产到户问题。从“文革”结束以后，有些地区的农民群众和基层干部自发搞了包产到户，到1978年10月，安徽省委、万里批准肥西县山南区搞了包产到户试点；从1978年末十一届三中全会决议《关于加快农业发展若干问题的决定（草案）》提出“不许分田单干，不许包产到户”，到1979年9月十一届四中全会正式通过决议，改写为“不许分田单干，……也不要包产到户”；从1980年4月姚依林、邓小平在长期规划会议期间提出“不如（索性）实行包产到户之类的办法”，到1980年5月31日邓小平同志说“肥西县绝大多数生产队搞了包产到户，增产幅度很大”；最后，1980年的中央七十五号文件，明确宣布“可以包产到户，也可以包干到户”。这是农村第一步改革开始的全过程，可以说是农村改革，也可以说是中国改革的开场锣鼓，这出开场戏演得好，为后来中国改革开放这场威武雄壮的大戏开了个好头。

三　五个“中央一号文件”的前前后后

1980年8月，我和中国社会科学院《未定稿》编辑部的王小强一起去甘肃农村调查，在甘肃省委宣传部副部长陈舜瑶、处长李炳文等同志的支持、帮助下，对定西、陇西、渭源等搞了包产到户的县和搞了专业承包的兰州郊区农村作了为期38天的调研，写成了《包产到户的由来和今后的发展——关于甘肃省包产到户问题的考察报告》的调查报告。此时，甘肃已有38.7%的生产队搞了包产到户，早的已有近两年的实践，兰州市郊已有了第一批专业户。我们就包产到户产生的必然性、包产到户的成就特别是包产到户以后将怎样发展作了调研，听取了很多干部和农民的意见，得出的结论是，“包产到户有强大的生命力，它不仅是解决农民温饱的临时措施，而且可能成为农业向专业化、社会化发展的桥梁，很可能成为中国农业现代化的一个起点，从此走出一条适合中国国情的农业现代化的道路来”。而且明确指出，“搞包产到户之后，再要回到原来搞农业的老办法上去是不可能了”。报告还就包产到户以后农村的发展作了预测，“大致分为三个阶段，第一阶段是实行包产到户，每个农户都是以农业为主的小而全的经营单位，……解决温饱问题；第二阶段，多种经营蓬勃发展，兼业农户大量出现；第三阶段，是专业户和专业农户”。“发展的必然趋势是专业户、专业农户大量出现，实现农业专业化。而专业户又必然要求联合、协作，要求社会化。于是建立在农业生产力大大发展，实现了专业化基础上的集体经济企业，就会成为我国农村的主要组织形式。”“所以我们说：包产到户发展前途宽广。”这篇报告写成后，先应甘肃省委宣传部的要求，在省级厅、委、局、办干部大会作了报告，并在省委内刊发表，1980 年 11 月在中国社会科学院主办的《未定稿》上全文发表。①

当时，中央 1980 年七十五号文件在内部发布不久，全国关于阳关道与独木桥的争论很热，这篇有新意的调查报告公开发表，对主张包产到户的同志，是一种理论上的支持。1981 年的春天，六安地区（肥西县的上级）地委书记派人到北京，送给我两斤六安瓜片（茶叶），并对我说：“我们书记说，你们的文章太好了。原来我们到省里开会，常常坐在后面，虽然我们的贡献很大，包产到户上交的公粮多，表现不错，但我们自感成分不好，因为包产到户是独木桥，理不直，气不壮（安徽在万里调到北京后，包产到户又不让搞了）。看了你们的文章，心里有底了。你们说得对，包产到户发展前途宽广，将来不是我们要再回到老路上去，而是他们也要搞包产到户，包产到户才是阳关大道。”这篇调查报告也受到国家农业委员会杜润生等同志的重视。1981 年，王小强同志随农村发展研究小组一起到国家农业委员会调查研究部门帮助工作。此后，我也常被邀参加国家农业委员会调研部门的会议和调研活动。

1983 年，中国社会科学院组建“农村体制改革试验县调研组”，时任院长马洪同志批示：办体制改革县要同中央农村政策研究室商量，取得他们的支持。“批示”转报到中央农村政策研究室，很快得到杜润生同志的重视和热情支持。提出基地县由中国社会科学院主办，中央农村政策研究室全力支持，并专门派王岐山同志进行联络。这个点选在山东，是杜老同山东省委书记苏毅然同志商量定的。调研组由我任组长，组员有孙越生、李兰亭、张晓山、张晓明等 6 人。临行前，杜老还亲自同调研组进行了座谈，就县级体制综合改革试点应调查些什么问题、怎么调查研究和县级体制改革开始应做些什么等问题作了指示。试点县调研工作开展以后，我们返京既向中国社会科学院领导汇报，也向中央农村政策研究室的领导汇报，遇到

① 参见陆学艺、王小强《包产到户的由来和今后的发展——关于甘肃省包产到户问题的考察报告》，中国社会科学杂志社《未定稿》，1980 年第 30 期；陆学艺《陆学艺文集》，上海：上海辞书出版社，2005 年 5 月，第 17～47 页。

问题也向他们请示。1985 年 5 月，中央农村政策研究室还在试点县——陵县召开了华东地区经济体制改革试点县讨论会，吴象、王岐山等同志到会作了讲话。课题组在山东陵县调研 3 年，业务指导实际上是中央农村政策研究室，农村政策研究室也一直把我们看作他们的点。那几年，中央开农村工作会议，我是作为试点县的代表参加的，也多次参加中央农村政策研究室召开的其他会议和一些调研活动。所以对五个一号文件的起草、讨论、制定、通过的情况，知道一些。

五个中央一号文件（1982～1986），是党中央领导全国农村进行改革和发展的历史文献，内容包括推行以包产到户、包干到户为主要形式的家庭联产承包责任制，实现土地等主要生产资料所有权与经营使用权分离，使农民成为经营主体，从而调动广大农民的生产积极性，促进农业生产大增产、农村经济社会事业大发展、农民生活大改善，同时废除人民公社制度，在农村重建乡（镇）、村、组体制等多个方面。这五个一号文件好似反映 20 世纪 80 年代前期中国农村波澜壮阔、千姿百态的改革大潮的历史画卷，30 年后的今天来重新审视、研究，仍然觉得很有意义。

现在回顾起来，这一系列指导农村改革和发展的中央文件，应该是七个。前面讲到的 1980 年中央七十五号文件正式开启了实行包产到户的闸门，起了重大的历史作用，应该说是第一个。以后是五个中央一号文件，最后还有一个中央 1987 年的五号文件，同样起了重大的历史作用。七个中央文件是一个整体，前面已经论述了七十五号文件，以下分别论述其他几个文件。

（一）第一个中央一号文件，农民说是“顺气丸”

1980 年七十五号文件传达之后，明确了在贫穷落后地区“可以包产到户，也可以包干到户”，这给广大农民群众撑了腰。1981 年的包产到户，包干到户很快就突破了原来的范围，贫困地区发展得最快，中间地区、发达地区的农民也动起来了。但是七十五号文件还讲了“集体经济是我国农业现代化前进的不可动摇的基础”，一些干部据此作为反对推行包产到户、包干到户的依据。双方争论和斗争很激烈，形成了“上面放，下面改，中间出了个顶门杠”。有的县委书记、公社书记出去开会一天，农民和基层干部连夜就把地分了，称为“一夜政变”。联产承包责任制正因为是在上和下、干部和群众思想并不统一的状况下迅速推行的，难免出了一些问题，如有的生产队把集体财产也都分了，把拖拉机卖了，或拆解分了。反映到上面，又成了一些领导干部反对包产到户的借口。

1981 年 6 月，中共中央十一届六中全会通过了《关于建国以来党的若干历史问题的决议》，改选了党中央领导，胡耀邦当选为党中央委员会主席。7 月 31 日，胡耀邦给国务院副总理兼国家农业委员会主任万里写信，提出要在九十月再产生一个农业问题的指示。8 月 4 日胡耀邦同杜润生谈，布置文件起草工作，特别提出文件要写政策放宽问题。据此，国家农业委员会组织干部作了调查研究，听取意见，并起草了文件。10 月，中共中央召开农村工作会议，各省市自治区主管农业的领导人参加，讨论文件草稿。其间中央书记处领导接见会议代表，胡耀邦发表讲话明确指出："'包产到户'，并未动摇农村集体经济；……把改革说成是'分田单干'，这是不正确的，责任制用了'包'字本身，就说明不是'单干'；……我国农业坚持土地公有制是长期不变的，建立生产责任制也是长期不变的。"① 文件初稿各省带回去，国家农业委员会杜润生等同志会后再次听取各地意见，修改定稿。12 月 21 日中央政治局讨论通过了文件，定名为《全国农村工作会议纪要》。杜润生同志建议，文件在元旦发表，为新年的第一号文件。胡耀邦当即赞同并签发了这个文件，并说："农村工作方面，每年搞一个战略性文件，下次还要排'一号'。"② 这样，第一个中央一号文件就产生了，为后面几个一号文件作了预定。

1982 年第一个中央一号文件最重要的意义在于，党中央以文件形式，第一次正式肯定家庭联产承包责任制，结束了关于包产到户问题长达近 30 年的大争论，明确指出，"目前实行的各种责任制，包括小段包工，定额计酬，专业承包，联产到劳，包产到户、到组，包干到户、到组，等等，都是社会主义集体经济的生产责任制。不论采取什么形式，只要群众不要求改变，就不要变动"。文件的可贵之处还在于专门对农民群众新创造的包干到户作了肯定，"包干到户这种形式，在一些生产队实行以后，经营方式起了变化，基本上变为分户经营、自负盈亏；但是，它是建立在土地公有基础上的，农户和集体保持承包关系，……所以它不同于合作化以前的小私

① 黄道霞：《五个"中央一号文件"诞生的经过》，载杜润生主编《中国农村改革纪事》，北京：中央文献出版社，1999 年 1 月，第 135 页。

② 蒯乐昊：《杜润生：包产到户一锤定音》，载余展、高文斌主编《我认识的杜润生》，太原：山西经济出版社，2012 年 7 月，第 461 页。

有的个体经济，而是社会主义农业经济的组成部分”。① 第一个中央一号文件这个正确的判断，极其有力地支持了农民群众的新创造和强烈要求，正是这个包干到户，不久就统一了全中国。30 年来的实践，也完全证实了文件的这个正确判断。

第一个中央一号文件下达以后，农民群众欢欣鼓舞，认为这是党中央说出了他们的心里话，合乎庄稼人的心意。因为长期以来，总说包产到户是搞资本主义，而不是走社会主义道路，对此农民不服气、有意见。这个文件为包产到户正了名，恢复了名誉，明确指出，包产到户、包干到户都是社会主义集体经济的生产责任制。而且宣布长期不变，农民高兴了，说这个文件，就像是一颗“顺气丸”。

第一个中央一号文件一发表，农民搞包产到户、包干到户更加理直气壮，很快由贫困地区向其他地区扩展，形成不可阻挡的燎原之势。到 1982 年 6 月，全国农村生产队实行包产到户的占 4.9%，包干到户的占 67%，两项合计占 71.9%。到 1982 年底，双包到户的已达 90%。到 1983 年，连发达地区也基本都实行了包干到户。

（二）第二个中央一号文件，农民说是“大力丸”

1982 年 3 月，中央决定撤销国家农业委员会，成立中央农村政策研究室，任命杜润生为主任。研究室成立后，就开始下一个一号文件的酝酿和起草工作。不久，向全国派出七个调查组，调研农村包产到户后的新情况、新问题，同时着手研究年初胡乔木提出的农村搞生产责任制，要从农业合作社理论上进行说明的课题。

1982 年 9 月，党的十二大召开。胡耀邦在政治报告中指出，“近几年在农村建立的多种形式的生产责任制，进一步解放了生产力，必须长期坚持下去，只能在总结群众实践经验的基础上逐步加以完善，决不能违背群众的意愿轻率变动，更不能走回头路”。② 会后不久，胡耀邦就批示中央农村政策研究室要准备年底开一次农业书记会议，起草一个中央文件。

1982 年 11 月，中央召开农村工作会议，会后起草了文件，经中央政治局讨论通过，定名为《当前农村经济政策的若干问题》，于 1983 年 1 月 2 日

---

① 《中共中央批转〈全国农村工作会议纪要〉》，载中共中央文献研究室编《三中全会以来重要文献选编》（下），北京：人民出版社，1982 年 8 月，第 1063～1064 页。

② 《中国共产党第十二次全国代表大会文件汇编》，北京：人民出版社，1982 年 9 月，第 23 页。

发表，是为第二个中央一号文件。文件的主要内容是两个方面。一是农村实行大包干之后，农业大幅增产、农民收入增加，经济发达地区社队企业已有较大发展，农村还出现了很多专业户、个体工商户、长途贩运户等，而且已经有少量的个体工商户开始私人雇工。因此，社会上又有了新的争论，如允许不允许长途贩运、允许不允许雇工……第二个中央一号文件对此作了回应，明确指出，“联产承包责任制和各项农村政策的推行，打破了我国农业生产长期停滞不前的局面，促进农业从自给半自给经济向着较大规模的商品生产转化，从传统农业向着现代化农业转化。这种趋势，预示着我国农村经济的振兴将更快到来，……党和政府的各个部门，各级领导干部，都应力求做到思想更解放一点，改革更大胆一点，工作更扎实一点”。[①] 这对放活农村工商业、加快农村乃至全国经济改革的步伐起了重要作用。二是从马克思主义合作理论对农村实行包产到户、包干到户责任制作了高度评价：“党的十一届三中全会以来，我国农村发生了许多重大变化。其中，影响最深远的是，普遍实行了多种形式的农业生产责任制，而联产承包制又越来越成为主要形式。联产承包制采取了统一经营与分散经营相结合的原则，使集体优越性和个人积极性同时得到发挥。这一制度的进一步完善和发展，必将使农业社会主义合作化的具体道路更加符合我国的实际。这是在党的领导下我国农民的伟大创造，是马克思主义农业合作化理论在我国实践中的新发展。”[②] 在理论上对农民群众的实践作出如此高度的评价，在中国共产党的历史上，在中共中央的文献中，可以说是从来没有过的。

第二个中央一号文件，在理论上作出了如此高度的评价，对全国各级领导干部和群众产生了巨大影响，消除了以往形形色色的对双包到户的疑虑，统一到党中央关于农村改革的决策上来，进一步推动了农村的各项改革。广大农民群众进一步得到鼓舞，更加坚定了实践家庭联产承包责任制的信心。农民群众称赞这个文件好比是“大力丸”。

（三）第三个中央一号文件，农民说是“长效定心丸”

到 1983 年春，以包干到户为主的联产承包责任制已在全国普及，农业

① 《当前农村经济政策的若干问题》，载中共中央文献研究室编《十一届三中全会以来重要文献选读》下册，北京：人民出版社，1987 年 5 月，第 616 ~ 617 页。

② 中共中央文献研究室编《十一届三中全会以来重要文献选读》下册，北京：人民出版社，1987 年 5 月，第 616 页。

生产连年丰收。1982年粮食总产超过7000亿斤，棉花总产超过7000万担，都达到了历史最高产量。农村出现了卖粮难、卖棉难的现象。农业生产力的大发展，推动了各行各业的变化，但此时，计划经济体制还未改革，农业发展遇到了矛盾和障碍。

1983年初，邓小平在同中央领导和农口负责同志座谈时称赞了“一号文件很好”。当杜润生同志汇报到当前农村土地分得太零散，有些地方搞承包大户，出现了“雇工”现象，引起了争论时，邓小平说：“农业要有全面规划，首先要增产粮食，这是一项重要的战略部署。”在谈到如何看待目前出现的一些新事物时说：“农村、城市都要允许一部分人先富裕起来，勤劳致富是正当的。一部分人先富裕起来，一部分地区先富裕起来，是大家都拥护的新办法，新办法比老办法好。农业搞承包大户我赞成，现在是放得还不够。”“农业文章很多，我们还没有破题。农业是根本，不要忘掉。”① 1月下旬，中央领导就指示中央农村政策研究室要及早着手第三个一号文件的准备工作。

中央农村政策研究室早在2月就派出人员到各地去调查研究，开各种座谈会，听取干部和群众的意见和建议。调查中发现，大包干实行之后，农村形势很好，但有一个问题凸显了。因为大包干是在争论中迅速实现的，承包的年限没有明确，有的3年，有的5年，农民还是怕政策会变卦。有人说：“共产党的恩情像太阳，照到哪里，哪里亮；共产党的政策像月亮，初一、十五不一样。”怕政策变，影响了农民平整、改良承包地的积极性，有的只施化肥，不施能改良土壤的有机肥。另外，各地农村普遍出现了卖难、买难问题。

1983年11月29日至12月15日，中央召开农村工作会议，会议讨论了农村形势和工作，讨论修改了中央农村政策研究室准备的文稿。会后中央书记处又专门作了修改和定稿。最后定名为《中共中央关于一九八四年农村工作的通知》，是为第三个中央一号文件。

第三个中央一号文件的主要内容也是两个方面。一是关于农村总体改革的指导意见。文件开宗明义地说，“今年农村工作的重点是：在稳定和完善生产责任制的基础上，提高生产力水平，梳理流通渠道，发展商品生产。

① 参见中共中央文献研究室编《邓小平年谱·1975～1997》（下），北京：中央文献出版社，2004年7月第1版，第882页；《邓小平文选》第3卷，人民出版社，1993年10月，第23页。

农业生产责任制的普遍实行，带来了生产力的解放和商品生产的发展。由自给半自给向较大规模商品生产转化，是发展我国社会主义农村经济不可逾越的必要过程”。文件还对加强社会服务，促进农村商品生产的发展，供销社、信用社体制改革，农副产品的购销政策的调整，以及制止对农民的不合理摊派，减轻农民不合理负担等方面，作出了规定。二是针对农民怕变的疑虑，明确宣布，“延长土地承包期，鼓励农民增加投资，培养地力，实行集约经营。土地承包期一般应在十五年以上。生产周期长的和开发性的项目，如果树、林木、荒山、荒地等，承包期应当更长一些”。[①] 稳定和完善生产责任制是第三个中央一号文件的基本精神，以消除农民怕变的疑虑。文件一经传达，立即得到 8 亿农民的热烈拥护，农民称赞这个文件是“长效定心丸”。

（四）第四个中央一号文件，农民评价是“跌打丸”

1984 年，农村已普遍实行联产承包责任制，第三个中央一号文件使农民吃了“长效定心丸”。责任制使农民有了自主权，普遍得到了实惠，8 亿农民的生产积极性空前高涨。这种积极性和公社化时期兴修的水利、平整的土地等积累的生产潜力相结合，加之又遇上周期性的好天气，风调雨顺，迎来了改革以后第一个特大丰收年，粮食增产 400 多亿斤，总产达到空前的 8146 亿斤；棉花增产 3242 万担，达到空前的 12516 万担。其他农产品也都是丰产丰收，达到了农业生产的一个从未有过的高峰。

同往年一样，中央农村政策研究室派干部到各地调研，探讨农村改革和发展还需要解决些什么问题，为起草文件作准备。9 月初，万里召集田纪云和农口的领导同志研究，大家一致认为，当前粮食生产供需形势变了，粮食卖难、存难、运难问题突出，是农村工作中急需解决的问题。按说直到 1983 年，全国人均占有粮食 376 公斤，还是低水平的，但因为当时粮食和农产品的统购派购的计划经济体制还未改革，这点农产品就使已有的购、销、调、存、运的设施和体制不堪重负。到了秋天，特大丰收已成定局，但收购的新粮已无处存放了。所以决定要改革原有的粮食和农产品统购、派购制度。但改革的方针如何定？如何处理好国家同农民的利益关系、处理好城乡居民的利益关系？问题就出来了。因为农村率先改革，农民首先

---

① 《中共中央关于一九八四年农村工作的通知》，载中共中央文献研究室编《十二大以来重要文献选编》（上），北京：人民出版社，1986 年 10 月第 1 版，第 424 ~425 页。

得到了改革的实惠，城市改革还刚启动，国有企业又屡改不动、效益不好，所以那几年城乡居民差距是缩小的（从1978年的2.57：1下降到1983年的1.82：1），[①] 有些媒体对农村成就的宣传也过了头，不少领导人和城里人认为农村已富得流油了。此时，国家财政比较困难，财政体制还未改革，财政部传出“粮、棉越增产，财政越困难”的说法。

杜润生同志在他2005年出版的《自述》中说：“记得大约在1984年，我和姚依林曾议论过这个问题[②]。他对我说：老杜啊，让农民做点额外贡献，这种体制恐怕得维持下去。我说：做贡献，我不反对，但应贡献到明处。5%的土地税可再提一两个百分点，其他都平等交换，以利于激励生产。他说：时机成熟时可以这样搞。”[③] 那时，姚依林是管财政的副总理。

在这样的背景下，改革已经实行了30年的粮食和主要农产品（132种）的统派购体制，大方向肯定是对的，对发展农村商品经济、扩大市场调节、以后在农村建立市场经济体制，是非常有利的。但是因为要考虑国家的财政，要考虑城市居民的利益，在改革统派购体制时的具体操作时（如价格等方面），就出现了天平向城市居民和国家财政倾斜的问题。

1984年的农村工作会议在12月5~22日召开。经过讨论，形成了文件初稿，12月30日，中央政治局讨论通过，定名为《关于进一步活跃农村经济的十项政策》，于1985年元旦发出，是为第四个中央一号文件。其十项政策的第一项就说：“改革农产品统派购制度。从今年[④]起，除个别品种外，国家不再向农民下达农产品统购派购任务，按照不同情况，分别实行合同定购和市场收购。粮食、棉花取消统购，改为合同定购，由商业部门在播种季节前与农民协商，签订定购合同。定购的粮食，国家按照‘倒三七’比例计价（即三成按原统购价，七成按超购价），定购以外的粮食可以自由上市。”[⑤] 这项重大改革，大方向肯定是正确的。问题是在“定购的粮食，国家按‘倒三七’比例计价”这个定价方法上。以当时国家统购粮每斤均价0.15元计算为例：

---

① 国家统计局国民经济综合统计司编《新中国五十五年统计资料汇编》，北京：中国统计出版社，2005年12月，第34页。

② 指统购统销改革。——引者注

③ 杜润生：《杜润生自述：中国农村体制变革重大决策纪实》，北京：人民出版社，2005年8月，第147页。

④ 此处指1985年。——编者注

⑤ 《中共中央、国务院关于进一步活跃农村经济的十项政策》，载中共中央文献研究室编《十二大以来重要文献选编》（中），北京：人民出版社，1986年10月第1版，第611页。

甲农户交售2000斤粮，其中征购任务1000斤，超任务售1000斤（加价50%）。在1983年，他得款1000斤×0.15元+1000斤×0.225元=150元+225元=375元。1985年改为合同定购，计价如下：2000斤×30%×0.15元+2000斤×70%×0.225元=90元+315元=405元，增加30元，比1983年增收8%。

乙农户交售2000斤粮，其中征购任务500斤，超任务售1500斤。在1983年，他得款500斤×0.15元+1500斤×0.225元=75元+337.5元=412.5元。1985年他还卖2000斤，同甲农户一样得款405元，减收7.5元，比1983年减收1.8%。

丙农户交售2000斤粮，其中征购任务200斤，超任务售1800斤。在1983年，他得款200斤×0.15元+1800斤×0.225元=30元+405元=435元，1985年改为合同定购后，他同甲农户一样得款405元。减收30元，比1983年减收7%。

丁农户交售2000斤粮，他没有征购任务。1983年，卖的全是超购粮。得款2000斤×0.225元=450元。1985年，改为合同定购，他同甲农户一样得款405元。比1983年减收45元，减收10%。

就国家方面来说，依1984年实际收购粮食2833亿斤①为例，其中统购700亿斤、超购2133亿斤。如按1983年统购+超购价收购，需要：700亿斤×0.15元+2133亿斤×0.225元=105亿元+479.9亿元=584.9亿元。1984年改为合同收购后，需付款：2833亿斤×30%×0.15元+2833亿斤×70%×0.225元=127.5亿元+446.2亿元=573.7亿元，减少11.2亿元，减支1.91%。

从上述五个方面的计算，我们可以看到：在国家方面，实现了这项重大的改革（邓小平说这个文件在改革上“迈出了相当勇敢的一步”②），却没有付改革的成本，反而当年还减少支出11.2亿元（如果加上棉花收购体制的改革，那么减少收购支出的量更大），真是利莫大焉！上述四种农户，甲农户代表发达地区，原来统购任务重；乙农户代表中部地区，原来统购任务较轻；丙农户代表贫困地区，原来统购任务很轻；丁农户代表赤贫，如小岗生产队等，原来没有统购任务。实现改革以后，发达地区的农民得

① 国家统计局编《中国统计年鉴·1985》，北京：中国统计出版社，1985年10月，第482页。

② 黄道霞：《五个“中央一号文件”诞生的经过》，载杜润生主编《中国农村改革纪事》，北京：中央文献出版社，1999年1月，第143页。

到很大的利益，交售同量的粮食，收入增加8%。但1984年、1985年时的发达地区，无论是长三角、珠三角还是烟台、青岛等地区，都已经或正在转向大办乡镇企业，粮食收购价上涨，对他们并没有起到多少调动种粮积极性的作用。而正是中部和贫困地区，实行包干到户之后，生产积极性被调动起来了，成为粮食大增产的地区，但这次改革统派购体制后，合同收购价比原统购价加超购加价反而下降了，这对中部和贫困地区农民粮食的生产积极性是一次打击。后来杜润生同志在“对购销体制改革的反思”中说：“这一年[①]，粮食减产还有另一个原因：合同定购价格按‘一号文件’规定的是‘倒三七’比例计价，也就是三成按原统购价，七成按原超购价；后改为全部加权平均价收购，这就打击了新的粮食主产区（如安徽、吉林等地）农民生产商品粮的积极性。当时也有人提出过不同意见，如内蒙古主管农业的书记。对这个意见我也重视不够，没有向上反映。事实证明，他的意见是正确的。”[②]

1985年的中央一号文件明确宣布，从1985年起，除个别品种外，国家不向农民下达统派购任务。粮食、棉花取消统购，改为合同定购。生猪、水产品、蔬菜也要逐步取消派购，自由上市，自由交易。其他统派购产品，也要分品种、分地区逐步放开。这是继实行联产承包责任制以后，农村又一个重大改革的重要文件，对改革计划经济体制，发展商品生产，疏通流通体制，推动农村建立市场机制、体制，有十分重要的意义。但是在进行具体粮棉合同定购价格安排中，因为考虑得不够综合全面、定得不够合理，正在兴起的新粮棉生产区农民的利益受到损害，有人说这是个劫贫济富的做法。得到好处的，并没有因此调动积极性，而需要激励的，却反而减少了收入，从而打击了他们的积极性，影响到农业生产特别是粮棉生产的发展，直接导致1985年粮食棉花的减产。有本经济学家写的书，叫作《细节决定成败》，讲的道理是对的。

农民是很精明的。实行包干到户以后，农业恢复到一家一户自主生产经营，种什么、怎么种，他必须算计好。这是农民经济理性的表现。1985年初一号文件一发布，农民一则以喜，一则以忧。喜的是粮棉等农产品统购派购的制度取消了，这是盼望了多年的，对他们的自主经营非常有利。

---

① 此处指1985年。——引者注

② 杜润生：《杜润生自述：中国农村体制变革重大决策纪实》，北京：人民出版社，2005年8月，第152页。

忧的是粮棉合同定购的价格比原来征购加超购加价的办法，实际是下降了。农民一算账，感到再多种粮棉吃亏，认为是政策变了。

1985年的中央一号文件关于家庭联产承包责任制等方面的大政策没有变，而且又出台了农产品购销体制改革的重大政策，有极其重要的意义。但是文件规定的收购价格不合理，使相当多数农民的直接利益受到损害，农民当然有意见。农民对1985年中央一号文件的评价是“跌打丸”。

（五）第五个中央一号文件，农民的评价是“樟（涨）脑丸”

1985年一号文件在年初一发表，农民一算账，国家收购粮棉的价格下降了。再加上1984年粮棉特大丰收后，空前的卖粮难、卖棉难，不少地方出现打白条、不兑现甚至拒购的状况，这给很多农民一个信号，以为国家不需要这么多粮食棉花了，于是纷纷转产去种瓜菜和其他经济作物。1985年粮食播种面积实际减少6800万亩，比1984年的播种面积减少近4%，棉花则减种得更多。当年粮食减产近6.9%，棉花减产33.7%。

因为1982～1984年粮食连续大幅增产，农贸市场粮价连连下跌，几乎与国家的统购价持平了。此时国家提出改革粮食统购体制选的时机是对的。1984年冬天开农村工作会议时，各省向中央上报要求交售的粮食，远远超过国家的预计。国家预定1985年合同定额收购1000亿斤，各省要求交售1800亿斤。最后由国务院领导拍板，合同定购1500亿斤。分配这1500亿斤的指标时，各省都争着要。哪个省分到的指标多，还认为是中央对他们的照顾。

没有料到的是，因为1985年一号文件发表后，农民感到种粮吃亏，马上就转产，夏粮就减产，农贸市场粮价上涨，大城市和缺粮区抢购粮食，更加剧了市场粮价上升。但是国营粮食部门还是按1984年底定的合同价收购。农民交粮越多，吃亏越大，于是不肯按合同定额交售了。秋后，粮食大减产，市场粮价继续走高。农民更不愿意交售合同定购粮。国家同农民利益、干部同群众的矛盾重现了。国家1500亿斤定购数，完成任务很困难。

中央农村政策研究室与往年一样，上半年就派干部下去调查研究实行粮棉等农产品统派购体制改革后的新形势、新情况。6月初还开了西北5省和7个产粮大省的形势分析会。1985年，农村经济形势是好的，发达地区的乡镇企业异军突起，大农业形势也好，肉类、水产、蔬菜、瓜果派购取消后大幅增产。但粮棉减产，市场价格和国家定购价差扩大，农民履行合同进展缓慢。1985年8月30日，万里在中央书记处会议提出搞第五个一号文件的任务。中央农村政策研究室于10月初写出初稿，召开座谈会讨论修改。12月5～18日召开中央农村工作会议，讨论形成了文件。12月19日中央书记处专门讨论修改。12月27日中央政治局通过文件，定名为《关于一九八六年农村工作的部署》，于1986年1月发出，是为第五个中央一号文件。

1984年十二届三中全会作出了发展有计划商品经济的决定以后，城市和国有企业改革启动，在农村改革和农业大发展的基础上，宏观经济有了很大变化，二、三产业加快发展，对农业提出了新的要求。而这时粮食、棉花却大幅减产，粮棉生产重新出现徘徊。1985年底召开的农村工作会议对这种新的形势作了深入讨论。1986年的一号文件重新强调要摆正农业在国民经济中的地位，大力改善农业生产条件，要增加对农业投资、水利投资，稳定化肥、柴油、农机、农药等生产资料价格，并且提出要建立一批商品粮基地，保证在"七五"期间把粮食产量提升到9000亿斤。文件还对正在兴起的乡镇企业给予充分肯定，提出要从技术、设备、资金、人员等方面给予大力支持。这为农村经济的繁荣、为农业生产发展增强后劲指明了方向。

由于粮食、棉花大幅减产，加之农贸市场粮价大幅上涨，形成了与国家合同定购价的较大差距。国有粮站收购合同定购粮棉困难，进展迟缓，不少农村又重新出现干部催交公粮引发干群矛盾的现象。面对这种现实，1986年中央一号文件指出，"把粮食统购改为合同定购，是粮食收购制度的重大改革，只能逐步完善，不可因为粮食生产出现年度性波动就动摇改革的方向"。① 但对前述粮食定价不合理的问题，并未作出应有的改动。另外，还以国务院领导讲话的方式，强调说合同定购也是任务，农民要识大体，顾大局，踊跃交卖公粮，这是应尽的义务。这实际是在国家财政还相当困难的条件下，为保证对城市居民低价供应粮油要农民多做贡献。农民听到文件的传达，最初的反映是"定购、定购，就一定要购"。但中国农民是很识大体、很有觉悟的，明知交售定购粮吃亏，大多数农民还是自觉向粮站卖粮，积极完成任务。他们认为这就是交皇粮国税，是天经地义的。以后，这种由相对贫穷的农民以低价交售粮食维持城市居民得到低价粮食供应的不合理状况，又持续了近十年。但农民也是精于算计的，他们知道交合同

① 《中共中央、国务院关于一九八六年农村工作的部署》，载中共中央文献研究室编《十二大以来重要文献选编》（中），北京：人民出版社，1986年10月第1版，第873页。

定购粮吃亏，直接利益受到损害，所以有些农民对第五个中央一号文件的评价是“樟（涨）脑丸”。

（六）1987 年的中央五号文件

1985 年粮食减产 564 亿斤，比 1984 年减少 6.9%，棉花减产 4222 万担，下降 33.7%。[①] 在一年内粮棉同时大幅度减产，历史上还从未有过（三年困难时期，一年也没有减产这么多）。这在当时粮棉供给还不宽裕的时候，引起了市场和社会的震荡，特别是在农村改革正凯歌猛进，农业连续增产，人们对农业发展前景相当乐观的时候，1985 年的大减产，就像被泼了一瓢冷水，令人深思。1986 年，党内党外，上上下下，就有了各种议论。

在 1985 年底的中央农村工作会议上，国务院主管农村工作的领导同志分析原因时讲了三条：一是自然灾害是不可避免的；二是调整产业结构是必要的；三是一部分地方领导同志重视不够。后来农村发展研究所的几位年轻同志写文章，提出 1984 年的大增产是超常规增产，是多年积聚的生产力集中释放的结果，以后将转入常规增产。有人则认为，包产到户潜力枯竭了；也有的说这是因为对形势估计过头，自满了。原来对包产到户持反对态度的人说：“早就说包产到户不行，果然不行了。”社会上争论又起，众说纷纭。

我 1983 年 10 月带一个课题组在陵县蹲点，兼任县委副书记，调研农村县级体制改革问题。两年多来，亲身经历了包产到户后农业大发展的过程，陵县 1984 年棉花总产 109 万担，成为全国第二个产棉大县，粮食总产 60250 万斤。1985 年棉花降到 67 万担，粮食 68033 万斤，农民实际收入大减，农业大发展的势头被抑制了。那时我每年参加中央农村工作会议，还参加一些全国性的调研活动，对全局和基层的情况比较熟悉。面对这场新的争论，我也很忧虑。1986 年开春以后，我结合自己在陵县实际经历的感受，对近几年全国农村的发展状况作了分析研究，于 1986 年 4 月写出了《农业面临比较严峻的形势》一文，指出“农业发展的十一大制约因素，一是耕地日益减少；二是大量水利工程失修，灌溉面积减少；三是土地肥力减退，土壤恶化；四是生态环境继续恶化；五是实行责任制之后，没有适应新的情况，制定相应的农业现代化政策；六是各行各业冲击农业，行行强于农业，农民无心种田；七是农民负担逐年加重；八是流通体制改变甚小，买难卖

① 国家统计局编《中国统计年鉴·1986》，北京：中国统计出版社，1986 年 10 月，第 180 页。

难依然严峻；九是农民要扩大再生产、发展商品生产，深感一家一户力不能行，许多事办不了、办不好；十是农村基层组织半瘫痪，干群矛盾有所发展；十一，最大的忧虑是自上而下不重视农业，不安排农业投资，农民也不投资，不搞农田基本建设。1979 年农业投资 57.9 亿元，占国家基本建设总投资的 11.1%，1981 年只投资 29 亿元，占全国基建投资的 6.6%，以后逐年减少。……综合上述十一个方面的问题，主要还是两条：一是我国农业发展的物质基础，这几年不仅没有得到应有的加强，反而在几个重要方面削弱了；二是农民的生产积极性，特别是生产粮食的积极性受到一定的挫伤”。根据这些分析，我在文章中说：“1985 年粮食大减产，既不是计划安排的结果，也不是自然灾害等偶然因素造成，而是多种因素综合的结果。它是一个信号：我国农业的发展又进入一个关节点，如缺少有效对策，很可能从此又转入停滞徘徊的局面。”文章最后提出要统一对农业问题的认识，要制订增加对农业投资的具体方案，要拯救、振兴我国农机、农药和化肥等农用工业，理顺粮食价格，解决好粮食问题，积极稳妥地完善农村合作经济体制等五条政策建议。①

文章写就后，曾送新华社、《人民日报》，请他们在内刊发表，但都遭到婉拒。时任《人民日报》农村部主任的姚力文同志对我说：“老陆，现在改革派手里，只有农业这张牌最硬，对农业也说有问题了，对改革不利。”文章最后送到中国社会科学院调研处，时任中国社会科学院内刊《要报》编辑部主任的何秉孟同志对文章略作修改后，经院领导批准，于 1986 年 5 月 15～19 日分 3 期在《要报》发表。这在当时对农业、农村形势一片叫好的情况下是比较特殊的，引起了有关方面的注意。但反映不一，有称赞的，也有批评的，认为是散布悲观论的代表。

1986 年 6 月 10 日，邓小平同志与中央领导同志座谈时指出：“农业上如果有一个曲折，三五年转不过来。粗略估计一下，到二〇〇〇年，以十二亿人口每人八百斤计算，粮食年产量要达到九千六百亿斤。从现在起，每年要增产一百多亿斤才能达到这个目标。但是，现在粮食增长较慢。有位专家说，农田基本建设投资少，农业生产水平降低，中国农业将进入新的徘徊时期。这是值得注意的。”② 谈话不久，当时在中央农村政策研究室

---

① 参见中国社会科学院《要报》，1986 年第 18～20 期；陆学艺《当代中国农村与当代中国农民》，北京：知识出版社，1991 年 7 月，第 257～268 页。

② 邓小平：《在听取经济情况汇报时的谈话》，载《邓小平文选》第 3 卷，北京：人民出版社，1993 年 10 月，第 159 页。

联络组工作的王岐山同志就向我作了转达。中央就邓小平这次谈话进行了专门讨论，责成中央书记处农村政策研究室、农牧渔业部、林业部、水利电力部、国务院农村发展研究中心（中央农村政策研究室）5家单位共同研究，提出今后10年增强农业后劲的建议，主要内容是：（1）调整价格政策，缩小工农产品剪刀差，保证生产者有利可得，设农产品干预、储备基金；（2）加速推广农业技术，主要是新品种、模式栽培技术、地膜，等等；（3）整治土地1亿亩，包括开荒、改造低产田、控制非农用地、积极利用草山、水面；（4）鼓励扩大耕地经营规模；（5）调整产业结构，从种植业转出劳动力1亿；（6）5年内增派20万技术人员到农村；（7）加强农用工业建设，十年内再建10个化肥厂，发展农村电力，等等；（8）5年内解决4000万最贫困人口的温饱问题，10年内使一般贫困地区通路、通电、通商环境得到改善。这8项建议立即得到中央领导同志的肯定，邓小平表示同意，国务院领导批示“思路对头，是可行的”，让田纪云具体批办。田纪云批示“可以按此意见组织进行”。这8项建议，在后来推动农村改革和生产力发展中是起了重要作用的。[①]

1986年，鉴于上年粮棉大减产的教训，根据一号文件的精神，各地加强了对农业的领导和支持，调整种植结构，增加粮食种植面积，改善流通收购渠道，特别是传达邓小平谈话和五部委8项建议后，各地对农业、农村工作更加重视，着手落实上述几项加强农业建设的工作。1986年，乡镇企业异军突起，当年乡镇企业达到1515.3万个，从业人员7937.1万人，总产值3583亿元，[②] 都比1985年增加25%以上。1986年整个农村经济形势很好，农业形势也好，但粮棉生产仍差，秋后粮食增产248亿斤，增加3.3%，而棉花继续下滑，比1985年减少722万担，又减9.5%。[③]

1986年，中央农村政策研究室循例还是派人下去作调研，着手准备1987年的文件。1986年冬，再次召开中央农村工作会议，形成了指导1987年农村工作的文件。但在1987年初，中央发生人事变动，胡耀邦同志不再担任中共中央总书记的职务。所以形成了的农业文件，到1月22日才发出。排序编为第5号，是为1987年的中央五号文件。

这个文件讲了9个方面的内容：（1）农村经济体制改革的进程；（2）继

---

① 参见杜润生《杜润生自述：中国农村体制变革重大决策纪实》，北京：人民出版社，2005年8月，第144~145页。

② 参见农业部乡镇企业司编《中国乡镇企业统计摘要·1992》，1992年4月，第7、9、11页。

③ 国家统计局编《中国统计年鉴·1987》，北京：中国统计出版社，1987年10月，第170页。

续改革统派购制度，扩大农产品市场；（3）搞活农村金融，开拓生产要素市场；（4）完善双层经营，稳定家庭联产承包期；（5）发展多种形式的经济联合；（6）对个体经济和私人企业的方针；（7）调整产业结构，促进农业劳动力转移；（8）加强基层组织建设和思想建设；（9）有计划建立改革试验区。文件就1987年的农村改革和发展的重要问题作了明确的决定和指示，把确立农民自主权、发展市场体系、优化产业结构作为农村改革和发展的重点目标，指出“逐步改革农产品统派购制度，建立并完善农产品市场体系，是农村第二步改革的中心任务”。但文件同时指出：“在今后一个较长的时期内，还必须继续实行合同定购与市场收购并行的‘双轨制’，即由国家以合同形式按规定价格收购一部分，合同定购以外的按市场价格自由购销。合同定购部分作为农民向国家的交售任务，要保证完成。”① 五号文件还有一个内容是，以中央文件的形式，再次明确国家“对个体经济和私人企业的方针”，明确宣布“对农村各类自营专业户、个体经营者要实行长期稳定的方针，保护其正当经营和合法权益”。“个体经营者为了补充自己劳力的不足，按照规定，可以雇请一二个帮手，有技术的可以带三五个学徒。对于某些为了扩大经营规模，雇工超过这个限度的私人企业，也应当采取允许存在，加强管理，兴利抑弊，逐步引导的方针。”② 这对正在全国特别是农村蓬勃兴起的个体工商户和私营企业起了极大的鼓励和引导作用。

1987年的中央五号文件还对农村第一步改革的进程和成就作了初步的概括和总结。文件一开头就指出“农村经济体制改革的根本出发点，是发展社会主义商品经济，促进农业现代化，使农村繁荣富强起来。几年来，……农村经济新体制的框架已经初步显现出来”。扩大了生产者的经营自主权；逐步建立计划指导下的市场体系；调整农村产业结构；农村经济将形成以公有制为主导、多种经济成分、多种经营形式并存的格局；国家的宏观经济调节机制逐步建立和完善起来。文件明确指出：“改革将是一个较长期的渐进过程。……农村改革的深入，需要与城市经济体制改革更紧密地配合；改变旧体制下形成的利益结构，不能不引出各种各样的矛盾。因此，改革既须积极加以推动，又要注意避免社会震荡，稳步前进。改革

① 《把农村改革引向深入》，载中共中央文献研究室编《十二大以来重要文献选编》（下），北京：人民出版社，1988年5月，第1229～1230页。

② 中共中央文献研究室编《十二大以来重要文献选编》（下），北京：人民出版社，1988年5月，第1237页。

的目的是促进经济的发展，而经济稳步增长又是改革顺利进行的必要保证。……各级政府、各个部门，都应当从全局出发，从调动广大农民积极性出发，为农村经济创造新的发展条件。一刻也不能忽视农村经济的增长，一刻也不能忽视为农民增加收入开辟来源。”[①] 21 年前，五号文件就对农村改革作了如此简明扼要的总结，多么深刻、精辟而又意味深长啊！

中央五号文件的结尾说“十一届三中全会以来，中央连续发出一系列指导农村改革的文件，推动了农村改革和农村经济的发展。这些文件是群众实践经验的总结，反映了几年来农村发展的历程，其基本精神和政策是一致的，都是为了建设具有中国特色的农村社会主义制度。中央希望农村各级领导，要组织干部群众进行系统的学习，全面理解新时期农村政策的精神，进一步动员起来，巩固和扩大改革的成果，促进农业生产，为争取今年农村经济的新增长，为建设繁荣富裕文明的社会主义新农村而奋斗”。[②] 这个结尾，同以前的七十五号文件和五个中央一号文件的写法不同，这是对改革开放以来农村一系列指导性文件作出的简要总结，好像是告别演说一样，亮明心迹，祈望未来，预示着文件起草者们已经有了某种预感。历史的发展果然如此。这个 1987 年的五号文件，就成了这一系列指导性文件的最后一个。1988 年、1989 年就没有再像前几年那样有新的指导性文件颁发。1989 年 6 月以后，中央农村政策研究室就被宣布解散了。农村第一步改革在 1984 年告一段落，1985 年启动改革农产品统派购制度，1987 年的五号文件指出这是农村第二步改革。但因为各种原因，特别是中央农村政策研究室解散了以后，农村改革已经没有了参谋部，农村第二步改革的任务被拖延下来，至今还在断断续续地进行着，有不少问题至今也还未解决好。

四 回顾与思考

（一）农村第一步改革的最大成就：废除人民公社，解放生产力

1978～1984 年，农村第一步改革取得巨大成功，意义非凡。在 10 亿人口 8 亿是农民的国家，农民成为改革的先锋，带头冲破计划经济体制的束

① 中共中央文献研究室编《十二大以来重要文献选编》（下），北京：人民出版社，1988 年 5 月，第 1227～1229 页。

② 中共中央文献研究室编《十二大以来重要文献选编》（下），北京：人民出版社，1988 年 5 月，第 1242 页。

缚，转向市场经济，由此引出了一系列大变化，推动了城市改革，推动了国有企业改革，促进了生产力大解放、经济大发展、社会大变革，大大加快了中国工业化、城市化、现代化的步伐，为中国的重新崛起奠定了物质和思想基础。中国农村改革的成功，在中国改革发展的历史上，在中华民族再度复兴的历史上，可以说立了头功。

只用了3年多的时间，在全国实行了以包干到户为主要形式的家庭联产承包责任制，人民公社被撤销。人民公社这种体制，在经济上剥夺农民的财产，使农民和生产资料分离，失去生产经营的自主权；在政治上剥夺农民的自由，把农民封闭在生产队的几百亩土地上。农村改革，把土地的使用权交还给农民，使其有了经营自主权，恢复了农户经营，而且劳动力也有了自主择业的自由，为日后形成巨大的劳动力市场准备了条件。有人称这次改革是第二次土地改革，是又一次解放了农民。

实行家庭联产承包责任制极大地调动了农民的生产积极性，农业连年丰收，很快改变了粮食和农产品长期短缺的局面，农民收入大幅提高，购买力有了显著提升，市场扩大了，农民生活得到改善。这就为城市和国有企业改革准备了物质和思想条件。人们回顾1978～1984年的那段历史，称赞这是新中国建立后，农村发展的第二个黄金时期（农村发展的第一个黄金时期是1949～1955年）。

（二）农村改革的主体是农民群众

农村改革的动力，是农民要吃饱肚子。农民在人民公社时期被捆受压的艰苦生活，使他们有强烈的改革愿望，推动他们千方百计去探索、创造冲破计划经济体制束缚的方法。其实，像包产到户一类的做法，早在1956年就被创造出来了，但囿于意识形态和墨守苏联社会主义模式的偏见，被一次又一次地打压下去。十一届三中全会以后，党中央解放思想、实事求是地总结了农村发展的经验和教训，摒弃“两个凡是”，毅然决定支持农民包产到户的强烈要求，才造就了农村第一步改革的成功。这里的关键人物首先是邓小平同志，他从善如流、睿智决策，起了关键作用。还有万里、胡耀邦等一批领导同志的奔走呼号，终于为包产到户正了名，报上了户口，一步一步地使包产到户在全国得以实行和推广。有人把这场关系改革成败、国家命运的改革，看成是“上下互动”的结果，也就是广大农民群众和党的领导相结合的结果。包产到户、包干到户是农民群众在实践中创造的，屡屡被作为自发资本主义倾向受到压制（苏联集体化过程中，也曾有类似包产到户的试验，都被当局打压下去了）。这次包产到户之所以能在全国普遍实行，确实是因为有相当多的地方领导支持和党中央英明决策的结果。1983年第二个中央一号文件说，联产承包责任制是“在党的领导下我国农民的伟大创造，是马克思主义农业合作化理论在我国实践中的新发展”。[①]这个总结和判断实事求是，经得起历史检验。

（三）包产到户的实行，先从试验区开始

包产到户是在真理标准全国大讨论引发的思想大解放背景下起死回生的。后来，包干到户在全中国实行，则是“实践是检验真理的唯一标准”在实际中应用成功的经典范例。没有“实践是检验真理的唯一标准”这个理论武器，就不会有肥西山南区农民包产到户的“复辟”，即使再生了也保不住。县委一开始是禁止的，但农民坚持，反问“增产粮食犯不犯法?”“实践是检验真理的唯一标准在农村兴不兴?”。没有这个理论武器，就不会有安徽省委山南区包产到户的试验。万里说：“过去批判过的东西，有的可能是正确的，有的可能是错误的，必须在实践中加以检验。”

支持山南区包产到户试验需要胆识。试验使粮食大增产的实践，证明了包产到户是拯救农业的法宝，使万里等领导同志坚定了用包产到户解决农业问题的信心和决心。试验区使粮食大增产的实践说服了胡耀邦，也说服了邓小平。邓小平当机立断，明确支持包产到户，这是以包产到户试验成功为依据的。1980年2月，中央任命万里为中央书记处书记，不久就改组国家农业委员会，万里出任国务院副总理，兼国家农业委员会主任。这次关键性的人事变动，为实现农村改革并取得成功，做好了组织保证。我国现在农村还有诸如土地、户口、金融等体制性的难题长期解决不好，其实也可以通过先办试验区的办法来逐步解决。

（四）做好农村改革和发展工作，要有一个参谋部

早在1978年，为了加强对农业农村工作的领导，中央就成立了国家农业委员会。十一届三中全会关于农业问题的决定中，还专门就国家农业委员会的工作做了规定，明确要解决农业工作中的重大问题。1982年，国家机构改革，国家农业委员会改组为中央农村政策研究室，也就是国务院农

---

① 中共中央文献研究室编《十一届三中全会以来重要文献选读》下册，北京：人民出版社，1987年5月，第616页。

村发展研究中心。

农村问题是永恒的主题。几亿农民的要求和意见要上达，中央的决策要下传，上下如何结合，左右如何协调，千头万绪，要有个参谋部。中央农村政策研究室就是中央领导农村改革的参谋部。1980～1987年，先后出台的7个重要中央文件，都是在以杜润生为首的参谋班子事先为中央起草了文件草案的基础上形成的。上半年就下去调查研究、开各种座谈会，听取农民和干部的意见，了解新情况，总结新经验，发现新问题。下半年分析研究、集思广益、集体创作，形成初稿。年底开中央农村工作会议，听取各地领导人的意见，修改、补充。这样的文件有新意、有新话，很有针对性，直接解决问题，指导农村改革一步一步向前推进。这些文件反映广大农民和干部的意见，向中央建议，形成政策，指导实践，体现了“从群众中来，到群众中去”的传统优良的工作方法，深得民心，至今还有很多人怀念，交口称赞。

农村第一步改革成功实施，参谋部的作用功不可没。1992年，中央农村政策研究室解散了。十多年来，有许多人士多次呼吁重建农村政策研究机构。解决好“三农”问题是各项工作的重中之重，需要解决一系列困难、复杂的问题，建立一个参谋部，很有必要。目前，正在开展的社会主义新农村建设，就很需要有这样一个参谋部。

（五）农村第一步改革开了个好头，但第二步改革就很难①

到1984年，家庭联产承包责任制在全国已经普遍实行，农业生产体制方面的改革基本实现，而且成效显著，农业连年增产，1984年又获特大丰收，初步解决了农产品的供给问题。1984年召开十二届三中全会以后，以城市为重点的经济体制改革全面展开，1985年中央一号文件，宣布改革农产品统派购制度，粮食棉花取消统购，改为合同定购，生猪、水产品、蔬菜等也逐步取消派购，开始了农村流通领域体制的改革。这两件大事标志着农村第一步改革告一段落，改革农产品统派购制度，建立并完善农产品市场体系的农村第二步改革任务开始。学界对改革三十年来的历史划分，都把1978～1984年划为第一阶段。第一阶段在农村就是关于包产到户、包干到户改革的启动、较量、博弈到普遍实现，没有花多少成本，实现了农

① 此处9字原文为“至今也还未实现”，现根据《“三农”续论：当代中国农业、农村、农民问题研究》收录文本修改。——编者注

业生产制度的转变，立竿见影，取得了巨大的经济效益。所以说，农村第一步改革是成功的，开了个好头。

农村的改革是在国家计划经济体制总体上尚未改革的条件下首先实现的，开始在农业生产体制方面改革，调动农民的积极性，增加生产，增加供给，进行得还比较顺利。待到1984年农业大丰收，转而要改革农村流通体制的时候，触及计划经济体制的体系了，问题就来了。加上农产品购销体制的改革涉及城市居民的利益，城市居民这时还是低工资、低收入，国家财政还很窘迫，不仅付不起改革成本，反而要从改革中减少支出。所以1985年在农村进行以流通领域体制改革为中心的第二步改革，就举步维艰了。

在农村，第一步改革解放了生产力，农产品大量涌现，迫切要求改革原有的统派购制度，所以决定1985年进行以改革流通领域体制为中心的第二步改革是合理、正确的。但是，“长期实行的农产品统派购制度业已形成一个完整的体系，它不只是承担着产品分配的职能，同时也承担着利益分配的职能”。[①] 此时，以城市为重点的经济体制改革刚刚启动，国家同农民的利益关系、城市居民同农民的利益关系，都是刚性的，不能动。这就使农村第二步改革从一开始就面临宏观不利的困境。1985年，中央第四个一号文件宣布，改革农产品统派购制度时，只宣布取消粮棉统购。然而在实际执行中，统销继续保持，而且统销价格不变，保护城市居民利益，维持城镇居民和农民原有的利益关系；国家没有财政支持，维持国家与农民原有的利益关系。在这样的宏观背景下，进行粮棉统购制度改革，在利益关系层面讲，就只能在农民这个最大的社会群体内部进行利益关系调整。而恰恰在这个攸关农村第二步改革战略成败的开局决策上，前面讲过，决策方面是正确的，时机也选的合理，但在具体额定合同定购价格这个环节上出了问题，出台的新的粮棉合同定购价格，成了统一的收购价格，对原来统购任务重的发达地区有利，而对中、西部原来统购任务较轻的地区不利。这就激励了不该激励的农民（发达地区的农民已转向乡镇企业）、压抑了不该压抑的农民（中西部地区的农民正是增产粮棉的生力军），而且给广大农民一个错误的信号：国家的政策变了。实行第二步改革的第一年粮棉就大幅度减产，农业生产从此进入一个新的徘徊时期（粮食总产量到1989年才

---

① 《把农村改革引向深入》，载中共中央文献研究室编《十二大以来重要文献选编》（下），北京：人民出版社，1988年5月，第1229页。

恢复到1984年的水平）。

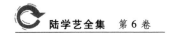

（六）农村改革的基本经验：改革要抓主要矛盾，解决主要问题

自从搞了合作化、人民公社化，农村就成了产生经济社会矛盾的渊薮。解决农村问题就成了党和政府工作的重中之重。毛泽东主席亲自抓，提出农业是国民经济的基础，国民经济安排要以农轻重为序，把农村工作放在第一位，倾注了主要精力。党和政府虽然投入了大量的人力、物力和财力，但农业就是徘徊不前，弄成个短缺经济，10亿农民8亿搞农业，饭还不够吃，要靠进口补充，农民普遍贫穷，有2.5亿人是赤贫。

邓小平主政以后，1978年十一届三中全会制定了两个农业文件，总结了农村发展的七条经验教训，提出了二十五条加快农业发展的政策。其中，第三条有两句话：不许分田单干，不许包产到户。可见并没有抓住主要矛盾。主要矛盾是农民和基层干部在实践中认识到的，并在三中全会前就开始实践破解这个主要矛盾的试验。所幸以邓小平为核心的中央领导，并没有墨守成规，先是支持试点，后来积极有效地推广这个成功的实践，终于使包产到户、包干到户在全中国实行，废除了人民公社体制，初步解决了这个主要矛盾，迎来了农村发展的黄金时代，为中国改革开了个好头。

对于1978～1988年农村改革的那段历史，可以用“善始没有善终”来总结。农村第一步改革有声有色，全国震动，捷报频传，皆大欢喜。第二步改革开局不利，农民不欢迎，当年减了产、受了挫折后，又没有修正策略，组织再战。客观上是此时宏观环境变了，国家的主要力量已经转到城市经济体制改革的方向上了。农民分化了，目标多元化了，组织者又没有妥善的应对措施。不久，中央农村政策研究室也被解散了。从此，农村第二步改革不再提了，农村改革也讲得少了。

总体来说，农村体制是计划经济体制的一个组成部分，相对于二、三产业的体制，是比较薄弱的，所以改革首先从这里突破。但是，从统购统销到合作化、公社化的实现，以至后来的城乡分隔的户籍制度、人民公社六十条、“三级所有，队为基础”、农业学大寨、四清运动，一步一步把农民在政治、经济、社会等方面“组织”起来了，纳入了国家计划经济体制，而且已经实行了20多年，可谓盘根错节、根深蒂固。对于这样一个庞大的农村体制，仅仅通过一两项改革，就想改变它，就想从此可以转到社会主义市场经济体制，那是很不现实的。

农村第一步改革，取得了巨大成功，改变了农村生产体制，初步调动了农民的生产积极性，大大促进了农业生产和农村经济的发展，初步解决了粮食和其他主要农产品长期短缺的问题，“还解决了社会主义国家集体化农业生产长期停滞的一个重要问题”。① 但是，我们要建设中国特色的社会主义现代化事业，要实现由计划经济向社会主义市场经济体制转轨，原来已经形成的户口、土地、财政、金融、就业、社保、公共服务、农村治理模式，都需要通过改革，使之转到与社会主义市场经济相适应的新体制中去。遗憾的是，1985 年农村第二步改革受挫以后，农村体制改革的问题没有得到应有的重视。农村方面的不少老大难问题，只有通过体制改革才能解决好。

近 20 年来，农村方面还是不断有喜讯传出的，如乡镇企业异军突起、亿万农民工离土离乡、粮食总产实现 1 万亿斤、农业税费全免、农村九年义务教育普及、农村合作医疗重建等，但近 20 年的农村形势可以用时晴时阴、喜忧参半来概括。一个不争的事实是，城乡差距、地区差距、贫富差距越来越大，党的十六大提出要抑制这三大差距扩大的趋势，党和政府也做了种种努力，而差距还是在扩大，由此引出了诸多经济社会矛盾。什么原因呢？从社会结构的理论来分析，2007 年的 GDP 中，一产业占 11.3%，二产业占 48.6%，三产业占 40.1%。而在 2007 年的就业结构中，一产业占 40.8%，二产业占 26.8%，三产业占 32.4%。2007 年的城市化率为 44.9%，农村人口占 55.1%。② 从这些数据可以看到两点。一是占总就业劳力的 40.8% 的农业劳动力，只创造了 11.3% 的增加值，这说明农业劳动生产率太低了，这主要不是农民自身的原因，而是他们的生产资料太少。另外，占总人口 55.1% 的农民去分 11.3% 的增加值，农民怎么能不穷！二是中国现在的经济结构已经是工业社会的中期阶段，但从就业、城乡结构看，中国现在的社会结构还是工业社会的初期阶段。社会结构理论认为，一个国家要和谐、要协调发展，首先经济结构和社会结构这两个基本结构要协调，当今中国工业化社会中，经济结构已经是中期阶段，而社会结构还处在初期阶段，这种不协调的基本结构正是产生诸多经济、社会矛盾的结构性原因。这种不合理的经济、社会结构，是计划经济体制形成的城乡二元

① 薄一波语，转引自吴象《林子力与中国经济体制改革的理论探讨》一文。

② 国家统计局编《中国统计年鉴·2008》，北京：中国统计出版社，2008 年 9 月，第 38、87、112 页。

经济社会结构没有得到应有改革的结果。所以，要改变这种不合理的经济、社会结构，还必须继续进行改革。

1984年十二届三中全会后，我国转向以城市为重点的经济体制改革，进行得虽然不顺利，但一直坚持下来了，现在城市的经济体制已经实现了从计划经济体制向社会主义市场经济体制的转变，而农村至今也还没有实现这种转变，基本上还不是社会主义市场经济体制。目前城乡之间有很多差距，而最大的差距是体制方面的差距，或者说，这些差距是由这种体制性的差距派生的，所以要统筹城乡经济社会发展，要解决好“三农”问题，就必须进行农村体制的改革。

2008年7月18日，在庆贺杜润生同志95周岁诞辰的会上，吴镕同志（江苏省原政协秘书长）说：“‘三农’问题，重中之重，难中之难，爬坡过坎。”我理解，他说的“坡”，就是建设中国特色社会主义中的农村、农业、现代化事业；他说的“坎”，就是要通过改革，消除计划经济体制至今还在阻滞农村、农业发展的障碍。当前，计划经济体制束缚农村生产力发展的障碍还很多，最主要的体制性障碍有两个：一是户口制度，这是束缚农民的紧箍咒，一定要先改革，使9亿农民重新获得国民待遇，获得参加社会主义市场经济竞争的入场券；二是土地制度，现行的所谓集体所有制，已经变得畸形了，这是产生城乡之间、农村内部诸多纠纷的主要根源，一定要改革，使农村土地产权明晰，使农民获得可以自己支配、处置的资产和房产，使农民有参加社会主义市场经济竞争的立足之地。

总结农村第一步改革的成功经验，启动新一轮农村改革，抓住主要矛盾，解决主要问题，使9亿农民从计划经济体制的束缚中解放出来，参与社会主义市场经济的竞争，把9亿农民的积极性进一步调动起来，使9亿农民的聪明、智慧充分发挥出来，必将为建设中国特色社会主义现代化事业增添新的巨大动力，推动历史滚滚向前。审时度势，现在是该下决心进行新一轮农村改革、解决好“三农”问题的时候了。

参考文献和书目：

1.《毛泽东传》，中央文献出版社，2003年版。
2.《邓小平年谱》，中央文献出版社，2004年版。
3.《中国农民问题研究资料汇编》第二卷，中国农业出版社，2007年版。
4.《杜润生自述：中国农村体制变革重大决策纪实》，人民出版社，2005年版。

5. 杜润生主编《中国农村改革决策纪事》，中央文献出版社，1999 年版。
6. 吴象：《阳关道与独木桥》，农村读物出版社，1990 年版。
7. 周曰礼：《农村改革理论与实践》，中共党史出版社，1998 年版。
8. 张广友：《抹不掉的记忆》，新华出版社，2008 年版。
9. 柏晶伟：《为农业大包干报户口的人——王郁昭》，中国发展出版社，2007 年版。

新一轮农村改革为什么难*

农村体制改革的任务还很重，计划经济体制束缚农村生产力发展的障碍还很多，最主要的有两个：一是户口制度，二是土地制度。

中国的改革是从农村突破的，一开始就搞得轰轰烈烈、成效卓著。但20世纪80年代中期以后，因为农村第二步改革没有跟上，农村形势时晴时阴、变化不定。30年农村改革和发展的风风雨雨，我都亲身经历了，深有感触。

一 农村第一步改革开了个好头，但第二步改革就很难，为什么？

农村的改革是在国家计划经济体制总体上尚未改革的条件下首先实现的。待到1984年农业大丰收，转而要改革农村流通体制的时候，触及计划经济体制的体系了，问题就来了。加上农产品购销体制的改革涉及城市居民的利益关系，那时还是低工资、低收入，国家财政很窘迫，不仅付不起改革成本，反而还要从改革中减少支出。所以在1985年，农村进行流通领域体制改革为中心的第二步改革就举步维艰了。

对于1978～1988年农村改革的那段历史，应该可以用“善始没有善终”来总结。农村第一步改革有声有色。第二步改革开局不利，农民不欢迎，当年减了产、受了挫折后，又没有修正策略、组织再战。客观上是，此时宏观环境变了，国家的主要力量已经转到城市经济体制改革的方向上

---

* 本文原载《人民论坛》2008年第17期，发表时间：2008年9月8日。该文还被《招商周刊》2008年第21期、《中国经贸导刊》2008年第19期、《文史博览（理论）》2012年第4期、《理论参考》2009年第1期等转载转摘。——编者注

了，农民又分化了，目标多元化了，组织者又没有妥善的应对措施。不久，中央农研室也被解散了。从此，农村第二步改革不再提了，农村改革也讲得少了。

总体来说，农村体制是计划经济体制的一个组成部分，相对于二、三产业的体制，是比较薄弱的，所以改革首先是从这里突破的。但是，从统购统销到合作化、公社化的实现，以至后来的城乡分隔的户籍制度、人民公社六十条、“三级所有，队为基础”、农业学大寨、四清运动，一步一步把农民在政治、经济、社会等方面“组织”起来了，纳入了国家计划经济体制，而且已经实行了20多年，可谓盘根错节、根深蒂固。对于这样一个庞大的农村体制，想仅仅通过一两项改革来改变它，就想转到社会主义市场经济体制，那是很不现实的。遗憾的是，1985年农村第二步改革受挫以后，农村体制改革的问题没有得到应有的重视。

二　经济结构已处工业社会的中期阶段，而社会结构尚在初期阶段

近20年来，农村方面还是不断有喜讯传出的，如乡镇企业异军突起、亿万农民工离土离乡、粮食总产实现1万亿斤、农业税费全免、农村九年义务教育普及、农村合作医疗重建等。但近20年的农村形势可以用时晴时阴、喜忧参半来概括。一个不争的事实是，城乡差距、地区差距、贫富差距越来越大，党的十六大提出要抑制这三大差距扩大的趋势，党和政府也做了种种努力，而差距还是在扩大，由此引出了诸多经济社会矛盾。什么原因呢？从社会结构的理论来分析：2007年的GDP中，一产业占11.3%，二产业占48.6%，三产业占40.1%；而在2007年的就业结构中，一产业占40.8%，二产业占26.8%，三产业占32.4%；2007年的城市化率为44.9%，农村人口占55.1%。[①]

从这些数据可以看到两点。一是占总就业劳力的40.8%的农业劳动力，只创造了11.3%的增加值，这说明农业劳动生产率太低了，这主要不是农民自身的原因，而是因为他们的生产资料太少。另外，占总人口55.1%的人去分11.3%的增加值，农民怎么能不穷？二是中国现在的经济结构是工

① 国家统计局编《中国统计年鉴·2008》，北京：中国统计出版社，2008年9月，第38、87、112页。

业社会的中期阶段，而从就业、城乡结构看，中国现在的社会结构还是工业社会的初期阶段。社会结构理论认为，一个社会要和谐，首先经济结构和社会结构这两个基本结构要协调。当今中国工业化社会中，经济结构已经是中期阶段，而社会结构还处在初期阶段，这种不协调的基本结构正是产生诸多经济、社会矛盾的结构性原因。

这种不合理的经济、社会结构，是计划经济体制形成的城乡二元经济社会结构还没有得到改革的结果。所以，要改变这种不合理的经济、社会结构，还必须继续进行改革。

农村体制改革的任务还很重，农村第一步改革的成功经验是，要抓主要矛盾，解决主要问题。当前，计划经济体制束缚农村生产力发展的障碍还很多，最主要的有两个：一是户口制度，这是束缚农民的紧箍咒，一定要先改革，使农民重新获得平等的国民待遇，获得参加社会主义市场经济竞争的入场券；二是土地制度，现行的所谓集体所有制，已经变得畸形了，这是产生城乡之间、农村内部诸多纠纷的主要根源，一定要改革，使农村土地产权明晰，使农民获得可以自己支配、处置的资产和房产，使农民有参加社会主义市场经济竞争的立足之地。审时度势，现在是该下决心进行新一轮农村改革、解决好“三农”问题的时候了。

推进农村经济体制改革　解决“三农”问题*

我讲一些有关农村的问题。在农村问题方面，这个“三农”理论应该是改革开放以来，社会理论的成果之一。据我了解，在国际上，美国也好，欧洲国家也好，日本也好，都没有“三农”这个说法。他们要么讲农业、农村问题，要么讲农民、农业问题，都没有把这三者联系起来讲。有关农业、农村、农民的“三农”理论应该是中国社会科学界的一个创新。这个理论的创建，应该说是在20世纪80年代后期，因为中国的特有国情是二元经济框架下的两种所有制。改革之后，发达国家或者工业化国家一般都是同时实现城市化，并反哺农业，解决农村问题，它们不存在“三农”问题。我国改革开放以后，农业问题解决了，但农民问题没有解决，工业化与城市化是分离的。可以这样讲，从20世纪50年代搞国家工业化以来，一直到现在，工业化一直在继续，但自1959年以来，要不要搞城市化、搞什么样的城市化、是不是搞城镇化，到现在都没有明确。农业发展起来以后，由于不搞城市化，农村只好搞乡镇企业，搞了大量的乡镇企业。正是在这样的情况下，农业、农村、农民三个问题就联系起来了。大概1988年、1989年就有这样的文章了。但后来把这三个问题联系起来叫“三农”理论的，还需要去深查。我想这个发明人是媒体、是记者，说“三农”理论是某某人创造的，这种说法不真实。我认为，把农业、农村、农民问题概括成“三农”问题，是媒体的功劳，它的历史还不是很长。

1978年10月搞包产到户，那个时候小康还没搞，现在已慢慢变成小康

---

* 本文源自《中国流通经济》2008年第10期，发表时间：2008年10月23日。该文系陆学艺在中国流通经济杂志社和北京开达经济学家咨询中心共同主办的“改革开放与经济理论创新研讨会”上的发言，根据速记整理摘编，标题为刊物编者所加，发表时有改动，未经作者审阅。——编者注

了。“三农”理论出来之后，用这个框架去分析问题，我觉得无论是分析国家的问题，还是地区的问题，都是一个创造。比如我跟日本进行的交流，现在我们中国的问题跟日本的问题正好是相反的。我当时跟他们在一起讨论，对他们说，日本现在城乡一体化了，通过国家建设的道路和社会生活设施，城乡问题已基本没有了，农民问题也很少了，农村与城市的收入基本上差不多。日本是农村问题解决了，农民问题解决了，但农业问题没有解决。而中国是农业问题基本解决了，供给没问题了，农业能够保证基本供给，改变了原来长期短缺的状况，农业问题在这样一个大国基本解决了，但农村问题、农民问题相当严重。

概括起来讲，到一个地区去观察也好，到一个国家去观察也好，“三农”理论可以用来分析问题了。对这个理论吃得比较透的，应该说是湖北省一个乡的党委书记李昌平，他说“农村真穷，农民真苦，农业真危险”。我觉得到现在为止，我们搞“三农”理论的都还没有超过他。中国现在还是这个问题，中国的改革现在面临着新的转机。现在我们的城市可以说已经基本实现了市场化，而农村基本上还没有，户口还存在问题，土地、财政、医疗、社会保障政策都与其有关系。包产到户只是把农民的手解放出来了，脚还没有解放出来。“农村真穷，农民真苦，农业真危险”，城乡差别非常大，现在的问题就是这样。

我调查过好几个省，李昌平书记的这句话千万不要小看，农业现在仍然相当危险。如粮食问题，现在粮库里还有粮，2007 年压了 800 亿斤，2008 年只要粮食涨价，就能够往出抛，所以粮价还压得住。现在粮食的价格还是 1996 年的价格，而 1996 年到现在，化肥、农药、油、水、电的价格却涨了很多。如果说以前人们还有利润的话，现在基本上没有利润了。如果现在粮食不涨价，那么仅仅依靠补贴是不行的，靠压价也是不行的，当然只涨五分钱也是远远不够的。所以，如果粮食不涨价，那么国库里有粮时，还可以稳得住，一旦国库里没有了粮食，后果将不堪设想。所以我觉得应遵循市场经济规律，使农产品依照价值规律涨价。

必须深入推进农村经济体制改革，从根本上解决“三农”问题。只有如此，中国的市场经济才能真正建立起来。

土地与地产：当前城乡社会的两个主要问题*

曾以《当代中国社会阶层研究报告》闻名学界的著名社会学家、中国社会科学院社会学研究所原所长陆学艺教授，近日在他的寓所接受了《中国地产市场》杂志记者的专访。他就当前农村的土地产权、城市的房地产市场发展现状等问题发表见解时强调：土地与地产，已成为当前中国城乡社会的两个主要问题。

记者： 有人说，“三农”问题既是经济问题也是社会问题。您如何评价这一说法？作为社会学家，您怎么看当前中国农村的土地问题？

陆学艺： 这个说法是正确的。土地是农业的基本生产资料，是城市建设、房地产业发展等不可或缺的重要物质载体，也是现阶段中国亿万农民可靠的社会保障。

解决好中国农村问题和农民问题，首先要解决好中国的土地问题。新中国农村经济有两个最好的发展阶段，都与国家的土地政策好有密切关系：一个是 1949～1955 年，政府把农村土地从地主阶级手中拿过来，无偿分给广大农民，真正做到了“耕者有其田”，极大地调动了广大农民的生产积极性，从而促进了农业和农村经济的大发展；另一个是 1978～1984 年，改革了从 1955 年农业合作化以后实行了 20 多年的农业生产的集体经营方式，实行家庭联产承包责任制，把土地承包给农户自主耕种和经营。土地又分回到农民手中，农民的生产积极性再次得到激发，农业和农村经济获得又一

* 本文原载《中国地产市场》2007 年第 9、10 期合刊，发表时间：2007 年 10 月。该文收录于文集《社会建设论》（陆学艺，北京：社会科学文献出版社，2012 年 3 月）、《“三农”续论：当代中国农业、农村、农民问题研究》（陆学艺，重庆：重庆出版社，2013 年 5 月）。该访谈录收录于《“三农”续论：当代中国农业、农村、农民问题研究》时重新整理，改为叙述体例。——编者注

次大发展，农民收入也空前地大幅增长。那几年中国的城乡差别是逐步缩小的。1978 年，中国城乡居民的人均收入比是 2.57∶1，随后几年农民收入增加比城里人增加得快一些，到 1984 年，这一比值就下降到 1.7∶1。① 因此，这一阶段不光是城乡关系协调，干群关系也协调，那几年农民和干部的关系比较和谐。

记者：您觉得这里头是不是有一个原因，是因为那时候我们的城市经济还没有发展起来，城市居民的收入增长慢，所以城乡差别比较小？

陆学艺：是的。农村率先改革，实行家庭联产承包责任制，使农业生产上来了。加上国家提高农产品收购价格，农民先得到了实惠，所以城乡差别缩小了。这在很大程度上是我们土地承包制度改革成功、农村生产力得到解放的结果。那几年，农业丰收，粮食增产，农民增收，社会安定，要是拿现在的话，就叫社会和谐。其中最关键的是土地问题解决得好。

土地承包给农民，的确是当时促进农村经济发展和社会安定的一件大事。20 世纪 80 年代初，我下农村调查，当地一个老干部对我说，他一辈子干了两件大事：第一件大事是把土地从地主那里收过来，分给了农民；第二件大事是把已经集体化的土地又承包给农民。他说我干了这么两件大事，事实上就是这两件大事改变了这个社会。这从一个侧面说明土地问题对中国社会的重要意义。

但是从 1985 年以后，农民负担又越来越重，城乡差别不断扩大，干群关系也紧张，社会矛盾有所加重。

记者：也就是说，观察农村经济社会形势好不好、农民的生产积极性高不高，很重要的方面就是要看农村的土地问题解决得好不好。

陆学艺：对。2004 年以后，政府又做了一件大好事，全部免征农业税，也就是不收皇粮国税了，得到了 9 亿农民的拥护。说到底，这还是一项与土地相关的政策。据我了解，这项好政策，不仅是农民种地不交税了，而且从此农村干部不能再到农民家里收粮催款了。这极大地改善了党和国家同农民的关系，改善了干群关系。免征农业税不仅有经济意义，而且有重大的政治意义。

不过，目前我们农村还有一个关键问题没有解决，就是在取消农业税收之后，如何处理好土地的权属和权益问题。

记者：农村土地集体所有，由农民承包经营使用不是已经实行了好多

---

① 国家统计局编《中国统计年鉴·1985》，北京：中国统计出版社，1985 年 10 月，第 551 页。

年了吗？

陆学艺：是啊！把原来集体所有、集体经营的土地，实行家庭联产承包责任制，分包给农户经营耕种，这在当时是中国农民的一大创造，大大促进了农业生产。这种体制，在土地仅作为农用生产资料由农民耕种的前提下是合适的，没有什么大问题。但是目前我们国家正处在工业化、城市化大发展的时期，每年有几百万亩农田要转变为工业、商业用地，或者城乡公共建设用地。用途改变、土地变成地产后，其价值就大大提升了。在这种情况下，土地集体所有、由农民承包经营的体制就成问题了。第一，农用地改为非农用地，谁来作主？谁说了算？这是权属问题。第二，农用地改为非农用地，土地大大升值，这个升值的利益如何合理分配，这是权益问题。这套集体所有、农民承包经营的体制是对原来计划经济体制下“三级所有，队为基础”的集体经济制度进行修补而形成的，现在已经普遍实行社会主义市场经济体制了，于是产生了诸多经济社会矛盾。

产权不明晰是个大问题。土地集体所有，这个集体是谁？按原来的本义，这个“队为基础”的“队”是生产队，也称生产小队，是基本核算单位。土地集体所有，是指组成生产小队的几十家农户的集体所有。农村改革，解散了人民公社，改为乡（镇），生产大队改为行政村，成立村民委员会，生产小队改为村民小组。原来的集体经济组织多数地区已经不存在了。村民小组有一个小组长。已经不具有执行土地集体所有者的条件，所以现在大部分地区的农村，村民委员会这个村民自治组织，已成为集体土地的发包者，成了实际执行集体土地所有权的主体。

记者：不是还有一个跟村民委员会平行的部门？名字叫农村集体经济组织。

陆学艺：据我们调查了解，现在大多数地区，农村集体经济组织已经名存实亡。多数地区农村的做法是，两块牌子一套人马。因此，村民委员会成了集体土地的发包者，同农户签订发包、承包合同，行使集体所有者的权力。这样就产生了两个问题：一是村民委员会下辖的农户，人口是不固定的，有生的有死的，有迁进的也有迁出的，而集体土地的面积是个常数，这样村民委员会就面临每隔几年就要求调整土地的压力；二是村民委员会每隔几年要改选一次，也就是说，实际执行集体土地所有权的人是不固定的。这种状况，在土地用作农用耕地经营时问题还不大，但一旦土地要改为非农用途时问题就大了。这种集体土地产权不明晰的状况，就成了产生纠纷、社会矛盾的根源。所以，土地产权问题是目前中国农村的一个大问题。

特别是现在，农业税免除了，但中西部很多的县和乡镇财政还相当困难，转移支付还未到位，不少县连公务员工资、应有的办公经费还不能按时足额拨付。但乡镇要工作、要运转，免征农业税后，已经不能向农民搭车收费了，怎么办呢？不少乡镇就在土地上做文章，想方设法占农民的地，改变农用耕地的用途，出现了新一轮的"以地生财"的大问题。对此，农民批评我们的基层干部，说他们过去是"三要"干部，即要钱、要粮、要命（指计划生育）的干部，现在变成"一要"干部，即要土地的干部了。

记者：在土地上做文章成了现在农村的大问题。土地转变用途，进入市场以后，就值钱了。这无论对地方政府还是对农村基层而言，都是一件很有诱惑力的事。

陆学艺：土地改变用途后的利益空间太大了。去年①有个统计，各级政府的土地总收益达到7000多亿元，成为地方政府名副其实的第二财政。许多城市的基础设施建设、楼堂馆所、形象工程大多是靠"土地财政"。

其实，不仅经济发达地区在大力发展城区，经济欠发达的地方也跟着这样做。我到不少省区的农村去调查，发现现在乡镇政府所在地的城镇建设也有了很大发展。不少乡镇也在盖住宅楼、建新的居民小区，谁来买呢？农村里有些人富起来后，搬到城镇里来住，一方面是因为觉得乡下不安全，另一方面他家的老人孩子住到镇上，上学看病都方便。所以有钱人要进城镇，就会想办法在镇上找地盖房子，或者直接花钱买商品房。总之是城镇房屋需求加大了，用地需求也相应加大。于是，当地的乡镇干部就和周边的村委干部结合，占用集体的农地，"以地生财"，这就会跟当地的老百姓发生矛盾。现在中国农村社会的很多矛盾就集中在土地问题上。

记者：那么您认为按目前的情况来看，农村的土地问题应该如何解决为好？

陆学艺：从以往的历史经验看，凡是一个经济或社会问题，不是单在某个地区、某个乡村有，而是在全国或相当区域范围内比较普遍地存在；不是只出现一年两年，而是比较长时间地存在，那就不是一般的工作问题，而是体制、机制问题了，必须通过改革、创新体制机制，才能逐步解决问题。

现在农村许多社会矛盾都出在土地问题上，怎么来认识和解决呢？在

① 此处指2006年。——编者注

我国目前快速推进工业化、城市化的背景条件下，中央提出要保护基本农田，要保持18亿亩耕地，这是从国家长治久安的大局出发的，是完全正确的。一方面，就广大农民来说，土地不仅是农业的基本生产资料、是他们安身立命的基础，而且现在是他们唯一的社会保障来源，可以说是他们的命根子。因此，他们会拼命保护耕地的。

但另一面，各级干部，从省长、市长、县长到乡长，他们要政绩、要形象、要GDP、要财政，就会用各种方法去征占农民的土地，把农业用地转变为非农用地。还有各种不法商人，特别是房地产商，他们要发财，要利益最大化，就会用各种手段，勾结不为国家大局着想、不负责任的干部，钻相关政策和法律的空子，去侵占农民承包的耕地，开发成商业用地。而上述现行的土地制度，正是他们能够合谋得逞、成功钻出的“空子”。因为土地集体所有者的实际执行人是村委会的几个主要干部，他们把这些主要干部搞定了，农民的耕地就变成非农用地了。有很多地区的农村，土地已经卖掉了，推土机已经进地了，农民还不知道自己承包耕种多年的田地，已经农转非了。这就是这些年来，中央三令五申，严禁乱占滥用农用耕地，而屡禁屡占，至今还在乱占的制度性原因。

那么，怎么解决这个问题？中央提出的要保护18亿亩基本农田的国策怎么落实？考虑到国内外在工业化过程中保护耕地以及处理好农民问题的经验，结合中国目前的实际，可以在现行的土地家庭联产承包责任制的基础上，实行“土地永包到户”的政策来解决当前农村社会的土地问题。所谓“土地永包到户”，就是将现在已经承包到户的土地使用权永远包给农户，所有权则改变为国有。国家统一规定一个时点，把土地使用权用契约、证书的办法，发给农户，从此“生不增、死不减”，耕地就不再变动了。土地使用权也是物权，国家法律保护物权。以后在工业化、城市化过程中，还要用土地，那就要按照国家规定的农用地改为非农用地的法律和程序，要按照市场经济的规则，农民一要自愿，二要有偿、等价交换，让出他的土地使用权。这样可以解决农村集体土地产权虚置问题。

当然，这样大的体制性改革，涉及方方面面的利益关系，需要做很多工作。要制订周密的方案，一步一步地实行。好在国内已经有一些探索，国外已经有成功的经验。最近我去越南，他们已经实行了土地国有的体制，初见成效，值得我们借鉴。

记者：现在大家都在说目前城市地产或者说房地产市场发展过旺。您怎么看这个问题？

陆学艺：目前的地产市场不正常，还不是规范的市场经济应有的模式。近几年，几乎全国的城市居民都在说，住房难、住房贵。几年工夫，房价成倍地疯涨，中央出台了多个文件和政策，遏制这种不正常、不合理的涨价，但房价还是直线上涨。怎么回事呢？这里用得着前面关于土地问题的分析方法。

就住房来说，中央政府希望房地产市场健康发展，能源源不断地提供宜居的住房，而且房价要合理，使广大居民能住有所居，安居乐业，社会安定进步。广大居民要求居得其所，房价合理便宜，能够买得起房、租得起房，住得好、住得安。这同党中央的大政方针是一致的。但是，近十年来，在市场经济还不规范的背景下，中国已经形成了一个房地产商群体，他们从农民那里获得廉价的土地，然后使用农民工的廉价劳动造出的房子，应该是国际上最便宜的。事实却不然，近几年，这个群体中的一些不良分子，勾结城市里的一些不负责任的干部，不断造市、炒作，促使房价狂涨，涨到多数市民买不起、租不起的境地，成为一大社会问题。

记者：您在那本著名的《当代中国社会阶层研究报告》中提到了“社会中间阶层”这个概念。现在中国社会中间阶层规模正在扩大吗？他们规模的扩大，使购买房子的人数大大增加，这是否也是造成目前房地产市场“过旺”的一个重要原因呢？

陆学艺：不能这么说。社会中间阶层的出现和规模扩大是件好事。从国际上看，一个工业化、城市化、现代化国家的社会结构，一定是一个中间大、两头小的橄榄型的社会阶层结构。两头小，是指最富、社会地位高的人很少，最穷、社会地位低的人也很少；中间大是指社会中间阶层占多数。社会中间阶层在西方国家，也叫中产阶级，主要是指两类人：一是指有产阶层，包括中小企业主、中小农场主，这类人也称老中产；二是指专业技术人员阶层，也称白领阶层。这两类人都有较好的职业，收入较高而且稳定，生活小康富裕，社会地位也较高。社会中间阶层的人多了，这个国家或地区的经济社会发展就协调、健康、稳定、可持续，就能长治久安。

这是由社会中间阶层的本质决定的。社会中间阶层在政治上，一般都认同执政党或政府的立场，政府要求稳定发展，他们也是要求社会稳定、健康发展，政治利益是一致的。在经济上，他们是市场经济的组织者，是新技术、新工艺的创新者，是经济发展的促进者，也是经济发展的受益者，还是稳定的消费者。由于他们有支付能力，这类人多了，内需就能逐步扩大。在文化上，他们既是新文化的创造者，也是文化艺术的消费者，文化要繁荣，一定要造就一大批文化人。在社会上，他们是社会建设的中坚力量。十六大报告中指出的改革开放以来，“在社会变革中出现的民营科技企业的创业人员和技术人员、受聘于外资企业的管理技术人员、个体户、私营企业主、中介组织的从业人员、自由职业人员等社会阶层”①，现在大家称他们是新的社会阶层人员，他们中的绝大多数人就是社会中间阶层的成员。这类人多了，经济社会就能协调、健康、稳定地发展。

记者：你说的这个社会中间阶层，目前在我国的发展规模和状况怎么样？

陆学艺：据我们课题组调查，1999 年，中国的社会中间阶层成员约占整个国家就业人口的 15%。这 8 年来，我国的经济持续高速发展，新的经济组织、新的社会组织大量涌现，推动了社会结构的变迁，社会中间阶层成员大量增加，规模日益扩大。我们估算这些年来，平均每年以一个百分点的速度在增加。现在中国的社会中间阶层，为全国就业人口的 22% ~ 23%。我们推测，照这个速度发展下去，如果再佐以相应的社会政策，那么到 2020 年，我国的社会中间阶层的规模将达到 38% 左右，就接近形成一个基本实现现代化国家应有的橄榄型的社会结构了。

记者：近年来，国家一直对房地产市场进行宏观调控，希望能够遏制房价，却始终控制不住。您认为这里面包含哪些深层次原因？

陆学艺：城市住房涨价原因是多方面的。客观上，我国目前正处在工业化、城市化大发展的时期。1996 年，全国总人口 122389 万人，市镇总人口 35950 万人；2006 年，全国人口 131448 万人，市镇总人口 57706 万人。②十年间总人口增加 9059 万，市镇总人口增加 21756 万人。城镇新增 2000 多万人中，60% ~70% 是农民工，他们住得挤一点，另外的 30% ~40% 是新增的市民，都要买房和租房，这是个很大的需求，再加上原有的居民要住得好一点、大一点，也要买房，所以这些年住房的需求非常大。但这并不是推动房价必然狂涨的根本原因。

造成近几年城镇住房不合理狂涨的根本原因，还在于体制性方面。在房地产商作为供方和广大居民作为需方的博弈中，中央政府要遏制房

① 江泽民：《全面建设小康社会，开创中国特色社会主义事业新局面——在中国共产党第十六次全国代表大会上的报告》，载《中国共产党第十六次全国代表大会文件汇编》，北京：人民出版社，2002 年 11 月，第 14 ~ 15 页。

② 国家统计局编《中国统计提要 · 1998》，北京：中国统计出版社，1999，第 49 页；国家统计局编《中国统计年鉴 · 2005》，北京：中国统计出版社，2007 年 9 月，第 105 页。

价不合理狂涨的政策思路是代表广大居民的利益的。但是现行的一些体制，诸如干部考核体制还不合理，使一些城市的领导者，为了要政绩、要GDP、要财政、要形象，往往站在房地产商一边，所以中央政府要遏制房价的方针、政策就落不到实处。出现了中央文件一出，涨风稍有抑制，不久就反弹的情况。已经反复几次，就说明了这个问题。因此，必须通过改革、创新形成合理的房地产体制，创新干部政绩考核等体制，使中央的相关方针政策能够顺利得到贯彻落实。只有这样，房价的问题才能得到最终解决。

记者：如果现在社会中间阶层22%～23%，加上他们的家属子女，就是3亿多人口。而这个中间阶层比例每年还在增长一个百分点，这意味着购买力在不断增强。这对中国的房地产市场会产生什么样的影响呢？

陆学艺：对啊！中国现在的社会中间阶层及其家人有3亿多人，比美国的总人口还多，是日本总人口的2.5倍，而且还在增长，这当然是中国房地产市场发展的巨大的推动力量。

前面说过，他们还是收入在比较稳定增长的群体，在今后一个时期内，中国房地产市场主要靠这个群体，他们是稳定的买主，是主要的消费者，他们是房地产市场发展要依靠的健康稳定的积极力量。你在前面提到社会中间阶层的规模扩大及对住房的需求大大增加，是不是造成目前房地产“过旺”的重要原因？我认为不能这样来看问题。目前房价飞涨且屡遏不止，房地产市场发展不正常，不是这个群体对住房需求过大、购买过多造成的，而是目前房地产市场体制还不完善、一部分房地产商和某些官员联手恶意炒作造成的。说实在的，社会中间阶层中的很大一部分人，也是这种不正常、不合理的房价的受害者。现在的房价涨得实在太离谱了，已经损害到社会中间阶层的切身利益，现在社会上“住房难、住房贵”的声音，主要是这个阶层发出的。因为现在城市里的工人阶层、个体工商户、中低收入的市民，在这样高的房价下，对买房连想都不敢想。他们把改善居住条件和环境的希望，寄托在政府身上。

社会中间阶层是一个国家或地区的中坚力量，现在房价过高、过猛地涨，已经损害到这个群体的切身利益了，他们有意见了，有关方面应该注意。也就是说，现行房地产市场的体制和机制，应该通过改革和创新加以完善，不能再任其自发地发展下去，到了该管的时候了。至于应该通过改革，建立什么样的符合国情的中国特色的住房体制、房地产市场体制，是个大课题，只有集思广益、从长计议，才能设计好、制定好、实施好。从国内外的历史经验看，一个好的体制，一定要处理好生产者、供应者、消费者、中央政府、地方政府这几个方面的经济和政治的利益关系，使他们相互协调、相互衔接，各得其所、各得其利。现在的重点是要管好生产者、供应者和地方政府这几个方面。

把保护耕地的权力交给农民*

现在我们国家发展得很好，但是为什么矛盾这么多，社会上的意见这么多？农村主要有两个问题：第一个是户口问题，第二个是耕地问题。这两个问题都是计划经济体制留下的问题。包产到户本身是一个权宜之计，当时是好的，毕竟是对集体农庄或者说人民公社的改革。但是包产到户是统分结合，那个“统”就是集体经济。现在已经实行了30年，问题就都产生了：集体所有制，“集体”是谁？

怎么保护耕地？我认为，办法之一把保护耕地的权力交给农民，就可以保住了。农民是土地的主人，他们却无权保护土地，那耕地红线是没法保住的。中央领导从全局出发，提出要保住18亿亩耕地，保证国家的长治久安。这是非常正确的。办法之二，要让农民觉得土地是命根子，是不可缺少的生产资料，这样他们就会拼了命地保护耕地。

在现在的体制下，从省委书记到市委书记、县委书记、乡镇党委书记，都要搞政绩、搞GDP，就要多占土地。这套体制如果不改变的话，占地成本太低，利益又这么大，那么耕地没法保住。这几年许多城市的建成区，都是几十倍甚至几百倍地扩大。为什么呢？因为占地太便宜了。不光是开发商、企业在占地，有些大学都在欺负农民。现在动不动就是大学城，一占就是几百平方公里。哪能这样干？现在城市公路这么多、这么宽，还走

* 本文原载《中国国土资源报》2008年6月23日第2版。该文收录于《“三农”续论：当代中国农业、农村、农民问题研究》（陆学艺著，重庆：重庆出版社，2013年5月）。2001年1月，陆学艺写过一篇题目相同的文章，发表于《中国国土资源报》2001年12月10日第4版，发表时将题目改为“把权力交给农民”。该文还以“把保护耕地的权力交给农民”为题收录于《“三农”新论——当代中国农业、农村、农民问题研究》（陆学艺著，北京：社会科学文献出版社，2005年5月）。这两篇文章题目相同，但内容和时间不同。2001年的文章建议通过立法保护农民的土地权益，而2008年的文章则进一步建议从改革土地制度、财政制度等方面通过试点方式探索解决农民土地权益丧失问题的办法。——编者注

不通。我的老家过去是有名的“鱼米之乡”，现在都不吃当地大米了，因为没有了。我觉得我们这代人如果这样做，那会对不起下一代。这样的发展可持续吗？因此我想，现行的耕地保护体制，早晚要改，不改不行。

还有一个就是要解决财政体制问题。这个问题我们已经喊了很多年，现在有5万多亿元财政收入。这些年来，现在的财政体制确实起到了很大作用。10年了，有一些比例、有一些办法是该改了。我走过西部几个省份，有很多地方，工资都不能按时发，就连公务员的工资都无法保证。县里的财政发工资都困难，那你说他们怎么办？他们就在土地上，在农民的宅基地上做文章。

中国这么大，发展又相当不平衡，农村的问题，我想通过一部法律、一个文件恐怕是解决不了的。现在我们搞调查都是去去得了的地方，还有路都走不通的地方。地区要有所差距，要做点试验，要允许国家在土地制度、财政体制的改革方面搞些试点，逐步解决问题。

社会主义新农村建设需要改革现行土地制度*

党的十六届五中全会通过的“十一五”规划，建议把社会主义新农村建设作为战略重点提出。这是综合考虑国际国内形势、从我国经济社会发展的阶段出发作出的一个战略决策，也是造福广大农民的民心工程。这个建议提出以后，引起了全国上下乃至国外的热烈反应，受到广大农民的欢迎。

当前我国正处在一个可以大有作为的战略机遇期，同时是社会矛盾凸显的关键时期。特别是进入21世纪以来，社会矛盾和社会冲突明显增加，社会上出现了各种不和谐的声音。目前我国主要存在两个方面的矛盾：经济发展和社会发展的不协调，社会体制改革、社会事业的发展滞后；城市发展和农村发展不协调，或叫作城乡矛盾。这两个矛盾可以占到目前社会矛盾的70%～80%，并且是互相交叉的。其中，城乡矛盾又是主要的矛盾。这些矛盾的存在是因为我国目前正由传统的农业社会向工业化、城市化、现代化社会转变，正在由计划经济体制向社会主义市场经济体制转变，也就是通常所说的“社会转型”和“体制转轨”。社会主义新农村建设不仅是农村的经济、政治、社会、文化建设，而且是一场改革，改革不适应的体制和机制，如在农村实行的户籍制度、土地制度、财政制度等。“三农”问题的核心是农民问题，农民问题的核心则是土地制度。因此，要加快解决“三农”问题、建设社会主义新农村，必须改革计划经济体制时期遗留下来的土地制度。

---

* 本文原载《东南学术》2007年第3期，发表日期：2007年5月1日。该文还以“新农村建设需要改革现行土地制度”为题收录于《“三农”续论：当代中国农业、农村、农民问题研究》（陆学艺著，重庆：重庆出版社，2013年5月）。——编者注

一 我国现行土地制度的由来

1978年冬，党中央召开十一届三中全会，会议通过了《中共中央关于加快农业发展若干问题的决定（草案）》（以下简称《决定》），提出了25条农村改革和发展的政策，如要切实保护生产队的自主权、执行按劳分配原则、增加对农业的投入、社队企业要有一个大发展等。这是一个具有重大历史意义的文件，凝结了30年农村实践经验和教训的总结。文件阐述的一些理论和原则，至今仍有理论和现实意义。各地在贯彻《决定》进行农村改革的实践过程中，不久就集中到改革农业生产的经营体制上来了。原来在人民公社体制下，实行“三级所有，队为基础”，农民在生产队长的率领下，像工厂一样，集体劳动，敲钟上工、吹哨下工，每天评工记分，到年终按工分分配，实际上是平均主义。农民在田里，出工不出力，出力不出活，劳动生产效率极低，农业生产上不去。《决定》提出，要“坚决纠正平均主义。可以按定额记工分，可以按时记工分加评议，也可以在生产队统一核算和分配的前提下，包工到作业组，联系产量计算报酬，实行超产奖励”①。根据《决定》这一条规定，包产到组在各地迅速推广开来。与此同时，安徽省肥西县山南区农民得到省委书记万里同志的特别批准，进行了包产到户的试验，1979年获得意想不到的大丰收。甘肃、内蒙古、贵州等省区，也有包产到户的，都取得了极大成功。虽然此时上下对包产到户有种种议论，反对的声浪很高，但实践的效果都极好，消息陆续传到党中央。邓小平同志在1980年5月31日发表了著名的农村谈话，他说：“农村政策放宽以后，一些适宜搞包产到户的地方，搞了包产到户，效果很好，变化很快。安徽肥西县绝大多数生产队搞了包产到户，增产幅度很大。”“凤阳花鼓中唱的那个凤阳县，绝大多数生产队搞了大包干，也是一年翻身，改变面貌。有的同志担心，这样搞会不会影响集体经济。我看这种担心是不必要的。”② 此后，包产到户就在各地推广开来。1980年，凤阳县的大包干（到组），转变为小包干到户，总结提出了“交够国家的，留足集体的，剩下都是自己的”经验，受到了广大农民的欢迎，纷纷向包干到户转

① 中共中央文献研究室编《三中全会以来重要文献选编（上）》，北京：人民出版社，1982年8月，第177、185页。

② 邓小平：《关于农村政策问题》，载《邓小平文选》第2卷，北京：人民出版社，1994年10月第2版，第315页。

变。1980年9月，党中央召开了省、市、自治区第一书记座谈会，经过争论，会议通过了座谈会纪要，一方面继续肯定集体经济是我国农业向现代化前进的不可动摇的基础，另一面明确指出，群众要求的，“可以包产到户，也可以包干到户”。[①] 从此，包产到户、包干到户[②]在全国迅速推广。1980年11月初，全国“双包”到户的生产队占15%。到1981年10月，“双包”到户的生产队占45%。到1982年冬，“双包”到户的生产队占89.7%。到1983年底，全国589万个生产队，实行包产到户的占1.7%，实行包干到户的占97.8%。至此，以包干到户为主要形式的家庭联产承包责任制已在全国普遍实行。

家庭联产承包责任制之所以这么快就在全国得到普及，主要原因在于，在农村实行家庭联产承包责任制，是党的十一届三中全会后农村实行改革的第一步，也是农村现代化的第一步。它是中国农民在实践中的创造，是具有中国特色的一种经营形式。家庭联产承包责任制既符合农民的习惯，又符合农业生产的特点和农村现阶段的生产力水平。不同于私有制，它既保留了集体经济集体经营的优越性，又充分发挥了家庭经营的灵活性和家庭组织的亲缘性优势，充分调动了农民的生产积极性，使农业生产的潜力勃发，为解决广大农民的温饱问题作出了巨大贡献，为农村的发展积累了一定数量的资金。它是农村现代化的基础和起点，是农村社会安定的基础。所以，家庭联产承包责任制将被长期作为农业生产责任制的基本形式发挥作用，虽然家庭经营的规模将随着农村现代化的推进而有所扩大。决定这一点的根本原因在于，这种形式既实现了农村社会稳定和经济效率两方面的均衡，又不妨碍农村劳动力的转移，能为农村劳动力的转移创造动力、减少风险，既使农民有了生产经营的自主权，又使农民得到了实惠。正因为这样，从1979年到1984年，农业生产的气候条件并不是年年都好，但农业连续6年大丰收，一年上一个新台阶。1984年粮食总产8146亿斤，与1978年的6095亿斤相比纯增2051亿斤，每年递增5%，每年纯增342亿斤。1984年棉花总产12516万担，比1978年的4340万担增加1.88倍，每年纯增1362万担，每年递增19.3%。[③] 这是农业生产历史上从来没有过的，一举解决了全国的温饱问题。我国在20世纪50年代是纯出口粮食的，从

① 《关于进一步加强和完善农业生产责任制的几个问题》，载中共中央文献研究室编《三中全会以来重要文献选编（上）》，北京：人民出版社，1982年8月，第547页。

② 以下简称“双包”到户。——编者注

③ 国家统计局编《中国统计年鉴·1985》，北京：中国统计出版社，1985年10月，第255页。

1958 年办人民公社，1959 年、1960 年就大减产，自 1961 年开始以后年年纯进口粮食。1984 年粮食特大丰收后，1985 年就出口粮食了。1984 年农业总产值达 3214 亿元，1978 年只有 1397 亿元，扣除物价因素，6 年增长 46.3%，每年递增 7.7%。这 6 年也是农民收入增加最快的，1978 年农民人均年纯收入 133.6 元，1984 年达到 355 元，扣除物价因素，每年递增 15.1%。[①] 那几年，农民生活有了极大改善，这是农村改革后出现的第一个欣欣向荣的黄金时期。

二　改革现行土地制度的必要性

1978 年改革开放以后，农村率先改革，实行家庭联产承包责任制，所有权仍然归集体，耕地等生产资料的经营权归农民，农民也有了农产品的分配自主权，这极大地调动了农民的生产积极性，农业生产连续较大幅度增产。但是，这种制度设计随着社会主义市场经济体制的逐步建立以及我国城市化的发展越来越暴露出自身的问题，需要进一步改革，主要表现在以下几个方面。

（一）产权不明晰，农民权益无法保障

现行的土地承包制度，是 20 世纪 80 年代初期农民冲破人民公社束缚而创造的一种形式，在当时起了很大作用。但随着农村生产力的发展，这种集体所有制的土地承包制度已经越来越不适应了。国家在 20 世纪 80 年代提出土地承包制 15 年不变，1993 年、1998 年又提出再延长 30 年不变。实际上，农村的农民承包的土地经常在变，这对保护耕地、保护农民利益是不利的。所谓集体所有，原本应该是生产队集体的农民所有。这是当年《人民公社六十条》定的“三级所有，队为基础”，生产队是基本核算单位。[②] 1984 年以后，人民公社改制为乡镇，生产大队改为行政村，生产队改为村民小组。实行的结果是，生产队这个进行基本核算的集体经济单位实际上

① 国家统计局国民经济综合统计司编《新中国五十年统计资料汇编》，北京：中国统计出版社，1999 年 11 月，第 22、30 页。

② 参见《农村人民公社工作条例修正草案》（1962 年 9 月 27 日中共八届十中全会通过）（简称《人民公社六十条》），载中央档案馆、中共中央文献研究室编《中共中央文件选集（1949 年 10 月—1966 年 5 月）》第 41 册，北京：人民出版社，2013 年 6 月，第 91 ~ 120 页。——编者注

不存在了。后来行政村、村委会成了集体土地的发包者，实际行使土地集体所有的主权。现在的问题是，土地到底是谁的？现在的说法是，土地是集体所有的，还有的说土地是国家的。所以，现在农村土地的产权很不明晰，由此产生了许许多多的纠纷。我们现在有数十万亿元的国有资产，集体土地是19亿亩，总价值在百万亿元以上，而恰恰就是这个产权最不明晰。“三农”问题不好解决，一个很重要的原因就是农村土地产权不明晰、责权不清，导致了很多问题，所以出现了很多地方的村党支部书记把土地卖了农民还不知道的情况。

值得特别注意的是，20世纪末至21世纪初发生了一轮圈地运动。这场圈地运动在各地特别是东部和中部比较发达的地区疯狂展开，据24个省（区、市）不完全统计，新建各种开发区有3500多个，几年工夫就占地3.6万平方公里（5400万亩）。大家都看好土地价格未来会飙升，一些没有责任心的官员和不法商人（包括外商）相互勾结，以各种名目侵占农民的耕地。所到之处，毁人庄稼，拆人老屋，挖人祖坟，强迫农民迁移，美其名曰“成片开发”“国家建设”“城市化需要”。一些地方干部已经总结出“以地生财，以财建市，以市引商，以商发财，以财升官”的道路，看一看成克杰、胡长清、慕绥新、马向东、于飞（广东）、李嘉廷这些因腐败而落马的官员，哪一个不是以地生财的？

为什么会这样呢？按照现行的土地政策，现行的征占农村土地的办法是农村集体向征地用地单位出让土地，不能直接买卖，村民委员会只能把土地卖（出让）给国家土地管理部门，再由土地管理部门出让（卖）给征用部门或单位。征地价格低，出售价格高，也就是“征地价格的‘剪刀差’”。前者只取得计划经济时期定的土地年收入最高30倍的收入，而后者则可以以市场价格出售给用地单位。中间的巨大差额则由各级土地管理部门和政府所得。更有甚者，即使这点很少的土地转让费，拥有土地使用权的农民也不能都拿到。村委会（集体）还要截留一部分，有的是大部分。所以，农民被动出让了自己赖以生存的耕地使用权，却并不能得到应有的补偿，很多失地农民的收入和生活水平都有较大幅度的下降。国务院发展研究中心的一项研究统计，农民和村委会只能得到土地出售价格的10%～15%。20世纪末至21世纪初，平均每年有3000多亿元土地费用转到了城市。

（二）不利于社会稳定

我们现在已经实行社会主义市场经济体制，但是占用农民的土地仍在沿用计划经济体制的那一套办法（有些变化，实质未变），用不平等、不等价和行政命令的办法侵占农民的土地。从近期来看，这种办法既省事（不用平等协商）、省钱（低偿），又快捷（一纸命令就可以了），但是失地的农民将来怎么办？他没有工作要找你，生活困难要找你，生老病死要找你，子孙后代有了问题也会找你。因为土地是农民的命根子，你把他的生产、生活之源无偿或少偿地拿去了，他当然要找你。房地产商人、外国老板赚了钱走了，卖地的干部调走了，但我们是人民政府，能脱得了干系不管吗？这种计划经济体制模式的征地办法后患无穷，既对农民不利、对农村发展不利，对国家、对城市发展也是不利的。因为这是不符合经济发展规律的，是违背大多数农民利益的。

农民承包的土地，具有生产资料、家庭财产、生活保障三种功能。侵占农民的土地也就剥夺了农民生产和生活的来源，侵占土地以后又不做合理的安置，这几千万人怎么生存、怎么发展？前几年那股圈地风，几年工夫不声不响占了农民5400万亩地，相当于2000年以前我们全国城市的建成区的总面积。这些年个别领导、房地产商太贪心了，有些大学也趁火打劫，一个学校就占地5000亩甚至8000亩。这一轮圈地运动使几千万农民成为种田无地、上班无岗、低保无份的“三无”农民。据调查，这种情况主要集中在长江三角洲、珠江三角洲等东南沿海和大中城市城郊等经济发达地区。这些地方人多地少，涉及4000万人以上。当地的农民原来因为靠近城市，一般都比较富裕，一旦失去土地，有相当一部分农民将会由富裕农民变为贫民、变为无业游民。这么大的一个群体会产生诸多社会问题，国家能安宁吗？以前，社会不安定，到北京上访上告的，主要是因为过去的“三乱”问题。农村改革实行免税以后，出现更多的是征地纠纷问题。一个国家几年时间征用了几千万亩地，党中央虽三令五申却刹不住征地问题，这种土地制度不改还行吗？

土地是农民的命根子，农民既要依靠它生产又要将它作为社会保障，但它却被随便拿走了！我国现行的土地制度侧重两头：中央这头是要保护基本农田，不然人们吃饭会成为问题，这个饭碗是一定要保住的，要保护耕地；农民这一头，因为土地是农民安身立命的根本，农民有了这块地就会天下太平了。现在的农民工受了这么多气还能忍气吞声，就因为他回家还有块地可种，否则早出问题了。但是，中间这块——商人和某些不负责任的官员，却拿土地生财，现在许多抓起来的贪官大都和土地有关。党中央反复强调要保护耕地、要改变征地办法，已经讲了若干年了，但是制度始终不能出台。近代以来，一个国家或地区要实现现代化、工业化、城市化，城市规模必然要扩大，就要占用农民的农田。但是，政府或者企业都是通过等价交换的方式占用，用地一方以市场价格买得土地，农民一方卖出土地，得到相应的资金。农民用得到的资金或投资于二、三产业，或到另外的农村购置土地，双方平等自愿，一般都没有以后的纠纷。

现在民告官的案件日渐增多。现在的农民是弱势群体，无权无势，无组织，只好任人驱赶，在地方求告无门，只好到省到中央告状，近几年农民上访案件中土地问题已居首位。2000年，农民上访上告的案件总数第一次超过了城镇居民上访上告的案件总数。2003年，国土资源部上半年群众反映征地纠纷的，占上访总量的73%，其中40%的上访人诉说征地纠纷问题，这部分上访者中的87%反映的是补偿不足、安置不当问题。国家信访局2002年受理土地征用的初信初访案件共4116件，都是农民反映失地失业的问题，其中浙、苏、闽、鲁、粤五省占41%。农业部的来信来访中，2001～2002年有关土地征用和流转问题的都在50%以上。有学者指出，土地问题已经成为农民维权抗争的焦点①，是产生社会不稳定的又一重要原因。

（三）不能调动农民的积极性

回顾历史，新中国成立58年以来，凡是农民拥护的都是能成功的。只要调动农民的积极性，无论是过去的土地改革、联产承包责任制还是现在的税费改革等，农民要干的事都干成了。凡是损害农民利益的事情，怎么推也没用，统购统销、合作化、农业学大寨、这几年的粮食改革，如果违背了农民的利益，那么肯定办不成，肯定要失败。如果我们不通过改革，把农民的积极性调动起来，让农民当家作主来搞社会主义新农村建设，那么新农村建设又会变成口号，甚至会引出一些问题。

2006年上半年，我到各地农村去调查，听到各种议论。对于党中央提出的建设社会主义新农村这个战略决策，上至省级领导，下到乡镇干部，还有一部分支部书记，积极性都很高。层层开会，组织工作班子，展开专

① 于建嵘：《土地问题已成为农民维权抗争的焦点》，《调研世界》2005年第3期。

题研讨，制定规划，有的已经开始行动。但是下到村里，多数农民还不知道社会主义新农村建设要干什么事。东部沿海比较富裕地区的农民，消息灵通一些，已经知道并听说市里、县里正在做规划。于是担心起来，怕将来的建设要把他们规划到新社区里去，怕拆他们的老房，占他们的田地。由于农民不知根底、不明政策、心有疑虑，我总的印象是，干部这一头积极性很高，农民这一头的积极性还没有真正被调动起来，有的还在等待观望。因为在现有的土地制度安排下，我们的农民一点发言权也没有，也就没有了积极性、主动性和创造性。干部有积极性，是响应党中央的号召，把建设社会主义新农村作为解决好“三农”问题的契机而推进开展整体工作。但确实也有一部分干部，把建设社会主义新农村看作建功立业、创造形象工程、在上级面前有所表现的好机会。更有甚者，以为这是一次通过大搞城镇、新村规划，可以拆房、占地的好时机，又可以以地生财了。一位县委书记说，他们县准备用 10 年时间，把全县几千个自然村全部拆除，把农民规划到几百个居民小区里去，这样可以腾出 10 万亩土地，以解决城市、工业建设用地紧缺的困难。还有一位县委副书记向我介绍，他们已做出扩大县城占地 800 平方公里的远景规划。这是我直接听到的两个比较极端的实例，具有一定的代表性。显然，这样代民做主的做法，未能理解和把握新农村建设的内涵和要求，如果真的按照这种规划实行起来，那么后果将极其严重。需要注意的是，当今社会，利益已经多元化，干部和农民的利益并不完全一致，在一些具体问题上，有的则是很不一致。例如，在对待土地问题上，农民把土地视为安身立命的根本，既是赖以生产、生存的生产资料，也是最重要的社会保障，但有相当一部分干部则把土地看作可以产生巨大财富的“金鹅”，想方设法把耕地转为非农用地。我们对这种利益格局一定要有清醒的认识。建设社会主义新农村，既是经济建设，也是政治建设、社会建设和文化建设，涉及已经分化了的农村各个阶层的切身利益。

因此，一定要通过调查研究，掌握新农村建设的发展趋势，适时适地地制定好各种政策，协调好各个阶层的利益关系，尤其要协调和处理好各级干部同农民的关系。特别要注意的是，建设社会主义新农村一定要让农民作主，只有农民自主、自愿地参加，社会主义新农村建设才能扎实稳步地进行。

三 如何改革

改革开放以来，中国的发展取得了一个又一个伟大成就。其中，有许多方面都是因为实施了对计划经济体制的改革，实施了从计划经济体制向社会主义市场经济体制的转变。各地各部门的实践说明了这一点。无论是哪个地区、哪个部门、哪个单位、哪个企业，还是哪个个人，如果能够率先冲破原来的计划经济体制的束缚，按照社会主义市场经济的要求去行动、去实践，那么无论是这个地区、这个部门、这个单位、这个企业还是这个个人就先发展起来、先富起来、先好起来，如广东、浙江、深圳等经济比较发达的省份和地区就是这样。

但是，计划经济体制自上而下实行了几十年，已经渗透到政治、经济、社会、文化、思想等各个方面，可谓盘根错节、根深蒂固，要转变、要改革的难度是很大的，但一定要通过改革，调整体制、调整政策才能解决。邓小平同志曾经说，制度比人更重要。他说："我们过去发生的各种错误，固然与某些领导人的思想、作风有关，但组织制度、工作制度方面的问题更重要。这些方面的制度好可以使坏人无法任意横行，制度不好可以使好人无法充分做好事，甚至会走向反面。"① 农村农民问题的核心是土地问题，在实行社会主义市场经济的条件下要明晰产权，要通过改革建立起对农民土地经营权有长期保障的体制。土地承包权也是物权，受法律保护，任何人都不能侵犯，保护基本农田是我们的国策。但是，现在侵占农民承包耕地的事随处可见。在这个问题上，国家和农民的利益是一致的。农民有了受法律保护的可以长期使用的土地承包权。占用农民土地，必须给予应有的补偿，土地出让金主要给予农民。

为此，我认为，农村土地制度应该实行"国有""永佃"。第一，把所有权统统收归国家。现在我一直在考虑这样一个问题：再宝贵的资源、再宝贵的财富，一定要建立相应的符合生产力发展的制度，才能保护好、发展好。如果这样的制度不建设好，那仅靠人治是不行的。如果交给靠不住的人，都会完蛋。农村基层干部是联系国家和农民的桥梁纽带，多年来为社会主义建设事业做了很多贡献，但是，他们中间有一部分人素质不是很

① 邓小平：《党和国家领导制度的改革》，载《邓小平文选》第2卷，北京：人民出版社，1994年10月第2版，第333页。

高，又有这么大的权力，谁能够保证他们看好管好土地吗？所以，农村的土地应该收归国家所有。土地的承包、转让、征占都要制定法规和制度，划清权责，由相应的管理机构专门负责。第二，实行永佃制，也可叫永包制。就是国家确定某一个时间，从这个时间开始谁承包种的地就不再变了，“生不增、死不减”。现在这种不停地调整土地是没有道理的。我们举一个例子，有人说，我原来是一个人，只有3亩地，现在娶了一个老婆，又生了一个儿子，成3个人了。如果3个人还是那3亩地的话，那我怎么生活？很多地方不停地调整土地就是根据这个理论。可以说，任何一个市场经济的国家，都没有这样一种情况：你娶了一个老婆，国家就非要给你一份嫁妆，划给你一块地！能够这样吗？不能！土地是财富，是不能像计划经济时期那样无偿划拨的，必须等价交换。现在一些地方搞“返租倒包”、搞什么“流转”，那都是要算账的。现在农村讲产权明晰，其实只要搞好“国有”“永佃”就行了。比如，实行了“永佃制”，干部要再调整农民承包土地的话，第一要征得承包人的同意，实行自愿原则；第二要讲好价钱，实行等价交换原则。国家要保护耕地，但实施现在这种土地集体所有制不行。所以，尽管国家三令五申，但还是管不住。因此，要通过改革，让农民有保护自己承包耕地的权利，国家和农民一起，才能把耕地保住。

总之，要建设社会主义新农村，比较妥善地解决好“三农”问题，必须改革现行的土地制度，实行“国有”“永佃”。当然，我们的改革思路还可以有很多。但是，无论怎样都应该使之既能够保护农民的合法权益，又能够充分地调动农民的积极性和主动性。只有这样，我们的社会主义新农村建设的宏大目标才会有希望得到实现。

切实维护农民的土地权益*

——修改《土地管理法》的意见

一　历史的回顾

土地是农民赖以生存的基本生产资料，是农民的命根子。解决农民的土地问题，始终是中国共产党的基本任务。在中国共产党成立之前，为解决长达两千多年的封建土地制度问题，洪秀全领导的太平天国革命，实行“天朝田亩制度”，把土地分给农民。孙中山领导的辛亥革命，提出“平均地权”，实行“耕者有其田”的主张。中国共产党的创始人之一李大钊在《土地与农民》中提出“耕地农有”的口号。[①] 1921 年中共一大通过的《中国共产党纲领》中提出“没收……土地……归社会公有”。[②] 1922 年中共中央发表《对于时局的主张》，提出“没收军阀官僚的财产，将他们的田地分给贫苦农民”。[③] 1925 年中共中央决定设立农民运动委员会，发表《中国共

---

* 本文原载中国社会学会农村社会学委员会主办的非正式出版刊物《统筹城乡经济社会发展论坛通讯》2011 年第 8 期，发表时间：2011 年 8 月 15 日。原稿写于 2011 年 7 月 10 日，作者：陆学艺、郭书田。该文收录于《“三农”续论：当代中国农业、农村、农民问题研究》（陆学艺著，重庆：重庆出版社，2013 年 5 月），收录时有删节，并校订和整理了原稿少量文字。本文根据《统筹城乡经济社会发展论坛通讯》发表的完整文本刊印，并根据《“三农”续论：当代中国农业、农村、农民问题研究》收录文本校订和整理了原稿的个别文字。——编者注

① 李大钊：《土地与农民》（1925 年 12 月 30 日），载于建嵘主编《中国农民问题研究资料汇编》第 1 卷下册，北京：中国农业出版社，2007 年 12 月，第 704 页。

② 参见中共中央党校党章研究课题组编著《中国共产党章程编介——从一大到十八大》，编介：党建读物出版社，2016 年 6 月，第 178 页。——编者注

③ 《中国共产党对于时局的主张》（1922 年 6 月 15 日），参见：http://www.china.com.cn/guoqing/2012-08/28/content_26745372.htm。——编者注

产党告农民书》，提出“解除农民的困苦，根本是要实行‘耕地农有’”。[①]中共在苏联召开的六大通过的《关于土地问题决议案》，提出“无代价地立即没收豪绅地主阶级的土地财产，没收的土地归农民代表会议（苏维埃）处理，分配给无地及少地的农民使用”。[②] 1927年毛泽东发表了著名的《湖南农民运动考察报告》，瞿秋白写了序，给予高度赞扬。在毛泽东的领导下，1928年中央苏区颁布了第一部土地改革法令——《井冈山土地法》，1929年制定了《兴国县土地法》，1930年颁布赣西南《土地法》，推动了土地革命运动，为依靠农民建设农村革命根据地、实行农村包围城市的战略奠定了坚实的政治基础。但是，1931年由于受“左”倾思想的干扰，《中华苏维埃共和国土地法》中出现了地主不分田、富农分坏田和不加区别地没收地主富农财产等“左”的错误条文。[③] 1935年1月在遵义会议上，我们党纠正了“左”的错误，事实上确立了毛泽东在党中央和红军的领导地位。1936年毛泽东在延安与美国记者斯诺谈话时说：“谁赢得农民，谁就会赢得中国”，“谁能解决土地问题，谁就会赢得农民。”[④] 在抗日战争中，为了扩大抗日统一战线，1937年中国共产党在《抗日救国十大纲领》中提出实行减租减息的土地政策。在解放战争中，1947年中共中央制定了《中国土地法大纲》，提出“消灭封建性及半封建性剥削的土地制度，实行耕者有其田的土地制度”，[⑤] 这是中国共产党在新时期的土地革命纲领。新中国成立以后，中央人民政府于1950年通过了《中华人民共和国土地改革法》，一场大规模的土地改革运动在新解放区广泛展开，彻底消灭了长达两千年的封建土地制度，实现了“耕者有其田”，使3亿农民分得7亿亩土地，极大地解放了生产力，为恢复和发展国民经济创造了条件。接着，不失时机地把农民组织起来，走互助合作的道路，由临时的季节性互助组到固定的常年性互助组，并在此基础上建立了以土地入股为特征的半社会主义性质的初

① 于建嵘主编《中国农民问题研究资料汇编》第1卷上册，北京：中国农业出版社，2007年12月，第29页。

② 于建嵘主编《中国农民问题研究资料汇编》第1卷上册，北京：中国农业出版社，2007年12月，第259页。

③ 参见于建嵘主编《中国农民问题研究资料汇编》第1卷下册，北京：中国农业出版社，2007年12月，第596～599页。

④ 洛易斯·惠勒·斯诺：《斯诺眼中的中国》，北京：中国学术出版社，1982年2月，第47页。

⑤ 于建嵘主编《中国农民问题研究资料汇编》第1卷下册，北京：中国农业出版社，2007年12月，第666页。

级农业生产合作社。1956年在初级农业生产合作社尚未巩固的情况下，急速地把土地转为集体所有的高级农业生产合作社，完成了农业的社会主义改造。1958年在“大跃进”中，建立了“政社合一”的“三级所有、队为基础”的人民公社（公社、生产大队、生产队三级所有，以生产队为基本核算单位，把土地、劳力、牲畜、农具固定在生产队），长达20年之久。其中，在1962年颁布的《农村人民公社工作条例修正草案》（《人民公社六十条》），把农民的宅基地收归集体所有。这种制度的缺陷是“吃大锅饭”的管理体制和“平均主义”的分配制度。1978年党的十一届三中全会，在“实践是检验真理的唯一标准”的思想路线指引下，农村率先实行改革，以安徽小岗村为代表实行土地的包干到户，农民获得了生产经营自主权，建立了统一经营与分户经营相结合的双层经营体制，成为农村的基本经营制度，又一次极大地解放了生产力，促进了农业的高速持续发展，推动了城市乃至整个国民经济体制的改革，取得了举世瞩目的成就，以占世界9%的耕地解决了占世界22%人口的吃饭问题。这项制度以农户经营为基础，是党在农村政策的基石，承包经营权从15年不变到30年不变，再到永远不变和长久不变，给农民吃了“定心丸”。为解决土地经营的“小型化”与“细碎化”问题，中央提出“在依法、自愿、有偿”的原则下，促进土地承包经营权流转，形成适度的规模经营。

但是，20世纪90年代中期以后，[①] 工业化、城市化加速发展过程中，土地大量流失。全国耕地面积由1995年的19.5亿亩下降至2010年的18.2亿亩，净减少1.3亿亩。随着农村青壮年进城打工，农村出现了农业副业化和农业劳动力老龄化以及土地撂荒等严重问题。在这种情况下，中央强调土地承包到户长久不变的政策难以坚持、18亿亩耕地不能突破的红线难以保证。在现行法规和政策下，[②] 地方政府垄断土地的一级市场（由集体所有转为国家所有）和经营二级市场（建立开发区和房地产业），以“低进高出”的办法，获得巨大的土地价差收益，成为继税收之后的第二财政收入来源。据国土资源部资料，2010年全国土地出让金高达2.9万亿元，比上年增长106%，占财政总收入的36%，而遭受严重损害的则是农民。政府向农民“要地”，成为当今政府与农民矛盾的焦点。特别是在近几年，不少地

① 此处10字根据《“三农”续论：当代农业、农村、农民问题研究》收录文本增补。——编者注

② 此处9字根据《“三农”续论：当代农业、农村、农民问题研究》收录文本增补。——编者注

方政府以“承包田换社保”、以“宅基地换楼房”等，扩大城乡建设用地挂钩的范围，强拆农民的住房，强占农民的宅基地，有的甚至是整村、整乡的大拆大迁，造成了大批失地农民。这实质还是以地生财、牟取暴利，是典型的“政府”与民争利，必然引起农民的强烈不满。农民上访上告，引出诸多的群体事件，有的基层干部和农民以死相争，爆发多起恶性事件。“大拆大迁”成为近期社会不稳的主要原因。[①] 上访农民多为土地权益受损的，造成这种局面的一个重要原因是法律的缺陷。为了从根本上维护农民的土地权益，促进农村社会稳定，修改《土地管理法》以及相关法律，已成当务之急。为此，国务院有关部门已着手修改《土地管理法》并纳入人大常委会的立法计划。

二　修改《土地管理法》与相关法律的意见

1. 以《宪法》为依据，坚持在农村土地的集体所有制，即在以村为单位、村民共同所有的前提下，建立家庭承包经营权即农民拥有的生产经营自主权长久不变的制度。为此，要进一步完善这项制度，切实做好确权、登记、发证工作。这个土地承包经营权证被农民视为“铁本本”，具有法律效力，户主具有法人资格，受法律的严格保护，任何组织或个人不得侵犯。

2. 土地承包经营权的性质属于物权，拥有《物权法》规定的各项权利。除了拥有现行的出租、转让、转包、入股等流转权利外，还应有继承权与抵押权等平等权利。目前集体所有林地的这个权利已基本得到解决，农地也应有明确规定，改变物权城乡二元化的局面（成都市由财政出资设立农村产权融资风险基金的办法，可作为一种试验）。

3. 建立公开、公平、公正、透明的土地承包经营权流转市场，促进土地承包经营权的流转，在不改变土地使用性质的前提下，实现适度的规模经营，在工业化、城镇化中同步实现农业现代化。实行适当规模经营的载体包括种田大户、家庭农场、专业合作社，而应以合作社为主。

4. 建立城乡统一的土地市场、农村集体所有的经营性土地，享有与国有土地同等地位直接进入统一的土地市场的权利。根据国家批准的具有法律效力的土地利用规划，无论是公益性的“征收”还是经营性的“征用”，

---

① 此处根据《“三农”续论：当代农业、农村、农民问题研究》收录文本调整和增补。——编者注

都通过这个规范化的土地市场交易运行，价格由市场供求关系形成，属于公益性的土地由政府买单，从根本上改变政府垄断一级市场和经营二级市场的局面，加强对土地的宏观调整与监督管理。

5. 根据土地市场价格变化的情况，调整对土地的补偿标准（包括青苗费、设施费、地上建筑物费等），市场价低于补偿标准时，应按补偿标准支付。土地出让的收益全部归集体经济组织与农民所有（其中大头为农民所有）。

6. 已经进城打工的农民，由农村户口转为城市居民户口，在就业、医疗、子女教育以及各项社会保障实行与城市居民同等待遇的情况下，其土地承包经营权是否放弃，无论是城镇还是城市，都应尊重农民的意愿和选择，不得采取任何形式强迫农民放弃（成都市和哈尔滨市政府规定农民迁入城市或城镇落户的，保留土地承包经营权、宅基地使用权以及集体资产分配与收益权等）。

土地承包经营权的流转形式多种多样，由农民自己选择。其中，最受农民欢迎的是把土地承包经营权变为股权、农民变为股民，除了通过股东大会或代表大会行使当家作主的权利（包括知情话语权、决策参与权、资产处置权、收益分配权、管理人员选择权）外，还能获得分享土地的增值效益，增加财产性收入，农民既是劳动者又是有产者。这是农民创造的集体经济有效实现的形式，把集体经济的利益与农民利益融为一体，消除农民的后顾之忧（苏州市土地承包经营权流转面积占总面积的50%，而土地承包经营权的财产性收入则占家庭总收入的30%）。

7. 加强对土地的经营管理，推进农业的现代化（包括专业化、集约化、标准化、规模化），使农民成为有文化、懂技术、会管理的现代农民，其主体为农村合作经济组织，而非村民自治的社会组织（浙江省政府发文将行使土地经营管理权明确为村农业生产合作社等集体经济组织），其有效实现形式为社区土地股份合作社，并与农村集体企业结合在一起，形成农村股份制或股份合作制，在农村内部建立以工补农、建农、促农和发展各项社会福利等的机制以及实行“利润返还”等措施，增加农民收入，缩小城乡差距。

8. 在推进农业产业化经营中，延长农业生产链，实行生产、加工、销售一体化，提高土地经营的附加值，应以社区合作社和专业合作社为主，政府在财政、税金、金融等方面给予积极扶持。有些国内外企业进入农村充当龙头企业，政府应加以管控，[①] 应通过农村合作社同农民形成利益共同体，使农民分享土地的增值效益。对于农民工返乡第二次创业兴办农产品加工与流通企业，提高土地附加值，应给予优惠政策和支持。

9. 转变政府职能，加强对土地的宏观管理，维护农民的土地权益。为此，政府可放开一级市场，退出二级市场，即转变既当裁判员又当运动员的双重身份，当好裁判员。加强土地的宏观管理，一方面要从数量上严格控制耕地的“农转非”，另一方面可采取有效措施，改善和提高土地质量，解决荒漠化、水土流失、农业面源污染、土地质量劣变等生态环境恶化问题。

10. 土地财政成为地方政府的第二财政收入来源的重要原因在于，实现分税制以来，相当多的地方政府的事权财权不匹配，[②] 地方政府的比例下降。虽有中央按项目的转移支付，但仍不能解决财政收支的缺口问题，特别是中西部欠发达地区尤为突出，“以地生财”便成为解决这一困境的主要出路。因此要推进税制改革，提高地方财政的比例，缓解地方财政不足的压力。

上述建议除了涉及《土地管理法》外，还涉及行政管理体制、税制、村民自治组织、资产担保等诸多相关法律的部分条款，需要通盘考虑，做出相应修改。

① 此处 7 字根据《“三农”续论：当代农业、农村、农民问题研究》收录文本增补。——编者注

② 此处 16 字根据《“三农”续论：当代农业、农村、农民问题研究》收录文本增补。——编者注

农业农村发展形势

专家眼中的后农业税时代*

编者按：2006年，中国全面免征农业税，自有“皇粮国税”以来，此举实为千年未有之变局。后农业税时代，困扰中国的“三农”问题将有何新变化？9月23～25日，数十位学者、政府官员、乡镇干部聚首广州，在“首届南方农村报·中国农村发展论坛”上展开了讨论。

“三农”问题历来为国人所关注，也是中央政府最重视的国事之一，本报为此推出“三农”专题，传递基层乡镇的所思所想，表达专家学者的真知灼见，以襄助共解“三农”难题。

一　免税为进一步改革提供了契机

1977年的时候就提到要减轻农民负担，到了20世纪80年代初搞了包产到户、联产承包责任制之后，就没怎么提到这个问题。因为那几年，农民收入提高了，社会发展了，没增加什么负担。人民公社的时候，都没这个想法。有这个想法是从1985年以后开始的，后来呼声就越来越大。

免征农业税以后，农村怎么搞？面可以讲得宽一点。农业税的问题，就是减轻农民负担的问题。就我所知，以前下面乱收费、乱摊派，干部与农民的矛盾激化，到北京上访的一半以上都是因为这方面的问题。

免征农业税以后付出的代价有多大呢？300多亿元，加上粮食补贴100多亿元，总共也就400多亿元，但可以因此免去搭便车的收费1000多亿元。

因此，免征农业税更主要的作用是解决了农民和国家关系、农民和干

---

* 本文源自《南方周末》2005年10月13日第A08版。该文系9月23～25日在“首届南方农村报·中国农村发展论坛”上若干学者、政府官员围绕免除农业税问题展开讨论的发言摘要，本文仅收录陆学艺的发言摘要。——编者注

部关系中的一些问题，政治意义和社会意义更大。

要重视免征农业税的积极作用。建设和谐的新农村，还要体现在体制上。现在城乡二元结构的问题并没有解决，城市和农村是两个市场。

一些政策的制定，是各方面都要照顾到的。这些政策要是不给的话，是搞不下去的。大学已经是豪华型的了，而农村的小学还只是希望小学，是需要大家捐款才能建起来的小学。

“三农”问题的核心是农民问题，而大家往往只关心农业问题。最终来说，是要减少农民的数量，缩小城乡差距。现在已经出现的一些问题有待进一步解决。第一，劳资关系。我们的城乡结构是不合理的。城乡差别和贫富差别很大。我最近在看王斌余的材料，一个农民工，10 年赚 3 万元，还抵不过一个开发商一餐的费用。城乡二元结构进城了！第二，利益关系。农村现在是地方政府向农民要地，以卖地来获取利益。这方面的问题较多。第三，上级干部和下级干部的关系问题。第四，虽然税费免了，但农民医疗教育等的负担仍然很重。

二　农村税费改革对基层政权的影响

乡镇政府的问题，关键是要缩权，要把一些本来应该是民有的权利还给农民。第一步，取消市管县的改革已经开始着手了，下一步可能是大规模的乡镇综合体制改革。我建议这件事不能急，要慢一些。

中国当前农村形势和农村可持续发展*

一　农村形势

今天给大家讲的问题是，我国当前的农村形势和农村可持续发展两个问题。第一个问题讲当前的农村形势。现在中国讲农村形势，一般就要讲农业、农民和农村问题，把它概括为“三农”问题。欧洲、美国和日本都没有“三农”问题这个说法。它们就农业问题研究农业问题，或者把农业问题跟农村问题联系起来，或者把农业问题跟农民问题联系起来，顶多把二者联系起来研究。“三农”理论是中国改革开放以后的产物，我们原来也不是这样讲的。

（一）“三农”问题的由来

今天趁这个机会讲一下“三农”问题的由来。它是中国在实现由农业社会向工业社会转化、由农村社会向城市社会转化这样一个特有的背景下出现的。我 1957 年进入北京大学哲学系，1962 年毕业。1957～1963 年这一段时间，特别是 1959～1961 年，是我们中国经济最困难的时候。我们在北京大学吃饭都是定量的，一个月只有 30 斤粮食，那时候是短缺经济。如何把农业搞上去，从毛泽东主席到下面，全国都在想这个问题，但是饭还不够吃，要靠进口粮来弥补。改革开放以后大家都知道，农村先改革，邓小

* 本文源自叶文虎《可持续发展的新进展》第 3 卷，科学出版社，2010，第 54～70 页。该文系陆学艺于 2007 年 10 月 30 日在北京大学中国可持续发展研究中心举办的“可持续发展的新进展”公开课上所作的第 3 期第 4 场讲座的讲稿。——编者注

平支持。农村实行了包产到户，农业几年工夫就上去了，到了1984年我们就不怎么用粮票了。到1985年以后，粮票就不怎么值钱了，在食堂买饭用粮票也松了，剩下的粮票可以换点文具什么的。

但是农村还是不行，农民有了饭吃，但没钱花。光解决农业问题不行，还要解决农民问题、农村问题。20世纪80年代后期，就有一些学者把农业问题、农村问题和农民问题联系起来研究。为什么有了粮食以后，还有农民问题、农村问题不好解决？所以就提出来把三个问题综合起来分析。20世纪80年代后期，就有把农业问题、农村问题和农民问题联系起来论述的文章。20世纪90年代初，写的文章就比较多了。但是，我今天跟大家说，真正把这三个问题联系起来说成"三农"问题的，并不是哪个学者，而是媒体的记者。因为他们好简化，写稿子时，农业、农村和农民，不是三个都有"农"吗？就写成"三农"。原来的排列，有的农民在前，有的农业在前，有的农村在前，反正三个都有"农"字，就改成"三农"问题。但是，哪个媒体、哪个记者最先讲的我说不准。

到了1995年以后，这个"三农"问题的说法被引进了实际部门，也就是政府部门，被引进了他们的工作和文件中。比较全面完整地讲到这件事情是在1998年十五届三中全会，有这么一段话："十二亿多人口，九亿在农村，是我国的基本国情。农业、农村和农民问题是关系改革开放和现代化建设全局的重大问题。没有农村的稳定就没有全国的稳定，没有农民的小康就没有全国人民的小康，没有农业的现代化，就没有整个国民经济的现代化。"① 把"三农"问题提到这样的高度，这是中央文件第一次。以后"三农"问题就在全国甚至全世界传播开了。对于这件事情，据我了解，国外没这样说的。关于"三农"理论，可以有两点结论：第一，这是中国改革开放的产物；第二，这是中国社会科学界一项重要的理论成果。

（二）日本和越南的"三农"问题

有了这个理论以后，用它来分析我们中国的问题就比较清楚了。拿这个理论去观察分析其他国家也是比较清楚的。

拿"三农"理论来观察日本的问题，也比较清晰。是什么问题呢？日本走的是工业化、城市化和现代化的道路。第二次世界大战以后，日本实

① 中共中央文献研究室编《十五大以来重要文献选编（上）》，北京：人民出版社，2000，第554、569~570页。

际上又回到农业社会，好多人回去以后回到了农村。他们通过高额农业税积累资金，积累资金以后，20世纪50年代他们就大量建设工厂。他们的工厂不像我们搞乡村企业，他们都是建在城市里面，建在交通要道边上。所以日本走工业化道路的时候，城市也发展起来了，大量农民就进城了，没有像我们这样搞农民工。农民一当工人，就是市民，日本没有像我们这样的农民工的说法。

20世纪60年代中期，日本工业发展起来后，逐渐反哺农业。我看他们主要是两条。第一，他们提高农产品价格。农产品价格一提高，农民收入就高了，再加上大量的农业劳动力进城，农村人口少了，使农民的收入逐渐接近城市人的收入。到20世纪80年代以后，二者的收入已经相同了，大致是1∶1。这样，他们的农民问题就逐渐得到了解决。第二，他们利用工业优势，把现代农业生产资料发展起来，化肥、农药和农机工业都有了大的发展，手扶拖拉机是日本人发明的。

通过政府补贴，用现代化的化肥、农药和农机把农业武装起来，实现农业现代化。20世纪60年代他们走了这两步。他们通过工业赚了钱以后，到20世纪70年代中后期和20世纪80年代，就大量投资农村，进行农村的改造。我是1985年第一次去日本的。那时，他们正在农村大量进行基础设施建设，如道路、上下水道、水库、电力、通信。到1985年我去的时候，农村已经家家户户都有电话了。道路一通，汽车也进去了，农村里农民的汽车拥有量比例比城市高。城市居民不是买不起汽车，主要是没地方停车。农村一家有两三辆。把农村基本建设搞起来，城乡就一体了。所以他们第三步搞城乡一体化，把农村问题也解决了。可见，他们是这么一步步解决的。但是，日本农业有一个问题，是什么呢？20世纪60年代后期，日本的工业发展起来以后，日本要出口汽车、出口家电，汽车出口到美国了，打入欧洲市场了。那美国和欧洲就压他们，像现在欧美国家压我们一样，让日本开放农产品市场，开放这个市场，开放那个市场。迫于压力，日本就把农产品市场开放了。日本国内也有人认为日本搞农业不合算，不如买美国的、买欧洲的。这一开放也带来了问题。我去的时候跟他们的社会学家交流，社会学家跟经济学家看问题不一样。经济学家认为这符合价值规律，他们那里成本高，当然要靠进口，自己少种，不种也可以。日本国内另一派人看法不一样。现在日本大概大米主要是自己的，有点蔬菜，有点水果，大量的农产品都是进口的。他们不是不能种，而是不合算，所以就少种了。根据日本的气候条件，水稻可以种两茬，但他们只种一茬。并且日本不种大麦、黄豆和玉米，只种蔬菜、大米这两种。日本种一季稻，不种两季，中国的南方是两季稻，日本是一季。因为他们认为进口便宜。但是有一个问题，日本的农产品价格实在太高了。我算过，日本1斤大米的价格，大致是我们的15倍。我们的黑龙江产的大米大概2元1斤，日本产的要30元1斤。这样的话，他们的食品价格，就不像我们北京大学食堂这么便宜了。早稻田大学食堂的饭菜价格比我们高得多，这对他们生活质量的提高是有影响的。但也有一个好处，他们比我们节约得多。咱们食堂里面，老师怎么说也改不了，你去看看每天倒掉的泔水，不知道有多少，我们是太浪费了。

做一个总的概括，可以这样说，日本的问题，从“三农”的理论来解答，农村问题解决了，农民问题解决了，农业问题没解决好。我们正好相反，农业问题基本解决了，但是农村问题、农民问题还很严重。现在我们的政府着急的不是农业问题、不是吃饭问题、不是粮食问题，而是我们农民的收入问题、农村的社会稳定问题。

最近我去了越南一个礼拜。昨天刚回来，他们遇到的和研讨的问题同我们是相似的。这次是越南社会科学院请我去参加越南“三农”问题研讨会。我和他们谈，我说他们的问题跟我们一样，他们是大米出口的第二大国，排在泰国后面。越南的国土像一根扁担挑了两个筐，北边是红河三角洲，南边是九龙江三角洲。气候也好，相对来说，比我们人均耕地多一点，所以是农业出口国，是大米、咖啡等出口大国，其农业是挣钱的。但是用农民的话讲，他们干部也跟我们讲，有饭吃了，但是没钱花，跟我们一样，农民穷，城乡差距很大。所以越南的问题也是农业问题解决了，农村问题、农民问题还没有解决。

（三）中国的“三农”问题

1. 农业问题

改革以前，我国是粮食进口国，要去买别国粮食，也是棉花进口国。靠改革开放，靠实行家庭联产承包责任制，靠农民的积极生产，农业连续增产，基本解决了农业问题。现在我国的棉花、大豆还要进口，粮食基本上平衡。我国是1996年第三次农业特大丰收以后，基本解决吃饭问题的。1996年我们的粮食总产量达到1万亿斤，就是5亿吨了，① 从那以后粮食问

① 1996年全国粮食总产量为50453.5万吨。参见国家统计局编《中国统计年鉴·1997》，北京：中国统计出版社，1997年9月，第383页。

题就基本解决了。现在我国农产品有进有出，从美国、加拿大进口了一些小麦，但是我们也出口了一些，特别像日本，我们要向其出口蔬菜和食品。例如，烟台那一带大葱、生姜、大蒜、咸菜都往日本出口。我这里说第一个问题，把农业问题基本解决了，不是说没有问题，只能说基本解决了。中国人说话用词很恰当，不能说大话。万一有一年有了天灾人祸，我们又不够了，所以只说基本解决。

2. 农民问题

现在农民问题比较多，而“三农”问题的核心是要解决农民问题。这是什么意思呢？在现代化过程中，从传统农业国家变成工业国家，从农村国家变成城市化国家，必然是农民要越来越少，农业在 GDP 中所占比重越来越低，农业人口由原来占 90%，到 80%、70%、60%，再到 50%，像日本那样现在不到 20%，美国那样不到 10%。马克思说农业的劳动生产率越高，可供养的非农业人口越多，从事二、三产业的人越多，社会越进步，所有的工业化国家都是这样的。但是新中国成立以后，我国实行计划经济，要解决吃饭问题，要发展工业，要求农业每年给国家提供多少粮食、提供多少棉花。农业给提供了东西，国民经济可以发展，工业化可以搞好。到了开始搞工业化的时候，因为农业生产、小农生产效率低，提供不了那么多的商品粮和棉花等工业原料，所以就搞统购统销，农民留下自己的，其余统统都卖给我（政府），有的地方是你够不够吃也不管，向你要多少你卖给我多少。这样的话，老百姓种了地，丰收了，自己还吃不饱，他们就不干了。最后实行一种制度，叫“城乡分治，一国两策”。城市人口是非农业户口，农民是农业户口，然后规定一条，不许“农转非”。什么叫不许“农转非”？就是不许农业户口转为非农业户口。中国这个制度，农业户口指农民，非农业户口指大学生、干部、工人，就是市民。一个农民，一个市民，待遇很不一样。对农民是一种政策，对市民是另一种政策。改革开放前，城里给市民发粮票，农村不给发粮票，农民自己种粮食，不发粮票。农村的青年，考取大学，变成市民，也就有粮票了。那时候能考上的人很少。当时农产品是非常紧张、非常稀缺的，粮食、食用油和棉花都要发票分配。除了粮票外，还发布票、豆腐票、点心票、肥皂票，北京有 30 多种票证。年纪小的你们不知道，看书的时候可能一看就过去了，其实这个地方呈现了当时的时代背景。

我是 1957 年来的北京大学，到了 1960 年、1961 年的时候，那困难得不得了。那时候我们在食堂吃饭，30 斤粮票，一天一斤粮；一年也吃不到几次肉，天天都是白菜、萝卜和土豆老三样（不像现在有猪肉、鱼）；只有半斤油，多少有点油花。吃饭要计算好了，我是30斤粮食，正好一天一斤，早晨3两，中午4两，晚上3两。[①] 原来我是无锡一个中学的团支部书记，考到北京来的同班同学有10个人。到1959年、1960年的时候，有的快毕业了。因为我比他们大一点，又是支部书记，他们有事来找我谈。那时，最怕同学来了。为什么？中国人讲面子，同学老远来，你得管他一顿饭。一个同学来我得管4两，起码两个馒头。他一走，我每天得减一两，4天才能补上。两个人一起来，那更没办法了。回想起那个时代的境况，我们中国有今天的形势真不容易。现在我们是把农业问题解决了，但是怎么解决的呢？我们是“关城门”（“关城门”就是不让农民到城里来）。从1958年“关城门”到现在，户口政策一直没有大的改变。

现在农民可以进城来干活，但户口不改，叫农民工。你当了老板也给你戴一个帽子叫“农民企业家”，不给你转户口。由于各种原因，这20多年一直这么卡着。我刚才讲了，凡是工业化、城市化的国家都是农民越来越少，我们正好相反，农民越来越多。我们搞的户口政策，当时是权宜之计，因为粮食不够，要“关城门”，现在成了大问题。我们1953年搞第一个五年计划时，只有5亿多农业户口的农民。现在是第十一个五年计划，54年了，还有9.49亿农业户口的农民。报纸上说，我们的城市化率已经44%[②]，我认为我们的城市化率里面是有水分的。

这个水分是什么呢？我们现在的城市化率里，把没有城市户口的农民工都算进去了，城市化率实际没有这么高。你们可能知道，我们搞的计划生育，城市的一对夫妇生一个孩子，做到了，农村就不一定。农村现在一对夫妇生一个到两个甚至三个孩子，所以农村人口增长得快。从相对数字看，农村人口是减少了，从1978年占总人口的82%下降到2006年的56%。[③] 但农业人口实际比这个多，到2005年农业人口实际上还有9.49亿，农业户口还占全国人口的72.6%。[④] 按照我们统计部门的说法，城市人口已经占总人口的44%，这实际是把在城市里打工的农民工称为常住户口，非农业户口加上外来常住人口，所以得出44%这个比例。如果把常住人口中农业户口的人还算作农民，那现在中国的城市化率才27.4%。农民越来越

① 1斤等于10两，等于500g。

② 国家统计局编《中国统计年鉴·2007》，北京：中国统计出版社，2007年9月，第105页。

③ 国家统计局编《中国统计年鉴·2007》，北京：中国统计出版社，2007年9月，第105页。

④ 国家统计局编《中国统计摘要·2007》，北京：中国统计出版社，2007年9月，第128页。

多，是农民问题的第一个问题。

第二个问题是农民穷。“农民真穷，农村真苦，农业真危险。”这个“真穷”是什么意思？我要说两句话。农民跟自己比，比 30 年前好多了。因为 30 年前，农民连基本的温饱问题都未解决，有 2.5 亿绝对贫困人口，现在只有 2100 多万了。相对于过去，农民的收入和生活条件改善了很多。说农民“真穷”是跟城市的人比，跟改革开放后应该分享的成果比。现在中共十七大提出，要实现人人共建、人人共享。农民为改革开放做了很大的贡献，但是没有得到相应的实惠。所以相对地讲，农民还是穷。温饱问题解决了，但没有钱花，还有很多困难，城乡差距是扩大的。这是农民穷。

第三个问题是农民分化了。人民公社时期，农业户口的人，无论是收入还是生活水平，基本都是一样的，而现在不一样的。首先是职业上的分化。因为中国不要那么多农业劳动者，所以他们可以去从事别的职业。1976 年以前，国家认为农业搞不好，粮食不够，是农业劳动者太少，就把城里的人、把机关干部调到农村办干校，城市里的知识青年到农村去劳动。那时有一个口号叫“人心向农，劳力归田”，劳动力都要去种田。政策上不许你搞别的，如果你这个农民去干了别的事，做了买卖、办了工厂，那是要受批判的。改革开放以后，虽然户口还不让改，但是农民可以出去打工、做买卖，也可以开厂开店当老板，所以农民的职业分化了。我在 1989 年写文章时说，农民已经分化为八个阶层，就是农民工、个体工商户、私营企业主、雇工、农村知识分子、乡镇企业管理者、乡村干部和农业劳动者。农村现在大概也还是这样。

由于职业分化了，农民的财产和收入也分化了。有一篇文章说，现在最穷的人在农村。这个没有错，到现在还有吃不饱饭的。还有一句话：现在最富的人也在农村。这句话我不太相信。因为有些有钱的人，不但住到城里来了，有的还买了户口，变成了城里人。当然还有一些有钱的农民老板，没有转户口。所以农村分化已很厉害。因为财产分化和收入分化很大，农村社会矛盾很多。原来大家都穷，你吃不饱，我也吃不饱，你穿补丁衣服，我也穿补丁衣服，一件衣服可以穿好几年，那时候大家都不觉得有什么问题，矛盾也少。现在不同了，你收入 1 万元，他才收入 2000 元，实际上他的收入也提高了，但是他意见大。为什么现在社会矛盾多？就是这个道理。

第四个问题是，农民的权利得不到保障，农民组织薄弱。什么意思呢？就是说实际上现在贫富分化也好，农民收入少也好，经济问题实际上是权利得不到保障，农村产权不明晰。现在农村的产权是怎样的呢？我们总是讲，国有企业搞得好，企业管理靠产权明晰。产权明晰了，有人负责任管事了，许多问题就好办了。农村现在弄不好，农民意见很大。原因就是，农村的产权是比较模糊的。农村叫集体所有。集体所有，哪个是集体所有者？过去叫生产大队，现在叫行政村。这个所有权归行政村。这一年是老叶当村干部，老叶管，过了3年别人管了。村干部变了，政策就变了。人家说土地是公有的，现在我们城里的老板下去跟村干部关系搞好了，把地买了，农民还不知道。连农村的宅基地，农民也不是自有的。城市居民买了房，有一个房产证，拿着这个房产证可以把房出卖、抵押或出租。农民不行。政府对农民说房子是你的，但是这个地不是你的，所以你不能出卖也不能抵押。这个权利农民没有。

中共十七大有一个很大的进步。原来选全国人民代表大会代表，城市人口22万个人中选一个代表，农业户口要在88万人中选一个代表。四个农民顶一个市民，这是不合理的。这一次中共十七大文件专门有一条，选举人民代表大会代表要城乡一致。我觉得这是个进步。

3. 农村问题

“三农”问题的核心是农民问题，因为农业是农民从事的职业，农村是农民居住的社区。所以农村问题实际上也是农民问题，如果解决不了农民问题，那农村问题就解决不了。根据我们的调查，现在农村的大问题是城乡差距越来越大。第二次世界大战以后，富起来并实现了现代化的国家和地区，有一个很好的经验值得我们借鉴。例如，日本、新加坡、韩国和中国的台湾与香港地区，它们在工业化大发展、经济高速增长的时候，居民收入差距、城乡差距、贫富差距是缩小的，所以社会相对安定。我们本来就穷，本来差距就不大，1978年的基尼系数为0.22～0.23。我们这几年改革开放，经济成绩很大，但是我们城乡、地区收入之间的差距是扩大的。大家看1978年我们的城乡收入比是2.57∶1。这是什么意思？农村人收入100元，城里人收入257元。到1985年，农村改变在前，农民受惠得早，那一段城乡差距在缩小，缩小到1.86∶1。1985年以后城市改革开始了，城乡收入差距反弹，到1995年变成2.71∶1，到1999年变成2.65∶1。2000年以后一年比一年大，2006年是3.28∶1。[①] 而且这几年农民还是年年增收。我可以告诉大家，虽然农民收入增加了，但是城市居民的收入增加得更多，

① 国家统计局编《中国统计年鉴·2007》，北京：中国统计出版社，2007年9月，第345页。

所以差距还是扩大的。这个事情总不是好事。为什么城乡矛盾这么多？这跟差距扩大有直接关系。

消费方面也存在差距。现在在中国，三个农民买的商品还不如城里一个人的。1996年，国家就提出要扩大内需，因为商品卖不出去。城市再扩大内需也扩大不到哪儿去，手机有了，电视机有了。现在这些东西卖不出去。算一算我们的人均消费水平还达不到国际平均消费水平，为什么？好多农民买不起，所以我说，提高农民收入，东西就卖出去了。

教育这几年有大进步。我们政府这几年在教育方面的成绩太大了。这两届政府应该说做了件大好事。1999年开始扩招大学生，几年时间把中国的高等教育从精英教育提升到大众教育。我还记得我进北京大学那年(1957年)，全国只招10.7万人，现在一年招500万人。美国、欧洲好几十年才走到这一步，我们几年就走上来了。现在当然也遇到了一些困难。在义务教育方面，2003年以前城乡的差距很大，现在也在缩小。所以我觉得这两届政府在办教育方面，真投入了。但是以前在农村实行义务教育方面，欠的账太多了，城乡方面的差距太大了。从社会学上讲，在教育方面，你这一代人有了差距，下一代的差距就肯定有了。我们社会学人讲，公平要起点公平，大家在一条起跑线上。现在不是，城市里的人平均受教育年限高，农村人的平均受教育年限低。城市里收入高，还都是免费教育。农村在2002年之前还讲人民教育事业人民办，实际是农民教育事业农民办。这是不对的，这几年正在改。

城乡差距还有个表现。现在城市居民得的病跟农村人口得的病不一样。城里人得的病都是高血压、高血脂、心脏病和脑血管病，说得难听点都是富贵病，都是吃得太多、太好了。农村人得什么病？痢疾、疟疾、肝炎和肺结核，都是贫穷病。我这里有一个数据很说明问题。2003年做了一个调查，就是全国营养普查，6岁的孩子，农村平均身高110cm，城市里是113cm。6岁的小孩相差3cm，就是1寸①。一个民族要多长3cm不得了。同期，16岁的青年，据调查，农村是158cm，而城市是164cm，相差6cm。可见，城乡差距的后果已经传到下一代身上了。

城乡差距这么大，这样搞下去肯定不行。这都是“城乡分治，一国两策”形成二元结构的问题。关于农村的形势我再补充一点。从农业、农村和农民问题来分析，就是我开始说的，农业问题基本解决了，吃饭问题基

---

① 1寸=3.33cm。

本解决了，主要农产品能基本满足国家经济建设的需要，这应该说是很大的成绩。1949年新中国成立的时候，美国国务卿说中国历来没解决吃饭问题，共产党领导的中国，也解决不了吃饭问题。中国的吃饭问题是历朝历代的大问题。“民以食为天”，中国的统治者都是把吃饭问题作为头等大事。一直到20世纪80年代，中国人见了面都是问“吃了没有”？能不能吃上饭是大事。现在大家吃太饱了，不当回事了，也不再问“吃了没有”，而是说“你好”。经过几十年，硬是把吃饭问题解决了，而且吃得这么便宜、这么好，真是一大成绩。

吃饭问题解决了，但是我们的农村问题、农民问题还没有解决。不是不想解决，实在是太难了。2003年春，中国共产党第十六届中央委员会召开的一次政治局会议，把解决“三农”问题作为我们党的工作的重中之重。这几年也真下了功夫，真投入了力量，专门开会商量怎么解决“三农”问题。连发了4个中央一号文件，都是讲解决“三农”问题的。要增加农业投入，减轻农民负担。2004年，中央决定减轻农民负担，干脆把农业税全部都免了，什么钱都不用交了。中国从2600年前就收农业税了，现在政府给它免了，这是大功劳。我们去农村调查，各地都说这件事情做得太好了。为什么？国家花的钱不多，免征农业税这件事，每年只花1250亿元，效果很好，得到了9亿农民的拥护。另外，原来城乡关系里一个很大的问题是干部和农民的关系非常紧张。因为干部去收农业税，国家规定的只是几十块钱，但是地方要的各种费就搭车带着收。这在那些富的地方，问题不大。关键是，中西部农民穷，政府穷，干部也穷，所以干部趁着这个机会一起收，数目就大了。农民交不出来，粗野一些的干部就牵农民的牛羊，搬农民的电视机，矛盾就激化了，引起打架。每年出现的恶性事件，都是这么来的。然后老百姓就告，地方告不赢就到北京来告。现在不是有上访村嘛，六七成是这个问题。2004年开始，免征农业税，等于把两个原来打架的人拉开了。这个大矛盾解决了，干群关系一下子好了许多。

但是农村问题并没有完全解决。免征农业税不是就太平了，因为国民收入分配还不合理，财政体制还不合理。浙江、江苏等富的地方，财政收入多，有的县，一个镇都有一两亿元的财政收入。但是在穷的地方，免征农业税后不能再向农民搭车收钱了，县里、乡里的财政收入还不够发工资的。乡政府还要运转，运转就要经费；县政府也没钱，县政府也要办公，怎么办？我们下去调查，发现近几年农村里的矛盾转化了。

我们发现有的地区的农村干部从“三要”干部变成了“一要”干部。

什么叫“三要”干部呢？过去老百姓批评干部说他们是“三要”干部。第一是要钱；第二是要粮；第三是要命，要命是指计划生育。那个阶段基层干部可不容易了。

现在“三要”问题基本解决了。第一，计划生育，大部分地方接受了，农民也渐渐接受了，工作好做多了；第二，粮食放开了，现在农民卖粮都卖不出去，政府还要保护，要粮问题解决了；第三，现在农业税免了，不要钱了。所以“三要”问题基本解决了。现在农村干部变为“一要”干部。要什么？要地，要农民的土地。这实际上还是要钱。因为现在的土地制度还不完善，农民只有使用权，所有权是集体的，村干部可以代表集体，同上级政府、地产商或用地单位签合同，可以把土地变卖了。这样把土地农转非，就值钱了，乡里、村里从中收些钱。农民失去耕地就等于失业，于是新的干群矛盾就出来了。所以农村里现在的矛盾主要是征地和保地的矛盾。

二　农村的可持续发展

（一）环境问题

第一，一定要看到我国现在在可持续发展方面存在问题的严重性，如资源短缺、环境污染、大气问题和水资源问题。看到这一点还掉以轻心或者还不管不问不把它当回事不行。2008 年我国办奥运会，最大的问题，包括政府和老百姓都担心的，就是环境问题。别的都管得了，都有办法解决好。有人怕交通堵塞，那不是大问题，会有办法解决。但大气污染，这一点就是个问题。现在管天还没有好办法。当年选北京做首都，主要是从军事、政治上考虑的。北京的地形是三面环山，好防守。西边是西山，北边是燕山，东边还是山，就像一个簸箕那样，就东南这一个出口，通向大平原。出去往南往东都是走丰台这条路。但是，空气就成问题了。现在的北京，如果三天不刮西北风，就会是三级空气；再加上冬天取暖烧煤，有的时候是五级空气。这个事没有办法。现在又有这么多汽车，都在排气。所以我估计有汽车的人明年会受点限制。空气是个大问题，明年最难办的是空气污染。

环境问题的治理已经到了刻不容缓的地步。这件事情也难怪，不吃一堑，就不能长一智，还是犯了“先污染后治理”的毛病。就像小孩一样，不烫一下手，他就敢摸。我记得我们上大学的时候，教员讲到环境问题的时候说，日本刚刚工业化的时候环境污染很严重，出门要戴防毒面具，说环境污染是资本主义的癌症。他没有想这是工业化必然会带来的问题。

我们的工业化发展了，环境问题接着就来了。我们社会主义也一样，走了“先污染后治理”的路。现在知道了，不治不行了。这次我到越南去，我看他们相当于我们 20 世纪 80 年代的水平，他们连门口的垃圾都还没扫掉，这没办法。在这里我要说一句话，咱们这个汉文化圈，日本稍微跟我们远点，韩国、朝鲜和越南过去同中国的关系更密切一点。现在奇怪，朝鲜、韩国搞得干干净净，街道上、家里都挺干净，中国不行。中国好几个省，现在都富起来了，无论到城市还是到农村去，房子都很好了，大楼、广场都很气派，但是卫生状况不好。我有一次在一个会议上，听原来国家图书馆的馆长任继愈教授说了一个观点，我觉得有道理。他说中国历来讲究修身养性、勤俭持家，到宋、明都是比较讲究的。朱子家训说的第一句话是“早晨起来以后就要扫洒庭院”，很勤俭很干净，整整齐齐，治家之道是讲规矩的。现在不讲究了，什么道理呢？他说两点我觉得有道理。就是说我们接受过两个游牧民族几百年的统治。现在这个都城——北京建都有八九百年历史了，最早是金中都，元灭了金以后就成为元大都。中间隔一代是明朝，现在北京老城的格局是明代建的。明以后是清朝 200 多年。旧北京的风貌和生活方式、生活习惯是那时形成的。游牧民族是大家庭，居无定所，对持家不大讲究。你看故宫那些东西，那些住的、用的东西，还真的不如南方一些家里的东西。当然，这最重要的还是与经济发展阶段、经济发展水平有关。

第二，我觉得我们的一些媒体和专家把问题说得太过分了。这也有问题，那也有问题，有的话说得也过分。国外有些媒体在炒作我们、骂我们，但是我们自己要有个正确判断，不能跟着喊。有人说现在全世界污染最严重的 20 个城市，中国占 16 个，我就不信。我去过不少国家，是这样吗？同等城市、同等条件你去比一比，怎么会是这样呢？有人说中国无湖不污、有河皆污，反正都污染了。你们到乡间去看看，你们到云南看看，到抚仙湖、新疆孔雀湖去看。中国太大了，不要把话说绝了。有人说，中国没救了。中国的环境问题是严重，但不是没救了，是可以解决好的。还有一些文章我觉得也是有问题的，说我们中国生产浪费，资源浪费；我们生产 1 吨钢，美国用多少煤，日本用多少煤，我们是美国的多少倍，是日本的十几倍等。还有的说我们现在的 GDP 在世界占 4% ~5% ，但是我们消耗 30% 的钢材、40%的水泥、20%多的能源。怎么能这么比？我们什么阶段？我们的GDP里工业、制造业占52%，第三产业才占30%多。而美国、日本和欧洲那些发达国家，他们第三产业占70%多，已经是后工业社会阶段。我们是工业化中期阶段，是以第二产业为主的阶段。美国把制造业都放到国外，就不用消费那么多电了。中国是以加工业为主，消耗资源、能源当然多了。这个比法叫“长他人志气、灭自己威风”。所以，我们跟着喊不行，要有点分析。发展阶段不一样，咱们现在是制造业大国，当然用电多了，用资源多了。美国是以第三产业为主，用不了多少电。所以我说不要听风就是雨，要自己判断。

第三，我们中国的这些问题正在逐渐解决，也在逐渐提高认识。但这确实不是一两天能解决的，我们是晚了一点，但比起英国、法国等国要好得多，它们有200~300年工业历史，到20世纪50年代才开始治理。这方面我们也是沾了后发展国家的光，知道光污染不治理不行。所以我们就开始治，治了以后成绩有好有差。比如上海，苏州河被污染不是新中国成立之后的事，新中国成立之前就臭了。苏州河现在清了，问题基本上解决了，但还要花很大的力气。譬如我老家无锡。我就在太湖边上上中学。20世纪50年代太湖水清见底，有鱼有虾，无锡是“鱼米之乡”。无锡工业搞得早，污染也早，太湖蓝藻事件是一次警告。现在正在加紧治理太湖了。所以环境污染这件事情只要真正认识到了，国家和地方、干部和群众一起来治理，是可以解决好的。

（二）人口和土地问题

1. 人口问题

人口问题是个大问题。我们国家下了大决心、大功夫搞了计划生育，取得了伟大的成功。20世纪80年代人口专家预计，中国的人口峰值将在2045年达到16亿。经过这些年的努力工作，情况改变了。现在估计人口峰值不会超过15.4亿，在2038年、2039年可以到顶点，然后开始下降。最近有人写文章，一是要改变一对夫妇只生一个子女的政策；二是估计近几年就会出现劳动力荒，认为劳动力近几年就会不够。我觉得这个所谓劳动力荒，还为之过早，没有那么严重。现在我们的劳动人口有10亿多，要就业的人还很多，我估计十年八年之内还不会缺。民工荒是因为老板给的工资太低，工作条件太差，他还不如回去种田。不是说农村里没有劳动力，农村里还有大量的劳动力要转移出来。

有些人提出计划生育政策要改变，我觉得还不行。有人写了“条陈”，对此，中央已经否了。我给大家说一个数字，2000 年我们国家人口是 126743 万，2006 年 131448 万，[①] 6 年间又增加了 4705 万，年均增加约 784 万，在欧洲这是一个中等国家的人口。现在有两种人管不了：一是最穷的人还在生，你管不住他，三个、四个或五个还是在生，没办法，他这么生有什么法？另一种是先富起来的人。老板们得后继有人，不然他几千万、几个亿交给谁，生了女儿不算，得生儿子，罚 5 万他拿 10 万给你，反正他有钱。这两头，现在还没管住。中国的国情跟欧洲不一样，那里有一大批彻底的个人主义者，他们不顾后代也不顾前代。中国不行，中国有一句古话叫“不孝有三，无后为大”，不生个儿子他就是不孝。就是北京这样的大城市，要放开，一年就会多生成千上万个孩子出来。这个不行。所以中央没听有些专家的话，还在管着。但这件事情我估计不会长久，因为老这样，也会出现很多问题。但是现在不行，我估计到 2030 年差不多，还得管几十年。

2. 土地问题

前面已经讲了问题是很严重的，但不要把问题看得太严重，只讲其一不讲其二也不好。中国有多少亩土地历来没有算清楚，现在也不清楚。明朝张居正丈量过土地，弄清了几年，后来又弄不清了。1972 年，周恩来说当时有四个不清楚：人口多少说不清楚，土地多少说不清楚，粮食产量多少说不清楚，受灾人口多少说不清楚。现在这四个问题还是说不清楚。现在每 10 年，搞一次人口普查，动员几百万人去查也查不清楚，只能是大概。土地问题也是这样。到 1985 年的时候，我国统计数字是 14.3 亿亩。美国用遥控测量，说我们的耕地不是 14 亿或 15 亿亩，而是有 22 亿亩。1986 年中央决定成立国家土地局。国家土地局的一个重要任务就是把土地搞清楚。他们花了 10 年工夫，用遥控器、用丈量、用统计，结果向中央报告。1996 年中央公布说，中国的耕地有 19.6 亿亩。那么现在有多少？现在统计局的数据，2006 年还有 18.27 亿亩，10 年少了 1.33 亿亩耕地，减少 1% 还多。[②] 客观地说，最严重的是 1999 ~ 2002 年，减得最多。2003 年中央下了命令，

---

① 国家统计局编《中国统计年鉴・2007》，北京：中国统计出版社，2007 年 9 月，第 105 页。

② 参见国家统计局编《中国统计年鉴・1997》，北京：中国统计出版社，1997 年 9 月，第 368 页；国家统计局编《中国统计年鉴・2000》，北京：中国统计出版社，2000 年 9 月，第 373 页；《中国第二次全国农业普查资料综合提要》，北京：中国统计出版社，2008 年 9 月，第 74 页。——编者注

基本刹住了耕地减少。如果按照那几年那样下去不得了。这1.33亿亩里一大半还是执行退耕还林、退耕还牧政策而减少的。中央规定在坡度25°以上的土地，要严格禁止耕作。但中国人口实在太多，从北京到成都的路上，至今还能看到那么多大字报田在山上挂着（大字报田就是，坡度在70°以上的山坡还在种田地，好比把大字报挂到墙上）。这些大字报田就退耕还林了。要农民去种树、种草。粮食不够吃，政府给钱、给粮，现在这个政策还在继续。这几年，每年还减少300万~400万亩耕地，用来搞高速公路、搞住宅区、搞城市建设。中央反复下令，要保护耕地。温总理宣布18亿亩是红线，是不能碰的。我估计如果不采取一点特殊的措施，还是管不了。为什么呢？因为体制问题、利益问题还没有调好。前些年，我们去座谈怎么保证基本农田。我说靠国家土地局保不住，如果把保护耕地的权力交给农民，就保住了。从利益关系分析，中央保护耕地，是从长治久安的大局着想，要管好13亿人口吃饭问题，是真心诚意地要保；土地是农民的命根子，不仅是他们的生产资料，而且是他们的社会保障，所以，农民要保护耕地，也是真心实意的，只要地在啥都不怕。你看有些老板，北京有房子，有多少万元收入，但是他家里的地不肯丢。万一失业，破产了，炒股票亏本了，他回家就种一亩半地。我们这些人因为有社会保障也不怕。但是从省长一级一级往下，到村主任，都在想把土地农转非，因为转了以后才能增加GDP，才能增加财政收入，才能有经济效益，才能改变面貌。两种不同的利益要求，对耕地的感情和态度都不一样。俗话说“县官不如现管”，土地所有权在他们手里，靠发文件、讲话是保不住的。

（三）水资源问题

现在水资源问题比土地问题严重。我们以前说淡水资源人均才2200立方，这次统计局数据，2006年人均占有不到2000立方，[①] 还不到国际平均水平。加上中国各地不平衡，东南沿海还好，华北、西北这一块特别干旱，人畜吃水经常成问题。再加上我们这几年搞工业不注意，把江河污染了，问题更加严重。前些年深圳请我们去做人口规划，我们算了一个数据，市里说不行，我们这里没有那么多水。我说你们守着个大珠江怎么没有水呢？他们说珠江的水已经被污染了，现在只能喝东江的水。其实水资源问题也是一个体制问题，如果改革现在这套体制和办法，采取新的办法，那潜力

① 国家统计局编《中国统计年鉴·2007》，北京：中国统计出版社，2007年9月，第412页。

还是很大的，是可以解决的。这方面我们也要学习国外的一些先进的体制和办法。我们怎么说也比以色列的水资源要丰富得多吧。以色列能够搞到那样，咱们怎么不行？

三 结语

总的来说，我们国家在经济方面发展很好、发展很快。但现在遇到很多问题，包括农村问题、可持续发展问题。就这几年的发展来看，国家已经注意到这些问题了。例如，已经提出改变经济增长方式（现在改成经济发展方式），把可持续发展定位为三大国家发展战略之一，把人口资源、保护环境作为基本国策来对待。从我们这几年的经历来看，如果一个社会问题得到国家重视了，得到了社会的共识，那么这个问题离解决就不远了。例如，我刚才讲的人口问题、短缺经济问题、知识分子“脑体倒挂”问题和物价问题等，这些都曾经是大的社会难题，不是都一个一个逐渐解决了吗？只要国家和政府重视了，采取办法，下决心来搞了，这个问题就好办了。可持续发展是个大问题，要看到问题的严重性，但是千万不要把这个事情看成中国就不行，没有救了。我觉得这个问题可以解决，总体来说前景是乐观的。我们看到了，也经历了国家的大变化，深有感触，很高兴今天有这么个机会和大家来做一个交流。还有什么问题，我可以回答，就讲到这里。

四 学生提问部分

叶文虎：刚才陆学艺先生结合他的工作研究，结合中国农村和中国社会可持续发展很多深层次的问题，讲得非常深入浅出，听起来很舒服。在农业文明社会或者在农业文明时代结束以后，人类社会进入工业文明，那些发达的先发展的工业文明国家，大多用了200~300年。我们中国说起来也干了100年了，如果从1840年鸦片战争算起就更久，但真正实实在在地干，才二三十年。我们在二三十年里把两三百年这个历程里很多很多矛盾、很多很多问题都表现出来了。原来人家是20年才表现出来的问题，我们可能一年就出来了。一年出来的还没解决，第二个二三十年的问题又出来了。工业国家两三百年出现的问题我们把它压缩了，所以更加错综复杂，难度更大。陆先生是非常具体地从农业、农村和农民问题谈起，谈到整个社会发展里的一些很重要的问题，我想一定会对大家有很多启发。

学生：陆老师，刚才听了您很系统的讲座我很受启发，也增加了我对“三农”问题的一些认识。我是叶老师的在职博士生，我有两个问题请教陆老师。刚才您也讲到了，其实我们国家的工业化或者经济现代化的进程，实际上是在牺牲农村或者牺牲农业或者牺牲农民这样一个基础上的，过去是一个“剪刀差”的情况。我觉得经过二三十年改革以后，中国经济得到了很大的发展，至少说从政府这个角度来说，政府现在拥有的财力是前所未有的。我们从政府可拥有的资源来看，每年政府税收将近 4 万亿元，这几年每年都是以 20% 的速度在增长。从外汇储备来说，现在是 1.4 万亿美元，超过 10 万亿元了。从国有资产来说，现在国有企业通过了这次 A 股改革。从股市市值来看，现在基本上 90% 的股权还是掌握在政府手里，只要能拿出 10%，在这样高的价格下，政府可以有上万亿收入。我的意思是，国家现在经济发展了，拥有这么大的财力，如何反哺农业？刚才陆老师也提到从 2004 年开始停止收农业税，逐渐加大对农业的投入。但是据我了解，其实每年对农业的投入并不是很大。在这样的情况下，如何利用现在经济的力量促进农村发展，反哺农业？这是第一个问题。

第二个问题，实际上农民穷主要是农产品价格太低。刚才陆老师讲小麦的价格还是 1996 年的收购价。我想提的现实问题是，2008 年以来，肉、蛋和鱼等这些产品都涨了 30%，甚至更高，现在通货膨胀已经连续 5 个月都在 5% 以上，最多的是 8 月，为 6.5%。一方面，从提高农民的收入来看，要提高农产品的价格；另一方面，现在全国市民“嗷嗷叫”，怎么解决这个问题？

陆学艺：刚才这位同学讲的都是事实。在我看来，“三农”问题是个体制问题。现在国家把这件事情作为问题提出来，要解决这个问题。但是这个问题，可以说是社会主义国家一个共同的问题。这种工农业的格局可以说从理论上、体制上、政策上是一个体系。农村是为城市服务的。现在要转过来非常难，我看就像大轮船一样，中国这么大，要转个弯，很不容易。从我们积累的经验看，要解决这么一个大的问题，首先从认识上、理论上要有这个共识。不光中央某几个领导同意要改。领导现在已经说话，已经认识到国家发展到“工业反哺农业、城市支持农村”的阶段，这个判断非常正确。但这个认识能到下面的部长、局长和处长吗？真正掌管人、财和物的是这些人，他们认识了才能真正贯彻落实。现在的好处是头已经开了，认识已经在转变，而且从舆论上、社会上都知道要解决“三农”问题。要解决“三农”问题必须从体制上来解决，这个事情已经作为一个问题，从理论、舆论开始，到了实际工作部门的议事日程上。

从十几年或者二十几年经验看都是这样，咱们在座的北京大学的教师和我们中国社会科学院的人都感受到，10年前还讲“脑体倒挂”，教书的不如做买卖的，做导弹的不如卖茶叶蛋的，开刀的不如拿剃头刀的。这个事情是北京大学、清华大学先突破，就是发特殊津贴，发教学津贴。北京大学、清华大学先有，别的大学跟着来，没几年工夫，现在还说知识分子的工资比工人的工资低吗？没有吧。所以考大学的人就积极了。还有喊读书无用的吗？此外，还可以举农民税费的问题。刚才我讲税费改革讨论了10多年，真正到解决的时候，文件一下，很快的。这叫水到渠成，问题就好解决了。但有些问题还得等着。

你提到农产品价格问题，这个问题牵涉国民收入的分配格局。现在不光是农民收入低，工人收入也低。最近我看到一个资料，说美国工人创造的GDP里，劳动收入他们占39%，中国不到20%，甚至只有10%多点。中国整个国民收入分配中积累率这几年高得不得了，所以老板赚的钱在成倍地增加，农民工的工资多少年不动，只有几百元钱，这不应该。在整个国民收入的分配里，积累多了，消费少了。第一个五年计划时我在北京大学读书，薄一波来做报告说积累25%比较合适，不要超过30%。现在48%都不止了。高积累，消费当然少了。要改变这种格局，增加消费，把干部和工人的收入搞上去，把农民的收入搞上去，从整体上来解决。工资高了，农产品涨点价怕什么。

学生：我想您能不能多谈一些户口制度的问题。我觉得现在户口不仅影响了农民的问题，对学生的就业也有影响。反正户口问题非常大，现在社会上好多人在讨论，特别热烈。我想听听您对户口的看法，然后您预测未来户口怎么变？

陆学艺：这个户口是中国特有的。本来是权宜之计，就是1958年把公民分为农业户口、非农业户口。但这个迹象在1958年前并不那么严格。1958年我们搞了“大跃进”以后，农业生产搞下来了，粮食不够了，就在户口上附加了很多东西。后来就逐渐变成现在的格局，户口本身附加了很多东西。先是非农业户口发粮票、油票，农业户口没有。然后看病不同了，上学也不同了，甚至参军都不同了。农业户口的人参军，在军队里好好表现争取提干留城。城市的兵觉得在部队不如城里好，所以他不好好干，想早点回来。户口上的这种附加大概有十几种。社会保障不一样，到城里买房子也不一样。你们大学生有北京户口跟外地户口都不一样。现在要改就很难了。

现在这个问题已经明确了，这一套户口制度跟当年计划经济那一套是适应的，那么现在全国已经实行了社会主义市场经济，这一套户口制度就很不适应了。所以上下都呼吁要改，包括公安部的人也在起草文件，要改这个户口制度。但是难度大，不是说技术上有多少难度，公安部已有改的方案了。关键就是，跟户口有关的部门不同意。譬如，水利部，还包括咱们的军队部门等。改户口这一套，涉及很多部门的利益关系，很不容易。

改户口是个时间问题。现在有好多省已经放开了。但这还不行，因为中央不说话，全国不统一。山东放开了，调到北京来，北京不接受，不算。所以这个事情只有国家采取统一改的办法才行。现在改的主张大致有两种：一种是先把附加在户口上的那些项目，一步一步地改掉，做到城乡拉平了，户口就可以放开了；另一种是先改户口，再一项一项地把附加条款改掉。我是主张先改户口的。因为用第一种办法改，不知要等到哪一年。

学生：陆老师您好，我想问一个问题。现在农产品的价格上涨很多，但是农民到底增收有多少？我想做一个调查，了解农产品价格上涨对农民增收能起到多大的作用。增加农民收入的有效途径还有哪些呢？

陆学艺：怎么解决农民的问题我前面已经讲了。靠农产品涨价能解决一部分问题，但解决不了“三农”问题。根本的出路是必须把70%的农民从土地上转出来当农民工、当老板，去开商店办工厂都可以。农村不需要那么多人，这方面要放得开一点。刚才跟叶教授讲，整个国家将从农业文明转为工业文明。70%的农民在地里待着怎么实现现代化，怎么创造财富、创造文明？我们这些年来经济体制改革了，但是社会体制、社会政策没有多少改变，就产生矛盾了。我们有些城市的领导，提出要建设一个无摊（贩）城市。这种观念有问题。这个不许，那个不让，那进城的农民和下岗职工怎么解决就业问题？

叶文虎：这也是就业难的一个原因。

陆学艺：市场经济不能这么管。计划经济那一套提法和做法，一定要改。

叶文虎：这里还有一个观念的问题。

陆学艺：最后我说几句，还是我回答你刚才的问题。“三农”问题的核心是农民问题。把农民问题解决了，农业问题才好解决，农村问题也好解决，否则解决了要反复的。现在的“三农”问题，从社会学的角度看，是个结构问题。2004年我们国家的GDP里，农业创造的占13.1%。但是在当年的就业结构里，农业劳动力占46.9%，当年的农村人口占全国总人口的58.2%。我解释一下。

第一，46.9%的人创造了占GDP13.1%的财富，那农业劳动生产率太低了。之所以低，不是中国农民懒，也不是中国农民笨，而是他们占用的生产资料太少。农民有时间，没地方去干，农村闲着的人多。

第二，13.1%的财富要58.2%的农村人口去分，农村怎能不穷，农民怎能不苦？所以要增加农民的收入，就一定要改变这个结构。这就是常说的，只有减少农民数量，才能使农民富裕。而要改变这个不合理的结构，就必须通过改革，改变目前不合理的城乡二元结构。

叶文虎：我简单说一两句。一个改革，在最深层次上就是利益格局的调整。涨价了一定是一部分人受益，另一部分人受损，这是利益格局的调整。那么关键是这种调整对我们的社会进步是有利还是有弊，是利多还是弊多。所以我想我们作为北京大学的学生，对社会上各种各样的说法，应该通过自己的头脑去分析、去认识，不是别人叫好你也叫好，别人叫坏你也跟着叫坏。从国家控制的角度来讲，它有一个叫利益目标的追求问题。例如，国家的财政向工业方面投入多少，向农业方面投入多少，谁给我的回报多，这个中间的度如何把握，理论上还没有说清楚。所以我想“三农”问题以及士、农、工、商等社会结构上的问题，从来都是社会发展中最核心的问题。对于中国来讲，对中国现在这个改革开放到了这么一个最关键阶段的时候来讲，“三农”问题就显得特别重要。所以我们这堂课把70多岁高龄的陆先生请来给大家作报告，就是说我们要从社会的观点、从社会发展的观点来看待改革、看待“三农”问题的解决。陆先生的报告给我们提供了大量的知识，提高了我们观察社会现象的能力，也开拓了我们思考问题的视野，对我们无论从事哪项研究工作，无论是什么学科背景，都会有比较大的启发和帮助。

怎样应对粮价上涨？*

农民种粮积极性受到挫伤

最近，我在四川、浙江等地做农村调查，发现近年来化肥、柴油等农业生产资料涨价，导致农民种粮效益锐减。目前，农民种粮食，每年每亩的收入只有500元左右，但如果种苹果、种葡萄，每亩则可达5000元。由于比较效益下滑，加上最近政府严控粮食出口，农民不能从粮食出口中获得好处，种粮积极性必然受到挫伤。加上政府担心通货膨胀，担心城市粮食供应紧张，尽管种粮成本急剧提高，但一直压着粮价，包括限制涨价、紧缩出口，造成粮食问题“相当严峻”。

目前粮食供应已有缺口

我国粮食问题近期前景堪忧。虽然我国粮食已连续4年增产，但2007年粮食总产尚未达到1996年的水平。我国粮食总产量最多的是1998年，达10246亿斤。① 10年过去了，我国人口增加了近一亿人，而且生活水平逐步提高，粮食需求逐年增加。如果说10年前是丰年有余，那么目前粮食供应已有缺口。

虽然我国粮价暂时受国际粮价的影响不大，但是国际粮价对国内粮价的影响正在加大。国际粮价还通过大豆价格影响国内粮价。由于我国油料

---

* 本文源自《南京日报》2008年5月12日第A09版。该文系该报“三人热点谈”栏目中林毅夫、陆学艺、周天勇三位专家观点摘编，本文仅收录陆学艺的发言摘要。陆学艺发言原无标题，现标题为本书编者根据发言内容所拟定。——编者注

① 国家统计局编《中国统计摘要·2008》，北京：中国统计出版社，2008年5月，第120页。

作物对外依赖程度较高，大豆价格高涨刺激大豆种植面积增长，其他作物的播种面积减少，供需趋紧。中国社会科学院日前发布的《中国农村经济形势分析和预测报告》也认为，2008年粮食产量有可能下降，而造成粮食总产量下降的因素主要是粮棉油争地的矛盾更加突出。

粮价应让市场调节

调动农民种粮积极性的最好办法就是提高粮价，建议在适当的时候，合理地涨价20%～30%。从历史数据来看，1978年以后，数次全国性的粮食增产都是靠涨价，这是市场规律使然，至今依然有效。长期来看，政府应放开对粮价的控制，可择机提高粮食价格，调动农民的种粮积极性，确保粮食供应。政府担心粮食涨价，主要是担心增加城市居民的生活成本，加剧通货膨胀。实际上，粮价上涨只是通货膨胀的结果，而非原因。而且粮价上涨主要影响城市低收入群体，可通过补贴政策解决，而不必整体上打压粮价。因为打压粮价会直接抑制农民的种粮积极性，其代价可能更大。

如何看待粮价上涨?*

前不久，中国社会科学院研究员、农村问题研究专家陆学艺来宁参加南京市社会科学院举办的“科学发展与中国城市化”研讨会。其间，他就粮食涨价、城乡协调发展等话题，接受了本报记者专访。

粮价不能这么便宜

记者：近日，国际粮价暴涨。国家发改委有关负责人说，我国粮食连续4年丰收，供求基本平衡，我国粮价可保稳定。而关于我国的粮食问题，您最近的一个观点是“近期前景堪忧”，理由是什么？

陆学艺：我这样说主要有两点原因。一是2007年我国粮食产量还没有达到1996年的水平，而我们的人口增加了一亿人。二是现在的粮价和1996年比，没有多少差别，但是农业生产资料涨了很多，农民生产粮食得到的利益很少。据我调查，农民种一亩田得到的利益在300～500元，不抵他们出来打工一个月的收入，所以好多农民要么撂荒，要么改种经济作物。

近几年粮食是恢复性增产的，但还没有恢复到1998年的水平。国家发改委说现在粮食供求基本平衡，我也同意，因为粮食还有库存，我们还贴得起，但是不能老贴，老挖库存。如果不让农民种粮有好处，提高他们的积极性，那是不行的。粮价不能这么便宜，这是经济规律。所以粮价现在就要调整。

记者：关于粮价上涨，您的一个建议是“适当时候上涨20%～30%”？

陆学艺：是的。在我看来，解决粮食问题的最好办法是粮价在适当时

---

* 本文原载《南京日报》2008年7月8日第A03版，该文系该报记者专访陆学艺的访谈稿。——编者注

候上涨20%～30%。不过，我不赞成今年[1]涨，今年还是要控制的。我建议明年[2]3月份前涨10%～20%，这个调动农民积极性的方法比任何方法都好。我觉得，中国的粮食生产没有大的问题，我们的生产能力在，产量能增加几百亿斤，但关键是现在的粮价让农民没有种粮积极性。

不能让农民补贴低收入者

记者：可是，粮价上涨是把双刃剑，在调动农民种粮积极性的同时，也增加了低收入者的负担。

陆学艺：从长远来看，谷贱伤农。解决这个问题得按市场规律来办。哪一部分人吃不起粮食，国家就应该补贴哪一部分人。低收入者在粮价上涨方面的损失，不能靠农民去补。实际上，只有城里的低收入人群需要补贴，中等收入以上的人都不用补。1996年的粮食大丰收，是怎么丰收的？是因为粮价连续两年增长70%。前不久我到上海，看到无锡以南，没有种小麦的了，常州以北还有点。那里的农民知道，种粮食没有什么好处啊。我觉得，中国今年粮食生产应该突破1.1万亿斤，中国有能力生产这些粮食，但现在的粮价让农民没有这个积极性。现在我们有地种，有能力种，产能没有得到充分发挥，如果不改革粮价，肯定不行。同时，粮食涨价，还能减少浪费。

农村好，城市就好

记者：南京发展存在着"城市强、郊县弱"的制约瓶颈，您觉得南京应该怎样促进城乡协调发展？

陆学艺：费孝通先生有一个理论，他说，一个城市要协调、和谐、繁荣，要把农村同时搞起来。你去研究一个小城镇，如果这个镇能够繁荣、比较发达、比较太平，那它周围的村一定是富裕的。上海为什么繁荣？因为上海的周围，苏州、无锡、常州、杭州、嘉兴、湖州、宁波、绍兴这八个区域，一个比一个富，上海能不繁荣吗？所以说，农村好，城市就好。

记者：我们可以采取哪些措施，让农村变好、农民变富？

---

① 本文中指2008年，下同。——编者注

② 此处指2009年。——编者注

陆学艺： 是真城市化，是让农民真正进城，农民和市民之间能够自由流动。现在，我国的城市化率是百分之四十多，东部一些发达地区更高。这很好看，可这不是真的。农民进城就叫城市化了吗？农民是城市人吗？他消费得起城市的东西吗？他能享受到城市的各种待遇吗？所以这个城市化只是名义上的城市化。

记者： 做到真城市化，需要做哪些工作？

陆学艺： 我们不能再搞城乡二元结构了，现有的户籍制度要不得了。我给你说一个道理，就是现在我国的城市基本上是市场经济，农村基本上还不是市场经济，这种制度不变，怎么能让农村富起来？我的建议是农村的计划经济必须要改，要按照统一的社会主义市场经济的要求去做。

中国农村改革与发展的前景*

最近都在讨论研究十七届三中全会的文件，我觉得这个文件写得比较好，全面、深刻、系统讲了一下问题。这个文件主要有三个亮点：（1）明确指出了“三农”问题症结不决的重中之重的根源；（2）指出了今后农村改革发展的前景；（3）关于实现城乡一体化目标的途径。

第一，“三农”问题的原因在这次《意见》专门讲了，而且明确讲了这是深层次的原因，是城乡二元结构造成的。在党的文件里面正式明确地讲城乡二元结构是产生“三农”问题的原因，这还是第一次。十六届三中全会讲过一点，这一次明确地讲，这是巨大的进步。为什么这样说？党和政府历来重视“三农”问题，改革开放前也可以这样说，但是“三农”问题总是解决不了。十六大以后，对“三农”问题的投入和关注，是党的各项工作的重中之重，中央下了五号文件，农业税等真是投入了力量。但这次文件上讲，农业、农村仍然滞后，农民增收仍然困难，而且可以说城乡扩大趋势仍然在继续。春节马上就来了，民工潮、民工问题仍然在继续，十七届三中全会专门讨论这个问题，解决这个问题。国外有些朋友采访问，世界都金融海啸了，为什么重点去解决“三农”问题？我跟他们说，这正是我们中国要把事情办好，抵御金融海啸问题的高招。内需扩大了，问题解决起来就更容易了。

中央的文件中说，“三农”问题是二元结构造成的。但是，我还要在这里讲一讲，据我的研究，是不是可以这么说，“三农”问题的症结或者本质是结构问题、体制问题。中央这样加大投入，但这些问题都解决不了，为什么呢？从 2007 年 GDP 的结构可以看出来，2007 年第一产业创造的财富、

---

* 本文原载《当代财经》2009 年第 1 期，第 6 ~ 8 页，发表时间：2009 年 1 月 15 日。——编者注

创造的增加值为11.3%。但是，同年在就业结构里，参加农业的劳动力、农业投入的劳动力占40.8%，而且按现在中央公布的农业人口来说，农村常住人口占全国人口的55.1%。这就是说，40.8%的人创造了11.3%的财富，然后由55.1%的人分配，[①] 农业劳动力怎么会不穷？农村怎么会不穷？我反复地讲，必须减少农民数量，才能使农民富裕。

中国农村有一个特有的情况，我们一直在搞工业化，工业化到了中级阶段，但是我国的农民一年比一年多，是一个大数。1952年，我国的农民有5.03亿人，现在常住人口有7亿多[②]。如果按农业户口统计（很少公布的），1996年有9.29亿人口[③]。这样的结构，农村问题怎么能解决？不把农民减少，怎么能解决？所以，这是一个结构问题，不解决结构是没办法的。户籍制度、土地制度、就业制度、社会保障制度、财政制度、金融制度等一系列制度，是造成城乡二元结构体制的根源，不改变这个体制就解决不了。现在我们这个体制很明确，城市一块、农村一块。20世纪90年代我写文章时就讲了，我们国家、政府对农村、农民是一种政策，对城市、居民则是另一种政策，实质都体现在这里。所以，不解决城乡二元结构，这个问题是解决不了的。而且，这里我还要讲，中国的城乡二元结构跟国际上的二元结构不是一回事。中国的城乡二元结构从20世纪50年代第一个五年计划开始，搞计划经济体制，城乡二元结构是计划经济体制中的重要组成部分。也可以说，现在农村实行的这些政策，包括户籍制度、土地制度等，是为计划经济服务的。现在，城市里已经改了，但是农村还没有改。中国的城乡二元结构应该讲得更加具体一些，即城乡二元政治经济社会结构。在政治上，到现在为止，户籍制度把中国人分为了两块，有农业户口和非农业户口，这是平等的吗？在九届人大选代表时，城市居民是22万人中选一个代表，而农村农民是88万人中选一个代表。这次中央文件讲了，将来要平等。取消统购统销以前，农产品的“剪刀差”在前30年贡献了6000多亿，现在实际上“剪刀差”还在，只是现在没有人说了。在座的经济学家可以算一算，有没有比中国农产品价格再低的国家了。可见，中国农产

① 国家统计局编《中国统计摘要·2008》，北京：中国统计出版社，2008年5月，第31、38、44页。

② 国家统计局编《中国统计年鉴·1981》，北京：中国统计出版社，1982年8月，第89页；国家统计局编《中国统计年鉴·2008》，北京：中国统计出版社，2008年9月，第87页。

③ 国家统计局国民经济综合统计司编《新中国五十年统计资料汇编》，北京：中国统计出版社，1999年11月，第1页。

品的价格非常低，“剪刀差”非常大，这是第一个方面。第二个方面，通过土地“剪刀差”扩大城乡差距。比如，2007年北京市土地出让金收入为440亿元，这个应该由政府拿吗？在社会上，不实行公共产品基础设施等方面的普惠制，就是不均衡的方式。所以，这样一种体制，包括户籍制度，限制了农村人口的流动，不解决这个问题，这是不行的。

第一，这个文件提出了一个很重要的方面，即农村发展的前途、前景是实现城乡一体化。文件中也讲到，我国总体上已进入以工促农、以城带乡的发展阶段。加快改造传统农业，走中国特色农业现代化道路的关键，就是消除城乡二元结构，形成城乡经济一体化的重要实践。在2020年要实现的目标里讲到，农村要实现经济体制更加健全、城乡经济社会体制基本建立的格局。要搞现代化，不能实行像中国这样的城乡结构。总不能到了现代化社会，或者说实现了现代化，城市和农村的差别还这么大，城市像欧洲，农村像非洲，这个态势继续下去是不行的。

第二，现在城市和农村一块高一块低，主要根源在于城乡二元结构体制。这个体制是扩大城乡差别的加速器或者说是挖掘机，不改革城乡二元结构体制，不对现在的户籍制度、土地制度、林权制度进行改革，城乡差距会越来越大。虽然这几年农村改革了这么多条件，免了农业税，今年农业是特大丰收年，粮食超过历史最高水平，但是，从收入来讲，差距还是扩大的。所以，现在的目标是通过改革解决，消除城乡二元结构。现在的问题是，改革是从农村开始的，但是据我所知，从20世纪80年代中期以后，农村改革基本上就停止了。所以，我也一直呼吁，农村应该启动改革，包产到户也好，家庭联产承包责任制也好，只是改变了农村生产经营的体制。至于流通体制、就业体制、户籍体制、土地制度等都没有涉及。所以，现在闹出了很多笑话，农民把土地拿过来，几万元卖给了国家，国家又几十万、几百万地卖给开发商。开发商建好房子再卖，它卖的房子叫大产权，农村集体土地盖的房子要卖就是小产权，小产权房子要卖是不合法的。天下有这种市场经济的法吗？我是很不相信了。实现城乡一体化，必须把城乡二元结构“填平”。

要实现城乡一体化不太容易，消除把城乡差别是政府很早就提出来的概念。实行社会主义计划经济都没有做到这一点，目前我建议，把这些体制方面的东西去掉。农村改革之后，1984年实行了城市改革和国有企业改革，这也是磕磕碰碰的，不太容易，但是总算坚持下来了。到今天，我们是不是可以这样说，城市、工业基本实现了社会主义市场经济体制，而这些体制问题，到现在农村都还没有实现，基本上还不是社会主义市场经济体制？所以，要改革，就是要把农村的土地制度、户籍制度、就业制度、社会保障制度按照城乡一体化的办法解决。

第三，实现城乡一体化，统筹城乡经济社会发展。这句话是十六大讲的，但是现在来看，讲城乡经济社会发展，可能是不够的。我认为，应该讲统筹城乡经济社会的改革和发展。如果不改革，那么农村经济是发展不起来的。

农村发展的三个“黄金时代”和粮食安全问题*

1982 年夏天，我请吴象同志为关于包产到户调研的文集作序，他在序言中说：“国务院副总理姚依林最近在一次会议上指出，从 1979 年到 1981 年，我国农业总产值增长 18%，平均每个农民的收入增长 66%，这是我们国家农业发展的黄金时代。”① 甘肃人民出版社出书的时候，编者把这本书定名为《农业发展的黄金时代》。

一　农村发展的三个“黄金时代”

近几年，我到各地农村去调研，听老农民、老村干部忆古论今，从东到西，从南到北，老农民们有一个共同的说法，他们普遍认为，新中国成立以来，农村发展有两个时段是最好的：一是 1949 ~ 1955 年，二是 1978 ~ 1984 年。近几年也很好。

查阅文献资料可以证明，老农民们说的是真实的，他们讲到的两个 6 年，确实是好的。

1949 ~ 1954 年，粮食从 2264 亿斤增加到 3679 亿斤，增加 1415 亿斤，平均每年增加 283 亿斤，每年递增 10.2%；棉花从 890 万担，增加到 3038

* 本文原载《中国社会科学报》2010 年 1 月 12 日第 11 版。该文初稿写于 2009 年 12 月 17 日，人大复印报刊资料《农业经济研究》2010 年第 2 期转载。该文曾刊载于非公开刊物《统筹城乡经济社会发展论坛通讯》2010 年第 1 期（2010 年 3 月 5 日），并收录于文集《“三农”续论：当代中国农业、农村、农民问题研究》（陆学艺著，重庆：重庆出版社，2013 年 5 月）。——编者注

① 陆学艺：《农业发展的黄金时代——包产到户的调查与研究》，兰州：甘肃人民出版社，1983 年 3 月，第 1 页。

万担，每年增加 430 万担，每年递增 28%；农业总产值从 326 亿元增加到 575 亿元，每年增加 50 亿元，按可比价计，平均每年递增 9.9%（因为没有 1948 年的数据，只能将 1949 年的作为基数）。①

1978～1984 年，粮食从 1977 年的 5655 亿斤增加到 8146 亿斤，增加了 2491 亿斤，平均每年增加 356 亿斤，每年递增 5.4%；棉花从 4098 万担增加到 12516 万担，增加 8418 万担，平均每年增加 1203 万担，每年递增 17.3%；农业总产值从 1339 亿元增加到 3755 亿元，按可比价计，平均每年递增 9.6%。农民年人均收入从 117 元增加到 355 元，平均每年增加 34 元，按可比价计，每年递增 15.1%。②

这两个 6 年，粮食及主要农产品连续大幅度增产，农民收入逐年大幅度递增。具体分析原因，第一个 6 年是全国解放，农民翻身做主人，实行土地改革，农民的生产积极性空前高涨，政通人和，带来了连年的增产增收；第二个 6 年，农村率先改革，实行家庭联产承包责任制，农民获得土地的经营自主权，得到了实惠，重新调动了农民的生产积极性，党群干群关系改善，社会安定和谐，促进了农业和农村经济的快速发展。这两个 6 年，都可以称为农村发展的“黄金时代”。

在此之后，因为各种原因，其余近 30 年里连续增产增收都没有超过 3 年的。老农民们说的“近几年也很好”，是指 2004 年以来，党中央重新恢复每年开一次农村工作会议、发一个中央一号文件的做法。就是从 2004 年开始，国家宣布减免农业税，给种粮农民直补，对购买良种和农机等实行补贴，大量增加对农业的投入。2005 年，党的十六届五中全会作出了建设社会主义新农村的重大战略部署。这几年，每年都有新的强农、惠农政策出台，实行“以工促农，以城带乡”的新方针。从 2004 年开始，农业上粮食和主要农产品连续增产，农民收入逐年增加，今年③已经是第 6 个年头了。

2004～2009 年，粮食从 2003 年的 8614 亿斤增加到 2009 年的 10665 亿

① 国家统计局编《中国统计年鉴·1983》，北京：中国统计出版社，1983 年 10 月，第 162～163 页；国家统计局国民经济综合统计司编《新中国五十年统计资料汇编》，北京：中国统计出版社，1999 年 11 月，第 30 页。

② 国家统计局编《中国统计年鉴·1985》，北京：中国统计出版社，1985 年 10 月，第 238、257 页；国家统计局国民经济综合统计司编《新中国五十年统计资料汇编》，北京：中国统计出版社，1999 年 11 月，第 22 页。

③ 本文中指 2009 年，下同。——编者注

斤，增产2051亿斤，平均每年增加342亿斤，每年递增3.6%；棉花从9720万担增加到15240万担，增加5520万担，平均每年增加920万担，平均每年递增6.6%；农业总产值从29692亿元增加到54471亿元，按可比价计，平均每年递增6.7%。农民年人均纯收入从2003年的2622元增加到2009年的5046元，6年增加了2424元，平均每年增加404元，按可比价计，每年递增7.5%（2009年数据根据最近中国社会科学院出版的经济蓝皮书发布的预测数据推算）。[①]

从2004年开始，中国的农业已经连续6个年头大增产，农民收入也连续6年大增收，中国农村迎来了新中国成立以来第三个“黄金时代”。与前面两个“黄金时代”相比，这6年的粮食、棉花、农业总产值和农民年人均纯收入诸项的增幅都小于上两个6年。这主要是因为，增长起点的2003年基数已经比较高了，所以增幅就比较小，但每年增长的绝对数很大。如农民年人均纯收入6年共计增加2424元，平均每年递增404元，比1978～1984年6年增加的总和还多。两个“黄金时代”的间断，都因为在农业增产、农民增收的大好形势下，有关方面改变了政策，损害了农民的利益，打击了农民的生产积极性，所以到第6年就结束了，重新陷入农业徘徊不前的局面。这次不同，今年遇上世界金融危机的冲击，有大批农民工下岗失业回乡，加上气候失常，干旱严重，又有畜疫侵袭，形势不容乐观。党和政府沉着应对，坚持强农惠农政策不动摇，并且出台了诸如“国家新农保”等重大政策，开展新型农村养老保障制度，推进统筹城乡协调发展，大量增加支农资金，提高小麦等农产品的收购价格，保障了今年农业继续丰产，农民继续增收。现在全国各地社会主义新农村建设的各项部署正在持续开展，农村公共事业加速发展，农村中的一些重点、难点问题正在逐个解决，农村社会稳定，农业农村的形势很好。从发展趋势看，这次实现的第三个农村发展的“黄金时代”与前两个时期相比持续的时间会更长，创造的成就会更加辉煌，对中国社会主义现代化事业发展的意义将更重大。

二　中国的粮食安全：成绩斐然，仍须努力

就中国的粮食生产和粮食安全来说，新中国成立以来，特别是改革开

---

① 国家统计局编《中国统计年鉴·2004》，北京：中国统计出版社，2004年10月，第357、476、491～492页；参见《2008年农业经济形势与2009年展望》，载陈佳贵主编《2009年中国经济形势分析与预测》，北京：社会科学文献出版社，2008年12月。

放以来，党和政府一直十分重视粮食生产，并且也重视粮食的加工和运销。现在已经建立了相当完备的粮食生产、加工、储存、调拨、运销的体系，满足了人民群众生活和国民经济发展的需要，保证了国家的粮食安全。1949年，我国粮食总产量只有2264亿斤，人均418斤。1977年，我国粮食总产量达到5655亿斤，人均598斤。1978年改革开放以来，30年间，我国粮食总产量登上了6000亿斤、7000亿斤到10000亿斤几个大台阶。2008年我国粮食总产量10574亿斤，人均798斤，① 国家粮库有4500亿斤储粮（据有关部门测算，现在人均年消费粮食在760斤左右）。

2009年，农业虽遇到干旱等自然灾害侵袭，但粮食仍略有增产。总体来看，我国目前的粮食生产形势较好，可以满足对粮食平稳增长的需求，可以保障除大豆以外主要粮食品种的基本供给，国家粮食安全是有保障的。但从长远来看，因为我国是个人多地少的国家，现在又面临水资源短缺、恶劣气候频发等自然条件的约束，粮食价格、购销和储运体制还未理顺，所以要使粮食生产持续增长，满足人民生活和国民经济发展的需要，维护国家粮食安全，还有很多工作要做。

（一）要坚守18亿亩耕地红线不动摇

根据我国现在的农业生产水平和科技水平，要使粮食增产，有30%～40%还要靠扩大播种面积来实现。不能保证一定的粮食播种面积，就不能保证一定的产量。国土资源部提出的耕地要占补平衡的政策，是一种补救措施，有一定的作用。现在不仅城市扩大在占耕地，村镇建设和农民的住宅建设也在占耕地（数量也很大）。现在有些人在鼓吹可以突破这条红线，这是很不负责任的，是在为商人的钱袋说话，是在鼓动一些人继续向农民抢地、夺地。所以下一步农村改革的一个重要方面是，要向城市改革学习，要从明晰耕地的产权做起，明确农民的土地承包经营权也是物权，农民有了保护耕地承包权的权力，才能阻止世纪之交以来滥占、乱占耕地的邪风，18亿亩耕地的红线才能保得住。

（二）要理顺粮食生产流通体系中的各社会群体的利益关系

从历史经验看，要使粮食生产稳定发展，就要安排、协调好生产者、

---

① 国家统计局编《中国统计年鉴·2009》，北京：中国统计出版社，2009年10月，第464、475页；国家统计局编《中国统计年鉴·1985》，北京：中国统计出版社，1985年10月，第273页。

消费者、经营者、地方、中央这几个方面的利益关系。前述三个农村发展的“黄金时代”，粮食之所以能持续增产，都是由于这5个方面的利益关系比较平衡、协调，前两个6年之所以没有能增产下去，都是因为平衡、协调的管道出现了问题，没有及时调整，导致农民利益受到损害，粮食生产积极性受挫，粮食就减产了。前面说过，目前的粮食形势还是好的，各方面的利益关系还相对平衡。但是不平衡、不协调的迹象已经出现，应该做必要的调整。

1. 生产者农民一方

近几年粮价基本稳定，但农业生产资料中的种子、农药、柴油价格上涨很多，加上其他物资费用，种田成本上升，使种粮农民利益受损，亩均效益只有200～300元。虽有国家种粮直补，但农民不足以维持家用，要靠打工等收入来弥补。现在农民的种粮积极性不高，多数是当作口粮田在种，有办法的都在转种经济作物或其他。提高粮价，并使提价能够惠及粮农，是当前要研究解决好的问题。

2. 消费者主要是城镇居民一方

中国是世界上粮价最便宜的国家，与东亚各国相比，粮价要低很多。粮价低，城镇居民当然满意，但对粮食生产大大不利。1984年，据国家统计局的数据，城镇居民的粮食支出占生活费支出的11.28%，占城镇居民收入的9.6%。2007年，城镇居民的粮食支出只占生活消费支出的7.2%，占城镇居民可支配收入的5.2%。中国现在以粮食为主的农产品价格偏低，也是造成目前城乡差距很大的重要原因之一。从上述数据可以判断，逐步适度提高粮价，大多数城镇居民都有承受能力（对少数低收入居民，可以进行补贴），事先做好宣传解释工作，不致引起不良反应。这样有利于增加农民收入，调动农民种粮的积极性，促进粮食增产，有利于缩小城乡差别，也有利于居民珍惜粮食和食品，减少浪费。现在到适度提高粮食价格的时候了，不要等到粮食大减产后再提价，那损失就大了。

3. 地区政府一方

粮价偏低，不仅使种粮农民收益比较低，而且产粮大县、产粮大省的经济效益也很差，这些地方无例外地都是产粮大省（县），经济小省（县）、财政穷省（县）。种粮产粮越多，工作越多，风险越大，财政负担越重。现在是社会主义市场经济体制，真正粮食大丰收了，粮食压在库里，卖不出、调不出，既要承担降价的经济损失，还要承担风险，要求主销区来买粮、调粮。这样的体制，谁还积极抓粮食生产？原来在20世纪90年代时，我国有13个省区是粮食主产区，也是粮食净调出地区。现在只剩下黑龙江、吉林、内蒙古、河南、安徽、江西6个省区还是粮食净调出区。应该制定政策，改革这种不合理体制。要制定主销区对主产区的经济补偿政策。例如，每调出1亿斤粮食，调入省要给主产区一定的补贴；中央政府要对调出区给予补贴和奖励，以调动地方政府主动抓粮食生产的积极性。有位地区干部对粮食体系有个评价：现在是种粮人吃亏，用粮人沾光，买卖人发财；中央大着急，主产区小着急，主销区不着急。现在的粮食体制虽然保证了粮食供给，但成本太高、代价太大，全国用2/3的耕地、40%的劳动力、数十万国家干部在维持，还很吃力，需要进一步研究，需要继续深化改革，建立新的体制和机制。

（三）按照社会主义社会经济规律，构建更加完善的粮食生产、流通和储备体系，保证国家粮食安全

从目前粮食生产和流通两大系统看，粮食生产系统的生产关系，还比较适合目前的农业生产力水平，只要粮价合适，粮农就有利可图，粮食生产还是可以持续发展的，增产还有潜力。现在主要的问题是粮食流通体系还不完善，还没有按社会主义市场经济的要求建设好。前些年，粮价忽高忽低。高了，粮农得不到实惠，被粮食的买卖人得了；低了，直接损害粮农利益，打击粮食生产，国家实行最低收购价，意在保护粮农，稳定粮食市场。但大多数粮农得不到最低收购价的利益，被中间人吞了。20世纪80年代，按照邓小平提出的“一靠政策，二靠科学”的方针，把农业和粮食生产搞上去了。现在要完善粮食流通体制，也要执行“一靠政策，二靠科学”的方针。靠政策，协调安排好流通体系中各方面的利益关系，调动各方面的积极性；靠科学，构建好粮食流通体系，包括建设好现代基础设施的粮食储备体系和物流体系，提高粮食流通效率，节约粮食流通成本，让利、还利于农民，使粮农得到实惠，从而也就促进了粮食生产。

把东北平原建成中国未来的大粮仓*

天佑中国！今年①美国不下雨，俄国不下雨，雨都下到中国来了，下到最缺水、最需要水的西北、华北、东北来了。北京的密云水库，1998 年怕大水，放掉了库容，连旱十四年，库容一直补不起来。今年天好，暴雨加大雨，灌进了十几个昆明湖的水，不光今年不缺水了，还可以用几年，地下水也补了不少。

中国是个缺水怕旱的国家。哪一年雨水多，那年农业就丰收。农口同志有个判断农业的经验：八月十五（阳历）定灾情，八月中秋定丰歉。今年雨多，我料定是会增产的。2012 年 9 月 8 日，我在中国社会科学院的一次形势分析会上说："今年粮食可能会增产 300 多亿斤。"最近我去了一次黑龙江，看了、听了那里今年特大丰收的情景，喜出望外，我要说我的估计错了。

一　黑龙江省今年粮食特大丰收，全国可望增产 600 亿斤

2012 年 9 月中旬我到大庆开会。22 日在哈尔滨参加了两个座谈会。上午黑龙江省农垦总局的领导介绍：垦区今年粮食播种面积 4192.7 万亩，粮食总产预计 436 亿斤，可销售商品粮 400 亿斤。下午黑龙江省社会科学院的

---

* 本文源自中国社会学会农村社会学委员会主办的内部刊物《统筹城乡经济社会发展论坛通讯》第 9 期增刊，原稿完成于 2012 年 10 月 3 日。该文主要内容还发表于中国社会科学院《要报》2012 年第 201 期（10 月 29 日），公开摘要发表于《经济日报》2013 年 2 月 27 日第 11 版。该文还收录于《三农续论：当代中国农业、农村、农民问题研究》（陆学艺著，重庆：重庆出版社，2013 年 5 月）。——编者注

① 本文中指 2012 年。——编者注

同志说："今年全省粮食播种面积 20913 万亩，粮食总产预计为 1250 亿斤，比去年增 136 亿斤。"院领导说："老天帮忙，全省农业大丰收，今天是秋分，还没有来初霜，'自老山'① 了！总产比省里预计的还会多，可能会超过 1260 亿斤！"②

黑龙江一省粮食增产 136 亿斤，大大超出了我的预料。黑龙江省的粮食总产占全国的 10%，是全国产粮最多的大省，也是调出商品粮最多的大省。黑龙江粮食特大丰收，增产 12% 以上，为全国今年粮食大丰收奠定了好的基础。今年全国雨水多，基本上风调雨顺，又无特大的病虫灾害，大丰收已成定局。如果全国粮食增产按 5% 计，今年也可能增产 600 亿斤，达到 1.2 万亿斤。中国今年不仅可以实现九连增，而且是连续两年增产都在 4.6% 以上，这对当今中国的经济大局、社会大局、政治大局都是一个很大的贡献。

全国粮食大丰收，黑龙江省立了头功。据上述估产，全国两年共增产 1060 亿斤，黑龙江省两年共增产 240 亿斤，占 22.6%。全国 31 个省市区，黑龙江一个省做了五分之一强的贡献，功莫大焉！

黑龙江省 2007 年粮食总产 693 亿斤，2012 年总产 1250 亿斤，五年增产 557 亿斤，增产 80.4%，翻了近一番。这五年全国粮食共增产 2012 亿斤，黑龙江省有 27.7% 的贡献。黑龙江省的农业，在 20 世纪 90 年代中期以前，只是一个农业大省，粮食总产、商品粮贡献在全国并不突出。为什么十来年工夫，黑龙江能如此突飞猛进，一跃成为全国第一产粮大省（连续 3 年总产占 10% 以上）和调出商品粮最多的强省呢？原因是多方面的。党的政策好，广大干部和群众积极努力，天帮忙，这些因素和全国是一样的。黑龙江省这些年之所以能够在农业和粮食增产方面脱颖而出、独领风骚，一个特别的原因是，黑龙江有一个不断改革创新、已经实现农业现代化的农垦总局。这个很大的农业系统的改革、发展和进步，对黑龙江省农村农业和粮食发展，起到了带领、示范、帮助、推动的特殊作用。

二　农垦总局在黑龙江大丰收中，起了特别关键的作用

黑龙江省农垦总局是 1947 年在战争年代组建的一个农场基础上发展起

① 东北方言，指秋霜来得晚，天气迟迟不见冷，庄稼充分生长，自然完成一个生命周期，成熟在地里。出现"自老山"的年份自然是个丰收年。——编者注

② 管建涛：《黑龙江省有望增产 140 亿斤，实现九连增》，新华网 2012 年 9 月 24 日。

来的大型国有农场系统。现在对外又称北大荒集团，是一个国际化超大型现代农业企业集团。其下辖113个农牧场和数百个企事业单位，分布在全省74个市县区，总面积5.54万平方公里，总人口166万人，各类从业职工90.1万人，有耕地4000多万亩，还有2000多万亩林地、草原和水面。耕地面积占全省20%，人口占全省4.3%。

20世纪90年代中期以前，黑龙江省农垦总局同全国其他省的农垦系统没有什么差别。1995年农垦总局按照中央和省委的指示，重启体制改革，再次推行家庭农场联产承包责任制，实行两自（生活费用、生产费用自筹），四到户（土地、农机、经营核算、盈亏自负）。从此，把家庭农场职工的积极性调动了起来。同时实行统分结合的双层经营体制，大农场这边主要做产前、产中、产后的服务，大田作业，实行统耕、统种、统灌、统管（治虫、施肥）、统收、统销（售），做到宜统则统、宜分则分，统分结合。这样就使小农场和大农场的积极性都得到了充分发挥。

在生产力方面，20世纪50年代，就定格为国营大型谷物农场，从苏联引进了很多农业机械。1954年苏联援建了友谊大型谷物农场，机械化程度比较高。1978年国际友人韩丁提出搞现代化农场的建议，试点定在友谊农场五分场二队，引进全套美国设备和耕作技术，20个人种两万亩地，开始做农业现代化试点。以后又在三江地区建了几个现代化农场，用美国机械和技术，职工集中居住，2000人种30万亩，生产小麦和大豆。这些试验性农场，起了开路、探索的作用，但限于当时的体制，效果都并不理想。垦区真的大规模实现农业现代化，是在上述农场实行双层经营体制改革之后，国家也有了较大规模的投资，还引进了世界银行的贷款，进行了大规模的水利和农业基础设施建设，从美国、德国购进了大批最先进的成套农业机械（如美国凯恩公司570马力的拖拉机），十几年工夫，在垦区实现了以大水利、大农机、大科技为标志的农业现代化。2011年，黑龙江垦区内，农业综合机械化率达97%，农业技术贡献率达67%，劳动生产率也有了极大提高。2011年，农业职工人均生产粮食42.7吨，粮食综合亩产1000斤以上。据统计，1995年粮食总产100亿斤，2005年突破200亿斤，2009年突破300亿斤，只用了3年，到2011年粮食总产407.2亿斤，销售商品粮363亿斤。今年粮食总产将超过436亿斤，销售商品粮将超过400亿斤，对国家、对省的贡献越来越大。

有学者总结：黑龙江农垦系统的人口（166万人）相当于一个大县的人口，面积相当于一个地区的面积，粮食产量相当于一个中等省份的产量，商品粮贡献则比得上一个大区的贡献。

黑龙江农垦系统，不仅生产了这么多粮食，占黑龙江全省总产量的1/3以上，而且还因为他们的农业现代化和科学生产的实践，直接间接地带动影响着农场周边农民的粮食生产，起到了重要的帮助和示范作用。例如，农场用凯恩570拖拉机，可以深翻40厘米以上，使耕地既平整又松软，用的都是优良品种，庄稼长得又好又整齐。周边农民就跟着学，有的农民要求农场代耕代种。省委顺应民意，要求“垦区领跑全省农业现代化，领跑全省城乡一体化”。按照省委要求，垦区这几年开展场县共建，管理局与很多县乡镇签订合作协议，开展农机服务、良种销售、新技术推广等活动，大大推进了当地农业现代化的进程，特别是农场直接为农民开展代耕、代种、代收的服务，增产效果特别明显。“三代”农田2011年已达到4000多万亩，今年接近5000万亩，加上农垦自种的4000多万亩，高产的农田占全省总耕地的45%以上，效益明显。结果是，粮食增产，农民增收，一举多得，皆大欢喜。这也是今年农业大丰收的一个重要原因。

三　黑龙江省的粮食增长潜力还很大

中国的粮情，自20世纪80年代中期以来，发生了本质变化。过去常说“湖广熟，天下足”。1985年以前，湖南、湖北、广东、广西、海南五省区，粮食总产占全国总产的20%～23%，每年有大量商品粮调出，地位当然是举足轻重的。那时黑龙江、吉林、辽宁、内蒙古四省区的粮食只占11%～13%，每年需要调进粮食，叫作“南粮北运”。但自1986年以后，粮情就逐渐发生变化，湖广五省区的粮食生产，虽然总产还略有增长，但在全国的比重则逐年下降，而东北平原四省区，粮食大幅增长，在全国总产中的比重逐年增大。到1993年，湖广五省区的粮食总产占全国总产的比重只有17.72%，而东北平原四省区的总产已占15.54%。到2003年，东北平原四省区的粮食总产在全国总产中的比重超过湖广五省区。到2011年东北平原四省区粮食总产13163万吨，占全国总产的23.04%，湖广五省区的总产8306万吨，只占14.54%。2012年东北平原四省区的粮食总产将超过1.44亿吨，占全国总产的24%。湖广五省区的粮食今年也是增产的，但占全国的比重下降到14%。所以，中国的粮情已经发生了根本性的变化，原来“湖广熟，天下足”的说法，也应改了，实际已经是“东北熟，天下足”（见表1）。

表1 1949~2011年中国粮食变化情况

单位：万吨，%

省区	1949年	1962年	1978年	1989年	1999年	2001年	2007年	2009年	2011年
辽宁	398	460	1194	944	1648	1394.4	1835	1591	2035
吉林	449	437	903	1351	2305	1953.4	2435	2460	3170
黑龙江	546.9	583	1462	1621.5	3074	2651.7	3462.9	4353	5570
内蒙古	172	326	510	691.8	1428	1239.1	1810	1981	2388
小计	1566	1806	4069	4608	8455	7237	9561	103855	13163
占全国的比重	13.84	11.7	13.35	11.3	16.63	15.9	19.6	19.56	23.04
湖北	619	956	1849.5	2370	2451	2138.5	2185.4	2309	2389
湖南	641	1025	2218.5	2648	2725	2700.3	2692	2902	2939
广东	740	1108	1738	1827	1967	1600	1284.7	1314	1361
海南	—	—	—	126	148	158	177	189	188
广西	558	487	1173	1270.8	1575	1511	1396.6	1463	1429
小计	2558	3568	6979	8115	8866	8108	7735	8177	8306
占全国的比重	22.6	23.06	22.9	19.91	17.15	17.91	15.42	15.40	14.54
全国	11318	15441	30476	40755	50838	45263	50160	53082	57121

资料来源：国家统计局编《中国统计年鉴·1999》，北京：中国统计出版社，1999年9月，第367页；国家统计局编《中国统计年鉴·2000》，北京：中国统计出版社，2001年1月，第387页；国家统计局编《中国统计年鉴·2002》，北京：中国统计出版社，2002年9月，第400页；国家统计局编《中国统计年鉴·2008》，北京：中国统计出版社，2008年9月，第462页；国家统计局编《中国统计年鉴·2010》，北京：中国统计出版社，2010年9月，第485页；国家统计局编《中国统计年鉴·2012》，北京：中国统计出版社，2012年9月，第497页。

从未来发展的前景看，东北平原四省区的粮食生产还会大幅增长。湖广五省区的粮食生产还会有发展，但增幅不会太大，所以两个大区在全国粮食总产中的比重，差距还会拉大。在前述座谈会上，黑龙江省社会科学院院长曲伟同志说：“黑龙江粮食增产的潜力还很大。到2020年，全省粮食总产达到2000亿斤，是完全有可能的。干到2025年，达到2500亿斤，也有可能。”他说全省公布的今年粮食播种面积为20913万亩，实际可能还不止这个数。其中，省农垦总局粮食播种4000万亩，总产436亿斤，平均亩产可达1100斤。如果全省农村播种的1.7亿亩，粮食亩产能达到省总体的水平，全省粮食总产就可以超过2000亿斤。当然，这就需要相应的政策，要有很大的人力、物力、财力投入。这就要有中央和省委的决策了。曲伟同志是黑龙江本地的资深学者，又有实际工作经验，当过省政策研究室主任，对省情很熟悉。他关于粮食问题的这个预测，是很有见地的，值得重视。

四　把东北平原建成中国的大粮仓

1996年，中国粮食大丰收，总产首次超过1万亿斤，人均824斤，粮食达到自给有余。1998年和1999年粮食总产又连续两年超过1万亿斤以后，自1999～2003年，连续减产五年。2003年粮食总产只有8614亿斤，人均667斤，总产退到1991年的水平。2004年后党和国家采取了一系列政策和措施，扭转了局面。2004～2011年，实现粮食八连增。2007年粮食总产重新超过万亿斤大关，2011年达到11424亿斤，人均848斤。今年有望超过1.2万亿斤，人均可能超过890斤，粮食总产和人均都达到空前的最高水平。这是农业战线巨大的成就，为社会主义现代化建设作出了重大贡献，这个业绩来之不易。

从1996年到2011年，15年工夫，中国的人口从122389万人，增加到134735万人，纯增12346万人，平均每年纯增823万人。所以人均只增加12斤，增长1.46%。而就在这15年，中国的经济有了极大发展，1996年人均GDP为5846元，折合672美元，还是低收入国家。2011年，人均GDP为35083元，折合5432美元，已经是中等收入国家。经过15年，中国人民的收入有了很大提高，中国人民的生活普遍有了很大改善，各种消费品都有很大增加。1996年生产1万亿斤粮食，秋后不少地方出现卖粮难、粮食爆仓的情况，市场粮价下跌。2011年就不同了，当年产粮11424亿斤，同年还纯进口5694万吨粮豆和457万吨食用油。1996年及以后几年，中国是粮食和农产品的纯出口国，近几年已经变为纯进口国。2011年的农产品进出口逆差超过300亿美元。

中国是个人多地少缺水的国家。随着经济持续发展，人民生活消费水平不断提高，对粮食和农产品的需求必然大幅增加。从未来10年到15年的情势看，到2025年中国总人口将达到14亿左右①。按每人每年1000斤粮食需要计，2025年需要7亿吨。按2012年生产的6亿吨计，未来13年还需要增产粮食1亿吨，需要每年平均增产800万吨，才能保证国家粮食自给、基本自给战略的实现。

---

① 2012年10月2日新华网：上海社科院副院长左学金推算。

从我国粮食增产的历史看，到2025年粮食总产达到7亿吨，是有可能实现的。1949年粮食总产1.1318亿吨，到1965年超过2亿吨，用了16年；到1978年超过3亿吨，用了13年；1984年超过4亿吨，只用了6年；到1996年超过5亿吨，用了12年；2012年粮食总产如果达到6亿吨，那用了16年。从1949年到2012年，粮食总产从1亿多吨到6亿吨，前后63年，跨过了5个亿吨大关，每增加1亿吨粮食，平均需要12.6年。最长的16年，最快的只6年，其中的经验和教训，很值得总结（见表2）。

表2　粮情变动情况

年份	粮食总产（万吨）	增长1亿吨的时间	备注
1949	11318	—	
1965	20345	16年	1958年总产达到2亿吨，但仅此一年，且统计数据多次变更，故用1965年数
1978	30476	13年	
1984	40564	6年	
1996	50454	12年	
2012	60100	16年	此为预计数

资料来源：历年《中国统计年鉴》。

从现在起到2025年，还有13年时间。按以往的历史经验来看，只要我们抓得好，也是有可能实现的。

自1990年以后，中国的粮食生产结构逐渐发生变化。粮食的主产区逐渐从南方转到东北平原。1989年，东北平原四省区的粮食总产只有4608万吨，占全国的11.3%。2011年东北平原四省区的粮食总产13163万吨，今年可能达到1.44亿吨，占全国总产的24%。1989～2012年，东北平原四省区的总产纯增9800万吨，平均每年增加426万吨。其中，仅黑龙江一省就纯增约4600万吨，平均每年增加约200万吨。

同期（1989～2011年），湖广五省区粮食总产22年只增加191万吨，平均每年增加8.7万吨。其中，广东省2011年比1989年还减少466万吨，每年平均减少21万吨。

从今后中国粮情10～15年的发展趋势看，在粮食生产结构中，这种南减北增的趋势还将继续。湖广五省区是如此，华东等地区也是如此。这些原来是中国粮食的主产地区，自20世纪90年代以后，经济高速发展，二、三产业都很发达，目前工业化还在继续发展，正处在城市化高潮之中，不仅会继续占用大量耕地，而且会继续扩种蔬菜瓜果等经济作物。如果没有大的政策调整（如大幅提高粮食作物的价格），那么这些地区粮食生产徘徊的趋势还将继续下去。

中国未来的粮仓在哪里？经过党和政府多年经营，东北平原的粮仓已经初步建立起来了。2012 年东北平原四省区的粮食总产占全国总产的 24%，提供的商品粮占全国 40% 以上，已经初步起到了替代原来主产区的作用。更为可喜的是，东北平原四省区粮食增产的潜力还很大，未来粮食生产仍呈大发展的趋势。据有关部门介绍，第一，黑龙江省现有耕地中，中低产田还占 40% 以上；第二，还有大片荒漠之地可以开垦种植，近几年农场职工在北纬 49.5 度附近引种德国玉米品种成功，亩产也达到 1000 斤，只要水利建设到位，耕地面积还可扩大（这几年实际已经开垦了不少）；第三，黑龙江农垦系统以大水利、大农机为标志的农业现代化建设很成功（垦区的粮食单产比一般农村高 1 倍），如果把农垦系统的统分结合双层经营的模式和经验有条件、有选择地推广到农村，那么对推动粮食增产将会起到很大的作用。

再经过若干年的努力，把黑龙江省的粮食生产潜力发掘出来，到 2025 年使总产达到 1.25 亿吨，是有可能的（前述，省里已经有了这方面的调研和预测）。其实，东北平原的吉林、内蒙古、辽宁三个省区的粮食潜力也很大，特别是内蒙古的东四盟和吉林，同样有 40% 以上的中低产田，同样有大片可望开垦的荒漠之地。如果有相应的政策，大规模的水利建设和大农机的投入，把这三个省区的生产潜力也发掘出来，那么，东北大平原的粮食产量，就将从现在（2012 年）的 1.44 亿吨（占全国总产的 24%）提高到 2025 年的 2.2 亿吨以上（占全国总产的 31% 以上），成为未来中国的最大粮仓。

把东北平原建成中国未来的大粮仓，这是国情、粮情发展的必然要求。既有需要，也有可能。真正实现了可以增产 0.6 亿 ~0.7 亿吨粮食，满足国家到 2025 年需要增加 1 亿吨粮食中 60% 以上的供给。这是农业生产布局方面的一项重大战略，需要从长计议，需要多方调研、协商，制定相应的战略方针、任务和实施方案。

首先，就全国来说，我国的农村、农业政策是统一的，这是完全正确和必要的。各地执行的情况比较好，保证了农村社会的稳定和农业与粮食生产的健康发展，实践证明是成功的。考虑到今后要建东北平原大粮仓，要增加 0.6 亿～0.7 亿吨的粮食生产能力，应对东北平原四省区和相关市、县、区，在财政投入、农田水利、农机化建设和粮食购销等方面采取一些特殊政策、给予相应的优惠和支持。例如，可否在东北平原建一个农业现代化生产的试验区？先选几个市县做试点，取得经验后再逐步推广。

其次，根据黑龙江垦区改造中低产田和垦殖荒地的经验，最主要是两条：一是兴修水利进行农田基本建设；二是购置大型农机具，实现机械化作业。而这两条都需要大量的投资。黑龙江省有关部门测算，要增加 1000 亿斤粮食的生产能力，大约需要投入 2000 亿元资金，今后 13 年，东北平原四省区要增加 0.6 亿～0.7 亿吨粮食，需要 12000 亿～14000 亿元的投入，每年约需 1000 亿元。这当然是一笔很大的投入，但能增加 0.6 亿～0.7 亿吨粮食的生产能力，产出总量以亿吨计的粮食，还是合算的。而且这个粮食大增产的过程，实际上也是东北平原地区的农村实现农业现代化的过程，将彻底改变这些地区广大农民群众生产生活的面貌，其现实意义和历史意义更加重大。

最后，要全面总结黑龙江省农垦总局改革创新的经验。垦区实行以家庭农场承包经营为基础，统分结合的双层经营体制，实行了“四到户，两自理”的家庭农场和大农场进行“六个统一”管理的制度，既发挥了家庭农场经营的积极性，又发挥了大农场组织化程度高的优势。十多年来，这种双层经营体制不断完善，使农业生产和其他经营活动蒸蒸日上，粮食连创新高，给国家做的贡献越来越大。这种双层经营从体制机制方面保证了农业现代化的实现和发展。

这种家庭承包、统分结合的双层经营体制，在 20 世纪 80 年代的农村就倡导过。党的许多文件都明确提出，农村实行家庭联产承包、统分结合的双层经营体制。但实行的结果是，很多农村至今仍不理想，效果不尽如人意。为什么这种统分结合的双层经营体制在黑龙江国有农场里实行成功了，取得了如此好的成效，并且就在此体制下，实现了农业现代化？这就很值得总结。要总结出这种模式的基本经验，以便在更多的条件相同的国有农场推广。特别要总结出，黑龙江垦区统分结合的双层经营体制的普适性，看能否推广到具有一定条件的农村去。找到在继续坚持集体经济、家庭承包经营的条件下，重建统分结合的双层经营体制的方式；找到国有农场统分结合双层经营和集体经济的农村实行统分结合双层经营的对接点，找到在农村推广的方式和方法。这种经验，对正在全国推进的新农村建设、农业现代化建设，有着十分重要的意义。

农民与农民工

给农民平等待遇已不可阻挡*

计划经济时代的思路是，只要粮食供给没有问题，农业问题就被抛在一边。近几年理论界主要关心的焦点从农民负担转到农民权益上来具有必然性。“三农”问题之所以解决不了，一个关键的原因就是农民的权益仍然没有得到充分的保障。现在不仅农民和知识界意识到这一问题，政府对此也很重视，有关部门正在考虑制定“农民权益保护法”。

本届政府是对“三农”问题最重视的一任政府，在中央大力消减农业税费、加大补贴和农产品涨价力度、气候好等因素的推动下，2004 年成为农民收入增长最快的年份之一，但也要看到，气候、政策、市场在农民增收方面的作用有可能越来越有限。因此，必须下决心把计划经济体制加给农民的枷锁去掉，一视同仁地对待农民与城市居民。给农民平等待遇已不可阻挡，只有这样，才能释放出更大的市场活力。

---

* 本文源自《农村工作通讯》2005 年第 2 期，第 28 页，发表时间：2005 年 2 月 15 日。该文为该刊针对全国各地相继宣布取消或减免农业税问题摘编的一组专家观点和建议，本文仅收录陆学艺的观点摘编。——编者注

“三农”问题的核心是农民问题*

中国社会学会会长陆学艺教授认为，“三农”问题都很突出，但核心是农民问题。因为农业是农民的职业，农村是农民居住的社区。过去，我们在战略上始终把农业问题放在第一位。但是，在1996年以后，当今中国的农业问题可以说已经基本解决了，但农民问题、农村问题还没有得到解决。长期存在的城乡二元户籍制度严重阻碍了农民走向城市，使我国的城市化水平远远落后于工业化水平。现在的“三农”问题主要表现为“四太”，即农民太多、太穷、太散和太弱。因此，农民问题解决不了，农业问题也还会出现反复，农村就无法实现稳定。

---

* 本文源自《中国财经报》2005年4月19日第5版《著名学者陆学艺、林毅夫、韩俊认为，解决三农问题关键是——让农民就业、得实惠》一文。该文系三位专家的访谈摘要，本文仅收录陆学艺的发言摘要，题目为原文中陆学艺发言部分的小标题。——编者注

给农民更多优惠*

在上个月的首届“南方农村报·中国农村发展论坛”期间，72岁的陆学艺始终是与会者关注的焦点之一。他不仅风趣、幽默，而且深入浅出、直言不讳（详见本报10月24日报道），赢得了阵阵经久不息的掌声。会后，就“三农”问题，记者与陆老进行了交谈。

一 把土地经营权交给农民

记者：有人提出，农民要在征地问题上拥有更多话语权，您认为要达到这一目标，现行的土地政策是否需要调整？

陆学艺：目前，最好的方法是把经营权和承包权都交给农民，并且不能再笼统地说土地归集体所有。“集体所有”实际上成了村干部所有，少数人说了算。为什么现在有很多土地纠纷？主要是一些村干部认为土地是集体的，我就代表集体，村里的地我想卖就卖。如果把（土地的）经营权和承包权彻底交还给农民，以后再有征地，就必须得到农民同意。

另外，如果固定了农民土地的承包权，则可以防止我国出现印度、拉美等地的“贫民窟”① 现象。因为如果农民在城里打工失败，那么他们可以回家，靠种田满足基本的生存需要。这对社会稳定也有好处。

---

* 本文原载《南方农村报》2005年10月25日第1版、第4版，系该报记者专访陆学艺的谈话稿。该文还收录于文集《“三农”续论：当代中国农业、农村、农民问题研究》（陆学艺著，重庆：重庆出版社，2013年5月），以及《南中国“三农”问题调查——〈南方农村报〉记者与农民全接触》（陈永主编，广州：南方日报出版社，2006年4月），第334～337页。——编者注

① 根据联合国人类居住规划署的定义，“贫民窟”是指“以低标准和贫穷为基本特征的高密度人口聚居区”。它们的主要特征是居住不安全，过度拥挤，缺乏干净的水、电、卫生设施和其他基本生活服务。——记者注

二　农民应能自由进出协会

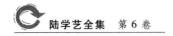

记者： 很多专家希望通过建立农民合作化组织带动农村的新一轮发展，但我们在采访中发现，很多协会、组织的牵头者是政府部门的干部。对此，您怎么看？

陆学艺： 合作组织和集体组织的性质要分清。合作组织就意味着，我想加入就加入，不想加入就退出，所有权利都在我手上。至于说县、镇干部牵头组织协会，如果这个干部有背景、有销路，那他做这个也未尝不可。牵头者的身份并不重要，重要的是保证群众能够自由参加或退出。以前一些农民合作化组织的问题主要在于，很多农民一进去就出不来了，他们的权利被剥夺了。合作是可以提倡的，但一定要真合作，不能是剥夺农民自主选择权利的合作。

中国台湾、日本和丹麦在这方面的实践就很好。比如养奶牛，一家一户做起来很难，但聚到一起就很容易。我们现在种田一家一户还可以，但是要种经济作物，一家一户的方式就不行了。所以，我们要提倡发展各种组织，谁有门路、销路，就可以把大家组织起来。

三　农民要组织起来

记者： 广东省在很长一段时期内提倡"公司+农户"的模式，但我调查发现，在这个模式中，盈利最多的仍然是公司，话语权也几乎完全被公司掌控。您对这个情况感到意外吗？

陆学艺： 这个情况我们原来不知道，后来才发现。在这个模式里，公司与农户的地位是不对等的，公司很容易与官员勾结，剥夺农民的利益。一些老板不仅制定"霸王条款"，还不守信用，欺诈农民。现在公司强、农民弱，所以农民要组织起来，为自己说话。

四　户籍制度不好

记者： 我问过很多镇、村干部同一个问题：在目前情况下，农民怎样才可能致富？得到的最多回答是出去打工。但这些到城里打工的人耗尽青春后，大多还是要回农村。您对这个问题怎么看？

陆学艺： 出现问题的主要原因在于户籍制度不好。我们的户籍制度还是按照以前计划经济的方式来搞，但现在计划经济已经没了，这个政策还在实行，受损失的当然是农民。户籍制度的改革也不会很漫长，我听说有几个省已经放开了户籍限制。

五　转移支付须减少中间环节

记者： 有人认为，给农民减负仅仅是一个方面，更重要的是投入问题。国家如何保证投入到农村的各项资金都顺利到位呢？

陆学艺： 国家给贫困地区的转移支付，很多资金都被挪用了，这是世界性难题。我前几天接待了印度社会学会会长，他说在印度，如果拿 100 元钱去扶贫，最终到老百姓手里的只有十几元钱。穷的地方，政府也穷，我们只能以发展来解决问题。另外，可以采用现代化的手段来解决这个问题。如用银行直接转账，资金扶贫就会做得好一些。最近几年，中小学教师的工资一直在提高，（工资）拖欠的问题也有所缓解。我们必须减少中间环节，让尽量少的部门和人员直接和钱打交道。

六　农民不会成为受害者

记者： 假设农村的各种市场完全放开，农民有可能是一个受害者？因为农资现在已经涨价，如果粮食市场放开，那么价格很可能下降。

陆学艺： 农民不会成为受害者。现在的化肥、农药、薄膜涨价的主要原因是某些政府部门在搞垄断，如果市场彻底放开，引入竞争机制，那么农资的价格就会降低。

如果粮食市场放开，粮价的确有可能下降。在这个问题上，国家必须起到宏观调控的作用。政府的宏观调控一定要是正面的。也就是说，国家把粮食市场的差价补贴给农民。社会主义市场经济不是完全的市场经济，我们必须把计划经济好的方面保持下去。归根结底就是，谁处于弱势地位，国家就要关心谁。

七 政策一定要完全且正面

记者：您认为在解决“三农”问题上，政策的作用大还是人为的作用大？

陆学艺：政策的作用大。但政策一定要代表前进的方向、利于社会发展、符合广大人民的意愿。

记者：但我们的某些政策，上面制定是好的，等到了下面就走样了，您对这个问题怎么看？

陆学艺：这还是政策出了问题。比如，我们以前讲减轻农民负担，开始的口号是“减轻农民负担”，再往后是“千方百计减轻农民负担”。农民的负担减轻了吗？没有！现在中央宣布取消农业税，政府就没有理由去收农民的钱了。通常，那些贯彻不到位的政策，还是讲空话的政策，否则政策很难变形。所以，政策一定要制定得彻底、完全、正面，才能起到作用。

八 华西村走的是工业化道路

记者：我们应该怎样借鉴大邱庄、南街村、刘庄、华西村等的成功经验？

陆学艺：为什么其他地方（大集体）都搞不好，只有这几个地方搞得好？它们都有一个条件，有一个大公无私的带头人，而且其他人都比较听他的话。这个带头人一般掌握了大量的公共资源，他很容易对本村进行资源配置。

实际上，从另一个方面看，它们都走了工业化道路。如果河南刘庄的史来贺一直种棉花，他能富吗？在工业化过程中，他们也都剥削了外地人。华西村本村有几千人，但村里的外来工有几万人，外来工并不能享受和本村人一样的待遇。他们所说的共产主义生活也仅仅是本村人的，不包括外来工。

统筹城乡发展　关键是减少农民*

国家批准成立全国统筹城乡综合配套改革试验区的背景是什么？和上海浦东新区、天津滨海新区相比，成都“综改试验区”新在哪里？成都又该如何在过去取得成效的基础上，进一步破解城乡二元结构这道中国难题？围绕这些问题，本报记者日前采访了中国社会科学院荣誉学部委员、社会学研究所研究员陆学艺。

中央希望成都为统筹城乡提供经验

《成都商报》：国务院批准成都设立全国统筹城乡综合配套改革试验区，您听到这个消息后感到意外吗？

陆学艺：6月9日，我从新闻上看到这个消息，并不意外。据我所知，成都市从2003年就开始了统筹城乡的探索，起步早，积累了一些好经验。中央领导比较认可。这几年我去成都调研过，成都的思路很好，也做出了不少创新。

《成都商报》：和上海浦东新区、天津滨海新区相比，您认为国务院这次批准成都和重庆设立的改革试验区，有什么特别之处？

陆学艺：浦东新区和滨海新区都是侧重发展工业，而成都和重庆是统筹城乡发展的改革试验区。国家希望前两个新区解决工业化的问题，而希望成都解决“三农”问题，解决好城乡二元结构的问题。

重庆是直辖市，农村非常多，成都的农村和城市也差不多是一半对一

---

* 本文原载《成都商报》2007年6月18日第2版。该文系该报记者专访陆学艺所写的访谈稿，收录于文集《社会建设论》（陆学艺著，北京：社会科学文献出版社，2012年3月）。——编者注

半。相对于上海和天津，城乡协调发展是一个非常大的问题。中央希望通过成都和重庆做出改革试点，为全国统筹城乡提供经验和示范。

《成都商报》：据我们所知，此前，武汉、长沙、郑州、西安、杭州、深圳等都向国家申报，希望能成为第三个综合改革试验区。今年①全国“两会”上，各地代表、委员也积极行动。大家为何对改革试验区的兴趣这么大？最后国家为何会选择成都和重庆？

陆学艺：地方的热情来自浦东新区和滨海新区的示范作用。以滨海新区为例，仅去年②一年即完成固定资产投资 864.29 亿元，比上年增长了 24.7%。全国统筹城乡综合配套改革试验区对经济效益增长和经济模式改革的助推效应极大。而浦东新区原来只是一个县。现在在这两个地方，GDP 增加了，大量工厂建起来了，经济也发展了，但没有解决农民问题。这里的农民工还是没有身份。

所有的发达国家在工业化过程中，都同时解决了城市化和农民问题，农民越来越少。而中国则从 1952 年开始发展工业，55 年了，一直没有解决好农民问题。中国的工业化历来没有争论，但城市化发展过程中有很多争论。农民到底要不要进城？农民的身份问题到现在都没有解决。

中国的城市对农民一直关着门，农民的粮食要、土地要、资金也要，就是不要人。农民不许进城，不能“农转非”。后来城里要人了，允许农民进城。农民可以打工，但农民的身份还是不能变，打工完了就回去。因为决策层认为，这样城市才会安定。

党的十六大把统筹城乡发展问题提上议事日程。2002 年至今，没有哪届政府像本届政府这样注重农民问题的解决。农业税取消了，农民的补贴增加了，新型农村合作医疗、最低生活保障等也在逐步建立。国家对“三农”的投入明显增加。

但现在我国依然没有解决农民问题。城乡差距还在扩大，城乡矛盾还在增加。2002 年十六大召开时，城乡人均可支配收入比是 3.1∶1。近几年来，大量农民工进城打工，但他们还是没有政治地位，没有社会保障，就医、子女上学都享受不了市民待遇。国家认识到，统筹城乡发展是当下非常急迫的要解决的问题。

《成都商报》：成为全国统筹城乡综合配套改革试验区是否意味着成都

---

① 此处指 2007 年。——编者注

② 此处指 2006 年。——编者注

未来的统筹城乡发展将获得更多机遇？具体而言，中央对成都在资金和政策方面是否会有所倾斜？

陆学艺：根据国家要求，成都市要全面推进各个领域的体制改革，并在重点领域和关键环节尽快形成统筹城乡发展的体制机制，促进城乡经济社会协调发展，也为推动全国深化改革、实现科学发展与和谐发展发挥示范和带动作用。

过去，对深圳、厦门等经济特区，国家给了一些政策上的优惠。成都成为全国统筹城乡综合配套改革试验区后，国家是否会在资金和政策上给予倾斜，我现在还不知道。但是有一点，成都可以甩开膀子干了。按照小平的说法，勇敢地去试、去改革，错了不要紧。同时，成都可以在改革中积累经验，探索一些做法，然后给国家报方案，获得一些支持。

统筹城乡发展关键是减少农民数量

《成都商报》：您认为下一步成都统筹城乡发展应注意什么？您对成都有什么建议？

陆学艺：统筹城乡发展关键是要减少农民数量。建设社会主义新农村也好，统筹城乡发展也好，不能靠喊口号，关键是要减少农民数量，更多地使农民、进城务工人员和他们的家属与市民一样，享有各方面平等的权利、均等化的公共服务和同质化的生活条件。

另外，我建议成都对县一级要充分赋权。我去浙江调研过，浙江的很多县城经济发展得很快、很好，其中很重要的原因是它们的县一级拥有非常大的自主权。县一级被赋予了充分的财权、事权和人权，充分调动了县一级的改革积极性。

《成都商报》：“三农”问题历来是中国最基本的问题，但现在中国的发展很难做到让所有农民都进城。统筹城乡发展、破解城乡二元结构的难点在哪里？

陆学艺：中国2004年的GDP中，第一产业创造了13.1%，但在第一产业就业的人数占总劳动力的46.9%。这说明46.9%的农民创造的价值只有13.1%，你说农民能不穷吗？靠“工业反哺农业、城市支持农村”，少数致富的人帮助农民都是不切实际的。核心问题是减少农民数量，让更多农民在城市化过程中享受与市民一样的权利和待遇。

综观发达国家的经验，有两点共同特征：第一，农民只占少数；第二，农民不是穷人。中国现在有9亿多农民，而且收入远低于城市。统筹城乡发展，任重道远。所以我想，要解决农民问题，根本的是要给农民一个身份，让农民和城里人一样。在户籍准入方面取消限制，让市场来调节。城市里的房价高、消费高，农民涌入城市后生活不下去自然会选择去小城市、小城镇。

《成都商报》：国务院为何把成都和重庆放在一起来作为改革试验区？

陆学艺：成都和重庆都是人多地少，是典型的“大城市带大农村”地区，城乡二元结构矛盾十分突出。两个城市的统筹城乡发展将会是两种不同的模式。现在国家让成都和重庆来进行改革，一方面，成都的统筹城乡改革已经走在全国前列，而重庆是农业直辖市，它们作为西部地区经济发展最好的两个城市，本身具备改革基础；另一方面，如果试验成功，那么对全国类似城市有很好的示范和推广作用。

希望成都用20年实现统筹城乡目标

《成都商报》：城乡和谐是和谐社会的根本，国务院批准成都设立全国统筹城乡综合配套改革试验区，是不是也有这方面的考虑？

陆学艺：和谐社会首先要城乡和谐。中央提出了构建和谐社会的目标，这是一个方向。事实上，现在城乡差距大，矛盾集中。国家希望统筹城乡来达到经济、社会的全面发展，尤其是要加大对社会公共事业投入的力度。

《成都商报》：时为成都市政府秘书长的毛志雄近日表示，成都市将重点在统筹城乡规划、健全基层自治组织、统筹城乡产业发展、覆盖城乡居民的社会保障体系、城乡统一的户籍制度等八个方面率先突破，通过改革探索加快经济社会快速健康协调发展。您认为下一步成都应该在哪些方面进行突破？

陆学艺：成都市这些年来在统筹城乡方面进行了很多很好的探索。比如对失地农民的保护，“失地不失利，失地不失权，失地不失业”，对进城务工农民子女入学进行统筹调配，划片进入公办中小学，一律取消借读费。我想，下一步成都可以考虑让进城农民工达到一定工作年限后就转为正式居民，解决他们的身份问题。此外，在农村金融方面做出一些探索，让农民更方便贷款。

成都是四川的省会，今后不仅成都的农民会进城，四川其他地区的农民也会到成都来打工。让更多的农民共享改革发展成果，这才是统筹城乡发展的最终目标。

《成都商报》：您乐观地预计一下，成都需要多长时间才能实现城乡统筹目标，农民和市民共享改革成果？

陆学艺：我希望是20年。成都的基础不错，再过20年，成都的农民和市民将一起生活，到时将会是一个和谐的成都。

过去的政策难让农民富起来*

十七届三中全会将审议《中共中央关于推进农村改革发展若干重大问题的决定》，为未来的农村改革确立方向。其中，农村土地制度改革最受舆论关注，本报记者就此话题采访了中国社会科学院社会学研究所原所长陆学艺教授。

城乡差距根本原因在体制

陆学艺认为，土地问题现在最大的矛盾是在耕地问题上，现在表现出来的耕地价格不是实行市场经济的结果，这对农民的损害很大。

目前，成都、重庆等地正在推进农村产权制度改革的试点工作，探索农村产权流转，促进农村资源向资本转变。陆学艺认为这些探索是好的，但也对某些做法提出不同意见，“比如‘以宅基地换住房’‘以承包地换私房’，这些东西完全是计划经济那一套，是没道理的”。

陆学艺说，中国的农村改革自20世纪80年代后期就停滞了，问题一直拖到现在。中国的城市改革基本上建立了社会主义市场经济体制——虽然某些方面还不彻底，但是农村基本上没有建立起完整的市场经济，户口制度、土地制度、农产品价格和流通制度都不是市场经济。比方说，本来粮食价格该涨，但是强制压价，导致即便有各种补贴，也不能解决根本问题。总体来说，城乡差距根本原因在体制上，现在要想改，就先得把原来计划经济留下来的那些东西改掉，不解决这些问题就不能改变农村面貌。

陆学艺进一步表示，原体制是城市领导农村，没有农民的经济地位。

---

* 本文源自《陆学艺教授成都科学发展报告集》（成都市社科联（院）编，2013年8月），第12~14页。该文原载《南方都市报》2008年10月10日第A14版。——编者注

"有的文章说，要给农民以国民待遇！一样是公民，但是客观上农民确实没有国民待遇。这是笑话嘛！我说农民是最大的无产阶级，连个宅基地都不是他的，这种体制农民怎么能富得起来？所以现在这一套政策，解决温饱问题是可以的，但是让农民富起来很困难。"

两条底线本次改革不会突破

针对此次农村土地流转改革，社会上有人担心这将使部分农民失去土地保障。但陆学艺认为这是有些人阻挠触动现行政策的借口。"你想啊，人家市场经济国家有权利（流转土地）的农民也还在活着呢，对不对？放开了，土地就都被人买去了？不是那个样子，哪个国家也没那样啊！"

中国现有农地政策有两个基本点：一是坚持土地集体所有和家庭联产承包经营制度，二是农地主要用于农业生产，农地转为非农业用途需要履行相应的转用手续。陆学艺认为这两条底线本次改革不会突破。"我去年跟一位领导说，现在保护10万亿亩农田，中央是真心诚意的，因为要保持13亿人的基本生活，把地弄光了怎么办？农民也是真心诚意的，那是我的命根子，既是我的生产资料，也是我的社会保障，我要拼命把它保护住。但是从省委书记到支部书记，他们要搞政绩，要搞GDP，不把土地农转非，不搞非农经济，他政绩哪里来？所以这是个矛盾。"

陆学艺说，现在大家呼吁的改革，牵扯到城乡根本体制，很多地方干部搞政绩就是靠这个体制，短期内一下子把它改掉是很难的。而包产到户是生产体制方面的改革，现在中央决定把这项政策长期保持下去，所以短期之内也是不会有根本性变化的。

让农民获得市场经济的入场券*

中共十七届三中全会于2008年10月9日至12日在北京召开。这次以农村改革为重点议题的全会，也在密切关注城乡统筹的现实路径及长远规划。

此时，距离重庆、成都被国务院确定为“全国统筹城乡综合配套改革试验区”已一年有余。成渝在土地流转、农村社会保障、基层政府组织形式等方面，已进行了一系列先期的改革试验。下一步，改革将如何进行？

观察人士指出，农村改革全面铺开后，城乡统筹将因此而加速。目前城乡统筹一体化建设的现状是什么？长远目标实现的关键是什么？过程中的两大难题——土地和户籍制度——将如何变革？

对于这些问题，长期致力于研究农村社会相关问题的中国农村社会学研究会会长、中国社会科学院社会学研究所原所长陆学艺如今有了更深层的思考。

“目前我们的城市地区已经基本建立市场经济体系，下一步要在农村地区推进市场体系建设，让土地能自由流转，还农民以‘地权’，同时改革户籍制度，真正打通城市和农村的藩篱。”陆学艺在10月9日接受本报专访时说。

陆学艺曾调研农村实行家庭联产承包责任制后的经济社会问题，以及县级政治经济体制改革等热点课题。在他看来，目前城乡统筹存在的诸多问题都是由结构性和体制障碍尚未破除导致的，这是下一步改革攻坚的关键点。

---

* 本文原载《21世纪经济报道》2008年10月13日第1版，该文系该刊记者专访陆学艺的访谈录。——编者注

现行的集体所有制已经"畸形"

《21世纪经济报道》：目前，"工业反哺农业，以工促农，以城带乡，城乡一体化发展"已经成为城乡统筹发展的共识，据您看来，十七届三中全会将为城乡统筹定下怎样的远景目标？

陆学艺：的确，通过这次会议，我们可以预期一系列关于农村改革的政策将会密集出台，能够逐步解决一些问题，但不能指望完全解决。从长远来看，如果户籍制度改了、土地制度改了，土地能买卖、能抵押，农民可以自由流动，且拥有财产性收入来源，则很多问题都可以解决。

《21世纪经济报道》：那么，通过这次会议，城乡一体化的两大关键点和难点——土地和户籍制度将会有怎样的变化？

陆学艺：在土地制度上，会议应该会对目前的局部试点进行部分总结并给予肯定，在具体流转方式上，如股份合作、转包转租等，会有政策上的明确松动。但户籍制度因为关系太大，一下子放开是不可能的。而且我们有很多相关的问题并未解决，如农产品的价格体系，还没有实现真正的市场价格。总之，土地和户籍制度是现阶段计划经济束缚农村发展的主要表现。户籍制度一定要先改革，要使农民重新获得平等的国民待遇，获得参加社会主义市场经济竞争的入场券。在土地制度上，我们可以看到，现行的集体所有制，已经变得"畸形"了，这是产生城乡之间差距拉大、农村内部诸多纠纷的主要根源，一定要改革，要使农村土地产权明晰，使农民获得可以自己支配、处置的资产和房产，使农民有参加社会主义市场经济竞争的立足之地。

《21世纪经济报道》：十七大报告明确提出，到2020年，初步建立城乡一体化制度框架。这里面的关键是什么？

陆学艺：关键就是消除体制性障碍，"三农"改革的路径应该是逐步实现充分的市场经济。由此与市场相关的诸多要素，土地、户籍制度，农村金融保险制度，农产品定价制度等，都要一一改革。应该说，目前，在我们的城市地区，已经基本建立了市场经济体制，但农村地区实际上还属于计划经济形态。比如，可能市场价为100万元的地，给五六万元就卖了，类似的很多农地资源的定价都是不合理的。而且由于土地制度的约束，很多体制性的问题不能解决，造成农民不能进来（城市）、城里人不能下去的尴尬局面。比如，农民工或者农村人口进城，诸多社会保障的问题无法很好地解决；城里人退休后想到乡村居住，但农村不允许购买宅基地，同时医疗、工资等待遇也转不过去，关键的一点是城乡要沟通、一致，要开放，但目前还有很多“坎”。政策的方向是对的，但卡在这里不好办，这次的十七届三中全会应该会对体制上的问题进行一些梳理，今后逐步解决。

《21世纪经济报道》：不久前，农业部部长孙政才在公开场合介绍，2007年城乡居民收入比扩大到3.33:1，绝对差距达到9646元，是改革开放以来差距最大的一年。在城乡统筹不断推进的背景下，差距仍不断扩大的症结是什么？①

陆学艺：从根本上讲，这是个结构性的问题。我们可以看几个数字。2007年的GDP中，第一产业仅占11.3%。而在2007年的就业结构中，第一产业占40.8%。这说明占总数40.8%的农村劳动力仅创造了这一成多的增加值，其余近60%的二、三产业的劳动力，则创造了接近90%的GDP。这和农业生产效率的低下有直接关系。并不是说农民懒，而是“一亩三分地”造成的格局。我们再看一个数字，2007年的城市化率为44.9%，农村人口占55.1%，后者去分11.3%的GDP，农民怎么能不穷呢？目前我们的城乡结构、产业结构还不尽合理。结构不合理与户口、土地、金融财贸体制的不完善有关系，在现行体制下，农民出不来，不能很好地流动，不改变农村的计划体制就很难办。同时，从社会结构上看，当前中国工业化社会中，经济结构已经是中期阶段，而社会结构还处在初期阶段，这种不协调的基本结构正是产生诸多经济、社会矛盾的结构性原因。这种不合理的经济、社会结构，是计划经济体制形成的城乡二元经济社会结构还没有得到改革的结果。

破除身份歧视，实现同工同酬

《21世纪经济报道》：有学者指出，现阶段城乡统筹的重要路径就是“工业反哺农业、城市反哺农村”，您如何评价？

陆学艺：这种提法是不错的，也是我们今后努力的方向，但目前很多反哺农业农村的政策还停留在文件层面，落实上有一定问题。就实际情况

---

① 孙政才：《国务院关于促进农民稳定增收情况的报告》，中国人大网，http://www.npc.gov.cn/zgrdw/huiyi/cwh/1104/2008-08/28/content_1447408.htm，最后访问日期：2008年8月29日。

来看，实质上还是农村在“补贴”我们，你可以看到，城里人尽管工资低，但仍然能活得不错。实际上农产品定价制度还没有完全改变，比如大米，国外都卖到每吨 1000 元，但我们的价格长期以来是相当低的。再如猪肉，我们最近卖 9 元一斤，国外可能卖到八九十元一斤。而且农产品的价格稍微涨一点，大家就不干。石油涨价大家都在关注，但很少有人关注化肥等农业生产资料的涨价。

《21 世纪经济报道》：但如果任由农产品涨价，又会使城市的通货膨胀形势更为严峻？

陆学艺：对，这是个问题。所以说，农村的改革不只关系到农村，它是综合系统的配套工程，要分析各方面相关因素，审慎推进。国家采取的由下而上的路子也是对的，有条件的地方先试验，再总结，更正试验，最后推出总体政策。

《21 世纪经济报道》：在财政制度、税收制度方面，如何进一步改进？如何构建更有利于城乡一体化的国民收入分配格局？

陆学艺：财政税收制度要进一步按照市场经济的路子走，但从长远看，光有财政“输血”的支持、农业税的减免还不行，要在农村体制理顺、增强农民自身“造血”功能上下功夫，通过工业化、城市化把农村富余劳动力转移出来，将现有户籍制度逐步改革，将束缚农民的体制逐渐全面打破。

《21 世纪经济报道》：重庆等地在进行城乡统筹综合配套改革试验时，将农民工问题的解决作为城乡统筹的突破口。您的看法是怎样的？

陆学艺：两亿多农民工的问题关系重大，目前国家已经在其社会保障政策领域着手突破。但从长远看，还是要解决身份歧视和“同工同酬”问题。由于户籍“鸿沟”，干一样的活，城里人和乡下人工资不一样，保障也不同，最少的也差 1/3，这些都说明在一定程度上还是农村继续在“补贴”城市的发展。改革的方向也就是要争取实现“同工同酬”。同时，在城市社会保障基本覆盖的情况下，扩大农村各项保障的覆盖面。就之前的数据分析，其实对农村、农民工进行补贴，金额并不大，比如，我们对农村地区的最低生活保障投入百多亿元就能解决，关键是看去不去做。

《21 世纪经济报道》：也有专家建议将“产业化”作为新农村建设的突破点？

陆学艺：光靠产业化肯定不行，最早的时候农村也靠乡镇企业，到现在，长三角、珠三角地区能生产的东西基本上都在生产，像以前那样两三万元就建个厂已经不可能了，市场都被占没了，现在要发展只能是在个别地方、个别企业。而且发展方式也不能求同，从发展较好的先进村来看，诸如江苏华西村、北京韩村河，基本上跟农业没有太大关系了。下一步的产业化要在引进资金、规模化种植养殖、延长加工产业链上做文章。要提高农业产出效益，把更多的农村劳动力从田地上解放出来，并为这些劳动力提供新的岗位。这也是很多发达国家行之有效的经验，比如日本、韩国、我国的台湾地区，人很多，人均土地比我们还要少，但人家的农业能发展得不错。下一步还是要将城市和乡村打通，用工业化、城市化的路径，真正带动农村地区的发展。可以说 30 年前的“包产到户”、家庭联产承包责任制解决了农民的温饱问题，下一步需要往前走一步，使市场经济也真正让农民受益。

一本为农民寻找出路的书*

2001年的夏天，李昌平到办公室见我。因为都是搞“三农”的，我们一见如故。他说：“我想做你的博士生。”我说：“考社科院博士生的外语关不好过，恐怕一两年你考不下来。”中间，他问：“初来北京，不知做什么？怎么做？”我说：“你最好先读几年书，更要读懂社会这本书。”自此，我们常有来往，成了知交，谈得多的是“三农”话题。

最近昌平寄给我一本为农民寻找出路的书稿，要我写个序。这是他继《我向总理说实话》《我向百姓说实话》之后要出的第三本书。李昌平像我一样，农民出身，有浓重的农民情结。硕士学历，干过17年基层干部，干过多年的记者编辑，在国际著名的农村发展组织（香港乐施会）有6年扶贫实践，现在是河北大学中国乡村建设研究中心的研究员。李昌平的经历是特别的，也是难得的。李昌平常说，中国表述“三农”问题有四套话语体系：农民话语体系、官方话语体系、学者话语体系、NGO话语体系。这四套话语体系相互交流很困难，需要翻译。确实如此。可以自由地在四套话语体系中交流和“翻译”的人极少，李昌平就是一个。所以，李昌平对“三农”问题的认识和对农民出路的探索也与众不同。

书中有很多有价值的观点。比如，他的“农业三阶段论”，将非常复杂的问题抽象出“一般规律”；他比较了“日韩台模式”和“菲律宾模式”，对中国农业现代化道路和农民出路提出了非常有价值的见解；他阐述了农民自主性与国家自主性的高度一致性，很有解释力，发人深省；他对粮食安全、土地改革、“三农”现代化道路、新农村建设、乡村治理、城乡统

---

* 本文源自《大气候——李昌平直言“三农”》（李昌平著，西安：陕西人民出版社，2009年3月）序二，第3～6页。原稿写于2009年2月18日，系陆学艺为该书撰写的序言。《上海证券报》2009年4月11日第8版以“探寻中国农民的出路”为题摘发了该序言。——编者注

筹、农村金融、乡村自治等方面都提出了独到的见解，相信会给读者带来很大的启迪，尽管有人不一定同意他的见解。书中有相当多的内容是李昌平在17年基层工作中对“改革实践”的反思，也有他在香港乐施会工作中做“农村发展试验”的总结，这也是此书与其他学者专家的书的不同之处。

基于中国改革开放30年后农民数量没有减少反而增加的事实，李昌平提出，假如中国不减少农民数量，农民问题会越来越严重，中国不可能实现现代化；假如中国减少农民数量，将农民转变为“农民工”越多，中国“农民工”——工人——问题就更加严重，中国也不可能实现现代化。他将这个难题命名为“李昌平难题”或“中国难题”。这是一个很有意义的问题，特别是在中国应对金融风暴、要加快“出口拉动型”“外向依附型”经济模式转变的时候，更有意义。但只能叫“李昌平难题”，不能说是“中国难题”。因为这个问题是可解的，中国会解决好这个问题。

类似这样的“难题”曾经不断有人提出。1949年，美国国务卿艾奇逊说：“中国人口在18、19两个世纪里增加了一倍，因此使土地受到不堪重负的压力。”20多年前，一位有院士头衔的部长出版了一本书，说中国这点国土和资源，最佳的承载能力是只能养活7亿人。1994年，美国世界观察研究所所长布朗发表了一篇惊动中国的文章——《谁来养活中国?》，预言“粮食的严重短缺将会使中国的经济奇迹过早结束”。这是又一个外国人提出来的“中国难题”。他没有想到的是，就在1996年，中国农业特大丰收，粮食总产超过5亿吨，从此结束了粮食长期短缺的局面，变为“基本自给，丰年有余”的格局。

这几位提出这些难题，都是在中国人多这个问题上被难倒了。李昌平提出这个难题，也是被中国人多这个问题难住了。其实，李昌平也说：“农民的出路在工业化和城市化。工业化、城市化的核心任务是将农民变为市民。这近乎是‘普世道路’，没有人怀疑。”欧洲、美国、日本、“亚洲四小龙”都是通过工业化、城市化解决了农民问题，实现了现代化。中国也将通过工业化、城市化解决农民问题，实现现代化。不过，我们的走法、做法同它们不同，中国将根据自己的国情，走出一条中国特色工业化、城市化的道路，解决农民问题，实现现代化。改革开放30年来，“摸着石头过河”，我们在一步步实现自己的目标。总体上说，我们是成功的，方向和道路是正确的。2007年，我们是世界第三大经济体，1840年以来，中国什么时候有过今日的气势？具体地说，我们的工业化搞得很有成绩，但城市化很不成功，而且至今还在继续“摸石头”。

李昌平看到的问题，就是因为我们的城市化不当引出的诸多问题。世界上哪有一个现代化国家关起城门只搞工业化，不搞城市化，不让农民进城的？所以，就有搞了50多年工业化，农民却反而增加4亿多人的咄咄怪事（1952年为50319万，2006年为94500万）。中国现在70%以上的怪事都出在城市化不当这个问题上，弄得城乡不安宁。好在2008年10月召开的十七届三中全会专门讨论“三农”问题，审议并通过《中共中央关于推进农村改革发展若干重大问题的决定》，把农民越来越多、越来越穷的病因找到了，明确指出了，药方也开出了。假以时日，是能够逐渐解决的。

李昌平担心的还有一个问题，这么多农民进城都搞制造业，就会“供大于求，必然没有前途”。这是因为以前的外贸结构畸形，外贸依存度奇高，内需久扩不大。主要原因是，中国目前的城市化严重滞后于工业化，城乡二元结构还没有改变。改革了城乡体制，破除了城乡二元结构，在近期让已进城的1.32亿农民工及其家属真正融入城市，逐步达到城市居民的生活水平，内需就会快速上提，更何况将来会实现城乡经济社会一体化。有人计算过，现在是9亿农民、4亿市民，2008年城乡居民收入比是3.38∶1，实际是5∶1。要实现城乡一体化，估计还要用30年时间才能把城乡的差距逐渐缩小，实现基本平衡。差距也是潜力，真是如此，还愁内需不振吗？现在的外贸依存度如此之高，出口了许多的“中国制造”，实际上是通过强制压低中国农民的消费实现的，既不公道，也不合理。而所有这些问题，是能够通过改革解决的。“中国制造”转而主要为中国的人民自己消费，中国的制造业就能长盛不衰地制造下去。何况还要大规模发展第三产业。所以，10年、20年、30年以后，局面就完全不同了。

李昌平通过观察这些社会现象提出的问题，是他假设产生这些问题的现存的结构和体制仍然会在未来10年、20年继续存在下去。真是如此，那他担心的难题就会出现。这些结构、体制改革的难度也实在很大，昌平看到的客观现实也实在太严峻，难怪他感到这个问题不好解决。但我相信，通过改革，这些体制会逐步改变，结构会得到调整，城乡二元结构终究会被破除，城乡一体化的格局终会实现，农民问题是会解决好的。另外，我们国家已经走上了社会主义市场经济的轨道，融入了全球化的大潮，不进则退，不改行吗？

这些意见，同昌平商榷。尽管我对昌平提出的这个难题有不同意见，但这本书是他多年对农村观察、思考的结果，是为农民说话的，有很多新意，能启发人思考，很值得一读。是为序。

还是农民在支持咱们这个国家啊*

编者按： 5 月 4 日，本社在国谊宾馆举办刘奇“三农观察”专题座谈会。陆学艺先生受邀参会，并发表了热情洋溢的演讲，表达了一位学者对“三农”问题的深长忧思。午餐时，陆先生还与本社领导畅谈，关怀莫过农事。九天后，编者惊悉先生因突发心脏病辞世，不胜悲痛！本期发表先生在座谈会上的发言，以表编辑部对先生的感念。

很高兴参加这个会。我跟刘奇认识的时间不是很长，近几年，他参加了几次社会学会，发言很精彩。后来看了他的一些文章，观点、文风都很好，印象很深刻。大家对刘奇和他的文章讲了很多，我就不再多说了，我想利用这个机会，谈一谈中国的“三农”问题。

正如刚才回良玉同志书面讲话中提到的，中国的“三农”问题任重道远，事情还很多。我们的城市化、工业化即使搞得再好，如果农村问题解决不了，还这么拖下去，那么将来整个社会是相当危险的。虽然我们讲农业“九连增”，农民收入“九连快”，但是你到农村去走走看看，就会发现，农村的问题还多得很，离现代化的距离还远得很。

刘奇在他的文章里也讲到，现在的农村“空心化”现象越来越严重，大部分劳力都出去了，剩下的只是“386199”部队。为什么？农民不得不出去。你看现在粮食和农产品价格这么低，一家就那么几亩地，种田的收入已维持不下去了，在土地上没法生活了，只得跑到城里打工。所以我说，

* 本文原载《中国发展观察》2013 年第 6 期，第 4 页，发表时间：2013 年 6 月 5 日。该文系陆学艺于 2013 年 5 月 4 日在国务院发展研究中心、《中国发展观察》杂志社主办的“刘奇‘三农观察’专题座谈会”上的发言。《乡镇企业导报》2013 年第 7 期（2013 年 7 月）、《农村工作通讯》2013 年第 12 期（2013 年 6 月 21 日）转载，《农村工作通讯》转摘文题为“解决城乡二元体制问题是根本”。——编者注

农民打工是被逼出来的，农民不出来不行。

改革开放以来，国家出台了很多强农惠农的政策，杜润生老先生、陈锡文等同志做了很多贡献，农村确实有了很大的发展。现在中央明确提出“工业反哺农业，城市支持农村”的口号，但实际上，还是农民在支持咱们这个国家啊！算算账就知道了，现在的剪刀差比20世纪80年代要大得多了。20世纪50年代到80年代，中国农民给社会主义现代化建设贡献了6000多亿元，现在你去算算，每年国家给农民多少钱，拿走多少钱。2010年有数字，已公布的，光是土地出让金，政府就从农民手里拿走了2.9万亿元。现在农业税不收了，但农村中小企业的税还是照收的，农民医疗、教育的负担还是很重的。前面我说了农产品价格的问题，总有一些人在说，粮食价格不能再涨了，说涨得都超过天花板了、超过国际价格了，等等。那么我问，日本怎么回事，韩国怎么回事，我国的台湾地区怎么回事？他们几十年来都是十几倍地涨，我们涨一点就不能涨了？涨一点总理都要出来开会。我看这就是刘奇同志所说的“二元文化”问题，现在社会上普遍存在这种“二元心理”，虽然总书记都说了，要“工业反哺农业、城市支持农村”，但现实中，总有人认为农民为城市做贡献是应该的，是天经地义的。

现在你看，社会管理的情况比20世纪80年代、90年代严重。为什么这样？城乡差距太大。所以中国下一步的发展要集中解决两个问题。

一是农村与城市的差距问题。中国的农村已经远远落后于城市，这一点大家都很清楚，不用到云南、贵州这些西部省份去看，走出长城，到北京郊区看看就知道，比如延庆，可以说比城市要差100年。总书记说，没有农村的现代化，没有贫困地区的现代化，就没有中国的现代化；没有农村的小康，没有贫困地区的小康，就没有中国的小康。这话是真话，说到点子上了。

二是城乡二元体制问题。现在，我们的城市实行的基本上是社会主义市场经济体制，但农村基本上还不是。我们的经济结构基本上已经实现了社会主义市场经济，但是社会体制和社会结构基本上还是计划经济。农村的很多问题，比如户口问题、土地问题、财产问题，现在还是二元结构。户口大家都知道，一个城市户口背后隐藏着很多利益，北京的户口最低能卖到26万元。土地，城市土地是国有的，农村土地是集体所有的。二者的权利是不对等、不一样的。城市在发展、在扩张，建成区面积在扩大，都在想方设法搞农民的地，用很便宜的价格把土地从农民手里拿走，一转手就能赚得大笔的钱，这是中国特有的，极大地损害了农民的利益。农民的财产权是社会稳定的基础，总理说，土地经营权、宅基地使用权、集体收益分配权是法律赋予农民的权利，任何人都不得侵犯。但即便这样，农民和城里人所享有的权利还是差别很大。

总的来说，中国20世纪50年代形成的城乡二元体制结构，不同于刘易斯所说的二元结构，它不是那个东西，是中国特有的，已经根深蒂固了。这几年，尽管国家的农业政策好多了，中央年年开农村工作会，而不开城镇会，年年都讲到增加投入，但农民的户口问题、土地问题、财产问题如果不解决，城乡二元结构的问题如果不解决，那么农业的现代化问题就是空话，我们这些人再努力也没用。

我希望从事“三农”问题研究和实践的同志，今后应更多关注城乡二元体制改革推进的问题，更多关注社会发展的体制建设问题，只有把这些问题解决好了，才能从根本上解决“三农”问题。希望刘奇同志和在座的各位同志在这方面多些研究。

“民工荒”是个伪问题*

现在，我们的阶层关系不太协调，因为政府该做的事没有做。比如，农民工工资十几年不涨，现在还是三四百元一个月。国外的工资是按照工时计算的，美国的最低工资标准是 7 美元。人家是一个星期发一次工资，我们的职工是一个月发一次工资，而农民工则是一年发一次工资，有的居然还欠了很多年不发。据报道，现在拖欠农民工工资总共有 1000 多个亿了。

我国正处于社会主义初级阶段，仍应提倡 20 世纪 50 年代毛泽东倡导的“劳资两利”。当前所谓的“民工荒”，是个伪问题，是媒体炒作出来的问题。因为如果说存在“民工荒”的话，那么我们现在还有 1.5 亿农民不能充分就业。现在的农村只需要目前三分之一的劳动力就可将中国农业承担起来，怎么会有“民工荒”呢？只能说，个别地区、个别行业、个别工厂、个别单位的老板赚钱赚得太狠了一点。工资 300 元一个月，还不能按时发放，天天要求加班，工作环境又差。恰逢 2004 年农村形势稍微好转，农民们知道这个地方的老板太黑，这个地方不能去，于是就都不去了。

其实，我们可以看看，北京有“民工荒”吗？上海有“民工荒”吗？三资企业有“民工荒”吗？没有。所以，所谓的“民工荒”主要是个别行业的问题，主要是劳资关系的问题。

现在只要工人一罢工，工人一不干活了，地方领导就会处理这些人，因为“稳定压倒一切”。但我要对这些领导说，这个观念得改变。10 年前，工人罢工也好，游行也好，都是对着我们政府的；而现在不同了，他们是对着老板的。如果政府允许他们罢两天工，使他们的工作条件得到一点改善，那这应该是没有问题的。

---

* 本文原载《中国社会导刊》2005 年第 1 期，第 33 页，发表时间：2005 年 1 月 5 日。——编者注

我到日本去问了一些教授，日本罢工游行，政府是如何处理的。他们说，实际上中小官员对此是支持的。怎么解释呢？资产阶级的政府支持工人罢工，这怎么可能呢？他们的回答很简单：去罢工游行的肯定是蓝领，也就是体力工人。他们罢工游行的结果一定是涨点工资、改善点环境。发达国家的工资为什么这么高？就是工人运动斗出来的。

最重要的是，如果蓝领工人的工资涨了10%，那厂里办公室主任、科长、处长也得涨10%。工人涨到了3000元，工厂处长肯定得拿6000元。工厂的处长拿了6000元，政府的处长也得拿6000元。于是，政府公务员的工资也得到了提高。所以，白领实际上是站在工人一边的。我觉得是这个道理。我们现在的情况是工人跟资本家做斗争，跟私营企业主做斗争，而一些地方政府却用“稳定压倒一切”来强制人家复工。因此不难解释为什么农民工的工资才300元一个月，而且一直持续了十几年。

20世纪80年代，我就到过深圳。那时候深圳的工资就有七八百元。据说，2001年深圳的平均工资却是588元，儿子的工资比老子的还少。为什么会搞成这样？20世纪80年代我们想搞梯度经济，美国工资高了转向日本，日本工资高了转向“亚洲四小龙”，后来又转到了广州、深圳、无锡、上海。20年之后，这些地方的工资又高了一些，就转到安徽、河南。可20年过去了，河南和安徽还是不行。梯度经济为什么不行了？原因是工资上不来。这对国家和农民工都是不利的。

党的十六大里有一句话说，要让“民主更加健全”。但健全不能仅仅是开会民主了。一个民主国家里有几个工人跟资本家闹点别扭，政府不要再这么去管了，帮工人点行不行？我觉得阶层关系要和谐，一定要提“劳资两利”，特别是外国老板赚得太多了。招商引资是好的，可是不应降低工人的工资，也不应降低土地的价格。

总的来说，社会关系要融洽，社会流通要畅通，社会要公平、要稳定有序。这是一个积极的稳定，不应是消极的稳定。

要重视研究和解决农民工问题*

“农民工”作为世界工业化历史上的一个新概念，是中国在特殊历史时期出现的一个特殊的社会群体，即当代中国由农业型社会走向工业型社会的过渡性群体，也是向我国工人阶级过渡的新产业工人群体，是我国当前工人阶级中新的有机组成部分。这种新鲜血液的注入，壮大了工人阶级队伍，扩大了工人阶级的群众基础，更新了传统意义上的工人阶级的内涵。无论是在理论上还是在现实生活中，农民工都已经逐步成为我国工人阶级的重要组成部分——一个新的产业工人阶层在崛起。

那么，这一新的产业工人阶层的社会政治地位如何？他们得到的政治、经济待遇怎样？我们应如何面对这个弱势群体？随着社会的发展和农民工群体的壮大，农民工的社会功能更加凸显。农民工的党组织建设、农民工工会组织的产生，都是农民工发展历史上的新生事物。然而，由农民工引起的社会问题也越来越突出，农民工维权的意识越来越强，同时，他们的社会保障也越来越引起全社会的关注。

---

* 本文源自文集《“三农”续论：当代中国农业、农村、农民问题研究》（陆学艺著，重庆：重庆出版社，2013年5月）所载《一论农民工》一文。该文原载《国务院研究室研究报告》2005年第15号（总212号），原标题为“要重视研究和解决农民工问题——农民工问题研究报告之二”，写于2005年8月22日，并以“要重视研究和解决农民工问题”为题公开发表于国务院研究室课题组编《中国农民工调研报告》，北京：中国言实出版社，2006年4月，第487~492页。该文部分内容曾发表于《特区理论与实践》2003年第7期《农民工问题要从根本上治理》以及陆学艺为《新生代农民工融入城镇问题及其对策研究》（谢建社著，北京：人民出版社，2011年12月）一书撰写的《序二：解决农民工问题要从根上治理》之中。本文采用《中国农民工调研报告》刊文的标题，内容主要依据《“三农”续论：当代中国农业、农村、农民问题研究》收录文刊印，并根据《新生代农民工融入城镇问题及其对策研究》序二增补少量内容。——编者注

一 研究中国农民工的重要意义

我们认为“三农”问题的核心是农民问题，而农民问题的核心则是身份问题。农民工身份的形成是国家制度性安排的结果。农民工身份所包含的责任远远大于其所享受的权利，不平等和弱势是农民工身份的特点。所以，农民工问题又是“三农”问题的重点和难点。

今天，中国的农民工据统计已经超过1.2亿人，并已成为中国社会一个独特的且人数仍在不断上升并超过城市工人的社会阶层。这是中国社会现代化过程中的一个显著特色。如果我们要提示和研究中国国情和中国特色的话，那么中国农民工正是在一定程度上集中体现了中国国情和中国特色。因此，我们分析和研究中国农民工，对我们进一步深入认识中国国情，以便根据我们的实际选择现代化建设道路、建构未来中国社会无疑具有十分重要的意义。

谁是最可爱的人？20世纪，人们说是中国的人民子弟兵。魏巍在《谁是最可爱的人》一文中作出了代表性的回答：“我们的战士，是最可爱的人。”“他们看来是很平凡、很简单，既看不出他们有什么高深的知识，又看不出他们有什么丰富的感情。可是，我要说，这是由于他跟我们的战士接触太少，还没有了解我们的战士：他们的品质是那样的纯洁和高尚，他们的意志是那样的坚韧和刚强，他们的气质是那样的淳朴和谦逊，他们的胸怀是那样的美丽和宽广！”那么，到了21世纪，谁是最可爱的人？我们要说是中国的农民工。事实也的确如此。看一看如今中国的高楼大厦、广场商场、铁路煤矿、水库大坝，哪一个不是农民工参与建设的？工厂车间、餐厅饭馆、商业网点乃至车站码头、街道小区、治安保卫、环境卫生等各行各业的工作岗位都有我们的农民工在辛勤劳动着，尽心尽力地服务着。现在的城市建设和城市发展已经一天都离不开农民工。说农民工是21世纪中国最可爱的人，其实一点儿也不过分。作为一种制度性安排的结果，农民工是中国社会变迁时期的一种特殊社会格局的产物，是中国农民对以往僵化的计划经济体制发起冲击但又没能完全摆脱的一种过渡现象。农民工问题本质上是农民问题，核心是身份问题，也是“三农”问题的热点话题。农民工的产生是一个历史变迁的过程。它具有一定的进步意义，并将伴随中国现代化的进程越来越显示出其历史地位。2004年，中央一号文件首次提出，“进城就业的农民工已经成为产业工人的重要组成部分”[①]，并明确指出进城“农民工”也是“产业工人”，给农民工正了名。这无疑是对农民工的一种鼓舞，也是政府“重农”思想的具体体现。研究和解决农民工问题是解决“三农”问题的一个突破口。

二　农民工为中国现代化事业作出的重大贡献

农民工创造的伟大业绩将永载中国现代化事业的史册。在一定意义上，我们可以说农民工是新时期我国工人阶级的杰出代表。

（一）农民工已经成为我国工人阶级队伍的重要组成部分，并且正在逐渐演变为工人阶级的主力军

据2000年第五次人口普查显示，全国离开户籍所在地半年以上的人口为1.2亿。[②] 其中，进入城镇在二、三产业单位打工的“离土离乡”的农民工约为8000万人。随着中国经济的高速增长，工业化大步前进，“离土又离乡”的农民工越来越多。据农业部、劳动和社会保障部等有关部门统计，2002年“离土离乡”的农民工为9460万人。从数字来看，农民工在第二产业就业的人数已经超过有城镇户籍的公有制第二产业的职工。而在有些行业、有些地区的第二产业的职工已经主要是农民工。例如，建筑、建材、采掘、纺织、服装、玩具等行业的第一线职工80%以上是农民工。

近几年来，国有企业调整改革，结构优化，减员增效，大约已有3000万人下岗。有关调查表明，有些企业把有城镇户籍的职工精减以后，又因工作需要，另外找农民工来递补。在市场经济价值规律的推动下，这些企业不仅在搞“减员增效”，也在搞“换员增效”。这种趋势还在发展，因此，农民工队伍还在继续扩大。

另外，还有一类是“离土不离乡”，即在本地乡镇企业里工作的农民工。据国家统计局1998年统计，1997年全国有乡镇企业职工13050万人[③]。其中，在工业企业工作的有8563万人，在建筑业的有1814万人，在交通运输业的有544万人，三项共计10921万人。这些人是亦工亦农的劳动者，如

---

① 《中共中央、国务院关于促进农民增加收入若干政策的意见》，载中共中央文献研究室编《十六大以来重要文献选编（上）》，北京：中央文献出版社，2005年2月，第676页。

② 《中国2000年人口普查资料》上册，北京：中国统计出版社，2002年8月，第10～11页。

③ 国家统计局编《中国统计年鉴·1998》，北京：中国统计出版社，1998年9月，第420页。

果按《工会法》规定，“以工资收入为主要生活来源的体力劳动者和脑力劳动者”，可确认为职工身份，若以半数而论，那么又有5000多万“离土不离乡”的农民工正在乡镇企业从事工业、建筑业、交通运输业。所以，农民工是我国工人阶级的主力军，这已经是客观事实。

（二）农民工为中国的工业化、城市化和现代化建设作出了功勋卓著的巨大贡献，在一定意义上，我们可以说，农民工是新时期我国工人阶级的杰出代表

农民工从进城的第一天起，就是在极其困难的条件下开始打工的。农民工以其能吃苦、肯出力、勤奋进取、任劳任怨且价格廉价，获得了用工单位的青睐，站住了脚跟，之后逐渐扩展，形成了今天这样庞大的队伍。现在，全国各地各个城市、各个行业、各条战线，都有农民工在劳动。现在的矿山，真正在井下第一线工作的80%～90%是农民工；现在的建筑工地，80%～90%是农民工；许多行业的工厂、车间在第一线劳动的多数也是农民工；甚至在汽车、家电等产业工厂生产线上操作的，也都是农民工。上至星级宾馆、超级市场，下至饭摊、大排档以及街道社区的送煤、送奶站点，大多也是农民工在服务。举凡城市里最累、最苦、最脏、最险的工作大多是农民工在默默地干。现在的农民工已经融入了我国工业化、城市化过程中的方方面面，成了各行各业不可缺少的重要力量。每到年关，由于农民工多数要返乡过年，不少餐饮、服务行业不得不歇业；许多城市陷入了无人送煤、送奶，老年人无人照料，早点铺无人服务的窘境。一些重要工地和急需完成订单的工厂想方设法挽留农民工。这些都说明，城市已经离不开农民工了。

十多年来，数千万农民工为中国的工业化、城市化、现代化建设作出了巨大贡献，创造了难以估量的财富，提供了各种各类的服务。深圳有一项调查说，“在特区20年的发展史中，千百万外来工始终是各种新兴经济部门的主力军，他们为深圳创造了城市经济和社会发展所必需的原始资本积累。因此，我们完全可以说，深圳奇迹与致富之‘源’是这个地方充满活力的生产力——丰富而廉价的外来工和新兴经济部门为追求财富而奋斗拓进的结果”。[①] 正因为千百万外来工的辛勤劳作才有深圳今天的繁荣与富裕。早在1990年，深圳市委宣传部等六部委的联合调查组在《深圳百万临

① 刘开明：《边缘人》，北京：新华出版社，2003年1月，第4页。

时工调查报告》中就指出，农民工是深圳“工人阶级的主体，他们不仅是深圳经济建设的主力军，也是深圳市社会生活的主要组成部分”。这些调查研究的结论是完全正确的。农民工的这些丰功伟绩和在社会主义现代化建设中发挥的巨大作用，也体现在全国许多城市、许多行业中。

（三）农民工进城打工，有利于沟通城乡关系，调整城乡社会结构，缓解农村劳动力大量过剩的矛盾，增加农民收入，缩小城乡居民收入差距，有利于整个社会的稳定和发展

我国人多地少，不少地区人均耕地不到一亩。实行家庭联产承包责任制后，由于劳动生产率大幅提高，农业劳动力大量过剩，许多农村的青年农民无事可做，收入极低。农民工进城打工，使他们就业有了出路，也得到了一定的收入。“出外打工一人，脱贫一户。”据四川、安徽、河南、江西、湖南等省统计，每年农民工从打工地汇回家乡的钱都在100亿~200亿元，甚至超过全省的财政收入。1997年以后，农村经济进入新的发展阶段，粮食和其他农产品由卖方市场转为买方市场。市场疲软，销售困难，价格下降，农民的农业生产收入连年下降，而这五年农民收入仍能维持低速增长，靠的就是非农收入的增加，其中主要是农民进城打工的收入。许多农户靠农民工的收入来补贴家用，支付农村的各种税费。这就缓解了城乡矛盾，保持了农村社会的稳定。

农民工在城市打工，开阔了视野，学习了技术，学到了市场经营的本领，也积累了一点资金，然后回到家乡创办乡镇企业，带动了家乡二、三产业的发展，从另一个方面为农村建设作出了贡献。

三　现行的农民工体制产生诸多社会问题

众所周知，20世纪50年代以后，我国逐步建立起一套城乡分割的二元体制。这一体制的理论基础是所有制的不同：城市以全民所有制为主，农村以集体所有制为主。这一体制的运行，在各个方面逐渐形成了两套政策：对城市、对居民是一套政策，对农村、对农民是另一套政策。几十年下来，政策逐渐固定化，再加上户籍、身份制划分标准，就形成了“城乡分治，一国两策”的格局。在经济层面，在所有制以及流通、交换、分配、就业、税赋等方面，政府对城市居民和农民的政策是不同的。例如，在就业方面，在改革前，政府对城市劳动力是完全包下来统一分配和安排工作，而对农村劳动力则认为有地种自然就是就业，政府就不做安排。政府的劳动部门只负责管理城市劳动力的就业，而没有管理和安排农村劳动力就业的职能。在社会层面，在教育、医疗、劳动保护、社会保障、养老、福利等方面，政府对城市居民和农民的政策也是不同的。例如，在教育方面，同是实行义务教育，城市中小学的教育设施是由政府拨款建设的，九年制学生是免费的；而农村中小学则要乡村筹集资金来建设，九年制学生是交学费的，所以教育集资和学费也成为农民的一大负担。曾有一个阶段，大中专学校对城市居民子弟和农民子弟的录取分数线都不同。城市居民子弟的录取分数线低，农民子弟的录取分数线高。目前在校的大学生中，城镇居民的子女约占70%，农民子弟约占30%。这同全国总人口中，农民占70%、城市居民占30%的格局正好倒置。

“城乡分治，一国两策”是在当时实行的计划经济体制下逐步形成的。当时我们要集中力量进行国家工业化建设，实行这样的政策是不得已而为之的，是为了适应当时短缺的经济形势，前提是牺牲了农民的利益，把农民限制在农村。这样做的后果是压抑打击了农民的积极性，使农业生产长期徘徊，“8亿农民搞饭吃，饭还不够吃”，使短缺经济更加短缺，越短缺就越加强“城乡分治，一国两策”的体制，从而形成了恶性循环。

20世纪90年代以来，农民工的问题逐渐显现出来——农民工现象的出现是在当时的情况下不得已而为之的一种应时措施产生的结果。国家的经济社会体制进行改革后，各方面的条件都改变了，但农民工的体制因为种种原因反而逐渐固化了，并因此产生了种种矛盾，形成了诸多社会问题和经济问题，直接影响了工农、城乡关系，影响了经济持续健康的发展，也影响到社会安定的大局。因为户籍制度至今并没有得到根本改革，我国就形成了这种“一国两策”的格局。所以，虽然农民进城了，在城里的二、三产业单位里工作了，但农民工的户籍仍是农业户口，农民的身份没有变，由此带来了一系列问题。

（一）在政治方面，农民工干了工人的活，但没有得到应有的工人身份

农民工者，农民工人也，就是农民身份的工人。有相当多的农民工，在工厂、企业、单位里工作了10年、15年甚至20年，但他们还是农民工。因为户籍是农业户口，不是非农业户口，所以他们得不到正式职工的身份；因为是农民工，不是正式职工，所以即使他工作得最好（农民工是召之即

来、挥之则去的，因此，如果工作得不好，那么也不可能在一个单位里工作10年甚至20年），也得不到重用。有的农民工很能干，表现出出色的才干，但得不到应有的任用、培训、升迁，更谈不上在这个工厂里有当家做主的地位。通常，决定重大事项的职工大会，他们是无权参加的。他们不能享有应有的民主权利，农民身份决定了他们永远是临时工（有的称他们为外来工，也有的称他们为劳务工、轮换工、建勤工、合同工等）。在一个相当长的时期内，他们不能参加工会。现在他们可以参加工会了，但也是另外登记，无法享受和正式工人一样的工会会员的权利。

（二）在经济方面，农民工和城镇正式工人同工不能同酬、同工不能同时、同工不能同权

农民工付出了如此辛勤的劳动，却得不到应有的经济待遇。因为身份的差别，在同一个工厂里，他们和城镇正式工人同工不能同酬。1995年深圳市劳动局企业员工收入分配课题组对114家国有企业的调查显示，在相同的岗位上，外来工的月工资是800元左右，而有深圳户籍的员工工资则高达2500元左右。在非国有企业里，这种城市户籍和农民户籍不同身份的员工，每月工资至少要差600元。更有甚者，这些年来，城市的一般职工工资水平是逐年有所提高的。因为各种原因农民工的工资实际是下降的（重要原因之一就是，进城的农民工越来越多，导致劳动力供大于求，于是企业主用经常更换工人的办法，使工资水平越来越低）。深圳农民工的历史已经有20多年，但深圳农民工这些年的平均工资依然是下降的。2001年，深圳农民工的月工资平均是588元，低于20世纪80年代的水平。而不少工厂里，还有父子两代一起打工的。物价已经涨了好几倍，儿子现在的工资却还没有老子一辈在20世纪80年代初的工资高。

城镇的正式工人每周有双休日，有法定的节假日，实行8小时工作制，而农民工一般不享有这些权利，平时基本没有节假日，还常常要加班加点。据调查，深圳的多数工厂，农民工每月工作在26天以上，每天的平均工时在11小时左右，有时甚至有连续工作12小时以上的。在同一个企业里，城市和农村两种户籍身份不同的工人，不但在政治上、经济上的待遇不同，企业对他们的管理方式也不同。前者有各种优待，后者则受到歧视性对待。这实际上形成了同工不同酬、同工不同时、同工不同权的局面。我们对工业、建筑业、商业、餐饮服务业单位的调查显示，现在这些企业中的人员分为三部分：第一部分是由企业领导层、中层干部等组成的管理者，第二

部分是有城市户籍的正式工人，第三部分是农民工。现在多数企业的第二部分人群规模正在逐渐缩小，少进多出，或只出不进，而农民工已占多数或占绝大多数。企业的领导和管理层是稳定的，有城市户籍的工人减到一定数量后，也逐渐稳定了，所以这两部分人的年龄在老化。而农民工因为大量流动，工作几年之后，体力消耗得差不多了，也该涨工资了，就被辞退了，然后企业再找年轻的。这部分农民工的平均年龄在23岁左右。结果我们看到，一部分中老年干部和中老年正式工人领着一大帮小青年在劳动、工作。如果这种制度安排不改，那么再过10年甚至20年后，这将是一个什么样的队伍呢？

（三）在社会方面，农民工没有城镇居民户籍，尽管在一个城市打工多年，但始终是这个城市的边缘群体

农民工是边缘人，融不进这个城市社会。尽管他们对这个城市作出了很大贡献，却不被承认是这个城市的居民，因而也享受不到应有的选举权和被选举权的民主权利，得不到这个城市社会的各种福利待遇。例如，他们失业了，得不到失业救济；生活困难了，得不到最低生活保障；生病了，得不到医疗保障；因工负伤、致残了，也得不到应有的照顾和抚恤，只好自认倒霉回到农村，悲惨地度过余生。在一些工矿，农民工去打工，常常被收走身份证，失去人身自由，有的甚至被迫签下生死合同，一旦罹难，家属只能得到很少的赔偿金，还有的连尸骨都找不到。因为农民工的劳动条件恶劣，这种悲剧时有发生。近年来，各地煤矿恶性事故频频发生，数以百计的农民工在事故中丧生。

（四）在社会保障方面，农民工难以享受应有的待遇

中国的城镇居民享受养老、失业、工伤以及医疗保险和最低生活保障等，以保证生活质量和健康水平。但是农民工无法享受养老、失业、工伤以及医疗保险和最低生活保障等，尤其是从事危险程度比较高的行业的农民工更加缺乏必要的劳动保护和工伤保险。现行的农民工制度是把农村的青壮年劳动力输送到城市，而城市却把劳动后伤残病弱者退回农村，把抚育子女、赡养老人等社会负担都抛给农村。这是一种城乡不等价、不合理的交换形式，也是城乡差距日益扩大的重要原因之一。

据深圳的一项调查，仅深圳7家医院的统计数据显示，1998年平均每天有31人因工伤致残，平均每4天就有一人因工伤死亡。这一年1万多伤

残的农民工，多数在出院后不久就被退回农村去了。1994 年，深圳劳动部门在对 5920 家从事有毒有害作业工厂的调查中发现，无任何防护设施的有 3108 家，占 52.5%；防护设施不合格的有 2577 家，占 43.5%。在个人防护用品方面，99.7% 的农民工是在无防护用品或防护用品不合格的条件下劳动的。长期在这种工厂里劳动，他们必然中毒受害。1998 年，深圳卫生防疫部门检查，在 9582 家企业中发现有毒有害环境的企业 4301 家，作业工人 11.6 万人。当年中毒人数 371 人，死亡 23 人。这些在有毒有害环境的企业中劳动的农民工多数是慢性中毒，日积月累，以致丧失劳动能力，最后只好返回农村。有关调查表明，有相当一部分女性农民工，35 岁左右就因劳累过度、中毒等原因而体衰力竭，回农村休养。在深圳 500 多万农民工中，女性占大部分。这 300 多万女性农民工中，几乎没有 35 岁以上的。过度劳累、中毒等原因使她们体力不支，已经不能胜任工厂的工作。

（五）在文化教育方面，农民工自身及其子女的教育受到影响

因为是农民工，他们大多在城镇打工多年还是一个人生活，子女的抚养教育也都放在农村。相对贫穷的农村却承担着为农民工子女进行义务教育的责任，这当然是很不合理的。最近有关部门和领导已经注意到这个问题，教育部、公安部联合制定了《流动儿童少年就学暂行办法》，着手解决进城务工就业的农民的子女接受教育的问题，使他们“进得来，读得起，学得好”。这当然很好，但因为刚起步，实际上还只有少数城市在做。对于绝大多数农民工来说，他们白天在工厂里劳动，晚上挤在十多人、数十人的集体宿舍里休息，能把家属子女接到城市来居住的还只是少数。对于多数农民工来说，农民身份不解决，临时工的身份就无法解决。没有城镇居民资格，没有租或买的居所，是谈不上家庭团聚和子女在城里就学的问题的。

数千万农民工把最好的青春年华都贡献给了城市，为城市创造了巨额的财富。哪个城市用的农民工多，哪个城市就是最繁荣的、就是发展最快的。相比较而言，输出农民工多的农村却并没有相应富庶起来。城市把劳动中致伤、致残的，体衰病弱的都退还给农村，子女和老人也多数由农村照顾着，这样的城乡关系是不正常、不合理的，因此需要改革、调整。所以，从建立完善的社会主义市场经济体制，建设工人阶级队伍，加快城市化步伐，扩大内需，使国民经济持续、健康、快速发展这几个方面说，农民工这个制度也该到加快改革调整的时候了。

四　解决农民工问题要从根本上治理

有学者提出，现在的农业问题，在农业以外；现在的农村问题，在农村以外。我们要解决目前的农村农业问题，必须跳出农村农业的圈子；同样，我们研究城市、工业发展，也不能就城市论城市，就工业论工业，而要考虑农村、农业的状况和问题。

解决农民工问题从表面上看是要保护农民工的合法权益，消除在就业方面的不合理限制，给予农民工应有的国民待遇等。而实质上，这是我们国家要建设一个什么样的工人阶级队伍、构建一个什么样的社会阶层结构的问题，是建设一个城乡一体的社会主义市场经济体制还是维持目前城乡分割的二元社会结构的问题。农民工问题解决得好与不好，是关系到我国社会主义现代化事业的前途命运的大问题。因此，真到了我们应该重视和解决这个问题的时候了。所以，我认为我们应该做到以下几点。

（一）从战略高度来认识和解决农民工问题

现行的农民工的体制和做法，是我国在计划经济体制向社会主义市场经济转变过程中不得已而为之的权宜之计。在成熟的、完善的市场经济体制条件下，可以不要也不应该要这一套农民工体制的做法。农民就是农民，工人就是工人。“农村富余劳动力向非农产业和城镇转移，是工业化和现代化的必然趋势。”① 所有现代化的国家都有一个大部分、绝大部分农民转变为工人、市民的过程，并没有搞农民工这一套。在当时的国情条件下，我国农村容纳不了这么多劳动力。农民要发展，城市也需要用工。但由于户籍制度等没有改革，农民不得已，只好当农民工。应该说，农民进城当工人，这是符合历史规律的。但搞成农民工这一套，是计划经济体制后遗症的表现，也是我们改革不及时、不到位的恶果。这给农民工带来了许多苦难，也给社会和政府造成了诸多“麻烦”。客观地说，这都是计划经济体制、户籍制度“惹的祸”，情况本来可以不是这样的。因此，我们要解决农民工问题，不能就事论事，就农民工问题解决农民工问题，因为那样是永远也解决不好的。我们应该从根本上改革现在已经形成的农民工这套体制

---

① 江泽民：《全面建设小康社会，开创中国特色社会主义事业新局面》，载《中国共产党第十六次全国代表大会文件汇编》，北京：人民出版社，2002年11月，第22页。

和做法，即要釜底抽薪而不能扬汤止沸。当然，现在这样的格局已经形成，政府和有关部门出面做一些保护农民工合法权益的工作，也是一件完全必要的好事。

（二）从根本上改革现行的户籍制度

现行的户籍制度是计划经济体制的产物，是为计划经济服务的。把公民分为农业户口和非农业户口两类，实际上是将他们区分为两种不同的社会身份。这既不科学，也不合理，于是许多问题由此滥觞。我国现行的户籍制度同现在实行的社会主义市场经济体制很不适应，已经到了非改不可的时候了。要“统筹城乡社会发展”，要解决“三农”问题，要从根本上解决农民工问题，就一定要改革现行的户籍制度。主管户籍管理的公安部门也认为应该改革。他们从1985年就开始起草《户籍法》，后来又数易其稿。但改革措施遭到一些部门和部分大城市的反对，所以我们只好采取逐步放开的做法。数以千万计的农民工，早就在盼望户籍制度的改革了。因为户籍制度不改，他们就永远不能转为正式工人，不能成为城市居民，永远只能当农民工，融不进城市的社会，圆不了他们的城市居民梦。现在江苏、宁波、石家庄等省市已经率先进行户口改革。例如，江苏省宣布取消农业户口、非农业户口的区别和称谓，废除“农转非”计划指标管理体制，实行居住地登记户口制度。户口制度改革实行以后，效果都比较好。它并没有引起有些部门和同志担心的那种因大量农民涌入城市而造成的秩序混乱的局面以及社会不稳定的状况。但户口制度涉及人口流动、迁徙等全局性的问题，因此必须由国家审时度势做出决策，在全国实行，才能进行彻底改革。这件事已不宜再拖了。既然迟早要解决，早解决就比迟解决好。改革了户籍制度，消除了农业户口和非农业户口的界限，也就消除了实际上存在的区分农民和非农民的身份制。这就给农民工摘掉了农民的帽子，为从根本上解决农民工问题提供了体制性的条件。

（三）从政策和管理上改革现行的人事劳动制度

原来企事业单位使用农民工是要经过行政审批的。2003年1月5日，国务院办公厅1号文件指出“各地区、各有关部门要取消对企业使用农民工的行政审批，取消对农民进城务工就业的职业工种限制，不得干涉企业自主合法使用农民工……逐步实行暂住证一证管理。各行业和工种尤其是特殊行业和工种要求的技术资格、健康等条件，对农民工和城镇居民应一视同仁”。[①] 目前，这个问题已经得到初步解决。但企事业单位录用农民工以后，在工种分配、工资发放、劳动管理、技术培训、职务升迁等方面，还是实行着对两种户口的工人用两种办法的制度，而没有做到同工同酬、同工同时、同工同权，不能做到对农民工和城镇居民户口的工人一视同仁。这种“一厂两制”的做法，从近期来看对工厂有利，从长远来看却很不合理，而且也会带来一系列的后遗症，形成“一个企业，两种工人”的局面。这样做不利于管理，不利于调动农民工的积极性，也不利于形成统一的工人阶级队伍。由此可见，这套人事劳动就业制度已经不能适应我国转型时期社会发展的需要。我们应该及时改革，逐步实行现代企业的一体化管理。

（四）要切实维权：形成农民工融入城镇的良好氛围

权利保障的缺失是农民工融入城镇问题的症结所在，因此，权利保障是农民工融入城镇问题的核心。农民工融入城镇需要各种权利保障，其中既有劳动权利保障、经济权利保障、教育权利保障、政治权利保障、消费权利保障等，也有社会权利保障、发展权利保障。①农民工融入城镇面临三大消费的挑战，即生存消费、教育消费和社会消费。我们欣喜地发现，农民工的消费方式已产生积极的变化。农民工的消费结构从简单转向复杂，消费物品从传统转向现代，消费行为从保守转向开放，消费心理从后卫转向前卫。②建构农民工发展权及其体系。农民工融入城镇最深层的问题是他们的生存权和发展权问题。生存权和发展权是首要人权。农民工生存权与发展权的实现同人类社会物质文明、制度文明和精神文明的发展水平分不开，并随着城镇化的进程而不断扩展其范围、丰富其内容。我们认为，农民工发展权的主要权利诉求是指农民工在城镇就业基础上生存与发展的权利。其基本内容，一是农民工享有在城镇就业、安全、生活和健康的基本权利，即就业发展权和健康发展权；二是农民工平等享有政治参与、社会保障、文化教育和不断发展的权利，即政治参与权、教育发展权、社会发展权。

（五）要有社会保障：建构农民工融入城镇的联动机制

有调查表明，80%的企业主不赞成为农民工购买养老保险，83.2%的农

---

① 《国务院办公厅关于做好农民进城务工就业管理和服务工作的通知》（2003年1月5日），载《新编公民劳动法律手册》，北京：中国法制出版社，2003年6月，第63页。

民工不愿意购买养老保险。按照国家规定，养老保险的缴费方式应是员工个人自缴一小部分，企业为员工缴一大部分。一些地区的企业只是在劳动部门的督促下才为部分员工缴纳了养老保险。在沿海地区，参保企业职工个人缴费8%，单位缴费最少的18%，最高的达到26%。如果再加上医疗、失业、生育等保险，缴费总比例要超过工资总额的40%。因此，对企业来说，为农民工参保将直接影响其“生产成本”。对于农民工来说，由于养老保险金的地区转移存在困难，许多参加养老保险的外来工在离开打工城镇时宁可选择退保。①

农民工社会保障建设是我国社会保障制度整体推进的重要目标，也是社会保障制度稳步发展的重要条件。社会保障体制改革的成功，关键在于制度设计，在于全民参与。因此，我们有必要建构城乡一体化的社会保障体系、农民工相对独立的社会保障体系、农民工分层分类的社会保障体系、农民工社会保障信息体系、农民工社会保障的管理体系和农民工社会保障的法律体系。第一，我们要建立与农民工社会保障制度相适应的一体化管理和网络化服务制度。我们要建立地市一级社会保险关系信息库，逐步实现农民工社会保险关系信息库在地市间、省市间的联网与信息共享，最终实现全国社会保险关系信息互联互换。第二，我们要制定统一的农民工保险基金省际转移管理办法，保证农民工的社会保障能够随之进行转移和对接。第三，我们要建立农民工社会保障分类管理信用制度，对农民工进行分类管理，建立相关信用管理制度。我们要将农民工纳入所在务工城镇的社会保障体系，实行与城市职工相同的社会统筹与个人账户相结合的制度，并应确保其个人账户能在全国范围内转移。同时，我们要建立农民工输出地与输入地的政府职能部门的社会保障联动机制。②

（六）从规划和措施上逐步解决农民工问题

农民工问题是在我国特定的历史条件下逐渐形成的，因此，从根本上解决农民工的问题，是一项大的系统工程。这不仅涉及上亿农民工的切身利益，而且关系到用工单位、用工城市有关部门和城市居民的利益，所以

---

① 《关注农民工社会保障》，京报网，2006年4月28日。

② 以上第（四）和第（五）点根据陆学艺为《新生代农民工融入城镇问题及其对策研究》（谢建社著，北京：人民出版社，2011年12月）一书撰写的《序二：解决农民工问题要从根上治理》（写于2011年8月9日）相关内容增补，并将原第（四）点改为第（六）点。——编者注

改革的难度很大。农民工们早就盼望改革，但他们势单力薄，无能为力。而有的城市、单位和企业，甚至有的同志却认为现行的这一套制度很好，因为农民工“价廉物美”，召之即来，挥之即去。这对他们最有利，所以他们并不想改革。因此，此项改革要靠党和政府，从国家的长远和根本利益出发来推行。国家要制定一套解决这个大问题的总体规划，出台若干政策和措施，并选择若干个城市进行试点，取得经验后，再在全国实施。这样才能从根本上解决农民工问题。“冰冻三尺，非一日之寒”，所以解冻和消融也需要一个过程。

我们期待更多的领导和学者关注、研究农民工问题，让农民工逐步转变为工人，成为工人阶级的一员，并逐步改变农民身份，转变为城市居民。从根本上消除农民工这套“体制”，让“农民工”这个概念成为历史，则农民工幸甚！国家幸甚！

个案剖析：一个善良的农民工为什么成了杀人犯*

2005年9月5日，《北京青年报》刊发了甘肃农民工王斌余在宁夏石嘴山工地，因讨薪受辱连杀4人，沦为死囚的消息，令人十分震惊。这则消息连同新华社记者的评论，我连看了3遍。第3天，我又请新华社国内部记者宋振远同志一起座谈，了解了一些背景情况。一个好端端的农民工怎么会一气之下连捅4人，使3个家庭家破人亡？在我们这样一个工人、农民当家作主的社会主义国家，近几年来，党和国家一直强调要贯彻以人为本、构建和谐社会。对于农民工这个弱势群体，国家也一再强调要关注他们的疾苦，维护他们的权益。现在竟然发生了这样的人间惨剧，这难道不值得我们深思吗？

一　王斌余为什么要当农民工

王斌余从小就是一个懂事的孩子，他6岁时母亲去世，父亲是个不识字的农民，还有个弟弟。家里生活困难，导致他没有欢乐的童年，从小就同父亲一起挑起了生活的重担。因为要帮父亲干农活、操持家务、照顾弟弟、做饭洗衣，他上到小学四年级就辍学了。穷人的孩子早当家，十三四岁时他就和父亲一道撑起了这个家。穷人的孩子早懂事，他深知要改变命运，

---

* 本文源自陆学艺《“三农”续论：当代中国农业、农村、农民问题研究》，重庆：重庆出版社，2013年5月，第261~280页。该文原载《香港传真》2005年第8期（2005年11月17日），题为“一个善良的农民工为什么成了杀人犯”，原稿写于2005年9月9日。《中国税务》2006年第1期转摘。《新华每日电讯》2005年9月15日第1版发表了该报记者对陆学艺的专访：《“王斌余悲剧”拷问农民工制度》。本文依据收录《“三农”续论：当代中国农业、农村、农民问题研究》中的文本刊印，个别字词依据原稿校订。——编者注

就应该上学念书，知事明理。因此，他虽然自己辍学，却一直想让弟弟读书。

王斌余的家在甘肃省陇东甘谷县。这里山大沟深，常年干旱，植被稀少，灾害频繁，水土流失严重，生产条件极其严酷。早在100多年前，左宗棠就称“陇中苦瘠甲于天下”。这里地处高原，年降雨量只有300多毫米，无霜期仅120天。因此，三亩地不如东中部农业区一亩地的产量。这个县实际上一方水土已经养活不了一方人。改革开放以后，当地虽经上下努力，扶贫工作有很大成绩，但仅解决了温饱问题。对于大多数农民来说，上学、看病、婚丧嫁娶、修房造房都要花钱。钱从哪里来？那就要他们外出打工去挣。好在国家进行工业化、城市化需要劳动力，于是大量的农民就进城来打工挣钱了。王斌余就是其中一个。

王斌余自己说：“在家里，我觉得自己就像被关在笼子里的猫一样，总想逃出去看看。我出来打工是为了挣钱，改变命运，为自己争口气。”他父亲王立定说：“儿子很不容易，从小生活不如别人。他小时候在家又做饭又洗衣，长大了又到外面打工。村里人不出去打工，就没法生存。”有的城里人就会问，农民为什么不在村里好好种田，非要跑到城里来打工？问题是像王斌余这样千千万万的农民在农村难觅致富门路，种田不足以让他们奔小康。

王斌余17岁就出来打工，他的弟弟14岁时也跟着出来打工了。农民出来打工是为了挣钱，过比较宽裕的生活；农民出来打工是为了见见世面，因为外面的世界很精彩；农民出来打工也是为了改变命运，为自己争口气。王斌余就是怀着改变命运的美好憧憬到城里来打工的。他同千千万万到城里打工的农民工的想法是一样的。概括地讲，农民外出进城打工是为了生存发展，即为自己争得生存发展权。

二　王斌余到城里打工遇到了什么

纵观世界各工业化国家我们可以发现，它们都有一个由农业、农村社会向工业社会、城市社会转变的过程，也都有一个大部分乃至绝大部分农民转变为工人、市民的过程。中国要成为工业化、城市化、现代化国家，也一定要实现这两个转变。1949年中华人民共和国成立以后不久，我们就开始实施第一个五年计划，加快工业化、城市化步伐。在1953～1957年，每年有500多万农民进城，转变为工人、职员，同时也就成为城市居民。那几年，我国的城市化率每年都提高一个多百分点。由于我们当时学习苏联，实行计划经济体制，1958 年又搞“大跃进”、人民公社，因此，经济建设遭遇了严重挫折。于是，我们不得已开始实行把公民区分为农业户口和非农业户口的户籍制度，并严格限制农业人口转变为非农业人口，以应对严重的经济困难。这本来只是不得已而为之的权宜之计，但实行的时间一长，就逐渐形成了城乡分治的二元经济社会结构。

1978 年我国实行改革开放，农村率先改革。农民由此得到了自主和实惠，农业生产大发展，农村也第一次出现了卖粮难、卖棉难的现象。按理来说，到 20 世纪 80 年代中期，限制农业人口转变为非农业人口的前提条件已经改变了，我们就应进行户口制度改革。但由于种种原因，城乡分治的户口制度没有变。而错过了机会，农民只能就地办乡镇企业，出现了大量“离土不离乡”的农民工。20 世纪 80 年代中期以后，我国改革的重点转到城市，城市的二、三产业大发展，需要大量的劳动力。与此同时，农村有大量的剩余劳动力。这时本来又是进行户籍制度改革的大好机遇，但我们又没有改。于是就有了“离土离乡”的农民工，他们大量地进入城市。20 世纪 80 年代末，就有 3000 多万人，1992 年以后大量增加，现在已经超过 1 亿人。农民工者，农民身份之工人也。因为户籍制度没有改，他们干的是工人的活，但又不是工人；他们已经在城里住了多年，也作出了贡献，但又不是市民。这种自相矛盾的双重身份体制，是当今诸多社会问题产生的根源。

1995 年，17 岁的王斌余怀着对未来的美好憧憬，到城里当上了建筑工地的小工。他想改变贫困的命运，寻找新的出路。王斌余的想法是对的，符合潮流和历史规律。大部分农民要改变命运，就应当离开农村，离开农业，到城里去，到二、三产业中去就业。这条路欧洲、北美的农民走通了，日本、韩国的农民走通了，中国的大部分农民也一定要走。但是，目前，中国农民要走的这条历史必由之路还不畅通，因为原来的计划经济体制为限制农民设置了种种障碍，例如，户籍、就业、劳保等体制还没有改革好。所以，王斌余一进入城里的建筑工地，种种厄运就降临到他的头上。

王斌余进城遇到的第一道坎，就是中国特有的城乡分治的户籍制度。这是一个又高又硬的“铁门槛”，王斌余自然是迈不过去，于是只能当农民工。他在城里拼死拼活干了 10 年，辗转四五个城市，学会了各种手艺，可以做木工、保洁工、架子工、电焊工等。他干得很好，但他还是农民工。只要国家不从根本上改革户籍等制度，农民工这顶“帽子”他就只好永久地戴着，就像孙悟空戴上了“紧箍”一样。而农民工戴着“帽子”在一个城市里干了10年甚至20年，却连市民的资格都没有，只好当边缘人。他们受到白眼和歧视，灾难常常降临到他们头上。最近，王斌余在看守所里接受记者采访时问道：“我虽穷，但出卖人格的事我不干……我只是想老老实实做事挣钱，为何就那么难?”他到死也没有弄明白，这顶农民工的“帽子”有多么重啊！

王斌余进城遇到的第二道坎，是他在建筑业中打工。中国的建筑业是一个大产业，在改革以后的现代化建设中作出了很大贡献。1980年，我国建筑业只有648万职工，2003年为2414万人，增长了2.7倍。1980年，我国建筑竣工面积为14500万平方米，2003年为122827万平方米，增长了7.47倍。[①] 27年来，我国一直是个大工地，很多现代化建筑拔地而起。15层以上的大楼仅上海就有3000多栋，北京有2000多栋。同时，我国建成了很多世界一流的现代化建筑，成绩卓越。但正是这个建设现代化建筑的产业，真正实行现代企业管理制度的企业却没有多少。大多数建筑企业实行的是最原始落后的包工队制度。一个项目下来，层层发包，层层“扒皮”，到真正干活的包工队手里，已经是第五层、第六层承包了。包工队再把活分给包工头，包工头领导一帮农民工，靠人情，靠哄骗，有的甚至靠打骂维持运作。王斌余就是在这样的建筑行业包工队劳动了10年。以下是他在看守所里与新华社记者孟昭丽、刘佳婧、刘晓丽谈话的记录。这份记录描述了这位农民工的劳动和生活，我把原话做了分类整理，从中可以看到农民工是怎样生活的。

劳动

“经村里熟人介绍，我17岁就开始到甘肃天水市打工。随后几年又到了甘肃兰州、宁夏中卫、银川、石嘴山、中宁等地，在建筑行业打工。”

“跟我一起念书的几个也不念书就打工了。文化水平低，家境也不好，打工我们都是做的建筑活。在工地上，老板看老实的就骗着让干活。咱也是实在人。”

“他们每天都揽着最脏的活。开始绑钢筋，后来拌混凝土，起砖、抹灰。活紧了，从早上7点干到晚上7点，有时候到晚上8点下班，整天

① 国家统计局编《中国统计年鉴·2004》，北京：中国统计出版社，2004年8月，第577、614页；国家统计局编《中国统计年鉴·1981》，北京：中国统计出版社，1982年8月，第322页。

很累。”

“整天干活，累得膀子都抬不起来，太累了。”“我们挣钱，就要累死累活的，不停地干活。”

“2003 年 8 月起，我一直跟着陈某（包工头）干活，他揽的都是别人不愿意揽的又脏又累又危险的活。”“在石嘴山一家电厂做保温工时，一天 27 元。保温用的玻璃纤维扎得人浑身起红疙瘩，我们忍受不了，老板就骂我偷懒。”“几年下来，我得了一身病，身体一直不好。”

“我们干活的企业里搞电焊的人，一天轻轻松松的。他们把脏活、累活都外包，给自己人派轻松活。我们这些人就要不停地干活。我们不干活，就往死里骂，还天天打人。”

王斌余不知道，那些干轻松活的是有城市户籍的正式工人。因为他们是企业里的“自己人”，“是体制内的人”，所以干的是轻轻松松的活。

吃饭

“刚开始在天水市干建筑活，一天工资 11.5 元，扣除 4 元伙食费……干活不分白天黑夜，不论刮风下雨，吃的菜都是土豆、白菜加面。”

“他们根本就不把我们当人看。12 月，天气特别冷，为了赶工期，老板还让我们在工地上吃冰凉的饭菜。”

“在兰州干活，前半年是 14.5 元，后半年给了 17 元。这段时间还是挺好的，私人企业锅里就是白菜、面条、酱油，早上就是开水、馒头。去年工地还以伙食克扣工资。”

“现在吃的就是土豆、白菜，啥便宜吃啥。”

“吃的还行，早上和中午是馒头，晚上是面条，一天扣 4 块钱的伙食费，咋扣我也不知道。”

居住

农民工白天干了一天的重活，晚上在哪里休息？这是许多城里人不了解的。1998 年春天，有两个美国社会学同行学者到社会学研究所来访问。我当时是所长，负责接待他们。他们一开头就问了我两个问题：（1）北京现在有 200 多万农民工，他们是怎么找到工作的，政府在中间起什么作用？（2）这 200 多万农民工，晚上都住在哪里？我们来北京十多天了，也留意观察了，但并没有发现有露宿街头的。我一时语塞，没能从正面回答他们的问题。对于农民工晚上住在哪里这样的大问题，像我这样一个专门研究“三农”问题也较早注意研究农民工问题的学者却没有注意调查过。从那次接访感到汗颜以后，我就开始注意这个问题了。到各地调查时，我常要问农民工住在哪里，有时也去看一看他们住的地方。多数建筑业的农民工都住在临时工棚的大通铺上。2005年春天，中央电视台播放的电视剧《民工》就有这种几十个农民拥挤地住在一个大通铺的场面。

王斌余打工10年，晚上就住在这样的大通铺上。他说："在天水，住在床板铺起来的大通铺上。""我们一起都住在放过死人的大车库里。好多人感冒。有些人按迷信的说法说，好多人都中邪了。"其实，这些人就是病了。

看病

"我们感冒了，老板就给几片感冒药。我们胃痛了，老板就骂我们是偷懒，不想干活。几年下来，我得了一身病，身体一直不好。"

"在天水的时候，我绑钢筋。有一年春天，我在2米多高的地方打钢筋，掉到了下面7米多深的井里。井底都是稀泥巴，我差点淹死。后来大家把我拉上去了，我总算逃过一死，却大病一场。老板不给我看病，只给了几片感冒药。我的病没有治好，后来一直腰痛，浑身痛。现在还痛，老坐不住。"

"我们一起打工的伤了、被砸了、感冒了，人家都不管。一个小伙子腿被砸了，最后没有办法，还干活呢。后来他就回家了。现在建筑工地都是工伤自负。"

"二舅1998年出去打工，干了两个多月，得了急性肠炎，送到医院就去世了。"

"合同上写了交医疗保险，结果有病根本拿不到。我胃病花了1000多元，还是自己掏的。出了工伤他们根本不负责任。你只能自己承担，他们不管你的事。"

学习

一个农民，特别是青年农民，要变成工人、市民，要有一个学习技术、城市生活知识和国家法律法规的过程。社会学称其为社会化过程。但是我们现在的农民工用工体制，只要求农民工干活，并没有让他们学习的安排和机制。

"出来本想学点技术，家里没有这个条件。我爸就是木工，我也学了点技术。我想学，但根本没有时间去学，好像背后有座山压着似的。刚好这个事情做完了，觉得轻松了，下一个活又来了。一开始做小工，2004年（注：他已经做了9年小工了）开始做大工，就是做切皮，上管道，要有一定的技术，这都是我自己学的。"

“我天天给弟弟说，多学点知识，但他从小没有上过学，学不进去。”

“业余时间听录音机，累了躺一会儿，抽点烟，有的时候也看看《读者》啥的。录像出去看，老板骂着不让看。”

工资

农业社会和工业社会的分配方式不同。农业生产受自然规律制约，一般是一年收获一次。人民公社时期，生产大队、生产队都是一年一决算，即平时记工分，年终结算，称为年终分配或年终分红。工业社会是城市社会，工人住在城里，开门七件事，天天要花钱，所以一般都采取月工资制。现在还有一些国家采取周工资制，七天发一次工资。

我国至今还有很多企业，特别是建筑企业，采取给农民工一年发一次工资的形式。这是很不公平的，也是对企业和老板有百利而对农民工有百害的一种体制。这也是造成老板骗、赖、扣、拖欠农民工工资的一种形式。近几年来，政府三令五申要解决好清欠农民工工资的问题，温家宝总理也曾亲自出面帮农民追讨工资。但企业拖欠农民工工资的问题仍十分严重，并由此引发了诸多社会冲突。这次王斌余杀人的案件也是由讨薪引起的。

“刚开始在天水市干建筑活，一天工资 11.5 元，扣除 4 元伙食费，最后可以拿 7.5 元。我 14 岁的弟弟也到这里来干活了，扣掉伙食费，也能拿到 5 元。”

“2003 年 8 月起，我一直跟陈某（包工头）干活……当时说好一天最少给 25 元，但是要有活就给钱，年底结算工钱。”

“在兰州干活，前半年是 14.5 元，后半年是给了 17 元，这段时间还是挺好的。”

“2005 年提了加班费，晚上加班给三分工，27 元钱，就给加了 8 元 1 角。工资最后赖掉就赖掉了。”

“这 10 年我挣了 3 万多元。工资太低了，一般一个月 300 多元。有一年挣了 8000 多元，是最多的。”

“我听说过国家要解决农民工工资，知道农民工工资一年一发。我觉得工资没有的话，就有人管了。”

“听我们老乡说：在新疆乌鲁木齐，拖欠农民工工资马上就解决了。到下面别的市还拿不到。”

“现在太黑了，一个姓马的包工头，刚开始的时候工资还是一个月一发，后来他把钱扣了，平时（我们）都是借钱花。陈某（包工头）嘴里喊着‘先做人，后做事’，可借钱的时候眼睛一瞪，啥都不给。”

这样的农民工的劳动和生活，这样的农民工体制，这样的包工队形式，同我们今天强调的“落实以人为本的科学发展观”以及“构建社会主义和谐社会”是格格不入的。

三　王斌余为什么杀人

王斌余说：“2005年5月11日，经劳动部门调解，包工头吴新国向劳动部门承诺5天内给我算清工资。谁知回到工地，吴华（吴新国之子）把我们宿舍的钥匙要走了，不让我们在工地上住。晚上，我和弟弟身上没钱，可住店一天最少要10块钱，我们就到吴新国家要点生活费。吴新国一直不开门，住在旁边的苏文才、苏志刚、苏香兰、吴华还有吴新国的老婆都过来让我们走。吴华骂我像条狗，用拳头打我的头，还用脚踢我。苏文才、苏志刚也一起打我和弟弟。我当时实在忍受不了，我受够了他们的气，就拿刀连捅了4个人。我当时十分害怕，就跑了，跑到河边洗干净血迹，就去公安局自首了。”

石嘴山市第一看守所第二管教中队的中队长王佐宏说：“当时听到王斌余的案件时，我以为他是一个凶神恶煞的人，后来通过跟踪观察，发现他很淳朴、善良。由于从小生活的环境没有多少温暖，在社会上又遭到种种白眼、欺侮，多次讨要不到工钱，因此他不信任社会会保护弱势群体，于是就产生了报复心理。”

新华社记者张建高说：“王斌余因为要不回工钱而杀人。”“农民进城打工，工钱之低廉、工作之繁重、衣食之艰苦，甚至包括包工头的颐指气使和随处可见的歧视，他们都能忍受，只求能够按时足额拿到工钱。这是他们最基本的愿望。如果连这一点都守不住，他们就可能因绝望而心生愤怒，进而采取极端行为。”

这几种解释，从不同方面阐述了王斌余杀人的原因。但是，我们应该对此作更深入的思考，并从这血淋淋的事件中，吸取应有的教训。

第一，从现象上看，王斌余讨薪受辱，一气之下杀了人。但是这气是怎么来的？这气已经积累了好多年。他在干旱山区的农村生存不下去了，怀着对未来美好的憧憬，怀着改变命运的无限希望，到城里来打工。王斌余的这种憧憬和希望，符合历史发展规律，是中国工业化、城市化的动力。但是他进城来遇到的是农民工这种制度性的安排，进入了建筑行业这种最原始、最落后的包工队里。在这样的环境里，他想老老实实做事挣钱、清清白白做人，不偷不抢、不出卖人格是很难的。所以他说："命运总是和我过不去，做什么事情好像总是有一种无形的东西压制着我。"杀人之后，他在看守所里对记者说："我们这些人在城市人眼里就像是被人遗弃的垃圾一样，工头经常不分青红皂白地打我们。坐公交车时，城里人嫌我们脏，对我们的态度也不好。我也试图在改变命运，但又无能为力。社会对我们这些人不公平。我们这些农民工实在需要保护、需要人权。如今我杀人了，反而是一种解脱，因为活着精神压力太大了。"他还说："我现在满足了，在看守所里没有人打，没有人骂，权利有了保障。不像在外面，老板不顾我们农民工的死活，逼着我们干活。""我觉得看守所是个好地方。"

王斌余怀着满腔热情来到城里寻找出路，想改变贫穷的状况。但他当了10年农民工，还是找不到出路，改变不了贫穷的命运，过着连监狱里的囚犯都不如的农民工生活。就算这样，他也还是没法生存，于是他绝望了。他受的这些气越积越重、越积越浓，终于爆发了。这气来自本来是权宜之计的农民工体制，来自建筑行业这种原始、落后的包工队形式。

第二，这套农民工体制、包工队形式同我国要实现工业化、城市化、社会主义现代化的战略目标，以及要培养新一代工人阶级、新一代市民的任务是相违背的。有关学者指出，这种农民工体制是"经济上接纳，社会上排斥"的体制，也就是只要农民工干活，其他一切不管的体制。这种体制不但对农民工极端不利，其实对社会和国家也是极端不利的。

王斌余这样一个青年农民原来在农村有父亲、弟弟、爷爷和奶奶，有家庭、亲戚、邻居，他所处的环境是一个熟人社会。他到了城市，到了工地，举目无亲。包工头只要他干活，别的就不管，把他当成造钱的机器。他病了，谁来照顾？他有了难处，谁来帮助？他受了委屈，向谁诉说？由于举目无亲，他受的气只好积在心里。20世纪50～60年代，建筑行业实行建筑工程队制，有行政、党团、工会组织。师傅带徒弟，大工带小工。劳动之外，工人们有业余生活。这套体制培养了一大批技术工人，造就了一批工人出身的管理干部。而现行的包工队只要农民工干活，完成任务，给最低的工资，就算是好的了。党团组织没有了，前些年工会也没有了。近几年来，农民工被允许入工会了，但在建筑行业，有几个包工队建了工会？特别是将工会真正办成"职工之家"的有几个？工人要自己组织起来，政策又不允许。可是像王斌余这样的青年农民，进城以后需要有个"家"啊。他们需要有一个避难解困的地方，一个释疑解惑的地方，一个说话的地方。

王斌余打工10年天天干活，却一直没有一个"家"。没有人关心他的生活、他的困难和委屈，日积月累，气就积起来了。他是一个半文盲，想得很多；他又是一个法盲，不知道遇事该怎么办。他父亲伤了，他自己病了，于是他想讨回2005年挣的5000多元钱回家。老板不肯给，王斌余气不过，就找到了劳动部门。劳动部门建议他找法院，而法院说受理案子要3～6个月，时间太长了，让他去找劳动部门。石嘴山的劳动部门真不错，负责人亲自给包工头打电话，于是包工头承诺5天内给他工资。

但是问题并没有得到解决。包工头因为王斌余告了他们的状，当晚就把王斌余在工地上的住处给锁了。21世纪的工地，包工头拖欠农民工的工资不说，还没有清偿王斌余的工资，就不让他在工地住了。天下哪有这样欺侮人的！5月的宁夏，晚上还是很冷的，王斌余兄弟想住店，但是打了10年工的王斌余，身上居然连10元的住店钱都没有。他只好再向包工头要钱，于是悲剧就发生了！

王斌余有一肚子的委屈要说，但他在城里没有“家”。他没有说话的地方，孤立无援，所以他只好用刀说话了！当然他是一个法盲。他这一刀捅向了他的农民工同事，杀死了四个欺侮他的农民工。但他这一刀其实也是捅向这套农民工体制，捅向这种包工队形式的。他有话要说！

第三，王斌余生于1978年，与改革开放同龄。1995年，17岁的他开始当农民工。20世纪80年代初期，深圳等城市开始有“离土又离乡”的农民工，到20世纪90年代中期，如果我们把这一阶段参加工作的称作第一代农民工，那么，王斌余应是第二代农民工。据有关部门最近统计，2004年全国1亿多农民工中，16～30岁的占61%，31岁及以上的占39%。第二代农民工与第一代农民工有很大的不同。第一代农民工都是20世纪五六十年代出生的，他们的童年、少年时期处于计划经济时代和人民公社体制下，遭遇过三年经济困难，有的还饿过肚子，从小干农活，知道生计的艰难。他们的父母是旧社会过来的，受过传统农村的家庭教育。（第一代农民工）上过学，但经历了“文化大革命”时期，文化水平不高。第一代农民工十分勤劳，特别能吃苦，特别能忍耐，有传统农民的韧劲。他们对比的对象是改革开放前的农村家庭的苦难。这使他们比较容易接受农民工的境遇，所以农民工这套体制就是在他们这一代身上逐渐形成和建立起来的。

第二代农民工已经发生了很大变化。他们出生在20世纪七八十年代，在改革开放的大潮中长大，受到了全国大好形势的熏陶，享受了农村改革发展的实惠。他们中有不少是独生子女，从小没有吃过多少苦。即使出生在困难家庭，他们受的苦也与他们的父辈不可同日而语，其中多数没有干过什么农活。他们受过小学甚至初中的义务教育（据统计，年轻的农民工中，有2/3受过初中教育），从电视、广播和各种媒体中接受了许多新东西，思想活跃，有强烈的走出农村寻找出路的冲劲，不愿意再走父兄在农村守业的老路。他们向往城市生活，其中多数人走出农村，压根就没有再想回去。他们从小并没有受过苦难的磨炼，充满幻想，受不了委曲，所以一受挫折，就容易走极端。他们的价值观、人生观以及对社会、对他人甚至对生活的态度，同他们的父辈，也就是第一代农民工已经很不一样了。

王斌余童年丧母，家境贫苦，又生活在干旱贫瘠的山区，从小就挑起生活的重担。他也干过农活，是个受过苦难生活磨炼的青年，所以他身上还有一些传统农民的影子。但他毕竟是在改革开放的大潮中长大成人的，接受了新时期的社会教育，因此，他的人生观、价值观和对社会、对人、对生命的看法，已经和第一代农民工很不同了。请听他在看守所中的谈话。

"人的追求不一样，有些人就是爱钻营，投机倒把；有些人用一些非法的手段，不务正业。他们有权，不应该欺侮我们弱者。国家也提倡人的权利，报纸上也说了，把人的人权写到了法律上，人要自由地活着。"

"我现在做电焊，在小工队上赚点钱。我木工也做过，杂工也做过，保温工也干过。我干活了，我没有偷。这是我的劳动成果，他们为什么不给钱?"

"自治区的领导来到下面，只看表面，大楼好着呢。我们在墙上干活，一不小心就摔死了。你知道修大楼，多少农民工死了！领导不能只代表企业，还要代表社会，不管谁来管。"

"拿不到工资人也不忍心。你说他们为什么要欺骗我，有钱人不遵守（规则），我们没钱的人只能以生命来捍卫我们的权利。就是这样简单，我走到今天我也身心疲惫了!"

王斌余作为第二代农民工，思想、观念、价值取向，以及对劳动、对人的看法已经变了，不同于第一代农民工了。但我们的农民工体制没有变，建筑行业的包工队形式没有变，甚至连300元一个月的低工资也没有变。拖欠、克扣、抵赖农民工的那一套没有变，打骂欺侮农民工的管理形式也没有变，于是悲剧就发生了。

其实，何止王斌余事件的悲剧，农民工杀人、被杀的惨烈案件已经屡见不鲜。我们能容忍这些吗?

王斌余杀了4个农民工。这不仅是农民工之间的矛盾和冲突，而且是农民工与这套不与时俱进的农民工体制的冲突，是农民工同这套原始落后的包工队形式的冲突。如果我们要评是非，谁是谁非呢？我们这套农民工体制、包工队形式已经到了应该从根本上改革废除的时候了！

第四，王斌余对记者说："我的生命事小，但我希望党和国家能重视我们农民工，希望社会能够关注我们，尊重我们。"

古人云："人之将死，其言也善。"王斌余在得知自己被判死刑之后，呼吁国家与社会尊重他们。这是凝结了他10年农民工生活体验的心里话。从他2005年8月19日、26日与记者的近万字谈话记录稿来看，他深明大义，对党和国家、对社会和生活十分热爱。"你们采访我，稿子出去了，可以推动社会的发展"，"有利于国家发展，让我们农村的老百姓也有权利，不受到压迫"。"我做了傻事，法律要追究责任。""我不应该杀人，对我们几家人是天大的坏事。这件事情对双方的父母都是伤害。我见了吴华的父亲也道歉了。"

他对党和国家没有怨言。他痛恨的是农民工这套体制，认为它"太黑了"。他说："政策在上面喊，下面人不做。做事要从点滴做起，要执行，要行动。政策不能制定了不执行。让农民工的基本权利有保障，人的身体上不要再受伤痛。"所以他呼吁："社会要关注我们，尊重我们！"

现行的这套农民工体制有问题，其本质最不好的是不尊重农民工。王斌余说："他们根本就不把我们当人看。"

我们国家的《宪法》规定，"公民权利平等"。尊重人，保护人的尊严，人与人之间平等交往，是现代社会的基本准则。但现行的这套农民工体制，老板、包工头和农民的关系就是不平等的关系。老板们常常把农民工当成"贱民"，认为农民工素质差、水平低，只是来打工挣钱的。他们对农民工颐指气使，认为农民工召之即来、挥之即去，漠视农民工的权益，不尊重农民工的人格。国家法律规定，对农民工"工资要以货币形式按月支付给劳动者本人，不得克扣或者无故拖欠劳动者工资"。但一直到现在，在相当多的包工队执行或实际执行的仍是"年底结算"。农民工平时要花钱，要向老板"借钱"。明明是老板欠农民工应得的工资，反倒说是"借"。这不仅违反国家的有关法令，也不符合市场经济等价交换的基本准则。一个"借"字，反映了这种包工队形式里老板、包工头和农民工之间的不平等关系。

更加令人不能容忍的是，现行农民工体制下的包工队里流行着老板、包工头任意打骂农民工、侮辱农民工尊严和人格的黑风。

王斌余说："他们实在太坏了，喝酒也打，干活也打。技术要慢慢学，对不对，不要打人。但他们现在还是这样。"

“我们这些要不停（地）干活，我们不干就往死里骂。天天打人，我是小组长，别人干不好活，也拿我出气。”

“吴华是工地的负责人，经常平白无故地拿我们出气。他让我偷工地的东西，我虽然穷，但是出卖人格的事我不干，他们就打我，骂我，还说我‘脑子有病’。他们根本就不把我们当人看。”

早在红军时代，我党我军就规定有“三大纪律，八项注意”。不打人骂人，是其中一条。中华人民共和国成立以后，清扫旧社会留下来的污泥浊水，很有成效。现在社会上，在机关、工厂、农村，不打人、不骂人已经成为文明的风气。但是在今天创建现代企业制度的时候，在建筑行业的包工队里，包工头打人骂人的黑风还在盛行。这说明这些包工队存在着老板、包工头和农民工之间不平等的关系和制度。

农民工现在已经是我国工人阶级的主力军，在工业化、城市化、现代化建设中作出了巨大贡献。但是，在现行的农民工体制下，特别是以农民工为主的建筑行业的包工队里，他们的处境很不好。因此，我们有许多实际需要解决的问题。他们的劳动十分繁重，生活很苦，工资很低。近 10 年来，别的社会阶层工资都涨了，他们的工资却基本没有动。如果这些情况农民还能默默忍受的话，那么他们最不能忍受的就是老板、包工头歧视他们，不尊重他们的人格，践踏他们做人的基本权利，打骂、侮辱他们，损害他们作为人的尊严。农民工忍无可忍，恶性事件就此发生。王斌余事件就是在他讨薪受辱，遭到毒打恶骂之下突然发生的！许多农民工采取极端行为，大多是在这种人格尊严受到践踏的情况下发生的。

四　从王斌余事件，我们应该得到什么教训

王斌余杀了人，法院一审判决死刑，他是服法的。他说：“我做了傻事，法律要追究责任。”但是，这件人间惨案本来是不应该发生的。一次冲突，4 条人命！血淋淋的事实摆在眼前，我们应该从中吸取教训。

第一，王斌余杀人事件，不是孤立的，而是有深刻的社会原因的。从表面上看，王斌余是因为讨薪受辱，同包工头吴华等人发生冲突而杀人。而实质上，这是王斌余这样一个进城打工的青年农民同现行的这套农民工体制和原始落后的包工队形式之间长期矛盾、冲突的结果。青年农民进城打工，找寻新的出路，符合历史潮流，也符合国家工业化、城市化的要求。但是这套农民工体制、包工队形式，却给他们设置了种种障碍，使他们成

为工人阶级的成员以及成为城市居民的愿望破灭，在这套体制下，老板和包工头肆意盘剥他们（10 年劳动，只得 3 万多元，不抵大房地产商的一桌饭钱），欺侮他们，打骂他们，侮辱他们的人格，践踏他们做人的尊严，而且还不让他们学习技术，学习做城市居民的本领和知识。打工 10 年的王斌余因此得了一身病，没法在工地生存，只能回乡。现在，农民工中普遍有“20（岁）出山，40（岁）收山”的说法。这反映了整个农民工理想的破灭与无奈！

王斌余事件不是孤立的。近年来发生的广西青年民工阿星在广东杀死主管；河南青年民工在王府井凶杀出租车司机后，驾车猛撞多个无辜行人；矿难事件频频发生，很多农民工死于地下。这都是近年来发生的案件。这些血淋淋的事实说明，现行的农民工管理体制，同 1 亿多农民工的劳动、生活、愿望的要求十分不相适应。

种种迹象表明，现行的农民工体制、包工队形式已经成为滋生社会矛盾和社会冲突的温床。最近，北京市丰台区做了一项调查。调查显示，该区今年抓捕的犯罪嫌疑人中，70% 是外来人（其中大部分是农民工）；受害人中 70% 也是外来人（其中大部分还是农民工）。如何防止农民工犯罪和杀人，如何防止农民工受伤害和被杀，已经成为当前维护社会安定、构建和谐社会的重要课题。

第二，农民工这套体制是在我国特殊的历史背景下逐渐形成的，开始是不得已而为之的权宜之计，是计划经济体制、户籍制度改革滞后留下的后遗症，并不是工业化、城市化必然要采取的形式。我们本来可以不这样做的。但由于户籍制度等的改革迟迟不到位，这套体制就逐渐形成了。近几年来，农民工体制引发了种种突出的问题，导致恶性事件频繁发生。这就使人们要求改革农民工体制、解决农民工问题的呼声日益高涨，也正在逐渐取得共识。王斌余事件的发生再次敲响了警钟，要求我们加快改革农民工体制的步伐。

如何改革农民工体制？现在我们有两种思路。一种是从根本上改革现在的农民工体制和做法，改革现行城乡分割的户籍制度，改革现在“一市两制、一厂两制、一队两制”的做法，实行城乡一体的用工制度，同工同酬、同工同权，使我们的社会逐渐形成一个新的工人阶级，而不是像现在这样的，一个城市户籍的工人阶级，一个农民户籍的农民工人阶级。

还有一种主张是就农民工解决农民工问题。例如，我们先解决农民工的就业问题、工资问题、失业保险、养老问题、社会保障问题、子女在城市上学受教育问题，等等。

我是主张从根本上治理和解决农民工问题的。解决农民工问题的一个关键，就是要改革现行的这套把公民分为农业人口和非农业人口的城乡分割的户籍制度。这是我国特有的户籍制度，本来是为计划经济体制配套服务的。现在计划经济体制已经向社会主义市场经济体制转变，这套户籍制度却没有变。这是造成两种身份两种待遇的根源。我们要改革农民工体制，就一定要改革户籍制度。王斌余之所以进城打工10年，处处受挫，主要就是戴着农民工身份这顶“帽子”。因此，我们要进行户籍体制改革，实行城乡一体的公民（居民）登记制，给农民工“脱帽正名”。工人就是工人，为什么一定要戴农民工的“帽子”呢！

王斌余事件以及大量其他农民工事件说明，单从维护社会稳定，防止类似王斌余事件的发生的角度出发，我们也应该改革农民工体制和户籍制度了。我在不少场合同公安部门的同志讨论过户籍改革的问题。我也说过，公安管理社会治安，同时管理户籍。公安部门如果能把户籍制度改革进行到底，比一年搞三次“严打”更有效。这是综合治理社会治安最重要的一环。

第三，从王斌余的自白里，我们清楚地看到，农民工体制、包工队形式应彻底被废除。1亿多农民工们早就在盼望了。但是农民工体制是历史原因形成的。它已经形成一个庞大的体系，涉及方方面面的利益关系，改革的难度很大，要从长计议。但我们不能再拖了，要当机立断，早下决心解决这个问题。我们要从国家的长远和根本利益出发，统筹各方面的利益，拟定破解这个不合时宜的农民体制的规划，动员社会各方面的力量，逐步出台若干政策和措施。我们可先从解决突出问题入手，如身份问题、工资问题、工伤保险问题等，其他问题再一步步解决；我们也可先在若干省份进行试点，取得经验后，再逐步在全国实施，从根本上破除农民工体制问题。我们希望王斌余这样的悲剧不再重演。农民工幸甚，则农民幸甚，国家幸甚！

为解决农民工问题的呼喊*

沈立人同志在写了一本《中国弱势群体》后，今年完成了这本《中国农民工》。两本书的主题都是改革开放以后出现的新事物、新社会现象，是当代中国发展必须解决好的重大问题。可见，现实生活中的一些重大的社会现象、社会事实，引起了学者们的广泛关注。学者有责任去解释它的出现、存在；对于重大的社会问题，要去分析它的形成，寻找解决方法。这本著作既有现象的描述、有事实的分析，也有理性的思考，更有学者对农民工这个群体、对整个社会充满了善良的人文关怀。

在这本《中国农民工》的最后，作者专门写了个“尾声”，特别讲了这本书是写给谁看的。他说首先是想给农民工看，对他们说“你们辛苦了”。所得非所值，有不解，有不服，可能你们还没有时间和心情做自我思忖，那么，我愿助一臂之力，帮助你们来照照镜子。你们要充分估计自己的时代使命，在工业化、城市化和现代化过程中是一支少不了、代替不了的有生力量……

农民工现象的出现，本来是应对当时的体制性矛盾、不得已而为之的权宜之计。不料，20 年过去了，诸如户籍制度等体制性矛盾仍未解决，只是这种权宜性措施逐渐成为一种体制。实践证明，农民工的这一套做法既很不合理，也很不公道；既给农民工带来了许多苦难，也对国家经济社会协调发展不利，尤其是对社会稳定、人民和谐相处不利。近几年，党和政府、社会公众对农民工问题越来越重视了，有关部门也采取了一些切实的政策和措施，改善农民工的处境，保护农民工的合法权益，这是很好的。从更深层次看，要不要改变目前农民工的这一套做法和体制，其实这是我

---

* 本文原载《新华日报》2005 年 12 月 11 日第 B3 版，该文系陆学艺为沈立人《中国农民工》一书撰写的读后感。——编者注

们国家要建设一个什么样的工人阶级队伍、构建一个什么样的社会结构，是建设城乡一体的、统一的社会主义市场经济体制，还是要长期维持已有的城乡分割的二元社会结构的问题。所以，农民工问题解决得好不好，是关系到我国社会主义现代化事业前途和命运的大问题。现在到了应该从根本上解决农民工问题的时候了。

沈立人同志的这本书，是一位饱经风霜、年近八旬的老学者发自内心为解决农民工问题的呼喊。

让农民工有机会进入中产者行列*

中国正处在历史发展的一个关键时期，也就是经济社会结构正在发生更为深刻变化的重要阶段。目前，中国的社会发展已经严重滞后于经济发展。所以，未来 20 年是我们着力解决社会发展问题、实现经济社会协调发展的 20 年。

研究社会发展问题离不开对社会结构的分析。社会结构包括人口结构、家庭结构、城乡结构、区域结构、阶层结构五个主要方面。目前问题比较突出的是城乡结构。如果我们联系整个工商业的发展来看城乡结构的话，我们就可以看到，中国的城市化和工业化是不同步的。

一　城市化与工业化不同步的危害

城市化、工业化不同步指的是我国工业化水平已经很高，从现在 GDP 的构成来看，85% 是非农产业，其中工业占 52%。应该说我国已经发展到了工业化中期的水平。但是从城市化的水平来看，我国的城市化率不过 40% 左右。我们认为可能 40% 都不到。因为它在计算的时候没有考虑到制度上的城乡结构，把农民工都算作城市人口，实际上这些人是流动的，不是稳定的城市人口。工业化和城市化不同步，在工业化的初期阶段、中期阶段，对资本的积累是有好处的。既然城乡是二元结构，那么就业上也是二元结构，非城市户籍的农民工的待遇明显不如城市工人，企业雇用劳动力的成本就降低了。所以有些经济学家，甚至一些政府官员，都不肯打破这个壁垒。

---

* 本文源自《中国企业家》2005 年第 24 期，第 96 ~ 97 页，发表日期：2005 年 12 月 30 日，作者：陆学艺、陈光金。——编者注

现在，产业工人的主体是农民工。目前，对经济增长的贡献，一方面来自企业家，另一方面实际上来自农民工。我们算过一个账，一个农民工一年创造的 GDP 是 25000 元，他的工资就算一年拿 8000 元，也贡献了 17000 元。全国现在有近 1.2 亿的农民工，那么就是 2.04 万亿元。何况由于农民权利的不到位，比如，土地所有权不到位，农民近两年来在土地方面的贡献至少是 2 万亿元。他们拿走的只是一小部分，而大部分是为别人、为社会做了贡献。

低工资制度表面上对企业是有利的，但从长远来看，是不利的。这种不利主要表现在两个方面。第一个方面，用工的短期化。很多企业几个月换一批人，用工始终都在试用期，最多也就一两年。这种用工短期化的情况必然使劳动力的技能、水平得不到提高。现在我国熟练工人严重短缺，概源于此。如果社会都是以低级劳动力为主体，那么企业产品的质量和技术要提上去当然就很困难，因此企业就只能做初级产品。初级产品附加值低，就只能去占据低端市场。这就是现在中国作为“世界工厂”的状况。

第二个方面的制约在需求。市场经济既是投资拉动，又是需求拉动。随着中国市场经济越来越成熟，需求的拉动应该越来越大。需求拉动取决于有效需求，而非潜在需求。有效需求需要以一定的收入水平为条件。农民工有限的购买力只能消费低端产品，不可能消费高端产品。而且因为保障跟不上，农民工在收入很低的情况下，除了满足基本的生活需求之外，很难有储蓄去应付未来的风险。所以，现在这样一种城乡分割结构如果继续维持下去，那么将变相制约老百姓的购买能力和消费需求。

从现代社会来看，老百姓的消费能力应该是随着经济的发展而水涨船高。市场经济发展的一个基本逻辑是不断地更新、换代，创造出新的产品，同时要不断地创造新的需求。否则，发展就难以为继。从 20 世纪 80 年代中后期开始，我国有那么多的冰箱、彩电生产线，这里刚上一条，别的地方也马上上一个，可是卖着卖着就都卖不动了，又得需要新的产品出来了。现在一下子又到处都是高清晰彩电。到现在冰箱、彩电企业不知道垮掉多少。因为每一次更新换代，如果社会的收入水平没有相应地提高，那么有能力消费的社会群体就会进一步缩小。如果工资分配制度改革不到位，那么一下子让人们都去买高清晰彩电就是不现实的。中国的农民工工资十多年不增长。这在任何国家都是说不过去的。在这种情况下，企业要升级并做强做大，是不可持续的。

二　扩大社会中间层的政策切入点

现在我们要培育中产阶级或者说社会中间阶层，以解决消费不足的问题。但是中产阶级的壮大要靠一般处在收入层级较低的人群向上流动，从社会结构“金字塔”的下端向上端移动。现在的工人每天工作十几个小时，疲于应付生计，连自我充电、自我学习的时间都没有，怎么可能成为7级工、8级工，怎么可能提高自己的收入水平，又怎么可能步入社会中间阶层的行列呢？

所以，要提高整个社会的消费能力，我们就必须缩小社会阶层结构的底部，扩大中部，形成“纺锤型”的社会结构。未来20年，我们有两个政策切入点必须考虑。第一个切入点就是公共政策。公共政策首先是公共资源的配置。现在国家在教育、卫生、科技、文化等方面投入太少，而且仅有的资源配置还不合理。今后，这种配置应向原来被忽视的社会群体倾斜，以使他们能够往上走。这种倾斜并不等于要停止现在的较快发展，而是要在满足发展需要的同时，运用更多的力量去推动被人们忽视的领域的发展。第二个切入点涉及我们的劳动用工制度或者说劳资关系的调整。企业主和工人的利益诉求是不一样的，所以从理想的意义上来说，我们应寻求双赢机制。企业赚得多了，工人也应该挣得更多；工人挣得多了，再努力提高技术水平，积极干活，就能够给企业创造更多财富。但在这种双赢的局面没有出现之前，既有的行为模式没有改变，因此工人和企业主在利益上、诉求上确实存在矛盾和冲突。这个时候工会作为工人的组织，应该跟雇主或者雇主的组织形成一种利益上的抗衡关系。但是目前中国的工会组织依赖国家或者政府，而政府更多考虑的是GDP增长，所以更多维护的是企业主的利益、资本的利益，这就造成了劳资不平衡，即工人和企业主权利的不平衡。这种局面一方面是市场经济稳定发展的隐患，另一方面会使社会结构很难产生积极的变化。

从体制和机制入手解决农民工问题*

农民工，是指在本地乡镇企业或者进入城镇务工的农业户口人员。农民工是我国特有的城乡二元体制的产物，是我国在特殊的历史时期出现的一个特殊的社会群体。农民工有广义和狭义之分。广义的农民工包括两部分人，一部分是在本地乡镇企业就业的“离土不离乡”的农村劳动力，另一部分是外出进入城镇从事第二、三产业的“离土又离乡”的农村劳动力。狭义的农民工主要是指后一部分人。据有关部门的调查，我国狭义农民工的数量为1.2亿人左右，广义农民工的数量大约为2亿人。

一　关系全局的重大问题

现在，制造业工人中大约60%是农民工，煤炭等行业真正在井下第一线工作的工人80%～90%是农民工，建筑工地上80%左右是农民工。这表明，农民工已经成为我国工人阶级的重要组成部分。20多年来，农民工创造了巨大的社会财富，为我国城市发展和现代化建设作出了巨大贡献。同时，农民工也促进了农村发展，对沟通城乡关系、调整城乡社会结构、缓解农村劳动力大量富余的矛盾、增加农民收入起到了积极作用。不少农民工回乡创办企业，带动了农村二、三产业的发展。

但与此同时，农民工问题也日益突出。农民工以农民身份干着城市工人的活，但因为是农业户口，干同样的工作却得不到与城里人一样的报酬，而且很难享受相关的福利待遇。在一个企业里实行两种不同待遇的用工制

* 本文原载《人民日报》2006年第9版，作者：陆学艺、龚维彬。该文为《农村、农业、农民》2006年第9期、《中国经济导报》2006年10月17日所转载，收录于文集《社会建设论》（陆学艺著，北京：社会科学文献出版社，2012年5月）、《“三农”续论：当代中国农业、农村、农民问题研究》（陆学艺著，重庆：重庆出版社，2013年5月）。——编者注

度，使劳动力这种最重要的生产要素不能按市场经济的要求合理配置，造成了诸多经济问题和社会问题。农民工的工资低，购买力就低，大量农村富余劳动力外出就业并没有带来农村市场的繁荣和内需的扩大。为了降低成本，有的企业不对上岗的农民工进行必要的培训；由于就业期短、工作不稳定，农民工也没有学习新技术的动力，这是目前一些地方出现“技工荒”的重要原因。缺乏技术和技能的农民工给企业安全生产和产品质量带来很大隐患。农民工技能水平低、就业能力弱，大多数只能在低层次的劳动力市场徘徊。数以亿计的农民工奔波于城乡之间，过着候鸟式的两栖生活。他们工作不固定，居住无定所，有的连劳动合同都没有，生产生活都有很多困难，加之缺乏相应的社会管理和社会保障机制，自然会产生种种社会问题。此外，据我们近几年的调查，在20世纪90年代中期以来的国有企业改制过程中，不少企业实行“换员增效”，用农民工替换正式工。一个农民工替换一个正式工，企业一年可以增加5000～8000元的效益。而留下来的正式工人的经济、政治和社会权利也没有因此而提高。从长远来看，现行的农民工制度以及由此引起的诸多问题，不利于社会主义市场经济体制的完善，影响国民经济的持续健康稳定发展；不利于工人队伍素质的提高和社会结构的改善，阻碍现代化进程。所以，农民工问题是关系改革发展稳定全局的一个重大问题。

二 既要治标，更要治本

农民工问题引起了党和政府以及全社会的高度关注。2006年3月，国务院颁布了《关于解决农民工问题的若干意见》。各级政府积极行动，保障农民工合法权益等工作取得了很大进展。但农民工问题仍然不容乐观，不少问题还相当严重。解决农民工问题，既要治标，更要治本。从表面上看，解决农民工问题，就是解决保护农民工的合法权益、消除在就业等方面的不合理限制、给予农民工公平待遇等问题，实质上是解决目前城乡分割的二元社会结构问题，建设城乡一体的社会主义市场经济体制。因此，解决农民工问题，需要从体制和机制入手。

改革户籍制度。现行的户籍制度是计划经济体制的产物，是为计划经济服务的，同社会主义市场经济体制很不适应。把公民分为农业户口和非农业户口两类，搞成两种不同的社会身份，既不科学，也不合理，许多问题都由此产生。要统筹城乡发展，解决“三农”问题，特别是从根本上解决农民工问题，必须改革现行的户籍制度。户籍制度是涉及人口流动、迁徙等的全局性问题，其改革应由国家审时度势做出决策，在全国实行，这样才能彻底解决问题。这个问题迟早都要解决，早解决比晚解决好。改革户籍制度，消除农业户口和非农业户口的界限，也就消除了实际上存在的农民和非农民的身份区别，也就为从根本上解决农民工问题提供了体制条件。户籍制度不改，农民工就永远不能转为正式工人，不能成为城市居民，农民工问题就不可能得到彻底解决。

改革劳动人事制度。现在不少企事业单位录用农民工以后，在工种分配、工资发放、劳动管理、技术培训、职务升迁等方面还在实行对两种户口的工人采用两种办法的制度，不能做到对农民工和城镇户口工人一视同仁。这种做法，从近期来看，对用人单位有利；从长远看，既不合理，又会带来一系列的后遗症。所以，这种劳动人事制度应当及时改革。

加强对解决农民工问题的研究。从根本上解决农民工问题是一项庞大的系统工程，不仅涉及亿万农民工的切身利益，而且涉及用工单位、用工城市有关部门和城市居民的利益，难度很大。所以，这项工作要靠党和政府从国家的根本利益出发来推进。为了保证有关改革措施能够顺利实施，应加强对农民工问题的研究，制定解决农民工问题的总体规划，出台若干切实可行的配套政策和措施。同时，可选择若干个城市进行试点，取得经验后再在全国实施。

把解决农民工问题纳入政府绩效考核体系。在体制性障碍消除之前，落实现有的保护农民工合法权益的责任主体是各级地方政府。地方政府应把解决农民工问题、维护农民工权益当作一项重要工作来抓，结合当地实际，制定配套措施，提高服务水平，加大执法力度，并进行目标考核，实行奖优罚劣，切实把党和国家关于解决农民工问题的各项政策措施落到实处。同时，积极探索维护农民工权益和解决农民工问题的新思路、新办法。

不能把 9 亿多农民长久排斥在城市之外*

我国已经是世界第三大经济体，但我国的农民仍有 9 亿多，占总人口的 70%。我国已经是一个工业大国，但我国的工人中，60% 以上是农民身份的农民工。我国 2005 年的城市化率已达到 43%，但城市居民中有 1/4 的人是没有城市户籍的农民。有人说，这是中国特色的社会主义。不对，这只能说是在建设中国特色社会主义的过程中、在某一阶段形成的特有的社会结构和社会现象。中国特色的社会主义，应该是工业化、城市化、现代化的社会主义。

在现代化的社会里，二、三产业的劳动者是主体，应该占大多数，农业劳动者是少数；城市居民应该占大多数甚至绝大多数，农民是少数。这样的社会结构，才是现代化社会的社会结构。我国目前的社会结构，显然还不是一个现代化社会的社会结构，这是因为我们的经济发展还不够，特别是改革还没有到位，还没有从根本上对在计划经济体制下形成的城乡二元结构进行改革。这种不合理的社会结构，实际上已经在影响经济更加协调、健康地发展，也是诸多社会问题产生的结构性原因。

十六大以来，党中央提出了科学发展观、构建社会主义和谐社会两大战略思想，十六届五中全会通过了“十一五”规划建议，提出了建设社会主义新农村的战略任务，这是我们党在新阶段，破解城乡二元结构、做好“三农”工作的新举措，其必然的结果，就是会调整社会结构，推进社会主义现代化事业发展。

通过深化改革，2 亿多已经在非农产业就业的农民工转变为二、三产业的职工，1.4 亿～1.5 亿已经进城务工经商的农民转变为城市居民，占人口

---

* 本文源自作者手稿。手稿写于 2006 年 9 月 8 日，系陆学艺为葛志华的著作《从田园诗到狂想曲》撰写的序言，现标题为本书编者根据序言内容所拟定。——编者注

大多数的农业人口，逐步减少转变为少数，从而使社会结构与经济结构相协调，是解决好“三农”问题的治本之策，也是建设工业化、城市化、现代化的社会主义社会的必然选择。我们总不能把9亿农民长期排斥在城市之外，只搞4亿人的城市化，这既不符合我们党的宗旨，也不符合社会发展的规律。国际、国内建设现代化的经验和教训都证明，只有把“三农问题”解决好了，现代化事业才能顺利发展，否则就必然会曲折坎坷，乃至徘徊反复。当然，要解决好9亿农民的问题，是一个世纪性的难题，是一项非常复杂、非常艰巨的任务，需要全党、全国人民、各级政府、各界力量、仁人志士、社会大众在党中央统一领导下，群策群力，长期奋斗，才能逐步实现的。

葛志华同志是一位立志参与破解“三农”问题这个世纪性难题的学者。他出身农家，大学本科和研究生阶段，学的是中国历史。执过教，当过乡镇干部，现在是海门市委副书记。十余年间，工作虽然屡有变动，但他对“三农”问题情有独钟。为破解“三农”难题，他研读了哲学、经济学、政治学、社会学等各种理论书籍，收集了大量的文献资料。“身在都市，心系农村”，他经常利用各种机会到农村基层去调查研究，观察和思考解决“三农”问题的路径，同时经常撰写文章，发表自己的见解，并将文章结集出版。他主持过多项课题，有专著问世。

这本即将出版的《从田园诗到狂想曲》，是他的第六部著作。该书是他自2004年11月出版《为中国“三农”求解》专著后的又一本文集，分为读史札记、“三农”随笔、学术茶座、人生感悟等部分。这38篇文章中，既有对历史人物的剖析，也有对时政的评述，还有自己从政、从学的体会，但主题都是围绕破解“三农”难题展开的，足见作者之专务。读于斯、想于斯、作于斯，这是其难能可贵之一。

难能可贵之二是，该书作者是一位业余学者。他大学毕业后，教过几年书，后来就到通州市的乡镇党委工作，升任区、市（县）领导后，分管农业和农村工作。担任乡镇和区县领导工作是十分繁重的，但他始终怀着解决“三农”问题的志向，一直关注农村的发展变化，从理论和实践相结合的高度来剖析“三农”问题的症结所在，利用节假日、休息时间和一切可利用的空闲时间，读书写作，既做好了本职工作，又写出了许多研究论文和著作。所以，学术界有人说他是个“官人”，而在官场中又有人说他是个“学人”。其实，这两个说法都对，作者是个学者型的官员。而这正是我们国家在新时期所需要的人才。可惜的是，现在这种类型的官员还太少，作者是这方面的先行者。

葛志华同志能在实际工作和学术研究两方面都取得好的成绩，靠的是勤奋和努力。正如他自己说的那样。“在每一个岗位……我都干得十分尽力与卖力，从不偷懒，从不懈怠。”“从专业角度来看，我又是一个学人，从而立之年第一本书问世到不惑之年的第五部书，耗尽了10多年的业余时间，面壁十年，潜心研究，抑制自己的爱好与欲望。”从1994年到今天，前后12年工夫，笔耕不辍，写了6部著作，即使是一个专业的学者也是不容易做到的。异常的成功，是靠异常的努力、异常的勤奋取得的。这是难能可贵之三。

从本书38篇文章和前已出版的几本书看，作者研究的内容还是偏宽了些。现在是知识爆炸的时代，要攀登学术高峰，必须选准某一个目标，殚精竭虑，专心强攻，才有望登上顶峰。就拿解决“三农”问题这个难上加难的课题来说，既有理论认识问题，又有实际问题；既有体制问题，又有机制问题；既有历史遗留问题，又有现实中如何调处各种利益关系问题；等等。也就是说，这是由许多难题组成的，好比由许多山峰组成的高峰群，要靠全党、全国人民共同努力，才能逐渐解决。就个人来说，一定要选定某个难题，潜心研究，日积月累，才有望提出解决这个难题的真知灼见。葛志华同志既身处破解“三农”问题的实际工作第一线，又有扎实的理论功底和宽广的学术视野，可以从理论和实际相结合的视角，发现问题，提出问题，拿出解决问题的方案，有些还可以在一定范围内付诸实践，加以试验。从实践中来，到实践中去，循环往复，最后找到解决问题的办法。现在国家正在推进社会主义新农村建设，正需要有人在某些地区、某个方面率先创造出破解“三农”问题中某个难题的成功经验。这对全局是有十分重大的意义的。

庄子云：“吾生也有涯，而知也无涯。”这是真理。但人生可以集中力量，做成一两件事，这是有先例的。有所不为，才能有所为。愿共勉之。

关注农民工子女教育问题*

儿童是祖国的未来，是民族的希望，他们终将挑起历史的重任。联合国《儿童生存、保护和发展世界宣言》指出：“儿童的幸福需要最高一级的政治行动。”尊重和保护儿童权利，为儿童创造一个良好的生存、保护与发展的社会环境是政府和社会的责任。在构建和谐社会的大背景下，本书研究我国城市化进程中凸显的农民工子女教育问题，记述这些孩子“不一样的童年”，体现了“以人为本，关注和谐”的可持续发展观。

根据第五次全国人口普查数据，2000 年，中国农村人口为 80739 万人，仍占总人口的 63.8%，与第四次全国人口普查结果相比，城镇人口比例上升了 9.8%。① 近几年城市人口增长得更快，说明中国正在经历农村人口不断向城镇迁移的过程。“农民工”正是中国在由传统的农业农村社会向工业化城市化的现代社会转型、由计划经济向社会主义市场经济转轨的过程中，为城市化作出了巨大贡献的农村剩余劳动力。在世界城市化的进程中，各国都有一个大量农村剩余劳动力转化为二、三产业职工、转化为城市市民的过程，而中国则走出了一条农民进城务工转化为新市民的路子。农民工子女的教育和生活状况是世界城市化进程中特有的现象。在改革开放以来的城市化建设中，中国有一亿多农民工，如今，农民工已经成为中国广大农村联系城市的纽带：他们把农民不辞辛劳的淳朴带进了城市，为城市的建设付出了辛勤的劳动；他们又把在城市里学到的新思想、新的生活方式带回农村，加速了农村的现代化发展。可以说，农民工对实现中国城乡间的功能整合、利益整合、关系整合起着很重要的作用，解决好他们的子女

---

* 本文原载《安徽日报》2007 年 2 月 12 日 B04 版。该文系陆学艺为《不一样的童年》（王开玉主编，合肥：合肥工业大学出版社，2007 年 3 月）一书撰写的书评。——编者注

① 国家统计局编《中国统计年鉴·2004》，北京：中国统计出版社，2004 年 9 月，第 97 页。

教育问题关系到我国城市化进程的顺利进行。

农民工队伍相当庞大，因而与之相关的社会问题对社会发展的影响相当巨大。目前，全国流动人口规模已达到 1.2 亿，随父母进城的农民工子女则有近 2000 万，留在农村的农民工子女则更多。流动人口群体主要由从农村流到城市的青壮年劳动力组成，占全部流动人口的 70% 左右。安徽省也是人口流动的大省，全国几乎每 10 个打工者中就有一个是安徽人，到 2004 年底，流动人口规模近 1000 万，并且每年还以相当的速度增长。这些外出务工的农民家庭孩子的生活状态可分为两种类型：一种是迫于城市生活高昂消费的压力，将孩子留在村庄，或由祖父母监管，或寄宿其他亲戚家，我们称之为“留守儿童”或“空巢儿童”；另一种是为了更好地照顾孩子，让孩子跟在父母身边，在城市里不停地辗转流动，我们称之为“流动儿童”。这两种家庭模式下的儿童都面临着一系列的社会问题，成为社会必须高度关注的弱势群体。

为了解决农民工子女的教育问题，政府和相关部门相继出台了一系列政策和措施。中央政策出台后，各地方政府也结合当地实际出台了相关的地方性法规。在学术界，各个领域的专家和学者从自身的研究角度出发为解决这一问题都进行了多项研究。《不一样的童年》运用了社会学的研究方法，以个案访谈为主，通过详细、生动的描述，为读者展现了一幅农民工子女生活状态和教育状况的“素描”图。同时以儿童权利问题为切入点，以儿童的交往圈为主要分析对象，围绕儿童社会化的影响因素的转变，大到社会结构的变迁，小到父母、老师、同辈群体、大众传媒等因素的变化，通过建立儿童权利的需求－满足模式，并用这一模式来分析农民工子女在家庭、学校、社区、同辈群体中的生存权、受保护权、发展权和参与权的受损情况，同时将农民工输出地和输入地儿童放在同一个模式下进行分析，即作比较研究，从而有利于对这一问题的全面认识。这是一幅珍贵的“素描”图，按照社会学研究中“真实、全面、准确、深刻”的要求，为我们留下了弥足珍贵的基础性研究资料。《不一样的童年》最大的特色就是把对儿童问题的关注放在中国社会变迁的大背景下，立足于政府和各种社会团体、机构对农民工子女的关注加以记录和描述。全书包括一百个个案、十几篇调研分析、五大方面的对策研究，在对策研究中强调政策的作用，最后提出整合多种社会资源、形成保护合力的观点。这样有事实、有理论、有观点的著作是不可多得的，对研究和谐社会建设有重要的实践意义。

构建和谐社会要解决好各种社会矛盾，包括人与人、人与自然、人与社会之间的矛盾，只有调和好这些矛盾，才能实现真正意义上的和谐。在开展研究之前，主编也遇到过这样那样的矛盾，但是令人欣慰的是，在课题调研即将结束之时，留守儿童和流动儿童的问题研究已经引起全社会的关注和牵挂。本研究的意义不仅体现在解决农民工子女的教育、生活等问题上，而且对社会学学科的发展也有着重要的学术价值。

我相信，在一批批基层社会学工作者的不懈努力下，我们的社会学研究将会取得更多、更好的研究成果！

解决当代中国农民工问题是建设社会主义和谐社会的重大课题*

农民工是世界工业化历史上的一个新概念，是中国在特殊的历史时期出现的一个特殊的社会群体。当前，中国的农民工近两个亿。据有关部门估计，还有一亿多的农村剩余劳动力在不久的将来也要加入农民工大军，真是波澜壮阔，浩浩荡荡。农民工的生存状况、发展趋向以及他们的一举一动，上至中央领导、下至平民百姓，都十分关注。党中央十分关心农民工，党的十四届三中全会首次把农民跨地区流动写入重要文献。以胡锦涛同志为总书记的党中央颁发有关“三农”问题的文件，专题研究农民工问题。在党的十六届三中全会上，胡锦涛总书记要求全社会从改革发展、统筹城乡的宏观视野去认识和解决农民工问题，落实“以人为本”的执政观。温家宝总理帮助四川农民工讨薪，带头示范维护农民工的合法权益。2006年，国务院颁布5号文件——《关于解决农民工问题的若干意见》，保障农民工权益，成立了由30多个部委参与的国务院农民工工作联席会议制度，使农民工在用工合同、工资标准、改善工作环境、子女上学、工伤、医疗保障等方面的权益保障取得了新的进展。党的十六届六中全会通过的《中共中央关于构建社会主义和谐社会若干重大问题的决定》，又把解决农民工问题摆在十分重要的位置。

纵观世界工业化、城市化、现代化的历史，农民转变为二、三产业的职工，农民转变为城镇居民，是近现代所有经济发达国家都经历过的一个

---

* 本文源自《中国农民工问题解读》（张跃进等著，北京：光明日报出版社，2007年7月）序二，第3~8页。原稿写于2007年3月12日，系陆学艺为该书所写的序言，现标题为本书编者根据序言内容所拟定。该序言还以“三论农民工”为题收录于文集《“三农”续论：当代中国农业、农村、农民问题研究》（陆学艺著，北京：社会科学文献出版社，2013年5月）。——编者注

较长的历史过程，可以说这是必然要实现的一般规律，概莫能外。中国在实施第一个五年计划（1953～1957年）时期，也是如此。那五年，每年有200多万农村劳动力进城务工，成为城镇居民。只是由于遇到了“三年困难时期”，国家实行城乡分治的户籍制度，一方面工业化继续进行，另一方面严格限制农民进城。以后，又搞了“文化大革命”，致使城市化严重滞后于工业化。1978年，城市化率为17.9%，比1965年的18.0%还倒退了。1978年，党的十一届三中全会以后，农村率先改革，粮食和农产品大量增产，1984年出现了卖粮难问题。这正是改革户籍制度，按经济规律发展二、三产业，发展城市化的好机遇，但出于各种原因，这一制度未改。于是农民只能在农村办乡镇企业，几年工夫，就产生了数以千万计的“离土不离乡”的农民工。20世纪80年代后期，经济体制改革在城市开展起来，特别是1992年初，邓小平发表“南方谈话”以后，经济迅猛发展，城市需要劳动力，农民也强烈要求进城谋发展，各地出现了农民出钱买户口的情况。这又是一次进行户籍制度改革的好机遇，但我们又错过了。生产力发展的潮流是阻挡不了的，二、三产业要发展，农村劳动力大量进城，于是就有了“离土又离乡”的农民工。

回顾这段历史，可以得出两个结论。第一，中国要建成社会主义现代化国家，就必然要从传统的农业社会转变为现代化、城市化的现代社会，就必然要有一个大多数乃至绝大多数农民转变为二、三产业职工，转变为城市居民的历史过程。国内外的实践都证明，在大多数人从事农业、以农业为主要产业的基础上是建不成繁荣富强的社会主义现代化国家的。第二，这种农民进城务工形式是在20世纪80～90年代中国特有的历史背景下形成的一种特殊形式，是不得已而为之的权宜之计。它是为社会有关各方适应当时城市经济发展需要大量劳动力，计划经济时期形成的户籍、就业、社会保障等社会体制还没有改革的情况而采用的变通的手段，是打开封闭已久的闸门，让农村劳动力进城务工的一种形式，本来可以不一定要这样做的。

从个案分析：在中国第一个五年计划时期，一个农民进城，他在城里找到工作，上班了，成了某个企事业单位的职工，领了工作证，住到单位的宿舍里，到公安部门登记上户口。从此，这位农民就成了工人，实现了职业的转变；上了户口成了市民，实现了身份的转变；住进了单位提供的宿舍，实现了生活方式的转变，成为城里人。自从实行城乡分割的户籍制度之后，农民进城的这条通道就被堵住了。20世纪80年代中期以前，农民进城打工，从政策层面就是不被允许的。如前所述，20世纪80年代中期以后，特别是1992年以后，农民可以进城打工了，但只能当农民工。农民在城里某个企事业单位找到工作，上班领工资，实现了职业转变，但是他在城市上不了户口，他仍是农业户口，农民的身份没有变；很多农民工居无定所，即使住进了单位提供的集体宿舍，有的已在这个企业、单位干了、住了十多年了，因为上不了户口，他只是这个城市的常住人口，仍不是这个城市的市民。即使有的城市称农民工为新市民，但实质没有变，他们还是农民，而不是市民。上述农民成为市民的三个转变，农民工只实现了职业的转变，其余两个转变还没有实现，由此引发了一系列经济社会问题。

20多年来，农民工从“盲流”“流动人口”到“新市民”“新产业工人”，历尽千难万难，吃尽千辛万苦，为社会主义现代化事业作出了巨大贡献。不管是从人数看，还是他们所从事的行业看，农民工已成为我国工人阶级队伍的重要组成部分，而且已经演变为工人阶级的主力军。全国各地、各个城市、各个行业、各条战线，都有农民工在劳动、在奋斗，农民工为中国的工业化、城市化和社会主义现代化建设作出了功勋卓著的巨大贡献，农民工创造的伟大业绩将永载中国现代化事业的史册。从一定意义上说，农民工是新时期我国工人阶级的杰出代表。农民工进城打工，有利于沟通城乡关系，调整城乡社会结构，缓解农村劳动力大量过剩的矛盾，增加农民收入，缩小城乡居民收入差距，有利于经济社会的发展。这个世界上最庞大的“流动群体”，在中国社会主义新农村建设和构建社会主义和谐社会中发挥了极其重要的作用。但与此同时，我们也应看到，由于农民工仍是农业户口，农民工身份没有变，所以，在政治上，农民工干了工人的活，但没有得到工人的身份，没有享受应有的政治权利；在经济上，农民工和正式工人同工不同酬、同工不同时、同工不同权；在社会方面，农民工因为没有城镇户口，不管在一个城市打工时间多长，始终是这个城市的边缘群体，由此带来一系列社会问题。大量农民工涌入城市，贫困群体增加，两极分化严重，必然导致社会矛盾突出。城市有限的就业、就学、居住的资源容纳度与农民工的大量涌入，必然给城市带来巨大的压力。由于长期在农村生活，农民工的文化素质比较低，农民工的生活习惯与城市文明以及发达程度有一定差距，必然增加城市交通、城市人口、城市环境、城市卫生等方面的负担。特别是有的农民工在城市就业困难、居无定所、生活无着、四处漂泊，有些农民工在万般无奈的情况下，很有可能成为社会的不和谐因素，给城市社会带来一定的负面影响。有资料显示，在一些经济发达的城市，80%以上的刑事案件与农民工有关，与此同时，80%以上的受害者也是农民工。所以，要全面建设小康社会，减少社会不和谐因素，构建社会主义和谐社会，就要把农民工问题解决好。

《中国农民工问题解读》一书，把解决当代中国农民工问题作为建设社会主义和谐社会的重大课题来研究，可以说是抓住了重点和要点。解决农民工问题，首先要正确认识农民工群体。这就涉及用什么样的观点、站在什么样的立场以及将农民工问题摆在什么样的一个层面去看待的问题。《中国农民工问题解读》一书，运用思维科学来研究农民工问题，是一个非常好的尝试，这是一个亮点。作者运用马克思主义的基本理论，从思维科学的角度，多学科、多层面解读、分析了农民工群体对构建社会主义和谐社会的重要作用，论述了农民工在当代经济社会发展中的地位和作用，指出了解决农民工问题对建设社会主义新农村的意义，分析了农民工的基本属性和特点，研究了农民工的历史地位和当前尴尬的处境，展示了将来解决农民工问题的前景和多种形式。所有这些，都建立在大量的调查研究及作者自身的工作实践基础上，有理有据，很有说服力。

《中国农民工问题解读》一书，首先对农民工概念做了界定，这是学术界、理论界正在讨论研究的问题。这对人们研究农民工问题，尤其是对指导实践具有重要的意义。本书“概念篇”从逻辑思维的角度对农民工下定义，既遵循逻辑思维的规律，又把今天社会对农民工的种种看法整合在一个逻辑分析框架之中，对农民工是农民、民工、流动人口、外来务工人员、新工人、新市民、新居民等各种说法做了具体分析，全面地展现了农民工这个群体从底层性到劳技性等八个方面的特点，从社会学、经济学、政治学、心理学等理论视角对农民工群体做了综合研究，为人们正确认识农民工群体、解决农民工问题奠定了基础。

没有农民工的小康，就没有中国的小康社会；没有农民工问题的妥善解决，就不会有中国的和谐社会。农民工问题与社会主义和谐社会的关系主要表现在两个方面：一个是外在的关系，另一个是内在的关系。《中国农民工问题解读》对7种外在关系（关系篇）和11种内在关系（需求篇）分析得非常具体，也很到位。作者对农民工的不公遭遇是很同情的，但并没有对有些管理部门客观存在的排斥行为横加指责，而是通过解读18种内外关系，理智地告诉人们解决农民工问题对构建社会主义和谐社会的重要性、紧迫性和现实性。这样摆事实、讲道理的方式，一方面表明了作者对建设社会主义和谐社会的积极态度，表明了作者关心国家安危、社会稳定的迫切心情，体现了一种社会责任心，希望有关管理部门能够理解和支持，形成解决农民工问题的合力，使这个关系全局的重大问题尽早得到解决；另一方面，表明了作者对农民工群体融入城市的态度，体现了作者对农民工的关爱。这一定会得到亿万农民工的欢迎和支持。

如何解决农民工问题？说到底这是个解放思想、深化改革的问题。前面说过：农民工的产生，是在计划经济体制时期形成的户籍、就业、社保等社会体制还没有改革的条件下，不得已而采取的权宜之计。现在，社会主义市场经济体制已建立起来，城乡分治的户口、就业、社保等制度已很不合时宜，成了生产力发展的桎梏。亿万农民工二十多年的实践，也说明了这个问题。一方面，农民工进城，适应了社会主义市场经济发展的要求，创造了巨大的财富，为社会主义建设事业作出了贡献；另一方面，因为他们不能改变户口身份，融不进城市，不能成为市民，由此产生了种种经济社会问题，而且这种弊端越来越明显，同社会主义市场经济发展的要求格格不入，矛盾越来越大，对农民工不利，对经济发展不利，对构建社会主义和谐社会也很不利。十六大以来，党和政府采取了不少政策和措施，改善农民工的待遇，尽力维护农民工的权益，农民工是满意的。但是所有这些，都只能说是农民工的境遇有了一定的改善，农民工的权益得到了一定的保护，但问题还没有从根本上得到解决。

解决农民工问题的根本出路，就是要改革计划经济条件下形成的城乡分治的户籍、就业、社保等社会体制，让农民工改变身份，成为二、三产业的职工，成为城市的市民。当然，这将又是一场重大的社会体制改革，难度很大，必须制定妥善、周全的改革规划，有领导、有组织地逐步进行，需要较长的时间，但这场改革是一定要进行的。本书介绍了无锡市和其他一些城市通过改革社会体制解决农民工问题的一些做法，如正在进行中的户籍、就业、医保、城乡一体化的养老保险、农民工子女就业、收入分配等方面的改革，有的已经取得了很大的进展，积累了解决这些问题的经验。2006 年，无锡市被评为最受农民工欢迎的十大城市之一，表明这些做法和经验是成功的，很值得农民工众多的城市学习和借鉴。

本书主编张跃进同志，长期在公安系统工作，现任无锡市公安局局长。他勤奋好学，酷爱读书，刻苦钻研理论，胸怀全局，结合工作实践，撰写和发表了不少论著，受到本系统和社会的欢迎，近几年被推选为江苏省逻辑学会副会长、无锡市哲学社会科学联合会副主席。他是一个学者型的公安局局长。早在 20 世纪 90 年代，他在实践中察觉到农民工问题，认识到这是关系我国社会主义现代化建设全局、具有战略意义的重大课题。结合本职工作，他深入农民工群体，倾听他们的意见，与他们交朋友，调查他们的由来和现状，思考和研究解决农民工问题的办法和途径，撰写和发表了《试论以民本思维破解农民工治安管理难题》《试论构建和谐社会与流动人口管理民本化》等论文。他早有从总体上解决农民工问题的设想。前几年，他邀集同行和专家，开了多次农民工问题的学术研讨会，进行专题调查研究，设计框架，分工写作，数易其稿，完成了这本《中国农民工问题解读》。纵览全书，它从实际出发，应用马克思主义基本理论，研究农民工这样一个国家亟须解决好的重大实际问题，并且提出了解决问题的方略，有论有据，很有说服力。可以说，这是一本理论和实际相结合的好书，而且这是由实务工作部门的同志牵头、约集各方面专家共同研究的集体创作成果，实在难能可贵。现在农民工问题已经到要从根本上解决的时候了，各方面的条件也渐趋成熟。但是要解决好农民工问题，还有一些阻力，困难是很多的。“冰冻三尺，非一日之寒”，“解冻”也需要有一个过程。我希望有更多像张跃进同志这样的在实务工作第一线的同志以及我的同行学者，来关心农民工，研究农民工问题，探索解决这一重大问题的途径，从各个方面进行试点和实践，群策群力，促进农民工问题早日得到妥善的解决。我也希望有更多的研究农民工问题的论著问世。

要从国家发展战略的高度认识和解决农民工问题*

第一，农民工是在特殊的历史条件下，农民转变为工人、职员的一种不得已而为之的特殊形式。这种特殊有三重含义：一是在计划经济体制条件下形成的户籍制度、就业、社保等城乡二元结构体制还未得到改革的背景下采取的变通办法；二是20世纪八九十年代前期，粮食等主要农产品的生产还不稳定，还不能保证供给；三是我们的几代领导人，对1960年的灾荒记忆犹新，搞工业化，发展经济一直是积极的，但对搞城市化一直有争论，怕把数亿农民请进来了，万一再遇上1960年的灾荒，供不起粮食怎么办？有人提出，办乡镇企业，农民工可以“进厂不进城，离土不离乡”。他们就欣然接受了。

第二，农民工的劳动（实践）取得了意想不到的成功。中国的经济自20世纪80年代中期以后，创造了乡镇企业，填补了农村形势好转，城市经济复苏，需要大量轻工业品、日用工业品供给的空档。随后，20世纪90年代中期，城市公有制企业经过改革，大规模地发展了，需要大量的劳动力，于是“离土又离乡、进厂又进城”的农民工产生了。这种农民工还是在计划经济体制未改变的状况下采取的权宜之计，即使职业改变了，居住地也改变了，农民的身份仍没有改变。农民工成了城市的工人，但没有工人身份；在城里住下了，但不给城市户口，没有城市居民身份。老实无奈的中国农民还是接受了。

中国长期实行“城乡分治，一国两策”的体制，把农民捆得实在太紧

---

* 本文源自作者手稿，写于2007年4月9日。该稿系作者为开展农民工问题研究草拟的写作大纲，原标题为“要从国家发展战略的高度认识和解决农民工问题（论纲）”，现标题为本书编者根据手稿内容所修改。——编者注

了，城乡差别实在太大了。农民要改变自己的境遇，千方百计要跳出农门，即使有一条缝也要钻。进得城来，劳动再累再苦，也比农村好；工资再低再少，也比在农村挣得多。而且还有一线希望可以改变命运，所以他们接受了农民工这种形式，源源不断、前赴后继、成百万上千万地向城镇涌来了。

第三，亿万农民工是中国也是世界工业化历史上的一支生力军。20 世纪 90 年代，农民工群体与先进生产技术相结合，在社会主义市场经济的体制下，形成了庞大的生产力，创造了巨大的财富，创造了当今世界无与伦比的价廉物美的各种商品。这些商品很快满足了中国市场，改变了国内经济短缺的窘境，随后走向了世界市场，“中国制造”以排山倒海之势，涌进了发达国家和发展中国家的各个家庭、各个角落。中国成了“世界工厂”，中国由人口大国变成了经济大国，成了世界经济的第二个发动机。中国在经济上崛起了。不要忘记，中国崛起的背后，是亿万中国农民工的智慧、勤奋、辛酸和忍耐。

第四，世界的万事万物总是一分为二，有利有弊。农民工这个新生事物也是这样。20 多年来，农民工创造的财富、取得的成就、发生的变化是谁也没有预料到的，但是，由农民工这种特殊的形式带来的社会问题、产生的社会影响，也是谁也没有预料到的。这些负面的问题带来的影响已经日益显现出来，从建设中国特色社会主义现代化的宏伟理想目标来看，这种农民工体制是不能持续发展的。

在经济上，我们现在是制造业大国，虽然名声远扬，但得到的实惠不多，必须转变为制造业强国。要实现这种转变，需要创造诸如高新技术等方面的条件。其中，有一支结构合理、素质优良、技术熟练、纪律严明的工人阶级队伍是基本的。现行的农民工体制，因为是临时性的权宜之计，不能培养现代制造业的熟练工人，所以 20 多年过去了，熟练工人依然严重短缺。据有关方面调查，一个现代制造业强盛的国家或地区，高级技工应占 30% ~35%，中级技工占 40% ~50%，初级粗工占 15% ~30%。我国工人队伍目前的状况是，高级技工占 5% ~10%，中级技工占 20% ~30%，初级粗工占 60% ~70%。如果不改变农民工体制，继续采用只使用、不培训提高的方式，那么要想成为制造业强国，恐怕只能是一个良好的愿望。

在政治上，农民工在城里居住 5 年、10 年了，但他们没有户籍，既没有选举权，也没有被选举权，即使在工厂、企业工作多年，他们仍是临时工、外来工。即使是在国有企业，他们也是被召之即来、挥之即去，享受不到应有的民主权利。近几年，虽然他们可以参加工会了，但也是和有城镇户籍工人不同待遇的另一类会员，甚至有的企业工会把农民工会员是另册登记的。农民工的户籍在农村，按政策规定，他们的选举权和被选举权在农村，但他们又常年在外地工作和生活，一般都不能参加本地的选举，所以农民工是游离于基本民主生活之外的一个大群体。

在社会上，农民工创造了巨大的财富，为社会主义现代化事业作出了很大贡献。但他们过着春去冬回的“两栖生活”，是城市里二、三产业的职工。现状是经济建设依靠他们，而他们在社会上却遭到排斥。农民工参加了城市的共建，但没有能共享建设的成果。就拿社会保障来说，以前，农民工干了活，连工资都经常被拖欠和克扣，社会保障网基本上同农民工无缘。党的十六大以来，党和政府关注农民工的劳动和生活，2004 年帮助农民工讨回拖欠了多年的 330 亿元的工资款，逐步建立了工伤、医疗、失业、养老等社会保障。

在文化上，据我们调查，多数农民工虽然生活在城市里，但他们的生活圈子很小，劳动时间很长，下班以后只是和老乡、工友聊天，甚至能看上电视的都很少。白天在工地上建高楼大厦，在车间里装配电脑、手机等现代化产品，晚上睡觉想的是如何赚钱养家、造房子、娶媳妇，还是农村的那些事情。他们的劳动生产是现代的，而生活方式、思想观念则还是传统的。农民工虽然在城市里生活了十多年，但并没有被现代化的城市社会化。

第五，当今中国的基本矛盾是城乡矛盾。依据计划经济体制下形成的户籍制度，把公民分成农业户口和非农业户口，农业人口的农民住在农村，非农业人口的市民住在城市，长期实行“城乡分治，一国两策”，形成了城乡二元经济、社会结构。城乡差距很大，生活悬殊，城乡冲突矛盾丛生，但农民住在乡下，城镇人口住在城里，互不相见，矛盾虽多，但一时还能相安无事。有了农民工，有了离土又离乡的农民工，大量的农民工进城来了，“一国两策”也进到城里来了。一个工厂、一个企业、一个单位、一个机关里，两种身份、两种待遇的人天天见面，时间一长，矛盾和冲突能少吗？这就可以解释，20 世纪 90 年代中期以来，社会治安恶化，刑事犯罪案件倍增的原因了。如 1995 年全国公安机关立案的刑事犯罪案是 162.1 万件，1998 年上升到 198.6 万件，2004 年上升到 471.8 万件。[①] 据北京、深圳、无

① 国家统计局编《中国统计年鉴·1997》，北京：中国统计出版社，1997 年 9 月，第 752 页；《中国统计年鉴·1999》，北京：中国统计出版社，1999 年 9 月，第 750 页；《中国统计年鉴·2005》，北京：中国统计出版社，2005 年 9 月，第 783 页。

锡等城市的公安机关统计，在抓捕的犯罪嫌疑人中80%是外来人口，外来人口的犯罪嫌疑人中80%～90%是农民工，而且这些案件中被侵害的对象也是农民工和外来人口。农民工进城来是求发展、找出路、挣工资的。他们走上犯罪的道路，有以下原因：有些农民工进城来，举目无亲，一时又找不到工作，生活无着落，迫于无奈犯罪；有些农村青年进城虽然找到了工作，但没有家庭管教，被坏人引诱，误入歧途；有些是当了农民工，卖力了，干活了，又被老板或工头拖欠克扣工资，在愤怒下打人、杀人；有些是长期受到不公平的待遇，发泄报复。农民工的绝大多数是进城来打工求生的，有如此多的农民工犯罪，从本质上说是这套农民工体制引起的。还有个事实值得注意，20世纪八九十年代的农民工，本身是农民，他们干过农活，受过农村艰苦生活的磨炼，他们不仅特别能吃苦耐劳，而且特别能忍耐，对城市强加给他们的不公和歧视，他们接受了，他们的对照前提是昔日的农村。现在的农民工是第二代农民工了，是改革开放以后出生的新一代，他们既没有饿过肚子，也没有干过农活，更没有农村艰苦生活的磨炼，他们一上学就受到改革开放以后的教育，接受民主、公平、权利等的熏陶，但在20世纪八九十年代逐渐形成的农民工的体制没有变化，于是矛盾和冲突自然就大量增加了。

第六，农民工的问题，从20世纪90年代开始就受到社会关注。早在20世纪90年代初期，农民工问题就得到了学术界、理论界的重视。他们论述农民转变为工人的必然性，批评把农民工进城看作“盲流”的说法。政府有关部门开始是把农民工作为“盲流”对待的，采取排斥的政策，限制、阻挠农民工进城，如有的大城市的领导说：“我城市里的事情已经够复杂的了，农民不在田里干活，到我城里来干什么?”有的城市制定政策，不许农民工在城里就业，有150多个工种不许农民工干。有的城市采取暂住证制度，还采取抓捕无证的农民工，收容农民工，强制遣送农民工回农村，弄得城乡关系很紧张。20世纪90年代中期以后，政府逐渐改变了对农民工的看法，因为人们看到，用农民工多的地方，经济、社会发展都比较快。事实说服了这些同志。2002年，党的十六大以后，对农民工问题达成了共识。从“孙志刚事件”以后，政府采取了一系列政策，如取消了收容遣返做法，取消了暂住证制度，帮助农民工追讨工资，工会开始接纳农民工加入工会。2006年1月，国务院颁布了5号文件，专门就农民工问题作出了决定，就维护农民工的合法权益，如培训、就业、工资、子女入学、参加社会保障等问题，作了决定，对农民工的作用、意义作了充分的肯定。① 农民工的处境正在日益得到改善，农民工的工资也有了很大的提高。

第七，关于如何解决农民工问题有两种思路。一种是就现在农民工面临的具体问题逐个解决，一步一步地向前进，如培训，按时足额发工资，子女上学，参加工伤、医疗、养老、失业和生育等社会保险保障问题；另一种是从国家的战略的高度，从根本上解决农民工问题，即改革户籍制度、就业制度、社会保障制度，也就是说，要摘掉农民工的“帽子”，使农民工变成工人阶级的成员。

第八，两种指导思想和发展战略。上述两种思路、解决问题的路径，实质上反映了两种指导思想和今后我们国家的两种发展战略。一种是这种农民工体制要长期持续地保持下去。当前，有一些不合理的问题，就事论事地加以解决，如拖欠工资的问题等。他们认为，城市现在需要农民工，将来大部分农民工还是要回到农村中去的，因为中国的资源、水、粮食，人均都很少，城市容纳不了这么多人。另一种是将来中国也一定会像世界工业化发达国家一样，农民将逐步减少，大多数要农民转为工人、职员和城市居民。中国要实现现代化，也必然是要走这条路，农民工这种体制是不行的。

第九，我是主张从根本上改革农民工体制的。现在进行的一些诸如培训农民工、规定工资按时足额发放、鼓励支持农民工参加社会保障、加入工会，都是好的（比原来好）措施。但解决这些问题，一定要服从整体的发展战略——目标是建设一个工人阶级队伍，而不是“一国两策”。所以一定要从户籍制度、社会保障制度等方面来着手。例如，现阶段可以先把制造业中已有多年工龄，又有一定技术的人，逐渐转变为城镇户口，逐步融入工人阶级的队伍（而不是两种力量）。这着棋下了，近期有 1 亿 ~2 亿农民工及其子女进城，让他们变“两栖”为“单栖”，从临时工变为固定工，有条件时，再把家庭其他人员也转进城里来，这样城乡就一体了，和谐了！

第十，社会学家要投身到解决农民工问题的事业中去。

---

① 参见《国务院关于解决农民工问题的若干意见》，载《十六大以来重要文献选编》（下），北京：中央文献出版社，2008 年 4 月，第 244 ~258 页。——编者注

“农民工”称谓解析*

一 盲流

“盲流”一词，最早出现在1952年。当年11月26日，中央人民政府内务部社会司在《人民日报》发表文章《应劝阻农民盲目向城市流动》。1953年4月18日，还发布了《中央人民政府政务院关于劝止农民盲目流入城市的指示》。当时，许多农民进入城市找工作，使城市失业人口增加、农村春播受到影响，因而发出了这样的通知。

20世纪80年代末，由于经济迅速发展，大量农民涌入城市寻找工作机会，虽然广东等地已经大量招收这样进入城市的农民，但是北京、上海等大城市受到了较大的冲击，在工作机会、公共交通、生活等方面，与当地市民产生冲突，“盲流”一词重新“流行”。

虽然1994年开始实施以就业证卡管理为中心的引导农村劳动力跨地区有序流动的就业制度，并对小城镇的户籍管理制度进行了改革，但很多地方仍然采用收容、遣返等制度对农民工进行管理，也产生了很多问题。“盲流”的称呼一直未能消失。

直到2003年6月，国务院颁布《城市生活无着的流浪乞讨人员救助管理办法》，废止了沿用多年的收容、遣送制度，“盲流”一词才最终退出历

* 本文源自作者修改的打印稿，该稿写于2007年4月28日，原题为“陆学艺解析‘农民工’称谓”（人民日报稿）。该稿内容被包含于《人民日报》2007年4月30日第10版刊载的《拿什么称呼你，我的兄弟》一文中，该文为陆学艺、吴冰、刘天亮三位专家关于农民工称谓问题的讨论，本文仅收录陆学艺的观点，该部分的小标题为“农民工称谓解析”，刊发时内容有删节。本文题目取自上述文章中陆学艺观点摘编的小标题，并根据作者修改的打印稿内容刊印。——编者注

史舞台。

二 民工

“民工”早在解放战争时期就已经出现，当时许多农民参加了解放军部队输送弹药、粮食等军需物资，抬运救护伤员等工作，他们被称为“民工”。1947年，陈毅在华东人民解放军干部会上的报告中，还提到“改变称号”问题，他说：“我想我军对人民自来采取同志的至亲的友爱态度，则民夫改称民工，对当地人民一律以同志改称这是对的。”①

到20世纪80年代，随着社会经济的发展和人口流动的增加，“民工”成为进城寻找工作的农民的代名词。如1989年3月，国务院办公厅就曾发出《关于严格控制民工盲目外出的紧急通知》。由于这个群体的不断发展，相应的称呼也相当多，如“外来务工人员”、“打工仔”、“临时工”、“合同工”、“轮换工”甚至“边缘人”等，这些称呼一直与“民工”并存。

与之相关的还有“民工潮”等词。1992年，邓小平南方谈话以后，经济进一步发展，农民工以每年1000万人的速度增加。每年春节，大量在外工作的农民返乡探亲，使一定时期的交通运输紧张，被称为“民工潮”，这个词也指流入城市的大量农民。

三 农民工

1983年，费孝通先生组织社会学工作者进行小城镇的研究。1984年，该课题组张雨林教授在《社会学研究通讯》发表的一篇文章中，首次提出“农民工”一词。而后，“农民工”这个说法被大量地引用。

最初的农民工是指“进厂不进城，离土不离乡”的乡镇企业职工。农村率先改革之后，农业连年丰收。1984年第一次出现“卖粮难”，这正是发展二、三产业的时候。由于历史的教训，国家并没有改革严格限制农业户口转为非农人口的户籍制度。农民只好就地办起了乡镇企业，自发地向二、三产业转移，于是就有了“进厂不进城，离土不离乡”的农民工。

20世纪80年代中后期，经济体制改革扩展到城市，城里的二、三产业大发展，需要劳动力，于是“进厂又进城，离土又离乡”的农民工就大量

① 《华东人民解放军干部会上的报告》，《人民日报》1947年11月10日。

出现了。到1988年，全国的农民工发展到3000多万人。

经过1991年、1992年的调整，约1000万农民工被"动员"回乡。1992年，邓小平南方谈话后，经济进一步发展，城市需要大量的劳动力，农民工以每年1000万人的速度增加，现在已经大约有1.2亿的农民工，加上"离土不离乡"的，全国的农民工约有2亿人。

在世界工业化的历史上，农民工是在中国特有的历史时期出现的新事物。20多年来，农民工为社会主义现代化建设作出了巨大贡献，为中国的工业化、城市化立了大功。他们是中国工人阶级的一个重要组成部分。因为他们还是农业户籍，还是农民身份，虽然做了工人的工作，却不能同工同酬，不能同权，不能享受应有的社会保障，子女上学、老人赡养都有困难，还受到社会歧视和不公正的待遇，由此引发了诸多的社会矛盾和社会问题。2006年3月，国务院颁布《关于解决农民工问题的若干意见》，明确表示，要维护农民工的权益，逐步解决上述问题。现在各地各部门正在贯彻落实这个文件，农民工的问题正在解决中。

新生代女农民工群体剖析*

《同舟共进》：有资料显示，中国农村流动人口中约1/3是女性，在有的地区，外来女工的比例甚至达90%以上。近两年来，女农民工的现状如何？

陆学艺：2006年的统计数据显示，全国农民工总数为1.3亿人，但男女农民工各有多少、比例如何没有确切的数据，因为各个地方情况不同。东莞等地的一些乡镇，服装、玩具、电子等行业比较集中，女农民工的数量较多，占70%～80%。只有个别乡镇，女农民工的比例可以达到90%，县市级以上的地区不可能达到。女农民工大量分布在制造业，有40%以上在制造业就业。

《同舟共进》：女农民工的出现，对城市发展起到了怎样的作用？

陆学艺：农民工以其能吃苦、肯出力、勤奋进取、任劳任怨且又廉价，获得了用工单位的青睐，站稳了脚跟，以后逐渐增加，形成了今天这样的庞大队伍。现在全国各个城市、各个行业，都有农民工在劳动。北京、上海、深圳等大城市的高楼大厦、楼堂馆所、公路铁路、基础设施、站台码头，在20世纪90年代以后，主要由农民工施工、建造。汽车、家电等产业工厂生产线上操作的，大多是农民工。星级宾馆、超级市场、饭摊、大排档，社区的送煤、送奶站点，也大多是农民工在服务。每到年关，大多数农民工要返乡过年，不少餐饮、服务行业不得不歇业，许多城市到春节出现了无人送煤、送奶，老年人无人照料，早点铺无人服务的窘境，一些重要工地和急需完成订单的工厂就想方设法挽留农民工。城市已经离不开农

* 本文源自《同舟共进》（月刊）2007年第8期，第17～18页。该文系该刊记者采访陆学艺、刘开明的访谈稿，原标题为"新生代女农民工群体剖析——知名社会学家陆学艺、刘开明访谈"，本文仅收录该刊记者与陆学艺对话部分，题目采用原文的主标题。——编者注

民工。而在服装、玩具、电子等行业的生产线上，宾馆、超市、家政服务等行业，又大多是女农民工。她们的劳动已成为城市生活不可缺少的一部分。

《同舟共进》：相对于男性农民工、女性农民工在就业上有哪些优势和劣势？

陆学艺：女农民工的就业时间比男农民工短，她们从事的各个行业都有年龄要求。服务行业一般招收年轻女服务员，电子等行业也需要精力好的年轻人，因为她们可以承受负荷较大的劳动。现在的工厂女工一般在20岁左右，到了一定年龄她们会因身体状况等离开，或者回家嫁人。

《同舟共进》：为什么会出现这种状况？

陆学艺：第一，我们的老板是新的。老板们当老板的经历只有一二十年，长的也只有二十多年，他们不知道怎样对待工人、怎样改善工人的工作状况。发达国家的工厂经历了几百年的发展，对工人的各种权益安排、权益保护等有一套成熟的模式，我们的老板没有这方面的经验。你到各个地方的书店转转，会发现这样一个现象：80%的书是给老板看的，是教人怎样赚钱、怎样变成老板或企业是怎么发展的。第二，我们的工人也是新的。他们原来是农民，对在城市中怎样保护自己、怎样争取自己的利益没有经验。一位国外学者曾对我说，我看到你们的工人工资是一年发一次，这样工人怎么干得下去？很多国家和地区，工人的工资是七天发一次，至少一个月发一次，不然工人就会罢工。但我们的工人是农民工，原来是农民，农村都是一年收成一两次，他们不知道自己有劳动一天就能得到一天报酬这个权益。第三，我们的政府也有责任。有些地方政府和政府部门根本不讲科学发展观，保护工人权益是常识性问题，它们却视而不见。我们也有工会组织，有妇联，女农民工权益保护等问题应该是它们研究的。

《同舟共进》：女农民工作为弱势群体往往缺乏自我保护意识和自我保护能力。从社会层面上说，该怎样避免女农民工权益受损并保障她们的各种权益？

陆学艺：“农民工是工人阶级的一部分”现在已经得到承认，对于工人的保护，有关部门要负起责任。我们早在20世纪70～90年代就有了保护女工权益的专门法律，工会、妇联等组织要真正负起责任才行。当然，如果农民工本身的问题没有完全解决，那么女农民工的具体问题也很难解决。

《同舟共进》：新生代女农民工普遍希望在城市有更大发展，但她们追求奋斗的道路异常艰难。影响她们发展的最大困境是什么？她们未来的出路在哪里？

陆学艺：城市化进程就是将农民转化为市民的过程，这是社会发展的规律。近年来，城市化使城市增加了30%的人口，这些市民就是从农民转变来的。总体来说，进城的农民工都在就业，这说明城市需要他们。但如果不给他们身份，他们在城市打工赚钱，却不能享受城市生活，不仅是不合理的，也容易产生一些社会问题。现在各个地方都在讨论农民工的户口问题，其实这个问题早该解决，给他们一个户口比三个“严打”都要好。

农民工流动与农村社会发展*

1978 年改革开放以后，中国发生了自周秦以来最深刻的社会大变革。经济体制深刻变革，经济持续快速发展；社会结构深刻变动，社会阶层分化，社会流动加快；利益格局深刻调整，大锅饭体制被打破，差距日益显现；思想观念深刻变化，多元化纷呈，核心价值观还未形成。这种空前的社会变迁，为中国的全面进步、重新崛起带来了巨大的活力和动力，但也必然带来各种各样的经济社会问题。总体说来，我们在经济体制改革、经济建设方面取得了巨大的成就，而在社会体制改革、社会建设方面虽然也取得了很多成绩，但相对于经济发展，是滞后了。所以出现了经济社会发展不协调的状况，形成了“一条腿长，一条腿短”的局面。十六大以来，中央就提出了社会要更加和谐。城市农村、经济社会要协调发展的任务。特别是 2004 年，十六届四中全会提出了构建社会主义和谐社会的战略思想。2006 年十六届六中全会专门就关于构建社会主义和谐社会若干重大问题做出决定，把构建社会主义和谐社会的战略任务摆在更加突出的地位。近几年来，党和政府就化解社会矛盾、解决社会问题、努力增加和谐因素、减少不和谐因素、促进社会和谐采取了许多措施，做了很多工作，也取得了很大成绩。在这个过程中，党和政府更加重视发挥社会学和社会学工作者的作用，提出“建设和谐社会，社会学工作者应当更加深入地对社会结构、利益关系和社会建设、社会管理进行调查研究”。胡锦涛同志说：“现在提

---

* 本文源自《赣南 90 村——劳动力转移背景下的村级社区考察》（杨达著，北京：社会科学文献出版社，2008 年 3 月），第 1 ~ 11 页。原稿写于 2007 年 12 月 29 日，系陆学艺为杨达的著作写的序。该文还以“农民工流动与农村社会发展”为题收录于《社会建设论》（陆学艺著，北京：社会科学文献出版社，2012 年 3 月），以“二论农民工”为题收录于《“三农”续论：当代中国农业、农村、农民问题研究》（陆学艺著，重庆：重庆出版社，2013 年 5 月）。本文采纳《社会建设论》收录文的标题。——编者注

出建设和谐社会，是社会学发展的一个很好的时机，也可以说是社会学的春天吧！”①

从国家经济社会发展的全局看，贯彻落实科学发展观，推进中国特色社会主义伟大事业，必须坚持以经济建设为中心，要坚持经济社会协调发展的原则，解决“一条腿长，一条腿短”的问题，把构建社会主义和谐社会摆在更加突出的地位。在这个历史任务面前，社会学和社会学工作者要充分发挥作用，这是社会学大发展的大好时机，也是社会学工作者作出贡献的大好时机。

建设中国特色社会主义现代化需要社会学，中国社会学也要在为建设中国特色社会主义现代化服务的过程中繁荣发展起来。社会学以其特有的专业理论和研究方法为现代化建设服务是多方面的，社会学工作者为现代化服务的研究领域也是多方面的。当前，党和政府提出了要重点加强社会建设和社会管理的战略任务，社会学工作者可以深入进行社会建设和社会管理方面的研究，提供理论支撑和决策咨询，也可以开展对各地城市、农村现状基本国情的调查研究，以使社会建设和社会管理的任务在各地能针对现实、有的放矢，落到实处，取得成就。自构建社会主义和谐社会的任务提出以来，各地的社会学工作者积极响应：或潜心研究，著书立说，阐发和谐社会建设的理论；或走向社会，调查研究，探索社会建设实践中的新经验、新问题、新情况，提出进一步推进的政策建议。

江西社科院杨达同志的这部新著《赣南90村——劳动力转移背景下的村级社区考察》，运用社会学的理论和方法，对自己家乡江西南部90个村委会进行全方位研究，内容涉及人口家庭及劳动力流动，耕地、山林、水面及生产资料，产业经济及收入构成，经济科技组织及政策扶持效力，村级财务及集体资产运作，村委会选举及村级社区管理，社区公共设施及村民生活消费，贫困农户及民政救济，居家生活内容及作息时间分配等多个方面，时间逾两年半，获得了大量一手资料。作者用社会学的方法做了比较系统的描述，做出了自己的分析和判断，向读者表明：大量农村劳动力向城镇转移输出地的赣南农村社区，目前的境况是怎样的、以后将会怎样演变，最后提出了自己的政策建议。

① 参见李培林《完善学术研究管理　推进国家社会建设》，载李中印、李旭红主编《行与知——中共中央党校第31期中青一班三支部学员从政经验交流文集》，贵阳：贵州教育出版社，2011年12月，第85页。——编者注

杨达同志是做过多年农村社会调查的学者，十分关注农村发展和“三农”问题的妥善解决。这部新著的出版，实际是他以辛勤劳动和主张，加入了中国社会已经开展多年并且还在继续的关于农民工问题的大调查、大讨论的行列。这部新著，不仅资料丰富翔实，而且提出了自己的判断和见解。

农民工这种用工形式，是在20世纪80年代中国工业化大发展的过程中，为了应对计划经济时期形成的城乡二元结构体制，不得已而采取的一种权宜之计。一方面，农村改革后，有大量剩余劳动力要找出路；另一方面，快速发展的二、三产业需要劳动力，而计划经济体制下形成的户口、就业、社会保障等体制又不允许农村劳动力离开农村、改变户口等。于是就先有“离土不离乡”的农民工，农民工在本地的乡镇企业里劳动，职业改变了，但居住地不变，身份也不变。随着改革和发展继续深化，城市的二、三产业大发展，需要劳动力，于是就有了“离土又离乡”的农民工，他们不仅职业改变了，而且居住地也改变了，但是农业户口的身份还是不变。20世纪90年代中期以前，“离土不离乡”的农民工是主体；20世纪90年代中期以后，“离土又离乡”的农民工成为主体。据2006年农业部统计，进城镇的农民工为1.32亿人，农民工现在已成为我国二、三产业一线工人的主体，在建筑、矿产、服装等行业，农民工已占职工总数的70%以上。

当代中国的农民工，不仅已是中国工人阶级的主体，而且是中国工人阶级的代表。中国人的勤劳、俭朴、勇敢、智慧，集中体现在这一代农民工身上。我考察过发达国家和发展中国家的一些产业，相比之下，没有哪个国家的工人，能比得上我们的农民工。中国的农民工，充满活力、虎虎有生气，他们的社会地位不高，但他们跳出了农门，在社会阶层地位的阶梯上，上了一个台阶。中国的农民工，勤劳肯干、积极有为，平均工时在11个小时以上，几乎没有节假日。他们劳动报酬不高，在城镇可以说是最低的，并且没有多少单位福利、社会保障，他们默默地忍受了。因为与留在农村的父老兄弟相比，他们还是好了许多。中国农民工，刻苦好学、积极上进，他们原来都是没有专业特长的农民，但一进工厂，在实践中学，很快就能上岗顶班，有的不久就成为能工巧匠、行家里手，有的在技能竞赛中夺冠，有的还得到了创新、专利奖。当今世界，布满100多个国家和地区商店超市的“中国制造”，90%出自中国农民工之手，中国现在被誉为“世界工厂”，而这个工厂的工人，是一个庞大的农民工群体。当今中国，社会主义现代化建设各项事业突飞猛进，20多年，全国就像一个大工地，日新月异，在改变着中国的面貌，而这个大工地的主体劳动者，是农民工。高楼大厦、楼堂馆所、铁路煤矿、车站码头，有哪一个不是农民工建的？就连三峡大坝、青藏铁路、奥运场馆、世博会馆这些世纪性的宏大工程也凝结着中国农民工的劳动和智慧。还有，现在中国发展得最快、经济实力最强、建设得最好、竞争力最强、名列前茅的明星城市，诸如北京、上海、深圳、广州、杭州、宁波、苏州、无锡等城市，有哪一个不是主要靠农民工建起来的？我做过调查和计算、对比，结论是，哪个城市接纳农民工多，使用安排得好，哪个城市就发展得好、发展得快。有个北京毕业的博士，在深圳工作多年，写了一本书，论述了深圳从一个边陲小镇，发展为举世闻名的特大城市的过程。他得出一个结论：深圳主要是靠千万农民工的劳动创造的。我认为这个结论是正确的，是符合历史唯物主义原理的。其实，自改革开放以来，特别是1992年以来，中国工业化、城市化和现代化突飞猛进的伟大业绩，也主要是靠亿万农民工的劳动创造的。现在国际国内都在探索中国经济持续、快速、稳定增长的奥秘，我想如果把中国农民工的这套体制和机制研究清楚了，至少可以揭示出这个奥秘中的一个重要组成部分。

世界上的万事万物总是一分为二的，有利就有弊。农民工体制也不例外。中共十六届六中全会通过的《中共中央关于构建社会主义和谐社会若干重大问题的决定》指出："目前，我国社会总体上是和谐的。但是，也存在不少影响社会和谐的矛盾和问题。"① 文件接着指出了六个方面的矛盾和问题，对照分析，其中四个方面都是与农民工问题有关的。农民工干了最多、最重、最累、最险的活，但工资最低，还经常被克扣、拖欠，此谓不公；农民工积极参加工业化、城市化、现代化事业的共建，但福利最少，社会保障很差，接受的公共服务最少，没有得到应有的共享，此谓不平；农民工干了工业、服务业的活，尽了工人阶级的义务，但长期得不到社会的承认，没有工人阶级的名分，此谓不正；农民工进了城市，埋头苦干，为城市创造价值，为居民打扫环境，拉煤送奶，竭诚服务，几年了、十几年了，但城市就是不接纳，不承认农民工是城市居民。有人说，这里的城市，只要农民工的劳动，不要农民工这个人，叫作"经济上接纳，社会上排斥"。农民工的家长说："当年城里的青年下乡，俺们是当自家的孩子一

① 《中共中央关于构建社会主义和谐社会若干重大问题的决定》，北京：人民出版社，2006年10月，第3页。

样待的。为什么现在我们的孩子进城了，城里人都这样对待我们?!”此谓不义。古人云：“不平则鸣。”这样的农民工体制，就是产生影响社会和谐的矛盾和问题的重要原因之一。调查统计表明，东部沿海经济发达、繁荣富庶的大中城市，多数社会秩序治安不好，犯罪率高，居民的安全指数低，看一看不少城市居民家庭安装的防盗门窗的密度就清楚了。调查资料也表明，这些发达城市公安系统每年抓捕的犯罪嫌疑人，多数是外地人，而这些外地人中除了流窜作案的惯犯外，多数是农民工，应该指出的是，那些被欺诈、偷盗、抢劫等的受害人，主要也是农民工。这样的农民工体制，不值得反思吗?

上述农民工问题只是整个农民工问题的“冰山一角”，但可以充分说明解决农民工问题已经十分紧迫、十分重要。这是关系建设中国特色社会主义现代化事业全局的重大问题。自十六大以来，党中央、国务院非常重视、非常关注农民工问题的解决，已经做了大量的工作，采取了一系列保障农民工权益、改善农民工生产生活条件的政策措施，提出了“公平对待、合理引导、完善管理、搞好服务”① 的方针，发布了《关于解决农民工问题的若干意见》的指导文件，各地、各部门正在按照中央文件的精神，贯彻落实，情况正在好转。但是，农民工这套做法已实行20多年，形成了一套体制，改起来很难。而这是关乎我们国家要建设一个什么样的工人阶级队伍、构建一个什么样的社会阶层结构：是建设一个城乡一体的社会主义经济体制，还是维持目前这种城乡分治的二元经济社会结构?这是关系中国特色社会主义现代化前途命运的大问题，所以农民工问题必须从根本上加以治理。要集思广益，制定一整套政策措施，既能保持农民工这个庞大的劳动者群体积极参加社会主义建设的活力，继续推进经济社会事业又好又快地持续健康快速发展，又能使农民工问题逐步得到治理，这是摆在我们面前亟须解决好的一项具有战略意义的大任务。

杨达的这部新著，用他亲自调查的大量客观事实和数据，从一个侧面说明了农民工问题必须解决的重要性和紧迫性。他在前言中说，他认为目前应该研究的问题是两个：一是接纳大量农村劳动力后城镇怎样发展?二是输出大量劳动力后农村自身怎样发展?该书主要是研究论述第二个问题的。而从他提出的假设到最后做出的论证，则是通篇论述了农民工进城以

① 参见《国务院关于解决农民工问题的若干意见》，载中共中央文献研究室编《十六大以来重要文献选编（下)》，北京：中央文献出版社，2008年4月，第246页。——编者注

后的命运和农民工走了以后农村的窘境。杨达通过长期调研和思索，提出了两个很形象的假设。一是“风筝假设”。当今中国的农村劳动力外出当农民工，就如同从农村放出去的一只只风筝，现行农村的土地制度、户口制度就像引线，始终紧紧地拽着他们，他们的根还在农村。而现行的城市的户口、就业、住房、社会保障等制度，又不允许农民工在城市落脚，他们至今还飘荡在空中。二是“后冰期社区假设”。当今中国的农村，就像冰川解冻时的后冰期。改革开放前，农村社区就像一个冰川，劳动力是不许流动的。20世纪80年代中期后，有如冰川溶解，农村劳动力大量外流，历经20年，仍有50%以上的劳动力留在农村，绝大多数非劳动人口仍在农村生活。在目前的城乡体制下，每年继续有农村劳动力外流，又有已经外出的劳动力由于各种原因回流，这种中国农村劳动力转移的特点，称为“后冰期”，以此为标志，农村则具有“后冰期社区”的特征。把农村全部人口分为已流、待流、回流、不流四种。现在的农村——后冰期社区——则是已流劳动力的避风港，新生劳动力（待流）的培养基地，不流、回流人员的“桃花源”。

杨达提出了两个形象的假设，他用大量调查所得的第一手事实和数据在书中做了论证，并在该书第九章“结论”中做了表述。

1. 关于“风筝假设”的论证

从20世纪80年代中期到2005年，前后20年间，赣南90村43330个农户的劳动力外出比例为43.16%，劳动力外出户比例为57.85%～64.85%。结果怎样呢？直到2005年调查时为止，前后20年，全家留村的农户仍占28.97%～35.26%，全家离村的农户只占6.18%～6.88%。也就是说，在57.85%～64.85%的劳动力外出户中，能够把全家带离农村的约占10%。约90%的外出劳动力还处于漂泊闯荡状态，他们的家人还留在农村，他们只是飘荡在异地城市空中的一只只风筝。约10%能够把全家带出的劳动力，即使在城市落下了脚，也只是现在被称为城市的常住人口、新市民，没有正式的城市户口。所以，这个“风筝假设”大体是成立的。

2. 关于“后冰期社区假设”的论证

这是该书的重点。作者用主要的篇幅描述了农民工外出以后农村生产和生活各方面的状况，对假设做了论证。第一，外出打工20年，本地经济依然落后。赣州市与广东、福建交界，早在20世纪80年代中期，就有人到广东珠三角打工，以后越来越多。到2005年调查时，90个村的605个样本户中，共有劳动力1937人，其中常年离村外出劳动力682人，短期打工兼居村内外的154人，两项合计836人，占全部劳动力的43.16%，如外出男劳动力占全部男劳动力的比例，则为49.34%。据此推算，赣州市830万人中，约有200多万劳动力外出当农民工（小部分经营小工商业），前后已有20年，每年有务工经商收入汇入本地，不无小补。但直到2003年，赣州市“经济发展仍相对滞后，长期维持农业经济结构，农业人口占全区总人口的80%以上。2003年城乡人均生产总值4293元，这低于省会南昌市（人均万元）的水平”，只占当年全国人均GDP 10542元的40.72%，经济仍处于欠发达的中下水平。这就是说，40%以上的劳动力外出当农民工，输入地是富了、繁荣了，但输出地在经济上并没有富起来，经济依然相对滞后，并没有摆脱贫困落后的窘境。

第二，经济社会结构仍是农业社会的格局，仍有相当多的剩余劳动力。抽样调查的90个村的事实和数据表明，2005年，留在村里的劳动力占全部劳动力的56.73%。这些劳动力中的绝大多数（占79.75%）仍然以务农为主，从事个体工商业的只占6.6%，就近打工的占4.6%，从事专业技术的占3.4%，当党务、社区管理干部的占1.3%，其他各业均不超过1%，还是农业社会的职业结构。农业生产仍然主要靠人力、靠手工操作，仍然维持一家一户的小农经济形式。即使如此，农村劳动力还有剩余。90个村中，除58个村种好、养好全部水田、水面和山林外，劳动力还是全面剩余；25个村，除农田、水面之外，山村所需劳动力已感不足；只有7个村，外出劳动力较多，农田、水面、山村所需劳动力已全面不足。杨达推算，目前赣南在现有生产力水平下，仍有12.6%的剩余劳动力需要转移。

第三，农村劳动力向外转移，受全国工业化、城市化进程和政策、体制的制约，转移的过程，起伏不定，呈周期性的高潮和低谷。这种转移是有条件的。正如冰川的消融要靠气候变化一样。目前的农村，就像处于后冰川时期，冰川已经溶解，但大量坚冰仍然存在，呈现后冰川时期的特征。调查资料表明，赣南90村的605份问卷中，2005年，不流、待流和回流的人口占有劳动力农户总人口的71%，其中“回流”劳动力占留村人口的3.27%。不流待流人口占67.73%。也就是说，农村劳动力向外转移20年，目前仍有半数以上的劳动力和绝大多数非劳动力人口仍长期滞留农村。这些继续留在农村的60%的劳动力和更多的其他人口，就像冰川溶解后留下的坚冰部分。所以说，赣南90村现在处于农业劳动的后冰川时期，是基本成立的。

后冰川时期社区的特征主要体现在以下几个方面。

第一，农村是外出劳动力的避风港。赣南农村家庭联产承包责任制稳定未变，土地继续由农户承包经营，2005年又把山林划给农户长期承包经营。本次调查表明，现有耕地面积占农户承包经营面积的96.43%，自耕率占91.12%，表明大量劳动力外出后，农村的农业生产是正常的，基本维持了最初土地由农户承包经营的格局。所以农民工在外遇到意外和困难，在城里干不下去了，仍可回家乡顺利续耕，重操旧业。故曰，农村是农民工的避风港。

第二，农村是新生农村劳动力的培养基地。调查资料表明，因为外出劳动力能够把全家带离农村的，至今只占总户数的6.18%，大部分外出劳动力的未成年子女都留在家乡，加上不流农户的子女，农村人口中绝大部分的未成年青少年，都还在接受义务教育。现阶段的农村教育，基础设施不完备，师资条件也比较弱（当地民办老师占4.34%，代课老师占12.31%），总体教学质量较差。杨达说，“这些农村孩子实际上早已输在小学阶段的起跑线上”。如果农村的这些环境不改变，这些孩子的未来，很多是进城继续当农民工。因此，说现在的农村是新生农村劳动力的培养基地，是有根据的。

第三，农村是不流、回流人员的“桃花源”。不流人员有两种：一种是全家因有利或不利条件，没有外流的成员；另一种是家庭中有外出打工或经商的，在家里的是留守老人、留守妇女、留守儿童，他们既靠在家种田务农获得收入，也靠外出劳动力寄钱回来。回流人员也有两种：一种是外出打工或经商的劳动力，在外遇到困难，或病残或厌倦或经商失败回家乡了；还有一种是在外学到了技术，积累了资金和提高了经营能力，或建立了相应的社会关系，回到家乡创业，成为个体工商户，成为老板，也有的回乡当上了社区的干部。这四种人员，前三种的情况都不算好，都不能说是成功，只有后一种，可说是“外出成才”奋斗成功的，但人数很少，只占外出人员的7.24%，占全部劳动人口的3.46%。作者自己说，关于“后冰期社区假设”，只获得了有限的证实。

总体来说，杨达这本新著的重要价值在于，他用调查的事实，向读者阐明了两个重要结论。第一个重要结论是，现行农民工的这套做法和体制，虽然对输入地、城市是非常有利的，是中国农民为工业化、城市化、现代化事业做贡献的一种特殊形式，创造了许许多多称得上奇迹的大成就。但是，这套农民工的做法和体制，是在原有的城乡二元结构条件下产生和逐步形成的，本身是对城乡二元结构的维护。20年时间过去了，其不仅没有减少农民数量，使农民富裕，实现城乡一体，反而使农业户口人员的绝对量增加了。1985 年是 8.4 亿农业户口，2005 年为 8.96 亿农业户口。① 而城乡居民的收入比由 1985 年的 1.86∶1 扩大到 2005 年的 3.22∶1。② 而进了城的 1.2 亿农民工本身，也没有在城市落下脚，成为完整意义上的工人阶级和城市居民，反而成为飘荡在城市上空的一只只“风筝”。20 年的实践，不仅没有改变城乡二元结构的格局，而且把这种二元结构的格局引进了城市，由此产生诸多新的社会矛盾和社会问题。现在已到反思这套“亦工亦农，亦城亦乡”的设想和做法的时候了。

第二个重要结论是，现行农民工的这套做法和体制，对于输出地的农村来说，虽然在开头几年，起到了缓解大量农业剩余劳动力就业的压力，得到了农民工寄回的工资余额，补贴了农户家用，活跃了农村市场，一些农业大省、农业大县领导高兴过一阵，农民工汇回的钱，比财政收入还多，争着当劳动力输出大省、大县。但是 20 年的实践结果怎样？现在应该做一个总结和反思了。

第一，农民工这套劳动力转移方式，并不能解决输出县、市由穷变富、由落后超先进，实现本地区的现代化的问题，反而使城乡之间、地区之间的差距拉大，相对而言，输出地变得更加落后了。如前所述，赣州外出劳动力 200 多万，占全部劳动力的 40%，输出了 20 年，本地区的经济结构、社会结构基本没有改变。在经济上，纵向比，有进步；横向比，特别与输入地比，反而落后了（江西是劳动力输出大省，1991 年人均 GDP 1212 元，2005 年为 9440 元；浙江是输入大省，1991 年人均 GDP 2310 元，2005 年为 27703 元。原来的差距是 1.91∶1，2005 年差距扩大为 2.93∶1)。③ 因为这种劳动力转移方式，本质上是一种城乡之间、地区之间不公平的、不等价的、主要有利于城区的交换形式。输出地要实现现代化，必须另辟蹊径。

第二，农民工这种劳动力转移的方式，也不能解决农民自身的问题。工业化的普遍经验是，工业化和城市化基本上是同步的，工业化本身就是大多数农民转变为工人、转变为市民的过程。农民在城里找到工作和有了

① 国家统计局国民经济综合统计司编《新中国五十年统计资料汇编》，北京：中国统计出版社，1999 年 11 月，第 1 页；国家统计局编《中国统计摘要·2007》，北京：中国统计出版社，2007 年 5 月，第 38 页。

② 国家统计局编《中国统计摘要·2006》，北京：中国统计出版社，2006 年 5 月，第 108 页。

③ 国家统计局编《中国统计年鉴·1993》，北京：中国统计出版社，1993 年 8 月，第 38 页；国家统计局编《中国统计年鉴·2004》，北京：中国统计出版社，2004 年 9 月，第 66 页。

职业、居住地，身份的转换就同时实现了。而我们则不同，前面讲过：先是在乡镇企业工作，“离土不离乡”，职业改变了，居住地、身份不变，再是到城市企业工作，“离土又离乡”，职业、居住地改变了，但身份（户籍）不变。第一步到第二步只用了几年时间，现在第二步已经走了十几年了，身份还是农民工。有人设想用30～50年时间解决。但农民工个人，是有生命周期的，18岁出来打工，干20年可以，少数人干30年还勉强，再长年老体衰就不行了。而且这种农民工的就业与社会身份的分离、农民工与其家属子女长期异地分离的不正常社会生活，已经引发诸多社会矛盾和问题，到了提出要共建共享和谐社会的今天，还能坚持不改吗？

第三，农民工这套做法和体制，使大量农村最优秀、最有活力的青壮劳动力都去建设城市了，留下的是老弱妇孺，新农村谁来建设？农业现代化谁来实现？“三农”问题怎么解决？城乡二元结构怎么破解？杨达用了很大的篇幅做了论证，他认为农民工外出，加上农村教育体制的落后，使“农村缺乏新一代高素质的农民和较高生产效率的农业，农村社区及留下居民的生活方式仍较落后”。现行的这些做法、这种状况“难以支撑农业的现代化”。抛下的“‘留守老人’、‘留守妇女’、‘留守未成年人’问题，只能依靠各地县乡政府采取适当的社会福利、社会保障措施予以对付”。所以，杨达把现在的农村比作“后冰期社区”，是一个很形象的比喻。如果我们不从根本上把农民工问题解决好，也即外部环境气候条件不转好，那么这种“后冰期社区”的农村现状，是很不容易改变的。

第四，农民工这套做法和体制，还属于农村劳动力转移的早中期，设想一下，这种状况再过10年、15年、20年后会怎么样呢？据有关部门统计，2004年，全国1亿多农民工的平均年龄为28.6岁（其中31岁以上的占39%），假设他们一直在城里打工，到2020年，这一代农民工平均年龄为44.6岁（其中39%的农民工超过47岁），农民工大多是吃“青春饭”的，他们中有“20岁出山，40岁归山”的说法，到2020年，如果现在的这套做法还不改变，这一代农民工中有40%～50%的人就该下岗了。他们的工资本来就低，大多用来赡养农村的家人了，多数人没有积蓄，社会保障又不完善，这5000万～6000万人回到农村（主要集中在中部地区的农业大省里），谁来赡养他们？那时的农村社会能安定和谐吗？2020年，正是我们要实现全面建设小康社会宏大目标的时间，这样的问题，应该是在这之前就解决好的。

“未雨绸缪”，我们现在就该研讨设计如何从根本上解决农民工问题的策略和措施了，并且应该及早予以实施。杨达在该书最后，也提出了建议：从大系统的高度上适度调整，积极采取城乡联动的应对措施，则是一种更具理性并能掌控未来发展主动权的必要选择。这个建议的方向肯定是正确的，但关键是要有能切实解决问题的对策，哪怕一条也好。

现在，研究宏观问题的人很多，上条陈、提建议的也不少，这是国家兴旺发达的表现，但真正有研究、有见地、能切实解决难题的并不多。当然，对社会现实做了深入的调查研究，发现了问题，把问题提出来，做出了相应的解释，也是好的，也值得提倡。现在，国家提出构建社会主义和谐社会的战略目标，这是关乎国家全局的大事，也是个新领域、新任务，需要全国上下共同努力，经过长期奋斗才能实现。我们社会学工作者更应在这个过程中，深入实际，调查研究，总结新经验，发现新问题，做出新解释，提出新建议，为实现这个战略目标多做贡献。杨达的这本新著，就是通过长期的调查和潜心研究，对农民工问题、对农民工外出后的农村问题，这两个直接关系城乡和谐社会建设的大问题，做出的新的论述和新的解释，颇有新意，发人深省，值得一读。

前几天见到杨达。我对他说："你花了两年多的时间，和当地的干部群众一起，做了一个很好的社会调查。题目选得好，很有意义，取得的资料和数据很丰富、很翔实，统计和分析也做得好，言之成理，有根有据。但是，你书的第九章，结论部分，写得太简要了，理应提出的政策建议，只有几句话，可惜了。"他表示认同，并一再表示，如何破解农民工这个难题，他还要进一步探索和研究，还要继续写。好，我们就等着杨达的新论著吧！

“农二代”难题：发达地区要做出一些牺牲*

今年①一号文件的最大亮点是提到“推进城镇化发展的制度创新”。其中的很多措施，很具体、很实在。比如，文件中提到“深化户籍制度改革，……促进符合条件的农业转移人口在城镇落户”，尤其是提到“采取有针对性的措施，着力解决新生代农民工问题”。②

提出城镇化和农民工问题，是基于我国建设工业化和现代化国家的大背景。农村富余劳动力向非农产业和城镇转移，是工业化和现代化的必然趋势，所有现代化的国家，都有一个大部分、绝大部分农民转变为工人、市民的过程，如果人口的大多数都是农民，那是没有现代化可言的。城镇化必然伴随和产生一些问题，而农民工是重要的一项。农民工出现，本来只是在当时的情况下不得已而为之的一种应时措施。国家的经济社会体制都进行改革后，各方面的条件改变了，但农民工的体制因为种种原因反而逐渐固化了，并产生了种种矛盾，直接影响工农、城乡关系，影响经济持续健康的发展，影响社会安定的大局。所以这次一号文件把城镇化发展单独列出来，并且提出要切实解决事关农民工切身利益的问题，如户籍、住房等。

这次的一号文件，提到了一个新词——“新生代农民工”，也就是“农民工二代”③。这些人，他们是不会再回到农村去了，他们已经把自己的家

---

* 本文原载《人民论坛》2010 年第 6 期，发表日期：2010 年 2 月 23 日。该文还收录于文集《“三农”续论：当代中国农业、农村、农民问题研究》（陆学艺著，重庆：重庆出版社，2013 年 5 月）。——编者注

① 本文中指 2010 年，下同。——编者注

② 参见《中共中央、国务院关于加大统筹城乡发展力度 进一步夯实农业农村发展基础的若干意见》（2009 年 12 月 31 日），载中共中央文献研究室编《十七大以来重要文献选编（中）》，北京：中央文献出版社，2011 年 4 月，第 350 页。——编者注

③ 简称“农二代”。——编者注

安在了城里，但是城市并没有给他们相应的待遇，这是极其不合理的。我们中国人到国外去打工，根据一定的条件，还可以拿绿卡，而我们自己的国家、自己的农民来城里打工这么多年，为什么不能给他们一个身份？现在全国各地各个城市、各个行业、各条战线，都有农民工在劳动，农民工已经进入了我国工业化、城市化过程中的方方面面，成了各行各业不可缺少的重要力量。

所以，要让农民工进城，让"农民变市民"。农民工问题是在特定的历史条件下形成的，已经有 20 多年的历史，要从根本上解决农民工的问题，是一项系统工程。应该说，这次一号文件中提到的"深化户籍制度改革、促进符合条件的农业转移人口在城镇落户，着力解决新生代农民工问题"，是一种釜底抽薪、真正解决问题的方式和态度。遇到的问题，我想主要还是什么叫作"符合条件"，如何解决落户的问题。户籍制度的放开，其实不是什么难题，不是什么不能解决的事情。在这个事情上，政府是要出来说话的，关键是发达地区要有大局观。发达地区去接纳这么多的农民工，城市的承载能力是一个问题，而且发达地区是要做出一些牺牲的，但是这种牺牲是必要的，也是应当的。在改革开放之初，邓小平就说过让一部分人、一部分地区先富起来①，先富带动后富。现在，就是这个时机了。

① 参见邓小平《视察天津时的谈话》（1986 年 8 月 19 ~ 21 日），载《邓小平文选》第 3 卷，北京：人民出版社，1993 年 10 月，第 166 页。

农民工应该享有均等的社会保障*

一个国家要实现由传统的农业、农村社会向现代社会转变，必须实现工业化、城市化。农民工是世界工业化历史上的一个新事物，是中国在特殊的历史时期形成的一个特殊的社会群体。在工业化过程中，大量的农业劳动力转到工厂成为工人，进入城市。通常工业化与城市化是同步的，农民进了工厂，也就自然成为城市居民。但我国的情况与其他工业化国家的城市化进程不同。

“农民工”这种中国特有的用工形式是在20世纪80年代中国工业化大发展的过程中，为了应对计划经济时期形成的城乡二元结构体制，不得已而为之的一项变通的权宜之计。农村改革后，有大量农业剩余劳动力要找出路，正在发展的二、三产业也需要劳动力，而计划经济体制下形成的户籍、就业、社会保障等社会体制又不允许农村劳动力离开农村、改变户口，于是就出现了“离土不离乡”的农民工。农民工在本地的乡镇企业里劳动，职业改变了，但居住地不变，户籍身份也不变。随着改革的继续深化，城市的二、三产业大发展，需要劳动力，于是就有了“离土又离乡”的农民工，他们不仅职业变了，而且居住地也改变了，但是农业户口的身份还是不变。20世纪90年代中期以前，“离土不离乡”的农民工是主体；20世纪90年代中期以后，“离土又离乡”的农民工逐渐成为主体。据有关部门2008年统计，全国有农民工2.3亿，“离土不离乡”的为8500万人，“离土

* 本文原载《农民工就业与社会保障问题研究》（杨桂宏著，长春：吉林大学出版社，2010年10月），第1~6页。原稿写于2010年4月8日，系陆学艺为该书撰写的序言，该序言还以“农民工应该享有均等的社会保障”为题收录于《社会建设论》（陆学艺著，北京：社会科学文献出版社，2012年3月），以“四论农民工”为题收录于《“三农”续论：当代中国农业、农村、农民问题研究》（陆学艺著，重庆：重庆出版社，2013年5月）。本文采纳《社会建设论》收录文的标题，并根据该文本校订了原序的个别文字。——编者注

又离乡”进入城镇的农民工为1.45亿人，农民工现在已成为我国二、三产业一线工人的主体，在建筑、矿产、服装等行业，农民工已占职工总数的70%以上。

当代中国的农民工，不仅已是中国工人阶级的主体，而且是中国工人阶级的代表，中国人的勤劳、简朴、勇敢、智慧，集中体现在这一代农民工身上。我考察过发达国家和发展中国家的一些产业，相比之下，没有哪个国家的工人，能比得上我们的农民工。中国的农民工，充满活力、虎虎有生气。他们的社会地位不高，但他们跳出了农门，在社会阶层地位的阶梯上，上了一个台阶。中国的农民工，勤劳肯干，积极有为，平均工时在11个小时以上，几乎没有节假日。他们劳动报酬不高，在城镇可以说是最低的，并且没有多少单位福利、社会保障，但他们默默地忍受了。因为与留在农村的父老兄弟相比，他们还是好了许多。中国的农民工，刻苦好学、积极上进，他们原来都是没有专业特长的农民，但一进工厂，在实践中学，很快就能上岗顶班，有的不久就成为能工巧匠、行家里手，有的在技能竞赛中夺冠，有的还得到了创新、专利奖。当今世界，布满100多个国家和地区商店超市的“中国制造”，90%都出自中国农民工之手，中国现在被誉为“世界工厂”，而这个工厂的工人，是一个庞大的农民工群体。当今中国，社会主义现代化建设各项事业突飞猛进，20多年来，全国就像一个大工地，日新月异，在改变着中国的面貌，而这个大工地的主体劳动者是农民工。高楼大厦、楼堂馆所、铁路煤矿、车站码头，有哪一个不是农民工建的？就连三峡大坝、青藏铁路、奥运场馆、世博会馆这些世纪性的宏大工程无不凝结着农民工的劳动和智慧。还有，现在中国发展得最快、经济实力最强、建设得最好、竞争力最强、名列前茅的明星城市，诸如北京、上海、深圳、广州、杭州、宁波、苏州、无锡等城市，有哪一个不是主要靠农民工建起来的？我做过调查、计算和对比，结论是，哪个城市接纳农民工多，使用安排得好，哪个城市就繁荣，发展得好，发展得快。有个博士，在深圳调查研究多年，写了一本书，论述了深圳从一个边陲小镇，发展为举世闻名的特大城市的过程。他得出一个结论：深圳主要是靠数以千万计的农民工劳动创造的。我认为这个结论是正确的，是符合历史唯物主义原理的。其实，自改革开放以来，特别是1992年以来，中国工业化、城市化、现代化取得的伟大业绩，也主要是靠亿万农民工的劳动创造的。现在国际、国内都在探索中国经济持续、快速、稳定增长的奥秘，我想如果把农民工这套体制和机制研究清楚了，至少可以揭示这个奥秘的一个重要组成部分。

世界上的万事万物都是一分为二的，有利就有弊。农民工体制也不例外。中共十六届六中全会通过的《中共中央关于构建社会主义和谐社会若干重大问题的决定》指出："目前，我国社会总体上是和谐的。但是，也存在不少影响社会和谐的矛盾和问题。"① 文件接着指出了六个方面的矛盾和问题。对照分析，其中四个方面都是与农民工问题有关的。农民工干了最多、最重、最累、最险的活，但工资最低，还经常被克扣、拖欠，此谓不公；农民工积极参加工业化、城市化、现代化事业的共建，但福利最少，社会保障最差，享受的公共服务最少，没有得到应有的共享，此谓不平；农民工干了工业、服务业的活，尽了工人阶级的义务，但长期得不到社会的承认，没有工人阶级的名分，此谓不正；农民工进了城市，埋头苦干，为城市创造价值，为居民打扫环境，拉煤送奶，竭诚服务，几年、十几年了，但城市就是不接纳、不承认农民工是城市居民。有人说，这里的城市，只要农民工的劳动，不要农民工这个人，叫作经济上接纳、社会上排斥。农民工的家长说："当年城里的青年下乡，俺们是当自家的孩子一样待的，为什么现在我们的孩子进城了，城里人都这样对待我们?!" 此谓不义。这种不符合公平正义的农民工体制，虽然创造了大量的社会财富，推动了经济快速发展，但同时是产生许多社会矛盾和社会问题的重要原因。调查统计表明，东部沿海经济发达、繁荣富庶的大中城市，多数社会秩序治安不好，犯罪率高，居民的安全指数低，看一看不少城市居民家庭安装的防盗门窗的密度就清楚了。调查资料也表明，这些城市的公安系统每年抓捕的犯罪嫌疑人，70%左右是外地人，而这些外地人中除了流窜作案的惯犯外，多数是农民工。还应该指出的是，那些被欺诈、偷盗、抢劫的受害人，主要也是农民工。

前几年，公安部请我们几个学者就关于改革户籍制度的文件进行座谈，我在会上说："过去，我以为是你们不想改，真是错怪你们了。这个文件真的出台了，户籍制度改了，9亿农民会感谢你们，一亿多农民工更要感谢你们。当然，这其实也是你们早应该做的正事，真的把现行的户籍制度改了，社会矛盾、社会犯罪率就会大幅下降，比一年搞三次严打还要管用。" 可惜，出于种种原因，这个文件至今还没有出台。

前面已经讲过，农民工与正式工不能同工同酬，工资收入低，而且这

① 《中共中央关于构建社会主义和谐社会若干重大问题的决定》，北京：人民出版社，2006年10月，第3页。

些微薄的工资，他也主要不在城市里花，而是省吃俭用，攒着回农村建房和补贴家用。因此，虽然我们在2000年后把进城的农民工统计为城镇常住人口，但这约近两亿人（农民工及其家属）的消费水平，基本上还是农村人口的消费水平。20世纪90年代中期以后，我们一直在想方设法扩大内需，但效果不显著，现行的农民工体制制约阻碍了这个庞大人群的消费，是一个很重要的原因。据有关方面估算，如果能够通过改革，把农民工逐步转为正式的城镇人口，那么我国的内需就将扩大很多，全国的消费率就可提高好几个百分点。

当前，各地都在贯彻落实科学发展观，全面推进经济发展方式的转变。这个问题，在十五大前后就提出来了。开始是提转变经济增长方式，多年来，我们做了很多工作，已经有了很大的转变，但还是很不理想。这当然要靠采取新的经济体制改革、调整经济结构来实现，但这还不够，还要同时采取创新社会改革政策，改革社会体制，调整社会结构。例如，要改革现行的农民工体制，深圳、东莞、珠三角等地区，主要是靠境外的资金、技术和管理，靠农民工搞“三来一补”发展起来的。20多年了，GDP增长了几十倍、上百倍，高楼造起来了，城市建起来了，但农民工的工资、福利只涨了一倍多。20世纪80年代中期，农民工的工资有600～700元，20多年过去了，已经是第二代农民工了，工资还只有1000多元，因为他们的身份是农民工，属于弱势群体，没有同雇主谈判、博弈的条件。干那么繁重艰辛的工作，创造了那么多的财富，20多年来工资福利基本不涨。因为占产业工人大多数的农民工的工资上不来，所以整个产业工人的工资就上不来，压低了技术员、工程师、白领工作人员的工资水平。据有关部门统计，从1997年到2007年，在国民收入的分配格局中，政府的财政收入从10.95%上升到20.57%，企业盈利从21.23%上升到31.29%，而劳动者报酬则从53.4%下降到39.74%。这显然是很不合理的。因为劳动者的工资低，劳动成本低，雇主就没有搞技术革新、更新设备、提高有机构成、提升产品档次的积极性，30年过去了，还是靠劳动密集型产业、粗放型产业赚钱。所以，国家提倡要转变经济发展方式，就很难转变过来。

2002年，中共十六大的政治报告中就提出要遏制城乡、工农之间差距扩大的趋势。十六大以来，党和政府采取了多项措施，如减免农业税，大幅增加对“三农”的投入，实行免费的农村义务教育，重建农村合作医疗，实施更高标准的扶贫政策，持续推进西部大开发战略等，使农村形势逐渐好转。2004年以后，粮食和农业生产连续6年获得丰收，农民收入已经连续大幅增加，农民生活水平已有了很大提高。但是，一个不容争辩的客观事实是，城乡差别、地区差别，几乎还是逐年在扩大，原因当然是多方面的，而现行的农民工体制则是造成城乡差别、地区差别扩大的重要原因。

现行的这种农民工体制是一种城乡交换不等价、不合理的体制。农村把大量最有文化、最有活力的青年、壮年输送到城市，干最重、最累、时间最长的活，而工资所得很少，生活水平很低。农民工基本上没有生活保障，病了、残了、老了，就被无情地退回农村，这些病、残、老者要由农村照养。绝大多数农民工的子女留在农村，由农村养育。前些年，农村的义务教育，相当一部分是由农民出钱办的，农村把农民工的子女教育好了，送到城里当第二、第三代农民工。农民工的父母长辈，几乎百分之百地留在农村，成为农村里的留守老人，艰难地生活着。城市只要农民工的劳动，不要农民工的人，更不管农民工的子女和老人，不承担任何责任，这样的农民工体制、这样的城乡关系，城乡差距能不扩大吗？20多年来，一批又一批的农村青年到城市去了，相当多的农村连种田的劳动力都不够了，农业能实现现代化吗？城市繁荣了，农村、农业相对衰败，这是这套农民工体制的必然结果。

地区差距扩大，在现阶段的中国，主要是城乡差距扩大的表现，原因基本是一致的。从地区关系来说，中西部诸省区是农民工输出地，东部沿海诸省是农民工的输入地。开头几年，对于输出地的省区来说，这套农民工体制缓解了大量农业剩余劳动力就业的压力，使农民工寄回来一些工资，补贴了农民家用，活跃了农村市场。一些中西部的农业大省、大县的领导，高兴过一阵子，他们说农民工汇回来的钱，比本省、本县的财政收入还多。但20多年的实践表明，这套农民工体制，并不能使农民工输出的省区、县由穷变富，由落后变先进，实现本地区现代化的初衷。长期输出劳动力，并不能使本地区的经济结构、社会结构有所改变。经济上，纵向比，略有进步；横向比，特别是与输入地比，反而是更加落后了，地区差别更加扩大了。例如，江西是农民工输出大省，浙江是农民工输入大省。1991年，江西省人均GDP是1212元，浙江省人均GDP是2310元，两省之比为1∶1.91；2005年，江西省人均GDP是9440元，浙江省人均GDP是27703元，两省之比为1∶2.93。14年工夫，两省差距扩大了65.6%。[①] 从社会上

① 国家统计局编《中国统计年鉴·1993》，北京：中国统计出版社，1993年8月，第38页；国家统计局编《中国统计年鉴·2004》，北京：中国统计出版社，2004年9月，第66页。

讲，现在第一代农民工，“青春饭”行将吃尽，大批老弱病残的农民工将陆续回乡，而且会越来越多，农民工的负担将越来越重，社会矛盾、社会问题将越来越多。20世纪80年代有过中国将实现梯度发展的说法，认为经过二三十年，东部沿海地区发展起来，发达地区工资成本高了，劳动密集型的产业就会向中部诸省转移，再过二三十年，中部地区发展起来了，再向西部地区转移，最后使东部、中部、西部都发展起来，使经济社会趋于平衡。这是学西方诸国发展的经验、想照搬过来的一种设想。没有想到中国是一个大国，劳动力本身就可以在国内转移，实践的结果是，在深圳等珠三角地区企业里打工的四川籍农民工做了几年，要求涨工资，雇主就解雇他们，贵州籍的农民工就来了，待贵州籍的农民工要求涨工资了，老板就又解雇他们，河南籍的农民工就来了。老是有新的农民工来（有个城市，农民工的平均年龄总维持在23岁左右），工资就涨不上去。所以近30年了，东、中、西部的差距不仅没有缩小，反而不断扩大。现在，也没有人说梯度发展的理论了。

上述农民工问题，只是整个农民工问题的几个方面，就可以充分说明农民工问题已经十分严重，亟待解决。自十六大以来，党中央、国务院非常重视、非常关注农民工问题的解决，已经做了大量的工作，出台了一系列保障农民工权益、改善农民工生产生活条件的政策措施。2006年，《国务院关于解决农民工问题的若干意见》发布，各地、各部门积极贯彻落实，情况已有很大好转。但是，农民工这套做法已经实行了20多年，形成了一套体制，改起来相当困难，但这是关乎我们国家要建设一个什么样的工人阶级队伍、构建一个什么样的社会阶层结构的问题，是建设一个城乡一体的社会主义市场经济体制还是维持目前这种城乡分治的二元经济社会结构的问题。这都是关系中国特色社会主义现代化事业前途命运的大问题。所以，农民工问题必须从根本上加以治理，真到了应该重视、应该解决的时候。

近年来，社会各界为解决农民工问题做了很多工作，包括推动农民工就业，维护农民工的各项合法权益，增进农民工的各项权利，等等。但是“冰冻三尺，非一日之寒”，解冻和消融也需要一个过程。杨桂宏的《农民工就业与社会保障问题研究》就是一本研究和推动解决农民工问题的专著。

《农民工就业与社会保障问题研究》这本书是杨桂宏在博士学位论文的基础上修改补充形成的。关于农民工就业与社会保障问题的研究很多，但是该书作者是从就业与社会保障关系的视角来透视农民工就业与社会保障问题的，不同于一般在社会事实层面对农民工就业与社会保障问题的研究。作者从就业与社会保障的关系开始写起，对就业与社会保障关系的形成、变迁，二者间的协调关系如何构建，以及在就业质量一定的条件下建立何种水平的社会保障进行分析，并提出就业与社会保障关系协调的一般理论，在这种理论的审视下，反观中国农民工就业与社会保障问题。

作者通过大量的社会调查获得一手调研资料，对农民工就业存在的风险与社会保障现状的基本情况进行了阐述，并通过数据分析和理论分析，对二者的相关性进行分析，分析二者是否协调，存在着怎样的不协调，等等。为什么会存在这样的不协调呢？作者从劳动力市场、政府管理以及三方合作三个方面，对存在这种不协调的主要原因进行分析。在此基础上，她提出了改善农民工就业与社会保障不协调的意见和建议。

在建议部分，她不仅针对形成问题的原因提出了建议，而且从社会发展的宏观视角，即构建和谐社会和建设现代化国家的高度来认识、解决农民工这一问题。由于在农民工就业与社会保障关系这一问题上，主要是农民工社会保障这一条腿短，作者主要在如何构建农民工社会保障这一方面提出了自己的看法和意见。同时，针对导致农民工社会保障腿短的主要原因，作者也提出了改善的建议。除了提高农民工自身的素质之外，作者也在保障农民工权益方面提出了制度建设的建议。这是一本通过大量调查研究，实事求是，探索完善农民工就业与社会保障方面的政策和体制，推进农民工问题解决的专著，很值得一读。

流动人口问题到了不得不解决的时候*

这次人口普查结果反映出很多问题，其中流动人口问题到了不得不解决的时候。普查结果显示，我国流动人口大量增加，超过 2.6 亿人①，比 2000 年增加了 1.17 亿人，增长 81.03%。而这 2.6 亿流动人口中，绝大部分是农民工和农民工的家属。

产生所谓的“农民工”，本来是个权宜之计，是不得已而为之的，现在却成为一种常态。从历史上看，一个国家要实现由传统的农业、农村社会向现代社会转变，必须实现工业化、城市化。在工业化过程中，大量的农业劳动力转到工厂成为工人，工厂的集中形成了城市，所以通常工业化和城市化应该是同步的，农民进了工厂，也就自然成为城市居民。中国在 20 世纪 50 年代进行国家工业化的时期，也是这样的，一方面是大规模的工业化建设，另一方面是大量的农民进城，成为城市居民。那时，城市化率每年提高一个多百分点。但是，三年困难时期，国家为了应对当时的短缺经济，严格实行城乡分治的户口制度，严格限制农业人口转变为非农业人口。当时工业建设仍在继续进行，但城市化停滞了。到 1978 年，全国的城市化率只有 17.9%，82.1% 的人口还是农民。② 十一届三中全会以后，农村率先改革，实行家庭联产承包责任制，农业生产连年大幅度增长，粮食和农产品的供给状况大为改善。与此同时，农业剩余劳动力也大量出现，这正是

---

* 本文源自《社会建设论》（陆学艺著，北京：社会科学文献出版社，2012 年 3 月），第 322～324 页。该文原载《社会科学报》2011 年 5 月 12 日第 1 版，系该报记者就第六次全国人口普查专访陆学艺、曾湘泉、左学金三位专家的访谈录《人口普查：国家政策调整是时候了》，发表时有删节，收录于《社会建设论》时作者进行了补充。本文仅收录陆学艺发言的部分。——编者注

① 参见国家统计局网站《2010 年全国人口普查资料 1－4 各地区分性别的户口登记地在外乡镇街道的人口状况》，http://www.stats.gov.cn/tjsj/pcsj/rkpc/6rp/indexch.htm。

② 国家统计局编《中国统计年鉴·2004》，北京：中国统计出版社，2004 年 9 月，第 95 页。

加快工业化、城市化建设的好时机。20世纪80年代中期，经济体制改革扩展到城市，城里的二、三产业大发展，需要劳动力，于是“进厂又进城，离土又离乡”的农民工就大量出现了。按说，这部分劳动力从农村进入工厂，从企业取得工资收入，工资成为生活的主要来源，理应是工人了，理应是工厂、企业所在地的居民了。但是由于中国特有的户籍制度限制（全世界除中国只有朝鲜、贝宁等极少数国家实行），他们的户口不能迁，农业户口、农民的身份不能变，他们在城市里、在工厂里干了5年、10年、15年了，他们还是农民工。

我们这么大的国家，有五六千万的流动人口是正常的，而现在我国的流动人口达到2.6亿人。因此，这个问题不解决好，不仅仅会影响社会稳定，而且会影响社会主义现代化事业。当前，我们国家各种犯罪案件多发，社会治安不好，跟人口的大规模流动和流动人口权益得不到充分保障息息相关。他们居无定所，职业没有保证，工资又这么低，而且根据我们的调查，2.6亿流动人口中有相当一部分是“80后”“90后”，接近9000万人。这些新生代农民工跟“60后”“70后”这批人不一样，但是我们还是用老办法来管理他们，他们的工资待遇还是得不到提高。比如，我在成都看到现在他们还是1100元钱的工资，这很荒唐。因为城市不给他们解决户口，实际上他们还是“三等公民”，这跟我们的科学发展观是不相符的。

实际上，所谓的流动人口问题，从理论上来说，就是把城乡二元结构搬到城市里来。一个国家、一个政府、一个市场，却有两种身份、两种人。如果这些人没有平等的法律地位，那么社会肯定不能安定和谐。

虽然2002年以后国家在农民工方面有一些好的政策，逐步满足农民工市民化的需要，现在社会上舆论也不错了，比2003年以前要好，特别是国家在2006年颁布了关于农民工的文件之后，对农民工的舆论、看法都有了转变，但这些政策只是治标的办法，不是治本的办法。

解决流动人口问题，思路其实很简单：要改革二元分割的户籍制度，摘掉“农民工”中“农民”这两个字的帽子。农民就是农民，工人就是工人。所有现代化国家，都有一个大部分、绝大部分农民转变为工人、市民的过程，都没有“农民工”这一说。我国是在当时的国情条件下，农村容纳不了这么多劳动力，农民要发展，城市也需要用工，但户籍制度等没有改革，不得已，只好有了“农民工”。应该说，农民进城当工人，是符合历史规律的，但搞成农民工这一套，是计划经济体制后遗症的表现，也是我们改革不及时、不到位的结果，所以给农民工带来了许多苦难，给社会、给政府造成了这么多的“麻烦”。客观地说，这都是计划经济体制、户籍制度惹的祸，本来是可以不这样的。因此，要解决农民工问题，不能就事论事，就农民工问题解决农民工问题，那是永远也解决不好的，应该从根本上改革现在已经形成的农民工这套体制和做法。现在改革的条件业已具备，所谓时机不成熟、经济负担过重等均不成立，是不为也，非不能也。

城乡关系与户籍制度改革

城市化方针的检讨和成都市的实践*

城市的发展是一个自然历史过程。近现代的城市都是伴随工业化的发展而发展起来的。工业化和城市化是同步的，也是一体的。实际上它们就是由传统的农业社会向现代化工业社会演变过程的两个侧面。我国在第一个五年计划期间（1953～1957年），工业化和城市化也基本是同步的。三年经济困难以后，为了应对粮食和农产品的短缺，我国实行了严格限制农业人口转为非农业人口的政策，严格限制城市化的发展。改革开放以后，经济得到了发展，但由于各种原因，户口政策、限制城市化的政策并没有改变，致使城市化严重滞后于工业化，由此引发了诸多经济社会问题。1998年，有关部门提出“小城镇，大战略”的设想，认为有计划、有步骤地把农业劳动力转移到新兴的小城镇和乡镇企业，是实现我国农业现代化的必由之路。

城镇化这个方针一经提出，立即得到了各地的热烈响应。从1999年开始，城市化就像脱缰的野马一样腾飞起来。1998年的城市化率为30.4%，2000年的人口普查把已入城半年以上的农民工也统计为城镇人口，得出的城市化率为36.22%。此后城市化率逐年猛升，到2003年已达到40.5%。五年工夫，城市化率就提高了10.1个百分点，平均每年提高两个多百分点。这不仅在中国历史上从未有过，而且在世界城市化的历史上也十分少见。何况中国还是这样一个拥有12亿人口的大国。1998年，全国城镇总人口是38892万人，2003年为52376万人，5年纯增13484万人，平均每年新增2697万人（国家统计局在2002年以后出版的《中国统计年鉴》中修改了以前的数据，把1998年的城镇人口改为43748万人。即使按照新口径，这5

* 本文源自作者手稿，原稿写于2005年3月29日。——编者注

年里，全国城镇人口也纯增了8628万人，平均每年新增1726万人）。[①] 2004年，城市化还是迅猛发展，从各地的情况来看，今后数年城镇化还呈继续发展的趋势。

每年有约2000万农民进入城镇。农民进城转变了他们的生产方式、生活方式和思想方式。他们逐步融入城市，接受现代社会的熏陶。这上亿新的劳动力的进入，为城市发展增添了新的血液，对城市的经济、社会建设，对经济结构、社会结构的变化，无疑会产生巨大、深远的影响。这是件大事，也是件好事。它符合现代化的发展规律，弥补了以前城市化长期滞后于工业化的不足。然而，即使2003年城市化率达到40.5%，也还低于世界城市化率46%的平均水平。所以，今后还将有数以千万计的农村人口转移到城市里来。

对于这样一件对社会主义现代化事业有重大影响的大事，现在回顾起来，我们各方面的准备是不足的。①在思想认识上没有做好准备。我们没有预计到，几年工夫就有上亿的农民一下子涌进城里来。农民进来了，是安置在大城市、中等城市，还是小城镇？事先并没有一个统一的部署。开闸的时候，就有用“城市化”还是用“城镇化”概念的争论，至今也没有一个明确、统一的方针。②在体制上，我们正在实现由计划经济体制向社会主义市场经济体制的转变，正在进行一系列的改革，如户籍制度、就业制度、人事制度、社会保障制度等，都还在改革过程中。这么庞大的农村人口进城来了，他们同原来的城市居民是享受相同的待遇，还是区别对待？这个事情并没有做好安排。

“凡事预则立，不预则废。”世纪之交，中国城市化加速发展，一方面补了城市化滞后的课，对社会主义现代化发展十分有利；另一方面，因为来势很猛，由此也产生了许多问题。

①城市化的指导思想不明确。这次城市化迅速发展，使城市化水平大幅度提高，但农民并没有真正转移出来，长期困扰中国的“三农”问题并没有得到缓解，城乡二元经济社会结构的问题也并没有得到解决。人进来了，“魂”没有进来，好似城市作为一个企业，把农村劳动力作为机器租赁来了，拥有了使用权，但所有权还是农村的。劳动力用老了，就退回农村。“三农”问题的核心是农民问题，首先要解决的也是农民问题。而农民问题

① 国家统计局编《中国统计年鉴·1999》，北京：中国统计出版社，1999年9月，第111页；《中国统计年鉴·2004》，北京：中国统计出版社，2004年9月，第95页。

的本质就是农民太多，农民太穷。解决农民问题的关键，是要减少农民数量（使大部分农民到二、三产业就业）。只有减少农民数量，才能使农民富裕。前面说过，这次城市化有 13484 万农民进城，到 2003 年，城市化率已经达到 40. 5%①，但这只有统计意义。这 13484 万农民虽然在从事非农产业工作，并在城镇居住半年以上，但他们都是农民工，农业户口没有改变，也就是农民身份没有变，因此问题并没有得到解决，9 亿农民的基本格局并没有变（1998 年，全国有农业户口 94025 万人，占总人口的 75. 4%；2003 年，农业人口为 91550 万人，占总人口的 70. 8%②）。

《中华人民共和国国家标准 - 城市规划基本术语标准》第 208 款规定，城市化的定义是“人类生产和生活方式由乡村型向城市型转化的历史过程，表现为乡村人口向城市人口转化以及城市不断完善的过程”。什么是城市化率？国际国内的标准是，一个国家或地区的城市人口占总人口的比重。在中国特有的城乡分割的户口制度下，只要一个人的农业户口不变，他就是农民，他的社会地位、政治、经济待遇就是农民。所以，这次快速的城市化，还只是统计意义上的城市化，并没有从根本上解决“三农”问题的核心问题——要减少农民数量。因为进城打工的农民，虽然生产方式变了，但他们的农民身份没有变，所以他们被称为“农民工”。他们的经济、政治待遇都比做同样工作的城市居民低。他们是二等公民，他们的生活、思想方式没有变（有些变化也不大），无法融入城市社区。一个单位两种体制实际上使城乡二元结构迁移到城市里，形成了城市里的二元结构，实行“一市两制”。这也是目前城市社会问题丛生的重要原因之一。

②城市化的目标、取向不明确。是发展大城市、中等城市还是小城镇？这一点一直存在争论。开始时决策部门设想把农民安置到小城镇。1998 年，政府提出了“小城镇，大战略”的口号，但闸门一开，各地实际上都是按照发展大城市、特大城市来安排的。这样，问题就出现了，而有关方面也没有对城市化的问题提出一个明确统一的说法。各地就城市化的问题各行其是，越搞越烈，多数都做出了要发展为大城市、特大城市、大城市带的规划。据汪光焘部长说，现在全国已有 100 多个城市做出了要发展建设成为国际大都市的规划。

---

① 国家统计局编《中国统计摘要・2004》，北京：中国统计出版社，2004 年 4 月，第 37 页。

② 国家统计局编《中国统计摘要・2000》，北京：中国统计出版社，2000 年 5 月，第 33 页；国家统计局编《中国统计摘要・2004》，北京：中国统计出版社，2004 年 4 月，第 37 页。

大城市怎么建设？我们效法西方，喊出了“与国际接轨”“30年不落后”的口号。大广场、大马路、高楼大厦、楼堂馆所在各地兴起，规模空前，豪华气派，上行下效，互相攀比，你追我超，一时成风。有的乡镇也造了能容万人的广场、70米宽的马路。江南某城市人口一共只有16万，却造了一个能容纳十多万人的广场，争夺全省第一。对此，90岁高龄的著名科学家、清华大学教授张光斗向有关部门致函：“以科学发展观发展城市，首先要符合国情。我国经济尚不很发达，而我国首都建设规模过大，标准过高，全国省县市纷纷效法，扩大了城乡差别，是不适宜的。城市建设要适应当地水资源，要以供定需，而我国城市以需定供，水资源短缺，全国缺水城市300余座。城市建设要靠发展工业，我国城市工业靠外资和引进外国技术生产线，缺少具有自主创新的技术和生产力的工业。城市建设要保护原有文化，而我们不够重视。以科学发展观发展城市，必须考虑以上问题。”①

③城市化采取什么方式建设？大城市怎么建，靠什么建？扩建、新建一个大城市要增加很多土地，要花很多钱的。钱从哪里来呢？于是所谓“经营城市”“以地生财”等一批“理论”和做法应运而生。“经营城市”“以地生财”的内容是经营土地。土地有两种：一是原来城市里建成区的土地；二是近郊、远郊区农民承包的耕地。经营者有两个：一是当地政府及其主管的干部和工作人员；二是本市、外地或外国的房地产商。

原有城市的建成区里有大量的平房、旧房和低层建筑，其中居住着大量的城区市民。政府以扩建或新建马路、公共设施、改造危旧房等名义，将其委托、承包给房地产商，成片、整条街大范围地拆迁。政府有了新马路、新广场、新建设、新形象，得到了政绩，房地产商得到了土地，并在此级差地租很高的土地上建造商品楼、商品住房高价出售，获得暴利。而被拆迁的原居民则多数被安置到郊区的商品房里。因为拆迁补偿的条件不是按市场经济运作，而是由政府和房地产商作为一方直接规定的，所以被拆迁居民几乎没有谈判的余地，多数是补偿不到位的。更有甚者，有不少城市居民的房子被拆了，住到临时的租房或窝棚里，安置房却迟迟建不起来，甚至有几年住不上房的。另外，据我们调查，一些老城区被拆迁的居民，原来在城区繁华地区，可以摆个摊、做个小生意或蹬个三轮车，借以谋生，搬到郊区住进商品楼里，这些都干不成了，于是新生了一批失房也失业的贫困户。城市化浪潮以来，各地城市几乎都有大批被拆迁的居民。

① 《报刊文摘》2005年2月4日第2版。

有人估算有1000多万人（约400万户）。经过几年的工作，多数被安置好了，但还有一部分人被拆迁以后，因为失房、失业、失利沦为城市里新的贫苦居民。这就是这些年城市领最低生活保障的群众大量增加的原因。

经营土地的另一方面也是主要的方面，就是大量征占农民的承包耕地。工业化、城市化发展，城镇规模扩大，要占用耕地是必然的。自20世纪80年代中期以后，每年都有100万~200万亩耕地转变为建设用地。1995年以后，这一数字扩大到每年征占200万~300万亩。而到1999年以后，在加速城镇化的推动下，征地的规模更加扩大了。特别是在2001年、2002年，各省、县市换届，新班子、新干部上台伊始，争着建功立业，掀起了大干快上，建大城市、特大城市的高潮，到处大拆大建，大规模占用耕地。“据有关部门不完全统计，截至2003年上半年，全国24个省（区、市）兴办的开发区、高新技术开发区、工业园区、大学园区共有3500多个，占地3.6万平方公里（5400万亩），比全国城市已有的建成区还要大。中央明令禁止，并派出工作组查处。截至2004年6月17日，全国30个省区市（内蒙古除外）共清理出各类开发区6741个，规划用地3.75万平方公里。经查处，中央已撤销各类开发区4735个，退出土地2617平方公里。[①]

短短几年工夫，中国大地经历了这样一场大规模的圈地风暴，使数千万农民失去了土地，其教训是极其深刻的。据调查，这次圈地主要发生在长江三角洲、珠江三角洲等东部沿海和大中城市郊区。这些耕地是中国最肥沃最好的耕地，当地的农民本来也是中国农民中最富裕、最有文化、最能经营和最有组织的。但一些没有责任心的官员和不法商人（包括外商）勾结，凭借行政权力和土地管理法规的不完善，以空前规模侵占农民承包的耕地。他们所到之处，“毁农民的庄稼，拆农民的老屋，挖农民的祖坟，抢占农民的耕地”，给的补偿很少，一般也不做安置。农民失去了耕地，就是失业，又无社会保障，生活成了问题。据测算，这些失地农民有4000多万人，其中有些做了安置，有些另谋他业，但有30%~40%的失地农民至今没有安置好，成了当今最大的社会问题。

为什么仅仅几年工夫，5000多万亩耕地就从农民手里被夺了过来？原因当然各有不同，但有两点是相同的：一是农民实在太弱势了，居然连自己的“命根子”——赖以生存的土地——都保护不了；二是暴利使一伙人联合起来，不顾国法、不顾国策、不顾群众的死活，利令智昏，向农民群

① 参见《让“最严格的措施”落实再落实》，《人民日报》2004年6月21日第6版。

众下了手。有人测算，按现在的征地补偿办法（基本上是沿用当年计划经济体制时的方式），一亩地只补偿 2 万 ~ 3 万元。政府一征到手，有的立即批租给房地产商，就是 20 万 ~ 30 万元一亩；有的稍加平整后拍卖，就成了数十万甚至上百万元一亩。在大城市近郊，区位好的甚至可以拍卖到几百万元一亩。房地产商拿到地契，就可到银行贷款，就地造房、卖房，获利更是以百万、千万、亿元计。扣除各项费用，平均每亩获利以 10 万元计，几千万亩耕地，就是几万个亿。这是近几年大城市建设资金的一个主要来源，同时是近几年众多千万、亿万富翁的主要财源（2004 年《财富》排行榜，100 个最富的中国人中有 43 个是房地产商）。

④1998 年以后的城市化不仅没有缓解城乡关系，缩小城乡差距，反而使城乡关系更加严峻，城乡差距更加扩大，而且其扩大的速度甚至加快了。20 世纪 90 年代中期，中国的工业化进入了中期阶段，1996 年全国 GDP 中农业产值占 20.4%，二、三产业占 79.6%（第二产业占 49.5%，第三产业占 30.1%）。[①] 现代化国家的历史经验是，到了工业化中期阶段，工业理应反哺农业、城市理应支持农村，至少应该是城乡等价交换。但 1998 年以后，中国的城市化全面提速，而原有的体制没有改革，所以城市发展需要的资源，如人员、土地、农业原材料等都是廉价取自农村，交换很不平衡。几千万亩土地以征用的方式变为城市用地。1000 万 ~ 1500 万的农村青壮年劳动力，以农民工的形式为城市建设打工，工资极低，而且这些人的社会保障，以及他们应该赡养、抚养的老人、儿童都被推给了农村。粮食和农产工业原料恰逢 1996 年、1998 年农业高产年，1999 ~ 2003 年粮食和农产品价格不仅没有涨，反而平均下降了 30 个百分点。农村本来就资金短缺，而这些年金融体制改革，几家国有商业银行收缩设在农村的网点，连农业银行也不姓农、不为农业和农民服务了。加上农村合作基金会被取缔，信用合作社也几乎瘫痪了。新设的邮政储蓄又是只存不贷。因此，近几年来，农村每年有几千亿元资金通过多种渠道流入城市。

有学者评论说，1999 ~ 2003 年，农村的土地、粮食、农产品原料、青壮年劳动力、资金都以更大规模“农转非”了，连农村仅存的几棵大树、古树、风水树都被搬到城里，为城市绿化、美化服务了，但就是不许农民“农转非”。

我国长期实行计划经济体制，“城乡分治，一国两策”，对城市、对居

① 国家统计局编《中国统计年鉴·1999》，北京：中国统计出版社，1999 年 9 月，第 56 页。

民用一种政策，对农村、对农民用另一种政策，形成了中国特有的城乡二元经济社会结构。近几年的城市化，因为没有进行体制性改革，城乡二元结构、城乡之间的鸿沟不仅没有被填浅，反而越来越深了，也就是说，城乡之间的差距越来越大了。

城乡差距表现在政治、经济方面，也表现在公共事业的享有方面（如教育、医疗、社会保障等方面）。1998 年以来城乡差距一直都在扩大。仅以经济收入为例，现在通常用城镇居民可支配收入和农民人均纯收入做比较。1978 年，城镇居民可支配收入为 343.4 元，农民人均纯收入为 133.6 元，城乡差距为 2.57∶1。农村率先改革，再加上改革开放初期，国家大幅度提高农产品收购价格，所以农民先得实惠，城乡差距一度缩小。到 1985 年，城镇居民可支配收入为 739.1 元，农民人均纯收入为 397.6 元，城乡差距为 1.86∶1。1985 年以后，我国改革的重心向城市转移，农村第二步改革夭折，政策再次向城市倾斜。于是自 1986 年以后，城乡差距逐渐扩大。1998 年，城镇居民可支配收入为 5425.1 元，农民人均纯收入为 2161.98 元，城乡差距为 2.51∶1。从 1985 年到 1998 年 13 年间，城乡差距扩大了 0.71 个百分点，平均每年扩大 0.055 个百分点。1998 年城市化加快以后，城乡差距扩大得更快了。2003 年，城镇居民可支配收入 8472.2 元，农民人均纯收入 2622.2 元，从 1998 年到 2003 年城镇居民 5 年增收 3047.1 元，年均增收 609.4 元。这期间农民才增收 460 元，年均增收 92 元，5 年增收的总量，还不如城镇居民一年增加的多，差距当然扩大了。从 2.51∶1 扩大到 3.23∶1，城乡差距扩大了 0.72 个百分点，比 1998 年以前 13 年时间扩大的量还大；这 5 年城乡差距年均扩大 0.16 个百分点，其扩大速度是 1998 年以前 13 年间年均扩大速度的近 3 倍。①

⑤城市化的目标应该是建立一个经济繁荣、社会进步、社会和谐的城市。我们在加速发展城市化的过程中，重视了经济的建设和发展，但是我们没有同样重视社会的建设和管理，也没有重视社会问题的治理，甚至采取了上述一些不当的政策和做法。这几年城市是发展了，经济也很繁荣，但社会问题大量增加，社会矛盾凸显，社会冲突不断，直接影响了社会的稳定。

具体的表现是：

第一，群众上告上访的件次大量增加。人民群众在当地城市化过程中被征地、拆迁，利益受到侵害，又得不到妥善的补偿、安置，于是只能就

① 国家统计局编《中国统计年鉴·2004》，北京：中国统计出版社，2004 年 9 月，第 357 页。

向上级党政部门诉告。据统计，全国县以上党政部门的信访部门受理的信访总量，1992 年为 400 万件（人）次，1995 年为 600 万件（人）次，1998 年为 850 万件（人）次，2003 年为 1272.3 万件（人）次，2004 年为 1373.6 万件（人）次，平均每年增加约 81 多万件（人）次。其中，集体上访的，1998 年为 20 万件（500 多万人次），2003 年为 30 多万件（超过 700 万人次），增加得更快。

第二，群体事件频发。2003 年，全国共发生罢工、游行示威、堵路、静坐请愿等各类群体事件 6 万多起，比 1994 年的 1 万多起平均每年递增约 22%。事件的规模不断扩大，最大规模的有数万人参加，参与人数年均递增 12%。其中，百人以上的群体事件，仅 2003 年就有 7000 多起。

第三，社会治安状况恶化。2003 年，全国公安机关受理查处的治安案件为 599.6 万起，比 1998 年的 323.2 万起增加了 85.5%，平均每年递增约 13.2%。

第四，刑事犯罪案件大量增加。2003 年，全国公安机关立案查处的刑事案件共 439.3 万起，比 1998 年的 198 万起增加了 121.9%，平均每年递增约 17.3%。

这些社会矛盾和社会冲突当然不能都归咎于城市化，但从上述四个方面的历年统计数据来看，从 1999 年以后，这些社会矛盾都急剧上升，确实也与加速城市化的过程同步。再从这些社会矛盾的内容来看，60% 以上都是由农民失地、工人失业、居民失房、农民工失权引起的。这是因为我们在城市化过程中没有采取正确的政策，没有找到妥善的解决办法保护好农民、工人、居民和农民工的应有权益。

2003 年，我国的城市化率只有 40.5%，还没有达到现在世界的平均水平。从国际经验来看，随着工业化的发展，城市化还将继续发展。可是，我们就搞了这几年城市化，城乡差距、地区差距、贫富差距就扩大得如此之大，产生了上亿人的失地、失业、失房、失权的庞大群体，社会很不安定、很不和谐。对这样的城市化，我们是应该反思、总结、检讨的。我们到底应该要一个什么样的城市化，又应该用什么样的方式和步骤来实现城市化呢？

党中央提出要树立、落实以人为本的科学发展观，构建和谐社会，为今后的城市化道路指明了方向。可喜的是，现在已有不少城市正在按照党中央的要求，以科学发展观为指导方针，统筹城乡经济社会协调发展，大力推进城乡一体化，构建和谐社会，取得了很好的成绩。四川省成都市近几年推进城乡一体化的实践，就是在这方面的探索。

成都：破解城乡二元结构的探索*

2002年，党的十六大提出："统筹城乡经济社会发展，建设现代农业，发展农村经济，增加农民收入，是全面建设小康社会的重大任务。"① 成都市委、市政府按照党的十六大提出的这个解决"三农"问题的方针，经过长期调研、思考和试点，于2003年做出了"统筹城乡经济社会发展，推进城乡经济一体化"的工作部署。两年来，成都市委、市政府结合贯彻中央关于落实科学发展观、构建和谐社会的指示，在推进城乡一体化的过程中做了大量工作，逐渐形成了较为完整的工作思路，在实践中致力于破解城乡二元结构的难题，初步形成了城乡同发展、共繁荣的局面，取得了比较好的成效。

一　努力改变"重城轻乡"的思路和做法，形成城乡同发展、共繁荣的局面

成都市是一个拥有1000多万人口的大城市，2001年GDP 1492亿元，人均14627.5元，约合1784美元。在国民生产总值中，第一产业增加值占8.8%，第二产业增加值占45.3%，第三产业增加值占45.9%，已是工业化

* 本文原载中共中央党校《理论动态》2005年第17期（总1674期），发表时间：2005年6月20日，作者：陆学艺、王春光、陈光金、张婉丽、李炜。原稿写于2005年4月13日。该文收录于成都市社会科学院编《走城乡统筹科学发展之路：成都推进城乡一体化研究文集》，成都：四川人民出版社，2007年3月；陆学艺《社会建设论》，北京：社会科学文献出版社，2012年3月；陆学艺《"三农"续论：当代中国农业、农村、农民问题研究》，重庆：重庆出版社，2013年5月。各文集收录文题为"成都正在探索破解城乡二元结构的难题"。——编者注

① 《中国共产党第十六次全国代表大会文件汇编》，北京：人民出版社，2002年11月，第22页。

中期的经济结构。相比之下，成都市的城市化严重滞后，2001 年的城市化率只有 33.48%，农村人口还占总人口的 66.52%。从总体上看，成都市的经济发展水平已经高于全国平均水平，但其城市化率低于全国 37.7% 的水平。而且其城乡差距正逐年扩大，2001 年城乡居民收入差距为 2.56∶1。全市尚有 227 个贫困村（约 34 万人），城乡发展不平衡的矛盾比较严重。

如何在这种基本市情下加快成都市的发展？成都市选择了按照统筹城乡经济社会发展方针，推进城乡发展一体化。围绕全面建设小康社会的战略目标，成都市致力于破解城乡二元结构的体制，在加快城市化的进程中，同时解决好“三农”问题，着力推进农村劳动力向二、三产业转移，着力推进农民向城镇居民转变，逐年减少农民数量，逐步缩小城乡差距，让农民也享受到城市化、现代化的文明和实惠，使整个城乡经济社会协调发展。

2003 年，成都开始了这条新路的探索，做出了推进城乡发展一体化的决策，并在组织上、思想上、体制上、政策上、财力物力上全面加以落实。两年来的实践探索现已初见成效：城乡面貌发生明显变化，城市功能显著增强，经济继续快速增长。2003 年全市 GDP 为 1871 亿元，比上年增长 13.2%；2004 年全市 GDP 为 2186 亿元，同比增长 13.6%。这两年的经济增长速度超过了全省和全国的平均水平。最可喜的是，成都市的城乡差距开始缩小，2002 年城乡居民收入之比为 2.66∶1，2003 年为 2.64∶1。2004 年，农民人均纯收入 4072 元，比上年增加 417 元，增长 11.4%；同年城镇居民可支配收入 10384 元，同比增长 7.8%；当年城乡居民收入差距缩小为 2.55∶1，均高于同年全国水平。

二　调整和改革不合理的政策和体制，扭转城乡差距扩大趋势

在 2002 年以前，成都市的城乡差距逐年扩大。2003 年以来，在全国城乡差距继续扩大的大背景下，成都市初步扭转了城乡差距扩大的趋势，使之开始缩小。据成都市有关部门估计，2005 年成都地区生产总值将增长 13% 以上，城镇居民可支配收入将增长 8.2%，农民人均纯收入将增长 8.5%，城乡居民收入差距将继续缩小。

成都为什么能在短期内扭转城乡差距扩大的趋势？一个重要的原因就是成都市在推进城乡发展一体化的过程中，出台了一系列政策和措施，着力破解城乡二元结构体制障碍，以改革的精神打破城乡分割体制和政策壁

垒，创立城乡一体化体制，逐步填平城乡分隔的鸿沟，把工业与农业、城市与农村、居民与农民作为一个整体来统筹兼顾，协调发展。成都市把占人口2/3的农民也吸纳到工业化、城市化的过程中来，让他们与城市居民一起参加经济社会建设，从而极大地调动了广大农民群众的积极性，使工业化、城市化发展得更顺更好，农民也从中得到了实惠。

成都市推进城乡一体化发展的第一件工作就是制定城乡一体的新规划，打破原来城乡分割规划的格局，构建城乡一体的经济社会运行机制和管理新体制。具体工作包括：建立城乡一体的就业、培训体系；深化就业制度改革，成立城乡统一、开放的劳动力市场，取消对农民进城就业的限制性规定。2004年，农村劳动力到非农产业就业达到169.9万人（包括外地民工），占农村劳动力总数的48%；健全农民职业培训教育制度，广泛开展技能培训和就业服务，重点加强对被征地农民、农村富余劳动力的就业培训工作，仅2004年全市共培训79.1万人次。

建立城乡统一的新型户籍管理制度，按照降低门槛、放宽政策、简化手续的原则进行户籍制度改革，实行一元化户口登记制度。逐步对全市户籍人口取消农业和非农业户口性质的划分，统称为居民户口。按居民的实际居住地统一登记户口性质。到2004年底，全市已完成了366.9万原非农业人口的居民户口转换工作，以及72.8万原农业人口的居民户口转换工作。工作进展比较顺利，受到了农民的欢迎。预计全部户口转换工作到2007年就能完成。

构建城乡一体化的产业布局，实施城乡经济相融的原则，促进三次产业的协调发展。成都是工业大市，2002年工业总产值1743亿元，二、三产业的增加值已占GDP的90%，在西部名列前茅，已达到工业化中期的发展水平。但原有产业分布很不合理，工业主要集中在成都市区，农村工业化进程不快，水平不高，工业占区县经济的比例只有30%左右。而工业化是城乡一体化的主要动力，没有以工业为主导的产业支撑，城市化也就发展不起来。成都市实施推进城乡一体化战略以来，不仅城区工业继续高速发展（2003年为12.2%，2004年为14.7%），而且注重县域经济、农村工业和民营经济的发展。城乡二、三产业的大发展，为社会创造了财富和服务，也创造了大量的就业岗位，既扩大了城市就业，使登记失业率降到了3.1%（低于全国4.2%的水平），也使农村富余劳动力有了转移到非农产业领域就业的机会。这两年，成都有48%左右的农村劳动力从事二、三产业劳动，全市农民人均纯收入中有50%以上来自二、三产业。

三　推行“三个集中”战略，积极引导工业向集中发展区集中，耕地向规模经营农户集中，农民向城镇集中

成都市已修编好新的城市总体规划。原来的锦江、青羊、金牛、武侯、成华五个地区和高新技术开发区被规划为中心城区，新都、青白江、龙泉驿等6个区县被规划为近中郊区，都江堰、邛崃、大邑、金堂等8个县、市被规划为远郊区。推行“三个集中”，实际就是要使成都今后各种产业和人员的空间布局相对集中，以便在推进工业化、城市化、现代化的过程中，确保产业合理分布，人员定向、有序流动，不致再出现“村村点火，处处冒烟”和“拆了建，建了拆”的被动局面。

工业向集中发展区集中。两年来，成都市工业集中发展的进程显著加快。按国家要求，市委、市政府清理整顿了各类开发区，将原来116个工业开发区整合为21个工业集中发展区，每个区县（市）有1~2个这样的工业集中发展区，让新建、改建和新引进的工业项目，一律进入集中发展区。这样做既节约了土地，又提高了基础设施的利用率，降低了工业成本，效果很明显。

土地向规模经营农户、专业户集中。成都人多地少，农民人均只有0.83亩耕地。现有的农户承包经营规模太小，不能适应大市场的要求。农户依靠这点土地只能获得温饱，不能致富。农业生产在逐步现代化，容纳不了众多的劳动力，因此富余劳动力要逐步向二、三产业转移。只有减少农民，才能富裕农民。为解决这些问题，成都市按照“依法、自愿、有偿”的原则，积极推进土地承包经营权的流转，采取租赁、入股、转包等形式，使耕地向专业大户、经营能手、龙头企业集中。2004年，耕地流转75.8万亩，占总耕地面积的14%。耕地集中有利于农业规模经营的发展，提高土地的产出率和效益，适应农产品大市场的要求，也有利于农民转向二、三产业，向城镇流动。

农民向城镇集中。现阶段向城镇转移集中的农民主要分为两部分。一部分是进城务工经商的农民。他们在城镇打工或经营已多年，有了比较稳定的职业，也积累了一定的财富和资源，于是他们开始在城镇买房、租房定居，安家生活。还有一部分是被征地的农民。过去对被征地的农民实行的是分散安置，这给他们造成了很多困难，也因此产生了不少纠纷和矛盾。

近两年，成都市各县区加快了城镇建设，对失地农民实行异地集中安置。成都市按照城市小区标准统一规划，建设了一批新式社区，水、电、气、通信等基础设施和配套建设到位，使农民基本享受到同城镇居民一样的生活条件，农民对此比较满意。加上把城乡户口转移为居民户口的工作，2004年成都市的城市化率已达到39.6%，比2003年提高了2.6个百分点。

四　处理好同农民阶层的关系

随着工业化、城市化的发展，城市规模逐渐扩大，必然要占用城郊农村的土地。目前，土地征用的方式以货币补偿为主。在实践过程中，因为种种原因，补偿标准太低，或因中间截留，兑现不到位，致使失地农民应得利益受到损害。有的失地农民还因不能就业，生活产生困难，因此产生了各种纠纷，成为城市化过程中的一大社会问题。如何维护好众多失地农民的权益，解决好他们生产生活的安置问题，成为推进城乡一体化必须解决的一个重大问题。

锦江区是成都的老城区，失地农民的问题出现得比较早。对如何维护好失地农民的权益，安置好他们的生活，并使他们逐渐融入城市，他们经过实践总结并提出了“农民失地不失业，农民失地不失利，农民失地不失权”的做法，现正在全市推广。

首先是建立城乡统一的就业制度，把原来适用于城市下岗失业人员的再就业优惠政策延伸到农村，使农民享受到与城市居民相同的就业、创业的政策优惠。例如，由政府出面组织、实施“培训促就业”计划，举办各种培训班，对失地农民进行职业技能培训、转岗培训、创业培训；再如，政府在工业园区形成印务产业、制药、服装等产业集群，并在园区外发展这些产业的物流、销售、服务等上下游产业链，还通过“腾岗”“买岗”等形式为失地农民创造就业岗位，以优惠政策引导和鼓励失地农民自主创业；又如，支持、帮助红砂村、幸福梅林等村创办旅游度假村、花卉市场等第三产业，使当地几个村的农民转变为三产的经营者、劳动者，就地转化为市民。就业是民生之本，经过几年的工作，锦江区的大多数失地农民有了新的职业，做到了失地不失业。

其次是集中修建新的居民点，为拆迁失房农民提供合适的住房条件，同时创造集中农民的条件。对失房的农民，锦江区政府按照“宜聚则聚，宜散则散”的原则，根据城市整体规划，逐步建设一些布局合理的城市社区和具有川西风格、都市村落式的居民点以及一批集中居住的小区，供这些失房的农民居住。为保证失房农民住得起新房，政府还运用市场机制，采用拆房补房、相互合理作价、宅基地置换、多退少补等操作规则，对失房农民进行较为合理的补偿，不让失房农民吃亏。到 2004 年底，锦江区已建成集中居住小区 9.5 万平方米，安置 660 个农户，并在近期规划建设 30 万平方米，安置 4000 个农户。

再次是建立城乡统一的社会保障体系。锦江区努力推行新的农村社会保障、新型合作医疗制度和最低生活保障制度。他们采取政府引导、区乡组织、财政适当补贴、个人自愿、适度推进的原则，逐步使农民享受到与城市居民同等的社会保障福利。首先重点解决的是失地农民的社会保障问题，失地农民中女性年满 50 周岁、男性年满 60 周岁的农民，在办完各种手续之后，第二个月就能领到社会保障的养老金。锦江区对不同年龄层次也采取不同的社会保障方式，现在失地农民参保率已达到 80.6%，同时对 260 户农村低保户全部按人均每月 210 元的标准给予最低生活保障，实行应保全保，从而使失地农民不失利，使他们无后顾之忧。

最后是对被征地农村集体经济进行股份合作制等形式的改革，确保农民“失地不失权”。所谓农民“失地不失权”，主要是指失地农民在办理了农业户口转为非农业户口之后，对原来所在村、组集体资产所享有的权益不变。政府明确这些村、组、集体所有的公共资产、设施的权属不变，集体所有的经济实体继续运行，不能因行政改制而分光吃净。为此，锦江区被征地农村正在实行股份合作制等形式的改革。通过这种改革，失地农民虽然转变了户口，但仍是原来所在村集体经济的成员，享有分红等权利。例如，锦江区正在兴建汽车主题公园，占地 1000 多亩。为了保证农民的权益不受损失，该公园吸纳当地农民入股，建成运行后，以股份公司的形式运营。当地农民可获得租金，参加劳动或工作可得到薪金，公司经营盈利，还有股金分红。

从锦江区这几年推进城乡一体化的实践来看，在失地农民不失业、不失利、不失权的经验中，做到农民失地不失业是关键。锦江区这几年经济发展很好，各种产业蓬勃兴起，吸纳了很多农村劳动力就业，加上农民自主创业、自找门路就业等方式，较好地解决了失地农民就业的问题。这样就有了农民失地不失利的基本保证。锦江区政府还从财政、税收、信贷等方面加大了对农村的支持力度，建立了社会保障制度，做到了老有所养、病有所医、困有所帮。失地农民的权益维护和安置问题是城市化过程中的一大难题，锦江区实施失地农民“三不失”的原则，较好地解决了这个矛盾，所以锦江区推进城乡一体化的工作也进行得比较顺利。

五　思想组织上全面动员，资源配置上重新调整

我国的城乡二元经济社会结构，是经历了几十年建立起来的，影响到经济社会的方方面面。推进城乡一体化，就要破解这个二元结构，任务十分艰巨。涉及原有利益关系的调整、资源的重新配置，这是一场深刻的改革，甚至可以说是一场革命。成都市委、市政府在贯彻党的十六大精神进行调查研究的基础上，充分认识到这项工作的重要性、艰巨性和长期性，做出了统筹城乡经济社会发展、推进城乡一体化的战略决策。成都市委做的第一件事就是通过各种形式对各级干部进行动员，分期分批地进行培训，使他们对推进城乡一体化的重要意义有一个正确的认识，统一思想，并通过各种媒体向城乡人民群众进行宣传，促进社会共识。

在组织上，市委、市政府主要领导以坚持科学发展观为指导思想，把主要精力放在统筹全市的经济社会发展上，全面深入地推进城乡一体化的工作。市委、市政府重新组建了农业委员会（简称“农委”），成立了推进城乡一体化办公室（简称“推进办”）；由分管组织人事的副书记和一位副市长来主管推进城乡一体化的工作，农委和推进办负责日常工作；加强市委、市政府调研室的力量，同农委和推进办一起负责调查研究和策划工作。

2004 年 2 月，成都市委、市政府发布了《关于统筹城乡经济社会发展推进城乡一体化的意见》。这是执行城乡一体化的一个主旨性文件。随后，成都市委、市政府又陆续制定下达了关于《失地无业农民再就业问题》《征地农转非人员社会保险办法》《建立新型农村合作医疗制度》《推行一元化户籍管理制度》《进城务工就业农民子女接受义务教育办法》《加强农村劳动力培训和就业》《加强和保障城乡居民最低生活保障工作》《推进我市县乡财政管理体制改革，逐步建立公共财政制度》等一系列配套文件，用以指导和规范全市推进城乡一体化的工作。

成都市委、市政府在财政资源分配方面，也尽力动用可动员的财力，用来支撑这场破解二元结构的改革。据有关方面统计，2004 年成都市各级政府向“三农”方面投入资金共 57.8 亿元，比上年增加 66%。这可以说是规模空前的，发挥了财政向农村、农业、农民倾斜的实际效用。其中，市本级对“三农”总投入为 16.4 亿元，对农业生产和农业事业发展的支出为

6.98亿元，统筹城乡经济社会发展的各项支出为9.42亿元，减征农业税及附加1.4亿元。这些资金的投入，保证了农业生产和规模经营农业产业化的发展，保证了对失地农民的培训就业，对农村社会保障、合作医疗体制的建设，小城镇改造，中小学校舍建设和危房改造，乡镇医院的修建、扶贫、贫困村的改造等，都起到了很好的作用，实际也就是为推进城乡一体化提供了有效的财力支撑。

六　以推进城乡一体化来改变城乡二元结构

中国目前已进入工业化中期阶段，由于种种原因，城市化严重滞后于工业化。今后15~20年的时间是中国快速实现城市化的时期。中国要实现一个什么样的城市化，用什么方式实现城市化，都是中国在完成全面建设小康社会、实现社会主义现代化、构建社会主义和谐社会等重要历史使命的过程中必须解决的重大问题。

成都市委、市政府经过长期的调查研究，精心策划，做出了实施“统筹城乡发展，推进城乡一体化”的工作部署。它们把工业与农业、城市与乡村、居民与农民作为一个整体，统筹谋划，综合研究，推进城乡统一规划的建设。两年来，他们不断实践，不断探索，不断总结经验，不断向前推进。在城市化建设过程中，他们既调动城市居民的积极性，也调动广大农民的积极性，尽力维护农民的权益，使农民逐步融入城市，并享受到城市文明的实惠。城市居民和农民的积极性都被调动起来，就比一个积极性好。

成都市在推进城乡一体化的过程中，注意处理好发展、改革和稳定的关系，着力破解城乡二元结构的体制障碍。例如，成都市改革已有的户口制度，废除农业户口和非农业户口的分治制，建立了新型的城乡统一称为居民的户口登记制；改革了原来城乡不同的就业体制，建立了城乡一体的就业培训体制；致力于改革原来城乡不同的社会保障体制，逐步建立了城乡一体的社会保障体制，把1991年以来被征地的农民全部纳入社会保障范围，扩大了农村最低生活保障的覆盖面。总的目标是要建立城乡一体的新的运行管理体制。

从整个现代化过程来看，城乡一体化是城市化的最后阶段，也是繁荣发展社会主义现代化和谐社会的基础。现阶段，用推进城乡一体化来破解已有的城乡二元结构，作为解决“三农”问题的治本之策，有着特别重要的意义。从两年多的实践来看，成都市的工作思路是正确的，既符合党中央提出的“坚持科学发展观，统筹城乡经济社会的协调发展，构建社会主义和谐社会”的要求，也符合成都市的实际，符合干部、群众特别是广大农民群众的愿望，得到了他们的拥护和支持，取得了重大的实践成效。两年多工夫，城乡同发展共繁荣的景象已经初步显现：经济持续稳定健康发展；城市化率提高3个百分点；社会事业加速发展；社会秩序趋于稳定；城乡居民收入都有较大幅度提高，增长幅度均超过全国平均水平。最可喜的是，城乡差距开始缩小，之前不断扩大的趋势得到了扭转。

当然，目前成都市推进城乡一体化的社会实践也存在有待改进和完善的地方。这主要是囿于全国体制改革尚未深化的一些根本性的制度、机制问题，也是实际工作中需要进一步深入、细致、讲策略、稳操作的努力之处。

推进城乡一体是加快城市化进程的关键*

城市化最基本的特征就是农民转化为市民，农业劳动力转为二、三产业的劳动力，在我国特殊的城市化进程中，针对如何处理好农民工问题，如何加快城市化进程、实现城乡一体化等问题，本刊记者专访了国内知名学者、中国社会学会会长陆学艺。

城市化机遇：三次错过

记者：简单回顾新中国成立以来我国的城市化历程，您认为有什么特点，有哪些经验和教训？

陆学艺：中国的城市化道路比较曲折，20 世纪 50 年代国家工业化时期，工业化和城市化是同步进行的。1958 年，国家就实行了至今依然存在的城乡分割的二元户口制度，自 20 世纪 60 年代初出现“三年经济困难”以后，严格限制农业户口转为非农业户口。随着工业建设的持续推进，1978 年就出现了城市化严重滞后于工业化的情况。工业化的过程中农民转为市民、工人，是世界工业化的一般规律，唯有中国一方面是工业化，另一方面是农民在大量增加。现在看来，户籍改革有三次很好的时期，而我们都错过了。一是 20 世纪 80 年代中期。1978 年农村实行改革，农产品增加了，1984 年出现了卖粮难，农村有了剩余的劳动力和资金，按照国际惯例，那时改革户籍制度的条件已经有了。但是由于 20 世纪 60 年代初饿死人的教训太深刻了，对工业化必然伴随着城市化的规律也没有充分认识到，害怕户口放开后，农民大量进城，引起城市病、贫民窟等社会问题。如果那时把

---

* 本文原载《人民论坛》2005 年第 6 期，发表时间：2005 年 6 月 20 日。该文是《人民论坛》记者魏爱云专访陆学艺撰写的访谈稿。——编者注

户口改革了，也就不会出现大办乡镇企业，出现“进厂不进城，离土不离乡”的农民工等现象。

二是1992年邓小平南方谈话后。提出可以搞市场经济了，市场可以为社会主义服务，十四大也提出要建立社会主义市场经济体制，从此中国经济又走上了一个快速发展的道路。城市的劳动力被大量地消耗了，城市各方面的建设都需要大量的劳动力，这时农民也盼望进城，拿几千块钱买一个户口也干，“买户口”现象出现。这时候如果放开户口的话也是个很好的机会。但是我们还是认为不行，户口制度还是没变。所以农民工由原来“离土不离乡”变成“离土又离乡”进城来了，大量的农民工是20世纪80年代后期特别是1992年以后出现的。

三是1998年的时候。那时我们认识到城市化滞后于工业化会带来许多弊端，如第三产业发展不起来，经济紧缩。这时放开也是很好的一条路，但还是有些摇摆。认为要解决这个问题，但农民最好不要到城市里来。不能提城市化，而是城镇化。农民可以进的是县城以下的地方，大城市还是严格控制的。实践证明这是不对的。农民进城首先是要就业，而不是为进城而进城，找到新的工作人们才能住得下来。北京、上海、广州等经济发达的大城市有大量的农民工，他们没有去小城镇，因为小城镇解决不了就业问题。

记者：错过这三次户籍制度改革和城市化有利时机的原因是什么？

陆学艺：原因当然是多方面的，我认为主要的有三点。一是“大跃进”时期，工业化和城市化的发展违背了以农业的发展为基础的原理，出现了三年困难时期。为应付短缺经济实行了严格限制农民进城的户籍制度。本是权宜之计，后却固定下来，应改而没有改。二是我们的社会科学知识不足，对历史发展的规律认识不足，对搞现代化必然要搞工业化、城市化，工业化与城市化需同步发展的普遍道理缺乏认同。于是在出现很好的改革时机的时候，我们还是摇摆不定、犹豫不决，坚持了一种错误的认识，走了一些弯路。三是利益集团的关系。改革必然会重组利益结构，必然会损害某些既得利益集团的利益，这些利益集团不可避免地成为阻碍改革顺利进行的“绊脚石”。如取消户口制度，还是遭到了很多人的反对。改革很难，它牵扯到方方面面的利害关系，但应该有这种谋略、这种魄力，扫除“绊脚石”。

农民工：逐步纳入城市

记者：您认为城市化的本质是什么？

陆学艺：根据国际经验，城市化的本质就是农村人口转变为城市人口，农业的劳动力转变为二、三产业的劳动力。这几年我国城市的发展较快。从统计上看，2004年我国的城市化率已经达到41.8%，应该说是不错的。但这里有几个问题，一是41.8%的城市化率是把城市里的1亿多农民工统计进去了，这部分人占7%～8%。从严格意义上说，这种统计有些牵强，因户籍制度、就业制度、保障制度、用工制度等还没有改革，实际上他们是边缘人，白天干着城里的活，晚上想着农村的事。二是即使是41.8%的城市化率，我们还落后于世界平均水平近8个百分点。我国城市有1亿多农民工，农村还有5000多万离土不离乡的农民工，这些人实际上已经转为二、三产业的劳动力了。如果我们真正放开户籍制度的话，那么我们的城市化率还会更高一些。三是我们的城市化还严重滞后于工业化。中国许多的社会问题都是由这种滞后产生的。

记者：现在许多地方都在积极进行户籍制度的改革，改善了对农民工的待遇，也成立了许多民工工会。2004年中央一号文件指出：进城就业的农民已成为我国产业工人的重要组成部分。从而重新明确了我国社会结构变迁中农民工的身份地位。您觉得对农民工群体，我们还该做些什么？

陆学艺：现任政府对农民工进行了很好的管理，如总理亲自为农民工讨工资、改善制度、取消暂住证、农民工可以建立工会等，都是很好的，大大地好于从前。但就我的调查，这与农民工为社会主义现代化事业所做的巨大贡献相比还不到位。农民工的问题应该从根本上治理。

要从根本上解决农民工问题就应该改革现行的户籍制度，实行城乡一体的用工制度。农民工不仅是工人阶级的重要组成部分，而且是工人阶级的主力军、杰出代表。他们大部分都是青壮年，现在建筑、建材、纺织、清洁、服装等许多行业50%以上是农民工。而实际上，在我国，工人可分为两部分：一部分是城市里的工人，另一部分是农民工。据我调查，由于没有城镇居民的户籍，在政治上，农民工干了工人的活，却得不到工人的身份。农民工现在可以参加工会了，但很多都是另外登记，享受不到同正式工人一样的工会会员的同等权利。在经济上，农民工和正式工人不能同工同酬、同权。在社会方面，他们始终是城市的边缘群体。如此“一厂两制”，长此以往，后果不堪设想，现在的很多矛盾还会向前发展。必须通过改革用工制度、社会保障制度等，将工人阶级融合为一个部分，而不是有两部分人。

改革现行的户籍制度，我主张逐步放宽政策，让部分农民进城来。按时间的长短，农民进城就业可分为临时性的和长期性的两类。临时性的，如修路，干完了之后就可以回农村。但有些是长期性的，如北京的环卫工人。城市总有垃圾，有垃圾就得有人扫，有人扫就得有人管理，但工作苦、累，都是农民工在干。像这种长期性的、工作熟练的、有管理能力的农民工都可以变为市民。我认为应该一步一步地放开，一批一批地解决，不可能一下子都转为市民。

城乡一体：加快城市化进程的关键

记者：许多人担心大量农民进城，会引起类似印度的“大城市病”，如人口拥挤、住房紧张、交通拥塞、社会分化加剧、贫富悬殊、贫民窟等，现在我国部分城市也出现了这样一些现象，由此人们害怕发展大城市。您如何看待城市化过程中出现的这类问题？

陆学艺：城市病几乎是各个国家在城市化过程中都会遭遇到的一个问题，或说概莫能外。这是很正常的现象。从农村生活方式转变为城市生活方式总有一个适应的过程。这是农业社会转变为工业社会都要经历的。但我们比其他国家还严重。为什么呢？问题在于我们的转变比他们困难，因为我们还要由计划经济向社会主义市场经济转变，如买卖户口、农民工的问题等都是中国特有的。欧洲的城市化都花了200年。我们真正搞城市化才二三十年，转到现在这样已经是不容易了。

有些人对城市化感到恐惧，担心出现“大城市病”，这种想法实际是片面的。工业化具有聚集效应和规模效应，城市化是经济发展的必然。所以在这一点上，中国是无法有特色的。最近这些年，实际上还是发展了大城市、特大城市，这是个经济社会发展规律。就农村发展农村是不行的，还是要搞城市化，搞大城市化。

记者：有学者认为，我国正处于快速城市化的前夜，您如何看待这种观点？

陆学艺：说我们正处在快速城市化的前夜有一定的道理。目前，城乡二元结构已成为制约整个国民经济和社会发展的“瓶颈”。农民穷、农民多的问题并没有解决，如果不将农村的大部分劳动力转移到城市，那么城乡差别会进一步加大，农村形势会随着整个国家工业化和现代化进程的加快而急剧恶化。这不符合科学发展观的要求。

记者：最后，您认为我们该如何改革城乡的二元结构，以加快我国城市化的进程？

陆学艺：改革城乡二元结构，加快我国城市化进程，包括解决城市病，关键是要统筹城乡经济社会发展，逐步建立城乡一体化的社会。当然，城乡一体化并不是指城乡一样化，它界定在制度、体制的范畴内，是针对城乡诸多不同政策形成的二元经济社会分割格局提出来的。马克思主义本质上要消灭的是城乡的对立，不是城乡的差别。城乡一体化的目标是要实现城乡的统筹、协调发展。

具体来说，目前亟待解决的问题有以下几个方面。首先，要改革现在的户籍制度，建立城乡一体化的户籍登记制度。现行的制度是为当时计划经济服务建立起来的，全世界只有中国、朝鲜和贝宁等几个国家有这样的制度，别的国家都没有，我们应该下决心去改。目前我国许多地区都加快了户籍改革的步伐，这都是很好的。其次，进行土地制度改革，明晰产权，建立城乡一体的土地制度。现在农村征地现象严重，许多农民被沦为“三无”人员，其中一部分原因就是农村土地所有权不明晰，公益性用地和经营性用地事实上基本没有区分。土地集体所有，集体是生产小队，不是村民委员会，现在有些村干部可以卖地、可以动地，村民还不知道。应该把土地还给农民，土地所有权国有，田面权、使用权归农民所有。土地定，人心才定。最后，在就业和社会保障制度上要实现城乡一体化。我们现在实行的人事就业和管理制度是把二元的社会结构引进到城市里了。

美国、日本的城乡一体化都解决得很好。我说过，中国不仅完全能够解决中国人的吃饭问题，而且完全能够解决中国农业人口的非农化问题。只要我们按照科学发展观的思路走下去，我相信我国的城市化问题会得到很好的解决。

推进城乡一体化　成都有很多东西值得总结*

2004 年，成都财政向“三农”倾斜比 2003 年增加了 66%；农民人均收入年增长率达到 9.5%，超过城镇居民可支配收入的增长率，城乡差距开始缩小。成都还专门成立了推进城乡一体化办公室，负责具体落实市委、市政府的部署……这些都说明成都对“三农”问题的重视不是放在口头上、写在文件上，而是真正落实到行动上。“三农”问题已经成为成都工作的重中之重。

成都推进城乡一体化不是搞统计上的城市化，而是着力于破解城乡二元结构的体制性障碍。让农民“失地不失利，失地不失业，失地不失权”的工作措施尤为令人称道。我认为，成都推进城乡一体化的经验值得总结、研究和推广。

* 本文源自《成都日报》2005 年 7 月 11 日第 A2 版。该文系 2004 年 7 月 10 日“同心同德共建和谐社会成都论坛”之“城乡一体化与和谐社会专题论坛”上专家的发言摘录，原文题为“推进城乡一体化 成都有很多东西值得总结”。本文仅收录陆学艺的发言摘要，并采用原文标题。——编者注

城中村是农村城市化进程中实现城乡一体化的一个阶段*

“城中村”是个新概念、新词，《现代汉语词典》2002 年增补本还没有收录这个词条。城中村是中国城市化过程中出现的一种新的社会现象。20 世纪 80 年代中期以后，在大中城市周边的村落，因为城市发展的需要，耕地部分或全部被征用了，建设成工厂、商店、住宅小区、道路等城市设施；村里的农民则逐渐改行成为工人、职员、商贩等非农职业者。由于中国长期实行城乡分治的二元体制，这里的农民已经不从事农业生产了，但他们的农业户口即农民的身份没有变。村落周围已经是高楼林立，街道成网，布满了各种商店和超市，但这个村落里农民的住宅格局没有变，只是随着时间的推移，有的住宅前的园地也盖房了，有的住宅原来是平房，改造为楼房了，有的楼房改造为多层或高层了，但村落居住的边界基本没有变。这里的村落已经不是农民聚居的载体了（除了原居民外，一般都住进了外来的农民工或从事各种城市职业的人），但村落的名称没有变，还继续被称为××乡（镇）××村，村民委员会、村党支部的名称也没有变，仍然在执行着村民自治的各种功能。这种中国城市化过程中特有的社会现象，是中国存在城乡二元经济社会结构矛盾的一种表现。从时间角度说，城中村是农村在城市化进程中实现城乡一体化的一个阶段。从空间角度观察，城中村是城市范围里的村庄。根据这种亦城亦村的特征，称作“城中村”是很合适的，也很形象。

---

* 本文源自《城市化中的石牌村》（郑孟煊主编，北京：社会科学文献出版社，2006 年 4 月），第 1～4 页。原稿写于 2005 年 12 月 10 日，系陆学艺为该书撰写的序言，现标题为本书编者根据序言内容所拟定。该文还以“城中村是城乡一体化的一阶段”为题收录于《“三农”续论：当代中国农业、农村、农民问题研究》（陆学艺著，重庆：重庆出版社，2013 年 5 月）。——编者注

城中村现象，自20世纪90年代中期以后，就有学者关注，开始进行调查研究，并陆续有一批论著问世。2001年初，中共清远市委党校郑孟煊同志和广东省社科院黄绍伍同志到北京来，同我商谈要参加“中国百村经济社会调查”课题的调查研究，我当即表示欢迎，还向他们介绍了“中国百村经济社会调查”的宗旨、意义和做法。双方谈得很投机，很快达成了共识。他们回去以后不久，就给课题组来信，决定调查研究广州市石牌村。

做社会调查，选点十分重要，选得准、选得好，就成功了一半。广州市是改革开放最早的大城市，经济发展迅速，城区扩展很快，1978年市建城区只有87平方公里，2003年已扩展到240多平方公里。在这种超常发展的城市化过程中，一批又一批的城中村形成了。石牌村地处广州近郊，20世纪70年代以后，耕地就陆续被征用，到1995年，耕地被全部征用，农民也全部转而从事他业。现在石牌村周围已经是广州市的繁华地区，成为电子一条街。石牌村村务管理也比较好，较早实行了股份合作制，农民转业以后，仍是村集体经济的股东，每年从村里分红，享有村集体经济提供的各种福利。石牌村这个城中村在省内外都很有名气，石牌村是一个很有代表性的城中村。

在天河区委、区政府和石牌村委会的支持下，以郑孟煊、黄绍伍为首的课题组住进了石牌村，经过两年多深入的调查研究，反复研讨写出了这部理论观点鲜明、资料翔实丰富的《城市化中的石牌村》。

我国目前正在由传统的农业农村社会向工业化城市化的现代社会转型，正在由计划经济体制向社会主义市场经济体制转轨。在各种力量的推动下，这两个转变都发展得很快。1983年我国有289个市2968个镇，[①] 2003年已有660个市20226个镇，平均每年增加19个市和863个镇；1984年我国有926439个行政村，到2003年只有678589个行政村，减少247850个村，每年减少13045个行政村。[②] 这组数字反映了我国城镇化的实践。本书叙述了石牌村在整个城市化过程中方方面面的变化，叙述了石牌村怎样从一个城郊的农村一步一步演变为城中村的全貌，因为它还没有完全融入城市，所以称为“城市化中的石牌村”。

---

① 参见国家统计局国民经济综合统计局编《新中国六十年统计资料汇编》，北京：中国统计出版社，2010年1月，第5页。

② 国家统计局编《中国统计年鉴·1984》，北京：中国统计出版社，1984年8月，第1页；《中国统计年鉴·1985》，北京：中国统计出版社，1985年10月，第237页；《中国统计年鉴·2004》，北京：中国统计出版社，2004年1月，第3、74页。

《城市化中的石牌村》不但论述了石牌村经济发展、人民生活改善、社会进步的方面，也重点分析论述了发展演变中的问题，如本地人或外来人混居、贫富分化、管理落后等方面的问题，还揭示了村里各种利益关系的冲突和矛盾。这里不仅仅有农村转变为城市后形成新的社会阶层之前的新关系、新矛盾，更多的是居民的生产生活方式已经非农化、城市化，而农民的身份、房产所有关系、集体经济和村务管理还都是农村的，这种二元结构产生的矛盾。课题组对存在的这些问题，既做了深入的描述和分析，也提出了解决问题的政策建议。

《城市化中的石牌村》最重要的贡献是如实地描述、记录了石牌村由农村走向城市的实践，洋洋三十多万言、一万多个数据，把石牌村在经济、政治、社会、文化等各个方面演变的事实和过程记录了下来，这是很珍贵的，也符合“中国百村经济社会调查”总课题组提出的要“真实、全面、深刻、准确”的方针。前面说过，当代中国正在经历社会转型和经济体制转轨，这是一场13亿人民参加的伟大实践，发展如此迅猛，一时难以做出理论概括。通过各种形式，把这场变革的事实和过程记录下来，为以后的分析总结做好基础准备，不仅对今后的发展有重要的实践意义，也对社会学、经济学、政治学、历史学等社会科学学科的发展，有重要的学术价值。这些丰富、翔实的资料，年代越久远，价值越大。

从已经出版的《内发的村庄》《屯堡乡民社会》和将要出版的《城市化中的石牌村》这三本书中，我进一步认识到“中国百村经济社会调查”这个课题的重要性。这三本书都从不同的学术视角详细记述了被调查村庄发展变化的实践，也都提出了一些很深刻、很吸引人的观点，给我们展示了我国各地在由传统社会向现代化社会转变发展的丰富多样性。我想，如果现在正在进行的数十个调查点都能扎实地去深入调查研究，收集资料、综合分析，撰写出有理论、有观点、有事实根据的著作，每本书都会有它的研究深度和特点，这样汇集起来，会大大地丰富我国的农村研究，会大大地促进我国社会科学的研究，当然更主要的是会促进我国农村发展和现代化事业建设。

最后，我真诚地希望，《城市化中的石牌村》的所有参与者在已有的基础上，持之以恒地坚持下去，继续深入下去调查、研究，去发掘、发现，去分析总结，就一定会有新的收获。真理往往是寓于最基层、最前沿的实践之中，相信他们一定会取得更多、更好的研究成果。

宁波江东区"三改一化"为城郊农村实现城市化创造了一个好模式*

2006年8月，我们到宁波市江东区，就该区2001年以来实施的撤村改居、股份合作制改革、旧村改造，实现农村城市化（统称"三改一化"）和文明社区建设，做了一次实地调查研究，收获颇丰。我们认为，江东区的"三改一化"为城郊农村实现城市化创造了一个好的模式，为农业合作化以来的集体经济画上了一个圆满的句号，也为城郊农民如何融入城市、成为城市社区的市民树立了一个样板。这对当前正在推进的社会主义新农村建设、构建社会主义和谐社会都很有意义，值得重视、总结和推广。

一 "三改一化"，解决了"城中村"和农民失地、失业等问题

江东区是宁波市中心城区之一（类似于北京的朝阳区），面积37.7平方公里，常住人口30万人，以城市居民为主，有5个街道、49个社区，农村只有2个乡、29个行政村，但辖区面积18多平方公里，超过总面积的

---

* 本文原载中共中央党校"三农"问题研究中心主办的内部刊物《三农研究参考》2006年第21期。原稿写于2006年9月15日，发表时间：2006年11月1日。中国社会科学院《要报》2006年第60期（2006年12月1日）摘发了该文，作者署名为中国社会科学院"浙江经验与中国发展研究"课题组，陆学艺执笔。该文首次公开发表于《2007年：中国社会形势分析与预测》（北京：社会科学文献出版社，2006年12月），题目为"城郊农村实现城市化的好模式——宁波江东区调查"。该文还以该题目被收录于文集《社会建设论》（陆学艺著，北京：社会科学文献出版社，2012年3月）、《"三农"续论：当代中国农业、农村、农民问题研究》（陆学艺著，重庆：重庆出版社，2013年6月）、《中国社会结构与社会建设》（陆学艺著，北京：中国社会科学出版社，2013年8月）。陆学艺收录文集时依据《要报》稿略作修改。本文涉及的相关地区农村经济社会发展数据源自作者调查过程中获得的资料。——编者注

50%。20世纪90年代，宁波提出城区东扩战略以来，农田不断被大量征用，但农区的乡、村管理模式没有变化，农民的身份也没有变化。到2000年，已有40%的村成为“城中村”，而未被城区包围的农村，因部分土地已被征用，农村经济发展的空间越来越小，部分农民失地后，就业成了问题，又没有及时建立相应的最低生活线等社会保障机制。城乡犬牙交错，农民、居民混居，一城两制、一厂两制、一家两制，两种身份，不同待遇，农民憋气。在农村集体经济内部，干部群众之间，因征地费的使用、集体资产的管理等，矛盾也很突出。利益诉求不同的各种人群，得不到妥善的协调和安排，社会矛盾和社会问题就多了，社会治安问题刑事犯罪案件增加、社会纠纷不断，上访上告的人数增加，环境卫生、村容市容整治困难，社会也不太安宁。

江东区出现的问题，是全国城市化过程中出现的比较普遍的问题。其实质是我们的快速城市化，是在城乡二元结构体制没有相应改革的背景下进行的，只考虑城市发展的需要，城市规划把农村的土地、资源规划进去了，但没有把农区农民的生产生活问题做相应安排，农村行政和集体经济的管理体制没有做相应改革。城市只规划土地的城市化，而没有规划农民及其农村组织的城市化。于是就有了“城中村”“失地农民”和没有了农业和农民的村委会等经济社会问题。

江东区委和区政府在省、市领导和相关部门的支持下，经过长期酝酿、积极探索，决定实施以撤村改居、股份合作制改革、旧村改造为主要内容的农村城市化，于2001年开始试点，以后又扩大试点，于2004年全面推开，至今已基本完成了三项改革。

1. 撤村改居

根据相关文件精神和实际情况，江东区实施撤村建居和撤村并居两种改革形式。撤村建居是撤销行政村建制，给全体村民办理农业户口转为非农业户口的手续，同时建立相应的居委会，现称社区委员会，实行城市社区管理。撤村并居是撤销行政村建制，给全体村民办理农业户口转为非农业户口的手续，不建社区组织，村民农转非后归并到居住地的社区，受当地社区管理。此项工作自2001年8月开始试点，到2004年4月完成，历时两年八个月，因为改革适应发展的要求，符合村民要求农转非的愿望，进展得很顺利。全部29个村中有22个实现了村改居，有7个村实现了村并居；全部10358家农户，21950个农民实现了农转非。

2. 农村经济合作社实行股份合作制改革

这是“三改一化”的重点和难点。江东区的干部和群众为此探索的时间最长，投入的精力最多，终于圆满地实现了，这是“三改一化”的主要经验，将在下一节专门论述。

3. 旧村改造

随着宁波市向东扩展战略的实施，城市化高速发展，江东区如何既能适应城市发展的大局，又能维护好农民群众的利益，使之能平稳地融入城市，安居乐业，这是要妥善解决好的大事。经过调查摸底，到 2000 年底，全区有 29 个行政村需要改造，大致可分为三类：一是已无土地的“城中村”（12 个）；二是只有少量土地的近郊村（7 个）；三是留有较多土地的远郊村（10 个）。按照宁波市发展的总体规划，这些村全部纳入建设改造计划。根据轻重缓急，先城中村，后近、远郊村，分批有序推进。在实施过程中，江东区坚持了不与民争利、保持社会稳定的原则，采取了整体拆迁、先建后拆、拆一赔一、就近安置等政策和措施。经过多方面努力，旧村改造进展得比较顺利，至今已有 9 个村全面完成了改造任务，12 个村正在进行中，远郊 7 个村已列入市的东郊新村开发计划，到 2007 年底，将全部完成。江东区旧貌换了新颜。

江东区用了近五年时间，使 29 个行政村、2 万多农民，通过撤村改居，全部农业人口转为非农业人口，村委会转为社区委员会；通过股份合作制改革，原集体经济组织转变为 29 个社区股份经济合作社，集体资产没有流失，还有大量增值；通过旧村改造，“城中村”的问题解决了，大部分农民已经住进了新居。农民不仅改变了身份，而且成了股东，82% 的劳动力在城区有了新的工作，促使农民逐渐融入城市社区生活，与居民一样享受城市发展、城市文明的成果。江东区通过这三项改革，逐步实现了城乡一体化，做得很成功，实现了平稳转制、平稳过渡。整个改革期间，江东区社会稳定有序，经济持续稳定、快速协调发展，创造了一个城郊农村实现城市化的好模式。

二　城郊农村 50 年集体经济做了一个比较圆满的终结

江东区“三改一化”的核心是农村合作经济股份合作制改革。在城市化过程中，农村集体经济组织的集体资产，面临着几种选择：第一种是成为“城中村”，土地被征用转为非农用地，村委会、经济合作社还继续存在，农民不再从事农业生产，而是靠出租房屋或打工等为生；第二种是把集体资产卖净分光，集体经济组织就此散伙，农民各奔东西；第三种是对原集体经济组织进行股份合作制改革，集体资产折价量化到人，农民成为股东，成立股份经济合作社，选举董事会、监事会经营管理。

江东区选择了第三种方式。从2001年开始，经过三年多的摸索、试点和推广，现在已完成了这项改革，他们的具体做法是：

1. 把集体资产全部折价量化

村级集体资产主要包括三部分：一是实行家庭联产承包责任制前原生产队积累的资产；二是土地资产，历年已征土地的补偿金、自用土地及其建筑物的折价，未征用土地按政府公布的征用价格计算的资产；三是1983年实行家庭联产承包责任制以后，集体经济创造积累的各种资产，这些资产中包括生产性固定资产，主要是指集体所有的出租厂房、农贸市场等建筑（包括在建工程）、流动资产、非生产性固定资产（主要指学校、卫生所等公益性资产），以及多种土地资产等。这些资产全部根据相关文件和干部群众认同的方式量化为货币。江东区农村比较富裕，据计算，人均集体资产在10万元以上。

2. 把股权分配到人

经过反复讨论、斟酌、协商，江东区只设人口股和农龄股两个股种。所有量化的集体资产都按这两种股份分配。分配比例，各村不同，有的人三、农七，有的对半开等。

股权享受对象的界定，时间限定为第一轮土地承包责任制落实之日（1983年1月1日）起，到社区股份经济合作社章程通过之日止。在这个时段内的在册和部分曾经在册的人员（如参军服义务兵役者、就地农转非未带走土地资产者等）享有人口股；在这个时段内参加本村劳动或曾经参加过劳动的人员，享受农龄股（如有的人已经农转非，没有人口股，但曾在村里劳动过，就按照实际劳动年限计算农龄股，有位师长参军前在本村劳动三年，当义务兵三年，则计算6年的农龄股，提干后就不算了）。

分配的结果是，有4种股东：大多数人享有人口股、农龄股，有些人只享有人口股（16岁以下的儿童、少年），有些人只享有部分农龄股（如上述那位师长），有些人享有人口股和部分农龄股（如有些人前些年已出村自谋职业，但户口未迁出，他们享有人口股和外出前在村劳动年数的农龄股）。经过反复计算、登记、核实，最后把每人的人口股、农龄股以及具体金额进行公示，无异议以后，由社区股份经济合作社发股权证，村民成了股东。

3. 股权管理

江东区采取的是相对静态管理股权的模式。集体资产量化，股份分到个人，发给股权证，股东凭证领取股份收益。集体资产作股，一次分配完毕，从此“生不增，死不减”。股权可以继承，传给法定继承人，股权可以转让，但只能转给本村人，并要得到董事会的同意，办理相关手续。股东不能退股提现。

4. 成立社区股份经济合作社

在改革过程中，坚持原有的集体资产集体所有制不变，坚持集体所有资产只股不分，成立社区股份经济合作社。设立股东（代表）大会、董事会、监事会。由股东（代表）大会通过股份经济合作社章程，选举产生董事会、监事会。由董事会、监事会主持股份经济合作社的日常经营管理工作。近几年，新成立的股份经济合作社在宁波大发展的经济环境下，经营得都很好，集体资产大量增值，股东分红年年都有增加。社区股份合作社实现了经营管理企业化，目前还是以经营房产、物业管理和租赁经济形式为主，以后将逐步转向“资产运作、资本运作”，大力发展服务业为主的第三产业，进行公司化运作，待条件成熟以后，再启动公司化改革。

我们在江东实地考察了两个村：一个是东郊街道的宁江村，另一个是福明街道的江南村。宁江村地处新市区的中心区，农地早就征用完了，都盖了房子，实际是一个“城中村”。村集体经济实力雄厚，2002 年股份制改革时，经过折算，动产、不动产共 1.3 亿元。按照有关文件精神，经干部群众协商一致决定，30% 作为人口股分配，70% 作为农龄股分配，共有 830 人参加分配。人口股每人 4.7 万元，农龄股每一年 1 万多元，38 岁以上的有人口股、农龄股的村民，最高的可配股 2750 股，每股 100 元，可得 27.5 万元。最少的只有人口股或只有几年的农龄股。2002 年，股份合作社经营所得，扣除公积金、公益金，按 6% 分红，这几年经营得很好，2005 年按 11% 分红，最高股的持股人，可得 30250 元。这个社的村民，这几年已分散到各个社区居住，实际已经散了，但股份经济合作社开股东大会，村民都会回来，平时也同合作社保持着各种联系。宁江股份经济合作社的董事会、监事会也已经搬入一个很高的商务楼办公，俨然像一个大公司的总部。

江南村是另一种类型，地处城边，只被征了部分农田，还有 300 多亩待征。集体经济发展得很好，2002 年股份制改革，净资产折价为 5243 万元。

人口股、农龄股按33.5元和66.5元分配，有1010人参加分配，人口股每人2.8万元，农龄股每年3700元。村民中人口股、农龄股齐的最高可得10.8万元。2003年按股本10%分红，2005年提高到15%，最高股的股东可分得1.62万元。这个村的村民，还住在原来的3个自然村里，等着市里规划建造新的社区。股份经济合作社已经挂牌了，但还在原村委会的旧址办公，不过已经改为江南社区委员会、社区党支部和股份经济合作社，三块牌子挂在大门两边。

江东区的农村股份合作制改革，是以国家、省、市有关股份合作制文件为指导，依据本地实际情况，并参照外地经验，为适应宁波城市化发展的要求，而进行的一场具有制度创新意义的改革。几年来的实践已经证明，这项改革很成功，突出表现在以下几个方面。

第一，坚持了农村集体资产的集体所有制不变。通过改革，明晰了产权主体（村民是股东），理顺了分配关系（按股分红），规范了经济管理制度，适应了工业化、城市化和市场化发展的要求。通过改革和新成立的股份经济合作社运作，不仅保持巩固了集体经济，而且发展壮大了集体经济。2002年改革初期，全区村级集体资产总额为20.53亿元。2005年底全区社区股份经济合作社的集体资产总量达到29.14亿元，增长了41.94%。从产权制度变革的角度看，1956年实行农业生产合作社，农民以自有的土地和主要生产资料入社，建立了高级农业生产合作社，实行农村经济的集体所有制。20世纪80年代初期，农村实行家庭联产承包责任制，实行双层经营，土地的集体所有制不变，把经营使用权包给农民。这次江东区的股份合作制改革，实质上也是一次产权制度的变革，坚持了集体所有制不变，使集体经济的资产没有流失，反而发展壮大了，只是更名为社区股份经济合作社，使之融入了城市经济，成为城市发展的一支重要力量。

第二，农民顺利转化成城市的职工和市民。农民在1956年敲锣打鼓地参加了高级农业生产合作社，50年来为社会主义现代化作出了巨大贡献。他们是集体经济的主人。江东区通过改革使农民成了社区股份经济合作社的股东，这实际上是对他们当年的土地等生产资料入社的产权的确认，农民可以凭股分红和获得其他福利，他们仍是社区集体经济的主人。另外，通过旧村改造采取“拆一还一”的政策，多数农户有了两套或两套以上的住房，房屋可以出租，有了房租收入；通过农转非，农民都有了城市居民的身份，区、街道经过努力，已经使82%的劳动力在二、三产业就业，使他们有了工资收入。江东区近几年实行城乡一体化的社会保障体制综合配套改革，使失地农民的养老保障和新型合作医疗制度全面推开，目前覆盖率已分别达到100%和86%。

江东区通过改革，使农转非的农民，不仅转变了身份，而且有了四项收入：股东分红、房屋出租收入、工资收入、社会保障。所以，在整个改革过程中，农民的收入是逐年增加的，按老口径计算，2001年农民人均纯收入7051元，2005年为10267元，增长45.6%，年均增长9.7%。另外还有社区委员会和股份经济合作社托底做后盾，有了这样好的经济条件和社会组织，农民转变为城市职工和市民就有了经济基础和组织保证，避免了有些城郊农村农民失地、失房、失业、失保的困境。

需要特别指出的是，江东区的中老年农民对改革特别拥护，非常支持。当他们了解了改革的内容后，就一直是改革的积极参加者和支持者，尤其是老年农民。股份制改革中，他们得的是人口股、农龄股齐全的最高股（最富的一个村，最高股达到37.67万元），而且股金是实名分给个人的。不少老年农民，在集体经济中辛苦劳动了一辈子，到老不能劳动了，手中一无所有，在家庭里没有经济地位，全靠儿孙赡养。儿子、儿媳孝顺的还好，遇到不孝顺的，老人的晚年就惨苦了。股份合作制一实行，老人分得最高的股权，多则30多万元，少则近10万元，每年有分红收入，又有养老金和医疗保障，老人有了集体经济做靠山，经济地位变了，老人们可以安度晚年，许多家庭也变得和睦了。

第三，农村基层干部有了新的出路，转到新的舞台施展才能。农村基层干部是我们党从农民中选拔、培养的一个群体，是党和群众的纽带和桥梁，几十年来，承上启下，完成了党和政府在农村进行的政治、经济、社会、文化建设的各项任务，为社会主义现代化事业作出了很大贡献。江东区的“三改一化”，也是农村的基层干部，按照区委、区政府的部署，创造性地做了大量的具体工作，是逐件逐项完成的。值得指出的是，江东区的农村基层干部，在实现股份合作制改革中，主动提出不设集体股（有的地区集体股占50%以上，理由是领导可以控股），不设贡献股（有的地区为干部专设贡献股），同农民一样，只分人口股和农龄股。这使市、区领导深受感动，也保证了改革的顺利进行。

江东区农村基层干部比较优秀，在群众中享有威信，在股份制改革中表现良好、风格高，又起了模范带头的作用，得到了农民群众的信任。在转制后的社区股份经济合作社股东（代表）大会上，经过民主投票选举，原来的村、组干部，大多数被选举为董事、董事长或监事、监事会主席。

我们去宁江股份经济合作社调查时了解到，董事长是原村支部书记、副董事长是前任村支部书记，监事会主席是原村委会主任。董事和监事多数是原村、组干部。其他社区股份经济合作社的领导人员，基本上也都是由股东（代表）大会选举产生的原农村的村、组干部。当然也有一部分村、组干部落选了。

郊区农村的基层干部，经过长期的锻炼和考验，有工作经验、有领导才干，他们中的多数是农村中的精英，也是党和国家的宝贵财富。通过转制，他们的身份转变为城市市民，他们的工作由领导农村经济、农业生产和村务工作转变为领导城市社区股份经济合作社的经营管理。他们将在城市经济社会建设发展的新舞台上继续为社会主义现代化事业作出新的贡献。江东区的农村集体经济组织通过转制，实现了圆满的终结，基层干部也有了一个好的归宿。这支队伍不是散失了，而是整体转业了。

第四，为城市经济发展注入了新的活力。江东区通过转制改革，使 29 个农村集体经济组织，全部转化为社区股份经济合作社，总资产达 29 亿多元，实行市场化、企业化经营。这实际是在城市经济发展中，增加了 29 个大公司，主要经营房地产、楼宇租赁、物业管理、专业市场，这对宁波发展第三产业、加快调整经济结构、转变增长方式、扩大就业、提高效益起到了很重要的作用。近几年，江东区出现了历史上从未有过的好的经济业绩，其中有社区股份经济合作社的重要贡献。

第五，破解了城乡二元经济社会结构，实现城乡一体化，为构建和谐社会奠定了基础。江东区的“三改一化”，是一个整体。撤村改居，使农村社区化、农民市民化。转变了身份，改变了组织形式，这是政治。旧村改造，拆一赔一，使农民在城市中居者有其屋，有了安身立命的基础。股份合作制改革，把集体资产，民主、公平、合理地分配到每个人，使农民成了股东，使农村集体经济组织，转化为城市社区股份经济合作社。近几年，江东区又为入城农民办了养老保障、失业救助和合作医疗，推进了教育、卫生、科技、文化等事业的一体化，有计划、分阶段地实现全体居民普遍、平等的社会保障制度和统一享有城市公共产品服务的体制。

江东区通过“三改一化”的实践，把“城中村”的问题解决了；又通过户口、社会保障、社会事业等体制改革，为农民变为城市居民准备好了经济、政治、社会等多方面的条件，实现了比较顺利的平稳过渡。破解了城乡二元结构的问题，没有把城乡二元体制带到城市中来，为江东区构建社会主义和谐社会奠定了良好的基础。

江东区近几年顺利东扩，城市化发展得很快。建成区已由2001年的15平方公里，扩大到2005年的30平方公里。各项经济社会指标都有较大幅度的提高，区属口径的生产总值，2001年为20.75亿元，地方财政收入3.04亿元，而2005年这两个数字分别为100.36亿元、12.25亿元，分别年均递增约48.3%和41.7%，历史上从来没有这么好过。社会事业蓬勃发展，社会稳定有序，人民安居乐业。江东区已经率先成为宁波市第一个没有行政村建制的城区，"十五"计划期间获得了全国社区建设示范城区、全国科技工作先进区、省级教育强区、省级科技强区、省级社区卫生服务示范区和省级文明城区等多个荣誉称号，江东区正在成为宁波未来建设和发展中最具生机和魅力的区域之一。所有这些喜人的变化，都同"三改一化"的顺利实现，有直接的关系。

三　江东区"三改一化"的基本经验

城市是现代化的主要载体，城市化是实现我国由传统的农业社会转变为现代化的工业社会的必由之路。我国在社会主义现代化建设中，工业化进程历来没有什么争议，但城市化则进行得相当曲折。可喜的是，20世纪90年代中期以来，特别是"十五"计划把城镇化列为重要发展战略以后，城市化的步伐大大加快了，但是在快速城市化进程中，如何破解计划经济时代留下的城乡二元经济社会结构？如何使农村的经济社会组织转变为城市社区组织？农村的集体资产如何保值增值？如何保护农民的权益，使其能顺利转化为市民？各地都在摸索和实践。江东区的"三改一化"，为解决这些问题，创造了一个比较好的模式，具有重要的实践意义。江东区的基本经验有以下几点。

①贯彻落实以人为本的科学发展观，统筹城乡经济社会发展的指导方针。江东区在调研、酝酿、试点初期，就提出了"要着眼于城乡一体化改革"，以"农村社区化、农民市民化、社会多元化、保障规范化和发展市场化"为改革的出发点。[①] 党的十六大、十六届三中全会正式提出统筹城乡经济社会发展和科学发展观的方针以后，就更加自觉地贯彻落实这个战略方针。在郊区农村实现城市化过程中，积极稳妥地推进"三改"和与此相配

① 张大军、吴鹏、毛伟军主编《三改一化——破解农村城市化难题》，宁波：宁波出版社，2005年1月，第18页。

套的多项改革措施，既保证了城市化发展的顺利推进，又维护了农民的权益；既解放了生产力，促进了经济社会的发展，又维护了社会的稳定，实现了多赢的目标。从而避免了有些地区在城市化过程中出现的“土地占光了，集体资产卖净分光了，集体经济组织散伙了，一些干部开着宝马汽车不见了，农民光着身子进城了”的窘状，为今后城市以人为本、全面协调可持续发展打下了良好的基础。

②不与民争利，正确处理好了国家、集体、个人三者的利益关系。毛泽东同志在《论十大关系》中说：“国家和工厂、合作社的关系，工厂、合作社和生产者个人的关系，这两种关系都要处理好。为此，就不能只顾一头，必须兼顾国家、集体和个人三个方面。”① 这段话是50年前讲的，后来成为我们处理各种利益关系的重要原则。一个国家或地区的城市化过程，从一定意义上说，也是各种利益关系不断调整的过程，处理得好，可以保证和促进城市化健康发展，处理不当，就会阻滞城市化的发展或者使城市化畸形。我国现在正处在城市化发展的过程中，有一部分地区，因为没有正确处理好国家、集体和个人三者的利益关系，出现上述“五个了”的窘状，引发了种种社会问题，阻碍了城市化的健康发展。

在城市化过程中，因为城市扩展需要，土地价格必然猛涨，越是大城市，涨得越多。对于因城市化土地升值的这笔财富如何分配，多数工业化国家或地区是通过专门的法律、政策来安排的。我国至今还没有这样的法律、法规，各地做法各不相同。有些城市不能正确处理这些关系，引发了很多土地纠纷。江东区的“三改一化”，正确处理好了国家、集体、个人三者的利益关系。首先是处理好了政府和农村基层组织、集体经济组织的关系：一是通过基层组织按有关规定，征用农村土地，给予应有合理的补偿；二是在征用地中，留出10%，作为农村集体的发展用地；三是在改革中，保护集体经济资产不被流失，既不许分掉，也不许有关部门平调，坚持集体所有制不变，并创造了可持续发展的空间。其次是正确处理好了农村集体和农民个人的关系。通过“三改”，农民转变了身份，成了社区股份经济合作社的股东，有了新的职业，有了多种收入，同市民一样享有城市公共产品等的服务，同新的集体经济组织保持着关系。农民成为城市化的受益者，同时成为城市建设发展的积极力量。

事实上，在江东区的城市化过程中，国家、政府还是主要的受益者。

① 《毛泽东选集》第5卷，北京：人民出版社，1977年4月，第272页。

例如，上述土地增值的财富，大部分还是转变为国家资产的。江东区农村原有两万多亩农田，全部转变为非农用地之后，其价值将以百亿元计。江东区“三改一化”的经验在于，他们在改革过程中，既保证了城市化发展大局的需要，也维护了集体和农民的权益，而没有像有些城市那样，竭泽而渔，使农民陷入失地失利的困境，从而促进了城市化稳定、健康、顺利地发展。江东区“三改一化”，不与民争利，正确处理好了国家、集体、个人三者的利益关系，是一条重要的经验。

③“三改一化”的灵魂是改革，改革是动力源泉，城市化是目标。通过改革，实现城市化，是江东区取得成功的要诀。中国现在正在发展的城市化，是在20世纪50年代以来形成的城乡经济社会二元结构还没有根本改变的条件下进行的。城乡是两个体制：一是户籍制度不同，农民是一种身份，市民是一种身份，差别很大；二是经济所有制不同，城市实行公有制为主体、多种所有制经济共同发展的制度，农村的主要生产资料——土地（包括宅基地）——实行单一的集体所有制；三是就业的体制、方式不同；四是社会保障的体制不同，现有的社会保障体制基本上还没有覆盖到农村；五是教育、医疗、科技、文化、体育等社会事业的体制不同；六是城乡居民收入、消费的差距很大；七是城市领导农村，村民实行自治，权力集中在乡镇以上的政府。在这种“城乡分治，一国两策”的二元结构体制下，推进城市化，出现种种经济社会矛盾是必然的。好在宁波市是一个副省级城市，被赋予率先改革试验的责权，市人民代表大会还有制定地方法规的权力。江东区委和区政府正是在省、市领导的支持下，在广泛深入调查研究的基础上，参考了外地城市化的经验和教训，才逐渐形成了通过撤村改居、股份合作制改革、旧村改造，实现城市化的战略设想，确定了“先改后股，适时改造”的工作思路。目标是要逐步破解城乡二元结构的体制，形成城乡一体的体制和机制，使城乡能够对接，实现城市化。这样的城市，是没有了“城中村”、没有了一城两制、一厂两制、一校两制的城市，是可持续发展的城市。

江东区的“三改一化”，自始至终贯彻了改革精神，改革是开路先锋。撤村改居，村委会改为居委会（社区委员会），农民改为市民，迈出了改革的第一步。这是破解二元结构的关键，有了这一步，后面的股份合作制改革、旧村改造，就顺理成章了。就整体来说，后两步的工作量和难度更大，江东区都是通过一项又一项的改革，一个又一个具体问题的解决，才逐步实现城市化的。因为，在当今中国，农村实现城市化，不仅是要实现农村农民生产方式、生活方式的历史性变革，而且关键是要实现体制的转变。没有敢闯敢干大胆改革的精神，没有踏实细致的工作作风，是做不成的。江东区的“三改一化”，是通过改革，实现城市化的一个创造，对全国城郊农村实现城市化，有重要的示范作用。

④领导与群众相结合，走群众路线，尊重群众的意愿，维护群众的权益，一切依靠群众，是实现“三改一化”的基本途径。城市化同工业化一样，是一个国家或地区实现现代化的重要前提。农民进城转变为二、三产业职工、转变为市民是历史的必然，城市化的本义，就是一国的城市人口在总人口中的比重。农民群众是城市化的主体。农民早就盼望进城了，早就要求农转非了，农民要求农转非是符合历史规律的，但是农民被上述户口制度等一系列计划经济时代形成的还未得到改革的体制拒之于城门之外。

江东区委、区政府的同志们洞悉农民群众迫切要求转为市民的意愿（他们自身本是入了城的农民或农民的后代），可贵的是他们主动积极地代表农民，尊重农民的这种意愿，顺应历史潮流，通过“三改一化”，实现了江东区数万农民的愿望。

整个实现“三改一化”的过程，实际上就是江东区委、区政府尊重群众意愿，代表群众的利益，一切依靠群众，群策群力，解决了一个又一个问题的过程。在实施股份合作制改革过程中，面对原有的集体资产如何折价、股种如何设置、享受股权的对象如何确定、股权如何管理以及社区股份合作社的章程如何制定等问题，领导和群众相结合，反复讨论，民主协商，既坚持原则，依法办事，又实事求是，公平合理地安排好、处理好各种利益关系，制订出一个又一个方案，逐个解决了问题，使股份合作制改革稳妥、顺利地得以实现。对于这场涉及千家万户农民切身利益、前途命运的改革，事后有的同志回顾说：“对于这场改革的艰巨、复杂、艰难的程度，事先没有足够的估计，但是，对于农民群众要求改革的迫切愿望，群众参加改革的积极性，群众中蕴藏着巨大的智慧，则估计更加不足。”还是应了那句老话，办法总比困难多。群众是真正的英雄，真正依靠了群众，许多看来困难的问题，也就好解决了。江东区的“三改一化”，正是在新形势下，尊重群众意愿，代表群众利益，一切依靠群众，从群众中来到群众中去，走群众路线的一次成功的实践。

中国社会转型期的城乡关系*

何良（以下简称“何”）：陆老师，“社会转型”的概念，近年来几乎成为我国社会学研究当代中国社会变迁问题的理论支点。您是我国较早研究并提出中国社会转型问题的学者之一，请您谈谈世纪之交我国社会转型的背景和特点。

陆学艺（以下简称“陆”）：中国目前处在经济社会结构的重大历史性变迁时期，这种变迁集中表现在社会转型和体制转轨两个问题上。社会转型主要是从传统社会向现代社会转型、从封闭半封闭性社会向开放性社会转型、从农村社会向城市社会转型、从农业社会向工业社会转型。体制转轨主要是由计划经济体制向社会主义市场经济体制转轨。

纵观我国现代化的发展历程可以发现，明清时期就已经有了由农业社会向工业社会转变的一些条件，但由于明清时期的封建统治者对内因循守旧，对外闭关锁国，于是失去了向工业社会转变的良机。1840 年鸦片战争，封建社会的大门被西方的坚船利炮打开了，我国才逐步开始了向工业社会的转变，历经波折，这种转变是很慢的。1949 年新中国成立后不久，我国就制订了第一个五年计划，中国大规模的工业建设起步了，从而加快了我国由传统农业国家向工业化国家的转变，也就是我们现在所说的社会转型。可惜的是，一直到 20 世纪 70 年代中期，我们实行的都是传统的计划经济体制，经历了“大跃进”“公社化”等“一大二公”的曲折历程，工业化事业遭到挫折，社会经济发展处于徘徊、停滞的状态。

改革开放之后，国家实行以经济建设为中心的发展战略，经济体制改

* 本文原载《粤海风》2007 年第 3 期，发表时间：2007 年 5 月 15 日。该文系《粤海风》记者专访陆学艺所做的访谈稿，被收录于文集《社会建设论》（陆学艺著，北京：社会科学文献出版社，2012 年 3 月）、《“三农”续论：当代中国农业、农村、农民问题研究》（陆学艺著，重庆：重庆出版社，2013 年 6 月）。——编者注

革在农村和城市逐步展开，工业化进程大大加快，经济建设取得了很大的成就，为世界所瞩目。但计划经济体制下形成的户籍制度等方面的社会改革相对滞后，出现了工业化和城市化不同步、城市化严重滞后于工业化的现象。1998年我国提出“小城镇，大战略”方针后，城市化建设的步伐加快了，1998年我国的城市化率达到30.4%，比1978年提高了12个百分点，但城市化率还明显低于1996年世界达到的平均45.5%的水平，也低于不少发展中国家的城市化水平，与我国经济发展的客观要求不相适应。从城乡差距来分析，我国的问题更加严峻。1978年农民收入和城市居民收入之比为1∶2.37，1984年缩小为1∶1.7，[①] 但1985年以后又继续扩大，到1998年为1∶2.51，[②] 如果加上城市居民的教育、医疗、社保等隐性补贴，实际差别为1∶4～1∶5。城乡差别的加大，必然引发很多社会矛盾和问题，也给社会转型带来了困难。当然，在我国艰难的社会转型过程中，农村乡镇企业功不可没！近20年来我国乡镇企业的崛起，触动了传统的小农经济，使这些乡镇企业发达地区发生了深刻的变化，改变了封闭的农村社会结构，创造了一条从农业社会向工业社会转型的发展模式，这一模式是符合中国国情的，可以说是中国社会转型过程特有的工业化道路。正是由于这些地区乡镇企业的发展，小城镇繁荣兴旺了，城市化逐步加快，城乡社会流动成为必然，这些地区的农村社会出现了前所未有的社会变迁，于是才出现了真正意义上的社会转型。

何：在这一重大历史性变迁过程中，体制转轨问题又处于怎样的背景呢？它与社会转型是并存交替、同步并行吗？

陆：可以说，社会转型和体制转轨是交织在一起的，这两大问题形成了我们认识当代中国经济社会的基本视角。在中国社会加快转型的同时，我们面临着从社会主义计划经济向社会主义市场经济体制的转变问题。其实，体制转轨问题，在改革开放一开始的1979年，邓小平同志就已经提出来了。由于受当时诸多客观特殊环境的影响，转型的步伐迈得较慢，直到1992年，邓小平同志在发表南方谈话时再次提出来。邓小平南方谈话发表后，全国上下出现了思想大解放的局面，中国的改革开放事业又大大向前推进了一步，市场经济体制转变的浪潮在全国范围展开了，经济加速发展，

① 国家统计局编《中国统计年鉴·1999》，北京：中国统计出版社，1999年9月，第111页。

② 国家统计局编《中国统计年鉴·1985》，北京：中国统计出版社，1985年10月，第551页；国家统计局编《中国统计年鉴·1999》，北京：中国统计出版社，1999年9月，第318页。

经济社会转型的步伐大大加快。

这些年来变化最大的是，随着经济体制改革的深化、社会主义市场经济体系的进一步建立，城市大中型企业在改革中把经济效益提到了关系企业生死存亡的高度。在城乡二元结构存在的同时，城市成为工业化、现代化的载体，城市化进程加快了，从而促使整个中国掀起加快经济发展的热潮，这既使社会主义市场经济体制的建立成为经济发展的客观要求，又为中国的社会转型提供了客观条件。总的来说，这个时期的社会转型具有结构转型和体制转型同步并行、相互交织的特点，从社会结构到社会行为、从社会体制到社会观念都发生了变化，新旧体制、秩序、规范和机制并存交替，不可避免地出现各种社会矛盾及其摩擦和阵痛。但是，今后几十年将是我国社会转型和社会发展的关键时期，在这一时期，农民分化将加剧，农民阶层的分化也将更加明显，而城乡关系将逐步协调发展，社会转型将进一步深化。

何：社会转型作为一种全面的整体的社会类型过渡，是与社会现代化过程紧密相关的。那么在21世纪的社会转型和现代化过程中，我们将面临哪些新的矛盾和问题呢?

陆：改革开放20年来，我们虽然取得了十分显著的成效，但我们走过来很不容易，我们还面临着不少困难和问题。在实现社会转型的时候有很多问题产生，如城乡矛盾、贫富分化、收入差距、社会心理变化、家庭的破裂等，我们称之为社会转型病。20世纪50年代存在的问题现在同样存在，20世纪50年代已经消失了的问题，现在也莫名其妙地冒了出来，同时出现了一些新的社会问题。当前，在实现社会转型和体制转轨的过程中，随之而来的是城乡之间、地区与地区之间、单位与单位之间、阶层与阶层之间、人与人之间的矛盾和问题，主要表现在：社会的结构性冲突的明显化、社会运行机制的摩擦将加剧、社会利益分配的差别将扩大、社会失序现象仍将不同程度地存在等。可以料想，到了21世纪，中国在实现由传统社会结构向现代社会结构转型的未来几十年中，仍将会遇到很多新的困难和问题，包括经济体制改革与经济发展的问题、经济体制改革与政治体制改革问题的协调与深化、城乡之间的协调与发展问题、地区之间甚至行业之间的协调与发展问题等，但不管怎么说，改革还将继续深化，社会主义市场经济体制还将逐步完善，农业社会向工业社会、农村社会向城市化社会的社会转型还将继续推进，这是大势所趋，也是中国社会发展的客观必然性。

何：请您谈谈在社会转型的过程中，我国经济体制改革与政治体制改革的协调深化、城乡之间的协调发展的一些问题。

陆：关于中国现代化战略问题，邓小平同志早在1979年就提出在20世纪末达到小康水平的战略目标，1982年他又提出前十年和后十年的“两步走”战略设想，1984年在“两步走”战略设想的基础上提出了“三步走”的战略构思：第一步是1981年到1990年，解决人民的温饱问题；第二步是1991年到20世纪末，人民生活达到小康水平；第三步是到21世纪中叶，人均国民生产总值达到中等发达国家水平。到那时我国由农业、农村社会向工业化、城市化转化的社会转型期的重要任务就可以实现了。现在我们只能说，前20年我们已基本上完成了第二步，基本上达到了小康水平。今后我们要用30年到50年的时间，由小康社会向中等发达国家现代化社会过渡，尤其是从2000年到2010年这新的10年，是一个很重要的历史发展阶段。我们一方面要通过继续深化改革，把经济搞上去，另一方面要把经济改革和政治改革结合起来，力求在体制创新上有所突破。现在看来，经济改革特别是国有大中型企业的改革，如果不与政治体制改革结合起来，就无法解决改革中一些新的难题，那么深化改革的成效也不可能显著。

就社会转型问题而言，中国遇到的重大问题是农村体制改革问题，说到底是农民问题、农业问题和农村问题。但农村问题决不能孤立地归结于“农民问题”，它涉及我们一贯以来对农村、对农民的一系列经济政策问题。十几年来，为什么农民的负担总是减轻不了？其根本问题不在于农村，而在于我们这些年来在经济体制、工农关系、城乡关系和经济政策等方面的问题还没有解决好。我曾在《当代中国农村与当代中国农民》一书中说：“这些年来，城乡之间、工农之间的差距，不是缩小，而是扩大了。城乡之间，现在是一条人为的沟，由于种种原因，弄得壁垒森严，泾渭分明。”单从城乡发展问题来说，城市的发展对乡村的建设具有重要的推动作用。目前全国经济体制改革的重点主要是国有大中型企业的体制改革。国有大中型企业改革成效不大，不赚钱，没效益，不但工人日子不好过，没有力量支持农村建设，而且城市建设主要靠政府财政负担，这种负担和困难又通过各种形式转嫁给广大农民。

何：您的意思是说中国的问题最终还是归结于农民问题、农业问题和农村问题，但并不能简单地归结为农民、农业和农村本身的问题？

陆：是的。中国现在农业生产力发展还是很好的，农民有生产积极性，农业科研也搞得不错，但农村、农业还总是有问题。应该说，不是农业本身有问题，农业问题也不在于农民，而在于农业以外的工业、流通、价格等问题。工业化也好、农村一体化也好，如果我们城市二、三产业搞好了，如果我们国有大中型企业能创造财富了，那么很多问题就好解决了。我国过去在计划经济体制时期形成的农村科研体制、教育体制、医疗体制等问题，至今没有从根本上深刻改革，是因为计划经济体制还在束缚着农村的发展。而社会发展使改革这些体制成为一种必然趋势，因此，现在到了不得不改革这些传统计划体制的时候了。目前，很重要的问题是在逐步建立完善的社会主义市场经济体系的同时，努力进行相适应的社会管理体制的改革，要通过出台有利于推进农业生产、有利于农民生活水平提高、有利于农业和农村发展的一系列经济政策，改革计划经济条件下的城乡二元社会结构体制，调整社会结构、经济结构和产业结构，以及增强科技观念、发展社会文明教育等，从根本上解决工农问题、城乡问题，才能真正实现社会转型。

何：说到城乡分割的二元社会结构问题，我们便无法回避几十年来计划经济体制下形成的“城乡分治，一国两策”格局的问题。您曾发表了《走出“城乡分治，一国两策”的困境》一文，深刻分析了目前我国城乡分割的二元社会结构体制，它长期以来限制了社会流动和社会分化，已经严重影响了城市化建设和社会转型进程。今天请您从体制改革和制度创新的层面，就这一问题谈谈看法。

陆：20 世纪 50 年代以后，我国逐步建立起城乡分割的二元体制，即城市以全民所有制为主、农村以集体所有制为主，逐步形成了“城乡分治，一国两策”的格局。辩证地说，城乡二元社会结构在其建立和形成后的一段时间内，是适应当时的情况需要的，对我国社会经济的发展起到了一定的积极作用，但也造成了在经济层面和社会层面上城乡的差别无法缩小，在经济结构和社会结构上严重失调和城乡失衡等局面。

20 世纪 90 年代以来，从社会层面来说，在城乡户口的流动变迁与管理、教育、医疗保险、劳动保护、社会保障、养老等方面，城乡的政策不同，其差距逐步扩大，农村问题也日益严重，尤其是现有体制和管理机制，严重束缚了人口的合理流动和户口的科学管理。客观地说，没有计划经济就没有城乡分治的户口制度，就没有城乡二元社会结构。从体制层面来说，计划经济体制向社会主义市场经济体制的转轨，是经济发展和社会进步的客观要求。若不改革计划经济下形成的城乡二元社会结构，人口的社会流动就受到严重阻碍，城市化就严重滞后于工业化，经济结构与社会结构就严重失调，社会主义市场经济体制也就无法正常孕育、成长和完善。从制度层面上说，尽管我们很早就提出了“城乡一体化”的设想，但由于历史的、体制的因素，我国城乡的公共设施、社会福利和社会保障等很难做到一体化。而这一点，在西方发达国家则不同，它们是工业化、现代化、城市化三位一体的，城乡的公共设施、社会福利和社会保障等是一体化的。所以，深化城乡二元体制改革和户籍制度的改革，把农民从计划经济体制的束缚中解放出来，调整城乡二元社会结构，推进城市化，真正打开城门，广开农民就业门路，从根本改变“城乡分治，一国两策”的传统格局，是顺利实现社会转型的必然要求和方向。

何：看来考察城乡的二元社会结构，是研究社会转型不能回避的问题。目前，二元结构与社会转型已成学术界研究城乡关系的一个重点问题。有学者认为，随着改革开放和经济发展，社会结构发生了很大变化，传统的城乡二元等级概念已开始模糊，甚至已出现了新的二元结构；还有学者主张建构三元社会结构来取代二元社会结构。您这些年来多次考察了深圳、广州和珠江三角洲的一些城镇，掌握了大量研究资料，您对这一问题有什么看法？

陆：我国正处于一场重大的变革之中，农村的变化更是翻天覆地，传统的城乡二元社会结构在随着社会转型而逐步改变也是不争的事实，但广大农村贫穷落后的局面仍没有得到根本改变，城乡二元社会结构对经济社会的发展仍是一个严重障碍。乡镇企业的发展，作为中国农民的伟大创举，尽管在一定程度上改变了工农差别、城乡分割的传统格局，对我国加快实现农村现代化、解决农民问题起到了十分重要的作用，但是乡镇企业和小城镇的发展，又难免出现一些来自体制性、机制性和政策性的障碍和问题。深圳、东莞这些在改革开放中崛起的城市，严格来说在发展之初基本上是没有工业可言的乡村结构，基本上不存在明显传统意义上的城乡二元结构问题。比如，深圳、东莞的城镇本身就十分“乡村化”，而在近年来的工业化过程中，应该说本来就不明显的传统的城乡二元结构是越发模糊了。随着改革开放的进一步推进、城市化进程的加快和户籍制度等社会体制的进一步改革，农村的城市化与工业化基本趋向于相对协调的发展态势。但是，我担心的是新的城乡分割等问题已在乡镇冒了出来……

何：您是说新的城乡二元社会结构，已经或将随着城镇的发展而逐步形成？

陆：是的。拿东莞来说吧，村镇的工业区是建立和发展了，穷山村赚了钱变成城镇了，但并不意味着就城市化了，因为同一个城市里有不同的户籍和身份，有不同的户籍管理制度、社保制度、医保制度、教育制度等亟待进一步改革。现代化不应该有户口区别，户口不平等就是人的不平等，本地人和外来工的关系需要协调和转型。因此，城乡关系的协调和社会转型，首先要解决的问题之一应是这种新的城乡二元结构和旧的户籍管理制度问题，这个问题不引起重视，就可能会引发一些新的社会问题。

另外，乡镇工业区的发展应有个整体规划和开发程序，不要搞“一哄而上”，这是一个发展战略问题，值得注意。深圳和东莞的建设发展很快，工业区遍地开花，土地资源已严重流失，这是在城市建设和发展中值得反思的一个问题，最起码是值得冷静思考和理性决策的问题。

何：您的这一分析很深刻，对深圳经济社会的建设与发展可以说是一个重要的警醒。目前的状况的确如此！在城市化建设过程中，工业区建设和房地产业的急剧扩张和发展，各行各业都来搞“圈地运动”，争相蚕食本来就十分紧缺而宝贵的土地资源，这的确是一个让人担忧的问题。

陆：现在看来，土地资源紧缺将是深圳、东莞等地在城市化建设过程中较难解决的问题。可以料想，在不久的将来，土地资源紧缺将可能成为制约深圳、东莞等城市经济发展的瓶颈问题。深圳这样的现代化城市，在社会转型的过程中，不能忽视经济结构和产业结构的调整和协调，在城市建设规划上应具有超前的战略眼光，考虑可持续稳定增长的战略问题。对于城区以外的建设，深圳应十分重视城市的土地规划，尽量在工业区划块建设的同时规划出农业区，以改变处处是工厂、处处是房地产的现状，要在规划和建设中保留、创造更多的、更优雅的环境空间，要立足于提高可持续发展能力和城市综合竞争力，从而推进城市化的进程。

城市化是现代化的题中之义*

各位理事、各位同行、各国朋友：

中国要不要城市化，应该不应该城市化？这本来是个不该提出的问题，城市化是现代化的题中之义，城市化是现代化的载体，搞工业化，就是要搞城市化，中国现在正在快速地城市化。事实不然，就我所知，中国的学界、政界乃至决策部门对要不要、应该不应该搞城市化，要什么样的城市化，怎样实现城市化等问题，并没有达成共识，在理论上、实践上有很多重大问题并没有认真讨论过，还没有得到解决，仍有深入探讨的必要。

一　中国要不要城市化？

这要从历史讲起。1949 年新中国成立时，中国 54167 万人口中 48402 万是农民，5765 万城市人口，城市化率只有 10.6%。1953 年开始搞第一个五年计划，进行大规模工业建设，大量的农村人口进入城市，到 1957 年，城市化率是 15.4%，每年提高 0.6 个百分点，城市人口达 9949 万人。工业化和城市化是同步发展的。1958 年“大跃进”，大量农业人口进城。到 1960 年，城市人口增加到 13073 万人，城市化率猛增到 19.75%，三年增加 3124 万人，每年增加 1041 万人，城市化率每年增加 1.45 个百分点。这样的跃进，打破了经济特别是农业的平衡，出现了三年困难时期。国家不得不进行调整、整顿。其中之一是大力转移城市人口，1961 ~ 1963 年先后动员了 3000 多万人返回农村，使 1963 年的城市化率下降为 16.84%（平均每

* 本文源自作者手稿，该手稿系陆学艺于 2008 年 5 月 8 日在“科学发展与中国城市化”学术研讨会上的发言稿。原稿无题，现标题和部分小标题为本书编者根据序言内容所拟定。——编者注

年降低0.97个百分点）。在这次调整和整顿中，国家制定并执行了严格限制农业人口进入城市的户籍制度，制定并提高了设市、镇的标准，城市数量由208个减少到171个。经济经过调整，1962年开始好转。1965年，城市化率恢复到18%。但随后在1966年开始“文化大革命”，经济再度受到严重破坏。为了解决城镇就业问题，从1968年开始，动员知青上山下乡，动员干部和市民下乡，先后有3000多万城市人口迁往农村，再次出现城市化倒退、停滞的局面。1978年的城市化率为17.9%，13年间（1965~1978年）总人口由69172万增加到96259万，纯增长了27087万人。城市人口由13045万人增加到17245万人，农民由57526万人增加到79014万人，纯增长了21488万人，而城市化率反而下降到17.9%，13年城市化率平均每年下降0.008个百分点。这场大曲折，留下了两个东西：一是城乡分治的中国特有的城乡二元经济结构，二是在学术和政界留下了极为严重的“恐城症”。

1978年，党中央实行改革开放，开辟了中国发展的新纪元。我们先在农村实行家庭联产承包责任制改革，成功了；我们对国有企业进行改革，成功了；我们又进行了政治、文化等方面的改革，也成功了。30年来我们在经济建设上取得了预想不到的极大成功，从此踏入了世界经济大国的行列，今年就可以成为世界第三经济大国，名列第二、第一都是意料中的事。但是我们自己知道，我们还有很多问题要解决。使许多人纳闷的是，为什么经济这么好了，但各种问题还是层出不穷？这是20世纪80年代我们开始搞改革的时候始料未及的。当时的判断是，当时堆积如山的问题，80%的问题是因为穷，把经济搞上去了，多数问题就解决了。结果怎样？经济发展得比我们预想的更好，但问题还是不少，矛盾反而多了。

为什么呢？十六届三中全会提出了一个解释，因为城乡不协调，地区不协调，经济社会不协调，人与自然不协调，国内国外的工作不协调。提出科学发展观，要做好五个统筹。后来又提出了构建社会主义和谐社会。十六大以来，党和政府进行了创新性的工作，各个方面都有好转，但是经济社会问题仍然没有从根本上解决。这五个不协调的诸方面，主要是城乡不协调、经济社会不协调，而经济社会不协调的很多内容则是城乡不协调。

城乡不协调，也就是城乡关系不正常，城市已经基本实行了社会主义市场经济体制，农村基本上还不是社会主义市场经济体制，当年计划经济体制下形成的条条框框，还在束缚着农民成为市场经济的主体，农民还没有得到国民待遇（户口、土地、信贷、公共服务等）。城市特别是特大城市和大城市建设得相当好了，不少都可以同国际大都市媲美，而农村则相对落后，所以有“城市像欧洲，农村像非洲”的说法。

为什么会如此？一个重要原因，就是我们的城市化没有按工业化、城市化的普遍规律去做，由此引出了一系列问题。一个国家要实现现代化、城市化是必然趋势，但是中国的“恐城症”至今没有得到澄清，要不要城市化、搞什么样的城市化、怎样实现城市化的战略问题，至今还没有达成共识。就我的认识，60 年来，我们搞社会主义现代化建设，要工业化，这从来没有过争论，就是在“文化大革命”中，工业化还是在进行的。但要不要城市化，自三年困难时期以后就有争论了，而且至今没有达成共识。请看以下事实。

第一，农村实行家庭联产承包责任制以后，农业连年大幅增产，1984 年粮食突破 8000 亿斤、棉花突破 1.2 亿担大关，第一次出现了农民卖粮难、卖棉难的问题，同时出现了农村劳动力过剩问题。这时正是发展二、三产业、发展城市化的大好机会，但由于对城市化的看法没有共识，依然是关紧城门，不放开户籍管理，农村干部、农民只能在原有框架下，办起了乡镇企业这个中国特有的经济形式。学术界为之论证，称之为“离土不离乡，进厂不进城”的中国特色，称赞其为中国的“异军突起”，是中国农民的又一个伟大创造。到 1995 年乡镇企业达 2000 多万个，有 1.3 亿职工。自此以后就不行了，现在许多省都把乡镇企业局改为中小企业局了，乡镇企业转制、改造后，转变为中小企业、私营企业。

第二，20 世纪 80 年代初中期，是工业化迅速发展、经济起飞的大好时机，农民要进城，城市化的呼声很高。国家正式出台了农民可以自带口粮，到小城镇务工经商，在小城镇落户的政策，但仍不开放城市，不改户籍制度，而且出台了严格限制大城市、适当发展中小城市、积极发展小城镇的城市化方针，出台了严格户籍管理政策，给各地下达的农转非指标是每年允许 1.5‰的农业人口转为非农业人口（城市化要 6 年才增加 0.9 个百分点）。按照这个速度，城市化率从现在的 20% 提高到发达国家的 70%，还要提高 50 个百分点，要 300 年才能实现城市化。

第三，1992 年，邓小平同志南方谈话发表后，二、三产业迅猛发展，城市自身的劳动力已不敷需要，于是出现了大量“离土又离乡，进厂又进城镇”的农民工，形成了民工潮。同时各地普遍出现了农民出钱购买非农业户口的情况，一些地方政府以增容费等名目筹集资金发展生产和进行城市建设。对此，1992 年 5 月和 8 月，公安部、党中央和中央办公厅、国务院办公厅发出了制止出卖非农业户口的紧急通知，把这个浪潮打下去了。

第四，1998年经济继续高速发展，因为在1996年特大丰收后，农产品供需状况发生了根本性改变，由卖方市场转变为买方市场，工业品同时出现了这种转变，扩大内需、寻求新的增长点，成了经济持续发展的重点。

1998年5月，我参加了原定在10月召开的十五届三中全会的文件起草小组，主题是关于加强农业和农村工作的。起草小组成员集中之后，头几次会议是讨论拟定文件的框架和大纲。开始，多数同志提出要改革户籍制度，推进城市化，加快第三产业发展，作为扩大内需的重点，第一、第二次的提纲列上了这些内容，后来在正式写作时把这两项都取消了。

1998年8月，江苏省人大常委会副主任俞敬忠同志写了一篇加快推进城市化的内部文稿，写得很有水平。江泽民同志看到了。8～9月，江泽民同志到南京调研，在一次小型会上，他专门对俞敬忠说，敬忠同志，你的文章写得很好，关于推进城市化的意见也很有道理，同你商量一下，改一个字，把城市化改为城镇化好不好？俞当即表示赞同。不久“城镇化”这个提法就广为传播了，江泽民说：“发展乡镇企业是一个重大战略，……积极推进小城镇建设，也是一个大战略。”①

1998年10月，十五届三中全会文件正式通过，文件中有这样一段话，“发展小城镇，是带动农村经济和社会发展的一个大战略，有利于乡镇企业相对集中，更大规模地转移农业富余劳动力，避免向大中城市盲目流动，有利于提高农民素质，改善生活质量，也有利于扩大内需，推动国民经济更快增长”。②

这个文件的好处是把城市化的功能、作用，比较全面地肯定了，但还是有一条，把农民引向小城镇（可以不转户口，再出现经济困难时，不要国家供应粮油）。专门有一句，“避免向大中城市盲目流动”③，还是“恐城症”在作怪。

但是这个口子一开，全国各地特别是东南沿海的城镇化，就蓬勃发展起来了。

第五，2000年十五届五中全会起草第十个五年计划的建议时，专门有

---

① 《江泽民在江苏上海浙江考察时强调：沿海发达地区要率先基本实现农业现代化》，《人民日报》，1998年10月8日，第1～2版。

② 中共中央文献研究室编《十五大以来重要文献选编》（上），北京：人民出版社，2000年6月，第569～570页。

③ 中共中央文献研究室编《十五大以来重要文献选编》（上），北京：人民出版社，2000年6月，第569页。

一段：促进城镇化健康发展，坚持大中小城市和小城镇协调发展，提高城镇综合承载能力，按照循序渐进、节约用地、集约发展、合理布局的原则，“积极稳妥地推进城镇化”①。

自此城镇化就大规模地在全国各地展开。20、21 世纪之交那几年，各地竞相搞城市化，建大城市、特大城市、国际都市。据建设部总工程师王铁宏说，“全国 200 多个地市以上城市，就有 183 个曾经提出过建设国际化大都市的设想”②。大片乱占农用耕地，到 2003 年有 5400 万亩耕地被占用。大拆大建，109 座历史文化名城，有相当多的城市受到建设性的破坏。贪大求洋、劳民伤财地搞形象工程，引发了很多社会问题。

第六，1998 年 10 月，十五届三中全会提出“发展小城镇是一个大战略”，有了城镇化的提法。“十五”计划里正式提出了“积极稳妥地推进城镇化”。而且也正是 20、21 世纪之交以后，经济持续快速发展，城市需要大量的劳动力，农民工和务工经商人员大量地涌入城市，城市化步伐大大加快了。面对这种人户分离的状况，国家统计局在第五次人口普查的基础上，改变了原来统计指标的解释，原来的城镇人口，是指非农业人口，2000 年改为“指居住在城镇范围内的全部常住人口；乡村人口是指除上述人口以外的全部人口”。而所谓常住人口，是指居住在本市城镇范围内的非农业户口，加上在本市城镇范围内居住超过半年的外来人口，包括农业人口、非农业人口。这样就把居住在本地超过半年的务工、经商的农民工等人员统计为常住人口了。

1999 年全国总人口为 125909 万人，非农业人口为 38892 万人，城市化率为 30.9%。2000 年经过“五普”，总人口为 126743 万人，城镇常住人口为 45906 万人，城市化率为 36.2%。一年之间，城市化率看似增加了 5.3 个百分点，实际上是把 6064 万农民工等农业人口统计为城镇常住人口了。2006 年全国总人口是 131448 万人，城镇常住人口为 57706 万人，城市化率为 43.9%。而当年农业户口人员为 94900 万人，非农业人口为 36548 万人，如按 2000 年前的统计指标，城市化率应为 27.8%，两者相差 16.1 个百分点。城镇人口中有 21158 万人是非本城镇户口的人员，主要是农民工和农村进城来务工经商的人员及其家属，也就是人户分离的有 21158 万人。

---

① 中共中央文献研究室编《十五大以来重要文献选编》（中），北京：人民出版社，2001 年 5 月，第 1381 页。

② 《新京报》2008 年 4 月 24 日。

第七，2006年全国57706万城镇常住人口中，有两亿多是农民工及其家属、子女。他们虽然在城市里劳动生活，但得不到应有的经济、社会权利，过着“两栖”的生活，处于边缘人和弱势的地位，有人说这是把城乡矛盾引到城里来了，两种不同身份的人，在同一个厂、同一个单位、同一个城市中生活了，由此引发的社会矛盾、社会问题，必然是很多的。有不少省市，早在20、21世纪之交就对农业、非农业户口的户籍管理制度进行了改革，实行一律按居住地登记的居民登记制度，现在已有13个省市实行了这种户籍制度的改革。但是户籍制度是全国性的，必须是全国改才有效。

2003年夏天，公安部户政司起草了一份关于户籍制度改革的文件，大意是改革农业户口、非农业户口的管理制度，实行统一的居民登记制，请我们去提修改完善文件的意见，但时间过去了5～6年，据说文件还没有出公安部大院。

第八，2005年，建设部起草了国家要召开全国城市工作会议的文件，约请了一些专家学者去提修改完善的意见，我也去了。汪光焘部长亲自主持会议，大家都很高兴，积极提了意见，因为直到那时，国家对城镇化的方针、目标、任务、步骤、相关重要政策还没有一个完整的说法。

但是不知什么原因，城市工作会议至今没有召开。我们国家正处于由农业社会、农村社会转变为工业化、城市化、现代化社会的转变时期，关于城市建设的方针政策尤其重要。奇怪的是，农村工作会议是年年开的，还特别提出了社会主义新农村建设的号召。其实，农村问题、“三农”问题中的许多问题，现在要通过城市化来解决。现在的许多问题，出在城乡关系不正常、不合理上。处理好城乡关系的一个重要方面，就是要改革户籍制度，打开城门，让农民到城里来发展，使他们真正成为工人，真正成为市民，也只有减少农民数量，才能搞规模经营，才能建设现代农业，才能使留下的农民富裕起来。

第九，2006年春天，中南海召开了由中央领导同志主持的关于社会主义新农村建设的座谈会，会议结束后，领导同志请我们吃午饭，席间这位领导同志问我，陆教授，请教你一个问题，按照我国目前的经济发展水平，城镇化搞到什么水平比较合适？我和旁边的林毅夫同志一起回答说，按照中国目前的经济状况，中国的城镇化率到2010年发展到50%左右为好，可以达到世界现在的平均水平。

我列举这些资料，只是说明一个判断，就是我们对要不要搞城市化、应不应该搞城市化、怎么搞城市化，至今还没有一个真正的共识。我们对

1958年的城市化大跃进，对三年困难时期及以后采取关紧城门，严格限制农民进城，限制农民转变为非农民的这段历史，还没有做出应有的理性的反思，我们的“恐城症”还没有得到应有的澄清。说到底，我们要建设社会主义现代化，还面临着这样一些有待解决的问题：“三农”问题怎么解决？怎么来安排好94900万农民？实际是约9.5亿农民要不要进城来？是搞3.6亿人的城市化、现代化还是要搞13亿人口的现代化、城市化？“城乡分治，一国两策”的模式要不要改？我们国家今后的现代化怎么治理？城乡要不要融合？

二　中国要搞什么样的城市化？

党的十七大报告，提出走中国特色城镇化道路。这是迄今为止，我们对城市化最新、最完整的重要的概括。

现在一般的提法是走中国特色的城镇化道路。这里就涉及一个一般与个别的关系问题，世界有一般的城市化，近代以工业化为中心的城市化，有300多年的历史，讲中国特色是个别。从哲学上讲，两者的关系是一般容于个别之中。没有抽象的一般的城市，都是一个一个的具体的城市，可以说每个城市，同其他城市都有共性、普适性的东西，也都有各自的特色，世界上没有一个城市是相同的。

“城市化是一个自然的历史过程。”近代的城市是随着工业化、工业与服务业的迅速发展而逐渐形成的。由小到大，由低质到高质，由功能单一到多元复杂完善，有它自身的发展规律，有许多共同的东西。

另外，随着工业化的发展，同农业社会相比，生产方式变了，生活方式也必然要跟着改变。由原来的农村居民分散居住，变为集中居住到城市。而且，农民到大城市、特大城市，到城市带、城市群，城市化率由30%到40%，再到80%、90%，这是经济发展的聚集要求决定的。

我们因为历史上吃了亏，总想要工业化的好处，不要城市化，把农民进城批作“盲流”，总想把农民关在城市之外。实在挡不住了，又想把农民放到小城镇里。小城镇不是想象中的世外桃源，小城镇不能解决经济的聚集效应，不能解决就业问题，所以农民还是往大城市跑。

现在一部分人想开了，但是还有一部分人想不开，有的囿于部门利益，如水利、教育、林业、军事等部门认为现在这样最好，所以反对户口等体制的改革。

我们要的城市化，应该是：

（1）适应工业化经济发展的需要，城市化是融合工业化，支撑和有利于工业化、现代化发展的。

（2）城乡发展是协调的、相互促进的，城市发展不以损害农村为代价，最后要实现城乡一体。

（3）城市发展是符合人类发展的经济社会发展规律的，而不是强制地让城市对农民开放，农村也要向城市开放，大中小城市之间也可流动。

（4）城市发展是有利于促进人的素质提高和人的全面发展的。

（5）经济结构与社会结构是协调的，这是城市和谐的基础。

特色不是一个框。想以小城镇为主，积极发展小城镇，这不是中国特色；乡镇企业不是中国特色；农民工不是中国特色；一城两制、一厂两制，也不是中国特色。事实证明，这些都是不可持续的，与市场经济规律不符。乡镇企业已经不灵了，农民工体制也必须改。小城镇不行，该大就大，该小就小。这是一个历史规律，这就是中国特色的城镇化道路。

三　怎样从现在自发的城市化转变为理性的城市化？

中央提出城镇化以前，下边是自发地在搞。一放开，又突击性地大搞。不少地区是长官意识，演变成经营城市、大占土地、搞形象工程、搞畸形的城市化。深圳、东莞只有经济，没有社会建设。

我们现在的任务是从现在这样自发的、各自搞各自的城市化（有的地方已经搞成了畸形的城市化），转变为按经济社会规律、按“自然历史过程”、按市场经济规律的理性的城市化。

（1）要统一领导，形成学界的共识。经过讨论，要大家自觉地来搞中国特色的城市化。

（2）要形成一个正确的城市化方针、目标、步骤、任务，要有一个方案。

（3）要对现有的不可持续的“一城两制”进行改革，如户口制度、不合理的城乡关系、重经济轻社会的做法，要补课。

四　社会学界在城市化过程中的历史使命

我们这次会议的主题“科学发展与中国城市化”是很好的，研讨了中国城市化问题，以及如何在科学发展观指导下实现社会和谐。要搞科学发展的城市化，使城市化发展更加科学；要搞社会和谐的城市化，使城市化更加和谐。

提出一个问题：我们的社会学工作者，如何为社会主义现代化服务？

2005 年 2 月 21 日，胡锦涛同志对景天魁、李培林说：“现在提出建设和谐社会，是社会学发展的一个很好的时机，也可以说是社会学的春天吧！”① 3 年过去了，我认为并不理想。

社会学做了很多工作，社会学也有了很大的发展，费孝通先生说现代化需要社会学，社会学要在为现代化建设服务的过程中重建和发展繁荣起来。

相比于经济学界在 20 世纪 80 年代初为以经济建设为中心作出的贡献，现在社会学的贡献要逊色不少。现在是社会学大发展的历史机遇，也是为国家现代化建功立业的大好时候。有人说前 20 年是经济学者为国家出力的时机，后 20 年是社会学家为国家出力的时候，再 20 年是政治学家为国家出力的时候。

反思一下现在社会学界的状况。

（1）我们的队伍太小了，国外社会学与经济学的比值是 1∶1.5，我们是 1∶12。

（2）我们人少，但有些人还在搞规范社会学，有些人研究一些细枝末节的问题，一个村一个村地搞，建议他们去研究县。

（3）我建议大家要转而研究宏观的大问题，包括像城市化这样的问题，要解决的问题太多。

（4）要扩大社会学的队伍。

（5）要多开这样有利于国计民生的大问题的学术会议，多交流。

---

① 参见李培林《完善学术研究管理 推进国家社会建设》，载《行与知——中共中央党校第 31 期中青一班三支部学员从政经验交流文集》，贵阳：贵州教育出版社，2011，第 85 页。——编者注

破除城乡二元结构　实现城乡经济社会一体化*

城乡二元结构是造成深层次矛盾的根源，今后农村改革发展的目标是实现城乡经济社会一体化，统筹城乡经济社会发展是解决好“三农”问题的根本途径。十七届三中全会通过的《关于推进农村改革发展若干重大问题的决定》，全面、系统、深刻地分析了当前国内国际形势，从全局出发，明确指出了“三农”问题的病根，指明了今后农村改革发展的前景，并提出了实现这个宏大目标的方针、政策和措施，这是一个很重要的纲领性的文件。

一　“三农”问题的病根是城乡二元结构

我们的党和国家历来重视农业、农村、农民问题，并为此投入了巨大的人力、物力和财力。纵观世界各工业化国家，没有哪个国家在工业化、城市化过程中，能像我国这样，把农业、农村和农民工作一贯放在重要位置的。十六大以后，党中央明确宣布，把解决好“三农”问题作为党和政府工作的重中之重。自此，党和政府采取了一系列支农、惠农的政策和措施，每年召开一次农村工作会议，连续发了六个中央一号文件，指导全国农村的改革和发展工作。2004 年中央一号文件决定取消农业特产税，逐年减征农业税。2006 年正式宣布废止农业税条例，从此破天荒地实现了农民

* 本文原载《社会科学研究》2009 年第 4 期。原稿完成于 2009 年 2 月 16 日，发表时间：2009 年 7 月 1 日。该文为《新华文摘》2009 年第 20 期所转摘。该文曾刊发于《北京工业大学学报》（社会科学版）2009 年第 3 期（2009 年 6 月 30 日），还收录于文集《社会建设论》（陆学艺著，北京：社会科学文献出版社，2012 年 3 月）、《中国社会结构与社会建设》（陆学艺著，北京：中国社会科学出版社，2013 年 8 月）。——编者注

种田不交皇粮国税，这是一项重大的具有历史意义的改革。现在农民种地已经享有“四不交”（不交农业税、屠宰税、牧业税、农业特产税）和“四补贴”（种粮补贴、良种补贴、购置农机具补贴、农业生产资料综合补贴）。据有关部门统计，“四不交”减轻农民负担1250亿元，2008年“四补贴”使农民增收1028亿元。2005年中央提出建设社会主义新农村的战略，由此采取了一系列新举措，其中一个重要方面，是国家增加支农资金的投入。2008年中央投入5625亿元，比2002年的1581亿元，增长2.56倍，并正在逐步形成支农、惠农的政策体系。十六大以来，农村的教育、科技、医疗卫生、社会保障、公共服务等各项事业都得到了大的发展，农村义务教育普遍实行，重新建立新农村合作医疗体系，普遍实行了最低生活保障制度，正在建立新型的农村社会养老保险制度，提出了要逐步实现使农民享有均等化的公共服务。2007年全国农村贫困人口减少到1490万人。

十六大以来，党中央采取了一系列切实有力的措施，进一步调动了广大农民的生产积极性，扭转了改革开放以来农业第二次徘徊的局面（1998年粮食达到10246亿斤，自1999年开始，连续五年减产，2003年为8614亿斤，降到1991年的水平）。2004年开始，粮食已连续四年增产，2007年达到10032亿斤。2008年政策好，农民努力，天也帮忙，风调雨顺，取得了又一个特大丰收年，粮食总产10570亿斤，达到历史最高水平，农民收入也有较大幅度的提高。从历史上看，新中国成立以后，近60年来，历史上曾经有两个农村发展的黄金时期：第一个是1949~1955年，第二个是1978~1984年。这两段时间农业（主要是粮食）连年大丰收，农民收入连年大幅增加。从2004年到2008年，农业（粮食）已经连续五年增产，农民收入连年大幅增长。所以说中国农村现在已进入第三个黄金时期。当然还要看2009这一年了。

从各方面情况看，当前的农村形势应该说是很好的。对此，十七届三中全会文件的第一部分作了五个方面的概括和肯定，并且指出，农村改革发展的伟大实践，为建立和完善社会主义市场经济体制，为实现人民生活实现总体小康，为保持社会大局稳定，为开辟中国特色社会主义道路作出了巨大贡献。这种来之不易的农村大好形势，对中国目前要应对国际金融风暴，保持国民经济持续、平稳增长，都有极其重要的意义。但是从国际国内形势的全局看，从全面建设小康社会的要求看，从国民经济要持续稳定快速发展对农业的要求看，特别是从9亿多农民在参与改革发展共享改革发展的成果看，当前我国“三农”问题仍然比较严峻。文件用了三句话——“农业基础仍然落后，最需要加强；农村发展仍然滞后，最需要扶持；农民增收仍然困难，最需要加快”。[①] 这三句话，分量很重，但这是当前“三农”形势的客观现象，是确实的，讲得很恳切，表达了九亿多农民和数百万农村工作者的心声。

这三句话表明，当前我国“三农”形势还很严峻。为什么投入了这么大的力量，花了这么长的时间，“三农”问题仍是屡解不决呢？历史的经验告诉我们，凡是某一个问题，不是一个地方有，几个地方有，而是普遍地出现，不是一年、两年解决不了，而是长期解决不好，这就不是一般的工作问题，一定是结构问题、体制问题。这就不是靠加强领导、加大工作力度能解决的，而一定要通过改革体制，通过调整结构，通过制定新的政策、措施才能解决。“三农”问题就是这样一个结构性、体制性问题。像看病一样，过去之所以屡治不愈，是因为还没有把问题的病根找准，用了很多药，但没有对症。这次十七届三中全会，把病根找出来了。

“三农”问题本质上是个结构性问题、体制性问题。以 2007 年为例，在 2007 年的 GDP 中，第一产业占 11.3%，第二产业占 48.6%，第三产业占 40.1%，这是经济结构。但在当年的就业结构中，第一产业的劳力占全国总就业人数的 40.8%，第二产业占 26.8%，第三产业占 32.4%。在当年的城乡结构和分配结构中，农村常住人口占全国总人口的 55.1%。[②] 从这几个结构中可以看到：第一，第一产业 40.8% 的劳动力，只创造了 11.3% 的增加值，有 29.5 个百分点的结构差，说明农业劳动生产率太低了。这不是因为农民不好好干，也不是农民不能干好，而是因为在现在的[③]城乡体制下，他们的生产资料太少，他们想干也不能干。第二，在分配结构中，55.1% 的农村常住人口，主要靠分享 11.3% 的财富生活，农民怎么能不苦？农村怎么能不穷？可见，现在的城乡结构、经济社会结构，既不平衡，也不合理，不改变这个结构，不减少农民数量，农民就富不起来，“三农”问题也就解决不了。

现行的不合理、不平衡的城乡结构、经济社会结构，则是 20 世纪 50 年

① 《中共中央关于推进农村改革发展若干重大问题的决定》，北京：人民出版社，2008 年 10 月，第 6 页。

② 国家统计局编《中国统计年鉴·2008》，北京：中国统计出版社，2008 年 9 月，第 38、87、112 页。

③ 此处有漏字，根据《北京工业大学学报》2009 年第 3 期刊载文章增补“现在的”3 个字。——编者注

代以来，我国长期实行计划经济体制条件下的户口、土地、就业、社会保障等一系列制度而形成的，总称为城乡二元结构。这种城乡二元结构，同国外讲的不完全一样。刘易斯的二元结构，主要是讲城乡二元经济结构。中国的城乡二元结构，是在上述一系列体制下逐步形成的，既是经济结构，也是社会结构，应该称作城乡二元经济社会结构。它以户口制度为基础，把公民划分为非农业人口和农业人口。国家对城市居民（非农业户口）实行一种政策，对农民（农业户口）实行另一种政策。对于这种格局，有学者称为“城乡分治，一国两策”。其基本特征如下。

在政治上，不平等对待。对工人、干部、知识分子等非农业户口的人，认为是体制内的，把农民认为是体制外的，实行另一种政策。如选举人民代表大会的代表，城乡居民选举比例是不相同的，选全国人民代表大会，十届人大以前，城市居民22万人选一个代表，而农民则要88万人选一个代表。

在经济上，不等价交换。农村长期实行统购派购粮食和农产品制度，通过剪刀差强制农民给国家做贡献；20世纪90年代以来，通过低价征用土地，积累大量资金；用农民工的形式，长期廉价使用农村劳动力，有人估算这两种形式下，农民为社会做的贡献可以以万亿元计，远远大于剪刀差做的贡献。

在社会上，实行非普惠制。教育、医疗、社会保障等公共产品，对城市居民和农民，在提供的方式、内容、数量、质量方面都是不同的，差别很大。

长期实行这种政治、经济、社会等方面的政策，形成了中国特有的城乡经济社会二元结构，把农民束缚在狭小的土地上，限制封闭在农村里，阻碍了农业生产的发展，使农民贫困、农村落后的问题，长期得不到应有的解决。

对于“三农”问题的症结所在，十七届三中全会通过的《中共中央关于推进农村改革发展若干重大问题的决定》（以下简称《决定》）明确指明“我国农村正在发生新的变革，我国农业参与国际合作和竞争正面临新的局面，推进农村改革发展具备许多有利条件，也面对不少困难和挑战，特别是城乡二元结构造成的深层次矛盾突出”，接着指出目前“农村经济体制尚不完善”“农业发展方式依然粗放”“农村社会事业和公共服务水平较低，区域发展和城乡居民收入差距扩大”等问题依然存在。第一部分的最后说，现在已进入要“着力破除城乡二元结构”的重要时期。这样明确地阐明“城乡二元结构造成的深层次矛盾突出”，也就是说这是“三农”问题的病根，今后要“着力破除城乡二元结构”。[①] 这样的论断，在党中央的文件上，还是第一次（2004 年，十六届三中全会文件中提过“建立有利于逐步改变城乡二元经济结构的体制”[②]）。就像人看病一样，把病诊断对，把病因找准，病就好治了。

二　农村改革发展的前景是实现城乡经济社会发展一体化

十七届三中全会的《决定》指出：“我国总体上已进入以工促农、以城带乡的发展阶段，进入加快改造传统农业，走中国特色农业现代化道路的关键时刻，进入着力破除城乡二元结构，形成城乡经济社会发展一体化新格局的重要时期。”[③] 这段不足百字的论述，把目前我国农村改革发展的时代特征、指导思想、目标任务、方针路径都说清楚了。关键问题有两个：一是“形成城乡经济社会发展一体化的新格局”，这是战略目标，是要达到的根本要求；二是“着力破除城乡二元结构”，这是大的方针。古语云：“不破不立。”前面讲过“三农”问题的病根是城乡二元结构，不破除这个二元结构，“三农”问题就解决不好，城乡一体化就实现不了。这两句都是十七大以来的新话，是新的共识，是改革开放 30 年来解决“三农”问题的经验和教训的总结。

中国的改革是从农村开始的。农村实行家庭联产承包责任制，农民获得了土地的使用权，农业的经营权，得到了自主和实惠，调动了农民的生产积极性，农业连续丰产，农民连年增收，迎来了农村发展的黄金时期（1978～1984 年）。但这实质上还只是农村生产体制的改革，1985 年以后，当改革进入流通领域和产业结构调整等领域时，因为整个计划经济体制形成的户口制度、就业制度、流通体制、价格体制、财政体制等还没有改，农村第二步改革就遇到障碍，实际改不下去。1988 年以后，连农村第二步改革的说法，也不提了。当年计划经济体制下形成的这些体制，虽然也进

① 《中共中央关于推进农村改革发展若干重大问题的决定》，北京：人民出版社，2008 年 10 月，第 5～7 页。

② 《中共中央关于完善社会主义市场经济体制若干问题的决定》，北京：人民出版社，2003 年 10 月，第 13 页。

③ 《中共中央关于推进农村改革发展若干重大问题的决定》，北京：人民出版社，2008 年 10 月，第 7 页。

行过一些改革，但是至今还没有实质性的改变，所以农业农村形势时晴时阴、变化不定。相比较而言，20世纪80年代中期以后，城市体制，二、三产业，国有企业体制的改革，虽然也有曲折，但一直坚持了下来，而且不断取得进展。现在的城市体制，二、三产业体制，已经基本实现了社会主义市场经济体制，而农村、农业则基本上还不是社会主义市场经济体制。这种城乡二元结构性、体制性矛盾，是造成农业基础仍然薄弱、农村发展仍然滞后、农民增收仍然困难的根本原因。

党和国家从中国特色社会主义事业总体布局和全面建设小康社会的战略全局出发，提出了要形成城乡经济社会一体化新格局的战略目标，具有十分重要的意义。

实现城乡经济社会一体化是一个远大的宏伟目标，第一步的任务是先要形成城乡一体化的新格局。《决定》提出，“到二〇二〇年，农村改革发展的基本目标任务是：农村经济体制更加健全，城乡经济社会一体化体制机制基本建立”① 等六个方面的目标和任务。现在的情况是，城乡是二元的，两种结构，两种体制；一头先进，一头落后；一头富裕，一头贫困；城市发展快，农村发展慢。中央虽然已经提出，现在已经到“工业反哺农业、城市支持农村”的历史阶段，采取了“多予、少取、放活”的方针，在实际工作中也确实采取了许多支农、惠农、强农的新政策、新举措。但是因为城乡二元分割的体制还没有改过来，在实践中，现行的剪刀差、征地、财政、金融、农民工等体制限制了农民生产积极性的发挥，也阻碍了农村生产力的发展，再加上这些体制像抽水机一样，把农村的土地、资源、资金、劳力、人才源源不断地向城市倾流。这就是为什么2002年十六大就提出了“工农差别、城乡差别和地区差别的趋势逐步扭转”的任务，不仅没有完成，城乡差距反而在逐年扩大（2002年，城乡居民收入差距是3.11：1，2007年是3.33：1，2008年扩大为3.38：1）。可见，不改革这种城乡二元结构和体制，要形成城乡经济社会一体化的新格局是不可能的。

客观地说，改革开放30年来，我国的农业、农村都取得了很大的成就，都有了很大的进步，我国的农民，无论是收入水平，还是生活水平，都有了很大的提高。1978年，农民人均纯收入只有134元，2007年达到4140元，按可比价

---

① 《中共中央关于推进农村改革发展若干重大问题的决定》，北京：人民出版社，2008年10月，第8页。

格计算，增长6.34倍，年均增长7.1%。① 这样的长期持续增长，在历史上是罕见的，就是与改革开放前30年比，也是不可同日而语的。我们现在说农业仍然薄弱，农业仍然落后，是相对于国家社会主义现代化建设事业、相对于国民经济发展多方面的需求，还得不到充分的满足。说农民苦，说农民增收仍然困难，是相对于同城市居民，二、三产业职工有更多收入而言，是相对于改革开放以来取得的伟大成果而言，农民还没有享有应有的份额。农民自己与过去比，已经是很好的了。所以，我们到各地调查，大多数农民对党和国家的农村政策，特别是十六大以来的多项惠农强农举措，还是满意的。

30年来，“三农”工作取得了巨大的成就，而这些成就是在农村改革还没有完全到位，还是在城乡二元经济社会结构的背景下实现的。十七届三中全会决定提出，今后要着力破除城乡二元结构，形成城乡经济社会一体化格局。这项改革真的到位了，实现了，诸如计划经济体制条件下形成的户口制度、土地制度、社会体制、财政体制、社会保障等体制机制都通过改革，把问题解决好了。农村实现了社会主义市场经济新体制，同城市的社会主义市场经济体制衔接起来，城乡经济社会一体化的格局就形成了。做到了这一点，必将把亿万农民的积极性进一步调动起来，使他们投入到社会主义现代化的建设中去，农业增产、农民增收、农村繁荣、社会稳定的局面就是必然的。过去我们常说“没有农业现代化就没有国家的现代化，没有农村繁荣稳定就没有全国繁荣稳定，没有农民全面小康就没有全国人民全面小康”。如果我们真能按照十七届三中全会《决定》的要求，实现了“破除城乡二元结构，形成城乡经济社会一体化新格局”，那么中国特色社会主义现代化、国家的繁荣稳定和全国人民的全面小康就能够实现。所以，有学者评论：十一届三中全会的重要决定，是中国改革开放30年来取得伟大成功的起点；十七届三中全会的重要决定，是未来30年中国实现又一次大飞跃的起点。这是很有道理的。

三　统筹城乡经济社会发展是解决好“三农”问题的根本方针

“统筹城乡经济社会发展”②，最早是在十六大政治报告中提出来的。

---

① 国家统计局编《中国统计年鉴·2008》，北京：中国统计出版社，2008年9月，第317页。

② 《中国共产党第十六次全国代表大会文件汇编》，北京：人民出版社，2002年11月，第22页。

作为建设现代化农业、发展农村经济、增加农民收入的重大原则，它是解决好“三农”问题的根本方针。2002年以后，每年中央全会所作的决定，都一再重申这个重大原则，这次十七届三中全会再次重申：“必须统筹城乡经济社会发展，始终把着力构建新型工农、城乡关系作为加快推进现代化的重大战略。”① 6年过去了，我国的城市和乡村都有了很大的发展，经济和社会也都有了很大的进步，这是要充分肯定的。但是城市发展得快、农村发展得慢，经济这条腿长、社会这条腿短的格局，还没有从根本上扭转。一个重要的例证，就是城乡差距还在继续扩大。这表明统筹城乡经济社会这个方针还没有得到全面有效的贯彻。

所谓统筹，就是要兼顾、要协调、要平衡，使城乡经济社会协调发展。在这里，统筹的主体是党中央、国务院和各级地方党委和政府，按照统筹兼顾的原则，进行宏观调控，改变过去重（城市）一头，轻（农村）一头，乃至挖一头（农村），补一头（城市）的做法。现在我国的人均GDP已超过3000美元，到了“以工哺农，以城带乡”的阶段。所谓哺，就是反哺，就是工业和城市应该补贴农业和农村，把过去调控的方向倒过来。当然，中国是个大国，船大要掉头，很不容易，这涉及认识观念、体制、机制、利益关系、工作路径等方面，工作难度很大，将是一个比较长的过程。但是，作为统筹、调控主体的各级党委和政府一定先要有新的观念和认识。历史阶段不同了，战略方向和工作任务就应该作相应的改变。说得通俗一点，过去是给工业、城市吃偏饭，现在是“以工哺农、以城带乡”的历史新阶段，就应该给农业、农村吃一点偏饭，否则，城乡经济社会一体化的格局就形成不了，“统筹城乡经济社会发展”就只会是一句空话。所以，要落实贯彻统筹城乡经济社会发展这个重大战略和方针，作为统筹主体的各级党委和政府，首先要有明确的认识。

其次，要贯彻落实统筹城乡经济社会发展，必须对现行的城乡体制机制进行改革。十七届三中全会的《决定》指出：“必须统筹城乡经济社会发展，始终把着力构建新型工农、城乡关系作为加快推进现代化的重大战略。统筹工业化、城镇化、农业现代化建设，加快建立健全以工促农、以城带乡长效机制，调整国民收入分配格局，巩固和完善强农惠农政策，把国家基础设施建设和社会事业发展重点放在农村，推进城乡基本公共服务均等

---

① 《中共中央关于推进农村改革发展若干重大问题的决定》，北京：人民出版社，2008年10月，第10页。

化，实现城乡、区域协调发展，使广大农民平等参与现代化进程、共享改革发展成果。”① 《决定》这一段共讲了10个方面的战略任务，这些任务完成了，城乡一体化的远大目标也就实现了。这些任务，多数以前的《决定》都提出过，为什么多年实现不了呢？一个重要原因，就是前面讲过的我国目前还是个城乡二元经济社会的结构，而这个结构是由计划经济体制条件下形成的一系列城乡分治的体制机制决定的。不先改革这些城乡分治的体制机制，上述要统筹的10个方面就实现不了。所以要统筹城乡经济社会发展，就一定要统筹安排进行如户口制度、土地制度、财政金融体制、教育医疗体制、社会保障体制等方面的改革，每一项改革，都涉及全局，单靠农业、农村方面的力量是改不动的，必须由党和国家，各级党委、政府统筹安排来进行。所以，要实现城乡经济社会一体化的理想，应该把统筹城乡经济社会发展，加进改革的内容，称为统筹城乡经济社会的改革和发展。

最后，要实现统筹城乡经济社会发展的战略任务，必须在组织上落实。政治路线决定组织路线，组织路线是为政治路线服务的。新中国成立以来，特别是改革开放以来，社会主义建设实践证明，这个理论是正确的。可以总结出一条基本经验，凡是党和国家决定提出的战略任务和重大任务，都必须在组织上落实，要有组织，要有人去具体贯彻执行，才能实现。如果这个战略任务只停留在会议上、文件上，没有组织保证，就只能是一纸空文。我们有许多重要的事项，讲了多年，鲜有成效，源于没有从组织上落实。正反两方面的经验，都证明了这点。计划生育工作，是天大的难事，我们国家做成功了，一个关键的举措是从上到下建立了计划生育委员会，有组织作为保证。

农业是安天下、定民心、稳社会的战略产业，“三农”工作是我们党各项工作的重中之重。30年来，每年的中央全会、两会，“三农”问题都是讨论研究的重点问题，有三次中央全会专门讨论“三农”问题，并作出了重大决定。党中央、国务院几乎每年召开农村工作会议，已经先后发了十一个中央一号文件。社会各界也都十分关心重视农业、农村、农民问题，有众多的专家、学者深入农村，访贫问难，调查研究，出谋划策，著书立说，写出的调研报告、政策建议、论文著作，真是汗牛充栋，比任何同类问题的论著都多得多。全国上下，如此重视“三农”问题的解决，这在国际工

① 《中共中央关于推进农村改革发展若干重大问题的决定》，北京：人民出版社，2008年10月，第10页。

业化、城市化、现代化历史上，可以说是绝无仅有的。但为什么“三农”问题仍然层出不穷、屡解不决、久治不愈呢？一个重要的原因是，中央关于解决“三农”问题的这些正确的方针、政策，还没有在组织上落实。例如，十七届三中全会作出的《决定》，从当前国际国内形势的全局出发，找准了“三农”问题的症结所在，提出了实现城乡经济社会一体化的宏伟目标，指出了解决好“三农”问题的方针政策，是一个在新时期推进农村改革发展的纲领性文件，无论从理论高度还是实际操作层面评价，都是个很好的文件。按照文件指出的指导思想、目标任务、方针政策去做，“三农”问题不仅能够解决好，而且农村会再次振兴起来，为未来 30 年中国崛起奠定一个坚实的基础，成为又一个新的历史起点。但这样好的《决定》，怎么贯彻落实呢？按现在农口群龙治水又群龙无首的组织状况，这个《决定》是很难贯彻落实好的。社会上有“政策出不了中南海”的议论，这是言过其实。但农村问题的政策，出不了农口，却是现实。《决定》里指出的要破除城乡二元结构，要形成城乡经济社会发展一体化新格局，要统筹城乡经济社会发展等的任务，仅在农口内部是解决不了的。所以，在新时期，建一个为党中央解决好“三农”问题的工作机构，从组织上落实统筹城乡经济社会的改革和发展这个重大战略任务，就很有必要。

实现城乡一体化，必须把二元结构“填平”*

现在城市和农村一块高一块低，主要根源在于城乡二元结构体制。这个体制是扩大城乡差别的加速器或者说挖掘机，不改革掉城乡二元结构体制，不对现有的户籍制度、土地制度、林权制度进行改革的话，城乡差别会越来越大。今年①是农业特大丰收年，粮食要超过历史最高水平，但是，从收入差来讲，今年还是扩大的。所以现在的目标是通过改革消除城乡二元结构。现在的问题是，改革是从农村开始的，但是据我所知，从20世纪80年代中期以后，农村改革基本上就停止了。所以我也一直呼吁，农村应该启动改革，包产到户也好，家庭联产承包责任制也好，只是改变了农村生产经营的体制，流通体制、就业体制、户籍体制、土地体制等都没有涉及。所以现在闹出了很多笑话，农民把土地拿过来了，几万元卖给了国家，国家又把它几十万元、几百万元地卖给开发商，开发商建好房子再卖，卖的房子叫大产权，农村集体土地盖的房子要卖就是小产权，小产权房子要卖是不合法的。天下有这种市场经济的法吗？我是很不相信了。实现城乡一体化，必须把城乡二元结构“填平”。

---

* 本文源自《农村工作通讯》2009年第15期“观点荟萃”栏目的专家观点摘编，发表时间：2009年8月5日。——编者注

① 本文中指2009年，下同。——编者注

建设社会主义新城市应成为“十二五”规划的战略重点*

纵观近60年来十一个五年计划的制订和实施历程，可以看到，其中绝大多数的五年计划都有一个战略重点。这些战略重点任务的完成，使我国的国民经济登上了一个又一个新台阶，使我们国家逐步成为世界经济大国。例如，第一个五年计划的战略重点是“一化三改”，第六个五年计划的战略重点是“调整、改革、整顿、提高”和改革开放，第八个五年计划的战略重点是“建设有中国特色的社会主义市场经济体制”，等等。

第十一个五年规划的战略重点是“建设社会主义新农村”。党中央审时度势，认为“三农”问题是制约我国发展的根本问题，只有解决好“三农”问题，才能盘活经济和社会发展的全局，明确把建设社会主义新农村作为重大历史任务，列入“十一五”规划，并作出了相应的决定。近五年来，中央各部门和全国各地投入了很大的力量贯彻落实这个战略重点任务，从而使农业在2004～2005年增产的基础上，连年增产夺取了第七个丰收年。农民收入连续七年增收、农村消费市场扩大、农民生活普遍改善、农村社会稳定，为抵御2008年世界金融危机，为国民经济持续、稳定、快速发展准备了很好的条件。

然而，随着经济的快速发展，我国的城市化却长期滞后于工业化，由此产生了许多经济、社会矛盾和问题。因此，我们认为用10～20年时间，着力解决好城市化问题，是推动经济社会协调健康发展、全面建设小康社

---

* 本文源自《江苏社会科学》2010年第6期。原稿写于2010年8月27日，发表时间：2010年12月15日。该文主要内容曾以“中国城市化路径的再检视”为题被《北京日报》2011年5月23日第17版、《中州建设》2011年第13期转发。该文还收录于《社会建设论》（陆学艺著，北京：社会科学文献出版社，2012年3月）、《中国社会结构与社会建设》（陆学艺著，北京：中国社会科学出版社，2013年8月）。——编者注

会的关键，更认为很有必要把建设社会主义新城市、加快推进城市化列为“十二五”规划的战略重点。

第一，“三农”问题的根本解决，要靠城市化。农业要现代化，农民要富起来，城乡要一体化，必须解决人往哪里去、钱从哪里来的问题。只有靠工业化、城市化吸纳众多农民，工业真正反哺农业，城市真正带动农村，才能解决好“三农”问题。

第二，扩大内需。使我国从投资、出口主导型转变为内需主导型国家，要靠城市化。城市是消费工业品、服务业产品的载体。中国已经是制造业大国，必定要构建成消费大国，才能实现良性运行。20 世纪 90 年代中期就提出要扩大内需，内需之所以扩不上去，主要是因为城市化没有发展起来。

第三，转变经济发展方式，要靠城市化。当前中国经济发展质量不高，效益不太好。从产业结构分析，我国制造业太重，服务业太轻。2008 年的一、二、三产业结构是 11.3 ∶ 48.6 ∶ 40.1。城市是第三产业的助产婆。第三产业长期发展不起来，主要是因为城市化滞后。要转变经济发展方式，就必须加快城市化。

第四，社会要更加和谐。社会要稳定有序，就要改变目前“半城市化”的状况，建设社会主义新城市，加快城市化步伐。中国现在 13.3 亿人，按居住地和身份划分，大致是非农户籍并住在城镇的人口占 1/3，进城的农民工和离土不离乡的农民工及其家属占 1/3，住在农村务农的农民占 1/3。但从产生社会矛盾和问题的原因及其当事人分析，2/3 的矛盾产生在上述第二个 1/3 的人群里。2008 年公安机关立案的刑事案件 488.5 万起，其中盗窃、诈骗、抢劫三项侵财案占 80.85%。据相关部门统计，这些侵财案件，70% 以上发生在城市和城乡接合部。这些案件中抓获的犯罪人，70% 以上是外地人，在这些抓获的犯罪外地人中，70% 以上是农民工。再有，这些被盗窃、被诈骗、被抢劫的受害人，70% 以上也是农民工。从这四个 70% 以上的事实可以看到：当今中国，有很大部分的社会矛盾和问题，根源在于不合理的城乡体制、不合理的户籍体制和不合理的农民工体制。各现代化国家在工业化、城市化过程中，都有大批农民进城，成为工人，成为市民，他们的经济、社会地位都是提高的，他们并不是产生社会矛盾的主要群体。所以，从维护社会稳定有序、促进社会更加和谐的角度说，也要加快城市化的步伐。改革目前的户口体制，改革农民工体制，使农民工脱帽成为工人，使农民成为市民，既是加快城市化的需要，也是从源头上化解社会矛盾的重大措施。

城市是现代文明的中心，是工业化发展的条件和必然结果。城市能够聚集和配置好各种资源，最大限度地降低成本和提高效率。从20世纪末国家提出城镇化战略以后，城市化的步伐已经加快了。1998年的城市化率为33.4%，2008年达到45.7%，[①] 提高12.3个百分点，平均每年提高1.23个百分点，每年增加城镇常住人口1906万人，城市化已经很快了。但为什么还会产生如此多的社会矛盾呢？问题主要出在建设什么样的城市和实现城市化的道路问题上。

第一，因为历史原因，我国形成了城乡二元经济社会格局，长期实行限制城市化的发展。1998年提出建设小城镇，实施城镇化战略，设想把农民引导到小城镇就业和居住。但一经放开，蓬勃发展起来的是大城市和特大城市，后来又提出"以大带小，促进大中小城市和小城镇协调发展的城镇化道路"。近几年，有180多个城市提出要建立国际化都市，也有人提出中国要建20个大都市圈的设想。中国特色的城市化道路怎么走？未来14亿多人口在空间上如何分布？要实现什么样的城镇化格局？这些大事都要及早有个明确的说法，不能再这样各自为政地走下去。

第二，我们是社会主义市场经济国家。我们实行城市化，当然要遵循社会主义市场经济规律，要按公平交易、等价交换的法则办事。但是，这次城镇化浪潮，开局就从无偿、低偿圈占农村的土地开始，名曰"经营城市"。十几年工夫，近亿亩良田被征占（1996年国家公布有耕地19.6亿亩，现在已不足18.3亿亩，减少的1.3亿亩中的一部分是退耕还林）。由此产生了约5000万失地的"三无"农民，产生了数以万计的贪官污吏，也产生了数以万计的发土地横财的亿万富翁。近些年，国家三令五申要保护18亿亩耕地，于是这些人就转向农民的宅基地和城市的老房子。有些城市，成片、成区地被拆，有些县成村、成乡、成县地被拆（如山东诸城）。美其名曰"改造危旧房，建设新民居"。实质是贱买强抢城乡居民的土地，牟取暴利。当下城乡的这股拆迁邪风，愈演愈烈，而且正在蔓延，后果极其严重。村民居民，平头百姓，无力抵抗，只好上访上告，集体抗争，投诉上级政府，这是这些年信访总量和群体事件居高不下的主要原因。现在是到立即叫停这种不按社会主义市场经济规律办事、野蛮拆迁、强抢贱买居民土地的时候了。

第三，十六大提出要"统筹城乡经济社会发展"，十六届三中全会提出

---

① 国家统计局编《中国统计年鉴·2009》，北京：中国统计出版社，2009年9月，第89页。

要“建立有利于逐步改变城乡二元经济结构的体制”，十七大提出要“建立以工促农、以城带乡长效机制，形成城乡经济社会发展一体化新格局”。

实现城乡经济社会一体化，本是建立社会主义市场经济体制的题中之义。十六大以来，党和国家投入了很大力量，做了很多工作，力求加快实现城乡一体化。但是，由于对“城乡分治，一国两策”的社会体制和社会政策还没有进行必要的改革（如户籍制度等）和调整，所以城乡二元经济社会结构基本上还没有破解。表现之一是，虽然我们破天荒地免除了农业税费，采取了多项惠农强农政策，但是城乡差距还是在扩大。1998 年城乡居民的收入差距是 2.51∶1，到 2008 年扩大为 3.31∶1。[①] 表现之二是，虽然在 1996 年国务院发布了《关于解决农民工问题的若干意见》，各地政府认真贯彻落实，解决了农民工的很多问题，农民工的政治、经济、社会地位有了很大提高，但是仍然存在农民工与正式工人两种身份、两种待遇，两种期待、两种心理等问题，还没有得到根本的解决。严重的问题还在于，现在新一代的农民工每年还以近千万人的规模向城市涌来，渗透到城市的工厂、商店、机关、学校、团体等各个角落。上海市市长感言，现在城乡二元结构已经进到城市里来了。亿万农民工的到来，为城市的发展作出了巨大贡献，城市实际上已“少不了”“离不开”农民工了。毋庸讳言，由此产生了前面讲过的诸多社会矛盾和问题。显然，农民工体制必须改革，因为这是不可持续的。我们要建设城乡一体化背景下的社会主义新城市，要遵循社会主义市场经济的规律办事。

第四，马克思主义认为，社会是一个活的有机体。[②] 城市的发展是一个自然历史过程，城市发展有其自身生长、发育、发展的自身规律。城市有机体的诸要素必须协调发展，特别是经济和社会必须协调发展。可是我们有相当多的城市，长期以来，把以经济建设为中心，强调得过了头。没有在经济发展的同时，进行必要的社会体制改革，没有进行相应的社会建设，形成了经济建设这条腿长、社会建设这条腿短的不平衡、不协调状况。就业难、上学难、看病难、养老难、住房难的呼声多年不绝。这样的城市怎么能平安？怎么能宜居？怎么能和谐？我们要建设经济和社会发展协调的城市，真正能够实现业有所就、劳有所得、学有所教、病有所医、老有所

---

① 国家统计局编《中国统计年鉴·2009》，北京：中国统计出版社，2009 年 9 月，第 317 页。

② 参见《资本论》第 1 卷第 1 版序言，《马克思恩格斯选集》第 2 卷，北京：人民出版社，1995 年 6 月第 2 版，第 102 页。

养、住有所居的理想。这也是我们要建设的社会主义新城市。

早在65年前，毛泽东同志就预言："农民——这是中国工人的前身。将来还要有几千万农民进入城市，进入工厂。如果中国需要建设强大的民族工业，建设很多的近代的大城市，就要有一个变农村人口为城市人口的长过程。"①

用了60年，历尽艰难险阻，我们终于把强大的民族工业建立起来了，实现了工业化。600多个城市也建设起来了，但还不够现代（1945年时叫近代），两亿多农民进来了，还没有变为城市人口，是一个二元结构城市，只能说实现了半城市化。得过诺贝尔经济学奖的美国教授斯蒂格利茨说过：21世纪人类最大的两件事情，一是高科技带来的产业革命，另一个就是中国的城市化。

实现城市化，这是中国的大事，也是世界的大事。这是建设中国特色社会主义现代化事业要实现的重要任务。所以，有必要把建设社会主义新城市列为第十二个五年规划的战略重点，从此走出一条符合中国国情的城镇化道路。实现中国的城市化，既有极其重要的现实意义，也有极其深远的历史意义。

① 毛泽东：《论联合政府》，载《毛泽东选集》第3卷，北京：人民出版社，1991年6月，第1077页。

关于成都统筹城乡经济社会发展综合配套改革的意见和建议*

前后来了一个月（4 月 17～30 日，5 月 23 日～6 月 5 日），看了都江堰、双流、邛崃、新都、龙泉驿、郫县、青羊、武侯、金牛、锦江 10 个县区，听了组织部、宣传部、研究室、编办、发改委、规划局、统计局、公安局等 18 个部委局办的介绍，也听了孙平、金嘉祥、李绍华、麻渝生、刘局长（教育局）、秦代红等同志的介绍。总的印象如下。

统筹城乡经济社会发展综合配套改革，8 年成就巨大，城乡差距这道鸿沟填得差不多了，破解二元结构这个难题解决得差不多了，统计局的同志说统筹城乡发展总体实现程度达到 75.4%，这也为成都进行社会建设、加强社会管理打下了一个坚实的基础。在这个平台上搞下去，未来的社会建设就会进行得很顺利。这个经验具有普遍意义，值得总结，值得推广。我去了不少地方，东部、中部、西部都去过了，不走这一步，不搞城乡统筹改革，社会建设就难以做好。因为和谐社会不能建立在二元体制基础之上。

市委、市政府下了这样大的力气，向农村倾斜，农村会发展，农民会得到实惠，生活会好起来，这是我早就预料到的，但也有两点是没有预料到的。

第一个没有预料到的是，这 8 年工业发展得更快，城市发展得更好更快。

---

* 本文源自作者修改的打印稿，系陆学艺于 2011 年 6 月 3 日与时任成都市委书记李春城谈话要点的记录稿。原稿题为“2011 年 6 月 3 日与春城书记谈话要点”，现标题为本书编者根据谈话内容所修改。本文涉及的相关地区农村经济社会发展数据源自作者调查过程中获得的资料。——编者注

1. 经济增长（见表1）

表1 2002～2010年成都经济增长情况

单位：亿元，%

	GDP	工业增加值	三产增加值	一产增加值	财政一般预算收入
2002年	1488.8	558.6	804.7	125.5	90.2
2010年	5551.3	2480.9	2785.3	285.1	526.9
增长率	273 翻了1.86番	344 翻了2.2番	246 翻了1.73番	127 翻了1.13番	484 翻了2.92番

2. 城市化率

成都的城市化率2002年为55.35%，2010年为65.51%，8年提高了10.16个百分点，每年提高1.27个百分点；2002年城市常住人口为640.63万人，2010年城市常住人口为920.2万人（增加279.57万人），每年增加城市常住人口35万人，提高5.5个百分点，而且主要集中在成都市中心城区，这是成都历史上从来没有过的。2015年成都城市市民将达到1100万人。

第二个没有预料到的是，经济高速增长、城市高速扩大，是好事，但是社会矛盾方面的问题也大量增加了（见表2）。

表2 2002～2010年成都的社会秩序和交通事故问题

单位：件，人

	刑事犯罪案件	社会治安案件	交通死亡人数
2002年	60125	53120	1245
2010年	55569	77355	763

从数字上看有所下降，但并不理想。从发案的情况看，成都占全国人口的1%，但刑事犯罪发案率也占1%。这对于我们这样一个统筹城乡发展取得全面成效的地区来说，是不合情理的。

为什么？我根据这两个月的观察和思考，认为问题不是出在农村，而是出在城市。这8年成都城市化高速发展，每年增加1.27个百分点，是全国城市化发展最快的城市之一。每年有35万人进来，8年增加了280万人。

我们有三个问题。

第一，我们现在的城市体制和政策环境不适应。只是让这些人就业了，有房子住了，有工作、有饭吃了，但并没有组织起来、没有组织安排好！

第二，这280万人大部分是农民工，城市实行的是一城两制、一城两策，我们在农村对农民实行了提供城乡一体的公共服务，但对农民工没有实行一体化的对待（比别地好）。

第三，我们对突如其来的城市化思想准备不足，没有适时地做工作转移，“一种倾向掩盖了另一种倾向”。

对此我有以下建议。

第一，经济还是要抓，还是第一位的，发展的势头要保持下去，按常住人口计，人均GDP 6000美元，略高于全国，但比发达地区还差很多。另外，社会建设还要经济发展的支撑。

第二，城乡统筹改革还要持续发展下去。沟还未填完，还要继续填，还不平衡（这8年要做个总结，这在全国还没有第二个）。

第三，建议市委在继续抓好经济建设的同时，抓好社会建设。

统筹经济社会协调发展，建议在继续推进统筹城乡综合配套试验区的同时，把工作重心逐步转移到城市工作方面来。中国的城市化是在没有明确完整的方针下各地自发扩张建起来的，因此存在以下两个问题。

一是组织框架结构不合理。如龙泉驿区的工业大发展了，工业化城市建起来了，但还是靠城关镇在管理（改称龙华街道，25万人，普查时31万人）。有的社区4万~5万人，靠百把人的科级政府管理怎么管得好？

二是普遍形成了城市里的二元结构，实行一城两策。居民分成两种，有户籍的市民和无户籍的新市民；工人阶级也是两个，有户籍的工人阶级和无户籍的农民工。

因此，社会矛盾多发、社会冲突多发是必然的。

社会问题、社会矛盾、社会冲突分为两类：一类是大城市普遍的老问题，贫富分化、社会保障缺失、老龄化、婚姻家庭问题；另一类是中国特有的，二元结构下的农民工体制引发的，或是叫计划经济后遗症。建议如下。

第一，建立机构。把市民用新的形式组织好、管理好，把920万市民组织起来（未来5年还有150万~200万人要进来）。

第二，进行体制改革，从根本上改革农民工体制。将工人阶级建成一个统一的工人阶级队伍，消除城市里的二元结构。这样做可以把目前的犯罪率下降50%~60%。我们课题组调查过若干大城市，现在70%以上的犯罪是侵财案件，抢劫、盗窃、欺诈；70%以上发生在城区、城乡接合部；

70%以上抓捕的犯罪嫌疑人是外地人；这些外地人中70%以上是农民工；被偷、被抢、被骗、被杀的受害者70%以上也是农民工。以上这五个70%以上说明农民工体制是非改不可的。

农民工是目前工人阶级的重要组成部分，改革了，这支数以亿计的主力劳动者得到实惠，得到应有的民主权利和应有的尊严，他们的积极性就会被极大地调动起来，其创造力将不可估量，对经济社会发展的贡献将不可估量。

具体建议如下。

第一，组建一个社会建设委员会。现在政府的组织结构不缺搞社会建设的部门，科、教、文、卫、体、社保等都有部门，但缺少一个像发改委那样的进行统筹调研、规划协调、监督执行的机构。要派出得力的干部去搞社会建设的顶层设计，像当年搞统筹城乡发展时建的推进委一样，但在市委建一个委或局动静太大，可先在一个区、一个县试点。我们课题组可以协助。

第二，进行城市组织结构行政框架的调整。市委、市政府—区—街道—社区—小区。街道5万~6万人，社区3000人上下，小区200人左右。把市民合理地组织起来，不要被“小政府、大社会”的口号迷惑。现代社会是个复杂的大系统，少数发达国家是大政府、大社会，美国的各类各级政府雇员占就业人口的15%~20%（公、教、医、社保等）。延安时的精兵简政是不得已而为之的，后来一直是短缺经济，养不起公务员。在这个基础上，进一步研究如何优化社区管理、社区服务。要像农村一样，进行基础性的治理。城市的社区好比农村的行政村，是城市的细胞，管好了，城市的基础就牢固了。

第三，开展农民工的大调查，摸清农民工的底数。人数（分类）分布、生产生活状况、问题、意愿、要求等。在此基础上，制订从根本上解决农民工问题的方案。不只就农民工解决农民工问题，而要在根本上消灭农民工体制。这是中国全局要解决的问题。农民工体制不破除，市无宁日、国无宁日。

第四，大力发展各种、各类社会组织。农业社会有很多民间组织，县以下没有行政组织，是靠各种民间组织、家族组织维持的。工业社会、城市社会，在行政组织之外一定要有多类经济、学术、文化、娱乐、慈善等社会组织，作为行政组织管理的补充。发达国家每万人有30个以上社会组织，法国最多，有100多个，中国现在是3个多一点。锦江成立了社会组织局，发展到580多个。

第五，加快社会体制改革，可以先从社会事业体制改革做起，如教育、医疗、住房、社保等。

第六，实行两个转变，首先应在干部中达成共识，8年来在统筹城乡经济社会发展中已经造就了一支改革创新并有朝气的干部队伍。改变上强下弱的状况，完善基层（街道、社区），要有一批能干和强有力的干部下去，去闯去试，改变现状，打造一个城市社会基层治理的组织模式，这是有创造性的领域。

第七，组织中央、省、市的专家，同实践部门干部结合，好好总结、全面总结这8年统筹城乡经济社会发展综合配套改革的经验。

第八，成都市还要大量引进一批高层次的人才，要利用中央、省在成都的各类人才，要发展社会科学队伍，使他们成为市委、市政府的助手、智库。

城乡一体化的社会结构分析与实现路径*

十七届三中全会通过的《中共中央关于推进农村改革发展若干重大问题的决定》（以下简称《决定》）第一次提出“城乡一体化”这个概念，指出：“我国总体上已进入以工促农、以城带乡的发展阶段，进入加快改造传统农业、走中国特色农业现代化道路的关键时刻，进入着力破除城乡二元结构、形成城乡经济社会发展一体化新格局的重要时期。”① 可以说，十七届三中全会通过的这个文件，是十一届三中全会以来历次会议制定的关于农村改革和发展最好的一个文件。文件系统总结了农村改革发展的光辉历程和宝贵经验，指出了当前农村改革发展的困难和挑战——“农业基础仍然薄弱，最需要加强；农村发展仍然滞后，最需要扶持；农民增收仍然困难，最需要加快”。明确揭示，“三农”问题长期得不到解决的深层次原因，是计划经济体制形成的城乡二元结构。文件还强调把统筹城乡经济社会的改革和发展作为破除城乡二元结构、形成城乡一体化新格局、从结构上解决好“三农”问题的战略方针。文件指出：“必须统筹城乡经济社会发展，始终把着力构建新型工农、城乡关系作为加快推进现代化的重大战略。统筹工业化、城镇化、农业现代化建设，加快建立健全以工促农、以城带乡长效机制，调整国民收入分配格局，巩固和完善强农惠农政策，把国家基础设施建设和社会事业发展重点放在农村，推进城乡基本公共服务均等化，

---

* 本文原载《南京农业大学学报》（社会科学版）2011 年第 2 期，发表时间：2011 年 6 月 20 日。人大复印报刊资料《社会主义经济理论与实践》2011 年第 8 期、人大复印报刊资料《农业经济研究》2011 年第 9 期转载该文。该文还被收录于文集《社会建设论》（陆学艺著，北京：社会科学文献出版社，2012 年 3 月）、《“三农”续论：当代中国农业、农村、农民问题研究》（陆学艺著，重庆：重庆出版社，2013 年 5 月）、《中国社会结构与社会建设》（陆学艺著，北京：中国社会科学出版社，2013 年 8 月）。——编者注

① 《中共中央关于推进农村改革发展若干重大问题的决定》，北京：人民出版社，2008 年 10 月，第 7 页。

实现城乡、区域协调发展，使广大农民平等参与现代化进程、共享改革发展成果。”① 文件一共提出了八个方面的战略任务，这些任务完成了，城乡一体化的宏伟目标也就实现了。

十七届三中全会制定的这个农业文件，是一个很重要的纲领性的文件。遗憾的是，这个文件出台的时间是2008年10月12日，正值国际金融风暴袭来之时，风暴突如其来、来势凶猛。从上到下都去应对这个风暴，全力以赴地“保稳定、保增长、保民生”，导致这个农业文件的贯彻落实大打折扣。

2010年10月30日，中国体改研究会、《中国经济体制改革》杂志社和长三角的同志一起召开“中国（长三角）区域发展与城乡一体化高峰论坛”来讨论这个主题，以推动中国区域经济社会发展和城乡一体化进程，这是很有见地、很有意义的。下面，我着重阐述三个方面的内容。

一 城乡一体化概念与研究内容

城乡一体化这个说法和理论，同“三农论”一样，是中国特有的。国外只有城乡协调、城乡均衡发展等说法。所以，城乡一体化这个理论是改革开放后中国实际工作者和学术界的一个创造。考诸文献，最早提出这个概念的是苏南地区。早在1983年，苏南地区就有人开始提城乡一体化这个概念。当时的经济社会的背景是，苏南地区的乡镇工业异军突起，但发展中遇到了计划经济体制下城乡分隔的障碍，使乡镇工业还是不能顺利发展。所以，有些市、县就提出来政府要对辖区内的城市和农村、工业和农业实行统筹兼顾的调节和安排，提出要实行城乡一体化。因为这个概念和做法，符合经济发展特别是乡镇工业发展的实际，所以不胫而走，产生了较为广泛的影响，也引起了学术界的注意，开始了这方面的研究。当时随费孝通教授在苏南进行小城镇问题调查的张雨林研究员，专门研究了这个问题，写了《论城乡一体化》的论文，发表在《社会学研究》1988年第5期上，这是比较系统论述城乡一体化的第一篇文章。

所谓城乡一体化，主要有四个方面的内容。第一，就城乡关系讲，在一个国家或一个地区，城乡是一个整体，整个社会是一个活的有机体，城

① 《中共中央关于推进农村改革发展若干重大问题的决定》，北京：人民出版社，2008年10月，第10页。

和乡都是相互依存的。城乡关系应该是平衡、协调、有机结合的。但在资本主义工业化初期发展进程中，城市统治农村、剥削农村，城乡关系是对立的。我们在计划经济体制下，搞了城乡分治，形成了城乡二元经济社会结构，使城乡发展不平衡、不协调，这不仅对农村发展不利，而且对城市发展也是不利的。

第二，就城乡发展的目标来说，统筹城乡经济社会协调发展的目标，就是要实现城乡一体化。城乡对立，当然不好。城乡分治，城乡之间人为地设置栅栏，画地为牢，阻滞流动，当然也不好。长期实行城乡分治，使城乡差距越来越大，这是目前中国社会矛盾、社会冲突大量产生的重要根源。提出城乡一体化的发展目标，就是要使城乡居民在政治权利、收入分配、社会福利等方面逐步趋于平衡、趋于公平、趋于均等，共享改革发展成果。

第三，实现城乡一体化是一个历史过程。20世纪50年代实行的计划经济体制，通过建立户籍制度，对城市、对居民实行一种政策，对农村、对农民实行另一种政策，形成中国特有的城乡二元经济、社会结构，相关的体制、机制盘根错节、根深蒂固，成为阻碍中国发展特别是农村发展的主要障碍。要实现城乡一体化，将是一个较长的历史过程。第一步是要“着力破除城乡二元结构，形成城乡经济社会发展一体化的新格局”，遏制目前城乡差距还在继续扩大的趋势；第二步是通过“工业反哺农业、城市支持农村”，加大对农村的投入，加快农村经济社会发展，逐步缩小城乡差距；第三步是实现城乡一体化。

第四，要实现城乡一体化，必须对城乡体制进行改革。现在我们还是城乡二元结构，要实现城乡一体化，就必须进行改革。所谓一体化，化是一个过程，是变化、变革、变迁的过程，也是一个改革的过程。十七届三中全会已经明确指出，“三农”问题的病根，是城乡二元结构造成的深层次矛盾。所以，今后要“着力破除城乡二元结构”。破就是改革，除是除掉，就是要通过改革，除掉“三农”问题的病根。这样的论断，在中央文件是第一次出现。如何改革？改革什么？如何破除？回顾三十多年的农村改革发展的历史，就清楚了。农村率先改革，实行家庭联产承包责任制，农民也率先得到实惠，那几年城乡差距是缩小的。但进入20世纪的中后期，农村要进行第二步改革，触及城乡二元体制问题，就改不下去了，只好打外围战。虽然中央和地方花了很大力气，但农村的形势时好时阴，问题总是层出不穷，原因是城市二元结构的基本格局没有改革，这是个教训。支撑城乡二元结构的核心体制有三个：一是城乡分治的户籍制度，二是产权不明晰的土地制度，三是城乡不平衡的财政制度。这三项重要制度是计划经济体制条件下形成的，是为计划经济体制服务的，也是计划经济体制的重要组成部分。从十四届三中全会以后，我国已经明确要实行社会主义市场经济体制，城市已经按照社会主义经济体制的要求，逐步改革，而且已经取得巨大的成功。现在，农村改革应向城市改革学习，按照社会主义市场经济体制的要求，对户籍、土地、财政等制度进行改革，以破除城乡二元结构，才能实现城市一体化。

二　城乡一体化的社会结构分析

长三角地区是我国工业化、城市化发展最早、最迅速的地区，各项经济指标在全国都是领先的。有研究者认为“长三角地区已经具备了加速消除城乡二元结构的物质条件和环境基础”。我也认为长三角地区具备了加快消除城乡二元结构、逐步实现城乡一体化的条件。总体看来，破除城乡二元结构，解决好“三农”问题、实现城乡一体化这个宏大的历史任务，将率先从发达地区开始，以后梯度推进，次及中部地区，然后到西部地区，依次逐步实现。归根结底，要实现城乡一体化，必须要有生产力的高度发展，要在经济、社会、政治、文化水平全面提高的基础上才能达到。即使像长三角，我们国家的发达地区，从数字上看，无论是经济条件，还是社会等方面的条件，要实现破除城乡二元结构，形成城乡经济社会一体化新格局，还需要经济社会的条件有进一步的发展。

改革开放以来，长三角地区，不仅在经济建设、经济结构调整方面取得了巨大成就，走在全国前列，而且在社会建设、社会结构调整方面也取得了巨大成就，也是走在全国前列的。但我国仍处于社会主义初级阶段，底子薄，起点低，欠账多，加上多年实行计划经济体制，还有诸多体制机制没有得到根本改变。三十多年来，我国在经济发展方面已经有了很大的进展，但在社会发展、社会建设和社会结构调整方面则相对滞后。长三角地区，在这方面已经作了很大的努力，但同样存在经济社会发展不平衡、不协调的问题，也就是我们常说的经济这条腿长、社会这条腿短的问题。

根据国家统计局的资料，对长三角地区 1978 年和 2008 年的经济社会数据做了一个整理（见表 1）。

表1 长三角地区1978年和2008年的经济社会数据

项目 / 地区	城市化率（%）		GDP中一产的比重（%）		就业总劳动力中一产劳动力的比重（%）		人均GDP（美元）		城乡居民收入差距	
	1978年	2008年	1978年	2008年	1978年	2008年	1978年	2008年	1978年	2008年
上海	41.3	87.5	4.0	0.82	34.4	4.7	1657	10753	1.45∶1	2.34∶1
江苏	13.3	54.4	27.7	6.92	69.8	26.3	287	5827	1.86∶1	2.54∶1
浙江	12.9	57.6	38.2	5.10	68.0	19.2	221	6208	2.01∶1	2.45∶1
长三角	18.2	58.8	19.7	5.00	64.5	21.1	402	6800	—	—
全国	17.9	45.7	28.2	11.30	70.5	39.6	254	3378	2.56∶1	3.31∶1

资料来源：国家统计局编《新中国六十年统计资料汇编》，北京：中国统计出版社，2010年1月。

从数据分析，长三角地区的国土面积占全国的2%，2008年的人口占全国人口的10.67%，劳动力占全国劳动力的11.86%，当年创造的GDP占全国GDP的21.78%，人均GDP约合6800美元，是全国人均GDP 3378美元的2倍多，上海市的人均GDP已达10753美元。从这些数据看，长三角地区已进入国际中等收入地区的行列，这两年又有了新的发展。

从经济结构分析，长三角地区2008年的GDP总量已达到65479亿元。其中，第一产业3307亿元，只占5.00%（江苏第一产业占6.90%，浙江第一产业占5.10%，上海第一产业占0.82%）；第二产业34479亿元，占52.7%；第三产业27709亿元，占42.3%。从经济结构分析，长三角地区已是工业化社会的中后期阶段。上海的第一产业不足1%，第三产业占53.7%，近两年第三产业比重又有新的提高，所以上海已经进入工业社会的后期阶段。

从社会结构分析，在就业结构中，2008年长三角地区就业总劳动力为9188万人①。其中，从事第一产业的劳动力占21.1%。这同上述当年GDP中第一产业占5%，存在着16.1个百分点的结构差。在城乡结构中，2008年长三角地区的城市化率为58.8%（上海87.5%，江苏54.4%，浙江57.6%）。这两省一市的城市化率中，都有把本地和外地的农业户籍在本市居住半年以上的人口，定为常住人口，而计入城镇人口的，这类人口到底有多少？统计局没有说明，但现在各个城市里都有相当数量的常住人口，

① 实际远不止此数。据长三角蓝皮书（2010）显示，“长三角地区共有外来人口约4265万人，其中2/3以上的人口是以就业人口为主”。参见左学金主编《长三角蓝皮书：2010年率先转型中的长三角》，北京：社会科学文献出版社，2010年5月，第212页。

他们被称为“只是半城市化的人”。在收入分配结构中，从 1978 年到 2008 年，长三角地区的城市居民可支配收入和农民人均纯收入都有大幅增加，但这两省一市的城乡居民收入差距，2008 年与 1978 年相比都是扩大的。上海从 1.45∶1 扩大到 2.34∶1，江苏从 1.86∶1 扩大到 2.54∶1，浙江从 2.01∶1 扩大到 2.45∶1。就城乡差距说，2008 年这两省一市却比全国的 3.31∶1 要小，但这两省一市 1978 年时的差距本来就比全国的 2.56∶1 要小。

从社会结构的这些数据分析，长三角地区的社会结构中，2008 年的就业结构是第一产业占 21.1%，第二产业占 40.7%，第三产业占 38.2%；城乡结构中，城市化率是 58.8%。根据美国学者钱纳里和塞尔昆对多个国家和地区的研究，他们提出，工业化中期阶段的就业结构应是第一产业的劳动力占 15.6%，第二产业占 36.8%，第三产业占 47.3%；城市化率应在 60% 以上[①]。按这个数据衡量，长三角地区第一产业的劳动力，比上述标准高 5.5 个百分点；长三角的城市化率即使不计半城市化的情况，也只有 58.8%，比标准低 1.2 个百分点。所以，2008 年长三角地区的社会结构还处于工业化初期阶段的后期，或者说正在步入工业化中期阶段（从各个数据看，上海市的社会结构已经处于工业化社会的中期阶段）。

长三角地区的经济结构，已经是工业化社会的中期阶段，但是长三角地区的社会结构还处于工业化社会的初期阶段。经济结构和社会结构，是一个国家或地区的两个最重要、最基本的结构。经济结构和社会结构相辅相成、相互支撑，平衡、协调，是这个国家或地区经济持续发展、社会和谐稳定的基础。现在长三角地区的社会结构滞后于经济结构，两者存在着结构性偏差。从上述几项主要指标和整个经济、社会发展态势等因素分析，长三角地区的社会结构滞后于经济结构 5 年左右。从国外工业化、城市化、现代化的实践看，一个国家或地区的经济社会两大结构存在着结构性偏差，是产生诸多经济、社会问题和矛盾的结构性原因。

今年年初，我们课题组完成了《当代中国社会结构》一书的写作，并由社会科学文献出版社出版了。这个课题经过多年的集体研究，得到几项研究成果，其中有一个结论指出，当代中国的社会结构落后于经济结构 15 年左右。长三角地区不仅经济建设、经济发展在全国是领先的，而且社会

① 钱纳里、赛尔昆：《发展的型式：1950—1970》，李新华译，北京：经济科学出版社，1988 年 1 月。

建设、社会发展也是走在前面的。但对比结果表明，长三角地区的经济和社会发展不平衡、不协调的问题同样不同程度地存在着，这是需要在今后的发展过程中注意解决的问题。

三　城乡一体化的实现路径

从现代化国家实现的发展过程看，多数国家在经济建设达到一定水平之后，都会重点转入社会建设的阶段。2006 年，十六届六中全会通过的《中共中央关于构建社会主义和谐社会若干重大问题的决定》明确指出："把中国特色社会主义伟大事业推向前进，必须坚持以经济建设为中心，把构建社会主义和谐社会摆在更加突出的地位。"① 十七大的政治报告指出："加快推进以民生为重点的社会建设。""必须在经济发展的基础上，更加注重社会建设，着力保障和改善民生，推进社会体制改革，扩大公共服务，完善社会管理，促进社会公平正义，努力使全体人民学有所教、劳有所得、病有所医、老有所养、住有所居、推动建设和谐社会。"②

自进入 21 世纪以来，党和政府在坚持以经济建设为中心的同时，日益强调要将社会建设摆在更加突出的位置，这标志着中国已经进入经济社会要协调发展的新阶段。长三角地区已经在推进社会建设，促进社会和谐方面做了很多工作。前述数据表明，社会结构滞后于经济结构的偏差比全国小。因此，我希望长三角地区在社会建设方面的工作能继续带头开展下去，能像当年率先搞经济体制改革、推动经济发展那样，推进社会体制改革，更好、更有成效地进行社会建设，创造推动科学发展，促进社会和谐的新经验，示范全国。

经济社会要协调发展，必然要求城乡经济社会协调发展。所谓城乡经济社会发展一体化，说到底也就是城乡经济社会协调发展。现在的问题是，城乡经济社会发展不平衡、不协调，一头富、一头穷（现在比 1978 年差距扩大了），一头先进、繁荣，一头落后、衰败。城市像欧洲，农村像非洲。比喻虽有点过分，但不平衡、不协调是事实。根本原因是城乡二元结构还没有破除，长三角地区的城乡差距要比全国小，不平衡、不协调的状况要

① 《中共中央关于构建社会主义和谐社会若干重大问题的决定》，北京：人民出版社，2006 年 10 月，第 3 页。

② 《中国共产党第十七次全国代表大会文件汇编》，北京：人民出版社，2007 年 10 月，第 36 页。

好些，但也确实存在，影响经济社会的协调发展。因此，要解决城乡二元结构问题，必须进行相应的社会体制改革，如进行必要的户籍制度改革、土地制度改革、财政体制改革。

（一）户籍制度改革

现行的户籍制度，是为适应计划经济体制的需要而建立的，已经实行了50多年，是世界大国中独一无二的。这种体制在某种程度上依附着利益关系、资源和机会的配置，是束缚农民的紧箍咒，是农村发展瓶颈，一定要改革。

现在全国已经有多个省市对农业、非农业户籍制度进行了改革，实行了城乡统一的户籍登记制度，取得了一定的成效。但户籍制度是全国性的问题，涉及人口的流动、就业、享受公共服务等一系列政策，光靠一省一市是不行的，必须在全国范围内统筹解决。现在有两种思路：一种是设想把已经附着在户籍上的就业、住房、教育、医疗、社保等多种问题一个个解决好，再进行户籍改革；另一种是先进行户籍改革，再逐步解决各种问题。我们建议先改户籍，再一个个解决其他问题。前者实际是推迟改革的托词，因为要剥离上述附着在户籍上的东西，需要更长时间，也很艰难，实际上这些东西还在增加，而且越增多，户籍制度改革会越难。为此，户籍制度改革势在必行，实现公民身份上的平等，是实现城乡一体化的基本前提条件。

（二）土地制度改革

城市化是现代化的载体，在未来一个时期内，是中国快速推进城市化、提高城市水平、实现城乡一体化格局的重要时期。随着城市化、工业化的发展，产业、人口向城市聚集，城市规模逐渐扩大，必然要占用乡村或城郊土地，要向农民征地。土地问题已经成为统筹城乡一体化，快速推进城市化、工业化的重大难题。现行的土地集体所有制，是计划经济体制的遗产，农民不能获得财产性的收入，没有参加市场经济竞争的立足之地。自然法人连个抵押物都没有，土地随时有被征的危险，不能把握自己的命运。不仅农民无权无力保护自己的“命根子”，国家要保护18亿亩基本农田的红线也面临危机。温家宝总理曾经有个批示，“三令五申，收效甚微，触目惊心，后患无穷”。[①] 这

---

① 参见孙文盛《关于严格保护与合理利用国土资源》，载《理论动态》编辑部编《树立和落实科学发展观》，北京：中共中央党校出版社，2004年4月，第180页。

种状态至今不仅没有改变，而且在恶性发展，大拆大建，土地财政愈演愈烈。农业税免除以后，农村社会还不安定的主要原因是占地、抢地和保护耕地的矛盾，许多刑事犯罪、群体事件都与争夺土地有关。土地制度的改革已经刻不容缓。如今改革的议论很多，我们建议在现有的条件下实行“土地国有制，永包到农户”，把承包权、使用权做实。确定一个时点，从此，“生不增、死不减”，不再变动。

土地制度改革是实现城乡一体化的根本保障。加快土地制度改革，使农村土地产权明晰，使农民失地不失权、失地不失利、失地不失业，这样农民可以支配处置属于自己的固定资产，获得财产性收益，也可以将其作为参加城市化、工业化建设的本钱。

（三）财政体制改革

无论是户籍制度改革，还是土地制度改革，都是需要成本的。如果说户籍制度改革是实现城乡一体化的前提条件，土地制度改革是实现城乡一体化的根本保障，那么财政体制改革则是实现城乡一体化的基本保证。中央已经提出“工业反哺农业、城市支持农村”的方针，财政部门首先要有贯彻执行这个方针的重大举措。免除农业税在很大程度上减轻了农民负担和县、乡两级政府的财税负担。如不对现行的财政体制作出相应的调整和改革，那么以农业为主的地方政府财政状况将越加困难，捉襟见肘。有的县、乡至今连干部工资都不能按时、足额发放，日常工作运转的经费很拮据，还有不少乡镇在负债运行，这对城乡一体化格局的形成十分不利。这几年财政状况好了，已经有条件来进行这项改革，要及时做出决断，进行调整和改革，改变这种不合理的头重脚轻的财政格局。因此，要“积极推进省以下财政体制改革”，真正向农村倾斜，加快改变基层的财政困境。

总体来看，长三角地区的经济社会发展水平走在全国前列，在推进城乡一体化过程中，有条件率先进行社会体制改革，制定相应战略，统筹规划，遵循试点先行的方针原则，建立起与社会主义市场经济体制相适应的社会体制，构建好与经济结构相适应的社会结构，实现城乡一体化新格局。这不仅对推进本地区经济社会协调发展有利，而且对整个国家全面建设小康社会将会再次产生重大影响，起到率先垂范的作用。

试点取得极大成功，良策还需继续完善*

成都市在全国开展统筹城乡改革试点、推进城乡一体化建设，不仅取得了很好的成效，积累了不少经验，而且提供了合乎发展规律、符合科学发展观和构建和谐社会要求的新思路。当然，这并不意味着成都的城乡一体化建设已经十全十美了，实际上，还有许多工作要继续做。推进城乡一体化建设关系到社会、经济、政治乃至文化等各个方面，这就决定了城乡一体化建设将是一个比较长的艰巨的历史过程，会碰到或将会碰到各种各样的问题和困难，其中有许多问题和困难是带有普遍性的。

就我们对成都的考察和调查，继续完善、稳步推进成都城乡一体化，还要解决五大问题：第一，城乡一体化建设的可持续性问题；第二，妥善处理好各个阶层和群体的利益关系问题；第三，发挥和调动各社会群体参与城乡一体化建设的积极性、主动性；第四，培植本地社会的发展能力；第五，解决好短期目标与长远目标的衔接关系问题。

第一，继续坚持以经济建设促进城乡一体化发展，形成有特色的区域经济和社会协调发展格局。根据各国的发展经验，城乡一体化是建立在一定的经济发展水平基础上的。在搞好国有大中型企业的改革和发展的基础上，要着力发展民营经济，从政策、资金和其他方面积极扶持大量中小企业的发展。要培育和形成一个本地的企业家群体，使他们成为本地社会经济活动一个方面的利益主体和责任主体，分担成都城乡一体化的经济社会的责任和风险。与此同时，还要注意成都产业链的培育和发展。

第二，坚持深入发动、重点突破、以点带面、逐步铺开的工作原则，

* 本文原载《半月谈·内部版》2011 年第 8 期，发表时间：2011 年 8 月 5 日。原文题目为“试点取得极大成功，良策还需继续完善——成都试验：统筹城乡变革启示录之五”，现标题采用原文主标题。——编者注

避免因操之过急而引起社会各方面利益关系紧张、社会结构断裂的失控局面。基本的一条原则是，既要保持合理合法的既得利益不受损害，又要使更多的人从城乡一体化中受益，就是要使社会各阶层成员在获益上应得所得。我们在调查中发现，“城中村”的改造，既是成都城乡一体化建设的一个亮点，也是一个难点，若处置不当，会使城乡一体化和和谐社会建设遇到波折。可采取“搞好中间，辐射两端”的推进策略，宜先从利益关系相对比较简单、在经济上具备一定条件的区域重点突破，再逐步向其他区域推开。

第三，健全城乡一体化发展可持续推进的组织体制和机制。我们在调查中了解到，一些干部、群众最担心和最关注的是许多好的发展思路和做法，能不能持续健康地有序发展，会不会随着领导人的变更而变更。为保证推进城乡一体化能可持续发展，一是要通过改革和创新，建立一整套城乡一体化的运行机制，这是最重要的；二是要造就一支理性自觉、主动投入、有效行动的干部队伍和可持续发展的组织运作体系。为此，要通过各种形式，加强干部队伍培训，使各级干部学会和掌握治理社会事务的现代性知识和手段，将传统的“经验型干部”转变为现代管理者。

第四，构建法律支撑体系及运作机制。要通过人大、政协等组织的工作，将一些关键的城乡一体化建设政策变成法律法规，作为城乡一体化构建法律支撑与保障体系，而不是仅仅停留在政府的“红头文件”层面。与此同时，应该将一些重要决定及时地提交人大和政协去讨论。应积极动员和支持人大和政协就城乡一体化建设开展调查研究，鼓励他们为此谏言、献策，奠定沟通上下、通融左右的社会舆论基础。

第五，调动社会各种力量参与到城乡一体化建设中来，在党政力量与社会力量之间形成良性的互动机制。成都在推进城乡一体化建设中要重视和可凭借如下几股社会力量。首先，成都是省会城市。省委、省政府有许多部委局办，都驻在成都，它们行使着各自的专业职能，掌握着经济、社会资源。推进城乡一体化工作，需要获得它们的认同，争取他们的支持，这会产生多方面的效应。其次是专业知识分子力量。成都有很多大学和研究院所，集中了众多专业技术人员和人文社会科学的知识分子。再次是民间中介组织的力量。应支持和建立一批民间中介组织，将一些政策委托他们来落实，政府起监督和引导的作用，以分担社会治理责任和风险。还有一股力量是企业家，特别是本地企业家群体，这是一支社会经济活动的中坚力量。最后，也是最重要的，是要赢得广大农民、工人群众的广泛支持和认同。要注意维护他们的切身利益，提高他们的政治、经济地位。这是城乡一体化建设的出发点和落脚点。应做好相关民意调查和引导、宣传工作，切忌以政府或某种意志越俎代庖，搞变相强迫服从。

第六，加大对城乡一体化建设的调查研究，降低实践操作的风险和成本。当务之急的调研课题有以下几个方面：城乡一体化建设中的社会利益关系；城乡一体化理论、政策和制度设计以及操作方案的次序、衔接与效应问题；城乡一体化发展的指标体系。

求解城市化的两难问题：我们需要什么样的城市化*

改革开放以来，我国的经济持续稳定快速发展。2010 年我国的 GDP 达到 40.12 万亿元，经济总量跃居世界第二。在三次产业中，第二产业占 46.8%。① 中国已是制造业大国、世界工厂，经济已进入工业化社会的中期阶段，实现了工业化。

随着工业化的发展，中国的城市化发展也很快。1978 年中国的城镇人口只有 1.72 亿人，城市化率为 17.9%。2000 年城镇人口为 4.59 亿人，城市化率为 36.2%。② 进入 21 世纪后，中国的城市化发展大大加快，2010 年人口普查城镇人口达到 66557 万人。③ 这 10 年城镇人口每年递增 2065.7 万人，城市化率每年递增 1.35 个百分点，城市化率为 49.7%。按照这个速度计算，2011 年中国的城市化率一定超过 50%，到达城镇人口超过农村人口的转折点，从此中国由农村社会转变为城镇社会，真正实现了“几千年未有的大变局”，实现了中国社会结构大变迁。

一　城市化的曲折和争议

考诸发达国家的经验，越过转折点之后，城市化还将高速发展。1945 年“二战”结束时，欧洲的城市化率是 50%，50 年后，城市化率就达到了 90%。如果没有战争、特大天灾侵扰，中国经济持续发展，2050 年中国的

* 本文源自《中国报道》2012 年第 2 期，发表时间：2012 年 2 月 5 日。该文系该刊特约陆学艺撰写的文章。——编者注

① 国家统计局编《中国统计年鉴·2011》，北京：中国统计出版社，2011 年 9 月，第 44 ~ 45 页。

② 国家统计局编《中国统计年鉴·2011》，北京：中国统计出版社，2011 年 9 月，第 93 页。

③ 国家统计局编《中国统计年鉴·2011》，北京：中国统计出版社，2011 年 9 月，第 96 页。

城市化率将达 70% 以上，中国将真正实现工业化、城市化的现代社会。如何实现好城市化？这是中国今后几十年的大事，也是世界的大事（美国经济学家斯蒂克利斯早在 21 世纪之初就说过，21 世纪人类最大的两件事情：一是高科技带来的产业革命，另一个就是中国的城市化）。

因为各种原因，中国的城镇化发展很曲折。在三年经济困难之后，就把城门关了，严格限制农民转为城市居民。直到 1998 年才提出“小城镇，大战略”设想，让农民进到小城镇和中小城市。但城门一开，大量的人口涌向大城市。正如前所述，10 多年工夫每年增加 2000 多万人，现在中国的城镇常住人口超过 6.7 亿，比欧盟 27 国的总人口还多，约为美国总人口的两倍。

两亿多农村人口在很短的时间内涌到城里来，一方面为国家创造了巨量的财富，大大推进了二、三产业的大发展，这是中国经济突飞猛进的主要原因；另一方面，与此同时，城市病、特大城市病也集中爆发了，这给城市社会管理提出了很大的难题。社会矛盾、社会冲突、社会问题突出了，看病难、上学难、住房难呼声高涨；交通堵塞，资源紧张，环境污染，城乡差别，行业差别扩大，贫富两极分化；诈骗、盗窃增加，社会治安恶化，行贿受贿，贪污腐败，大案、要案，刑事犯罪案件大量增加；上访上告，群体事件频发；劳资关系、干群关系、党群关系相当紧张。

面对这种经济报喜、社会报忧、城市病集中爆发的现状，各界有各种不同的评论。有的认为这是高速发展中出现的问题，在所难免，通过继续深化改革、通过继续发展是可以逐步解决的；有的认为中国的城市化走入了迷途，陷入了困境；有的直指这样的城市化是伪城市化；有的提出城市化步伐应当放缓；有的提出要研讨要不要继续搞城市化；甚至有的提出要实行“逆城市化”的方针，清退一部分进城农民，让他们回到农村去。

中国已经实现了工业化，这是多年来许多志士仁人梦寐以求的理想。中国也一定要实现城市化，这是符合潮流、符合社会发展规律的。世界上还没有哪个现代化国家是建立在农村社会基础上的。我们好不容易达到了城市化率 50% 的水平，岂有倒退回去的道理？所谓快，所谓高速发展，这是近十几年的事情，实际只是弥补了过去几十年严格限制农民进城造成的城市化严重滞后于工业化的不足，带有还账的性质，现在达到的 50% 的城市化率是适合经济达到工业化社会中期阶段的水平的，是符合经济社会要协调发展的要求的，是纠正“经济这条腿长，社会这条腿短”的一个重要方面。

这些年城市化高速发展，应该说也是我们这些年经济社会发展取得辉煌成就的一个重要方面，这是毋庸置疑的。当然我们也要高度重视目前快速城市化带来的上述种种负面的社会矛盾、社会冲突和社会问题。客观地说，在所有现代化国家的工业化、城市化过程中，这些问题都是发生或存在过的。几经反复它们逐渐解决了这些问题，才发展成为现代化国家的。我们是后来者，我们会解决这些问题，也一定能解决这些问题。

二　求解城市化中的问题

从我国社会主义现代化事业长远发展的前景看，随着经济持续平稳较快增长，我国的城市化也一定会持续较快发展，这是不可阻挡的。所以，今后我国的社会建设和社会管理的任务是很重要，也是很艰巨的。既要解决好目前已经产生的社会矛盾、社会冲突和社会问题，又要解决好新产生的问题。就城市社会管理的视角看，当前最重要的是要做好以下三项重点工作。

第一，科学规划构建现代城市社会管理的框架。现行的行政体系已很不适应新形势下城市社会管理的要求，目前的重点是要把城市基层组织建设好，把新进来的居民组织好、安排好、服务好，并与老市民融合好，使新老市民都能安居乐业、和谐相处、共建美好家园。

1998年中国有城镇人口41608万人，城市化率为33.4%，当年有各类城市664个、市辖区737个、街道办事处5732个。2010年我国城镇人口达到66557万人，城市化率为49.7%，有各类城市653个、市辖区853个、街道办事处6923个。[①] 12年间中国的城镇人口增加24949万人，但城市社会管理机构并没有相应变动，城市还减少了，平均每个街道办事处原来管理7.26万人。2010年，平均每个街道管理9.6万人，东南沿海诸省市有不少街道要管理十几万人、几十万人，管理百万人以上的街道也有几个，如广东省东莞市的虎门镇，现在已经有接近100万人口，但建制还是一个镇。现在城市的街道相当于农村的乡镇，是政府派出的办事处，只有几十个公务员，怎么能管得过来？怎么能管好？街道下面的社区、自治组织，一个社

① 国家统计局编《中国统计年鉴·1999》，北京：中国统计出版社，2011年9月，第3页；国家统计局编《中国统计年鉴·2011》，北京：中国统计出版社，2011年9月，第3、93、96页。

区有几千人，甚至几万人，怎么能自治得好？城市基层组织如此膨胀，而社会管理的框架跟不上，管理的难度也大大增加，这也是中国目前社会矛盾多发频发的主要原因。

未来中国的城市化还会继续发展，还会有数以千万计的农民要进到城里来，所以我们应当科学规划，合理设置，建设好城市、区、街道、社区的管理架构，搭建好基层社会治理的平台，这是做好城市社会管理的基础，也是一项重要的基本建设，一定要首先建好。

第二，改革现行的农民工体制，破解城市内部二元结构问题。所谓城市内部二元结构问题，主要是农民工体制问题，2010 年全国城镇职工 3.35 亿人，是全世界最大的一支工人阶级队伍。其中，离土又离乡的农民工 1.55 亿人，占总数的 46%。

农民工已进入工厂、矿山、商店、机关、学校、医院等各个单位，有些行业、企业中农民工占百分之七八十。农民工为中国的现代化建设作出了彪炳史册的巨大贡献，但他们依然过着与城市职工同工不同酬、同工不同权的生活。在工厂，在单位，他们是另类职工。在城市，他们是贫困的边缘群体，享受不到应有的改革发展的成果，还受到歧视。这种不合理、不公平、不正义的状况，特别是对于当下的“80 后”“90”后为主体的农民工群体来说，已经不像第一代农民工那样能够忍耐，必然产生诸多矛盾和问题，这是目前劳资纠纷、群体事件、社会治安刑事犯罪多发频发的最主要的原因，应该将解决农民工问题，尽快提到重要的议事日程上来。农民工体制不改革好，城市无安宁，国家无安定。

要进行社会体制改革，破解城市内部的二元结构，从根本上解决农民工问题。要把农民工分期分批地逐步转化为正式职工，转化为城市居民，实现城市内部的一体化。这是一项事关全局的重大体制改革，事先要做好调查研究，弄清农民工的人数分布、生产生活状况等各种问题，农民工的意愿、希望和要求，在摸清底数的基础上，创新从根本上解决农民工问题的方案、政策和实施步骤，不是只解决农民工的一般问题，而是要从根本上破解现行的农民工体制。

第三，加强建设和健全基本公共服务体系。现代社会，政府的一项重要的职能是履行公共服务的职责。要把就业、收入分配、社会保障、公共教育、医疗卫生、住房、交通等保障和改善民生的各项事业办好，推进基本公共服务均等化，使这种广义的社会保障惠及每一个居民。

城市社会和农村社会不同。农村社会的生产方式是一家一户的小农经济，生活方式也是一家一户的，但它有家族、宗族、血缘关系的亲戚和邻里相助，以及村落组织体系的支撑，形成传统农业社会的生产生活运行体系。

城市社会的生产方式是专业分工越来越细的社会大生产，生活和生产不在同一个空间，居民个人特别是新来的居民进到一个城市举目无亲，他们将如何就业、如何生活？所以，遇到困难时如果得不到救助，他们就会走上歧途。因此，一定要有政府、社会组织来帮助。现代社会的政府一定要建立公共服务体系，帮助居民解决生活中不时出现的难题，公共服务体系是现代社会的稳定器、安全阀。

最近几年，我们的基本公共服务体系已经逐步建立起来，但还需要完善，服务的范围需要扩大，服务的标准还需要提高，最关键的是要建立公共财政体制，使得各项公共服务有财力保障。同时，要建设好中央和地方的公共服务管理体制。

三　如何治理城市病？

改革开放以来，中共中央形成了每年开一次农村工作会议的传统，效果很好，推进了农村的改革和发展。现在城市化快速发展，半数以上的人口为城镇居民。城市工作千头万绪，很多都是新的，有的地方做得很好，有的地方还没有开始做。每年开个会，总结各地方的工作经验，发现和提出新问题、新矛盾，部署下一年、下一阶段的新工作、新任务是很有必要的。

十六大以来，党和政府在大规模进行经济建设的同时，也很重视这些社会矛盾和社会问题的研究和解决。十六届三中全会提出贯彻落实科学发展观，十六届四中全会提出构建社会主义和谐社会的战略思想，提出要加强社会建设和社会管理，就是要解决好这些矛盾。

这些年来国家出台了很多社会政策，制定了相应的法规和法律，大量增加人力、物力、财力的投入，目的就是要解决这些问题，治理和遏制城市病的产生和蔓延，而且也取得了一定的成效。当然，这还是初步的。但我们相信，这些问题通过现在已经开展的加强社会建设和社会管理是可以解决的。

提高质量是推进城镇化的当务之急*

近年来，农民工市民化、征地补偿等与推进城镇化有关的问题引起人们热议。如何贯彻落实中央精神，更好地回应人民群众关切，让城镇化成果更多、更公平地惠及广大人民群众？记者就此采访了中国社会科学院荣誉学部委员、北京工业大学教授陆学艺。

一 强调提高城镇化质量，抓住了推进城镇化的关键

记者：中央将积极稳妥推进城镇化确定为今年①经济工作的主要任务之一。当前为什么强调城镇化质量？

陆学艺：积极稳妥推进城镇化，是中央根据国际国内大局作出的重大决策。强调提高城镇化质量，抓住了推进城镇化的关键。20 世纪，我国的城镇化严重滞后于工业化。进入 21 世纪以来，城镇化速度大大加快。从 2002 年到 2011 年，我国城镇化率平均每年提高 1.35 个百分点，城镇人口平均每年增长 2096 万人。这成为我国经济持续快速增长的巨大动力。但也因短期内大量人口涌入，城市空间规模急剧膨胀，很多城镇特别是大城市正在出现交通拥堵、环境污染、房价上涨、社会矛盾频发等“城市病”的征兆。

推进城镇化，提高城镇化质量，应先提高存量的质量，再做增量。应

---

* 本文原载《人民日报》2013 年 1 月 27 日第 5 版。该文原题为“提高质量是推进城镇化的当务之急——访中国社会科学院荣誉学部委员陆学艺”，系该报记者专访陆学艺的访谈稿。该文还收录于文集《“三农”续论：当代中国农业、农村、农民问题研究》（陆学艺著，重庆：重庆出版社，2013 年 5 月），本文采用《“三农”续论：当代中国农业、农村、农民问题研究》收录文的标题。——编者注

① 此处指 2013 年。——编者注

投入相当的人力、财力、物力，加强城镇建设，防止和治理“城市病”，使城镇成为功能完备、宜居宜业、环境友好、社会和谐之地。这是提高城镇化质量的关键。下一步，各地继续推进城镇化，一定要按经济社会发展规律办事，根据自身实际有计划、有步骤、有条件地进行。有些地方脱离实际，赶农民上楼，结果并没有提高农民的生活质量，反而给他们带来很多不便。这种违背农民意愿的城镇化不能再搞了。

二 有序推进农业转移人口市民化

记者：伴随着我国工业化进程的加快，越来越多的农业转移人口进入城镇，有序推进农业转移人口市民化成为推进城镇化的重要任务之一。对此，您有什么看法和建议？

陆学艺：提高城镇化质量，要坚持以人为本，有序推进农业转移人口市民化。农民工等已住进城镇的农业转移人口，为城镇发展付出了辛勤的劳动，作出了巨大贡献。但他们在城镇工作时遇到了“同工不同酬、同工不同时、同工不同权”的问题，在城镇生活面临着社保难、子女入学难、看病难、住房难等问题，这是很不公正的，是公共服务、社会管理跟不上造成的，是城镇化滞后于工业化发展、城镇化质量不高的具体表现，需要通过深化改革、科学发展加以解决。

有人认为，解决农业转移人口的市民化问题，会给城镇增加很多额外负担。这是一个认识误区。农业转移人口是城市社会财富的创造者，每年又交了各种税费，大多还交了社会保险，理应获得与他们付出相称的待遇。同时，解决好这一问题，能够增强他们的消费能力，从而为经济持续健康发展提供强劲动力，能够为统筹城乡发展、破除城乡二元结构奠定坚实基础，能够促进许多困扰经济社会发展问题的解决，有利于维护社会稳定、实现和谐发展。因此，建议对已进入城镇的农业转移人口开展深入细致的调查，准确掌握其数量和结构、就业情况、分布情况、居住情况，以及去留意愿等，为制定经济社会政策和城镇规划建设提供科学依据。

三 推进城镇化需要加强社会建设、创新社会管理

记者：人口大规模转移流动，城镇规模迅速扩大，对社会建设和管理提出了新挑战。对此，我们该如何应对？

陆学艺：在城镇化进程中加强和创新社会管理，是提高城镇化质量的又一个重要着力点。当前，人口转移主要是流向东部经济发达地区，应重视这些地区乡镇、街道和社区的社会建设和管理工作，鼓励他们先行先试。东部地区的有些城镇发展非常快。例如，广东东莞的虎门镇，经济发展迅速，已经聚集近百万人，但还是一个镇的行政建制，只有80多个在编的干部，虽然聘用了数倍于此的辅助人员，但管理的难度还是很大。这种情况在经济发达地区比较普遍。有很多乡镇、街道管十几万、几十万人的，也有一些街道下的社区管好几万人的。应适应这种发展实际，及时调整基层行政组织结构，构建科学、合理、有效的社会管理体制。

当然，公共服务也要跟上。与户籍人口相比，现在转移人口大规模增加。例如，深圳的户籍人口只有280多万人，而常住人口达到1200万人，实际管理人口超过1500万人。面对庞大的实际人口规模带来的需求，根据户籍人口配套建设的公共管理机构及其提供的公共服务是远远不够的。因此，推进城镇化迫切需要加强社会建设、创新社会管理。

破除城乡二元结构体制是解决“三农”问题的根本途径*

党的十八大报告指出：“解决好农业农村农民问题是全党工作重中之重，城乡发展一体化是解决‘三农’问题的根本途径。”① 这是我们开展农村工作的指导方针。最近，有位外国朋友拿着十八大文件，指着这两句话问我：“第一句话，我明白；第二句话，我不懂。为什么说城乡发展一体化是解决‘三农’问题的根本途径?”我向他做了解释。中国的“三农”问题长期解决不好的重要原因，是城乡二元结构体制的障碍。“推动城乡发展一体化的实质是破除城乡二元结构的体制”②，目的是从根本上解决好“三农”问题。

一　城乡二元结构的由来

20世纪50年代初期，我们国家进行大规模经济建设。那时，我们学习苏联社会主义模式和经验，逐步建立并形成了计划经济体制。这个体制是一个庞大的体系，城乡二元结构体制是其中的一个重要组成部分，是为计划经济体制服务的。

---

* 本文源自《“三农”续论：当代中国农业、农村、农民问题研究》（陆学艺著，重庆：重庆出版社，2013年5月），第1～14页。原稿完成于2013年3月28日，系陆学艺为该书撰写的前言。《中国农业大学学报》（社会科学版）2013年第3期（2013年9月）刊发了该文，内容有删节。该文还收录于文集《中国社会结构与社会建设》（陆学艺著，北京：中国社会科学出版社，2013年8月）。——编者注

① 《中国共产党第十八次全国代表大会文件汇编》，北京：人民出版社，2012年11月，第21页。

② 陈锡文：《推动城乡发展一体化》，载《十八大报告辅导读本》，北京：人民出版社，2012年1月，第180页。

所谓中国的城乡二元结构体制，是指在全国实行城乡分治的户籍制度，把全部居民分成农业户口和非农业户口，一经登记入册，一般就不能变更。非农业户口的人从事二、三产业，基本上都居住在城镇，称为城市居民；农业户口的人从事农业，绝大多数居住在农村，称为农民。20 世纪 60 年代初以后，严格限制农业户口、农村人口转为非农业户口、城市人口。政府对城市、对市民实行一种政策，对农村、对农民实行另一种政策。例如，在城市实行生产资料的全民所有制和大集体所有制，在农村则实行生产资料的集体所有制；再如医疗卫生，在城市对公务员、干部实行公费医疗，对工人实行劳保医疗，在农村对农民则实行合作医疗，农民自费。还有像就业、教育、社会保障、住房、基础设施等民生事业方面的政策，也都是不一样的，学者将此概称为“城乡分治，一国两策”。①

这种中国特有的城乡二元经济社会结构始发于计划经济体制初建时期。早在 1949 年 6 月，毛泽东在《论人民民主专政》里说：“严重的问题是教育农民。农民的经济是分散的，根据苏联的经验，需要很长的时间和细心的工作，才能做到农业社会化。没有农业社会化，就没有全部的巩固的社会主义。”② 他当时的设想，是按苏联集体农庄的模式，把农民组织起来。1951 年，中共中央做出了在农村推行农业互助合作的决定，为此专门成立中共中央农村工作部，通过互助组、初级农业生产合作社、高级农业生产合作社、人民公社，一步步地把亿万农民组织起来。在经济上，实行全部生产资料集体所有制，集体经营、集体劳动，按劳动工分分配。在政治上，实行“政社合一”“一大二公”，人民公社既是政权组织，也是集体经济单位。而且通过城乡分治的户籍制度，严格限制农业人口转为非农业人口，确立了城乡分割的格局，实际上也就是城乡二元经济社会结构体制的形成。

这种体制，来源于苏联集体农庄体制，但并不相同。苏联的集体农庄，规模只相当于人民公社之下的生产大队，不实行“政社合一”，也没有我们城乡分治的户籍制度。我们的城乡二元结构体制和刘易斯的经济二元结构也是不同的。刘易斯的经济二元结构，是从产业范畴讲的，主要是论述劳动力从农业流向二、三产业的原因和过程及其后果。但城乡二元结构这个概念及其分析框架和方法对我们学界有影响。城乡二元结构这个概念，在 20 世纪 80 年代才被引用，到 80 年代后期就有学者用来分析中国的城乡关

① 详见陆学艺《当前农村形势和社会主义新农村建设》，《江西社会科学》2006 年第 4 期。

② 《毛泽东选集》第 4 卷，北京：人民出版社，1991，第 1477 页。

系问题，到90年代以后，这类研究就比较多了，逐渐成为学界、政界的共识。

二 城乡二元结构的本质特征

中国的城乡二元经济社会结构的本质特征，是把全国的公民分成两类，对城市居民和农民实行不平等的政策。这个思想也来源于苏联。苏联在城市实行全民所有制，工人阶级是领导阶级，是建设社会主义的主体；在农村、集体农庄实行集体所有制，集体农庄未来也要过渡、转变为全民所有制。斯大林在《社会主义经济问题》中说："农民是应该向社会主义纳贡的。"所以，苏联政府制定的国家粮食和农产品的收购价格一贯偏低，实质是通过这种工农业"剪刀差"向农民征收高额的税。毛泽东1956年在《论十大关系》一文中批评苏联"把农民挖得很苦"[①]，所以农业搞不好。而这是由城乡二元结构体制决定的。我们明知"把农民挖得很苦"不好，但因为实行了这种城乡二元结构体制，所以我们在以后的实践中，虽然反复强调要保护农民利益，要让农民富裕起来，但结果还是对市民实行一种政策，对农民实行另一种政策。例如，在1985年以前实行棉布定量供应的政策，城市居民每人每年发18尺布票，而农民只发15尺布票。又如，车祸中轧死了三个孩子，一个市民的孩子要赔20万元，而农民的孩子只赔6万多元。（这种"同命不同价"的政策，一直到两年前才废止。）

长期实行这种不公平、不合理的城乡二元结构体制，严重挫伤了广大农民的生产积极性，束缚了生产力的发展，致使农业生产长期徘徊不前，农民生活困苦，连温饱都不能解决，农村落后，城乡差距越来越大。1978年，农民人均纯收入只有133.6元，而城镇居民人均可支配收入为343.4元，城乡差距为2.57∶1。当年，农村的恩格尔系数为67.7%，[②] 处于极端贫困状态。

三 破解城乡二元结构的几次实践

1978年改革开放，农村率先改革，实行家庭联产承包责任制，农民获

① 《毛泽东选集》第5卷，北京：人民出版社，1977年4月，第274页。

② 国家统计局编《中国统计年鉴·2002》，北京：中国统计出版社，2002年9月，第320页。

得了土地等生产资料的自主经营权，恢复了农业生产的家庭经营形式，农民得到了实惠，不久又解散了人民公社，重建乡镇、村的体制，这是对城乡二元结构体制的一次冲击，极大地调动了农民的生产积极性，农业连年丰收，农民收入大幅增加。但农村改革进入流通领域、城乡关系等重要方面时，就遭到了强烈的抵制，曾有几次农民要求改革户籍制度，都遭到了否决。城乡二元经济社会结构体制被保持下来。

生产力总是要发展的。城乡二元结构的本意是要把农民固定在农业上，把农民限制在农村里。农村实行了家庭联产承包责任制之后，出现了两个结果：一是农产品大量增产，二是农业剩余劳动力大量涌现。这应该是发展工业化、城市化的大好时机。但这时城市的经济体制改革刚刚启动，城市的待业劳动力还很多，特别是户籍制度改革还没有动，城门还对农民紧闭着。于是就有了三项中国特有的新生事物：一是乡镇企业，二是农民工，三是小城镇。这是在户籍制度改不动、城乡二元体制不变革的背景下不得已而为之的权宜之计。20 世纪 80 年代初期到 90 年代，乡镇企业的崛起使农村经济发展很快，农村剩余劳动力有了出路，农民收入也有很大增长，一大批小城镇空前繁荣。乡镇企业被誉为“农民的第二个伟大创造”。不少学者（包括我本人）对小城镇也推崇备至。

20 世纪 90 年代，城市经济体制改革逐步取得成效，特别是邓小平“南方谈话”发表之后，城市的二、三产业大发展，需要大量的劳动力。于是，数以千万计的农民工涌入城市，涌向东部经济发达地区，原来的农民工是以“离土不离乡”为主的，到 20 世纪 90 年代中后期，则以“离土又离乡”为主了。到 2012 年，有关部门统计，农民工总量为 2.626 亿人，其中“离土又离乡”的农民工超过 1.6 亿人。这么大量的农民工进入城市，为中国经济发展注入活力，创造了巨大的财富，这是中国经济持续繁荣的一个重要原因。但是，这种农民工体制的结果是，农民工干的是工人的劳动，却还是农村的户籍、农民的身份，收入很低，过着“两栖”的生活。农民工在城里得不到应有的公共服务，享受不到应有的社会保障和权利，也融不进城市。从体制上分析，原来的城乡差别在空间上是分开的，农民工常住在城里，我们对有户籍的市民实行一种政策，对农民工实行另一种政策，实际上就成了城市内部的二元结构。这样不公平、不合理的体制，使社会问题、社会矛盾乃至社会冲突多发频发，成了中国特有的城市顽症。

进入 21 世纪，党的十六大以来，党中央明确把解决好“三农”问题放在全党工作重中之重的位置，提出统筹城乡经济社会发展的方针，建立

“以工促农，以城带乡”的长效机制，全面取消农业税，给种粮农民多种直接补贴，大量增加对农村的投入，进行了大规模农村基础设施建设，恢复推行新型农村合作医疗，实行农村义务教育，在农村推行“低保”和新型工伤保险制度。所有这些强农、裕农、惠农政策的密集出台，调动了农民的生产积极性，推动了农业生产的发展，实现了粮食总产“九连增”，农民收入实现“九连加”。农民生活水平有了很大的提高，农民是满意的，对此做了很高的评价。

这十年，党和政府一开始就把解决好“三农”问题列为全党工作的重中之重，并付诸实践，贯彻落实并切实解决了一部分问题，这是应该充分肯定的。但是，我们还应该看到，我们虽然取得了很大成绩，为此投入了很多力量，做了很大努力，付出了很大的代价，但成效达不到我们的预期。例如，早在2002年，中共十六大报告就提出要逐步扭转工农差别、城乡差别和地区差别扩大的趋势。十几年过去了，这三大差别不仅没有缩小，反而扩大了。2001年的城乡居民收入比为2.9∶1，2012年扩大为3.13∶1。[①]又如，我们想解决农民工的问题，为此，2006年中央还专门发了文件，确实也解决了一部分问题，农民工的处境有所改善。但是，现在农民工越来越多，在新形势下，农民工问题越来越复杂，由农民工引发的社会矛盾和问题也越来越多，因为农民工体制没有从根本上得到改革。更有甚者，随着经济快速增长，城镇化加速发展，人民生活水平不断提高，再加上我国总人口众多，每年仍有600多万人的纯增长，对粮食和农产品的需求增长很快，对农业生产的压力很大。近几年，我国每年纯进口6000多万吨粮豆，有人折算，相当于进口了6亿亩耕地的产量。现在，农产品的供求现状已相当严峻，既定的粮食和其他主要农产品基本自给的方针受到了严峻挑战。

四 破除城乡二元结构体制，是解决“三农”问题的根本途径

自从我们开展大规模经济社会建设以来，从第一个“五年计划”开局，至今正好60年，一个甲子。历届党和政府，一贯重视农业，关注农村、农民问题的解决，为此投入了大量的人力、物力和财力，因此取得了很大成

① 《中华人民共和国2012年国民经济和社会发展统计公报》，国家统计局网站：http://www.stats.gov.cn/tjsj/tigb/qgndtjgb/201302/t20130221.30027html。

就，保证了粮食和其他主要农产品对十多亿人口的生活和国民经济发展需要的供给，才有了今天中国的繁荣和兴旺，这可以说是发展中国家实现现代化的一条基本经验。但是，直到现在，我国的“农业基础仍然薄弱，最需要加强；农村发展仍然滞后，最需要扶持；农民增收仍然困难，最需要加快”①。2012 年，全国仍有 34% 的劳动力在从事农业，生产的粮食和其他主要农产品已供不应求，当年只创造 10.1% 的国内生产总值，占总人口 50% 的农民人均纯收入只有城镇居民可支配收入的 31.9%，农村和城市的差距仍然很大。这一切同我国已是世界第二大经济体的地位，同经济结构已处于工业社会中期阶段的水平，同我国整个经济仍在持续快速发展的现状，是很不相称的。

我们如此重视解决“三农”问题，为什么总是解决不好、解决不了呢？历史的经验表明，凡是一个问题不是一地一县存在，而是普遍存在，不是一时存在，而是长期存在，而且是久而不决的问题，那就不是一般的工作问题，而一定是体制性问题、结构性问题。这类问题靠改进工作、加强领导是解决不了的，必须通过改革体制、调整结构才能解决。“三农”问题就是这样一类问题。

“三农”问题难解决，是我国农村从土地改革以后就按照计划经济体制的要求，把农民组织到高级农业生产合作社、人民公社的体系里，逐步形成了城乡二元经济社会结构体制的结果。这种城乡二元结构体制，是为计划经济服务的，限制、束缚了农业、农村、农民的发展。改革开放以后，中国实行社会主义市场经济体制，经过 30 多年的努力，在城市，在二、三产业方面已经破除了计划经济体制的束缚，已经基本建立了社会主义市场经济体制，但因为各种原因，城乡分治的户籍制度和集体所有的土地制度等重要体制还没有改革，所以城乡二元结构体制还继续在农村运行着，这就是我国“三农”问题久解不决的根本原因。

党的十八大报告指出：“城乡发展一体化是解决‘三农’问题的根本途径。……加快完善城乡发展一体化体制机制……促进城乡要素平等交换和公共资源均衡配置，形成以工促农、以城带乡、工农互惠、城乡一体的新型工农、城乡关系。”② 在完善的社会主义市场经济体制条件下，这应是题

① 本书编写组编著《〈中共中央关于推进农村改革发展若干重大问题的决定〉辅导读本》，北京：人民出版社，2008 年 10 月，第 5 页。

② 《中国共产党第十八次全国代表大会文件汇编》，北京：人民出版社，2012 年 11 月，第 21 ~ 22 页。

中应有之义。城乡的体制机制理应是一体的，城乡要素理应平等（等价）交换，公共资源理应在城乡均衡配置。党的十八大之所以要强调这几条，是因为现在的体制机制还不是一体的，要素交换还不平等，资源配置还不均衡，这就是还存在着城乡二元结构的体制。因此，要实现城乡发展一体化，就一定要破除城乡二元结构体制，这是解决“三农”问题的根本途径。

早在20世纪80年代后期，我国的学者就提出城乡二元结构是农业、农村、农民问题的症结所在，并提出了要破解的建议，至今已20多年了。2002年，中共十六大报告指出“城乡二元经济结构还没有改变”① 的问题；2003年，党的十六届三中全会明确提出要“建立有利于逐步改变城乡二元经济结构的体制”②；2007年，中共十七大报告提出要“形成城乡经济社会一体化的新格局”③；2008年，党的十七届三中全会专门讨论“三农”问题，并就若干重大问题做了决定，指出“特别是城乡二元结构造成的深层次矛盾突出”，明确点出了城乡二元结构是“三农”问题的病根，并且指出：“我国总体上已进入以工促农、以城带乡的发展阶段，进入加快改造传统农业，走中国特色农业现代化道路的关键时刻，进入着力破除城乡二元结构、形成城乡经济社会发展一体化新格局的重要时期。”④ 这是一个很重要的解决“三农”问题的文件，可以说是21世纪以来最好的一个关于“三农”问题的文件，可惜，文件刚刚传达、公布，国际金融危机就接踵而至，人们都转向应对金融危机去了，这个会议的文件精神和任务没有来得及很好地贯彻落实，有些应该解决的问题又拖延下来。

五　破除城乡二元结构的三项重要举措

总的来说，经过多年探索，“三农”问题的病根是城乡二元结构，解决“三农”问题的根本途径是破除城乡二元结构，实现城乡一体化。这几点，在实践第一线的同志们，在学界、政界、上下之间，已经逐步达成共识，

---

① 《中国共产党第十六次全国代表大会文件汇编》，北京：人民出版社，2002年11月，第18页。

② 《中共中央关于完善社会主义市场经济体制若干问题的决定》，北京：人民出版社，2003年10月，第13页。

③ 《中国共产党第十七次全国代表大会文件汇编》，北京：人民出版社，2007年10月，第23页。

④ 《中共中央关于推进农村改革发展若干重大问题的决定》，北京：人民出版社，2008年10月，第5、7页。

应该说这是一大成就。至于如何破除这个城乡二元结构、实现城乡一体化，我们现在还在探索，还存在不同的意见和做法。多年来的实践表明，城乡二元结构已经渗透到中国经济社会的方方面面，特别是还同城乡社会各阶层的利益关系纠缠在一起，可谓根深蒂固、盘根错节。城乡二元结构体制可以说是计划经济体制在农村的最后一个堡垒，改革的难度很大、阻力很大，但又非改不可，因为不破除城乡二元结构，“三农”问题就解决不好、解决不了。必须从根本上彻底破除城乡二元结构，才能使农村也转到社会主义市场经济体制的轨道上来，实行城乡一体化的体制机制，才能从根本上解决“三农”问题。古语云“鲁难未已……国无宁日”，以之形容当今中国存在城乡二元结构的状况，是很恰当的。

前面讲过，我们实践过，在城乡二元结构的框架下采取权宜之计，用变通的办法，办乡镇企业、建小城镇、用农民工体制，虽然一时取得了很大的成绩，但付出了很大的代价，产生了很多问题，留下了很多很严重的后遗症。实践证明，这并不是成功的，因为这不符合经济社会发展规律。前述十六大以来，我们采取了诸多强农、裕农、惠农政策，投入了很大的力量，但效果也并不理想。好比一个人得了重病，不先治病，而是给他吃大补的营养品，最多是事倍功半，治不好病的。针对城乡二元结构体制，也有过几次改革。早在20世纪90年代中后期，主管户籍的公安部门，就酝酿探索过户籍制度的改革，石家庄、郑州等城市也实践过本地户籍制度的改革。它们打开城门，实行城乡统一的户籍制度，但是因为城乡分治的户籍制度是全国性的，一省一市放开，马上就会引来很多问题，最终只好又把城门关上。2007年，中央批准在成都、重庆成立统筹城乡综合配套改革试验区，做了不少城乡融合的工作。2010年成都推出户籍制度改革方案，在本市范围内实行城乡统一的登记制度，农村、农业人口不仅可以转为城镇户口，还可以保留农村自留地、宅基地，城市户籍的人也可以转到农村去。但响应者寥寥，比预想的要少得多，结果也没有解决问题。近几年出现的新情况是，城市户籍的人要转为农村户籍也难了，特别是要转到经济发达地区的农村就更难，许多考上北京等大城市的农村籍大学生，一般都不肯转户口，主要是因为实行《物权法》后，农村的承包地和宅基地值钱了，一旦转出，以后想转回去，就难了。

回顾总结30多年来我们在农村改革发展中的实践，可以得出以下几点认识。

第一，“三农”问题之所以久解不决，主要是因为存在城乡二元结构体制的障碍。不破除这个障碍，“三农”问题就不可能解决好。

第二，城乡二元结构体制已渗透到经济社会的方方面面，企图绕过城乡二元结构，或采取变通、权宜之计等办法，想把“三农”问题解决好，最后都是不成功的。要解决好“三农”问题，就必须破除城乡二元结构体制，使农村也转变为实行社会主义市场经济体制，实现城乡一体化，所以城乡一体化既是发展的目标，也是破除城乡二元结构的手段。

第三，城乡二元结构体制是自上而下建立起来的，是由法律、法规、政策支撑形成的一整套体制、机制，而且是全国性的。某省、某市、某县可以做试点、做试验，但要从根本上破除城乡二元结构，必须由中央做出决定，做好顶层设计，有计划、有组织、有步骤地进行，才能有效地实现。

第四，城乡二元结构体制是由城乡分治的户籍制度、土地集体所有制和城乡分治的财政制度三项主要体制和一系列经济和社会的体制、机制形成的庞大体系。现在正在进行的就业、教育、医疗、社会保障等方面的改革，对实现这些方面的城乡一体化，是有意义的，也有一定的效果，但不可能破除城乡二元结构。实践证明，户籍制度、土地集体所有制、财政制度这三项是城乡二元结构体制的基本框架、基本制度，不通过改革实现城乡一体化的户籍制度、土地制度和财政制度，城乡二元结构体制是破除不了的。

经过这么多年的实践探索、研讨、比较，我们已经积累了破除城乡二元结构的认识和经验，要从根本上破除城乡二元结构，应该而且必须从改革户籍制度、土地集体所有制和财政制度这三项入手。

第一，改革城乡分治的户籍制度。这是8亿多农民翘首盼望了半个多世纪的愿望，他们中的很多人要实现中国梦，第一步就是解掉束缚在身上的户籍绳索，这样才能和城里人站到同一条起跑线上。改革的条件也正在成熟，许多城里人也认识到必须改革这种落后的户籍制度。现在的争论，主要是先剥离掉附着在户籍上的各种福利等权益条款再改革，还是先改户籍制度，再逐步去改掉这些本不该附着在户籍上的条款。这本来是个方法问题，但确实反映了不同社会阶层的利益关系。应该先改户籍制度，再逐渐剥离附着的条款。如果等到剥离了再改，那就不知要等到猴年马月，这实际是不想改革的借口，这应该由决策部门做决策，否则还会拖，是会误大事的。

第二，要改革集体所有制的土地制度。所谓集体所有制，是苏联按计划经济体制时的杜撰，名为公有制的一种，明确定为是过渡性的，将来是要转变为全民所有的。谁是“集体”，集体成员的边界是不定的。集体内部成员之间是不平等的，谁是领导，谁就对集体的财产有支配权、决定权。现在我们农村的土地实行集体所有制，名为本村农民集体所有，但农民只有承包使用权，村支部书记、村委会主任对土地有实际的支配权。这些年来，村支部书记、村委会主任把土地卖了，农民还不知道。这种土地所有制，引出了许许多多的矛盾，必须改革。根据我国的国情和社情，实行“土地国有，永包到户”的方案比较好。“土地国有”，是把土地的所有权统一收为国有，实行城乡一体化的土地国有制；农村土地承包、转让、租借、转变用途、征占都要制定法律，由相关的管理机构负责。“永包到户”，是考虑到农村土地已经基本都承包到户的事实，国家可确定某一个时间，经过核实确定谁承包的地块，确权颁证，国家和农民签订承包的契约，从此就不再变了，“生不增、死不减”。农村现在有些地方还在不停地调整土地是不对的。土地“永包到户”以后，农民的土地承包权就是物权、财产权，再发生变动，应制定相关的法律、法规加以规范。

第三，实行财政体制改革。我国现行的财政体制，是在城乡分治的格局下逐步形成的，虽然经过几次改革，但对城市、对居民实行一种政策，对农村、对农民实行另一种政策的格局没有根本改变，这对农业、农村、农民发展很不利。应该按照十八大报告提出的“要加大统筹城乡发展力度，增强农村发展活力，逐步缩小城乡差距，促进城乡共同繁荣。坚持工业反哺农业、城市支持农村和多予少取放活方针”①。通过调整改革，逐步实行城乡一体化的财政体制。应该看到，城乡分治的财政体制是计划经济体制的产物，是城乡二元结构的经济支柱，不调整、改革这种财政体制，城乡二元结构就不可能根本破除，农业的弱势地位就不可能改变，农民也富裕不起来，城乡差距不可能缩小，更谈不上城乡共同繁荣。改革是需要成本的。在近期，财政更应向农村倾斜，财政部门要加快财政体制改革的步伐，彻底破除城乡二元结构，实现城乡发展一体化，使长期困扰我们的“三农”问题从根本上得到解决，使农村走上社会主义市场经济体制的康庄大道。诚如是，农业才有望实现中国特色的农业现代化，农村才有望成为城乡一体化的美丽和谐乡村，农民才有望成为现代农业的经营者，成为现代社会主义国家的公民。

---

① 《中国共产党第十八次全国代表大会文件汇编》，北京：人民出版社，2012 年 11 月，第 21 页。

六　关于本书的编辑过程

从改革开放以后，我一直做农村调查，写农村调查报告，也写一些对农村形势、农村发展的评论。文章积累多了，结集出一本论文集。第一本是《农业发展的黄金时代》，由甘肃人民出版社在 1983 年出版。1983 年 10 月，我带一个调查组到山东省陵县，开展县级综合体制改革的调研，兼任县委副书记，工作繁忙，文章写得少了。1986 年底回到北京，1987 年初就被调到社会学研究所任副所长，翌年任所长。从此，转到社会学领域，但我还是关注农村发展，有机会还是到各地农村调研，写了不少有关“三农”问题的文章和调研报告。1991 年，在老朋友谢寿光同志的提议和支持下，知识出版社出版了第二本论文集《当代中国农村与当代中国农民》。2002 年，第三本论文集《“三农”续论：当代中国农业、农村、农民问题研究》，由社会科学文献出版社出版。2005 年，第四本论文集《“三农”新论——当前中国农业、农村、农民问题研究》，由社会科学文献出版社出版。

2005 年到现在，我还是经常到农村去，参加农村工作、农村问题的研讨会，还写农村方面的文章。八年过去了，迟迟没有出版新的文集。一个很重要的原因是，我的夫人吴孟怡同志得重病了。她是我的贤内助，近 50 年来，在 20 世纪六七十年代生活困难的时期，我们相濡以沫，她艰苦承担家务、抚养教育两个孩子，使我能专心学习和研究。改革开放以后，我经常去农村、出差开会，有时一两个月不回家，家里全靠她支撑。她原是我在北京工业学院时的同班同学，后来留校当教员，1986 年转到中国土地报社（现在的国土资源报社）当编辑、副编审。进入 20 世纪 90 年代，两个孩子上了大学，她也常到各地出差，兼做记者，工作很忙。回到家里，又当我的文稿编辑。在她病前，我写的几乎所有文稿，都是经她整理过的。早先没有电脑打印设备，是她亲手抄写誊清后发出去的。我在各报刊发表的文章，由她收集分类保管。隔几年，由她和出版社同志一起编辑成书，上述四本文集和其他论著都是这样出版的。1998 年，她退休，又返聘了五年，2003 年才不再上班。2005 年，她染病了。从此，我就再没有出过农村文集。

2006 年，重庆出版社为配合社会主义新农村建设，决定出版“新时代新农村建设书系”。该社叶麟伟同志连打了好几个电话并登门拜访，邀我担任这一书系的总主编，我婉辞了几次，但重庆出版社坚持。盛情难却，我答应担任总编辑，同时承诺协助出版社在北京组织农业、农村方面的书稿。2007年至今，该书系已出版近60种图书。2008年10月，社方派杨耘同志来京组稿，同我商讨了几次，后来初定，在2005年以后发表的文章和文稿中选出一部分，结集出版。随后，我的助手高鸽，学生颜烨、周艳等同志，下了很大功夫，从各种文档中汇集了这些年写的文章和文稿，由北京工业大学李阿琳同志做了初步的分类加工，编印成册。杨耘同志非常认真、非常专业，很有见地地重新做了分类、编排、加工，校对了事实和各种数据。她多次打电话，有时来京，还多次同我核实、商讨，这种积极负责的态度，使我深受感动。现在这本文集行将出版，在此，向重庆出版社，向叶麟伟同志、杨耘同志，向为本书作出贡献的同志们表示衷心的感谢！

统筹城乡经济社会发展是解决好“三农”问题的根本途径*

自周、秦以来，中国一直是个农业国家，是农业社会的社会结构。直到 1978 年，农民仍占 82.1%，只能说还是农业国家的社会结构。中国的社会结构真正发生大变局、转变为工业国家的社会结构是改革开放 30 年后。改革开放 30 余年，我国坚持以经济建设为中心，基本实现了经济现代化。2010 年，中国的 GDP 达到 39.8 万亿元（约合 6.2 万亿美元），按不变价格计算，比 1978 年的 3645 亿元增长 20.6 倍，年均递增 9.9%。① 三大产业结构由 1978 年的 28.2∶47.9∶23.9 转变为 2010 年的 10.1∶46.8∶43.1。② 在经济建设取得巨大成就的同时，中国的社会建设却“落”下了不少功课。由此带来的是老百姓上学难、就医难、住房难、城乡差距加大、社会矛盾凸显。而这些问题，对于生活在中国当代社会的普通老百姓来说，体会得痛楚而深切。从世界各国的发展经验看，在社会现代化进程中，从农业社会向工业社会转变，首先经历的是以经济发展为主的阶段；在工业化中期向工业化后期转变的过程中，关注的是经济社会协调发展；进入后工业社会时期，则是以社会发展为主的阶段。现在，从整体看，我国经济结构已达到工业社会中期阶段水平，但社会结构和社会发展水平尚处于工业化初期阶段。

经济结构和社会结构是一个国家（或地区）最基本、最重要的两个结

---

* 本文源自作者署名并修改的打印稿。原稿写于 2013 年 4 月 10 日，该文系陆学艺为“农村社会发展丛书”（钟涨宝主编，北京：中国社会科学出版社）撰写的总序，现标题为本书编者根据序言内容所拟定。参见《变迁中的乡村养老》（狄金华、钟涨宝著，北京：中国社会科学出版社，2016 年 6 月），第 1～4 页。——编者注

① 国家统计局编《中国统计摘要·2011》，北京：中国统计出版社，2011 年 5 月，第 11、13 页。

② 国家统计局编《中国统计年鉴·2011》，北京：中国统计出版社，2011 年 9 月，第 45 页。

构，两者互为前提、相互支撑。一般说来，经济结构变动在先，推动着社会结构的变化，而社会结构调整了，也会促进经济结构的优化和持续变化，所以经济结构和社会结构必须平衡、协调，相辅相成。国内外的经验和教训说明，经济结构不能孤军独进，社会结构的变化可以稍后于经济结构的变动，但这种滞后有一个合理的限度，超出了这个限度，如果长期滞后，就会阻碍经济结构的持续变化，从而阻碍经济社会的协调发展。改革开放以来，随着经济体制改革和经济快速发展，社会结构已经发生了深刻变动。但是，由于没有适时进行社会体制改革，社会建设的投入也不足，社会结构相对滞后，出现了经济和社会两大基本结构不契合、不匹配的状况。

总体来看，当前我国的经济结构和社会结构存在着严重的结构差，这是中国经济社会发展中最大的不协调，也就是我们常说的存在“一条腿长，一条腿短”的畸形尴尬状况，这是产生当今中国诸多经济社会矛盾和问题，而且久解不决的结构性原因。“三农”问题为什么长期解决不好？如果一个经济或社会问题，不是一个单位、一个地区的问题，而是比较普遍存在的问题，做了工作，一年、两年解决不了，而且多年解决不了，那么这一类问题就是经济社会的结构性问题、体制性问题。靠加强领导、靠加强工作是解决不了的。必须通过改革，通过创新体制、调整结构才能得到解决。“三农”问题之所以迟迟解决不了，是因为存在这样一个普遍性的问题。“三农”问题就是一个需要从经济社会结构层面来认识、从改革体制的层面才能解决的问题。“三农”问题，说到底是个结构性问题、体制性问题。我们搞工业化，但没有按社会发展规律搞城市化，而是用种种办法把农民封闭在农村里。

现在的城乡结构、经济社会结构，既不平衡，也不合理。这种城乡结构、经济社会结构是20世纪50年代以来，基于我国长期实行计划经济体制条件下的户口、土地、就业、社会保障等一系列制度形成的，总称为城乡二元结构。这种城乡二元结构，同国外讲的不完全一样。刘易斯的二元结构，主要是讲城乡二元经济结构；中国的城乡二元结构，是在上述一系列体制下逐步形成的，既是经济结构，也是社会结构，应该称作城乡二元经济社会结构。它以户口制度为基础，把公民划分为非农业人口和农业人口。国家对城市居民（非农业户口）实行一种政策，对农民（农业户口）实行另一种政策。对这种格局，有学者称为“城乡分治，一国两策”。

1978年改革开放，农村率先改革，实行包产到户和家庭联产承包责任制。农村改革到今年35年了，“三农”工作取得了巨大的成就，而这些成就是在农村改革还没有完全到位，还是在城乡二元经济社会结构的背景下取得的。虽然成绩很大，但问题也很多，应该有个好的总结和反思。从建设中国特色社会主义现代化事业，从国家长治久安，从中国跻身世界先进国家行列的全局看，解决“三农”问题仍是最大的难点和重点，仍然是我们各项工作的重中之重。现在的这套结构和体制是不行的。今后要着力破除城乡二元结构，形成城乡经济社会一体化格局。统筹城乡经济社会发展是解决好“三农”问题的根本途径。

“统筹城乡经济社会发展”①，最早是在党的十六大报告中提出来的。它是建设现代化农业、发展农村经济、增加农民收入的重大原则，也是解决好“三农”问题的根本方针。2002年后每年召开的中央全会所做的决定，都一再重申这个重大原则。2008年的十七届三中全会再次重申：“必须统筹城乡经济社会发展，始终把着力构建新型工农、城乡关系作为加快推进现代化的重大战略。”② 10年过去了，我国的城市和乡村都有了很大的发展，经济和社会也都有了很大的进步，这是要充分肯定的。但是城市发展得快、农村发展得慢，“经济这条腿长、社会这条腿短”的格局，还没有从根本上扭转。一个重要的例证，就是城乡差距还在继续扩大。这表明“统筹城乡经济社会发展”这个方针还没有得到全面有效的贯彻。所谓统筹，就是要兼顾、要协调、要平衡，使城乡经济社会协调发展。在这里，统筹的主体是党中央、国务院及各级地方党委和政府，按照统筹兼顾的原则，进行宏观调控，改变过去重（城市）一头、轻（农村）一头，乃至挖一头（农村）、补一头（城市）的做法。所以，要贯彻落实统筹城乡经济社会发展这个重大战略和方针，作为统筹主体的各级党委和政府，首先要有明确的认识。其次，要贯彻落实统筹城乡经济社会发展，必须对现行的城乡体制机制进行改革。要统筹城乡经济社会发展，就一定要统筹安排进行户口制度、土地制度、财政金融体制、教育医疗体制、社会保障制度等方面的改革。这些方面的每一项改革，都涉及全局，单靠农业、农村方面的力量是改不动的，必须由党和国家，各级党委、政府统筹安排。所以，要实现城乡经济社会一体化的理想，应该把统筹城乡经济社会发展加进改革的内容，称为统筹城乡经济社会的改革和发展。最后，要实现统筹城乡经济社会发展

① 《中国共产党第十六次全国代表大会文件汇编》，北京：人民出版社，2002年11月，第17～19、22页。

② 《中共中央关于推进农村改革发展若干重大问题的决定》，北京：人民出版社，2008年10月，第10页。

的战略任务必须在组织上落实。政治路线决定组织路线，组织路线是为政治路线服务的。新中国成立以来，特别是改革开放以来，社会主义建设实践证明，这个理论是正确的。所以，在新时期，建一个为党中央解决好“三农”问题的工作机构，从组织上落实统筹城乡经济社会的改革和发展这个重大战略任务，就很有必要。

统筹城乡经济社会发展，进行农村的经济社会建设离不开对农村深入细致的研究。从杨开道先生（1899～1981年）到李守经先生（1932～2000年），再到钟涨宝教授，华中农业大学社会学系一直秉承优良传统，孜孜不倦，潜心研究农村社会发展，产生了一大批优秀研究成果。这套“农村社会发展丛书”便是钟涨宝教授及其团队近年来产生的优秀成果选编。“来自田野的知识不干瘪”，钟涨宝教授及其团队多年来扎根农村基层，了解民情民意，探索农村性质，剖析农村结构，寻找农村发展之道，不可谓不勤劳，不可谓不努力。付出总有回报，这套丛书的出版即向世人展示了该团队的执着精神及卓越水平。

丛书研究大部分来源于农村经验，但又不是单纯农村经验的展示和罗列，而是包含着研究者对农村长久和深入的思考，是一套不可多得的优秀作品，值得同行学者、新农村建设的实践者以及关注中国农村发展的朋友们品鉴。

遵循社会建设原则　积极稳妥推进城镇化*

新中国建立60多年来，对于实现工业化，从来没有什么争论，即使在“文革”期间，也是在“工业学大庆”的口号下进行的。城镇化则在三年困难时期就不提了，用城乡分治的户籍制度，严格限制农业人口进城。从此，中国的城镇化就停滞了。根据历年《中国统计年鉴》数据推算，1978年城镇化率只有17.9%，低于1958年18%的水平。① 改革开放以来，工业化突飞猛进，经济持续快速发展，社会也发生了深刻变化。但由于多种原因，城镇化很久未被提上议事日程，致使城镇化滞后于工业化的问题越来越严重。直到1998年，十五届三中全会提出“小城镇，大战略”后②，“城镇化”开始见诸报刊。2005年，十六届五中全会通过的“十一五”规划建议中，在“促进区域协调发展”一节中，提出促进城镇化健康发展，坚持大中小城市和小城镇协调发展，提高综合承载力，按照循序渐进、节约土地、集约发展、合理布局的原则，积极稳妥地推进城镇化。③ 2010年，十七届五中全会通过“十二五”规划建议，重申积极稳妥推进城镇化，明确提出要坚持走中国特色城镇化道路，科学制定城镇化发展规划，促进城镇化健康发展，对城镇化发展的方针道路、布局、原则做了比较完整的阐述，并且

---

* 本文原载《北京工业大学学报》（社会科学版）2013年第5期，发表时间：2013年10月10日。该文系陆学艺于2013年4月13日在北京国际饭店举行的“首届社会建设论坛”上的讲话，人大复印报刊资料《社会学》2014年第1期全文转载了该文。——编者注

① 参见国家统计局编《中国统计年鉴·1983》，北京：中国统计出版社，1983年9月，第104页；国家统计局编《中国统计年鉴·1963》，北京：中国统计出版社，1963年9月，第3页，其中1958年数据为非农业人口比重。

② 《〈中共中央关于农业和农村工作若干重大问题的决定〉学习辅导讲座》，北京：人民出版社，1998年10月，第19页。

③ 《中共中央关于制定国民经济和社会发展第十一个五年规划的建议》，北京：人民出版社，2005年10月，第6页。

指出了要加强城市公用设施建设，预防和治理城市病。[①] 十八大后，2012 年 12 月，中央经济工作会议提出的 2013 年六项主要任务中的第四项是“积极稳妥推进城镇化，着力提高城镇化质量”。城镇化是我国现代化建设的历史任务，也是扩大内需的最大潜力所在，要围绕提高城镇化的质量，因势利导、趋利避害，积极引导城镇化健康发展。[②]

对于中国要不要实现城市化、要什么样的城市化（是大城市还是小城镇）、怎样建设城市等重大问题，社会各界长期存在着争论。但是，农业劳动力要向非农产业转移，农民要变成市民，这是不可阻挡的历史潮流，中国也一定是如此。改革开放以来，特别是 1992 年以后，数以千万计的农民通过各种方式和途径，进入各级各类城市和乡镇。根据历年《中国统计年鉴》数据推算可知，1992 年，中国的城镇人口只有 32175 万人，城市化率为 27.5%；2012 年，我国城镇常住人口为 71182 万人，纯增加 39007 万人，20 年间平均每年增加 1950 万人，城镇化率达到 52.6%，增加了 25.1 个百分点，平均每年增加 1.255 个百分点，实现了中国式的城镇化。[③] 这样大规模的社会流动，这样亘古未有的社会变迁，应该说是改革开放的巨大成就，做什么样的评价都不为过。以农民工为主体的大量农民进入城市，为中国经济发展注入活力，创造了巨量的财富，这是中国经济繁荣的根本原因。如此众多的农民在短期内向城镇聚集，城市中各种基础设施等物质条件和相应的组织、制度、政策未能适时调整，临时应对措施多于有计划的系统安排，由此产生住房紧张、环境污染、资源破坏、垃圾围城、交通拥堵、分配不公、城市贫困、社会治安失序、犯罪增加、社会矛盾和社会冲突凸显等“城市病”。近几年，阴霾迷雾笼罩多个大城市群，引起很多市民不安，坊间已经喊出了“是健康第一，还是 GDP 第一”的呼声，这是对我国不当的城镇化建设的直接批评。

纵观世界各现代化国家建设的历程，在城镇化高速发展的过程中，产生各式各样的“城市病”在所难免，都是经过治理、再产生、再治理，才逐渐完善而趋于“健康”的，有些痼疾也是久治不愈的。当然，我们是社会主义国家，是后发的现代化国家，我们应该做得更好一些。特别是目前

---

① 《中国共产党第十七次中央委员会第五次全体会议文件汇编》，北京：人民出版社，2010 年 10 月，第 18、31 页。

② 参见《中央经济工作会议闭幕 部署明年六大任务》，中国网，http://finance.china.com.cn/news/special/zyjjgz/20121217/1191587.shtml。

③ 国家统计局编《中国统计年鉴·2013》，北京：中国统计出版社，2013 年 9 月，第 95 页。

我国的城镇化正处于加快发展的阶段，如何把现有的七亿多人口，和行将进城来的上亿人口安排好、组织好，使他们能够各得其所、安居乐业、和谐相处，形成既有活力又有秩序的社会状态，是摆在我们面前的一项重大历史任务。中央提出要坚持走中国特色城镇化道路，要提高城镇化质量、积极引导城镇化健康发展。现在的问题是如何贯彻好、落实好。

工业化和城镇化是一个国家建设现代化最重要的两翼。工业化和城市化应该相辅相成、协调推进，城镇化水平要与工业化水平相适应。按分类学规则，工业化属于经济领域，城镇化属于社会领域。工业化属于经济建设范畴，要遵循经济规律办事，自从我们建立了社会主义市场经济体制，我国的工业化就走上了健康发展的道路，取得了一个又一个的胜利，捷报频传。城镇化属于社会建设范畴，应该遵循社会建设的规律办事，要按照社会建设的方针、原则去实现。社会建设的原则，是坚持以人为本，坚持公平正义，保障人的基本权利，促进人的全面发展。城市建设、城镇化发展，就应该按照这个方针、原则去推进，针对中国城镇化的现状，因势利导、趋利避害，以引导城镇化健康发展。

若干年来，因为各种原因，我们的城市建设是被纳入经济建设的范畴的，自觉不自觉地按照市场经济规则行事。有一阶段出现的“经营城市”、“以地生财”、“土地财政”以及形成城市二元结构等现象，就是把城市建设、推进城镇化也作为加快 GDP 增长、创造经济效益和业绩的表现，必然的结果就是大量滋生社会问题和社会冲突，加重了前述“城市病”的发展。

从理论上说，经济建设和社会建设都是社会主义现代化事业“五位一体”总体布局中的一大建设，都要从中国的实际出发、实事求是，都要遵循人类社会发展规律，都要按现代化建设规律办事，这是相同的。但是经济建设、社会建设，既然属于不同领域、不同范畴，就要按照各自本质属性和不同的原则、方针办事。不同质的矛盾和问题，要通过不同质的方法去解决，[①] 经济建设要按经济规律办事，社会建设要按社会发展的规律办事，这是理所当然的。城市建设、城市化发展属于社会建设，要按社会建设的原则去办。指导方针、原则不同，执行的结果是不一样的。例如，我们在某个市中心有一块空地，做什么用？可以由政府决策。从经济效益出发，盖大楼最好，既有 GDP 增长，以后还有各种收入。但从城市建设长远

① 参见毛泽东《矛盾论》，载《毛泽东选集》第1卷，北京：人民出版社，1991年6月，第311页。

利益出发，这里的大楼已经很拥挤了，把空地做成绿地，建成小的公园最好，既美化了环境，又改善了大气流通，宜业、宜居。这些年因为房价高企，很多城市的中心盖满了高楼大厦，到了“见缝插针”的地步，这是城市建设遵照经济效益优先的结果。又如农民工问题，近 30 年来，有很多农村青壮年劳动力进入城市，从事二、三产业劳动，为国家创造了巨大财富，但至今他们收入很低、享受不到应有的公共服务，而且名为工人，其实还是农民身份，融不进城市，过着候鸟般的生活，由此产生种种社会矛盾，成为一种特殊的“城市病”。他们热切地盼望着成为城市居民。中央也明确提出：“要把有序推进农业转移人口市民化作为重要任务抓实抓好。”[①] 但要有序实现农民工的市民化，难度比较大。有些地方政府怕加大财政开支、影响经济增长。这也关系到城市建设的方针和原则问题。如按前述“以人为本、公平正义、保障人的基本权利、促进人的全面发展”的方针原则办事，现应积极响应中央关于有序推进农业转移人口市民化的指示，积极贯彻落实，真正做到城乡一体化，这对破除城市二元结构、调动 1.5 亿农民工的积极性、推进城市社会和谐发展是有利的，对扩大内需、加快转变经济发展方式也是大大有利的。为此，我们有两个建议。

第一，要把推进城镇化纳入社会建设总体规划。按社会建设的原则，指导城镇化的规划和发展，改变城市建设为实现经济目标服务的方针。建议中共中央、国务院召开一次城镇化工作会议，专门就城镇化指导方针、几个重大问题进行讨论并做出相应的决定。正确处理好社会建设、城市建设和经济建设的关系。

目前，中国城市化正处于加速发展的时期。现阶段积极稳妥推进城镇化，着力提高城镇化质量，首先要从实际出发，先解决好存量，使两亿多“半城市化”人口能够分期与分批次融入城市。同时，要加快城市的基础设施和公共服务体系的建设，积极扩大城市容量，组织、管理、安置好 5 亿多城镇户籍人口和城市外来人口，再逐步有序地扩大增量。当然，各地城市情况不同，不能搞“一刀切”，对于城镇化率较低的省区，则应尽快放开增量。特别应当指出的是，2010 年国家提出“要积极稳妥推进城镇化”的方针后，不少省市将其看作发展经济的好时机，加快了土地城市化的步伐，有的城市甚至搞强制拆迁、平坟、征占农民的耕地和宅基地，加剧了社会

① 参见《中央经济工作会议闭幕 部署明年六大任务》，中国网，http://finance.china.com.cn/news/special/zyjjgz/20121217/1191587.shtml。

矛盾和冲突，这是应当注意的错误倾向。

第二，积极推进农民工市民化，实现城市内部一体化。20 世纪 80 年代，为适应二、三产业发展的需要，在城乡分治的户籍制度下，农民工作为一种权宜之计的就业方式产生。随着中国经济持续快速发展，数以亿计的农民工涌进城市，成为“世界工厂”的主体力量，成就了中国的辉煌，也惠及世界。但这套由权宜之计发展而成的农民工体制，在充分发挥正向功能的同时，弊端也日益显现。特别是在推进以人为本、坚持公平正义、保障人的基本权利、促进社会和谐、促进人的全面发展的新型城市化时期，现行的农民工体制已经弊多利少、日益不得人心，必须尽快改革。农民工体制是目前城市二元社会体制的基本元素。改革破解了农民工体制，使农民工成为市民，使城市二元社会成为城市一元社会体制，就为推进新型城市化开辟了道路，也为破解城乡二元结构，实现城乡一体化打开了突破口，是一举数得的重大措施。经过多年的研讨、探索，各方面的认识渐趋一致，几个试点城市有了成功的实践，也总结了改革方式、步骤等方面的经验。大势所趋，当前应该是国家做出改革农民工体制决断的时候了。

户籍制带来种种弊端*

农民工这个特殊的社会群体，对社会主义现代化事业作出了积极的贡献。现在虽然农民进城了，在城里的二、三产业的单位里工作了，但农民工的户籍仍是农业户口，农民的身份没有变，进而由此带来了一系列问题。

农民工干了工人的活，但没有得到工人的身份。在工厂里，在企业里，决定重大事项的职工大会，农民工是无权参加的。他们不能享受应有的权利，农民身份决定了他们永远是临时工（有的称他们为外来工，也有的称他们为劳务工、轮换工、建勤工、合同工等）。在相当长一个时期里，他们不能参加工会，现在虽然被允许参加了，但也是另外登记，享受不到同正式工人一样的工会会员的同等权利。

在经济上，农民工和正式工人同工不同酬、同工不同时、同工不同权。

据调查，深圳的多数工厂，农民工每月工作在26天以上，每天的平均工时在11小时左右，有时连续工作12小时以上。据深圳市劳动局企业员工收入分配课题组1995年对114家国有企业的调查发现，在相同的岗位上，外来工的月工资是800元左右，而有深圳户籍的员工工资则高达2500元左右。在非国有企业里，这种有城市户籍和农民户籍不同身份的员工，每月工资要差600元以上。更有甚者，这些年来，城市一般职工的工资水平是逐年提高的。与之相对的是，因为各种原因，农民工的工资实际是下降的（其中重要原因之一是，进城的农民工越来越多，劳动力供大于求，企业主用经常更换工人的办法，使工资水平越来越低）。深圳农民工的历史已经有20多年，但深圳农民工这些年的平均工资是下降的，2001年深圳农民工的月工资平均是588元，低于20世纪80年代的水平，而不少工厂里，有父子两代一起打工的。物价已经涨了好几倍，儿子现在挣的工资还不如老一辈

* 本文原载《中国经济导报》，2006年12月5日第B07版。——编者注

在20世纪80年代初的数额。

在社会方面，农民工因为没有城镇居民的户籍，即使在一个城市打工多年，始终是这个城市的边缘群体。

农民工是边缘人，融不进这个城市社会，他们对这个城市作出了很大的贡献，却不被承认是这个城市的居民，因而也享受不到应有的选举权和被选举权的民主权利，得不到这个城市社会的各种福利待遇。例如，失业了，得不到失业救济；生活困难了，得不到最低生活保障；有病了，得不到应有的医疗保障；因工负伤了、致残了，也得不到应有的照顾和抚恤，只好自认倒霉回到农村，悲惨地度过余生。

户改之辩*

先改户籍还是先改附加制度?

陆学艺: 现在关键的阻力在于有些部门是从现有户籍制度受益的。军队在城里招兵代价大，招农村兵就较有利。有些部门、企业觉得农民工最好用。这里面涉及很大的利益群体。这些利益绑在户口上，中央决策的时候往往被牵着走。如果要等到这些附加制度的改革，如教育、医疗、养老、社会保障等，都解决了再来解决户口问题，那 50 年也解决不了。户口不单是个条件，对于一些单位来说还是个利益分配问题。

一步取消户籍还是先解决两亿农民工的问题?

陆学艺: 我认为全国而言，可以分步走，先解决两亿农民工问题。城市化不光是住进来，一个农民变成一个市民，本身还有个交流，有个社会化过程。美国的政策就是你工作几年就能取得绿卡，外国人都这样，中国人干了十年二十年还不是市民说不过去。户口光笼统地讲有固定职业、住所，这个还不够，以后比如按照工作年限和当地对劳动力需要的程度来放开，不要“一刀切”。

是全国一盘棋还是先进行地方试验?

陆学艺: 我们的工业化从 20 世纪 50 年代到现在没有争论，没有哪个国家说不搞工业化的，但是城市化要不要搞一直有争论。我一直主张城市化是工业化的载体、现代化的阶梯，一定要搞。不能让两亿农民工都住在农村里，那无法实现现代化。因为实际上现在农业不需要那么多人，这个结构不改，很多问题解决不了。

---

* 本文源自《小康》2008 年 2 月 1 日第 2 期（上），第 30～32 页。该文系该刊记者采访温铁军、王太元、陆学艺、胡星斗、白南生等专家的访谈稿，本文仅收录陆学艺的发言摘要。陆学艺的发言摘要原无标题，本文采用《小康》杂志原文标题。——编者注

关于《推进户籍管理制度改革的政策措施》的几点意见*

第一，这是个重要文件，指导思想明确，是贯彻落实十七届五中全会关于积极稳妥推进城镇化精神的重要政策措施，既讲了要改革户籍管理制度，使有一定条件的农民工可以进城落户，推进城乡一体化，又讲了要防止一些地区不顾条件、脱离实际、盲目追求城市化指标、一哄而上的偏向。这是九亿农民特别是两亿多农民工盼望了多年的大政策，望能早日颁行。

第二，文件明确讲了要保护农民利益，转户口时，可以不交宅基地的使用权，不交耕地、林地、草地的承包权。这符合社会主义市场经济原则，是完全正确的，纠正了有些地区规定农民工转户口时，要交宅基地、交承包田的做法。在后面可加写一句：目前在有些地区，借口推进城镇化，强拆农民住房，强迫农民上楼，实际是剥夺农民的宅基地，变相搞房地产开发，应坚决制止。

第三，第三、第四条讲“可以在当地申请登记常住户口”，对这个“常住户口”要加以说明，要加写“享受与当地居民同样的公共服务等政治经济权利”，否则又会成为事实上的两种人口。

从成都市的试点看，让已进城的农民工，按一定条件转为常住人口，享有同样的公共服务等政治经济权利，实践证明是可行的。成都市的实践还表明，事实上并没有这么多人愿意转为城市户口，比原来预计的要少得多。

第四，这个征求意见稿重点突出，简明扼要，基本成文，略做修改后即可印发。不必面面俱到，有些问题可以以后再由公安部制定实施细则作为补充。

---

* 本文源自作者手稿。原稿写于2010年12月16日，系陆学艺就国务院办公厅拟颁发的《关于积极稳妥推进户籍管理制度改革的通知》征求意见稿提出的意见和建议。——编者注

户籍制度改革难在利益调整*

中国社会科学院社会学研究所所长陆学艺则认为，随着城市化进程的加快，中国的户籍制度改革到了紧迫的时候，到了要改的时候，而且现在条件也成熟了。

对于民间的呐喊和呼声，不能置之不理，又该如何回应？有评论就指出，改革开放30年来，有多少陈规旧章被政府废止了，只要当政者具备足够的智慧和勇气，敢于担当，将户籍制度取消，就应该是能做得到的。

---

* 本文源自《东莞日报》2012年6月28日第A02版《户籍制度改革难在利益调整》一文，该文系《东莞日报》记者撰写的综述文章，其中引述了若干专家的观点。本文仅收录作者引用的陆学艺的观点，陆学艺的观点原无标题，本文采用《东莞日报》原文标题。——编者注

县域经济与乡村治理

县官写“县官”，实践者写实践事，难能可贵*

一

1992年春，邓小平同志发表“南方谈话”之后，中国进入了经济社会加速发展的新阶段。我当时担任中国社会科学院社会学研究所所长。为了能及时了解经济社会发展的新情况、新经验和新问题，所里决定在各地建几个固定的调查点，便于研究人员开展调研。经江苏省社会科学院社会学研究所原所长吴大声同志的推荐和联络，江苏省太仓市委很欢迎我们去建点。通过协商，决定成立中国社会科学院社会学研究所太仓经济社会研究中心，研究所任命时任太仓市委常委、办公室主任金世明同志为中心主任，市委研究室主任朱汝鹏同志为副主任，聘请市委书记为社会学研究所特约研究员。所里派出研究人员到太仓，合作开展课题研究，合作召开研讨会，举办各种讲座，开展多项调研活动。15年来，社会学研究所已经换过三任领导，太仓市委也换了四届领导，但因为有研究中心这个组织形式，而且中心的主任、副主任一直没有变动，中心的研究骨干又都很敬业，中心的合作研究一直持续开展到现在，不断有新的合作成果问世。

15年来，太仓经济社会研究中心的同志们先后完成了3个大的合作课题：《中国的一个小康市——太仓小康社会实录》、《苏南精神文明建设模

---

* 本文源自《“县官”是门大学问》（金世明著，北京：社会科学文献出版社，2007年11月）序二，第1~8页。原稿写于2007年7月11日，系陆学艺为该书所写的序言，现标题为本书编者根据序言内容所拟定。该序言还以“太仓实践者：县官是县域经济的领头人”为题收录于文集《“三农”续论：当代中国农业、农村、农民问题研究》（陆学艺著，北京：社会科学文献出版社，2013年5月）。——编者注

式》和《城市化：苏南现代化新实践》。这些成果都由出版社出版，在社会上产生了较好的影响。15 年来，社会学研究所先后有 30 多名研究人员到太仓调研，有的定期、不定期地到太仓考察，常来常往；有的在村镇长期蹲点跟踪观察，接受锻炼。太仓方面，对所里去的人都是盛情接待，提供各种帮助，使他们顺利完成调研任务。研究人员还同当地的干部群众建立了长期联系，交了朋友，受益良多。

回顾太仓经济社会研究中心成立 15 年来的历程，可以做这样的总结：合作很有必要，合作增进友谊，合作很有成绩。就社会学研究所方面说，这个合作平台，大大增加了研究人员下乡下厂的便利，帮助他们更加深入地认识国情，了解实践第一线的动态，总结概括实践经验，形成了一批有价值的科研成果，对学科建设很有裨益，特别是有些中青年学者，通过在太仓的长期工作，蹲点调查，与太仓干部群众朝夕相处，学到了很多在大楼书斋里学不到的东西，培养了实事求是的学风，这对社会学研究所的队伍建设很有帮助。就太仓市方面说，这个合作平台，增加了一个了解上情、了解各地县市改革发展的动向和先进经验的渠道。因为不断有社会学研究所和通过社会学研究所请的专家学者到太仓来，对太仓经济发展、企业改制、城市化、社会保障等方面的工作，起到了咨询、顾问的作用，对太仓市的发展也有帮助。另外，这种合作是实际工作者同理论工作者长期合作共事的结果，起到了优势互补、合作共赢、相互提高、共同进步的作用。

可喜的是，最近我收到了太仓市政协主席、经济社会发展研究中心主任金世明同志的一部新著：《“县官”是门大学问》。这是金世明同志从政 30 多年的心得之作，也是作为研究中心第 4 个课题成果送来的。要我写个序，这是理所应当。

7 年前，我在给原昆山市人大常委会副主任张树成同志的《管见集——20 年来昆山发展之目睹》作序时说“我在长期调查研究过程中，在各地（主要是市、县两级）交了一批朋友”“他们是我的良师益友，是我认识农村、了解农村的重要渠道”“他们是本县本市长期培养出来的专家，是本地的优秀人才，也是本地的宝贵财富”。[①] 县市一级的研究人员没有学者、专家的名分，但他们是地地道道的专家，或者说是“草根”专家。他们不仅对本地的情况了如指掌，而且对全国的大局同样深谙此理。他们不仅对推

① 参见张树成《管见集——20 年来昆山发展之目睹》，北京：中国农业科技出版社，2000 年 10 月，第 1、6 页。

动本地事业的发展功劳卓著，而且他们勤学习、善研究、会总结、擅提升，同样在理论上作出了很大的贡献。他们不仅能做、会说，而且有很强的文字表达能力，能写出很有分量的文章来。总之，在社会科学研究的领域里，这批“草根”专家，有旺盛的生命力、敏锐的洞悉力和深刻的表达力。不无遗憾的是，我们社会科学界，没有把他们纳入社会科学研究队伍中来，发挥他们的长处和作用。有不少地区的县市，往往是到年龄就一退了之，对这样的“草根”专家、优秀人才也“一刀切”，弃之不用。

太仓经济社会研究中心有一批这样的“草根”专家。作为中心主任的金世明同志就是这批“草根”专家的首席专家，是当地的优秀人才。我和他已有十余年的交往，对他很熟悉。研究中心 15 年来完成的大小课题和取得的种种成果都和他的努力有关。他在 20 世纪 60 年代下乡当知青。几十年来，他一直是太仓市领导层中的一员：26 岁当卫生局副局长，35 岁当市委办公室、政府办公室主任，42 岁当市委组织部部长，48 岁当市委副书记，53 岁当市政协主席至今。在漫漫的仕途上一路走来，他为太仓市经济社会的振兴立下了汗马功劳。太仓原来只是苏南的一个农业小县，如今已是基本实现了工业化、城市化、现代化的全国百强县，2005 年名列第九。金世明同志既是见证人，也是创业者、耕耘者。他在领导层和群众中的口碑很好，他积极进取的从政精神、务实高效的工作作风、善谋多断的办事能力，缜密科学的思想观念、清正廉洁的优良政风与大度亲和的人际关系，都得到了大家的赞誉。他曾长期在办公室工作，有扎实的调查研究能力和很高的文字表达水平，承担和完成这项“如何当好‘县官’”的课题是非常合适的。在县市一级的领导中，像他这样“文武兼备”的人才并不多见。当他从市委办公室主任改任市委组织部部长时，出于培养年轻人的想法，他提出不再当中心主任的想法。我们当即明确表示：研究中心增添新生力量非常必要，但你这个中心主任不能走，你姓金，我们认准你了，这叫“金不换”。社会学研究所在全国好多个县市都做过比较长期的调研，也建过点，但课题一结束，就很少来往了。其中一个原因是，双方的成员不断在变动。特别是领导人员一变，点就变了。但在现行的人事制度下，县市领导班子里有一些人是不大会变的。这些人往往是本地人，年轻有为，很优秀，很正直，但他不能当一、二把手，所以也高飞不走，他们是老常委。金世明同志就是太仓的老常委、老领导。找到了这样的合作伙伴当研究中心主任，就是金子也不能换。太仓同社会学研究所的合作研究能长期坚持下来，靠的是金世明这样的主任和一批这样的同志。实践证明，我们的这个决定是正确的。如今又有这第4个大课题的成功完成，证明了这一点。

二

县官写“县官”，实践者写实践事，这是该书的鲜明特色。在社会上众多的领导科学专著中，专写“县官”的书很少见，本书或许填补了一个“空白”，而且是由县官自己动手写的，更是难得。其实，县处级领导在全国党政机关领导层中的队伍是很庞大的，这一层级的干部很重要，影响很广泛。开发这样一个大的研究“领域”，应该是研究领导科学人员的一个重点。中央为提高领导干部执政能力所制定的文件、政策以及传达的指示精神，如何让县处级领导“对号入座”，还有相当的运作空间，有一个深化、活化、细化、实践化的过程。如果有一批具有优良官“德”、官“品”、官“才”的当事人和实践者来参加这项课题的研究和论述，那应该是最合适的。这本书就是一个范例。洋洋30余万字，没有照搬照抄各种领导科学著作的套路，实在让人欣赏，贴近实际、自然亲切、可信管用的特色，如同春风一样迎面扑来。

事实上，读完全书，给我的感觉是，这是一本有较高水平和学术价值的著作。它具有以下几个鲜明的特点。

一是高度的实践性。该书的体例突破了常有的那种教材式、教导式、教义式的概念，它是来自实践、高于实践的结晶。领导科学，既称之为科学，那就必然是对实践真谛的概括。写“县官”的书，就是看能不能充分反映“县官”的实践，是不是符合“县官”执政的客观规律。写“县官”的书，只有得到“县官”的认可，才是符合实际、具有科学价值的东西。该书在这一点上做得很成功，因为作者本身是在县级干部岗位上踏实干了近20年的“县官”，可以说这是一本实践出真知的著作。

二是充满辩证法。实践的东西就是辩证的东西，从实践中锤炼出来的学问最符合辩证法。该书字里行间充满着辩证思维，给人以广阔的思维想象。随便举个例子。在“科学执政观念”一章中，作者讲到领导要努力做到“坚持真理、修正错误”。这是一个十分平凡的观点，然而作者道出了不平凡的道理。他给出了3个理由：坚持真理、修正错误是领导有实力、有信心的体现；坚持真理、修正错误是科学执政的重要组成部分；坚持真理、修正错误既是尊重他人也是尊重自己，既是尊重事实也是维护自身的表现。这3个理由让人感受到一种思辨的魅力。该书类似这样的例子可以说很多。

三是具有时代感。"县官"是一个古今中外、生生不息的职位，一切"县官"之道总是深深打上时代的烙印。该书论述的"县官"，具有新时代、新世纪、新阶段的特征。新时期当好"县官"所涉及的各种重大命题，该书论述得都很到位。各种时代元素，如"天时、地利、人和""科学、人本、和谐""改革、开放、发展""经济、社会、政治""思想、文化、道德""民主、民生、民安"等，都融进去了。这是一本具有时代音符、切合时代脉搏、洋溢时代气息、充盈时代精神的"县官"为政之道的著作。

四是非常通俗。理论著作难在深入浅出、贵在通俗易解，通俗的理论是高境界的理论，写"县官"的书一定要通俗。当然，通俗不等于口语化，更不是浅薄化。学术上的通俗，应该是高深理论平民化、复杂内容简约化、重要概念精当化。这本书叙事透彻、分析到位，而且语言生动、行文流畅。该书是作者在平时讲稿的基础上加工而成的，所以有一种款款道来、娓娓动听的风格，使人有一种细嚼慢咽、口内留香的感觉。

三

中国历来重视县的治理，"郡县治、天下安"。县是我国最重要的一级政权，工农商学兵，党政财文卫，五脏俱全，在整个国家的经济、政治、社会、文化各方面，都处于承上启下的关键位置。历朝历代都是选派最优秀的人才去当县官。县级岗位也是最能锻炼、培养人才的地方，所以有"宰相必起于州部"的总结。也正因为县级岗位重要，县一级的官不好当。有"当官难，当'县官'更难"的说法，当好一个现代的"县官"则更是难上加难。"县官"是中央大政方针贯彻的最具体的责任人，是层层级级领导指示决策的终端执行人，是造就国家稳定、繁荣昌盛事业的前线指挥人员。这个"七品芝麻官"，既要完成上级要求完成的各种任务，还要挑起安排好下面老百姓各得其所、安居乐业的担子。"县官"直接面对基层、面对老百姓，一切工作到了他们这一级就再没有回旋的余地了，干成、干好、干优是他们唯一的选择。他们是老百姓的"父母官"，生老病死都管；他们是国家的"顶梁柱"，为全局发展的事都要干。这一层面的领导执政能力如何、理政水平如何关系重大，上至国家的兴衰，中至社会的和谐，下至民生的安康，都在他们的肩上扛着。

尽管"县官"十分重要，但研究它的人很少。我一直认为，我们做社会科学研究的人老是在大楼里光靠读书和使计算机是做不出真学问来的。

不到实践中去，理论不联系实际，常常只能是隔靴搔痒、空说一顿。长期以来，我坚持往下跑，特别是到县市一级去听情况、做调查，这样我接触了许多“真知灼见”，交了不少“县官”朋友，对他们的思想、工作、喜怒忧乐比较了解，所以，读这本书就感到分外亲切。我一直在想，新时期的“县官”究竟该怎么当？虽无绝对标准，但总应该有一个大体的参照系，这本书为我们做了很好的设计。由于该书作者常年生活、工作在经济发达的苏南地区，他们的实践要比其他地区超前一点，他们做出的研究当然更具有前沿性和代表性。这本书虽然没有完整系统地讲新时期“县官”的新形象，但该谈及的都谈了，只不过是散见于各章、各节之中。我认为，他们勾勒的新时期“县官”新形象的轮廓，应该得到人们的认同。这种新形象，可把它归纳综合为以下三个方面。

一是“县官”的职责定位应该是“三管”：管和谐、管公平、管民生。不管是主持全局工作的一把手，还是分管经济建设、社会事业、政治思想、文化教育、政法纪检的副职，在日常的行政、理政中都必须把本地区的和谐、公平、民生这三大“主旨性”目标印在脑里、记在心里、抓在手里，贯穿于一切工作的始终。这三大目标完成了，这个地区的科学发展、社会和谐也就走上了轨道，有了扎实的工作基础。和谐，关系到人与人、人与社会、人与自然之间的协调；公平，关系到社会各阶层之间利益分配格局的合理；民生，关系到百姓的基本需求和权益。对于一个县的经济社会发展事业来说，对于广大老百姓来说，没有比这三个目标更重要的了。这三个目标是打开本地区兴旺发达之“门”的三把“钥匙”，是领导组织群众、发动群众、调动群众积极性和创新活力之关键所在，“县官”们理所当然地应该高度关注这三个事关大局、事关地区命脉的根本性目标。

二是“县官”的才干和能力的衡量标准主要看“三出”：看你能不能出新思想、出新思路、出新实招。“县官”是一个县的带路人、带头人，什么水平的“县官”必然会带出什么水平的县区，在同一环境、条件下，县区之间的竞争力大小，实际上是“县官”们水平、能力的竞赛。而“县官”们执政能力的增强有一个前提条件，就是要与时俱进、继往开来、革故鼎新、超越自我，就是要做到策划有新思想、决策有新思路、落实有新实招。有了这“三新”，才会有县区的新气象、新成就、新突破。执政、行政、理政，贵在有所创造、有所创新，“县官”们也是这样，县区的实力、活力、竞争力只有在这“三新”中才能得到增强和体现。

三是“县官”提高执政能力的路径是“四靠”：靠科学、靠原则、靠制度、靠垂范。我们说，先进的县市往往是领导有“方”、领导得“法”，这“方”与“法”不是天生的，它取之有“源”，得之有“因”，这就是我们上面所说的“四靠”。一个县市，执政不讲科学，最终会偏离方向；办事缺少原则，全局难免乱套；管理少了制度，必定宽严失当、松散无序；办事没有领导的率先垂范，说一套，做一套，必然是阳奉阴违，互相糊弄，误了事业，苦了百姓。“县官”原本也是普通的群众，一旦当上了“县官”，说明你的能力和水平比一般人要高一些，得到了组织的信任、群众的拥戴。但如果满足于此，那是非常有害的。正确的路径应该是借助“四靠”，获得源源不断的执政新资源，步步增添执政新优势，使为人民服务的事业有成，个人也实现了人生的价值。

当好“县官”是一种责任，也是一门学问。掌握这门学问对今天的“县官”来说，真是任重而道远。这本研究“县官”学问的书，就是对“县官”执政能力的一种有益的探索、一种科学的把握、一种全身心的领悟，建议正在位子上的“县官”们和迟早会上“县官”一级台阶的人不妨一读，也建议当过“县官”和研究“县官”、管理“县官”的同志们读一读，并提出你们的评论。希望有更多的同志来参加研究“县官”这门学问的讨论、研究和论述，使之真正成为一门“学问”，这对实践是很有益的。

晋江模式新发展为全国的县域现代化提供了具有普遍意义的经验*

2007年，福建省晋江撤县建市15周年。春天，晋江市委、市政府和中国社会科学院社会学研究所达成共识，对晋江改革开放以来，特别是1992年撤县建市以来的经济社会发展的状况，进行全面的调查研究，做出系统的总结，形成专著，作为15周年庆祝活动的一项重要内容。经过酝酿协调，社会学研究所组成了以“当代中国社会结构变迁研究”课题组业务骨干为主的课题组，并立即开展了调查研究工作。当然，要全面总结晋江经验，并在半年多时间内写作并出版专著，时间很紧、要求很高、任务很重。课题组能毅然接受这个任务，主要基于两点考虑。一是社会学研究所与晋江市有长期友好合作关系。早在1988年，社会学研究所就协助中国社会科学院领导主持课题并出版了《中国国情丛书——百县市经济社会调查·晋江卷》。1995年，晋江建市3周年，晋江市与中国社会科学院社会学研究所合作，成功举办了“晋江模式——农村现代化道路”理论研讨会，有数十位国内著名专家到晋江调查并出席会议，会后出版了文集。2000年，晋江市与中国社会科学院社会学研究所合作，编写出版了《从贫穷到富裕：晋江的现代化之路》一书。中国社会科学院社会学研究所把晋江市作为调查基地，曾先后派出数十名研究人员到晋江调查、学习，得到晋江市委、市政府的大力支持，得到晋江市干部和群众的热情帮助，有几位专业研究人员，同当地干部群众建立了长期联系，结下了友谊，所以对晋江的市情比较熟悉。二是课题组的几位主要成员，自1998年以来，长期从事社会结构变迁、

* 本文源自《晋江模式新发展——中国县域现代化道路探索》（陆学艺主编，北京：社会科学文献出版社，2007年12月），第1~7页。原稿写于2007年11月20日，系中国社会科学院社会学研究所“当代中国社会结构变迁研究”课题组为该书撰写的前言，执笔人：陆学艺、王春光。现标题为本书编者根据序言内容所拟定。——编者注

社会分层、社会流动等方面的调查研究，一直很重视县（市）域经济社会现代化方面的研究，曾经先后比较系统地调查研究湖北汉川、辽宁海城、福建福清、贵州镇宁、四川大邑、北京怀柔等地的县情、市情。晋江是一个经济社会发展比较好的百强县（市），对晋江的调研，也是上述这些调研的继续，加上我们本来对晋江的市情有比较深入的了解，所以课题组就很愉快地接受了这个任务。

以前课题组做县（市）情调查，重点是关注县域社会结构、社会阶层分化、社会流动、阶层关系的变化，而这次晋江调查，只是将这些变化作为县域现代化的一个重要方面进行探讨，调研范围涉及晋江经济、社会、政治、文化等方面的变化，也就是对晋江近三十年来由一个农业、农村社会，逐步建设成一个基本实现了工业化、城市化、现代化社会的全过程，进行总结和概括。这是一项比较困难但很重要的探索。在晋江市委、市政府的大力支持下，在晋江市很多干部和群众的密切配合下，我们终于按时完成了这个课题，呈现在大家面前的这本《晋江模式新发展——中国县域现代化道路探索》就是这项研究的成果，这是晋江市与中国社会科学院社会学研究所合作的又一成果，是名副其实的集体创作成果。

做调查研究，关键在于如何摸准、弄清对象，掌握全面系统的客观事实。社会学特别重视田野调查。研究对象不同，决定了调查的难度和调查方法的选择。相对于对个体、组织乃至社区的调查，把县域作为一个整体进行调查，其复杂性和难度要大许多。如何对一个县的基本状况进行全面系统的调查研究，可以说是一门学问。课题组从长期对多个县域进行调查研究的实践中总结了一套调查方法，多次应用，都收到了很好的效果。这次我们又将这套方法应用到晋江的调查中，不但同样收到了很好的效果，而且还得到了进一步完善。要有效运用这套方法，有一个非常重要的先决条件，那就是获得县市主要领导的大力支持，否则将会大打折扣。显然，课题组在晋江的调查研究得到了晋江市委、市政府主要领导的鼎力支持和各个部门的全力配合，调查得以顺利开展。结合晋江的调查，这里将我们的这套调查研究方法做一个介绍。当然，先期的理论准备、文献准备和研究方案的设计都是不可缺少的。自从我们于 2007 年 3 月同晋江市委、市政府商定合作调研的意向后，马上就着手此项准备工作，从 5 月份开始做田野实证调查，先后四次集体奔赴晋江，开各种座谈会，找各级各类干部和群众访谈，查阅文献档案资料，尽可能多地取得课题研究所需要的各种资料、数据和当地干部群众对本项研究的看法与意见，逐步形成本书的主题、写作框架。具体实践过程体现在以下几个方面。

第一，领导介绍和部门座谈。2007年5月13日，我们课题组一行16人来到晋江，在随后的10天时间内，我们先请市委、市政府主要领导介绍晋江全市的基本情况、社会经济发展变化的进程、取得的成就、存在的问题和未来打算。接着，在市委宣传部领导和同志的精心组织与安排下，课题组分别与市委办、政府办、经济局、政法委、公安局、检察院、法院、劳动保障局、民政局、教育局、卫生局、科技局、组织部、宣传部、老干部局、文化广播电视局、国土资源局、财政局、农业局、统计局、银行、慈善总会等30多个市属部、委、局、办以及群众团体等，进行座谈。课题组先请各单位领导和干部介绍其部门的情况以及他们对晋江市发展情况的看法，后由课题组成员提问，以获得对某些问题更详细的了解。这种调查方式的最大好处是在短时间内使调查人员对一个县或市有一个全面的了解和认识，确定后续调查研究的重点。

第二，个案访谈。按照关于十大社会阶层的分类标准，由宣传部协助提供多个社会阶层10~15人的名单，课题组分别找到各个社会阶层的成员，进行访谈。访谈的方式多种多样：或请访谈对象到我们住的宾馆座谈，或者由我们课题组成员到他们家或单位，与他们单独对谈，以了解各个社会阶层成员的工作和生活状况，既了解他们个人的生活历程，也倾听他们现在的喜怒哀乐，了解他们的社会态度、对当前形势的看法，以及他们的价值观。

第三，蹲点调查。选择几个典型乡镇、街道社区和企业，课题组成员下去蹲点调查，通过同乡镇干部、社区或村委会干部、企业管理者座谈，并直接到农民和居民家中观察和访谈，体验当地社会经济生活、民情风俗，了解当下基层组织的运行状况和群众的生产生活现状。这样的调查，使我们真切地体验到当下基层社会以及老百姓的生产生活状况，了解到基层社会的运行机制和状况。

第四，问卷抽样调查。根据通过第一阶段的领导介绍和部门座谈获得的信息和认识，课题组对我们原来关于社会分层与流动和社会阶层关系的调查问卷进行修改和补充，以增加问卷调查的针对性和可行性。这次问卷调查主要还是关于晋江的社会阶层分化与流动、社会阶层关系等问题，以弄清随着晋江经济的快速发展，晋江社会结构的变化和各社会阶层变化的状况。此次调查研究涉及的内容更广泛，因此在问卷中也适当地增加了其他方面的一些内容。问卷调查从6月15日开始，一直到7月2日结束，历时 17 天。这次问卷调查由课题组派出 10 多名骨干，赴晋江进行样本抽样、调查员培训、现场督导。60 名调查员是晋江市宣传部从晋江中学的老师以及刚毕业的大学生中招募的，先接受课题组的问卷和现场调查规则、技能及知识等方面的培训，然后分赴 9 个乡镇和街道入村、入户调查。这些调查员具有较高的文化素质以及认真负责的敬业精神，为这次问卷调查的成功进行作出了很大的贡献，有多人在调查中病倒，但仍坚持到调查完成。对他们的辛劳，我们表示由衷的感谢！这次问卷调查采用随机多层次分阶段的抽样方法，在全市抽取 1600 名年龄在 16～70 岁的城乡居民作为调查对象，样本分布在 9 个镇和街道的 45 个行政村和居委会，回收有效问卷 1525 份。在调查过程中，课题组实施了严格的现场调查指导和监督，并要求课题组成员亲自入户了解问卷调查情况，以增强现场感，这样在做问卷汇总的数据分析时，就不仅是数字，而且还有具体的形象，描述和评价就生动活泼了。问卷调查获得的数据和资料成了课题组认识和分析晋江现代化发展最为重要的依据之一。

第五，文献收集和整理。课题组得到晋江市委、市政府的大力支持。课题组和宣传部同志一起，到各部门、各单位尽可能多地收集有关文献资料。主要有这样几类：改革开放以来历年晋江市（1992 年前是县）党政颁布的重要文件和调查研究报告、统计资料，有关晋江研究的文献资料，民间资料，报刊资料，电视广播资料，等等。其中有不少资料相当重要和珍贵，印证和补充了访谈和座谈获得的情况，使我们的认识更加清晰、明确。

通过这样多方面、多视角的调查，课题组对改革开放以来（特别是 1992 年撤县建市以来）晋江的政治、经济、社会、文化等方面发生的巨大变迁有了一个比较完整的了解。从这样的调查中，我们深深地认识到，一个人多地少、基础薄弱、资源贫瘠的县经过党和政府正确有为的领导，团结全体人民，艰苦奋斗，开拓创新，是能够也可以率先基本实现现代化的。通过调查，我们也了解了晋江一步步基本实现现代化的全过程，这使我们深受教育和鼓舞，增强了对中国实现现代化的信心。今天的晋江市是我国东部沿海经济发达的县级市，在全国经济百强县中位列第十七，有很强的经济实力，老百姓得到了实惠，生活水平比较普遍地得到了提高，社会事业获得了显著的发展。晋江已经处于全国县市的发展前列。晋江的发展变化，实际上是中国发展的一个缩影，它在中国县域现代化建设上具有鲜明的示范效应。晋江的很多做法和经验有着重要的前沿性，可以为其他县市提供许多鲜活的经验。2007 年 11 月 9～11 日，在晋江举办的中国县域现代化道路研讨会上，应邀参会的国内一些知名专家学者，对此有许多深邃而独到的评价。中国社会科学院原副院长丁伟志说：“我觉得可以说晋江模式的新发展，完全符合中国科学发展观的精神，完全符合全面、协调、可持续发展的精神，完全符合全面建设小康社会的精神，完全符合现在我们所要求的全面现代化的要求，是一个生动的实践，是一个成功的实践。”原中国社会科学院副院长汝信认为：“我感觉晋江的发展很好地体现了中央的‘以人为本’、关注民生问题。这点给我非常深刻的印象，这也是十七大的一个重要的精神。”农业部政策法规司原司长、著名“三农”专家郭书田认为：“科学地研究由晋江现象产生的晋江模式，我个人认为有三个层次的重要意义：第一，晋江创造了具有自己特色的经济社会发展模式；第二，晋江创造了沿海经济发达地区的县域发展模式；第三，晋江为全国的县域经济发展、实现现代化，创造了具有普遍意义的经验。”华东理工大学社会学系主任曹锦清说：“对晋江这样一个县域现代化的实践进行调查研究，有着非常重要的方法论意义，可以在全国推而广之。特别是对当前正在全国展开的社会主义新农村建设有带头示范作用。”

当然，晋江基本实现的现代化还是初步的，还是不平衡、不全面的，还需要不断提升和完善，任务仍然艰巨，挑战仍然严峻。同样，全国其他绝大多数县市的现代化建设与晋江相比差距还是比较大，任务更艰巨。从全局来看，县域现代化是中国现代化进程中的一个最薄弱的环节，也是促进城乡一体化和社会经济协调发展的关键所在。因此，它是事关中国现代化建设和中国崛起的核心议题。推进县域现代化建设，应是中国现代化建设战略的重点工作。课题组把晋江现代化研究作为起点，将县域现代化作为重点研究课题，今后，我们将继续对全国一些具有典型意义的县域进行多方面、多层次的调查和比较研究，以寻找县域现代化的规律和条件，从而更好地推进县域现代化建设。

在本书行将付梓之际，我们对支持帮助课题组调查研究的单位和同志们，表示由衷的感谢！首先要特别感谢晋江市委书记杨益民同志、晋江市长李建辉同志、市委副书记陈健倩同志和市委常委张永宁同志等市委、市政府的领导，他们对我们课题组开展这项工作给予了强有力的支持和指导，多次拨冗会见、座谈、讨论，并为课题组全面介绍晋江社会经济发展情况。非常感谢晋江市委宣传部副部长吴明哲、干部科科长姚远志、理论课长蔡晖等同志，他们自始至终为课题组的调研做出周到的安排，提供各种各样的支持和帮助。十分感谢福建省行政管理学院教授黄陵东同志对本课题组的无私帮助。感谢晋江市多位离退休老干部老领导，他们虽然都已年过花甲，但为了帮我们做好调研，竭尽全力，有请必来，有会必到，贡献了他们的智慧和中肯的建议，有许多好主意、好见解是他们出的。此外，还要感谢 60 位从晋江各中学和刚毕业的大学生中招募的调查员，他们为课题组的调查伸出热情的援助之手，在暑热的 6 月、7 月，入村、入户做问卷调查，做了许多辛苦的工作。当然，最后我们要感谢晋江广大的父老乡亲以及在晋江务工经商的外来流动人口，没有他们的配合，我们的调查也难以开展。总之，千言万语难以表达我们对以上直接和间接地帮助过我们的晋江社会各界的感激之情，愿我们的研究成果能为晋江更好更快地发展和和谐社会建设，提供一些参考，不辜负晋江社会各界对我们课题组的厚爱。至于本书稿提出的有关观点，只是本课题组的看法，并不代表他人或单位的意见。文中存在的错误，概由本课题组自负，也请社会各界不吝赐教。

本书是课题组集体精诚合作的结晶，各章的具体执笔人分别是：

前　言：陆学艺、王春光；

第一章：陆学艺、王春光、胡建国；

第二章：谢振忠；

第三章：刘金伟；

第四章：宋国恺；

第五章：胡建国；

第六章：杨桂宏；

第七章：颜烨；

第八章：王军。

陆学艺、王春光负责全书的策划、设计和统稿。陈光金参与策划、设计和部分章节的审稿。樊平、石秀印、王颉、黄进、赵卫华、毛哲山、高鸽、宋国安、孙亮、单丽卿等其他课题组成员参加了前期的调查，为本书做了大量辛勤的工作。最后，我们还要感谢社会科学文献出版社的同志们，社长谢寿光同志是福建老乡，是晋江的老朋友，前述三本书都是由他负责出版的，他和晋江有多年的交往，对晋江很熟悉。本书开始筹划时，他就参与了，在书稿形成过程中，他提出了许多好的建议。还有编辑部主任邓泳红，责任编辑丁凡、曹义恒同志，他们为本书出版费了很多心血，在此一并致谢！

晋江县域现代化探索和启示*

现代化是一个国家或地区发展的根本诉求。改革开放以来，中国在工业化、城市化以及其他方面的发展，都取得了相当大的成就，综合实力明显增强，人民生活水平普遍提高，已经改变并在继续改变世界的经济政治格局，中华民族复兴的时代已经到来。

但是，中国是个城乡、地区之间发展很不平衡的大国，在这样的国情条件下，如何实现更好、更协调、可持续的稳定发展呢？对此，邓小平同志曾在改革发展初期指出，一部分地区发展快一点，带动大部分地区，这是加速发展、达到共同富裕的捷径。① 在过去近30年的中国改革开放实践中，遵循这一发展指导思想，一些地区取得了超常发展，在经济社会发展方面已经达到中等发达国家和地区的水平。它们基本上都是一些大中型城市，尤其是像北京、上海、深圳、广州、武汉、成都等这样的中心城市，而广大县域的经济社会发展则显得相当滞后。截至2004年底，中国拥有2862个县和县级市，县域面积占国土总面积的94%，人口数量占全国总人口的70.41%，但是，其生产总值只占全国的56.31%，大多数县域人均

* 本文源自《晋江模式新发展——中国县域现代化道路探索》（陆学艺主编，北京：社会科学文献出版社，2007年12月），第1～42页。该文系该书的“总报告”，作者：陆学艺、王春光、胡建国。“总报告”的第三节和第五节内容曾以“县域现代化的中国意义——晋江模式发展30年改革调研”为题发表于《社会科学报》2008年第1～2版，并被收录于《社会建设论》（陆学艺著，北京：社会科学文献出版社，2012年3月）、《“三农”续论：当代中国农业、农村、农民问题研究》（陆学艺著，重庆：重庆出版社，2013年5月）。“总报告”的第二、三、四节还以“总论：县域现代化道路的探索”为题收录于《解读晋江——改革开放30年晋江研究论文选集》（张君良、唐春晓主编，北京：社会科学文献出版社，2008年12月）。——编者注

① 参见《邓小平文选》第3卷，北京：人民出版社，1993年10月，第166页。

GDP 集中在 2500 ~ 4000 元，① 远远低于全国 10561 元的平均水平②。这些数据充分表明中国地区发展的不平衡性，这种不平衡正是诸多经济社会矛盾的根源。当然，不平衡可以是动力，差距也可以是潜力。2862 个县和县级市的工业化、城市化和现代化，将是未来中国持续发展的潜力所在、希望所在。可喜的是，在县域现代化实践道路上，已经涌现出一批工业化、城市化、现代化发展的先行者，它们大多属于全国百强县市。研究、总结和推广这些先行县市的经验和模式，对加快其他正在谋求发展的县域的发展步伐，整体推进中国特色社会主义现代化的建设事业，具有重要意义。

“郡县治，天下安。”自古以来，县域是中国区域经济社会发展最稳定、最基本的实体，如果绝大多数县域得不到稳定而快速的发展，那么国家的整体发展就难以为继。推进县域现代化建设，应成为当前和未来中国现代化建设的重心所在。为此，从 2007 年春天起，中国社会科学院社会学研究所“当代中国社会结构变迁研究”课题组成员与中共晋江市委和晋江市政府密切合作，对晋江市改革开放以来特别是 1992 年撤县建市以来的经济社会发展状况进行全面的调查研究。调研发现，在党中央一系列方针政策的指引下，在省市各级党政领导下，经过晋江人民近 30 年的奋斗，晋江已经从一个贫困的农业大县发展为基本实现工业化、城市化和现代化的发达地区。晋江自 1995 年在福建省率先基本实现小康目标以来，已连续 12 年位居福建省“十强县”榜首。在全国百强县中，晋江也多年位居前列。晋江市经济社会的跨越式发展，既有正确执行党中央以经济建设为中心，坚持邓小平理论、“三个代表”重要思想，深入贯彻落实科学发展观、构建社会主义和谐社会等方针政策的普遍性经验，也有晋江广大干部群众根据自身实际情况创造出的特有发展经验。总结晋江的这些成功经验，不仅对建构中国县域现代化发展的理论具有重要价值，而且对其他县市更好地实现现代化发展具有不可多得的实践借鉴意义。

一　晋江经济社会发展成就

晋江地处福建省东南沿海，濒临台湾海峡，是中国著名侨乡。全市总

① 刘福刚、孟宪江主编《中国县域经济年鉴·2005》，北京：社会科学文献出版社，2006 年 6 月，第 7 ~ 8、11 页。

② 国家统计局编《中国统计年鉴·2005》，北京：中国统计出版社，2005 年 9 月，第 51 页。

面积649平方公里，2006年户籍人口103.66万人。改革开放以前，晋江作为农业县，人多地少，土地贫瘠，资源匮乏，基础薄弱。1978年，晋江地区生产总值1.45亿元，人均154元，农业人口占全县总人口的85.7%，农民人均纯收入107元，仅为全国农民人均纯收入的80%。财政收入1476万元，收支不能平衡，上级政府补助252万元。①

凤凰涅槃，改革开放以来近30年时间里，晋江人民在党和政府的领导下，弘扬“诚信、谦恭、团结、拼搏”的晋江精神，牢牢把握历史机遇，勇于探索，艰苦创业，开创了享誉海内外的乡村工业化模式——晋江模式。在此基础上，晋江广大干部群众又与时俱进、开拓创新，成功探索出一条具有鲜明地域特色的区域现代化发展道路，推动了晋江模式的新发展，走在了全国县域经济社会发展的前列。

（一）经济持续快速增长，基本实现现代化

2006年，晋江地区生产总值达492.5亿元，按不变价格计算，与1978年相比增长了87.3倍，年均增长17.3%，高出同期全国经济年均增长率7.9个百分点。如果按户籍人口计算，2006年晋江市人均GDP达47511元，折合5960美元；如果按常住人口计算，人均地区生产总值达31490元，折合3950美元。② 按世界银行2007年提出的划分世界各国和各地区经济发展水平的最新标准③来看，晋江市经济发展水平已经接近世界中上等收入水平，按照现有发展速度，很快将会跨入上中等收入水平的行列。同样是晋江市这块土地，同样是这一人群，2006年创造的财富相当于1978年的87个晋江所创造的，这确实是个发展奇迹。经济持续快速的增长，也为晋江现代化的实现奠定了良好的基础。实际上，晋江的大部分经济社会发展指标已经达到或超过了现代化标准（见表1），这表明晋江已基本实现现代化。④

---

① 参见陆学艺主编《晋江模式与农村现代化》，北京：知识出版社，1995年9月，第20页。

② 参见晋江市地方志编纂委员会编《晋江年鉴·2007》，北京：方志出版社，2008年1月，第514页。——编者注

③ 即人均国民收入875美元以下为低收入水平，876～3465美元为下中等收入水平，3466～10065美元为中上等收入水平，10066美元及以上为高收入水平。

④ 这里需要指出的是，现代化标准是具有历史性的，不同阶段的标准应有所不同。这里还是采用英格尔斯的标准，但是这些标准是他于20世纪70年代确定的，因此有偏低嫌疑，需要调高一些。但是晋江的人均GDP已经超过英格尔斯标准的1倍，以此说明晋江基本达到现代化水平，应该不存在问题。

表 1　2005 年全国和晋江现代化发展指标

指标	现代化标准	2005 年全国	2005 年晋江
人均 GDP（美元）	3000.0	1714.0	4996（3333.6）*
农业占 GDP 比重（%）	≤15.0	12.6	2.7
第三产业占 GDP 比重（%）	≥45.0	39.9	32.0
城市人口比重（%）	≥50	43	60
农业劳动力占就业人口比重（%）	≤30.0	44.8	8.3
成人识字率（%）	≥80.0	89.0	88.5
大学生占人口比重（%）	10.0～15.0	5.6	7.3**
人口自然增长率（%）	≤1.0	0.6	0.5
平均预期寿命（岁）	≥70.0	71.4***	—
每一名医生服务人口（人）	1000	241	617

注：* 括号内为按常住人口计算数。

** 数据来自 2007 年晋江市社会阶层抽样调查。

*** 为 2000 年数据。

资料来源：国家统计局编《中国统计年鉴·2006》，北京：中国统计出版社，2006 年 9 月，第 57、58、99、103、112、114、126、734、875 页；晋江市地方志编纂委员会编《晋江年鉴·2007》，北京：方志出版社，2008 年 1 月，第 514～519 页；陆学艺主编《晋江模式与农村现代化》，北京：知识出版社，1995 年 9 月，第 2 页。

（二）发展实现又好又快，为国家作出贡献

晋江经济在持续快速增长的同时，积极追求又好又快的发展，为国家作出贡献。

首先，实现又好又快发展，在全国率先进入工业化中后期阶段（见表 2）。从产业结构来看，2005 年晋江三次产业结构中，第二产业所占比例为 65.9%，处于工业化中期阶段；从就业结构来看，晋江第一产业从业人员占全社会就业人员的 8.3%，处于后工业化阶段；从工业化水平指数来看，2006 年晋江工业化水平指数为 90.3%，处于工业化后期阶段。[①] 综合来看，目前晋江的经济发展进入了从工业化中期向工业化后期推进的阶段。

① 制造业比例在不同经济发展阶段会先提高，但随着第三产业的发展而又下降，故用制造业增加值在商品生产增值即第一产业和第二产业合计增加值中所占比例可以更好地衡量工业化水平。2006 年晋江这一指标值为 90.3%，可以判断晋江经济处于工业化中后期水平。

表2 2006年晋江工业化发展阶段

判断指标	前工业化阶段	工业化阶段			后工业化阶段	晋江特征值	阶段判断
		初期	中期	后期			
人均GDP（美元）	740～1480	1480～2970	2970～5940	5940～11150	>11150	5960（3950）	后期（中期）
产业结构（以P、S、T代表三次产业）（%）	P占绝对比重；S<20	P>20 S>20	P<20 S>T S>P	P<10 S<T	S相对稳定或下降；T>P+S	2.1：65.9：32	中期
第一产业从业人员占社会就业比例（%）	>60	45～60	30～45	10～30	<10	8.3	后工业化阶段
工业化水平指数（%）	<20	20～40	40～60	>60	—	90.3	后期

注：括号内为按常住人口计算结果。

资料来源：参见《晋江年鉴·2007》，北京：方志出版社，2008年1月，第514页。

其次，在实现又好又快发展的同时，晋江为国家作出了突出贡献（见表3）。2006年晋江财政收入48.59亿元，① 上交国家财政27.14亿元。从表3统计结果来看，2005年晋江以占福建2.92%的人口和0.52%的土地，创造了占福建省6.44%的GDP，人均GDP为福建省平均水平的2.21倍，社会消费品零售总额占4.92%，而出口商品总值占9.21%，全社会固定资产投资占4.37%，农村居民人均纯收入是福建省平均水平的1.71倍，地方财政收入占全省的4.91%。从全国来看，晋江人口和土地面积分别是全国的0.08%和0.01%，但是创造的GDP占全国的0.23%，人均GDP则是全国平均水平的近3倍，农村居民人均纯收入是全国平均水平的2.34倍，财政收入占全国的0.13%，出口商品总值占全国的0.42%。可以说，不到650平方公里的晋江，创造了一个经济发展奇迹。2005年晋江社会经济综合发展指数、县域经济基本竞争力分别居全国百强县（市）第13位和第5位，经济实力连续12年保持“福建省十强县（市）”首位，13个镇中有11个镇入选全国千强镇。② 另外，在就业方面，晋江经济的持续快速发展，不仅解决

① 晋江市地方志编纂委员会编《晋江年鉴·2007》，北京：方志出版社，2008年1月，第514～519页。

② 刘福刚、孟宪江主编《中国县域经济年鉴·2005》，北京：社会科学文献出版社，2006年6月，第525页。

了本地就业问题，还吸引全国各地大量外来人员前往晋江务工。据晋江市相关部门统计，晋江2006年外来务工人员超过80万人，实际超过了100万人。

表3　2005年晋江经济发展与福建、全国经济发展的比较

指标	晋江	晋江是福建省的百分比	晋江是全国的百分比
人口（万人）	103.29	2.92	0.08
土地面积（平方公里）	649.00	0.52	0.01
GDP（亿元）	422.75	6.44	0.23
人均GDP（元）	40928.63	220.53	293.50
社会消费品零销总额（亿元）	115.38	4.92	0.17
出口商品总值（亿美元）	32.10	9.21	0.42
全社会固定资产投资（亿元）	102.42	4.37	0.12
农村居民人均纯收入（元）	7625.00	171.33	234.25
地方财政收入（亿元）	38.65	4.91	0.13

资料来源：晋江市地方志编纂委员会编《晋江年鉴·2007》，北京：方志出版社，2008年1月，第514~515页；国家统计局：《中华人民共和国2005年国民经济和社会发展统计公报》，中华人民共和国中央人民政府网，http://www.gov.cn/gongbao/content/2006/content_253029.htm；福建统计局：《福建省2005年国民经济和社会发展统计公报》，https://www.doc88.com/p-9068158450984.html?r=1。

（三）城乡基本统筹发展，城市化跨越提升

工业化推进城市化，城市化带动工业化，进而促进广大农村地区的发展，是发达国家和地区的普遍经验。正如胡锦涛同志在党的十六届四中全会上提出的："综观一些工业化国家发展历程，在工业化初始阶段，农业支持工业、为工业提供积累是带有普遍性的趋向；但在工业化达到相当程度以后，工业反哺农业、城市支持农村，实现工业与农业、城市与农村协调发展，也是带有普遍性的趋向。"① 1992年撤县建市以来的短短十五年时间里，晋江在"以工促农，以城带乡"，统筹城乡发展，推进城市化方面取得了显著的成绩。在城乡统筹发展方面，晋江以城市化的标准搭建市域城乡

① 转引自王伟光主编《建设社会主义新农村的理论与实践》，北京：中共中央党校出版社，2006年2月，第38页；参见《胡锦涛文选》第2卷，北京：人民出版社，2016年9月第1版，第247页。——编者注

一体化发展平台，确定城镇发展的重点方向和区域，以重点地区发展带动全市，以重点城镇为龙头，形成开放的城镇网络体系。在统筹城乡发展基础上，晋江城市化水平不断提升。目前，晋江中心市区建成面积达22平方公里，新的城市规划面积达到42平方公里，比2000年增加了14.8平方公里，按常住人口计算的城市化水平已经达60%以上。

（四）经济社会协调发展，现代社会结构初步形成

在实现经济持续快速发展的同时，晋江的社会发展也取得了显著进步。在教育方面，晋江全面普及九年义务教育，高中教育飞速发展，2005年高考上线率85.4%，首批通过福建省“高水平实现普及九年义务教育”评估验收，被列为“全国现代教育技术试验市”。目前，晋江农村义务教育实现了学杂费全免，外来工子女就学享受同等待遇。在科技事业方面，科教强市步伐加快，“十五”期间财政投入科技三项费用10350万元，占财政支出的比例为2.1%，科技进步对经济增长的贡献率明显提高，获“全国科技进步示范市”“全国科普示范市”称号。在文化事业方面，文化事业持续繁荣，先后获“全国文化先进县（市）”“全国文物工作先进县（市）”“全国体育先进县（市）”“中国民间特色艺术之乡”“中国民间戏剧之乡”等称号。在卫生事业方面，卫生基础设施进一步完善，各项健康指标位居福建省前列，被评为“全国卫生先进市”，同时建立了城乡贫困家庭医疗救助基金和“三无”病人应急医疗救治基金。另外，养老、医疗、失业等社会保险体系也正在不断得到健全。在环境治理方面，晋江城市环境质量和地面水环境质量按功能分区达到国家规定的质量标准，2003年城市环境功能区定量考核名列全省县级市第一。生态建设稳步推进，城镇园林绿化全面铺开，城市绿化覆盖率由2000年的31.2%提高到2005年的38.2%，人均公共绿地面积由6.18平方米增加到8.12平方米。经济社会的不断协调发展为晋江可持续发展奠定了良好的基础。

晋江经济社会协调发展的另一个重要表现是与经济发展相适应初步形成了现代社会阶层结构雏形（见图1）。一个国家由传统社会向现代社会转变的路径，不仅仅通过经济的增长和经济结构的调整来实现，还需要实现社会进步和社会结构的转变，即形成现代社会结构。在近30年的时间里，伴随着经济的跨越式发展，晋江社会阶层结构已经基本具备现代阶层结构的要素，目前晋江社会阶层结构正处于由“洋葱头”型向“橄榄”型转变中。与全国的社会阶层结构相比，晋江的社会阶层结构在诸多方面表现出

领先转变的趋势，农业劳动者阶层的规模已经缩小到发达国家水平，私营企业主阶层所占比例高于全国平均水平，庞大的产业工人阶层队伍已经形成。这些重大变化奠定了晋江经济社会持续协调发展的社会结构基础。

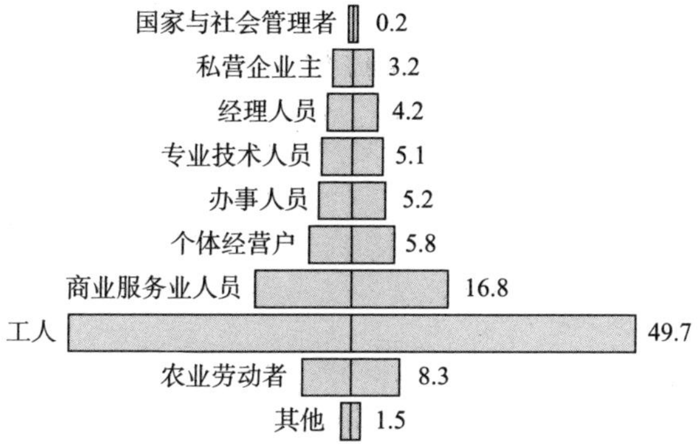

图1　晋江社会阶层结构（%）

资料来源：根据《晋江年鉴·2006》、2005年1%人口抽样调查、2007年晋江社会阶层结构抽样调查数据等相关资料推算。

（五）人民富裕安居乐业，和谐社会建设初见成效

以科学发展观为指导，促进社会和谐，是发展中国特色社会主义事业的本质要求，具体体现为人民共享发展成果，普遍富裕，安居乐业。从这个方面来看，晋江经济社会的发展积极地践行了这一发展诉求。在实现经济发展的过程中，晋江市委、市政府积极谋求社会和谐，大力推进社会和谐建设，努力推进经济与社会、城市与农村协调发展。近年来，晋江市确定了公共财政取之于民、用之于民的基本原则，明确提出“三个倾斜”，即财政支出要向困难群众倾斜、向基层薄弱环节倾斜、向农村社会事业倾斜，促进不同社会阶层合理均衡发展，实现人民群众收入一年比一年高，城乡差距一年比一年小，社会保障覆盖面一年比一年扩大，经济社会发展一年比一年协调。经济社会发展的成果为人民群众所共享，已经成为晋江经济社会发展的突出亮点。第一，人民群众充分实现了就业，就业率一直远远高于福建省和全国的平均水平。第二，人民群众收入不断提高，在富裕的道路上大踏步前进。2006年晋江农民人均纯收入达到8086元，城镇在岗职工收入达18419元以上，城乡居民储蓄存款余额258.3亿元，居民消费价格水平基本控制在102.2%左右，农村居民恩格尔系数下降到39.2%。与改革开放之初相比，晋江人民群众的生活水平得到了极大提高，实现了从小康

水平向宽裕水平转变。第三，社会事业持续快速发展，教育、医疗、社会保障等事业的发展走在了福建省甚至全国县域的前列。根据我们的调查，晋江人民群众普遍感受到生活水平的提高（见图2），对未来的生活预期也普遍表现出积极乐观的态度（见图3）。人民群众对晋江的社会治安满意度达到88分（满分为100分）。晋江早已践行党的十七大报告中提出的“学有所教、劳有所得、病有所医、老有所养、住有所居”的理念，促进了晋江社会的和谐进步。

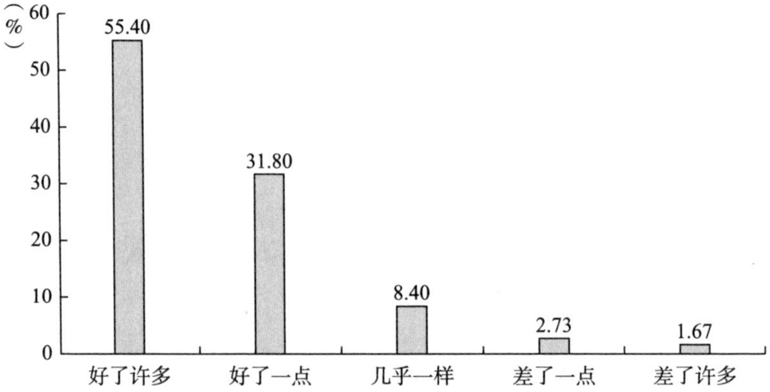

图2　与10年前相比您现在的生活状况如何

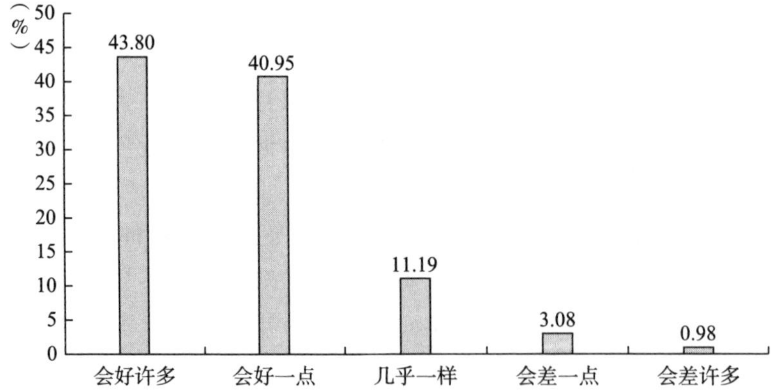

图3　您认为5年后您的生活变化状况如何

资料来源：2007年晋江社会阶层抽样入户问卷调查。

总体来看，晋江市以群众共享发展成果为取向，以协调社会不同阶层利益关系为重点，以完善社会保障体系为基础，努力改善民生，推动和谐晋江建设，城乡发展日趋协调，本地居民与外地务工人员的权益得到了保障；居民素质进一步提高，良好的道德风尚、和谐的人际关系逐渐形成；人们的健康意识日益增强，健康保障水平进一步提高；社会管理制度逐渐完善，公共服务水平不断提高；社会治安综合治理进一步强化，社会秩序进一步趋好。

（六）政府机构改革取得显著进展，政府职能转型彰显

全面现代化包括政府管理现代化。中国市场化改革趋向包含着政府管理体制从适应计划经济需要走向适应市场经济需要的转型，效能、效率、法治和服务是这种转型的目标所在。改革开放近 30 年来，尤其是在撤县建市以后的 15 年中，晋江市按照中央的部署，结合本地实情，积极调整和转变政府职能，不断推动政府行政和管理方式现代化。目前，通过多次改革，晋江市的政府机构设置更加合理，更加适应市场经济时代经济社会发展的需要；干部队伍比较精干，建立了竞争上岗和干部交流机制，活力与日俱增；政府管理过程和办事程序日趋规范，政府各部门的权能初步整合，条块之间权责明晰，整个政府权力架构正在整合为一个有机整体；政府职能转型进展显著，行政审批项目大大减少，审批程序大大简化，政府服务职能显著增强；政府管理方式的现代化程度日益提高，信息化和电子政务建设初步成形，管理手段日益从单一行政化手段向经济手段、法律手段和必要行政手段有机结合的新格局发展。

二　晋江模式新发展：县域现代化道路的探索

晋江经济社会发展取得显著成就的背后是晋江人开拓创新、艰苦创业、敢为人先的奋斗历程。今天我们回过头来审视改革开放以来近 30 年晋江的经济社会发展进程，以 1992 年撤县建市为标志，大体可以概括为前后两个阶段。1992 年之前的 14 年，晋江成功地探索出一条适合晋江实际的乡村工业化道路——晋江模式。它在 20 世纪 80 年代因作为中国乡村经济工业化道路的四大模式之一（其他三个模式是苏南模式、温州模式和珠江三角洲模式）而享誉海内外。在晋江模式下，晋江经济实现了历史的跨越式发展，这是晋江发展的第一次飞跃。1992 年以来的 15 年，是晋江在解决乡村工业化问题的基础上，在工业化、城市化、社会事业现代化的发展进程中，统筹城乡协调发展，统筹经济社会协调发展，全面推进区域现代化建设，带动晋江模式新发展，实现了晋江发展的第二次飞跃。

（一）乡村工业化道路的实践：晋江模式的开拓

1978～1991年是晋江广大干部群众在改革开放的大好历史机遇背景下，大胆探索、勇于创业的重要历史时期。这一时期，晋江人在大形势下，充分结合本地实际，整合各种资源，成功开拓出一条具有晋江特色的乡村工业化道路——晋江模式。

晋江模式是建立在农业发展基础上的。农村要发展，农业生产的解决是基本前提和基础。1978年党的十一届三中全会拉开了中国农村经济体制改革的序幕，晋江人抓住这一历史机遇，在两年多的时间里，在全县范围内普遍实行了以农户承包为基础，集体经营与家庭经营、统一经营与分散经营互相结合、互为补充、互相促进的双层经营体制。到1983年底，包干到户已成为全县生产责任制中最普遍的形式。由于家庭联产承包责任制的推行，农村生产力得到极大发展，农业生产得到很大的提高，1985年农村人均纯收入比1978年增长了3.9倍，达到525元。

家庭联产承包责任制极大地调动了农民生产的积极性，农业产量大幅提高。但由于人多地少（当时晋江人均耕地只有4分多一点，而且大部分是低产的丘陵红壤地和滨海砂质地、盐碱地），单一经营（只搞种植业），增产并没有给农民带来多大的增收，许多农村出现“高产穷队”现象，存在大量剩余劳动力找不到出路的问题。晋江党政干部由此深切地感到，光在有限耕地上做文章根本解决不了农村发展和农民贫困的问题，必须引导农民广开生产门路，尤其是要把工业引进农村，通过大力发展乡镇企业，实现农村工业化，才能使广大农民真正摆脱贫困。1980年8月，晋江县委根据党的十一届三中全会提出的解放思想、实事求是、一切从实际出发的精神，大胆冲破计划经济的政策束缚，出台《关于加快发展多种经营和社队企业的若干问题的规定》，明确宣布允许农民集资办企业，以后又在几次全县农村工作会议上相机宣布允许集资企业雇工，允许股金分红，允许供销人员按业务量提成，允许价格随行就市等措施，并鼓励村一级非脱产干部带头集资办厂。在发展联户集资企业的过程中，晋江还积极利用“三闲”（闲置房子、闲置资金、闲置人员）以及海外资金、技术，发展“三来一补”（来料加工、来样加工、来件装配和补偿贸易）业务，开拓外向型发展途径，同时在县内兴办小商品市场等，这些就是后来被总结为“以市场调节为主，以外向型经济为主，以股份合作制为主，多种经济成分共同发展”的晋江模式。

联户集资的乡镇企业成为晋江模式的鲜明特征，这一模式在促进市场经济的发展、提高人民生活水平方面发挥出重要作用，但是它的发展历程并不平坦，一开始就处于“姓资姓社”的风风雨雨中。晋江党政领导对此却是态度鲜明的，认为群众集资企业有四个“有利”：把生产要素组合起来，有利发展生产；增加国家财政收入，有利国家富强；增加就业机会，有利提高人民群众生活；增加乡镇、村收入，有利集体积累、兴办社会事业和福利事业。因此，乡镇企业不是多了，而是少了，还要放胆大干。在晋江县委、县政府的鼓励和支持下，联户集资的乡镇企业发展成为晋江经济的主导。但是，总体来看，这一时期由于正值改革开放初期，无论是在宏观经济环境方面还是在微观经济管理方面，市场经济的规范体系尚未建立，同时乡镇企业技术力量较差，工人素质低，企业规模小，层次不高，布局分散，晋江县的能源、交通通信等基础设施比较薄弱，适应不了乡镇企业生产能力扩大的需要。解决这些问题成为晋江进一步发展的突破口。

（二）县域现代化道路的探索：晋江模式新发展

进入 20 世纪 90 年代，晋江人迎来了发展的第二个历史机遇期。1992 年，春暖神州，伴随着邓小平同志南方谈话的春风，3 月 6 日，国务院正式批准晋江撤县建市。4 月，福建省政府确定在晋江市进行改革开放综合试验，赋予晋江市在泉州市领导下的相当于地级市的管理权限。撤县建市，这是对晋江过去十多年时间里发展成就的充分肯定，也是对晋江在新的历史阶段发展的强有力推动，更是对晋江在新的历史发展背景下如何实现新的发展所提出的一个重要考验：当一个县域在乡村经济基础上初步实现工业化以后，又该如何实现新的发展，这种发展的方向是什么？晋江人对此进行了认真的思索。正如当时晋江领导干部所指出的，在党的基本路线和改革开放政策的指引下，晋江广大干部群众用了十多年时间，在十分脆弱的基础上已经基本实现了农村工业化。如果说实现农村工业化是晋江经济和社会发展的第一次飞跃，那么晋江能不能再经过 15 年的努力，基本实现农村城市化和农村现代化，完成晋江经济和社会发展的第二次飞跃？如果能够用 30 年左右的时间，把晋江从一个贫穷落后的农业县建设成为现代化的农村、现代化的城市，那么晋江人就确实很了不起了。①

晋江广大干部是这样思索的，也是这样实践的。早在建市之初，晋江

① 陆学艺主编《晋江模式与农村现代化》，北京：知识出版社，1995 年 9 月，第 316 页。

市委、市政府经过认真思考，确立了“立足跨世纪，构建新体制，五年大发展，争当福建‘龙’”的发展战略目标，及时调整原先的经济发展战略方针，把“抓基础（农业生产），稳支柱（乡镇企业），保重点（三资企业），靠科教”调整为“抓基础（农业、农村工作和基础设施建设），稳支柱（乡镇企业和三资企业），保重点（第三产业），靠科教（超前发展科技和教育，实施科教兴市战略）”，即把城市建设、社会发展（基础设施建设、科教兴市等）摆到重要的战略地位上来。对此，晋江市委、市政府明确强调“城市建设是一个包括经济、社会、政治、文化在内的系统工程，硬件软件要一起抓，两个文明要同步建设”“一起步就要高起点、高标准，统筹考虑经济发展、产业结构、科教文化、环境保护等因素，建设一批几十年不落后的跨世纪工程”。[①] 在上述思想的指导下，晋江确立了建设珠链式侨乡新型城市的目标，并以“强化中心市区、建设城镇群体”为方针，不断增强中心市区作为全市政治、经济、文化中心的辐射力。在大力发展二、三产业的同时，使二、三产业相对集中于城镇，引导农村人口向集镇靠拢，提高城市化水平，同时集中人力、物力和财力加强能源、交通、通信、供水等基本设施网络建设，增强城市的服务功能，加大科教兴市的力度，培育市民的文明意识，提高城市的文明程度。

实践证明，晋江干部群众在新的历史时期的实践是成功的。1992～1995年，晋江干部群众团结一心，乘势而上，开拓进取，以城市化带动工业化，掀起了经济发展的高潮。短短4年时间，晋江经济整体实力创造了近三番跨越式增长的奇迹。1991年晋江首次跻身于全国综合实力百强县（市）之列，排名第55位，1992年跃居第24位，1994年跃居第15位，3年间前进了40位。1995年晋江被福建省评选为综合经济实力“十强”县（市）之首。这些数字的背后是晋江城市化这一新的发展载体对经济社会发展的强大推进。

20世纪90年代后期，晋江围绕工业化、城市化、社会事业现代化三位一体继续深入开展富有创新性的工作。1996年，晋江市提出“引导耕地向规模经营集中，企业向工业园区集中，人口向城市和集镇集中，住宅向现代社区集中”，进一步确立了在20世纪末实现“三强”（经济强市、科技强市、教育强市）、“三先”（计生先进市、文化先进市、体育先进市）、“三城”（双拥模范城市、卫生城市、文明城市）。在这些方针的指导下，晋江

① 陆学艺、朱明主编《从贫困到富裕——晋江的现代化之路》，北京：社会科学文献出版社，2000年1月，第146页。

城市建设显著进步，城市化水平不断提高，一个中等规模、充满活力的新兴城市已经形成。城市化的发展也带动了晋江工业化的进一步提高。一方面，根据区域经济布局和国内外市场导向，晋江进一步调整和优化产业结构和产品结构，培植壮大支持产业和重点产业，从根本上提高了乡镇企业的整体实力。与此同时，晋江加快市镇工业园区规划建设，发挥规模聚集效应，增强质量和品牌意识，启动质量振兴计划。经济发展的集中度和规模效益开始彰显，一批规模企业涌现。另一方面，与之相适应，晋江的社会事业发展也向前迈出重要的一步。1996 年晋江市教育实现“两基”达标，随后“双高普九”通过首批省级验收。2003 年又实现基本普及高中阶段教育的目标。中等职业技术教育继续发展，民办教育取得突破，高等教育也已在积极筹谋中。在科技强市方面，努力用高新技术和先进技术加速对制造业的现代化改造，加快推进国民经济信息化进程。高度重视人才培养和引进，科技进步对经济增长的贡献率显著提高。1996 年进入“全国科技综合实力百强县（市）”行列，1998 年被列为“全国科技进步示范区”，1999 年以来连续多年获“全国科技进步先进市”“全国科普示范市”。在福建率先成立了县级市政府专家顾问团，建立全国第一个县（市）级博士后科研工作站和专家活动中心，并建立留学人员创业园和人才交流中心，引进了 2000 多名高级人才，其中包括 30 名博士后。企业人才占职工总数的比例在 1997 年达到 4.54%，2003 年约达 9%。在社会文化建设方面，逐年大幅度加大投入力度，一大批大规模、高标准的标志性社会事业重点设施相继建成投入使用，如体育中心、博物馆、科技馆、图书馆、市医院病房综合大楼、广播电视大楼、老年人活动中心等，从根本上改变了晋江城市公用事业体系建设滞后的面貌。文化、体育、广播电视、卫生等社会事业全面繁荣。近年来，先后荣获“全国文化先进市”“全国体育先进市”“全国民间戏剧之乡”“中国民间特色艺术之乡”“全国文物先进县”“全国创建文明村镇工作先进市”“全国双拥模范城”“省级卫生城市”等称号。这些都表明，晋江的经济社会发展已经跃上了一个新的台阶。

1992 年以来的 15 年实践，是晋江广大干部群众在初步实现乡村工业化的基础上，积极探索晋江工业化、城市化、社会事业现代化三位一体发展的新历程，成功探索出一条切合晋江实际的县域现代化道路，晋江现代化向前迈进了重要一步。可以说，晋江用生动的实践实现了第二次飞跃，即在实现乡村工业化的基础上，成功地探索出一条符合晋江实际的县域现代化发展道路，并基本实现了现代化。

（三）晋江模式新发展是科学发展观的生动实践

坚持以人为本，全面、协调、可持续发展的科学发展观，是中国经济社会发展的重要指导思想，是发展中国特色社会主义必须坚持和贯彻的重大战略决策。以科学发展观的视角审视，晋江模式的新发展走的正是一条科学发展观的道路，是科学发展观的生动实践。

首先，晋江模式新发展坚持以人为本。提高民生质量，惠民利民，健全社会安全网，营造和谐的生活环境，使全体人民共享经济社会发展成果，是晋江市委、市政府始终坚持的根本原则。在扩大社会就业方面，晋江市建立了城乡一体的公共就业服务制度，广开就业门路，拓宽就业渠道，完善就业服务体系；加大农村劳动力、大中专毕业生和失业人员的就业培训和服务，实现了充分就业。在健全社会保障方面，晋江市不断完善农民基本生活保障和农村基本养老保险制度，城乡居民最低生活保障制度已实现全面覆盖，做到了应保尽保。同时，新型农村合作医疗也在不断开展，社会福利、社会救助和慈善事业也得到大力发展，基本建立了老有所养、病有所医、弱有所助、贫有所济、覆盖城乡的社会保障体系。在调节利益关系、促进和谐方面，晋江市加大收入分配调节力度，努力提高中低收入者收入，加快经济适用房、廉租房建设，着力解决好特困群众的住房、就学、就医、法律援助等实际问题，加强对发展相对滞后区域的重点帮扶，加大对义务教育、公共卫生、社会保障、环境保护、公益性基础设施建设、公共安全等公共服务领域的投入，使各社会阶层机会均等地分享发展成果。这些突出地体现了科学发展观以人为本的要求。

其次，晋江模式新发展坚持全面发展。1992 年撤县建市以来，晋江在坚持以经济建设为中心的同时，全面推进政治建设、文化建设和社会建设，积极追求经济社会的全面发展。如前文所述，在晋江模式时期，由于生产力落后，晋江发展突出的是经济建设，这一时期晋江模式“三为主、一共同”的发展内容实际上都是针对经济建设而言的。整体而言，晋江模式时期的发展基本上是以工业化为主导的发展模式。进入 20 世纪 90 年代以后，晋江模式实现了新发展，在继续坚持经济建设这一中心任务的同时，政治建设、文化建设和社会建设成为晋江现代化进程中的新的发展主题。与传统晋江模式相比，晋江模式新发展更显示出现代化发展的综合特征，在工业化、城市化、社会事业现代化、社会结构现代化、政府管理现代化、文化价值观念以及人的现代化方面，均取得了显著的发展成就。

再次，晋江模式新发展坚持协调发展。20 世纪 90 年代以来，晋江市委、市政府积极统筹城乡发展、统筹经济社会发展。长期以来，城乡发展不协调、经济社会发展不协调是中国发展的基本特征，今天这一情况依然存在。在晋江模式发展时期，虽然乡村工业发展迅速，但是城乡发展不协调依然存在，尤其是在社会事业领域，广大农村地区的教育、医疗、文化等社会事业发展滞后，从整体上看，社会发展远远落后于经济发展。当然，在生产力落后的背景下，这种发展不平衡是有历史必然性的。但是，当经济发展起来以后，在能否实现城乡以及经济社会协调发展以促进现代化更好发展的问题上，一些国家和地区的经验教训是客观存在的。我们看到，以 1992 年撤县建市为契机，晋江在统筹城乡协调发展方面迈出了重要一步，特别是以新农村建设为契机，晋江将其放在推进城乡一体化的高度来认识，坚持“工业反哺农业、城市支持农村”，切实做到“予得更多、取得更少、放得更活”，努力促进新农村建设持续走前列，实现新突破，让农村和农民得到更多实惠。而在经济社会协调发展方面，加大对教育、公共卫生、社会保障、环境保护、公益设施建设、公共安全等公共服务领域的投入，完善城乡居民最低生活保障制度，实施新型农村合作医疗全面覆盖，大力发展社会福利、社会救助和慈善事业，关心外来民工，依法保障弱势群体的合法权益，建立健全社会保障体系等措施夯实了社会和谐的基础，促进了社会公平。

最后，晋江模式新发展坚持可持续发展。晋江主导产业多为劳动密集型产业，这些产业存在能耗以及污染问题。20 世纪 80 年代，企业规模小，技术水平低，不可避免地存在对资源的损耗以及对环境的污染问题。进入 20 世纪 90 年代，特别是进入 21 世纪以来，这些问题不断得到重视。转变资源利用方式，促进人口、资源、环境相互协调，实现人与自然的和谐，坚持走生产发展、生活富裕、生态良好的文明发展道路，保证一代接一代地永续发展，成为晋江经济社会发展的重要指导思想。近年来，围绕循环经济、清洁生产，晋江市在纺织服装、陶瓷建材、造纸、化工、制伞等产业实施一批节能、节材、节水和资源综合利用项目，在企业的漂染、电镀等关键生产环节实施清洁改造方案，下大力气抓好节能、降耗和减排工作。同时，抓紧研究制定单位土地产出标准、行业能耗物耗标准、废水废气废渣排放标准及绿化建设标准，对不达标项目严禁准入或限期退出。狠抓近海水域污染整治，加快推进小流域整治。加强城市污水、垃圾处理系统规划布点工作，切实抓好垃圾发电厂以及污水处理等工程建设。在可持续发展的道路上，晋江正大步迈向资源节约型、环境友好型社会。

（四）晋江模式新发展的历史必然

总体来看，在改革开放前期，晋江广大干部群众探索出一条符合晋江实际的乡村工业化发展道路，这条道路被概括为晋江模式，这是晋江发展的第一次飞跃。在1992年晋江撤县建市以后，这条道路的内涵与特征已经发生变化。从现实来看，实现市场调节、发展外向型经济和建立以股份合作制为主的企业，实现多种经济成分共同发展的问题，已经在实践中得到解决，晋江已经由建立市场经济机制的发展时期进入探索县域经济社会协调发展、实现现代化的新的发展阶段。在这样的背景下，再用“三主体、一共同”来概括晋江现在的发展道路已经不那么合适了。正如晋江领导干部所指出的，重新审视晋江改革开放以来的发展历程，可以发现，如果说当年学术界对晋江模式内涵的揭示主要是着眼于经济制度变革的话，那么，今天从区域经济发展战略的角度来看，晋江走出的则是一条以发展产业集群来实现工业化、带动城市化的内发外向之路。[①] 实践表明，晋江模式的内涵与特征已经有了新的发展。

从晋江模式到晋江模式新发展，实际上是一个县域实现现代化的过程。这里需要强调的是，晋江模式新发展，并不是说晋江又创造了一个新的发展模式，而是说，在新的历史发展环境下，面对新的发展主题，在继承和发展晋江模式的基础上，晋江广大干部群众创新、开拓、突破，探索出一条县域现代化发展的道路。没有晋江模式就没有晋江模式新发展，晋江模式新发展是晋江模式发展的必然结果。之所以这样说，一方面是因为晋江模式新发展鲜明地体现了科学发展的内在要求，是晋江经济社会发展遵循科学发展的必然结果；另一方面是因为晋江模式新发展体现了现代化的一般规律。

一般来看，在一个国家或地区发展的不同阶段，发展的主要任务与道路模式会呈现出差异。在经济社会发展的初级阶段，生产力水平低，产品供不应求，因此，解决人们的温饱问题，满足人们的基本物质生活的需求，成为经济社会发展的主要任务。这一阶段以经济发展为主导，基本路径是工业化。在经济社会发展的中级阶段，生产力落后的状况得到较大改善，初步实现了工业化，温饱问题得到基本解决，社会剩余产品增多，人们对

① 《从晋江产业集群的发展看政府作用》，《福建日报》2004年5月11日。

物质生活以外的精神文化需求和全面发展的需求越来越迫切，同时经济发展本身也对科技、教育、社会环境提出了更高的要求，并且为社会发展创造了条件，于是社会发展加快，经济社会协调发展成为这个阶段的主要任务。在经济社会发展的高级阶段，经济实现高速发展以后，社会发展内容日益丰富，人们对社会全面发展也提出了越来越高的需求，虽然经济发展依然是基础，但是经济发展将服务于社会发展并以促进社会全面发展为目标，社会发展成为主导。① 这意味着没有一成不变的发展道路模式，任何发展道路模式都形成并存在于特定历史时期，随着发展主题和发展环境的变化，原有的道路发展模式也会发生相应的调整，以适应不断发展变化了的时代要求。

因此，从晋江模式到晋江模式新发展有历史必然性与合理性（见图 4）。1992 年撤县建市之前，晋江还处于经济社会发展的初期阶段，根本任务是实现工业化，改变生产力落后的局面，解决人们的温饱问题。在这一阶段，晋江发展道路主要是经济发展和工业化推进，形成了“以市场调节为主，以外向型经济为主，以股份合作制为主，多种经济成分共同发展”的晋江模式。在晋江模式中，“三为主、一共同”要解决的都是经济发展问题。1992 年以后，随着晋江工业化水平的不断提高，经济持续快速增长，温饱问题得到解决，人们对物质生活以外的精神文化需求和全面发展需求越来越迫切，社会发展日益显示出重要性与紧迫性。于是，协调经济社会发展，全面实现现代化，成为新的历史时期晋江发展的主要任务。在工业化发展的基础上，推进城市化以及社会事业现代化，实现城乡协调发展和经济社会协调发展，也就成为晋江现代化发展的必然选择。总之，从晋江模式到晋江模式新发展，是晋江广大干部群众在正确把握经济社会发展主题的基础上，在科学发展观的指导下，在全面建设小康社会的历史进程中，在探索从以乡村经济为基础实现工业化到协调经济社会发展、实现县域现代化的实践中，与时俱进、开拓创新所取得的新的发展成果。不固守定势，与时俱进，不断开拓新的发展道路，是晋江发展取得突出成就的重要原因所在。

表 4 对晋江模式与晋江模式新发展进行了比较。通过这一比较，一方面，我们看到，晋江模式新发展与晋江模式之间有着不可分割的连续性；

① 陆学艺：《中国社会发展新思维》，《江西师范大学学报》（社会科学版）2004 年第 1 期，第 3 ~7 页。

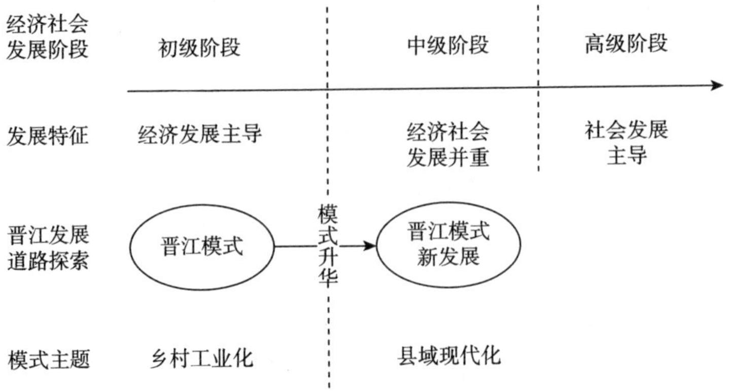

图4 从晋江模式到晋江模式新发展的转变

另一方面，与晋江模式相比，晋江模式新发展显示出现代化的综合特点。晋江模式以工业化为主导，其他方面的现代化还处于自发的起步阶段，显示出现代化的迹象；而晋江模式新发展则把晋江带入了全面现代化的新阶段，现代化水平有了显著提升，在许多方面已经达到了中等发达国家的水平。这表明晋江模式新发展无论是在规模、质量、影响上还是在内涵上都有了显著提升，突出体现了科学发展观以人为本、全面、协调、可持续发展的内涵与特征。

表4 晋江模式与晋江模式新发展的比较

现代化内容		晋江模式	晋江模式新发展
经济现代化	市场化	以有形市场为主，以推销员为中介，市场规则、制度不完善，产品恶性竞争不断，市场机制还没有受到中央政府的充分肯定	市场体制确立；市场运行方式实现新的变革，连锁店加盟被普遍采用；国内外市场共同发展，向国际进军已经成为重要目标；境内外上市成为新的融资渠道。网络化成为企业联系市场的重要手段；人才市场化运作越来越普遍
	工业化	处于工业化初期，企业规模小，产品技术含量低，缺少自主品牌；专业村开始出现，专业乡镇正在孕育之中，本土企业家群体正在形成之中	达到工业化中期水平；在企业规模上，出现大、中、小企业并存的格局；现代企业制度逐渐确立；企业品牌化；产业集聚效应；企业进入做大、做强、做响层次，出现总部在晋江、生产销售两头在外的跨地区发展；第三产业得到前所未有的发展

续表

<table>
<tr><th colspan="2">现代化内容</th><th>晋江模式</th><th>晋江模式新发展</th></tr>
<tr><td rowspan="3">社会现代化</td><td>城市化</td><td>农村工业发展，带动小城镇发展，但是城市化处于自发状态，没有系统规划</td><td>以建市为契机，全面有规划地推进城市化，城市化成为经济发展的新动力；工业园区建设、城市片区建设、基础设施建设大大提高了城市化水平；城乡一体化速度加快；外来人口开始融入晋江社会</td></tr>
<tr><td>社会结构</td><td>非农化快速推进，社会阶层结构存在一定程度的分化，但还没有定型</td><td>非农化基本完成，社会阶层结构的现代化雏形已经具备；社会流动渠道比以前变得更开放，能力主义原则获得普遍认可</td></tr>
<tr><td>社会事业</td><td>还停留在传统计划体制的框架内，城乡二元格局没有明显的改变</td><td>进入城乡一体化、覆盖外来人口的阶段；以政府为主、企业积极参与、民间社会共担的建设格局初步形成；社会公正、社会整合和可持续发展能力等得到一定程度的体现</td></tr>
<tr><td colspan="2">政府管理</td><td>处于起步摸索阶段，基于本地情况和需要出台政策，为晋江经济发展提供力所能及的庇护和帮助</td><td>党政职能定位越来越明确，党政管理体制创新不断推进；对经济发展从过去的保护转变为规划、引导、鼓励和监督等多元作用；更重视公共服务、社会事业发展和建设</td></tr>
<tr><td colspan="2">文化价值变迁与人的现代化</td><td>传统文化与外来文化接触阶段。以传统文化为媒介，吸收外来现代化文化，并加以改造，成为晋江发展的重要动力</td><td>晋江现代化文化价值的再造和提升：晋江精神在市场化和全球化中获得提炼和升华，变得更开放、更理性化；企业开始注重自身文化的塑造；文化产业化发展；发展文教事业，努力推进人的现代化</td></tr>
</table>

需要说明的是，表4的内容设计体现了现代化理论的基本逻辑。现代化不是单方面的发展，而是综合的、全面的发展，是一个国家或地区整体上从传统社会向现代社会转变的过程。根据各种现代化理论以及中国现代化的实践，我们从多个维度对晋江模式与晋江模式新发展进行比较。其中，最基本的维度是经济现代化与社会现代化，具体表现为工业化、城市化与社会事业现代化三个维度。一般而言，工业化是现代化的动力，城市化是现代化的载体，而社会事业则在现代化进程中发挥着整合秩序、提升社会文明、提供社会可持续发展能力的功能。这些维度之间存在相互影响、互为因果的关系，构成了一个完整的社会系统。晋江模式新发展实际上就是一个社会系统的整体现代化过程，它实践了如何在快速推进工业化的基础

上促进其他方面现代化的发展道路。在这一点上，晋江模式新发展是一个成功的现代化道路模式，而其形成和发展的主要条件和机制主要表现在三个方面。第一，晋江模式新发展是必然的历史过程。晋江自身的经济社会发展，全国的改革和发展，以及全球化的影响，构成了这一历史过程的客观条件。第二，晋江经济社会发展的客观要求与现实存在的各种不适应产生了种种矛盾，制约了晋江经济社会的进一步发展，这构成了晋江模式新发展的内在驱力或压力。第三，晋江政府、企业和社会各界在不同阶段能够清醒地认识到相应的发展制约、矛盾，不满足于已有成就，不墨守原有的模式和做法，共同合作，不断探索新的发展方向和路径，所谓“逆水行舟，不进则退”，这构成了晋江模式新发展的主观动力机制。

三 晋江模式新发展的内涵与特征

如前所述，在1992年撤县建市以后，晋江广大干部群众探索出了一条符合晋江实际情况的县域现代化发展道路，实现了晋江模式的新发展，这是晋江模式的继承与升华，是晋江模式发展的必然结果。从内涵上看，与晋江模式乡村工业化道路不同，晋江模式新发展实质上是探索一个县域能否实现和怎样实现现代化的问题；从特征上看，与“三为主、一共同”的晋江模式不同，晋江模式新发展的特征为“三化促两协调”，即通过产业集群、品牌经济的工业化，城乡互动、功能优化的城市化，关注民生、共享和谐的社会事业现代化，促进城乡协调发展和经济社会协调发展，逐步实现县域现代化。

（一）晋江模式新发展的内涵：县域现代化道路探索

一个县域能否实现现代化，是当前中国现代化进程中需要关注的一个重大命题。在区域现代化的问题上，存在不同的争论。有观点认为现代化是一个整体的发展概念，在大多数地区尚没有实现现代化的情况下，一个地区不可能率先实现现代化。但是，在中国这样一个城乡与区域差异极为显著的国家，实现现代化是否要遵循整体性与平衡性的规律？我们认为，每个国家都有不同的国情，具体到现代化道路上也要结合本国的实际，正如中国新民主主义革命走的是“农村包围城市”的道路，而没有遵循“城市包围农村”的一般规律一样。因此，我们认为，在中国现代化道路问题上，区域不平衡发展的基本国情决定了中国现代化道路是由个别区域率先实现进而推进整体实现的。原因在于，现代化虽然是一个国家和地区的整体现代化，不是某个局部范围的现代化，但是一个国家和地区内部的发展不可能是整齐划一的、均衡的与同质的，而是先从某一局部地区发展，影响并带动整体范围的发展。对此，党的十六大报告明确提出："有条件的地方可以发展得更快一些，在全面建设小康社会的基础上，率先基本实现现代化。"① 如前所述，在近30年的改革开放实践中，中国已经有一些发展基础较好的大中城市率先实现了经济社会的显著发展，达到世界中等发达国家的水平，证明了中国实现现代化的区域非平衡性。那么，就中国广大的县域地区而言，是否能在区域不平衡的格局中实现现代化？如果能，那么又如何实现现代化？

首先，基础薄弱的县域能否通过自己的努力赶超实现现代化？现代化研究学者对欠发达地区的现代化有两种不同的观点。一种观点以德国著名社会学家格尔申克隆为代表，认为后进国家或地区虽然不可能走与发达国家或地区相同的现代化道路，但是可以通过"借用的技术"，以比发达国家或地区更快的速度实现现代化，赶上发达国家或地区。而弗兰克的依附理论和沃伦斯坦的世界体系理论则持相反的观点。前者认为，以往现代化理论的一个致命错误在于，把发展中国家过去和现在的状态置于与发达国家曾经经历的一个阶段相同的位置。事实上，发展中国家与发达国家在整体上处在相互共存的现时状态中，前者依附于后者，构成了一个世界资本主义体系。后者则认为，整个世界体系是由中心国家、半边陲国家和边陲国家构成的结构，中心国家是指那些实现了现代化的发达国家，而其他都是发展中国家，在这样的结构中，后者基本上没有可能成为中心国家，因为它们之间存在剥削与被剥削的关系。

在中国的现代化进程中，广大落后的县域地区是否能实现以及如何实现现代化，甚至是否能以赶超的速度向现代化迈进，是个极富理论与实践意义的重大命题，也是我们所要探索的问题所在。通过对晋江的调研，我们认为，晋江的实践生动地证明这种发展是可能的。在改革开放之初，晋江还是一个农业县，经济社会发展的基础薄弱。但是，在改革开放以后，晋江通过"三闲起步、三资引路、三来一补迈大步"，成功地开拓出一条乡村工业化的道路。而后，以撤县建市为契机，晋江又在工业化、城市化、

① 《中国共产党第十六次全国代表大会文件汇编》，北京：人民出版社，2002年11月，第20页。

社会事业现代化领域实现了新的发展，在县域现代化进程中向前迈进了重要的一步。晋江的发展表明，基础薄弱的县域是可以实现现代化的。那么这种发展是如何实现的呢？

现代化理论在现代化路径上存在争论，对于中国现代化路径也有过现代化与“西化”之间关系的激烈争论，存在“中国本位”“全盘西化”“现代化”等不同观点。[①] 实际上，到目前为止，无论是在理论上还是在实践上，现代化不是“西化”这个问题都已经得到了解决。现代化是人类根据自身条件不断迈向更加先进、合理、文明和幸福的过程，因此各国不会完全按照某个国家的模式去搞现代化。美国著名社会学家帕森斯认为，西方国家在现代化方面至少存在三种不同的格局或模式：第一种是以英国、法国和荷兰为主体的“欧洲西北角”，主要体现为英国的产业革命和法国的民主革命；第二种是以德国和奥地利为主体的“欧洲东北角”，特征是产业化急速发展但民主化不平衡；第三种以美国为主体，它比欧洲更加紧密地将民主革命与产业革命成功地结合在一起。当然，在帕森斯看来，美国的现代化在西方国家中是最成功的，这与他是美国人有一定的关系，不过他至少指出了西方国家在现代化上的差异，从而表明现代化存在多种道路与模式。如果进一步考虑一些非西方国家和地区成功实现现代化的现象，那么现代化的道路与模式会更多。

我们至少可以从晋江的现代化实践中看到中国县域现代化的一条重要路径：农村工业化—区域工业化—城市化—社会事业现代化—城乡协调发展与经济社会协调发展。当然，不同方面的现代化变迁之间并不存在线性的关系，而是存在重要的相互影响的关系。晋江的现代化实践表明，没有工业化就不可能有现代化，工业化对于各地现代化来说是必不可少的。中国早期研究现代化的一些学者就把现代化当作工业化。[②] 而在20世纪60年代我国出现的四个现代化概念中，工业现代化也被放在首位。晋江现代化同样是从乡村工业起步的。实际上，无论是苏南模式、温州模式，还是珠江模式，都是从发展工业起步的。工业化是大多数地方实现现代化难以逾越的环节。但是工业化不等于现代化，当一个县域实现工业化发展以后，城市化以及社会事业现代化的及时跟进就会成为现代化进程的内在要求，

---

① 罗荣渠：《现代化新论——世界与中国的现代化进程》（增订本），北京：商务印书馆，2004年1月，第377页。

② 罗荣渠主编《从“西化”到现代化》，北京：北京大学出版社，1990年3月，第229页。

工业化、城市化、社会事业现代化相辅相成、相互促进，三位一体。晋江的发展表明，工业化为城市化和社会事业发展奠定了经济基础，城市化大大提升了晋江的工业化水平，并对社会事业发展提出了要求，社会事业的发展又有力支撑起工业化和城市化。而在工业化、城市化、社会事业现代化的实践中，晋江模式新发展又富有鲜明的地域特征。

（二）晋江模式新发展的特征：三化促两协调

与“三为主、一共同”的晋江模式相比，我们把晋江模式新发展概括为通过产业集群、品牌经济的工业化，城乡互动、功能优化的城市化，关注民生、共享和谐的社会事业现代化，促进城乡协调发展和经济社会协调发展，逐步实现县域现代化，即“三化促两协调”的县域现代化道路。这里需要强调的是，大多数国家和地区的现代化在内容上都表现出较强的同质性，即工业化、城市化和社会事业现代化。但是，在实现现代化的具体路径上，不同国家存在差异。作为县域现代化道路的一种模式，晋江现代化的特征亦是如此。

1. 工业化：产业集群、品牌经济

1978 年改革开放以后，晋江人以“三闲”起家，创办联户集资企业，在工业化初期形成了产供销企业在地理空间上的集聚，并初步形成了服装、制鞋、食品等产业，“一村一品，一镇一业”的产业格局初现。进入 20 世纪 90 年代，在原有的区域内小规模生产企业聚集的基础上，晋江开始出现一些规模逐渐扩大、具有一定区域影响力的企业。从 20 世纪 90 年代中后期开始，随着中国进入买方经济时代，市场环境发生逆转，晋江各大企业在这样的背景下，纷纷致力于创造品牌，由此一批企业得以做大做强，脱颖而出，成为行业的龙头企业，并带动相关产业的发展。在龙头企业的示范效应及带动下，晋江各主要产业中的企业都开始走上专业化协作，形成了配套齐全和完整的产业链。目前，晋江在制鞋、纺织服装、食品、拉链等行业已经形成极具影响力的产业集群。其中，制鞋行业 2005 年拥有鞋类企业 3000 多家，规模以上企业 302 家，年产量达 9 亿多双，休闲鞋产量占全国总产量的 40%，占全世界总产量的 20%，被誉为“中国鞋都”；纺织服装行业拥有企业 3000 多家，规模以上企业 429 家，年产值 242 亿元，被授予“中国纺织产业基地”称号；拉链行业已经成为全国拉链产品生产加工基地和主要集散地，产量全国第一，世界第二，被授予“中国拉链之都”称号。产业集群的形成极大地提升了晋江的工业化水平，使晋江工业发展更具有生产专业化的成本优势，而企业组织网络的形成又极大地提升了晋江县域经济的竞争力。

晋江工业在呈现产业集群的同时，品牌经济逐步形成，这成为晋江工业化的又一重要特征。在晋江工业化初期，工业产品主要是仿牌和贴牌。但是随着 20 世纪 90 年代中后期中国经济开始进入买方市场，晋江人意识到品牌与质量的重要性，开始走上了品牌经济的道路。1995 年晋江市政府提出了“质量立市”的战略，1998 年进一步提出“品牌立市”，2002 年又制定了打造“品牌之都”的新举措。围绕品牌经济做文章，晋江市政府出台了一系列相关政策与措施，如重奖创牌企业、给予品牌企业各项优惠政策等。在政府的引导以及晋江企业的努力下，晋江品牌经济成效显著。2006 年底，晋江共有中国驰名商标、中国名牌产品、中国出口名牌产品等国字号企业品牌 69 项、区域性品牌 13 项、国家免检产品 45 项，5 个品牌入选亚洲 500 强、7 个品牌入选中国 500 个最具价值品牌、3 个品牌入选中国行业标志性品牌。品牌群体的形成，使晋江荣获“世界夹克之都”“中国鞋都”“中国伞都”“中国陶瓷名镇”“中国休闲服装名镇”“中国内衣名镇”“中国织造名镇”“中国运动服装名镇”等荣誉称号。品牌经济已经成为晋江工业发展的一道亮丽风景。

从总体上看，相比于晋江模式，“产业集群、品牌经济”是晋江模式新发展阶段中工业化的重要特征，表明晋江工业化无论是在数量上还是在质量上都已经实现了纵深发展，这是晋江模式的工业化所无法比拟的。

2. 城市化：城乡互动、功能优化

现代化经验表明，工业化发展必然推动城市化发展，同时，工业化的进一步发展也需要城市化的相应推进。过去有人主张以乡镇企业发展和小城镇建设作为农村现代化发展的两翼，有其时代的合理性，因为当时中小城市还没有向农村工业化开放。但是，后来的发展经验表明，当企业发展壮大后，小城镇的空间就已经太小了，没有更大容量的城市化建设和布局，要么会阻碍企业发展，要么会导致企业外迁。因此，加强城市化建设以推进工业化发展，就显得非常迫切和重要。城市化建设以城市为平台，可以更好地整合人力资源、政策资源和土地资源，与外部建立起更好、更快的信息联系，充分发挥城市的集聚效应和辐射功效。在晋江县域现代化进程中，这一规律同样得到了体现，但是晋江城市化具有自身的特色，即“城乡互动、功能优化”。

20 世纪 80 年代，晋江乡村工业的发展为晋江城市化奠定了重要基础并指明了方向。由于晋江各镇乡村工业发展呈现齐头并进的态势，晋江一直在整个县域范围内布局工业化发展。因此，在1992年撤县建市后，晋江的城市化也立足这一实际，即城市建设中的城乡互动。对此，晋江市委、市政府经过充分研究，从市域城镇多、相距近、现有市区规模还不如安海、东石、金井等老城镇的实际出发，提出了强化中心市区、建设城镇群体、完善基础设施、把整个市域建设成珠链式侨乡新型城市的构想。这个构想立足把晋江649平方公里的整个区域作为城市来建设，坚持工贸结合、转型外向、城乡一体、协调发展的方向，努力建设青阳、安海、晋南三个各具特色的经济区并用高等级公路和现代通信设施把三个经济区和各个镇连接起来，沿途布撒工业小区和旅游服务网点，把晋江建设成为城乡一体、空间大、余地多、辐射力强的侨乡新型城市。

在新的城市化发展实践中，晋江积极推进城市化建设，围绕城市化继续深入开展富有创新性的工作，这使晋江的城市功能不断得到优化。城市功能包括行政功能、经济功能、文化功能等方面。1992年撤县建市以来，晋江的城市功能不断得到优化，在县域城市化中颇具特色。1996年晋江市提出“引导耕地向规模经营集中，企业向工业园区集中，人口向城市和集镇集中，住宅向现代社区集中”，确立了在20世纪末实现“三强”“三先”“三城”的目标，通过优化城市功能，推动晋江经济社会持续向前发展。在优化城市功能方面，晋江市坚持基础设施先行，充分利用综合配套改革试点市的优势，积极改革城镇建设投融资体制，多渠道、多形式、多层次地筹集建设资金，初步建立国家、集体和个人共同投资的多元化投入机制，同时充分发挥侨乡优势，调动海外侨胞投资、捐资兴建基础设施和公益事业的积极性。1992～2004年全市累计完成固定资产投资370.92亿元，交通、供水、通信、电力和市政设施五大基础设施网络日趋完善，建成了民用晋江机场和深沪、围头两个万吨级码头，形成了纵横发达的市域交通、通信网络，构筑起城镇体系基本框架。市域内各镇之间全部建成高等级道路，385个行政村（居）都通水泥路。2003年底，全市拥有公路968条，通车里程达1721.69公里，公路密度位居全国前列。邮电通信超前发展，2003年底全市固定电话用户53.57万户，公用电话29369门，泉灵通用户21.8万多户，移动电话用户27万户。2003年底，全市有220千伏变电站3座，主变容量1080千伏安，110千伏变电站15座，主变容量1396千伏安，35千伏变电站3座。目前拥有110千伏输电线路251.089公里，10千伏配电线路1735公里，形成以110千伏电压等级为主网架和10千伏配网组成的供电网络。基础设施的大力建设为晋江城市功能优化奠定基础。

在“城乡互动、功能优化”的城市化路径下，晋江已初步构筑起现代化城镇体系框架，逐渐形成以市区、安海、晋南等各具特色的三大经济区域为龙头，一批开发区、工业区和专业市场为骨架，“众星捧月”的城镇发展格局。2001年，福建省委、省政府批准晋江为（规划）中等城市。以此为契机，晋江确定了“现代化制造基地、著名侨乡、生态型滨海城市”的城市发展定位和“高标准规划、大手笔建设、高效能管理”的原则以及“晋江全境城市化”的发展格局。至2004年，晋江已完成城市总体规划编修，启动“三组团”即城市中心组团、产业组团、滨海组团三大功能区规划，以中心市区和中心城镇为重点，稳步推进新区建设、旧城改造，晋江城乡互动、城市功能正在不断优化。调研期间，我们亲身感受到晋江正在生成的中等城市魅力和现代性要素。一个中等城市呼之欲出。

总体而言，相比于晋江模式，城市化可以说是晋江模式新发展中的全新内容。在晋江模式中，农村工业化造成的“村村点火、处处冒烟”的工业布局以及小工厂、小作坊的小规模生产，无法为城市化提供人口集中、商品集中、服务集中的基础条件，同时不会为了降低成本、分享信息而产生对公共基础设施的需求，因而城市化不会成为那一时期地方政府和社会各界的战略选择。当然，严格的城乡二元化体制对农民进城的种种限制，也是城市化战略难以被提上议事日程的重要原因。随着新型市场化和工业化的发展，企业规模的扩张和产业集群的形成，城市化战略不仅获得了必要的客观条件，成为晋江进一步发展的内在要求，也成为晋江模式新发展的应有之义与显著特征。

3. 社会事业现代化：关注民生、共享和谐

人民共享改革发展成果，需要大力发展社会事业。经济发展会促进社会发展，但社会的发展不会自动实现。相对于经济发展而言，社会发展更多地依赖于政府的行动，依赖于各种社会力量的努力。在经济社会发展初期，经济发展得到突出强调，社会事业发展滞后于经济增长，这是普遍的现象。但是，在经济社会发展进入中期以后，加大社会事业的发展成为必然选择。在这一时期，社会事业发展是否能适时地跟进，不仅对经济社会协调发展有积极的意义，也直接决定了经济是否能可持续健康发展。晋江市委、市政府较早地意识到社会事业发展的重要性。多年来，历届政府多管齐下，强力推进社会事业发展，促进社会与经济之间、城乡之间、区域之间和阶层之间的协调发展，取得明显效果。其中，尤以教育事业、社会

保障事业以及慈善事业的发展为着力点。

在教育事业发展方面，晋江市突出了政府责任，持续大力投入，改善办学条件，提高教师待遇和教学质量。20 世纪 90 年代中后期以来，晋江市对全市中小学布局进行了合理化调整，大力改善学校教学设施，同时鼓励外地晋江籍毕业大学生回乡投身教育事业，引进优秀教学人才。在很短的时间里，晋江市实现了全部中小学的高水平建设，教学质量显著提高，城乡教育资源配置日益均衡。2006 年，政府的教育投入达到 4.95 亿元，占财政总支出的 24.1%。特别值得一提的是，晋江市的教育资源不仅在本地人中实行均衡配置，而且向外来人口覆盖，凡是在晋江务工经商的外来人口子女都能享受到晋江的免费公共义务教育，11 万外来人口子女在晋江的小学就读。在很多学校中，外来人口子女已经超过本地孩子。考虑到部分外来工子弟上学的便利性，晋江市保留了在小学布局调整过程中空置的校舍，交给社会办学力量，为他们提供便利的上学条件。通过这些努力，晋江市青年人口的教育水平得到大幅度提高，为晋江现代化奠定了重要的人力资源基础。

在社会保障事业方面，1998 年晋江市在福建省率先实行城乡一体的低保制度，2006 年又在福建省率先实行城乡一体的新型合作医疗制度，覆盖率达到 100%，参合人数为 77.73 万人，参合率达到 80.78%。在开展社会保障工作方面，晋江市坚持从实际出发，高标准研究设计工作方案。在出台的《农村居民最低生活保障制度实施办法》中，晋江市对保障范围、保障标准的确定与调整、家庭收入的计算、低保资金的管理等都做了明确具体的规定。除了低保资金全部自筹外，低保人员人年均保障水平达到 3000 元，比全省平均水平高出 1800 元。在推进新型农村合作医疗工作的过程中，晋江市确定了高于全省平均水平的筹资标准，并指定福州、厦门、泉州等转外就医定点医院，增强工作的可比性、可行性与可信度。另外，晋江市的扶贫济困工作多管齐下，实施城乡贫困家庭医疗救助，2005 年 8 月以来发放救助金 57.5 万多元；推广建立“爱心慈善援助中心（站）”，在各镇（街道）、村（社区）建成 176 个中心（站），慈善总会资助低保户参加新型农村合作医疗，同时资助部分 60 周岁以上被征地的低保人员参加养老保险；实施廉租房补贴政策，对城乡低保对象中租房居住的家庭实施货币补贴等，促进社会救助体系的逐步形成。

在社会慈善事业方面，慈善事业对社会财富的再分配以及协调社会阶层关系具有重要的功能。晋江市民间有悠久的慈善传统，如何利用好、发挥好这一传统，把晋江市的慈善事业推上一个新的高度，是晋江市政府和社会各界思考的重大问题。为此，2002年，晋江市正式建立了统一的慈善机构——晋江市慈善总会。慈善总会成立以来，多方动员，广为宣传，积极鼓励先富起来的人士向慈善事业捐赠。到目前为止，晋江市慈善总会收到捐赠款物折合人民币2.68亿元，较好地发挥了济困扶危、协调社会关系的作用。

在实现上述重点突破的同时，晋江市还努力推进其他社会事业的协调发展：城乡卫生事业发展稳步推进，公共卫生应急体系进一步完善；现代科技、文化、体育事业体系初步建立起来，图书馆、博物馆、文化馆、体育场馆等文体设施不断得到更新和完善；环境治理力度逐年加大，企业污染治理投入逐年增加，整体环境状况不断改善。

4. 城乡协调发展和经济社会协调发展

城乡发展以及经济社会发展中的不协调、不平衡，是中国现阶段发展的基本特征，也是中国当前现代化进程中诸多社会问题和社会矛盾的症结所在。因此，统筹城乡以及经济社会协调发展是实现现代化的应有之义，并且已经成为新一届中央政府提出的科学发展观和构建社会主义和谐社会理念的重要内涵。就晋江的实践来看，工业化、城市化以及社会事业现代化的发展有力地促进了城乡协调发展和经济社会协调发展。

就晋江城乡发展来看，在晋江模式发展时期，由于农村工业化发展的推动作用，农村经济社会发展取得了比中国其他大多数县域农村更大的成就。但与晋江城镇相比，晋江农村的发展，尤其是社会发展，仍然显得不协调、不均衡。例如，农村的公共服务供给远比城镇少，城乡教育资源配置、城乡基础设施建设、城乡医疗与社会保障体制建设等都存在明显的不平衡、不协调，农民的公共负担也比城镇居民大得多。在晋江模式新发展时期，工业化、城市化和社会事业现代化的快速发展，为城乡协调发展创造了良好的基础。在教育资源配置方面，经过多年努力，晋江市已经基本解决了城乡失衡的问题。农村新型合作医疗体系已经基本建立起来，覆盖了所有农村人口。农村社会保障制度建设首先在最低生活保障制度建设方面取得突破性进展，基本实现应保尽保，对工业化、城市化过程中出现的失地农民，初步建立起以征地补偿换养老保险的制度；农村劳动力就业培训力度逐年加大，推动农村劳动力转移就业的工作不断得到强化，农民的非农就业率不断提高，农村人口城市化速度加快，许多位于城镇周边和工业园区的村委会被转为城镇居民社区，为最终实现真正意义上的城市化奠定了基础。

从晋江经济社会协调发展来看，工业化、城市化和社会事业现代化的齐头并进，也使二者的协调发展正在彰显。在现代社会中，经济社会的协调发展表现在方方面面。从结构层面来看，主要表现为产业结构与职业-社会阶层结构的相互适应，各社会阶层利益关系的协调，政府、市场与社会组织关系的相互适应和协调，在晋江市还有外来人口与本地户籍人口之间的利益关系协调等。从发展层面来看，主要表现为经济建设与社会建设的协调，经济增长与环境保护的协调（环保问题并不单纯是一个环境问题，从根本上来看也是一个社会发展问题，环境保护工作做得不好，迟早会引起社会矛盾甚至冲突），各项社会事业发展之间的协调，等等。归根结底，经济社会协调发展问题本质上是如何处理好效率与公平的关系问题，从政府角度来看也就是经济政策与社会政策的协调问题。

就晋江市而言，经济社会协调发展问题也经历了一个演变过程。在晋江模式时期，经济发展被摆在核心位置，对晋江模式的“三为主、一共同”的概括，也只有经济发展的内容，而没有涉及社会发展。当然，这有历史必然性与合理性，毕竟经济发展在当时具有根本的重要性。但是，经过十几年的发展，经济社会不协调问题逐渐凸显，社会事业发展相对滞后，如教育相对不受重视，劳资关系存在一定程度的紧张等。这些问题不仅制约了社会和谐发展，也影响到经济健康发展。对此，晋江市委、市政府以及社会各界高度重视，在“坚持经济建设和社会事业并重，努力增创文明和谐、安定繁荣的人文优势”的方针指导下，不断加大对教育、新农村建设、科技文化卫生领域的投入。企业则不断改善员工的工作生活条件，提高员工工资报酬。通过这些努力，晋江市的社会结构和社会关系逐步得到调整，变得更加适应与协调，晋江人的全面发展和人的现代化也取得进展。可以说，正是在晋江模式新发展中，晋江经济社会协调发展的趋势才变得越来越明朗。

四　晋江模式新发展的经验及启示

晋江近30年经济社会发展的成就是令人瞩目的，总结晋江经济社会发展的历程，概括晋江模式及其新发展所取得的成就，我们可以得出若干重要的经验与启示。

（一）一个县域可以率先基本实现现代化

一国内部的一些地区可以率先基本实现现代化，这不仅仅局限于那些发展基础较好的大中城市，发展基础薄弱的县域也可以实现赶超式发展，晋江的实践生动地验证了这一观点。在不到30年的时间里，晋江由落后的农业县进入工业化中后期阶段，城市化与社会事业都取得了令人瞩目的发展，社会结构也相应地向现代社会结构转变。这表明，一个县域在现代化进程中是可以走在前面的。对此，欠发达地区的人们可能会认为，晋江的现代化经验太特殊了，全国没有多少县市具备晋江那样的现代化实践条件，不具有普遍性与可复制性。实际上，这不仅仅是一个常识性问题，也是一个现代化研究的重要理论问题。

一般来说，工业化、城市化、社会事业发展是现代化的基本内容，但是在具体实践模式上，不同的县域要立足本地的实际情况，要充分依靠自身的力量。比如，目前招商引资成为各地实现工业化的重要手段，但是其效果如何？是否能真正促进工业化发展？或者是否能保证本地工业化可持续发展？也许晋江的实践经验会对后发地区的发展有重要的启发意义：招商引资不能取代本土企业。在发展初期，晋江也有“三来一补”和“三资企业”进来，但它并没有以牺牲本地企业的发展为代价，而是更好地促进本地企业发展，最终使本地企业成为工业化的主导力量。由此看来，一个地方要实现工业化，必须培育和发展一大批本土企业，特别要注重培育大量的中小企业，鼓励中小企业发展。晋江从小企业的“村村冒烟”到连片发展，再到产业集群，经历了从点到面再到集群、从小到大中小并存的过程。当然，我们并不主张完全按这样的路子去走，实际上这样的路子也付出了巨大的环境和资源代价，但是在工业园区发展中，不应把本地小企业排除在外，而只着眼于大企业，特别是引进来的大企业的发展。

这里涉及引进与消化、开放与本土化的问题。对后发地区的现代化建设来说，不引进、不开放是不行的，但是这种引进和开放不是一种单纯的搬用，而是与本土社会和文化结合，以一定的社会自信为基础或前提，不自我贬低或者妄自菲薄。晋江的现代化实践一直透着一种社会自信，比如晋江人非常推崇晋江“爱拼就会赢”的传统精神，晋江市政府极力将晋江的传统精神升华，以激励晋江人在现代化进程中发挥主导性、创新性和进取性。在其他一些欠发达地区，我们经常听到一些地方领导总是埋怨当地老百姓素质低，不利于现代化建设等。他们在一定程度上忽视了老百姓或者社会的进取性和主体地位，因此在现代化建设决策上不会把发挥老百姓的主导性放在首位，去鼓励大家积极地参与到对外开放的现代化建设中去。日本著名社会学家富永健一早已看到，对于非西方国家来说，现代化是指“始于西方现代的文化传播，对本国的传统文化加以改造的过程”。① 他认为这是一个创造性过程。谁来创造？当然由本国或本地区居民去创造。实际上，任何国家或地区在社会和文化上都具备一定的改造、创造能力，晋江人在文化传统中就具备了一定的现代化因子和素养，如理性精神、拼搏性格、诚信道德等。在其他地方，民间并不缺乏相似的东西，关键是能否有条件让其发挥作用。

总体来看，中国区域差别明显。县与县、市与市之间的差异都很大，一个县不仅有自己独特的经济条件，而且有独特的文化和社会特征，因此决定了县域发展的推进不可能整齐划一，也不可能完全按一个模式进行。立足自身实际，探索出一条符合自身发展实际的道路，是实现赶超发展的关键所在。

（二）工业化是县域现代化的根本动力

工业化是现代化的根本动力，尽管并不排除某些地区可以通过发展其他产业走上现代化的道路，晋江的现代化也是这一规律作用的结果。在晋江模式时期，农村工业化成为晋江工业化的主要形式，“村村点火、处处冒烟”是这种工业化的基本布局。虽然这一时期，晋江的工业化无论是从技术上还是从规模上看都还是初级的，但这是晋江现代化启动的原动力。在晋江模式新发展时期，工业化形态有了质的飞跃，跨入了现代工业化阶段，企业的集聚和产业集群取代了“村村点火、处处冒烟”的农村工业化布局，并且产生了比分散的工业企业发展更强的区域竞争力和更为广泛的经济社会效应。在这个过程中，小工厂、小作坊向真正的工业企业发展，并且从中成长出一批大中型企业，它们成为晋江现代化工业发展的主要载体，并为大量中小型企业提供示范，在产业集群内成为新企业的衍生母体。产业集群和大中型企业的发展大幅度提高了晋江工业发展的技术水准和产品品质，催生了晋江的自主品牌和名牌，为晋江市工业化向中后期阶段推进提供了技术和品质基础。这些显著提升了晋江工业化的质量。另外，晋江大中型企业逐步建立起现代企业制度，现代化公司成为这些企业的基本组织

① 富永健一：《日本的现代化与社会变迁》，北京：商务印书馆，2004年11月，第23页。

形式。许多中小型企业即使仍然保持家族所有的产权结构，也在酝酿改革管理方式，期望通过引进职业经理人来提升管理水平。考虑长远发展甚至胸怀全球的战略化经营机制开始在一些大型企业中形成，甚至我们访谈过的一些中型企业也在谋划自己的全球战略。因此，晋江模式新发展时期的工业化，是以产业布局集中化、企业规模大中型化、生产工艺高度机械化和生产作业流水线化、企业产品名牌化、产业组织和企业管理现代化、企业经营战略化为主要内涵和基本特征的。可以说，工业化奠定了晋江现代化坚实的基础。工业化的显著后果是推动了生产力的发展，推动了就业结构的转变，新型社会分工使新兴社会阶层出现，并聚集在一定区域，这又推进了城市化以及社会事业的发展。对于绝大部分县域而言，在实现本县域现代化的进程中，工业化是现代化的必由之路。

（三）城市化是县域现代化的重要载体

当一个县域的工业化发展到一定程度时，适时地跟进城市化建设，为现代化提供更有力的平台与载体，是晋江城市化的重要经验。相比于晋江模式，城市化可以说是晋江模式新发展时期的全新内容。在晋江模式时期，农村工业化造成的“村村点火、处处冒烟”的工业布局以及小工厂、小作坊的小规模生产，无法为城市化提供人口集中、商品集中、服务集中的基础条件，同时不会为了降低成本、分享信息而产生对公共基础设施的需求，因而城市化不会成为这一时期地方政府和社会各界的战略选择。随着新型市场化和工业化的发展、企业规模的扩张和产业集群的形成，城市化不仅获得了必要的客观条件，也日益成为晋江市进一步发展的需要，即通过城市发展提供更大的发展平台和空间，以更好地整合各种资源，充分发挥城市的集聚效应和辐射功效。晋江模式新发展突出地验证了这一现代化发展规律。

（四）城乡及经济社会协调发展是县域现代化的保证

城乡协调发展，本质上是经济社会协调发展的一个重要方面。换言之，我们应当从经济社会协调发展的高度看待城乡协调发展。一般来说，经济发展具有推动社会发展的作用，但这种推动作用不一定能自动实现。相对于经济发展而言，社会发展更多地依赖于政府的行动。对于日益凸显的经济社会不协调发展及其所带来的种种社会矛盾，晋江市政府和社会各界逐步认识到经济社会协调发展的重要性，及时地采取各种措施解决社会发展滞后的问题，取得了成就，这又进一步推动了经济的发展。一个地区的现代化不仅仅意味着经济发展，还必然包括社会的发展与进步。经济发展为社会发展提供了坚实的物质基础，社会发展为经济发展提供了合适的社会人文条件，是晋江模式新发展的重要启示之一。

（五）政府正确作为是县域现代化的关键

晋江现代化的一个显著特点是政府管理与市场化、工业化、城市化等经济社会发展过程相适应，并且成为关键性的推动力量。这表明，在中国现有的体制框架内，强政府推动经济社会现代化发展的模式不仅是可行的，而且具有积极的意义，关键在于政府要在这个过程中正确作为，与时俱进，创新完善，不断适应经济社会发展的需要，并能对经济社会发展做出敏锐的预见和正确的反应。

在改革开放初期，晋江市委、市政府扮演了晋江工业化庇护者的角色，鼓励人们积极主动创业。在晋江企业发展困难时期，晋江市委、市政府利用国家的现有政策调动企业的创业积极性。进入 20 世纪 90 年代，晋江市委、市政府又利用建市契机，对全县的工业化和城市化进行整体规划和布局，鼓励产业集群发展，奖励企业自主创造品牌，把晋江发展带入了品牌经济时代。近年来，晋江市委、市政府又鼓励和帮助晋江大型企业上市，积极创造资本市场中的“晋江板块”。这些政策与措施是建立在自身改革创新和不断转型基础上的，因而能够推动晋江经济社会又好又快发展。

在晋江经验中，我们还特别注意到，在改革和转型过程中，晋江市历届政府都较好地把握了保持政策连续与推动战略创新之间的辩证关系，没有出现其他地方常见的换一届政府便换一种做法的现象，这是晋江经济社会能够持续高速发展、少走或不走弯路的重要保证。近 30 年来，尤其是近 15 年以来，晋江市委、市政府始终坚持发展是硬道理，把发展作为执政兴县的第一要务，同时每届政府在制定发展战略、出台发展政策时都不搞短期行为，注意为下一届政府打基础、创条件，而下届政府则总是把上届政府的合理政策保持下来，同时根据新的条件、新的需要进行战略创新，努力把上一届政府取得的发展成果推向新的发展高度。因此，新的发展战略和相关政策总是与既有发展有着内在逻辑联系，同时是对发展提出的新要求以及面临的新问题、新挑战的积极应对。

总体来看，晋江市委、市政府积极作为是晋江经济社会现代化向前发展的关键。晋江经验表明，县级政府如何定位自身的角色与职能，如何确定自身的行动方式，对县域经济社会发展具有决定性的影响。

（六）县域现代化是破解中国城乡二元结构及推进新农村建设的关键

城乡二元结构是当前中国经济社会发展诸多矛盾的重要根结。为了解决城乡二元结构中的农业、农村、农民问题，近年来新农村建设在我国乡村大力开展。通过对晋江的调研，我们注意到，在当前解决中国城乡二元结构以及推进新农村建设中，县域具有重要的地位和功能。

首先，从地位上看，县域是联系城乡的纽带。相对于城市而言，县域更偏向于农村，且大部分地区属于农村；而相对于小城镇和村庄来说，县域具有足够的规模优势——在一个村庄或者小城镇内难以形成经济竞争优势，但是在一个县域内完全可以形成一定的产业结构与经济竞争力，同时在一个县域内搞城市化，更具有人口、资源条件，更能够降低城市化的成本。对此，晋江经验已经证明。

其次，从功能上看，县域发展功能更突出。在相当长的历史时期中，我们曾试图在农业内部解决农业发展问题，后又尝试在农村内部中解决农业和农民问题，但是实践证明，仅仅局限于农业或农村，解决"三农"问题效率不高，甚至不可持续。晋江经验表明，以县域为平台去解决"三农"问题是一条极富有实践意义的道路。从中国现有的行政体制框架来看，县级政府是具备完整政府功能、职能和权力的基层政府，而乡镇政府实际上职能和权力并不完整。因此，在农村现代化中，只有县级政府才能有效发挥行政资源的优势，组织和动员各种资源进行现代化建设。自古以来，中国就有"郡县治，天下安"之说，2600多年来县的行政设置没有任何变动，这表明县级行政对国家稳定和社会发展具有不可替代的作用。因此，如何在县域层面解决"三农"问题，推进工业化、城市化与社会事业发展，是中国现代化事业中需要引起高度重视的问题。

就目前改变中国城乡二元结构以及推进新农村建设而言，要高度重视和研究县域的作用与功能。发挥县域作用，给予县域必要的强权扩权，更好地发挥县域的作用，将成为破解中国城乡二元结构以及推进新农村建设的关键。

五 晋江模式新发展的前瞻性思考

晋江模式新发展使晋江基本实现了现代化，但是这并不意味着现代化事业已经完成，相反，晋江还要以更大的努力去面对未来可能出现的新问题与新挑战。未雨绸缪，这是晋江现代化实现更好、更稳、可持续发展的内在要求。根据经济社会发展不同阶段、发展主题各有侧重的原则，我们对晋江模式新发展的未来方向进行了初步的前瞻性分析。

一般来看，在经济社会发展的各个阶段，生产力发展始终都是根本任务。但是，发展生产力只是手段，谋求人的全面发展与社会进步才是目的。因此，经济社会发展就是以经济发展为基础，社会发展不断得到强化的过程。这一发展规律在晋江近 30 年的发展实践中同样得到了验证。如果说在改革开放以来的前半期，晋江的发展任务主要是经济发展，那么，20 世纪 90 年代初期以来，晋江的发展则是在继续谋求经济发展的同时，开始不断加大社会事业发展力度，特别是在科学发展观与和谐社会建设这一新的时代发展主题下，晋江社会事业发展更体现了自身发展阶段的内在要求与时代发展主题相契合的特征。可以预见，未来晋江经济仍将保持持续增长，而随着经济社会向更高阶段的发展，社会事业发展的重要性将继续不断地增强，晋江发展道路将继续实践以人为本，全面、协调、可持续的科学发展观的要求。那么，在这一过程中，晋江工业化、城市化以及社会事业现代化发展模式又该如何既立足自身实际又适应新的发展需求呢？

（一）工业化发展方向

今后晋江是巩固、提高现有的主导产业、转向高科技产业发展，还是兼而有之、共同发展？目前，晋江第三产业发展是否存在不适应工业发展需要的问题？第三产业是否将取代制造业成为晋江经济发展的方向？这些问题已经引起晋江市委、市政府和社会各界的思考。一方面，晋江原有的主导产业已经开始通过不断引进和研发先进技术而提高了现代化水平；另一方面，晋江市政府在不断引进高新技术产业，以提高晋江商品的高技术含量，抢占世界产业的前沿。此外，晋江还非常重视第三产业的发展，在拓展会展经济方面取得了较好的效果，在物流经济、文化及体育产业方面也有相当的规模。但是，整体来看，晋江目前还是以制鞋、服装、陶瓷、雨伞等传统产业为主，这些产业究竟还有多大的前景？是不是属于夕阳产业？实际上，不会有夕阳产业，只有夕阳技术，关键是晋江能否长期保持在这些产业中的竞争优势。要做到这一点，首先，要不断提高技术水平与研发能力；其次，要不断提高企业管理水平；最后，在市场开拓上要有超前的思路和手段。所有这一切，都依赖于各种各样的人才，包括优秀的技术人员、研发人员、管理人才、市场营销人才等，而不在于选择什么样的产业。尽管政府已经非常重视这个问题，但是晋江本土缺乏这样的人才培训体系以及人才储备。在引进方面，晋江的区域吸引力尚需加强，因此招揽各类人才还存在一定的难度。另外，工人短缺、用工紧张问题依然存在。如果能解决好人的问题，那么晋江凭借现有的产业，完全可以立于不败的竞争地位。还需要指出的是，晋江尚需动员现有各种资源，在创造世界级品牌上多做文章。目前晋江已经有全国性知名品牌，但缺少世界级品牌，可以考虑通过政策支持、市场遴选、企业努力，在现有的全国知名品牌中培育出两三个世界知名品牌。有了这样的品牌，晋江的经济发展长期保持强劲的发挥势头是没有问题的。

（二）城市化载体功能

我们看到晋江未来的城市发展目标是成为“现代化制造基地、商贸中心、滨海港口城市”，这对城市的载体功能提出了更高的要求。虽然晋江现有的城市建设为这种发展奠定了坚实的基础，但是这并不等于没有问题。

一是资源瓶颈问题。由于自然资源不足，晋江土地开发成本较高，加上生产力布局不合理，在一定程度上存在资源浪费现象，限制了发展的空间。目前，影响晋江城市化最突出的问题是土地资源限制。晋江城市化是在乡村基础上进行的，因此在城市中存在大量的城中村。未来晋江在进一步构建城市框架、厘清城市功能分区时，必然会面临着城中村改造的问题。这一方面会面临着巨大的城市改造成本压力，另一方面也必然要涉及各种利益关系。对此，有关部门应高度重视，统筹考虑。

二是环境承载问题。环境污染治理是晋江城市化发展中不可回避的问题，晋江工业大多是劳动密集型、能耗比较高的工业企业，如何减少能耗、降低污染，不仅仅是工业化也是城市化进一步发展需要着力解决的领域。对此，晋江应积极加强对企业的现代技术改造，降低能源的消耗，减少环境污染。

三是城市基础设施建设问题。虽然晋江的城市基础设施建设取得了显著的成绩，但是与经济社会快速发展的需要相比较，还存在一定的滞后性，特别是在医疗、文化、高等教育等方面，城市还缺乏明显的聚集与辐射作用。这无论是对城市功能还是对城市品位的提升都是一种制约，同时影响了晋江城市竞争力的提升。与其他发达城市相比，晋江的人才吸引力不强，与城市建设尚待加强是有关系的。

四是外来人口管理问题。晋江城市规模不断扩大与大量外来人口的流入有着密切的关联。在晋江常住人口中，外来人口已经占到了一半的比例。晋江的发展离不开外来劳动者的贡献，如何使外来人口在晋江市获得好的生活和发展条件，是一个亟待解决的问题。晋江市目前正在积极探索外来人口管理问题的解决之道，虽然在外来人口子女教育等问题上已经取得了显著的成绩，但是如何让外来人口心系晋江、根留晋江，尚有大量的问题需要解决，这也是未来晋江发展需要高度重视的问题。

总体来看，从人口比例来衡量，晋江的城市化已经达到了较高的水平，但是城市化的质量亟待加强。提升城市质量，既是晋江人改善生活质量、提高文明水平的迫切要求，也是晋江经济发展的动力和潜力所在。目前，晋江城市化应解决以下几个问题：首先，在硬件建设上，要进一步将污水、废气、垃圾处理、自来水供应等设施建设作为重点，改善晋江居民的生存环境，同时加大对企业排污、排气的监督和治理；其次，进一步加快城乡一体化建设，同时在城乡一体化建设中确保农村居民的权益不受损害，并依法为他们赋权和增益；再次，迫切需要解决好外来人口的社会融入问题，在继续确保外来人口子女得到公平的教育机会的同时，在社会保障、住房政策等方面为他们提供与晋江人同样的待遇，使更多的外来人口成为晋江人；最后，要基于晋江的地方传统、文化特色，吸纳外来文化精华，打造晋江的城市特色，确立晋江特有的城市品位，并把打造晋江特色城市品位作为提升晋江竞争力的重要途径。

（三）社会事业现代化发展

在现代化进程中，社会事业发展对整合秩序、实现社会和谐具有重要的功能。晋江社会事业的发展是有目共睹的，但是晋江社会事业发展时间不长，发展的数量与质量需进一步提升，要进一步强化以公平原则为先导，把建立合理有效调节不同阶层、不同群体的利益关系的机制作为今后晋江提高全面现代化水平的重要任务。

首先，继续优先发展教育，加强职业教育与高等教育事业发展，提高晋江综合竞争能力和可持续发展能力的人力资源支撑。教育是经济社会发展的基础，教育先行是发达国家和地区的基本经验。改革开放以来，晋江教育事业的发展为经济社会发展奠定了坚实的基础。但是要看到，晋江教育体系并不完备，基础教育虽然取得长足发展，但高等教育与职业教育相对滞后，这对晋江未来发展中对人力资源的需求极为不利。在这个问题上，不能单纯地依靠外来人才的引进，自身培养人才才是最根本的途径。因此，加强职业教育与高等教育事业发展应是晋江未来社会事业发展的首要切入点，这不仅能够培养高素质、复合型的人才，而且是提高市民素质、提升城市品位的重要途径。

其次，推进社会保障制度建设，构建一个覆盖城乡居民、不同阶层、不同群体的社会保障体系。正如党的十七大报告所指出的，要努力使人们学有所教、病有所医、老有所养、住有所居。[①] 对于晋江而言，在社会保障具体操作层面上，让外来人口享受同等待遇，对晋江的经济社会健康持续发展至关重要。

再次，要积极鼓励社会各界参与社会事业的发展，培育社会各界的社会责任意识和相互关爱的社会氛围，继续鼓励社会慈善基金的发展，鼓励社会民间组织的发展及其对社会进步的广泛参与。

最后，要不断加大社会事业发展的投入力度。经济发展的目的是实现人的全面发展与社会进步。从这个意义上看，经济发展是手段，社会发展是目的。当经济发展起来以后，不断加快社会发展，不仅是经济社会协调发展的必然选择，而且是构建和谐社会的内在要求。近年来，晋江在社会事业发展方面的投入力度不断加大，但与现实情况相比，这种投入力度尚须进一步加大，以更好地支撑发展的需要，更好地实现经济社会的协调发展。

① 胡锦涛：《高举中国特色社会主义伟大旗帜，为夺取全面建设小康社会新胜利而奋斗——在中国共产党第十七次全国代表大会上的报告》，北京：人民出版社，2007年10月，第37页。

中国西部农村现代化道路的探索*

在中国改革开放30周年之际，党的十七届三中全会审议通过了《中共中央关于推进农村改革发展若干重大问题的决定》。这标志着我国的农村改革发展在新的起点上进一步深化，解决好农业、农村、农民的问题是当前和今后一个较长时期的工作重心，也是社会科学理论工作者的重要课题。

实践证明，没有农村又好又快地发展，就很难有中国又好又快地发展。在实践中探索出一条中国特色的农村现代化道路，是建设中国特色社会主义现代化事业的重要组成部分。

《山村的守望——西海固骆驼巷村实地考察》是一本探索和思考西部农村改革发展之路的好书。作者林燕平，一个在国外留学十年、北京生北京长、在此前很少了解农村的社会科学工作者，今天能够做出这样有质量、有见地的农村实地调查研究，在于她能够长期深入农村一线，怀着对农民的深厚感情，基于耳闻目睹和翔实的一手数据，潜心研究，描述了西海固地区农民的生存现状。

本书用鲜活的事例、质朴的语言，坦诚地指出，在我国社会主义计划经济体制向社会主义市场经济体制转型的历史时期，国家的经济发展取得了举世瞩目的巨大成就，但由于各种原因，地区差距、城乡差距、贫富差距日益严峻，“三农”问题日益突出。要解决好这些与农民利益息息相关的经济、社会问题，必须深入实际，走进农民生活，摸清老百姓在想什么、

* 本文源自《山村的守望——西海固骆驼巷村实地考察》（林燕平著，北京：方志出版社，2009年2月），第1~3页。原稿写于2008年10月12日，系陆学艺为该书撰写的序言。序言原标题为“做社会科学研究，要面向实践，要到实践中去”，现标题为本书编者根据序言内容所修改。该序言还以“探索符合中国国情的农业现代化道路”为题被收录于《“三农”续论：当代中国农业、农村、农民问题研究》（陆学艺著，重庆：重庆出版社，2013年5月）。——编者注

做什么、愁什么、盼什么尤为重要。这种做社会科学研究，面向实践，在实践中学习，结合中国农村的实际情况，探索和思考中国特色的农村改革发展道路的治学态度与研究方法，值得大力提倡。

走中国特色农业现代化道路，对国情要有一个清醒的认识。我国是最大的发展中国家，国情的特殊性集中表现在农村。首先，中国的农业人口，至今仍有9亿多人，这是举世无双的，当今世界上三个农民中就有一个是中国农民；其次，中国的经济发展极其不平衡，城乡差别很大，地区差距很大；最后，中国的传统文化在农村体现得最为根深蒂固，生息不已，具有顽强的生命力。特别是西部的广大农村，人口增长过快，贫困和生态环境问题突出；产业结构水平低，社会分工单一，城镇化和社会事业发展严重滞后；农村组织化程度低，农民参与意识差，农业社会化服务体系亟待建设。

中国国情的特殊性决定了中国农村现代化事业的复杂性和艰巨性，任重而道远。但差距就是潜力，所以差距也是中国现代化的关键所在、希望所在。要探索出一条符合中国国情的现代化道路，需要更多有社会责任感的同志和同行参与到“三农”问题的调查研究中来，有更多面向各个地区的丰富多彩的村庄调查研究成果涌现出来。

《山村的守望——西海固骆驼巷村实地考察》不同于一般的调查研究，它是作者深入农村5年多，长期观察、思考、研究、探索的心血之作。这项研究不仅以一个回汉农家共同居住的行政村为研究对象，具体分析并比较了一个村庄的生产结构、人口结构、教育结构的现状与变迁，而且对宁夏西海固地区的经济社会做了比较全面的考察。该书还提出了西海固地区农村建设发展中值得深思的十个方面的问题，其中不少问题都不是某一乡、某一县、某一省的问题。该书为农村改革发展的深化，收集和提供了可信度很高的一手资料和数据。

行政村一级的农村是农民世代繁衍生息的村庄，也是我国农村社会最最基层的行政组织，认真研究新中国成立以来我国各个地区行政村一级的农村在各个发展时期所面临的突出矛盾与问题，不仅可以帮助我们认清我国的基本国情，还可以为这个领域的研究提供有血有肉的一手数据和基础研究。

目前，我国关于农村基层村庄的调查研究还比较少，以行政村为单位的实地调查研究就更少，这不能不说是我们目前社会科学研究中的一个缺憾。《山村的守望——西海固骆驼巷村实地考察》是作者长期蹲点，以骆驼巷行政村为调查研究对象，不畏艰难地做了一个行政村的全面系统调查。并且在调查研究的全过程中，作者秉承了“不唯书、不唯上、不唯自我、只唯实事求是”的精神，用做学问的良知和切身的感悟，真切诚恳地指出，在西部农村特别是偏远的农村，社会不平等的矛盾比经济不平等的矛盾更应当引起决策层的重视；比起产业结构的低水平，人口结构的低水平及教育结构的低水平更应当引起人们的警醒。

中国正处于“千年未有之大变局”，正面临巨大的历史性变迁，中国的社会科学工作者，正面临千载难逢的大好机遇。巨大的历史变迁会产生诸多经济社会问题，需要大智慧，也会产生大智慧、大学问。社会科学研究来源于实践，回应实践提出的问题，总结概括实践的经验与规律，构建解决问题的理论与方法，推动人类社会的发展与进步。

晋江30年来的巨大转变是中国改革开放以来历史性变革的缩影*

《解读晋江——改革开放30年晋江研究论文选集》是改革开放30年来学者们研究晋江、论述晋江的论文选集，是从多年来各地学者了解晋江、研究晋江后发表的数百篇论文和20多部专著中挑选出来，经过编者们精心编辑而成的一部论文选集。全书总共50篇文章，比较全面、系统、客观地反映了晋江由计划经济体制转变为社会主义市场经济体制，由一个传统的农业大县转变为工业化、城市化、现代化的中等城市的全过程。“一滴水反映大千世界。”晋江30年来实现的这两个巨大转变，是中国改革开放以来历史性变革的缩影。在中国2400多个县（市）单位中，晋江的巨变，比较成功，比较先进，比较典型，这是论文作者们的共识。大家认为晋江实现两个转变的经验有普遍价值，有示范意义。科学总结晋江经验，对正在发展中的各个县（市）有积极作用，对认识中国30年来的历史性巨变也很有意义。中国的社会科学界，调查研究问题，常常采用“解剖麻雀”的方法。深入解剖一只麻雀，对于麻雀这一族，就有了基本概念，就能基本认识了。晋江是个典型，《解读晋江——改革开放30年晋江研究论文选集》一书，对晋江巨变的经验、过程就能有较好的认识。

我研究、认识晋江，自1988年始。其时，我作为中国社会科学院社会

---

* 本文源自《解读晋江——改革开放30年晋江研究论文选集》（张君良、唐春晓主编，北京：社会科学文献出版社，2008年12月）序二，第1～8页。原稿写于2008年11月18日，系陆学艺为该书撰写的序言，本文标题为本书编者根据序言内容所拟定。该序言还以“县域现代化的中国意义（二）——解读晋江”为题收录于《“三农”续论：当代中国农业、农村、农民问题研究》（陆学艺著，重庆：重庆出版社，2013年5月）。本文根据《“三农”续论：当代中国农业、农村、农民问题研究》收录文校订了原序的个别文字。——编者注

学研究所的所长，正协助院领导组织开展国情调查，晋江是“中国国情丛书——百县市经济社会调查”的第一批点，主持晋江国情调查的刘树勋、魏子熹同志常来北京，同我讨论晋江的选点、调查、写作、修改、审稿、定稿等事宜，从中了解晋江。听他们介绍，那时的晋江，已经是一个经济开始腾飞、工作多有创新、充满活力、生机盎然、前途似锦的县区，留下了很好的印象，心向往之。1993 年，我和苏国勋教授等到福建省委党校参加一个学术会议，会后魏子熹同志陪我们到晋江实地调研。时任市委书记施永康等领导，向我们详细介绍了晋江的情况，陪我们参观考察了陈埭、安海、青阳等乡镇的农村和农户，还在一起讨论了晋江的发展规划和双方开展长期合作调研的事项。从此，晋江成了社会学研究所的调查基地。1995 年，晋江建市三周年，晋江市和社会学研究所合作，成功举办了“晋江模式——农村现代化道路”理论研讨会，有数十位著名专家到晋江调研、出席会议，会后出版了《晋江模式与农村现代化》一书。

自 1993 年以后，我常去晋江，社会学研究所先后有 30 多名研究人员到晋江调研，晋江的同志也常到所里来，双方在一起合作研究课题，召开各种研讨会，合作出版了几本研究晋江的著作。长期的合作交往，我们结下了深厚的友谊，社会学研究所的中青年研究人员在晋江调研，得到了锻炼、提高、成长，写出了一批好的作品，我自己也通过对晋江的长期调研，观察思考，对农业、农村、农民有了更深的了解，特别是对县（市）这一层级的政治、经济、社会的结构、功能、运作以及文化的发展和变迁前景有了新的认识。

使我真正较深入了解晋江发展、晋江价值的，是 2007 年。春天，市委派宣传部张永宁部长来北京，同社会学研究所商量，对晋江改革开放以来的经济社会状况合作开展调研进行总结，写出专著，作为晋江建市十五周年庆祝活动的一项重要内容。经过酝酿，社会学研究所成立了课题组，由我主持。2007 年 5 ~ 10 月，课题组先后四次集体到晋江调研。在市委、市政府的精心组织、全力支持帮助下，调研进展得很顺利。通过调研，我们对晋江市 30 年来特别是 1992 年建市以来的政治、经济、社会、文化等方面的发展情况有了全面、系统的了解，集体写出了《晋江模式新发展——中国县域现代化道路探索》一书的初稿。在市委的全力支持下，我们于 2007 年 11 月 9 ~ 11 日在晋江召开了“中国县域现代化道路研讨会”，邀请了数十位著名专家参加，共同讨论中国县域现代化和晋江模式新发展的问题。会议主题得到了与会学者的高度认同。与会专家认为，县域现代化是中国特色社会主义现代化建设中要高度重视的一个问题，对解决好“三农”问题、推进新农村建设特别重要。与会专家对晋江新发展也给予了很高的评价，认为“晋江为全国的县域经济发展、实现现代化，创造了具有普遍意义的经验”。

中国是个城乡、地区之间发展很不平衡的大国，如何实现又好又快，协调、可持续发展，是摆在我们面前的大难题。改革开放初期，邓小平同志就提出让一部分人、一部分地区先富起来。他说：一部分地区发展快一些，带动大部分地区，是达到共同富裕的捷径。这无疑是正确的，改变了原来“齐步走”的方式。30年来，我国在工业化、城市化、现代化等各个方面都取得了巨大成就，综合实力明显增强，人民生活水平普遍提高。实践证明，我们党采取的改革开放的路线、方针、政策是正确的，从而才有了今天举世瞩目的伟大成就。在研究中我们发现，许多大中城市和一部分地区，取得了超常发展的骄人业绩，但广大县域经济发展还相当滞后。总的情况是，城快乡慢，东快中西慢，形成了很大的反差。党的十六大注意到这种状况，提出要抑制差距扩大的趋势，并采取了相应的政策和措施。但近几年来，城乡、地区的差距，还在扩大，这就成了问题。实践表明，城乡、地区之间的不平衡，正是当下诸多经济社会矛盾的根源。

在调查研究对比中，我们还发现，全国2400多个县（市、区）中，一些经济发达的县（市、区）同西部经济欠发达的县（市、区）相比，经济社会发展水平方面的差距更加悬殊。例如，国家统计局于2006年从全国2070个县（市、区）中选出101个百强县，这些县的行政区域面积只占全部县域的1.3%，人口占7.7%，但2005年实现的地区GDP占全部县城的1/4多，创造的地方财政一般预算收入占1/3强，人均1719元[①]，城乡居民存款余额占到近1/4，社会消费品零售总额占22.7%[②]。百强县的这些数据，与其他近2000个非百强县比，平均相差4~6倍，如以最发达的十强县同最不发达的10个县相比，则有相差30~50倍的。这说明我们国家的2000多个县（市、区）之间发展得太不平衡、太不协调了。当然，不平衡可以是动力，差距可以是潜力。经过多方面的工作和努力，加快这些县（市、区）的工业化、城市化步伐，将是中国未来经济社会发展的巨大潜力所在、

① “人均1719元”根据《“三农”续论：当代中国农业、农村、农民问题研究》收录文增补。——编者注

② 参见《新百强县出炉 呈现六大特征》，《中国国情国力》2006年第11期，第20页。

希望所在。我多次讲过，如果全国的县有1/4～1/3达到晋江市这样的水平，那我国的综合国力将成倍乃至好几倍地增强。不无遗憾的是，像晋江这样基本实现了工业化、城市化、现代化的县（市、区）实在太少了，综观全国，只有100多个，占全部县（市、区）的5%～6%。

自秦汉实行郡县制以来的2000多年间，县是中国政治、经济体制最基本、最稳定的实体，历来有“郡县治，天下安”的说法。新中国成立以来，国家一向十分重视县级党和政府的工作。县是我国最重要的一级组织，党政财文卫，工农商学兵，“五脏俱全”，在整个国家经济、社会、政治、文化等各个方面，县处于承上启下的关键位置，是城乡的接合部。党的十六大、十七大都强调要“壮大县域经济”，农村的发展，县委、县政府是关键。解决“三农”问题，建设社会主义新农村，县是前线指挥部。改革开放以来，有些省（如福建、浙江）十分重视，充分发挥县级政府的作用，放权让利，发展县域“块状”经济，取得了很好的成绩。但也有些省区，权力和利益过分向城市倾斜，集财收权，甚至肢解瓜分县的土地和资源，限制县一级的发展，把“市带县”搞成了“市吃县”，弄得头重脚轻，阻碍了整体经济和社会事业的健康发展。正反两方面的经验都表明，要尊重历史经验，重视发挥县这一级组织的功能和作用。如果大多数乃至绝大多数的县域得不到稳定、健康的发展，就不可能有国家整体全面、协调、可持续发展。推进县域现代化建设，应是当前和未来中国特色社会主义现代化建设的重要任务。

改革开放以来，晋江由一个人多地少（人均0.56亩）、贫困落后的农业穷县，在党的领导下，经过30年的艰苦奋斗，现在已经发展为基本实现工业化、城市化、现代化的富裕先进的城市，走在了全国县域经济发展的前列。晋江30年的成功实践至少说明两条：第一，一个贫穷落后的农业县，经过努力奋斗，依靠自己的力量是可以由穷变富的；第二，在全国社会主义现代化建设过程中，一个县（市）是可以也能够率先基本实现现代化的。晋江30年的成功实践完全证实了邓小平同志早在改革发展初期就指出的让一部分人、一部分地区先富起来的方针是完全正确的。从30年来的实践看，从中国有2000多个县（市、区）的实际出发，建议有关方面，可以补一句话：让一部分县域先富起来。“地区”这个概念偏大，提县域则更加具体、更加明确。

改革开放以来，晋江成功实现了由穷变富，由落后变先进，由一个农业农村社会转变为处于工业化中后期的城市社会。它成功的基本经验是什么？这个问题早在20世纪90年代就提出来过，经过这些年长期对晋江的观察和思考，我想可以概括为以下几条。

第一，坚持改革开放，顺应国家工业化的大潮，乘时而起，时代造就了晋江的成功。

有人说：晋江人杰地灵，晋江人勇于拼搏，是晋江精神创造了晋江奇迹。这个总结，有一定的道理，但不全面。晋江人才辈出，历史上涌现过一批政治、经济精英。但在农业社会，晋江地少人多，一方水土养不活晋江人。明清以降，先后有约200万人闯南洋、奔港台，到海外谋生存、求发展。直到改革开放前，晋江仍是个农业社会，在计划经济体制时期，晋江人被封闭在狭小的土地上，人还是那些人，而且也努力了、拼搏了、勇于争先了，结果争了个“高产穷县”，人均GDP、人均收入都低于全国平均水平，财政入不敷出，要靠上级政府补助，有相当一部分人连温饱都不可得，不少人靠海外亲朋接济，勉强度日。

改革开放为晋江人开辟了广阔的新天地，英雄有了用武之地，晋江人抓住这个千载难逢的好机遇，乘时而起，坚持改革开放不动摇，一步一步挣脱了计划经济体制的束缚，实行社会主义市场经济新体制，奋勇拼搏、艰苦创业，使晋江的经济社会发生了翻天覆地的根本性转变。地还是那块地，2006年创造的财富相当于1978年87个晋江所创造的财富。不仅养活、富裕了原有的100万晋江人，而且接纳了100多万外地人在晋江就业、劳动和生活，称之为新晋江人。晋江也为国家作出了重大贡献。

从各个方面考量，晋江是成功了。成功的原因，主要在于两个方面：一是始终一贯地坚持党和国家改革开放以来的一系列方针政策，这是普遍性的经验；二是晋江的广大干部群众根据自己的市情、地情创造出来的特有的发展经验。这两方面的经验，都值得总结。

第二，坚持实事求是的路线，一切从实际出发，扬长避短，闯出了一条有晋江特色的，实现工业化、城市化、现代化的道路。

工业化是现代化的根本动力，城市化是现代化的重要载体。晋江东临大海，海岸曲折多湾，有天然良港，是发展工商业、建设城镇群的好地方。但地狭人众，搞了几百年农业，也没有找到彻底改变面貌的出路。晋江从改革开放之初，就利用闲资、闲房、闲人和“海外关系”，创造了“三为主”发展农村工业化的“晋江模式”，走上了繁荣富裕的道路，实现了晋江的第一次飞跃，1991年首次跻身全国百强第55位。晋江的可贵之处在于能与时俱进，不断探索，继续争先。乘着1992年全国大发展和撤县建市的机遇，晋江大大加快工业化、城市化、社会现代化的步伐，在经济效率、产业结构、城市建设、基础设施、社会建设、环境优化等方面都做出了优异的成绩，在新形势下，形成了“新晋江模式”，也就是晋江模式的新发展，实现了再一次的飞跃，成为福建省十强县的榜首，2005 年列全国百强县的第 17 位。现任市委书记杨益民说：“晋江模式发端于工业化，发展于城镇化，提升于现代化，推动科学发展、促进社会和谐的新实践，必将赋予其更深广的内涵和更强的生命力。”这个总结很好，全面而且深刻。

第三，有一个正确执行党的方针路线、团结向上、积极创新的领导班子，而且能够保持基本战略和工作思路的稳定、延续，一届接着一届干，这是实现县域现代化的前提和保证。

在一个县（市）实现现代化，从农业社会转变为工业社会，从计划经济体制转变为社会主义市场经济体制，走上科学发展、社会和谐的持续发展道路，没有二三十年是做不到的。实现县域现代化，县委、县政府是关键。要把党中央、国务院正确的方针政策转化为本县的行动，动员组织本县的干部、群众去贯彻实践，没有一个好的领导班子，肯定不行。实践表明，选好、组织好一个县委班子很不容易，但经过筛选、调整、培养、提高，总还是能做到的。但现行的体制，领导更选频繁，三年一变，五年一换。经常出现的情况是，一个好的县委班子形成了，符合本县县情的规划、战略制定出来了，思路清楚、工作上路了，此时领导人一换，班子一变，“人走政改”，新来的领导重起炉灶，另搞一套。“张书记挖沟，李书记填河”的现象屡见不鲜。这就是有些县（市）几十年来工业化、现代化总是搞不上去，山河依旧，老百姓贫困依旧的重要原因之一。晋江成功的一条重要经验是县（市）委领导班子选配得当，组织得好，团结拼搏、蓬勃向上，带领广大干部和群众去实践，在县域现代化的道路上克服了一个又一个困难，解决了一个又一个难题，创造了一个又一个奇迹。更为重要的是，30 年来，晋江的领导班子虽然换过七八届，但是晋江改革开放，走工业化、城市化、现代化的道路没有变，工作思路没有改，而是一届接着一届干，一届为一届打基础，一年为一年添后劲，做到了“一个声音喊到底”“一以贯之做到底”，这是晋江经济社会持续发展、发生了翻天覆地大变化的重要原因。

我对晋江发展做了 20 年研究，同这个阶段担任市委一把手的五位书记及部分领导人员都很熟。我发现，这些领导都是晋江本地人，或是在晋江长期工作的晋江附近县（市）的人，他们对地情、市情都很熟悉。无一例外的是，市委书记走了，副书记、县长继任，县长走了，副县长继任，副县长走了，部、局、乡镇长继任，很少有上面掉下来的“镀金干部”。这就保持了工作路线的连续性。因为主要领导干部是稳定、连续的，所以这里的中层、基层干部的队伍也比较稳定，没有出现“一朝天子一朝臣”的情况。10多年前，我去晋江调研时，认识的科员、办事员们，2007年去时，都担任部、局或乡镇的中层干部了。中层、基层干部稳定就保证了优良的工作作风、工作精神的持续和发扬。这就是晋江的现代化实践能够奋发向前、持续发展的一个重要原因。晋江这方面的成功实践，是很值得我们的组织人事部门总结和研究的。

第四，晋江人善于学习，重视知识，尊重人才。一方面尊师强教，大办教育，提高劳动者与管理者的科学文化素质；另一方面，“广开才路”，招贤纳士，多渠道、多层次、多形式地引进各类高端人才，满足晋江改革、建设、发展的需要，这也是晋江成功崛起的重要原因。

30年来，晋江在经济建设上实现了超常规的跨越式大发展，这当然是重大成就。与此同时，晋江在科教文化建设上，也实现了超常规的跨越式大发展，这同样是重大成就。而且经济的持续高速发展，是在整个晋江的劳动者、管理者的科学文化素质有了极大提高的基础上实现的。在一定意义上讲，晋江在科教文化方面取得的成就，意义更重大，影响更深远。

1988年，我们开展国情调查时，晋江的科教文化水平并不高，只相当于全国的平均水平。例如，1982年第三次全国人口普查时，在全县6岁及以上人口中，大专以上文化程度的只有2354人，占0.28%。1987年，全县只有完全中学9所，当年招高中生1300人（30个班）。1988年，全县科技人员只有1631人，其中有技术员职称的只有813人。县第二轻工系统职工有4000多人，其中大中专毕业的只有40人，占1%。1987年，全县21785名共产党员中，有大专以上文化程度的为712人，占3.27%。1988年晋江县、乡两级领导干部，共301人，大学毕业及相当者，83人，占27.6%。[①]

对于这些数据，我很吃惊。在审定“晋江卷”时，问过编写人员：为什么晋江的党员和干部中，有大学文化程度的人这么少？他们说：“晋江原来是一个高产穷县。”一句话，就说明了问题。进入90年代，随着经济实力的增强，晋江掀起了大办教、科、文、卫等社会事业的高潮。1996年，

① 参见《中国国情丛书——百县市经济社会调查·晋江卷》，北京：中国大百科全书出版社，1992年4月，第26~27、218、231、337、369页。

基本普及义务教育，基本扫除青壮年文盲。2003年，基本普及高中阶段教育。大量引进科技人才、培训提高职工个人素养，建立大批科研院所。先后引进各类高级人才2000多名，包括博士后30名。安海镇的一个民办企业，还以百万年薪聘请一个外国专家当经理。1997年，企业人才占职工总数的4.54%，到2003年达到9%。1996年进入“全国综合实力百强县”行列，1999年以来连续多年获“全国科技进步先进市”“全国科技示范市”称号。此外，晋江还以各种形式引进和聘请外地、外单位的专家、学者到晋江出谋划策，讲学传道，解难释疑，指点迷津，科技攻关。如晋江率先成立福建省县级市政府专家顾问团，建立全国第一个县级博士后科研工作站和专家活动中心，建立留学人员创业和人才交流中心，召开各种科技、学术会议，请专家学者讲学授课，传递科技前沿信息和国内外的成功经验。我与晋江人交往有20多年，有一个突出的感觉是：晋江人热情豪放、勤于创业、勇于进取、敢闯敢拼、勇为天下先、“宁当鸡头，不当凤尾”。从市委书记到普通职工，常唱的歌是《爱拼才会赢》，口头禅是“输人不输阵”，除了规定不能干的，其他都敢干，“挑战人生，永不回头”，“除了死不能早，其他都要早”。晋江人是很牛的，[①] 但他们求知若渴、求贤若渴，表现得又非常真诚、非常虚心，十分谦恭。

晋江还有个异于一般地区的难能可贵之处是，他们不仅求自然科技的“知”和“贤”，而且很重视求人文社会科学的“知”和“贤”。早在20世纪80年代，晋江就邀请人文社会科学方面的专家、学者和作家、记者到晋江调研考察、授课讲学、采访写作，同中共福建省委党校、福建省社会科学院、厦门大学、中国社会科学院社会学研究所、北京大学等社科研究机构和高等院校建立长期合作关系，开展合作课题研究，出版研究著作，举办学术研讨会议。不仅在晋江办会，领导干部参会听讲，而且市委书记、部长、主任也应邀到北京、到各地参加社科方面的会议，表现出对国际国内的经济社会形势、对全局的大事要事、对人文社科方面的学术理论的浓厚的兴趣和追求。

在举国纪念改革开放30周年之际，晋江市委、市政府为了总结晋江改革开放以来的实践经验，进一步探索县域现代化科学发展的规律，提出编辑出版这本《解读晋江——改革开放30年晋江研究论文选集》。事先委托

① 以上18字根据《“三农”续论：当代中国农业、农村、农民问题研究》收录文增补。——编者注

《中共福建省委党校学报》编辑部编选，经过检索、统计，发现这30年研究晋江、评价晋江的调研报告、学术论文、文学作品共有1000多篇，足见晋江在人文社科界的朋友之多，也反映了这些朋友对晋江发展的关注程度之高、殷切期望之深。学术界的朋友与晋江地方的互动是双向的。作者朋友们认为晋江人勇于开拓，艰苦奋斗，创造了山河换新天的奇迹，值得学习，值得研究，值得为之出谋划策，值得为之用心写作；晋江人认为这些专家、学者，“为晋江改革开放提供了智力支持，是晋江发展的智慧之源”，称赞作者们的作品是“晋江的一笔巨大的无形资产”。同认共识，心心相印，目的只有一个：希望晋江在未来发展得更好，创造出更多的成绩，让更多的人了解晋江、认识晋江，为祖国的社会主义现代化伟业作出更大的贡献。我想，这也就是编选出版这本《解读晋江——改革开放30年晋江研究论文选集》的初衷。

“太仓特色”的现代化值得推广*

太仓市823平方公里的市域面积，接近我国国土面积的万分之一，户籍人口46万人，约占全国的万分之三，常住人口约占全国的万分之七，创造了万分之十九的财富，是全国人均的5.5倍；财政收入是全国的万分之十八，是全国人均的5.3倍；上交财政收入60亿~80亿元，户均10万元以上。太仓历来是小康，现在已经变成了“大康”。从社会事业方面来说，太仓建立了“五大体系”：社会保障体系、就业保障体系、卫生服务体系、现代教育体系、公共安全体系。这都是很好的。如果不能做到这样，那么我们的“又好又快”就无从谈起。从数据上看，太仓可以说是基本实现了现代化，接近中等发达国家水平。这证明了两条：一是邓小平同志讲的，让一部分地区、一部分人先富起来；二是一个地区、一个县是可以率先实现现代化的。

从“太仓特色”可以看到，县域现代化的关键在于由发展农业拓展到大力发展二、三产业，构建和完善社会保障、就业保障、现代教育等关乎社会和谐、社会安定的体系，推进城乡一体化进程。太仓建设的现代化，不仅是经济上的现代化，而且是人人共享改革、发展成果的现代化，这也正是我们所要探究的县域现代化道路。我们将把“太仓特色”向全国推广。

---

* 本文原载《光明日报》2008年12月19日第11版，该文系2008年12月6~8日，中国社会科学院社会学研究所和中共太仓市委、市政府在太仓市联合举办的“苏南模式新实践——中国县域（太仓）现代化道路探索”理论研讨会上部分专家的发言摘要选登。本文仅收录其中陆学艺的发言摘要，现标题为原陆学艺发言摘要的小标题。——编者注

昆山经济社会发展60年的经验*

时光飞逝如电，六十年一甲子，多少纷繁往事，俱已成为历史。我自20世纪90年代以来，曾多次到江苏昆山调研，所见所闻，深感昆山这个江南鱼米之乡，自新中国成立以来，特别是改革开放以后，城乡发展变化之快、影响之大，是前所未有的，超出我的想象。处在大变革大发展中的昆山，我每次去，或者本书主编张树成同志来北京向我介绍昆山的发展状况，都会令我惊喜。

2002年夏秋，张树成同志到北京对我说："昆山现在是每天三个1000万：每天到账外资1000万美元，每天出口商品1000万美元，每天财政收入1000万元人民币。"我说，你们现在是外向型经济的龙头，头两个1000万我相信，每天1000万财政收入是不是有点水分（因为当时全国有不少县一年的财政收入还不到1000万元）？老张当场给我做了说明。他是个有心人，2003年春节，他专门给我打电话说："2002年的统计数据出来了，财政收入是41.5亿元。"2008年12月，正值国际金融海啸汹涌冲击我国的时候，我担心这个外向型经济大市的处境，专门去了趟昆山。张树成同志组织了发改委、统计局、农工办等单位的负责人向我们介绍情况。出口受到点影响，工业生产基本正常，2008年全年工业产值、GDP和财政收入的增长都会超过20%。停业关闭的都是些小厂，虽比往年略多，但有些企业是提前放假的，部分农民工提早回家过年。最近，老张电话告诉我："今年1~7月，昆山的工业产值3062.3亿元，财政收入189.97亿元，仍是两位数

---

* 本文源自《苏南发展的缩影——昆山农村60年大变迁》（张树成主编，南京：江苏人民出版社，2009年9月），第1~5页。原稿写于2009年9月11日，系陆学艺为该书撰写的序言，现标题为本书编者根据序言内容所拟定。该序言还以"昆山改革发展经验剖析"为题收录于文集《"三农"续论：当代中国农业、农村、农民问题研究》（陆学艺著，重庆：重庆出版社，2013年5月）。——编者注

增长。”

看了、听了昆山巨变的情况，我想了两个问题：第一，从1978年到2008年，仅仅30年工夫，昆山的国民生产总值增长624倍，财政收入增长800多倍，这样超常规发展，它的基本经验是什么？奥秘在哪里？第二，昆山的基本经验，能在全国推广吗？现在全国2400多个县（市）只有5%～6%的县（市）达到了类似昆山的水平，而大部分的县（市），特别是中西部的绝大部分县（市），还处在发展之中，有的还相当困难。昆山的基本经验为什么推广不到这些县（市）那里去？我在好几个会上都讲过，如果我们国家的县（市）有1/4～1/3能达到昆山为首的百强县（市）的水平，那我们国家的综合国力将成倍乃至好几倍地增强，诸如“三农”问题、城乡差距问题、地区差距问题，就将较好地解决了。所以进一步全面、系统、深刻地总结昆山巨变的基本经验，就很有必要。这些基本经验，既是昆山继续前进的需要，也是各地能真正地学习昆山改革发展经验的需要。

正值华夏大地普天同庆新中国成立60周年之际，昆山市农村经济研究会、昆山市老区开发促进会和昆山日报社的同志，以深怀“三农”情、满腔热忱的工作精神、生动翔实的历史资料，编撰了《苏南发展的缩影——昆山农村60年大变迁》一书，真是可喜可贺！本书是由昆山现职的乡镇村干部和市里各职能部门的同志，以及一批离退休的老同志共同写成的。他们都是昆山巨变的实践者、经历者，都有亲身体验。主编张树成同志，从1958年就在昆山县委办公室工作，“文革”期间被下放到农村，改革开放后就回到办公室，长期在县委、县政府办公室工作。他从昆山市人大常委会副主任岗位上退休后，一直从事农村社会调查研究，是历届市委、市政府领导的“参谋”“顾问”。他在市委机关从政50余年，对昆山市的情况了如指掌，大家都称他是昆山的“活字典”。他是我的老朋友，多年来，我对农村问题、对昆山情况有疑难，一个电话，他就说清楚了。他的文字功夫也好，过去很多昆山的文件和报告都出自他手，撰写和编过好几本书，发表过上百篇论文、调研报告。为了庆祝新中国成立60周年，他主编了这本书。这本书忠实记录了昆山农村60年变化的伟大实践，从中可以窥见江苏乃至中国农村60年来发展变化的“一斑”。

昆山的农民，不仅再也不用交纳延续2600多年的“皇粮国税”，种田人还得到了购买农机具、种粮油作物、农资物品等方面的补贴；不仅享受着同城市居民一样的最低生活保障、大病报销额度，还将享受到农村基本养老保险正在与城镇职工养老保险并轨带来的实惠；不仅住有所居、学有所教、业有所就、安有所保、老有所养、病有所医、贫有所济，还超越梦想、超前消费，液晶电视、冰箱空调、手机宽带、私家轿车等高档物品已进入了寻常百姓家。

昆山的农村，已与城市大大缩小了差距、缩短了时空距离。城里有公交车，出行方便，现在各镇不仅村村通公交，而且实现了与大城市“1530”快速交通对接，即昆山任何一个乡镇15分钟都可上高速公路，30分钟左右就可到达上海或苏州；城里有电影院、演剧场、图书馆，现在农村也都建起了，有的社区文化搞得有声有色、热闹非凡；城里有退休、养老、医疗卡等，农村不仅不缺，还多了征地补偿、拆迁补偿两张卡；城里有钱人住洋房、别墅，现在致富的农民在这方面的总量大大超过了城里人，且有70%的农民住进了设施齐全、环境优美的新型社区；原来农民到机关、企业、事业单位办事常常是疲于往返，相当不便，现在镇镇建了便民服务中心、村村设了便民服务站（室），全市联网，电脑操作，既快捷，又省心，更放心。更值得一提的是，城乡居民收入差距已由1978年的2.43∶1缩小为2008年的1.77∶1，且农村社会秩序比城市好，农村居民的幸福感比城里人高。

昆山的农业，历经土地改革、大包干两次大的改革后，已全面推行农民承包经营土地流转的第三次大的改革，全市已有80%以上的农民承包经营土地流转入股到123个土地合作社，由村集体发包给2950个农业大户经营，实现了邓小平的农业要“发展适度规模经营”的“第二个飞跃”的预言。[①] 农业形态已由传统的稻麦、油菜转变为集高产高效、生态休闲为一体的都市型现代高效农业，大做“农”字号文章，亩均万元以上的产出效益面积日益增多，务农致富的典型层出不穷，这已成为昆山实现农业现代化的一道亮丽风景。离土上岸的农民，纷纷学知识、学技术、学经营，基本做到人人有技能、个个有工作、家家有物业，形成了产业富民、创业富民、就业富民、物业富民、投资富民的致富氛围；农民不仅有土地股份合作社，还有富民合作社、社区股份合作社、专业合作社，有的还实行承包地、宅基地“双置换”，大多数农民不仅摇身一变为城镇居民，而且成了合作社的股民，有权有利，双赢进账。

综观全书，总的是采取就实论虚、以虚带实的方法，说“路”论

① 邓小平：《国际形势和经济问题》，载《邓小平文选》第3卷，北京：人民出版社，1993年10月，第355页。

"道"，议"事"述"效"，写昆山农村的变化，摆昆山农业的新招，讲昆山农民的福祉。全书分为"各具特色的镇村风貌"、"沧桑变幻的广袤田野"和"峥嵘岁月的历史见证"三编，40多篇文章次第展开，20多万字有序评述。实事求是、系统地总结了昆山农村60年取得的辉煌业绩与宝贵经验，道出了昆山总体发展先有农业原始积累，以有限的资财有力支持了工业的起步发展，后有工业反哺农业全面协调发展；先有农村在某种程度上牺牲资源与环境支持了城市的发展，后有城市支持农村加快发展；先有工业化、经济国际化，后有城市化、城乡一体化的成功之道。

全书以浓重笔墨追忆梳理了60年来，特别是近30年来昆山经济的发展思路与轨迹，展现了实施"横向联合"、"外向带动"、"科技创新"与"富民强市"的重大发展战略和创新创业创优、实现"农转工、内转外、低转高"产业转型升级的三次大的飞跃，以及怎样铸就与延伸率先发展、创新发展、科学发展、和谐发展的昆山之路，怎样率先在江苏乃至全国达到全面小康水平、连续多年荣登全国百强县（市）榜首的思路，字里行间充分体现了昆山思想解放先人一拍、外向发展先人一步、富民强市先人一招、城乡一体先人一筹的指导思想和实践成果。

从上述层面看，这不失为反映昆山农村60年大变迁的好书，在这里我谨做推荐，供大家阅读参考。

泉州、晋江30年改革的经验是整个“中国经验”的一个典型*

《大泉州战略探索》这部八卷文集是施永康同志在泉州、晋江主政20余年的记录，也是对泉州、晋江经济社会稳定快速发展轨迹的记录。改革开放以来，中国实现了由农业、农村的传统社会向工业化、城市化的现代社会转变，由计划经济体制向社会主义市场经济体制转轨的实践，泉州、晋江是全国这两个转变转得很好、很有成绩的典型。所以，无论是实际工作者，还是理论研究工作者，读读这八卷文集都是很有裨益的。

2009年是新中国成立60周年，世界上有很多政界、学界人士都在总结这么一个积贫积弱了一个多世纪的大国，何以能在30年间悄然重新回到大国行列，实现着中国几代人矢志追求的现代化理想和伟大的民族复兴梦想。

这的确是一个值得世人研究的有世界意义的大课题。中国是个占世界人口21%的大国，30年来，国民生产总值每年平均以9.8%的高速稳定增长，1978年经济总量只占世界的1.5%，2008年已占6.5%（如按购买力平价计算则占11%）。中国的发展已经改变了国际经济政治的格局，而且这种改变必将持续下去。中国的发展是13亿人民的伟大实践，30年来，跨越了许许多多的障碍，解决了一个又一个的难题，才取得了今天的成就。这样伟大的实践，用已有的某一种理论、某一种方法是很难解释得了的，这需要有理论和方法的创新，需要有众多实际工作者和理论工作者从多个方面去总结、分析和概括，总结出真正能反映这一伟大实践的“中国经验”来，则功莫大焉！而《大泉州战略探索》一书，对此做了科学的、理论的和实

* 本文源自《大泉州战略探索》（施永康著，北京：社会科学文献出版社，2010年4月）序三，第6~14页。原稿写于2009年11月25日，系陆学艺为该书撰写的序言，现标题为本书编者根据序言内容所拟定。——编者注

践的探索。

施永康同志事业心很强，2005年退休以后，闭门谢客，潜心研究，整理编写出这八卷文集，从多个层面论述了泉州、晋江这30年的变迁，实质上也是对泉州、晋江所取得成就的经验总结。如果把“中国经验”比作一个大的系统工程，那么泉州、晋江的经验是一个子系统，我们既可以从这个子系统看到总的中国经验，也可以把泉州、晋江的实践作为总结中国经验的典型资料，所以永康同志编著的这八卷文集，是具有多重意义的。

晋江在1978年以前是个“高产穷县”，农业人口占85.7%，农民人均纯收入107元，在全国平均线以下，财政拮据，要靠上级财政补贴才能发工资。但到2007年，GDP达5885亿元，按不变价格计算约为1978年的89倍，人均GDP达37212元（5390美元），财政收入603亿元，上交中央和省30多亿元，经济综合实力居全省县和县级市的首位，达到国际中等发达国家的水平。GDP年均增速为17.3%，比全国平均增速高7.5个百分点。

泉州是个侨乡，下辖鲤城、丰泽、洛江、泉港四个区，晋江、石狮、南安三个市，惠安、安溪、永春、德化、金门（待统一）五个县，还有泉州经济开发区共13个县级单位。人多地少，山多田少，过去很多群众要靠国外/境外的亲戚接济，靠侨汇生活。1978年改革开放以后，发展二、三产业，侨汇变成侨资，发展外向型经济，一路兴旺发达起来。到2007年，GDP达到2283.1亿元，按不变价格计算为1978年的112倍，人均GDP达到29601元（按当时汇率计算约为3893美元），财政收入225.06亿元，上交中央和省110.45亿元。GDP年均增速为17.7%，比全国平均增速高7.9个百分点。经济总量已经多年在全省保持第一，超过了福州和厦门。

泉州和晋江，还有石狮、南安、惠安、安溪等泉州的全国百强县、市，为什么能发展得这么快，建设得这么快，各项工作做得如此出色？这一方面是因为泉州和晋江的党委、政府正确贯彻执行了党和国家关于改革开放的一系列方针政策，这是主要的也是最根本的原因；另一方面，据我长期的观察和分析，晋江和泉州还有两个特殊的经验。

第一，泉州和晋江正确处理了地级市和县（市）政治、经济等方面的关系，这是晋江和泉州发展得好的一个很重要的原因。早在20世纪80年代初期，国家就提出了“市带县”的方针，并就此做了相应的区划体制和领导体制的改动。市带县、城市带动农村发展，这是一般经验，是理所当然的。但是，具体到中国20世纪80年代的国情、农情，是否在此时就实行这么大的体制变革，就值得研究和反思了。从30年的实践结果来看，这种体制变动，并没有显示出积极的成效来；相反，负面的作用比较大，至今还在影响相当一部分县和县级市的发展。新中国成立初期，地市（地委和市委）是分设的，一个地厅级的中等城市（如宁波、苏州等），由省辖直管，市只管城市的建设和管理，基本不管农村（有一个小郊区）。地委、行署是省委、省政府的派出机构，代表省委、省政府管辖各县（市），主要管农村。机构设在市里，同一个城市里有两个地级党政领导机构。但也有很多地委、行署所在的城市是县级市（如德州等），则这个市就由地委、行署管辖。

改革开放不久，实行“市带县”的体制，把一些地委、行署撤了。如苏州把地委、行署撤了，把昆山、太仓等六县归苏州市，把无锡县、江阴县、宜兴县划归无锡市，实行市管县的体制。20世纪80年代中期，大批战争年代工作的老干部要从县处级岗位上下来，考虑到在革命时代这些同志所做的贡献，有些地区就把地区改成地级市，这样就可以建市人代会和市政协，好安排这些同志的工作。到了20世纪90年代以后，为了精简机构，又搞地市两套机构合并，把原来一个城市里两套地厅级机构合并为一个市级机构。新成立的市，既管城市的市政，也管各县和县级市；既管城市，也管农村。20世纪90年代后期，各地大搞城市化，搞各种开发区，扩大城市规模。北京、上海搞了县改区，北京把顺义、昌平等县，多数改为区。此项变更对城市大有裨益，也可使少部分干部在改区后升格，官衔也大了，所以发展很快。很多地级市也把所在县或地级市旁的县（或市）改为区。如无锡市把锡山市改为太湖区和锡山区，苏州市把所在的吴县改为吴中区，佛山市把顺德、南海分别改为顺德区、南海区。20年来的实践表明，这种行政区划和领导体制关系的改动，并没有收到原来设想的“市带县”、城市带动农村的效果，反而加重了城市对农村的获取（土地、劳力、资金），从而扩大了城乡间的差距。有人说，“市带县”的结果是“市吃县”“市刮县”，使市县之间出现了很多矛盾和问题，直接的结果是使城乡间的经济社会差距进一步扩大。

举个例证，华北某一中等城市，原来是一个城市两个地级机构，一个管城市，另一个管各县、农村。合并以后，领导职数减少，特别是职能部门的干部少了。例如，两个教育局合并为一个教育局。原来的地区教育局，职能是抓好各县的教育，特别是农村的教育。因为管的人多，地区教育局从省里分得的教育经费，总量几倍于原来的市教育局。地区教育局一般没有自己的教育机构，会把大量的教育经费分配到各县去。但地、市教育局合并后，全部教育经费都由一家管了，“近水楼台先得月”，大量的教育经费首先被用到市所在地的学校。其他如医疗、卫生、文化、科技等，基本都是如此。这是使市和县之间、城乡之间差距急剧扩大的原因之一。又如，1994年实行新的财政体制之后，有很多县的财政拮据，至今仍有公务员、教师等的工资不能按时足额发放。但地级市的财政，一直是比较好的，最困难的时候，也没有发不出工资的。

施永康同志自从在泉州担任市长、市委书记以后，因为有较高的理论水平和领导能力，高瞻远瞩，能创造性地执行党中央、国务院和省委、省政府的方针政策，特别是他在晋江县主持工作多年，对市县体制的利弊深有体会，所以他在主政泉州时，特别重视处理好市和县的关系，重视发挥县域经济、政治的作用，扶持县级经济发展，使泉州所属的县（市、区）的经济社会都发展得很好，从而使整个泉州的经济和社会事业也得到了很大的发展，使经济总量超过了省会城市和特区城市，占了福建的鳌头。

第二，泉州、晋江把县一级的经济、政治、城市、社会、文化建设好了。中国历朝历代都很重视发挥县一级在发展经济、治理社会方面的作用，所谓“郡县治，天下安”，讲的就是这个道理。但是，改革开放以来，在农村建设和治理方面，要说有什么教训的话，没有充分发挥县一级的作用，可以说是重要的一条。这主要表现在两个方面。一方面，20世纪80年代中期以来，不少省、市搞所谓的“省市直管”，逐步把县级的税务、工商、政法、商检、烟草、土地管理等都收到省、市手里，严重削弱了县一级发展经济、治理社会的功能。实际上，凡是有利、有权的都上收，把困难都留在下面，县级的权力被肢解，行使职权就很难办成事了。对此，我同好多位县委书记、县长分别交谈过，他们对“省市直管”这个体制意见很大。最主要的是，他们认为这是对县一级组织和主要干部不放心、不信任，这是使他们感到很寒心的一种体制。另一方面，现行的县级领导干部选拔、任用体制还不完善。20世纪90年代以来，在县级领导干部任用规则中，有7个职位要避籍：县委书记、县长、组织部部长、公安局局长、检察院检察长、法院院长、政法书记不能由本县人担任。这种规定，实质上使县一级的主要干部成为流官，民称“飞鸽牌”。这种做法，是照搬了封建社会的避籍制。我们现在的任务主要是建设社会主义现代化，我们的组织路线，应该是选拔任用那些在社会主义现代化建设中涌现出来的有能力、有贡献、有突出成绩的德才兼备的干部，而不能笼统地看他是不是本地人。这种“避籍制”同我们党的组织路线的优良传统也是不相符的。

现行县级领导干部体制中，还有一个问题是，有些省市把县级党政领导这样一个重要岗位，作为省市机构中由于各种原因需要安排干部的一个安置场所，致使党政一、二把手调动频繁。据有关部门统计，县委书记、县长这两个职位，平均不到2.7年就调动了。不少县委书记到任就没有长期打算，“一年看、二年干、三年等着换”。有相当一部分县委书记、县长等县级领导干部，被安排到县里工作，连住处都不搬，还在省城里、市区里住着，成为靠着公车上下班的一个特殊的上班族、“走读生”。近些年，一些县发生了严重的恶性群体事件，之所以酿成大祸，其中一个原因就是主持这个县工作的党政一把手根本就不在县里。矛盾早已存在，冲突正在酝酿，本地人已有感觉，但他们是外地人，事先毫无察觉，冲突发生了，本来只是“星星之火”，但“群龙无首”，无人应对，事态就扩大了。

实践证明，县是非常重要的一级政权组织，建设好了，潜力很大，是整个国家经济繁荣、社会进步的基础。出于体制、结构等方面的原因，我国现在县一级的经济社会发展很不平衡。2006年，国家统计局从全国2070个县（市、区）中选出了101个百强县（有两个名次相同）。这101个县占全国总县数的4.88%，“行政区域面积占全部县域的1.3%，人口占1/3强，但2005年实现的GDP占1/4强，地方财政收入占1/3强，城乡居民存款占1/4，社会消费零售总额占22.7%”①。百强县的这些数据，与其他近2000个非百强县相比，平均相差4~6倍，如将最发达的十强县和最不发达的10个县相比，则相差30~50倍。如将百强县之首的昆山市与一个行政面积和人口略同的不发达的县相比，则相差百倍以上。这些对比说明，我国目前这2000多个县（市、区）之间的发展太不平衡、太不协调了。当然，不平衡可以是动力，差距可以是潜力。经过改革和努力，这些还在发展中的县（市、区）加快发展起来，将是中国未来发展的巨大潜力所在、希望所在。全国如果有1/4~1/3的县（市、区）能逐步达到晋江这样的百强县的水平，那我国的综合实力还会成倍乃至好几倍地增强。不无遗憾的是，像晋江市这样基本实现了工业化、城市化、现代化的县（市、区）实在太少了。综观全国，现在只有100多个，占全国县（市、区）总数的5%左右。95%的县（市），占全国2/3的人口、90%以上的国土，这近2000个县仍处于贫弱的农业社会，我们国家能实现现代化吗？

像晋江等百强县（市）取得的成绩，为什么大多数的县就做不到呢？

---

① 见《新百强县出炉－呈现六大特征》，《中国国情国力》2006年第11期。

10年不行，20年了，还是不行。什么缘故？这个问题，我调查过、研究过。原因当然是多方面的，其中最重要的，则是目前仍在实行的县级主要领导干部的选拔、调配、任用体制有问题，不符合县一级实践的要求。一个县（市）要实现现代化，要从农业社会转变为工业化、城市化社会，要从计划经济体制，转变为社会主义市场经济体制，走上科学发展、社会和谐的持续发展的道路，没有10年、20年的持续努力是做不到的。而在现行的政治、经济体制下，县（市）委、县（市）政府是关键。把党中央、国务院的方针、政策，转化为本县（市）的行动，动员组织本县（市）的干部、群众去贯彻实践，没有一个好的县（市）委领导班子肯定不行。实践证明，选好、调配好一个县（市）委班子很不容易，但经过筛选、调整、培养、提高，总还是做得到的。而现行的县级主要领导干部体制：一是不能用本县人，外地干部到一个县里，人生地不熟，没有人脉关系，了解县情需要时间；二是主要领导干部调动频繁，三年一调、五年一换。经常出现的情况是，一个好的领导班子形成了，制定了符合本地县（市）情的规划和发展战略，工作上路了。此时，主要领导人一换，班子变了。“人走政改”，新来的主要领导人又重起炉灶，另搞一套。“张书记挖河，李书记填沟”的折腾现象屡见不鲜。这就是很多县（市）的工业化、现代化搞不上去，山河依旧，老百姓贫困依旧的重要原因。

施永康同志是本地人，从厦门大学政治经济学系毕业后被分配到江西，1982年调回晋江，1984年任晋江县人民政府副县长，1987年任县长，1991年任县委书记兼县长。1992年晋江撤县建市，施永康升任为泉州市委常委兼任晋江市委书记，1995年任泉州市委副书记兼任晋江市委书记，1996年调任泉州市委专职副书记，1998年任副书记、市长，2002年任泉州市委书记。他在晋江土生土长，乡情民情很熟。1984年参加县的领导班子，1988年后一直主政晋江，他在前几任已经支持探索了晋江模式发展乡镇企业的基础上，继续推进农村工业化，并且乘1992年撤县建市的机遇，大力推进城镇化，进行了大规模的基础设施建设。与此同时，他主持制定了晋江实现工业化、城镇化、现代化的长期规划，并且通过各种形式宣传、教育，与全市广大干部和群众达成共识，从而更好地调动了大众建设新晋江的积极性。那几年晋江的经济社会突飞猛进，取得了3年经济翻番的好成绩，跨进了全国百强县的行列。更为可贵的是，当1996年施永康同志调到泉州市委离开晋江之后，晋江的经济社会仍然持续快速发展，各项工作一直排在前面，取得了一个又一个的辉煌成就。

泉州和晋江的经济社会建设之所以能如此长期持续稳定、快速发展，一个重要的原因是，改革开放以后，泉州地区走出了一条以“晋江模式”为代表的“泉州经验”的发展路子。这条路子符合社会主义初级阶段生产关系要适应生产力发展水平的发展需要，适应了社会主义初级阶段市场经济发展的需要。另一个重要原因（以晋江为例）是，晋江在发展过程中，形成了一支以市委一班人为首的干部队伍，这支干部队伍的素质比较高，朝气蓬勃，老中青结合，本地人、外乡人结合，形成梯队，结构合理，相对稳定。这是改革发展大局稳定推进的重要保证。我和中国社会科学院社会学研究所的同仁对晋江发展做了近20年的跟踪研究，同这个阶段的市委一、二把手及部分领导人员都很熟。我们发现，这些领导同志大多是晋江人或是在晋江长期工作的晋江附近县市的人，他们对人情、地情、乡情都很熟悉，工作驾轻就熟，得心应手。一般都是市委书记走了，市委副书记继任；县长走了，副县长继任；副县长走了，部、局、乡镇长继任，很少有上面派下来的“镀金干部”，这就保证了大政方针、路线的连续性。按照国家规定，晋江的领导班子也换过好几届，但晋江的改革开放，晋江走工业化、城市化、现代化的道路没有变，发展规划、工作思路没有变，而且是一届接着一届干，上一届为下一届打基础，上一届为下一届添后劲。真正做到了“一个声音喊到底”“一以贯之做到底”，这是晋江能够保持发展、实现翻天覆地变化的重要原因。对于晋江在这方面的成功经验，我们的组织人事部门应该好好总结和研究。

需要指出的是，30年来，泉州、晋江能够保持GDP年均增长17%的高速增长不间断，直到现在仍保持经济社会发展形势良好，方兴未艾。这些成绩，一方面，当然是与施永康等领导同志主政期间打下了坚实的基础分不开；另一方面则要归功于上述领导干部班子、工作思路的开拓和稳定。而在这方面，施永康同志对“晋江模式”“泉州经验”，对历届党委、政府关于“大泉州”理念和蓝图，一以贯之的坚持、继承和弘扬，起了很重要的表率作用。

施永康同志的这部八卷本文集，洋洋四百余万言，内容丰富，论述的方面很多，真可以当作泉州和晋江的地方断代史来读。而这部断代史正是由主持这个地区发展的党政主官撰写的，实实在在地把他当年在实践过程中想的、做的和说的再现了出来，为我们提供了真实可信的“历史事实和发展过程”。这为当代和后代直接研究总结中国沿海地区发展乃至中国发展的经验，提供了一个完整有效的观察范本，既有重要的现实意义，也有重要的学术价值和历史意义，而且越到后来，其价值就越是宝贵。

施永康同志的这部八卷本文集，从多个方面来研读，都会得到感悟。我是主要研究“三农”问题的，我读文集主要关注泉州和晋江是如何解决好农业、农村和农民问题的。施永康同志主政期间，不仅解决好了晋江市的“三农”问题和发展问题，而且在到了泉州之后，他根据本地的实际正确处理好了市和县的关系，重视县级经济社会的发展，使所辖各县（市）都能稳定、较快持续地发展。这是他在晋江和泉州作出了突出贡献的一个重要方面。我在前面关于“市管县”“县域发展”的议论就是由此而发的。这两个方面，由于现行体制和政策不当，是造成我国“三农”问题久解不决的重要原因之一。例如，近几年搞的社会主义新农村建设，中央已经发了多个文件，要大力推行，但到了相当多的县里，就只是刷刷墙壁，搞几个供参观的“样板”了事。县委、县政府应该是新农村建设的前线指挥部，现在这个指挥部没有组建好，怎么会有好的成果呢？好在党和国家已经注意到这方面的问题。党的十七届三中全会通过的《中共中央关于推进农村改革发展若干重大问题的决定》明确指出，要扩大县域发展的自主权，增强县域经济的能力和实力，有条件的地方可依法探索省直接管理县（市）的体制。这些，早在十几年前晋江和泉州就已经这样做了，而且做出了成绩。施永康同志的这部书恰在此时出版，可谓正逢其时。泉州、晋江的成功经验，对改革“市管县”为“省直管县（市）”的体制、扩大县域发展的自主权、增强县域经济的活力和实力，都会起到直接的借鉴作用，从而推进社会主义新农村建设，促进“三农”问题的进一步解决，将会产生积极的影响。

施永康同志早年学习和研究马克思主义政治经济学，不惑之年及以后从政，长期担任晋江和泉州市党政一把手的领导工作。生逢盛世，使他有了充分发挥自己聪明才智的机会和舞台，为他“生于斯，长于斯”的故乡改变面貌、实现社会主义现代化作出了重大贡献。退休以后，他一如既往，仍然关心国家大事，仍然关注家乡的建设大业，独立思考，笔耕不辍。所以，他本质上还是一个学者。从做学问的视角讲，“对宇宙人生，须入乎其内，又须出乎其外。入乎其内，故能写之。出乎其外，故能观之”（王国维语）。施永康同志的这部书庶是得之。同时告诉我们，所有基于实践的智慧，都具有恒久的价值，值得我们珍重，更值得成长中的年轻干部学习、借鉴、参考和实践。

现代化建设的重点是在县*

县域现代化研讨会开幕了。感谢荆门的同志们！

县域现代化研讨会于2005年从北京开始，2006年在石家庄，2007年在晋江，2008年在太仓，2009年在河北徐水，到今天在荆门，论坛连续开了6次了。参加会议的人越来越多，论文越来越多，讨论的问题越来越深入。这个问题也越来越得到社会和有关部门的重视，县域现代化工作开展起来了。

这次会议是由中国社会科学院社会学研究所同湖北省社会科学院，以及荆门市委、市政府联合召开的。会前，我们三家在北京开了预备会议。这次会议得到了湖北省委、省政府的大力支持，以及省委、省政府领导的支持，今天黄先耀同志、省政研室和有关部委的同志都参加了会议。湖北省社会科学院院长宋亚平为筹备组织这次会议，做了大量的工作，特别是荆门市委、市政府，为会议的筹备做了大量的工作，为我们准备了这样好的会议条件，事先还组织了调研，写了论文。今天市委副书记、市长王玲同志来参加会议，我代表主办方对他们的支持表示感谢！

这次会议也得到了各地学者的热烈支持，他们为此进行了调研，写了文章。许多同志不远千里，冒着酷暑前来参加会议，对此我代表主办方对他们的到来表示感谢！特别要感谢参加会议的一位长者——“三农”问题的老专家郭书田，他今年80多岁，接到邀请专门为会议写了论文，刚才又做了热情的讲话。我们要学习他这种为解决中国“三农”问题而奋斗终生的精神。郭老是做了重大贡献的同志，是我们学习的榜样，再次表示由衷

---

* 本文源自作者手稿。该文稿系陆学艺于2010年6月6日在湖北荆门召开的全国县域现代化研讨会开幕式上的发言提纲。该提纲部分内容过于简略、比较凌乱，整理时有少量调整删节。原稿无题，现标题为本书编者根据提纲内容所拟定。——编者注

的感谢和敬意！

“三农”问题是我们党工作的重中之重，中国农民至今占总人口的70%以上。没有农民的小康就没有全国的小康，没有农村的现代化就没有中国的现代化。我们党历来重视“三农”问题，经过60年的努力，用占世界9%的耕地，解决了占世界21%人口的生活，满足了国民经济发展的需要，这是巨大的成就。我们党历来重视农业农村问题，为此做了大量的工作，投入了巨大的人力、物力、财力。十一届三中全会以来，在小平同志“一靠政策，二靠科学”的方针指引下，1996年粮食超过1万亿斤，从此基本解决了农业的供给问题，为中国成为工业大国、成为世界经济大国奠定了基础，这是中国特色社会主义取得成功的一大经验。

目前“三农”的状况，是农业问题基本解决了，但农村问题和农民问题还没有解决，这正好同日本完全相反。农业问题解决了，但农村问题和农民问题仍很严重，今后要继续努力解决，“三农”问题的核心是农民问题，是结构问题、体制问题。2008年农业产值占GDP的11.3%，但当年就业结构中的农业劳动力占39.6%，参加分配的农业人口占常住人口的54.3%。这样的结构，农民焉得不苦，农村焉得不穷。而这样的结构是由原来计划经济形成的城乡二元结构的体制，如户口、就业、人事、社保等一系列体制决定的。这些体制仍束缚着农民的手脚，不改革这些体制，“三农”问题不仅解决不了，而且会导致城乡差距扩大、内需扩大不了等诸多问题，甚至基本解决了的农业问题，也会反弹。所以，“三农”问题仍是我们党工作的重中之重。关键是要解决结构问题、体制问题，就是要破除城乡二元结构，实现城乡一体化。

“郡县治，天下安”是中国2000多年来的历史经验。县是最稳定的经济、政治、社会、文化发展的实体，是中国历朝历代最基本的行政实体、政权基础。省、州、道、府历朝历代都有变化，唯有县这个实体没有什么变化。从春秋战国产生了县以来，有些县的行政边界就没有变化过。荆门下边的几个县就有近2000年的历史。

县是城乡接合部，是农头市尾，是城乡二元结构的矛盾焦点。如何实现县域现代化，是解决“三农”问题的关键，也是解决农村问题、农民问题的重点。解决上述结构、体制问题，也要从县级做起。没有县域经济社会协调发展，没有县域现代化，就没有中国特色的社会主义的现代化。

不容讳言的是，我们现在县域现代化的发展，很不全面，很不协调，很不平衡。2006年国家统计局的数据显示，全国2070个县中（全国2400

多个县、市、区），101个百强县，区域面积只占县域面积的1.3%，人口占7.7%，2005年实现的GDP占1/4多，财政收入占1/3强，居民存款占1/4多，商品零售额占22.7%。2010年昆山一个县级市，全年的财政收入将超过300亿元，而相同规模、相同面积、人口的县市，相当一部分财政收入还没有超过1亿元，相差几百倍。从各方面的指标看，在这2070个县中，真正实现了现代化的只有100个左右，只占总数的5%。从这里可以看到，90%以上的县域还没有实现现代化。只有北京、上海、深圳、广州实现了现代化，中国能算实现了现代化吗？现有的这些问题能解决吗？由此可见，我们今天讨论研究县域现代化问题十分重要。

十六大以后，中央几乎每次重要会议都提出，要重视县域现代化问题，首先要解决体制问题，如市管县、市带县的体制，干部人事体制，产业体制，价格体制，财政体制，城市管理体制，户籍制度，农民工体制，等等。

县域现代化的问题很重要，很值得大家去研究。现代化建设的重点在县，县域现代化既解决城市化问题，又解决农村现代化问题。现在很多矛盾都集中在县域，搞好了，可以推动整个现代化。

这次来荆门开会，荆门市委、市政府很重视，专门派宣传部部长刘天忠等同志，领我们参观了京山、钟祥两个县，很有收获，大开眼界。我是第一次到荆门来，这两个县的经济、社会事业正在大发展、大变化之中，工业蓬勃发展，新农村建设卓有成效，这几年都以两位数发展。全县像个大工地，热火朝天，大约处在苏南20世纪90年代中期那个样子，也就是实现工业化的前奏。

在大发展的时候，要吸收总结东部地区的经验和教训：一要重视社会建设，促进经济社会协调发展；二是要保护好环境，接受苏南的教训；三是要及时进行改革试点，如户籍体制改革，放开中小城市户口，可创造经验；四是要让老百姓共同富起来；五是要扶持本地的中小企业；六是要注意社会和谐，树立良好民风。

晋江经验是我国县域现代化的典型范例*

晋江市是福建省发展最快、实力最强、最具发展活力的县域，已连续11年跻身全国县域经济十强县。2011年实现地区生产总值1095.68亿元，工业总产值达到2734.85亿元，财政总收入达到136.06亿元，人均GDP 8642美元。在实现经济持续快速发展的同时，晋江在转变发展方式、统筹城乡发展、统筹经济社会协调发展、生态文明建设、民生改善、建设和谐社会，以及建设服务型政府和推进党的建设科学化等方面都取得了骄人的成就，积累了重要的经验。

我国县域幅员广大，发展很不平衡，大多数县市还处于工业化初期阶段，像晋江这样已经实现了工业化、城市化的县级市还是极少数。县域现代化是破解我国城乡二元结构及发展不平衡的关键，是我国未来持续发展的潜力所在、希望所在。晋江市是探索县域现代化道路的先行者，在探索县域现代化道路进程中，总是率先遇到别人没有遇到的问题并率先解决。因此，晋江经验具有先导性。晋江的成功发展实践证明：薄弱的县域也可以实现赶超式发展，并率先基本实现现代化。县域发展并不主要取决于原有的区位条件和资源状况，而是取决于体制能否继续深化改革，创造条件，加快经济社会发展。其中，提高地方党委和政府的执政能力，是很重要的一条。因此，研究、总结像晋江这样的先行者的经验和模式，对加快广大正在谋求发展、探索现代化道路的县域的发展步伐，整体推进中国特色社会主义现代化建设事业，具有十分重要的意义。

晋江模式、晋江经验是我国县域农村探索工业化、城市化和社会现代

---

* 本文源自《中国县域发展：晋江经验》（晋江经验课题组著，北京：社会科学文献出版社，2012年12月），第1~4页。原稿写于2012年10月25日，现标题为本书编者根据序言内容所拟定。该序言还以“推动创新型晋江建设——《中国县域发展：晋江经验》序言”为题刊载于《福建日报》2012年12月4日第14版。——编者注

化，全面推进区域现代化的典型范例，得到时任福建省省长的习近平同志的高度评价，明确要求要学习晋江经验。2011年召开的中共福建省委第九届党代会将"学习晋江经验"写入了党代会报告。晋江模式、晋江经验也是理论界众多学者长期关注的一个典型，有很多学者到晋江调查研究，写出了很多总结晋江模式和经验的论著。我和中国社会科学院社会学研究所的部分学者对晋江的研究始于20世纪80年代后期《中国国情丛书——百县市经济社会调查·晋江卷》的调查研究。1995年，在晋江建市三周年之际，与晋江合作成功举办了"晋江模式——农村现代化道路"理论研讨会，并出版了论文集。2000年编撰出版了《晋江的现代化之路：从贫穷到富裕》。2007年，在晋江建市15周年之际，受晋江市委的约请，我们在晋江调查历时半年，又编撰出版了《晋江模式新发展——中国县域现代化道路探索》。

最近，我很高兴地看到又一本研究晋江的新作《中国县域发展：晋江经验》将要出版。该书以创业创新为主线，突出2006年以来晋江推动自主创新、建设创新型晋江的经验，反映了晋江模式在新的发展进程中的又一个新阶段，也为关于晋江的研究增添了一个新的视角。

建设创新型国家、创新型城市是我国一项重大的战略决策，也是我国转变发展方式的迫切要求。从县域经济发展看，依靠大量要素资源投入支撑经济增长的发展模式已面临严峻挑战，积极推动自主创新、促进县域经济发展方式从要素驱动逐步向创新驱动转变是实现县域现代化的关键所在。晋江市于2006年提出"建设创新型晋江"的战略目标，成为我国第一批"建设创新型城市"的县级市。围绕创新型晋江建设，晋江推动了"二次创业"，加快了产业结构调整升级步伐，出台了一系列鼓励、支持创新的扶持政策，形成了日趋健全、完善的区域技术创新服务体系和开放包容充满活力的创新文化氛围。创新型晋江建设为县域现代化道路的探索提供了新鲜经验。当然，晋江推动"创新型城市"建设是一个历史的过程，有其特定的基础和条件，如足以支持创新型晋江建设的县域经济实力、企业能力、产业基础、城市平台等。晋江这些创新发展的成功经验，对于广大正在谋求发展、处于差异化发展条件下的县域而言是不可简单复制的。但晋江在积极转变发展方式、积极培育创新型企业家群体和人才队伍、积极建设锐意改革创新的服务型政府、积极培养充满干事创业激情的干部队伍、积极构建服务企业引导创新发展的"政企互动"机制等方面所创造的经验具有重要的借鉴和启示意义。

晋江模式、晋江经验是与时俱进的。它总是在新的社会实践中不断创新发展。在2007年出版的《晋江模式新发展——中国县域现代化道路探索》一书中，我们曾经以晋江撤县建市为标志，将改革开放初期到1992年之前的14年，概括为晋江成功探索实现乡村工业化道路阶段，即“晋江模式”阶段（这一阶段的晋江模式与苏南模式、温州模式和珠江三角洲模式并称为我国乡村工业化道路的四大模式），而将1992年之后的15年概括为晋江模式新发展阶段，即在解决乡村工业化问题基础上，在工业化、城市化、市场化、国际化的发展进程中，统筹城乡协调发展、统筹经济社会协调发展，全面推进基本实现现代化建设，推动晋江模式的新发展。显然，晋江总体上仍然处于这一阶段。

进入21世纪，中国进入了新的历史转折时期。一方面，经济持续快速发展，取得了辉煌成就；另一方面，社会矛盾、社会问题凸显，面临各种挑战，这是经济和社会发展不平衡、不协调的反映，是社会结构滞后于经济结构的表现。2004年中共十六届四中全会提出了构建社会主义和谐社会与加强社会建设的战略思想和战略任务，2006年中共十六届六中全会明确指出，新阶段、新时期要“坚持经济建设为中心，把构建社会主义和谐社会摆在更加突出的地位”①。国内外的实践表明，现代化建设是一个完整的、庞大的系统工程，不仅要实现经济现代化，而且必须实现社会现代化、政治现代化和文化现代化。在现代化建设系统工程中，经济现代化是最重要的，是基础性的，起决定作用的。但国内外的实践表明，仅仅实现经济现代化还远远不够，还必须加强社会现代化建设，使经济社会协调发展。由于各种原因，我们在社会建设方面晚了一些，以至于出现了“经济这条腿长，社会这条腿短”的尴尬局面，这是当前诸多社会矛盾、社会冲突频发、多发的结构性原因，实际上也是当前经济发展受到阻滞的一个重要原因。

所谓当今中国进入了一个新的历史转折时期，就是指经过30年的经济建设，我们解决了短缺经济的问题，成为世界的制造业大国，成为世界第二大经济体，基本实现了经济现代化。这个空前伟大的成就，是怎么估计都不过分的。但是目前出现了社会矛盾、社会冲突凸显的问题，经济社会发展不平衡、不协调成为社会的主要矛盾。新的历史转折时期的任务，就是要按照中央关于构建社会主义和谐社会的战略设想，在继续推进经济建设的同时，重点加强社会建设，加快社会建设的步伐，大力推进经济社会

---

① 《中共中央关于构建社会主义和谐社会若干重大问题的决定》，北京：人民出版社，2006年10月，第3页。

协调发展，努力实现社会现代化。这既是“适应国内外形势新变化，顺应各族人民过上更好生活新期待”的需要，也是实现加快转变经济发展方式，促进经济长期平稳较快发展的需要，可说是“一举托两头”的大战略。

进入21世纪以来，晋江的发展又有了新的内涵，把晋江模式、晋江经验又提高到一个新的阶段。我对晋江的新发展满怀希望、充满信心。从20世纪80年代创建晋江模式，到20世纪90年代中期以后创建新晋江模式，再到现在正在创建新型晋江，晋江在经济持续快速发展的同时，重点加强社会建设，实现经济社会协调发展。晋江县域现代化之路，必将越来越宽广，创新型晋江必将取得更大的成就，创造更多的新经验！

“三农”问题总论

从根本上解决“三农”问题的坚实一步*

今年①的中央一号文件再次引起了人们的普遍关注，近日记者就读者普遍关注的一些问题采访了著名“三农”问题专家、中国社会学会会长陆学艺教授。

记者：我们知道，改革开放后关于农业问题，中央一共推出过7个一号文件。去年②中央一号文件是关于农业的，今年中央一号文件又是关于农业的。连续两年推出关于农业的中央一号文件，已经十几年没有过了。作为研究“三农”问题的专家，请问您如何评价这一重要文件的历史意义？

陆学艺：连续两年推出关于农业的中央一号文件，充分体现了中央领导集体对“三农”问题的重视和关怀。如果我们从历史角度进行回顾，就能看出这个一号文件不同寻常的意义。我们知道，2004年中央一号文件出台的一个重要背景就是在1999年以后，我国粮食生产连续出现了较大的滑坡，特别是2003年，粮食总产量比1998年下降了1632亿斤，使得在1996年大丰收后出现的供大于求的局面发生了变化，并造成了粮价的一定上涨。在这种情况下，中央再次将农业问题作为党和政府工作的重中之重，并在2004年推出了关于农业的一号文件。去年，温家宝总理宣布5年内取消农业税，很快就有不少省份做出了响应，取消了农业税。一些没有取消农业税的省份，在税费改革中，农民负担也大大减轻。同时，我国共有29个省

* 本文原载《中国改革报》2005年2月28日第5版。该文系该报记者就2005年中央一号文件《中共中央、国务院关于进一步加强农村工作　提高农业综合生产能力若干政策的意见》专访陆学艺的访谈稿。该文为《理论参考》2005年第4期转摘，并收录于《“三农”续论：当代中国农业、农村、农民问题研究》（陆学艺著，重庆：重庆出版社，2013年5月），收录时有删改。——编者注

① 本文中指2005年，下同。——编者注

② 本文中指2004年，下同。——编者注

份实施了粮食直接补贴，安排粮食直补资金116亿元，约6亿农民直接得到了国家补贴的实惠。中央财政拿这么多钱补贴种粮食的农民在历史上是第一次。加之粮价上涨和天公作美，去年农业取得了大丰收，是改革开放以来的第四个特大丰收年。我们去年的粮食生产目标是9100亿斤，最终实现9390亿斤，超过目标290亿斤，是1997年以后8年所没有过的。同时，农民收入增长了6.8%，也是8年来第一次完成农民每年增收5%的目标。在特大丰收年的背景下，中央继续强调农业的重要性，在历史上是少有的，体现了中国的农业政策正在发生重大变化。

记者：为什么说中国的农业政策正在发生重大改变？

陆学艺：去年年底召开的中央经济工作会议的决议指出，把解决好“三农”问题作为全党工作的重中之重。胡锦涛总书记和温家宝总理都一再强调，改善“三农”状况仍是2005年经济工作的一大任务，并指出，已经实行的政策不能变，已经给农民的实惠不能减。这是非常重要的。过去粮食生产之所以在丰收之后出现较大的反复，一个重要原因是，增产之后就变政策。比如，1996年大丰收时实行的粮食收购保护价，到1998年以后就没有得到真正的执行。过去农村干部、农民经常批评我们说，粮食减产了就定政策，粮食增产了就变政策。今年的一号文件无疑是给农村干部和农民的一颗定心丸。胡锦涛在中共十六届四中全会上首次提到，工业化国家发展过程中，初始阶段“农业支持工业”，达到相当程度后“工业反哺农业、城市支持农村”的两个“普遍性趋向”。在2004年底的中央经济工作会议上，胡锦涛又进一步阐述：“我国现在总体上已到了以工促农、以城带乡的发展阶段。我们应当顺应这一趋势，更加自觉地调整国民收入分配格局，更加积极地支持‘三农’发展。”① 结合2004年减免农业税费和推行直补的大动作，我们可以看出，中国的农业政策正在发生着历史性的改变。

记者：今年中央一号文件的主题是“切实加强农业综合生产能力建设”，中央为什么会将农业综合生产能力建设问题作为今年一号文件的主题呢？

陆学艺：在特大丰收年的面前，中央仍然保持了清醒的头脑。因为虽然2004年有政策、粮价、气候等多种有利因素，但粮食生产还是没有恢复到1999年的水平。一般认为，我国粮食的实际需求量在9700亿~9800亿

① 参见国务院农村综合改革工作小组办公室编《农村综合改革百题问答》，北京：中国财政经济出版社，2006年10月，第3页。

斤，也就是说，我们还需要进口粮食。原因就是，我们的农业综合生产能力降低了。我们知道，近年来耕地面积大幅下降，农村水利建设、农业科技进步都没有受到足够的重视，使生产能力受到了较大的影响。因此，中央认为，加强农业综合生产能力是当前面临的一个非常迫切的问题，也就把这个问题作为今年中央一号文件的主题。

记者：今年的中央一号文件虽然对农业综合生产能力问题论述得非常具体，但基本没有涉及改革的话题，有人提出是不是中央不重视农村的改革呢？

陆学艺：这种理解是不对的。今年的中央一号文件的一个重要变化，就是改变了前六个关于农业的一号文件的做法。前几个文件都是综合性的文件，有的在万把字的文件中讲了十几个问题，改革、发展、技术、流通等都讲，非常全面。据我了解，从今年起，中央决定对“三农”问题进行系统的梳理，一个问题一个问题集中地讲，并加以解决。今年重点讲的是农业综合生产能力，而农村的生产关系改革、农村的社会事业发展和基本建设等将是今后不同时期的工作侧重点。虽然今后不一定非通过一号文件来表现，但应该看到，对于“三农”问题，中央是有一个长期的打算的，是有了一个从根本上解决困扰我国多年的“三农”问题的大战略的。今年加强农业综合生产能力建设，正是这个战略的一个具体步骤。

记者：您认为解决我国“三农”问题的关键是什么呢？

陆学艺：“三农”问题的核心是农民问题。因为农业是农民的职业，农村是农民居住的社区。过去，我们在战略上始终是把农业问题放在第一位。长期存在的城乡二元户籍制度严重阻碍了农民走向城市，使得我国的城市化水平远远落后于工业化水平。在1996年以后，当今的中国，可以说农业问题基本解决了，但农民问题、农村问题还没有解决。我在研究中发现，农民问题解决不了，农业问题也还会出现反复。现在中央提出了科学发展观，已经明确认识到，不能只靠农业解决农村和农民问题，要统筹城乡社会发展。就是要使农民富裕，首先要减少农民数量，现在成为政府与学者的一个共识。

记者：中国有如此多的农业富余人口，有人认为中国不可能提供那么多的非农就业岗位。对这个问题您怎么看？

陆学艺：日本与我国相比，更是人多地少，不也照样解决了农民问题？我国的实践也证明，越是人多地少的地方，农民问题往往解决得越好。广东省、浙江省都是人多地少的典型，不但解决了自己的农民问题，而且各自吸收了1000多万的外来务工者。农民不一定要都到北京、上海这样的大都市，中小城市也一样可以给农民创造合适的就业机会。我们解决农民问题的关键是要按市场经济的规律办事，不要像现在很多城市那样给农民进城就业设置这样那样的限制。我们没有理由不让农民进城来。日本那么发达，城乡一体化了，农村建设得那么好，农村的小青年还不是都要到城里来？因此，我说过，中国不仅完全能够解决中国人的吃饭问题，也完全能够解决中国农业人口的非农化问题。

陆学艺笑谈“三农”*

陆学艺教授年过七旬，却精神矍铄。作为资深“三农”研究专家，陆教授在2005年9月23日上午举行的“南方农村报·中国农村发展论坛”上表示，全面取消农业税是件好事，但不能把这件事估计过高。在半个多小时的演讲中，陆老语速很慢，但掷地有声。

陆老说，过去农业税尚未取消时，全国全部农业税加上农林特产税，总额每年近400亿元，但搭车收费每年就有近1000亿元。他前段时间在四川调研时听说，“现在，乡镇干部再没有借口去农民家收税了”。他说，取消农业税的决策使得农民负担减轻，干群关系有所缓和。陆老同时认为，取消农业税不仅是经济现象，也是社会现象，是农业社会向工业社会转变的重大举措。

陆老说，我国目前城乡制度上是“一国两策”，农业户口就成了“紧箍”，农民戴上这个，到哪儿都不行，在城里打工一二十年，身份还是农民。他说，我国目前在人事、户口、劳保等政策上，还是分为两块，不解决掉这个问题，任何问题都没法完全解决。

陆老说，一方面，我国目前在教育方面的投资还主要侧重于高校，特别是重点高校，如北大、清华等；另一方面，我国很多地区属于义务教育的小学学校，还要靠各界人士捐款办“希望小学”。在他看来，如果国家教育投资不侧重于基础教育，尤其是贫困农村的基础教育，那么“靠建‘希望小学’永远没有希望”。

陆老说，我国目前的社会结构不甚合理，农业、工业和第三产业的排序是“231”，而现代国家的排序应该是“321”。他认为，一个和谐的社会，一定是经济结构和社会结构和谐的社会，我国目前在这个问题的解决上还

---

* 本文原载《南方农村报》2005年9月24日第2版。——编者注

有很长的路要走。

陆老说，北京每年丢两万多个井盖，这就说明了就业结构不合理，社会不和谐。他认为，一个和谐的社会，一定是“各尽所能、各得其所、各得其利”。

陆老说，现在农民面临的问题还很多，不仅到卫生院看病收费过高，而且当前中小学教育的费用也偏高。

陆老以自身的例子说明，1995 年至今，知识分子的工资至少增加了一倍，但农民的收入仍然维持在 1995 年的水平。因此，如果户籍制度、土地制度等方面仍得不到有效改革，那么农村改革还有很长的一段路要走。

发展变化中的中国农业、农村和农民问题*

各位领导、各位专家学者、各位朋友：

经过近四年的筹备，第三届亚洲农村社会学大会今天开幕了。各位朋友不远千里、万里来到中国，共同探讨全球化背景下亚洲农村发展问题。借此机会，我代表中国农村社会学研究会的同仁，向各国的同行表示衷心的感谢！

我今天给大家报告的题目是“发展变化中的中国农业、农村和农民问题”，向大家介绍当前中国农村形势和问题。大家知道，中国在1978年实行了改革开放政策之后，经济发展取得了空前的成功。2005年GDP达到18.3万亿元，人均1790美元，今年人均GDP将超过2000美元，这是很多人事先没有想到的，连不少领导人也没有想到。在这个过程中，农村改革领先，农业发展很快，创造了很多奇迹般的重大成就，这是中国经济发展的基础。

在中国崛起的过程中，中国的9亿农民作出了巨大的贡献。中国的改革是从农村开始的，由于农村在实行包产到户和乡镇企业首战告捷之后，没有及时地实行进一步的改革，所以自20世纪90年代以来，中国的农村、农业形势时好时差，出现了波动，对整个国家的发展也带来了这样那样的问题。所以，有学者早就说过，不了解中国的农村、农民就不了解中国。也就是说，要了解认识中国，必须先了解中国农村和农民。认识了解中国的农业、农村、农民问题，是认识了解中国的钥匙。许多外国朋友想研究中国崛起的秘诀，那么你必须先从了解认识中国“三农”问题开始。

---

* 本文源自作者手稿。该文稿系陆学艺于2007年8月8日在河北廊坊燕郊召开的第三届亚洲农村社会学大会上的发言稿，原稿似不完整。原稿无题，现标题为本书编者根据发言内容所拟定。——编者注

研究解决中国“三农问题”的新视角*

在柳树滋同志这本有关海南绿色发展的调查研究著作问世之际，作为与他相识相知近半个世纪的老朋友，我有许多话想说。这里简单谈谈他对海南“绿色发展”和“三农”问题的研究。

我和老柳是在1963年秋天认识的。当时他刚从复旦大学物理系理论物理专业毕业，考上于光远和龚育之的研究生，来到中国科学院哲学研究所自然辩证法研究室，而我比他早一年毕业于北京大学哲学系，考上容肇祖先生的研究生，从事中国哲学史的学习。我们二人同在一个研究所，同属一个研究生党支部，我任支部书记。① 当时我们虽然是研究生，却没有多少时间读书学习，绝大部分精力被卷入无休止的政治运动。直到1978年，才恢复了各自的专业研究工作，但又由于种种原因先后转变了原先的研究方向。我从1976年开始关注中国农村发展问题，此后就一发而不可收。学科视角从哲学到经济学再到社会学，研究重点从农业到农村再到农民，最终归于社会学的学科建设和“三农”问题研究。他则先是专心于研究物理哲学，而后发挥自己在物理学和哲学思维上的优势，逐渐把探索的触角延伸到科学方法论、辩证自然观和生态哲学等诸多方面，在自然科学与社会科学和哲学的交叉领域做了大量的工作，颇有建树，仅在《中国社会科学》这个全国最高社科刊物上就发表了《现代物理学与认识的主体性》等五篇高水准的论文。

从表面来看，我们二人在学科领域中早已分道扬镳了，似乎很难再走到一起。然而，令人意想不到的是，老柳的学术生涯在1992年来了个突然

---

* 本文源自《绿色小康之路——海南省文明生态村研究》（柳树滋著，海口：海南出版社，2013年6月，第1～4页）。原稿写于2013年4月30日，系陆学艺为该书所作的序。本文依据作者修改的打印稿校订了个别文字。——编者注

① 以上楷体字部分依据陆学艺修改的打印稿增改。——编者注

的转折。他从全国学术中心和政治中心的北京飞到了尚被看作“文化沙漠”和“边陲之地”的海南岛，而且干脆利落地连户口也迁了去。当时海南正处于改革开放的热潮中，许多知识分子放弃了大城市的“铁饭碗”，“下海淘金”，有人猜想他是奔着这个目标去的，至少在大特区教书也比在内地上位快、挣钱多。其实，根据我对他的了解，他对权位和金钱并不在意，做学问才是他的终极追求。一年后，我到海南参加海南省开发建设促进会的一次全国性会议，与他见面后的简短交谈证实了我的判断。他对我说：“我要用我过去积累的知识和方法，研究海南的生态与发展问题。”他在北京期间用了十年时间完成过一本专著《大自然观——关于绿色道路的哲学思考》，离开北京前已将书稿交给人民出版社，直到他来海南省工作一年后才正式出版。该书正标题指的是马克思、恩格斯的辩证自然观，副标题指的是绿色发展道路。这本书成为他转向关于海南生态与发展问题研究的新起点。此后20年内，他主要运用这本书中阐发的观点和方法，在海南生态省和文明生态村的理论与实践研究领域做了大量卓有成效的工作。

在这个新的研究领域中，他以往的人生经历也起了重要的积极作用。他虽然出生在上海，但少年时代被寄养在湖南农村，亲身体验过中国农民的辛劳疾苦。成年以后多次下乡劳动、两年农村“四清”、两年农村干校、两年西藏支教，虽然荒废了不少学业，但使他对底层社会的生存状况有所了解，深切感受到农民真苦、农村真穷，深知多年来极“左”路线带来的恶果，由此激起对中国农民的深切同情和为根本改变其贫苦状况而尽力的强烈愿望。这成为他后来以平生学识研究海南农村问题的强大动力，帮助他在既非物理亦非哲学的崭新领域中取得新的研究成果。

50年来，我和老柳在同一所高等学府起步，头30年在纯哲学的学科领域中渐行渐远，后20年在哲学与现实社会问题相结合的研究领域中“渐行渐近”，最后在新农村建设调查研究领域中走到了一起。不过我们二人的研究视角有明显的差别。我主要从社会学的视角研究农业、农村和农民问题，重点关注中国农村社会结构及其演变，以及相关的传统农民终结之路和新型农民成长之途。他主要从生态学的视角，立足海南省情的实际，研究生态省建设背景下的文明生态村，即海南特色的社会主义新农村建设的规律。由于从不同的研究视角对同一个对象进行研究，会产生差异互补、相得益彰的效果，他的这种研究方法和研究风格对我是有启发的。老柳不是学界公认的“三农”专家，但他从海南的实际出发，孜孜不倦地潜心研究破解“三农”问题之道，为中国“三农”问题的研究提供了丰富的新材料和值得重视的独到见解。

他是从历史与现实相结合的高度来研究海南的绿色发展及其中特有的“三农”问题解决之道的。海南岛有文字记载的历史有2000多年。绝大部分时光处于“刀耕火种”的自然经济与绝美原生态状况，自20世纪30年代开始粗放工业化至80年代，也有过无序发展带来生态大破坏的惨痛经历，直到1999年确定建设生态省和2000年开始文明生态村建设，海南才真正走上一条以生态优化主导海南发展的绿色发展道路，很快取得了令人瞩目的成就。据中国科学院可持续发展研究组发布的研究报告，这13年来海南省的综合发展能力在中国31个省级区域中的排名由第14位跃升到第8位，初步创造了经济、社会、生态快速协调发展的奇迹。老柳是这一历程的积极参与者和见证者。他以实证社会科学的眼光对这一历程进行了全方位的实地调查和分析研究，写成这部40余万字的巨著。

该书讲了许多海南省干部群众创建文明生态村的感人故事，也做了深度的科学论证和哲理分析，令人信服地总结了海南新农村建设的基本经验。如最基本的做法是政府主导、农民主体和社会参与；最有效的措施是农村道路建设、推广户用沼气、加快民房改造、建设农村文化设施等；最根本的保证是让群众明白自己是新农村建设的最大受益者，自然也应当是新农村的主要建设者，心甘情愿地“用自己的双手建设自己的家园”；让干部认识到“喊破嗓子不如做出样子”，要求别人做到的，自己首先做到。这些成功的做法是海南农民和基层干部的创造，对全国各地的新农村建设有着重要的启发和示范作用。

他率先提出“绿色小康”概念，用以概括经济欠发达地区进行社会主义新农村建设的经验和建设全面小康社会的规律。在他看来，所谓绿色小康，就是以生态优化主导区域经济社会文化持续健康快速发展的全面小康。绿色小康作为一种独特的全面小康模式，包含着目标模式和操作模式两个方面。该书论述的文明生态村的三个基本内涵和各个方面的具体要求，以及新农村建设的历程、所达到的水平和类型属于目标模式范畴，该书论述的文明生态村建设的指导原则、基本做法、根本保证和各种具体方法属于操作模式范畴。他立足海南省文明生态村建设的实践经验，对这两个方面的内容都做了充分的论述和论证，既生动具体又条理分明，易于为基层干部和群众掌握，有很强的可操作性和可复制性。绿色小康模式的实践在短短12年的时间内，就使海南的文明生态村创建数量占自然村总数的58.6%。这说明绿色小康之路的一整套目标和做法是成功的和卓有成效的，到2020年使90%以上的自然村建成符合全面小康标准的文明生态村也是有把握的。

特别值得一提的是，他从上述实践经验和理论分析出发，对文明生态村即海南特色的社会主义新农村建设的阶段性特征做了创造性的总结。大家知道，海南的文明生态村建设一开始就提出了建设生态环境、发展生态经济和弘扬生态文化的要求，但对新农村发展本身的阶段性并没有明确的界定。老柳在这本书中创造性地提出和论述了这个问题。他指出，新农村建设过程中上述三个基本要求都是始终要去做的，但在不同的地区和不同的时段重点不同，于是发展过程就呈现阶段性。第一阶段的重点是生态环境建设，解决农村普遍存在的严重“脏乱差”问题，以农村道路建设，或沼气池建设，或民房改造为切入点和突破口。第二阶段是以发展生态型的经济为重点。就一个具体的村子而言，达到了生态环境洁化、美化的要求，就可把工作重点转向发展生态经济、提高农民生活水平方面。但对全省来说，只有多数村子达到了环境改善的要求，才能说全省的新农村建设进入第二阶段。2011年海南新农村建设达标过半，老柳及时做出了海南新农村建设面临转型升级的判断，并且把农村新型合作经济的发展作为新农村建设“破题”之举。他还提出到2020年前后，海南新农村建设将进入第三阶段，着手解决消除“城乡二元结构”这个根本问题，实现生态优化前提下的城镇化和城乡一体化。当然，中国各地情况差别很大，不宜照搬海南的做法，但他的这些见解对不同的地区都还是有其参考价值和借鉴意义的。毕竟他的判断来源于实践，符合科学发展的精神。如果他提出的新农村建设三阶段的目标都做到了，那么困扰中国的“三农”问题也就彻底解决了。所以他的这种创意值得引起学界的注意和有关决策部门的重视。

新农村建设

从新旧临界点开始建设新农村*

要建设和谐的新农村，我们恐怕还有很多事情要做。从某种程度上来说，免农业税的社会意义更大。这不仅是经济现象，也是社会现象。

“皇粮国税”很早就有，最初是鲁国的“初税亩”。而现在农业税免了，那么以后农村怎么搞？我们可以把面讲得宽一点儿。农业税的问题，就是减轻农民负担的问题。据统计，干部和农民之间的问题上访到北京的，一半以上都是这个问题。我们花费的代价有400来个亿。

总体来说，免农业税这件事是农业、农村发展的一件大事。我们一方面要估计它的正面意义，但另一方面也不要估计太高，因为建设和谐的新农村还有很多事情要做。

免税后社会也产生了一些问题。所以，现在我们来讨论这个问题，并提出建设主张。

我们必须进行体制改革，因为目前好多事还是不顺畅。中国现在城乡二元结构的问题还没有得到解决。如果只免税，但体制不变，那么问题仍然会产生。目前，把土地分给农民基本上贯彻落实了，但是农民的身份仍然改变不了。他们进城还是农民工，好像孙悟空戴上了“紧箍”，到哪里都脱离不了。现在的户籍、劳动等制度，仍然分两块。“三农”问题的核心问题是农民问题，但是在长期的计划经济体制下，我们只关心农业问题，很少有人去关心农民问题。然而实际上后者更为关键。

我们要建设和谐的新农村，体现在体制上，更主要的关系就是农民和国家的关系、农民和干部的关系。其政治意义和社会意义更大。

一些政策的制定需要照顾到各个方面。这些政策要是不出台的话，我

---

* 本文原载《21世纪经济报道》2005年10月10日第10版。该文还收录于陆学艺《三农续论：当代中国农业、农村、农民问题研究》，重庆：重庆出版社，2013年5月。——编者注

们的改革是进行不下去的。因此，我们必须要进行二次改革，否则我们就没有希望进一步发展。

免税带来的后果并不乐观，因此我们对后农业税时代不能估计得过高。大学已经是豪华型的了，而农村的小学还只是希望小学，是需要大家捐款才能建起来的小学。

我大致总结一下，我国现在主要有几个方面不和谐。

第一，劳资关系不和谐。一个和谐社会，一个现代化的国家一定是“3－2－1”① 的结构。而我们的城乡结构现在还存在不合理的地方，就业结构也不合理，不改变结构就无法改变功能。在北京，每天有2.4万个井盖不见了，这个社会能够安定吗？

第二，利益关系不和谐。10年前，农民的收入是多少？现在，他们的收入又是多少？他们增收的幅度很小，10年来基本上没有变。城乡差距和贫富差距很大。这种分配制度合理吗？这个社会能安定吗？

第三，上级干部和下级干部的关系不和谐。我们现在要精减干部。有一些下级干部被精减了，和城里工人一样被买断，他们就会站在农民一边。

还有很重要的一点就是，虽然税费免了，但其他收费又来了（乱收费问题在农村出现）。在农村，穿制服的、穿白大褂的（医院）、戴眼镜的（中、小学校）都存在乱收费现象。上面管下面，下面管老百姓。

① 指三次产业结构的比重应该依次是第三产业、第二产业、第一产业。——编者注

建设新农村：现代化进程中的重大历史任务*

建设和谐新农村恐怕还有很多事情要做。从某种程度上看，前一段免农业税的社会意义很大，这不仅是经济现象，也是社会现象。“皇粮国税”很早就有，最初是鲁国的初税亩。而现在农业税免了，以后农村怎么搞？总体来说，免农业税是农业、农村发展的一件大事。一方面要充分估计它的正面意义，但另一方面也不要估计太高。还有很多事情要做，其中很重要的是必须进行体制改革。中国现在的城乡二元结构问题还没有解决。如果只免税，但体制不变，仍然有很大的问题。目前，把土地分给农民基本上贯彻到了，但是农民的身份仍然改变不了，进城还是农民工，这好像孙悟空戴的“紧箍”，到哪里都脱离不了。

“三农”问题的核心问题是农民问题，但是长期以来的计划体制，只关心农业问题，很少去关心农民问题，而实际上后者更为关键。要建设和谐的新农村，体现在体制上，更主要的是解决农民和国家、农民和干部的关系。这样做的政治意义和社会意义更大。因此，必须全面深化农村改革，否则没有希望进一步发展。

* 本文源自《河南日报》2005年10月21日第14版。该文系该报记者采访温铁军、陆学艺等5位专家的访谈稿。本文仅收录陆学艺的发言摘要，并采用《河南日报》原文标题。——编者注

落实科学发展观，建设社会主义新农村*

一 组织好中国农村发展的第三个黄金时期的工作

新中国成立以来，中国农村有过两个黄金发展时期。第一个是1949～1955年，第二个是1978～1984年。对这两个六年，无论你到南方或北方的农村，还是到发达或不发达地区的农村调查，当你问到历史时，基层干部和农村群众都会深情回顾、交口称赞。这两个六年的好，几乎是众口一词。考诸文献资料、统计数据，我们也会发现，在这两个六年的发展时期里，粮食和主要农产品连年丰收，农业生产总值连年大幅度增长，农村收入和生活水平持续增加和提高，对国家和国民经济发展的贡献越来越大。比较新中国成立56年来的农村发展史，这两个六年确实是最好的。究其原因，前一个是因为全国解放，土地改革；后一个则是因为改革开放，联产承包。这两次发展都是通过改革调整生产关系，极大地调动了广大农民生产积极性的结果。

现在农村发展的第三个黄金时期已经到来。2004年9月召开的党的十六届四中全会上，胡锦涛同志指出："纵观一些工业化国家发展的历程，在工业化初始阶段，农业支持工业、为工业提供积累是带有普遍性的趋向；但在工业化达到相当程度以后，工业反哺农业、城市支持农村，实现工业与农业，城市与农村协调发展，也是带有普遍性的趋向。"在2004年12月的中央经济工作会议上，胡锦涛同志又指出："我国总体上已经到了以工促

* 本文源自陆学艺手稿和修改的打印稿。该稿写于2006年1月15日。——编者注

农、以城带乡的发展阶段。我们应当顺应这一趋势，更加自觉地调整国民收入分配格局，更加积极地支持‘三农’发展。”① 2005 年 3 月，十届全国人大三次会议上，温家宝总理在《政府工作报告》中指出，要“适应我国经济社会发展新阶段的要求，实行工业反哺农业、城市支持农村的方针，合理调整国民收入格局，更多地支持农业和农村的发展”。②

党的十六届五中全会通过的“十一五”规划建议里明确提出了“建设社会主义新农村”的战略目标，对解决“三农”问题给予了前所未有的重视，并将其具体列为“十一五”规划的重要内容。③ 在此之前，党的十六大就提出了统筹城乡经济社会发展的理论。随后不久召开的中央政治局会议把解决“三农”问题作为全党工作的重中之重。党的十六届三中全会提出，要贯彻科学发展观，实施“五个统筹”，并把城乡统筹列为第一，并着重强调要“建立有利于逐步改变城乡二元经济结构的体制”。④ 2003 年以来，中央和地方已经出台了一系列重要的政策措施。例如，2004 年党中央宣布用几年工夫深化农村税费改革，使农民免交农业税，对农民种粮、购买良种、农业机器实行直接补贴，对贫困地区、贫困家庭的学生实行免交学杂费和补贴寄宿费，重建和扩建农村合作医疗试点等。这一系列惠农政策直接的结果是，2004 年我国取得了农业的特大丰收，粮食增产 775 亿斤，农民人均纯收入增加 12%，⑤ 扭转了农业多年停滞徘徊的局面。所有这些可以说明，中国农业发展的第三个黄金时期已经来临，而其开局之年可以判定为 2004 年。2005 年，农村发展的形势继续走好，因此，我们应该因势利导，把这一次正在形成的农村发展的黄金时期的工作组织好，把解决农业、农村、农民问题的工作向前推进一步。

---

① 转引自王伟光主编《建设社会主义新农村的理论与实践》，北京：中共中央党校出版社，2006 年 2 月，第 38 页。

② 转引自《学习世界全国人大三次会议文件辅导》，北京：中共中央党校出版社，2005 年 3 月，第 13 页。

③ 《中共中央关于制定国民经济和社会发展第十一个五年规划的建议》，北京：人民出版社，2005 年 10 月，第 6 页。

④ 《中共中央关于完善社会主义市场经济体制若干问题的决定》，北京：人民出版社，2003 年 10 月，第 13 页。

⑤ 国家统计局编《中国统计年鉴·2005》，北京：中国统计出版社，2005 年 9 月，第 335、462 页。

二　在经济上，真正实施工业反哺农业、城市支持农村的方针，既是建设社会主义新农村的需要，也是扩大内需，破解新一轮生产过剩周期危机的需要

我国目前正处在重要发展的战略机遇期，同时处在矛盾凸显的关键时期。所谓矛盾凸显，主要分为两类：一是经济发展与社会发展不协调的矛盾；二是城市发展和农村发展不协调的矛盾。这两类矛盾互有交叉。就国家社会主义现代化事业整体发展的要求而言，我们应该着重优先解决城乡发展不协调的矛盾，借此推动整个社会主义现代化事业的健康发展。

世纪之交以来，我国的经济持续高速增长，但自2005年初以后，诸多经济重要领域相继出现产能过剩，国内市场供大于求的矛盾已经显现。据商务部统计，2005年，在600种主要消费品中，供求基本平衡的商品占26.7%，供大于求的商品占67.3%，没有供不应求的商品。生产资料同样供过于求，前两年相对紧缺的煤、电也已出现过剩的苗头。到2005年，各类商品压库的超过1.2万亿元。国家发改委宏观经济研究院课题组的同志认为，2007年，最迟到2008年，我国很有可能出现较严重的生产过剩，类似于1996年和1997年出现的工业品和农业品双双过剩的情况，最终可能使经济再次陷入通货紧缩的危机。眼下国家发展改革委员会正在根据党的十六届五中全会通过的《国民经济和社会发展第十一个五年规划的建议》编制详细和具体的“十一五”规划。课题组的同志认为，如果我们近期不能从机制和体制上适度控制投资的增长，同时积极地扩大需求，那么“十一五”规划就有可能出现“中期变盘”的问题。

当前宏观经济面临的主要矛盾是生产过剩和有效需求不足。由于各地方政府仍将GDP作为主要乃至最重要的政绩目标，存在投资增长的体制性冲动，同时资金供给又相对充足，所以总供给仍将持续大幅增长。按理来说，这样的供给规模，以13亿人口的正常消费需求是能够消化的。但因为我国客观存在城乡差距、地区差距、贫富差距过大的问题，所以大部分居民有消费需求而无力购买。占总人口60%以上的农业人口（2004年为8.5亿人）的消费水平只有非农业人口（城市人口）的1/3，即三个农民的购买

力只抵一个城市居民。[1] 所谓有效需求不足，就是农民和农民工有需求而无钱购买。农村有基础设施、公共事业建设的大量需求而无财力、物力建设。

社会主义新农村建设，不能就农村建设农村，而要解决好“人到哪里去”“钱从哪里来”的问题。现在国家面临生产过剩、资金存大于贷的状况，正是“以工促农，以城带乡”的好时机（20世纪七八十年代韩国就是抓住这样的时机兴起新村运动）。我们要通过体制机制改革，改变目前“城乡分治，一国两策”的格局，改革经济社会二元结构的体制，建立城乡统一的社会主义市场经济体制，并通过市场配置资源，使已经进城的1.2亿农民工分期分批地转变为工人阶级，转变为城市居民。这就是普通意义上的城市化，而不是现在对农民工经济上接纳、社会上排斥的“本城市化”（仅此一项，就可以形成数万亿的购买力）。而且，随着工业化、城市化的发展，我们还可以接纳更多的农村劳动力及其子女、家属到城市来，以解决“人到城里去”的问题。

“以工促农，以城带乡”不仅是理论，而且是工业化国家实践的总结，带有普遍性的规律。我国的工业化是靠亿万农民长期为工业提供积累实现的，因此现在“总体上已经到了以工促农、以城带乡的发展阶段。我们应当顺应这个趋势，更加自觉地调整国民收入分配格局，更加积极地支持‘三农’发展”。胡锦涛总书记的这个判断是完全正确的，他提出的这个方针也是完全正确的。近几年来，政府有关部门已经开始这样做了，如免除农业税等。这些措施得到了亿万农民的衷心拥护，而且已经初步见效。农村的形势有了可喜的变化，农村发展的第三个黄金时期已经开始。但从总体发展的要求来说，政府支持的力度还不够，离“自觉地调整国民收入分配格局，更加积极地支持‘三农’发展”还相去甚远，离建设社会主义新农村的实践需求也相去甚远，离破解这一次面临的生产过剩周期的需要也还有距离。所以我们应该更加自觉、更加积极地加大支持“三农”发展的力度，这样才能真正解决社会主义新农村建设中“钱从哪里来”的问题。

现在有关方面正在具体制定“十一五”规划，希望能把“工业反哺农业，城市支持农村”的方针具体贯彻到实施的项目中去。50年前，毛泽东同志在《论十大关系》中说：“你对发展重工业究竟是真想还是假想，想得厉害一点，还是差一点？你如果是假想，或者想得差一点，那就打击农业轻工业，对它们少投点资。你如果是真想，或者想得厉害，那你就要注意

---

① 国家统计局编《中国统计年鉴·2005》，北京：中国统计出版社，2005年9月，第333页。

农业轻工业，使粮食和轻工业原料更多些，积累更多些，投到重工业方面的资金将来也会更多些。”[①] 毛泽东同志在这里讲的是正确处理好重工业和农业轻工业的关系，讲得很辩证。如果我们将其举一反三地应用于今天处理工业化、城市化同“三农”问题的关系，或处理城乡关系，那么这一精辟的指导思想仍然很有现实意义。

三　在社会方面，建设社会主义新农村，解决好“三农”问题是落实科学发展观、构建社会主义和谐社会的必然要求

党的十六大以来，党中央提出了“落实科学发展观”“构建社会主义和谐社会”两大战略思想。党的十六届五中全会通过的《中共中央关于制定国民经济和社会发展第十一个五年规划的建议》是贯彻落实这两大战略思想的体现。从国家面临的经济社会形势来看，“‘十一五’期间，解决好‘三农’问题仍然是全党工作的重中之重”。[②] 我们应该明确，今后五年经济社会发展的战略重点是建设社会主义新农村。

在计划经济体制条件下，我国长期实行“以农补工，以乡养城”的不平衡发展战略，形成了中国特有的二元经济社会结构。改革开放以后，我们曾经做了一些改革和调整，但城乡二元经济结构的体制至今还没有得到根本改变。路径依赖的惯性使这种不平衡的状况还在继续发展。党的十六大政治报告提出，要逐步扭转工农差别、城乡差别和地区差别扩大的趋势。近几年来，政府也采取了一些措施，要改变这种状态，但实际上各项差距还在继续扩大。以城乡差距来说，2001 年的城乡居民收入差距为 2.90∶1，2002 年为 3.11∶1，2003 年为 3.23∶1，2004 年 3.21∶1，[③] 2005 年将扩大为 3.25∶1。

城乡发展不平衡，城乡差距过大，城乡关系不协调，是产生诸多社会问题和社会矛盾的主要原因。近几年来，我国一方面经济繁荣发展，另一方面社会问题大量涌现，社会冲突增多，社会矛盾凸显。具体表现如下。

① 毛泽东：《论十大关系》，载《毛泽东选集》第 5 卷，北京：人民出版社，1977 年 4 月，第 269 页。

② 《中共中央关于制定国民经济和社会发展第十一个五年规划的建议》，北京：人民出版社，2005 年 10 月，第 6 页。

③ 国家统计局编《中国统计年鉴・2005》，北京：中国统计出版社，2005 年 9 月，第 345 页。

①群众上访、上告的件次大量增加。据统计，全国县以上党政机关信访部门受理的信访总量，1992 年为 400 万件次，1998 年为 850 万件次，2003 年为 1272.3 万件次，2004 年为 1373.6 万件次。在这些信访中，2000 年前是城市居民占多数，2000 年后则是农民占多数。

②群体事件频发。2003 年全国共发生静坐、请愿、游行、堵路、围攻党政机关等各类群体事件 6 万多起，比 1994 年的 1 万多起平均每年递增 17%。而且参加事件的人员规模不断扩大，最大规模的有数万人参加，参与人数平均年递增 12%，百人以上的群体事件，仅 2003 年就有 7000 多起。这些群体事件主要是由征地、拆迁、居住环境受污染等原因引起的。

③社会治安状况恶化。1985 年，全国公安机关受理查处的治安案件共 92.1 万起，1998 年增加到 323.2 万起，2003 年为 599.6 万起。2003 年与 1985 年相比，平均每年递增约 11%；2003 年与 1998 年相比，5 年增加 85.5%，平均每年递增 13.16%。[①]

④刑事犯罪案件大量增加。1981 年，全国公安机关立案的刑事案件为 89.03 万起。经过严打，1984 年降为 51.4 万起。此后逐年反弹，1998 年刑事案件数量为 198.6 万起，1999 年以后大量增加，2003 年为 439.4 万起。2003 年与 1981 年相比，平均每年递增约 7.5%；2003 年与 1998 年相比，则平均每年递增 17.2%。[②] 在这些案件中，盗窃、抢劫、抢夺类侵财型案件占 80% 以上。据某市统计，20 世纪 90 年代以后，公安机关抓捕的犯罪嫌疑人中，70% 以上是外地人，其中农民工占大多数。

这些社会问题、社会矛盾和社会冲突的增加，当然是在工业化、城市化、市场化快速发展，社会急剧转型，社会利益多元化的宏观背景下产生的。考诸国际上多数工业化国家我们可以发现，它们都有过社会冲突凸显的经历，这被称为“社会转型病”。但这种局面的出现也确实同我们在经济高速增长时期，没有适时注意协调、处理好城乡之间、经济和社会之间、地区之间、各社会阶层之间的关系有关，其中没有协调、处理好城乡之间的关系最要害。我国至今还是一个以农民为主体的国家（2004 年农村人口占 58.2%，农业户口占 70%）[③]。农村率先改革，对改革和开放作出了很大

---

① 国家统计局编《中国统计年鉴·1998》，北京：中国统计出版社，1999 年 9 月，第 750 页；国家统计局编《中国统计年鉴·2004》，北京：中国统计出版社，2004 年 9 月，第 881 页。

② 国家统计局编《中国统计年鉴·1998》，北京：中国统计出版社，1999 年 9 月，第 750 页；国家统计局编《中国统计年鉴·2004》，北京：中国统计出版社，2004 年 9 月，第 881 页。

③ 国家统计局编《中国统计年鉴·2005》，北京：中国统计出版社，2005 年 9 月，第 93 页。

贡献，农民自身也得到自主和实惠。1978～1984年，农民人均纯收入每年递增15.1%。农民家给人足，生活水平逐年提高，城乡差距缩小，农村干群关系、党群关系空前良好。农民安居乐业，社会安定。农民至今还在怀恋土地承包后的黄金时期。但自1985年起，改革转向城市，承包制进城。但有关方面的领导提出还要维持“让农民做点额外贡献”的体制。农村的第二次改革停滞，对农村投入减少，农业生产和农村经济再次陷入徘徊摇摆的境地。城市经过体制改革，经济快速发展，日益繁荣。于是城乡差距再次扩大，形成了“城市像欧洲，农村像非洲”的局面。

维持城乡二元经济社会结构，继续实行城乡隔绝的体制，实行“城乡分治，一国两策”的结果是，9亿农民被困在土地上，而土地又不够种，农村必然贫困。这既不合理，也不公道。贫穷不是社会主义，贫穷也不能使社会和谐。城乡之间巨大差距的存在导致两个结果。在农村内部，社会矛盾丛生，民风变坏，社会不安宁。其突出的表现为干群关系紧张，乡镇干部成为众矢之的。在城市，经济社会发展光靠城市人口不够，特别是建筑、环保、纺织、餐饮等行业，本地人不愿加入，需要外来劳动力。而农民单靠种几亩地难以维生。于是一拉一推，从20世纪80年代后期，特别是1992年以后，大量的农民工进城了，且此后逐年增多。城市既要农民进城做工，又不给工人名分，不给合法的户口身份和社会保障，把农民工家的老人、小孩统统留给农村去管。城市遇到天灾粮荒、经济危机，首先驱赶离城的就是农民工。这样的城市设计，真是精到家了。所以这些年，哪个城市用的农民工多，哪个城市就繁荣。用农民工最多的城市，就是最富、最繁荣的城市。但是有一点是我们始料未及的。因为这些做工的农民，毕竟是进城来了。原来的城乡二元结构、城乡差距巨大是各有边界的，一个在城里，一个在乡下，互相不见面。现在，二元结构也进了城，一城两制、一厂两制、一个大院两制，两种不同的生产、生活方式，他们天天见面，会不产生矛盾吗？这就是前面说过的社会矛盾、社会冲突增多，社会不安宁的重要原因。

党的十六大报告指出，全面建设小康社会，就要使社会更加和谐，努力形成全体人民各尽其能、各得其所而又和谐相处的局面。温家宝总理在《关于制定国民经济和社会发展第十一个五年规划建议的说明》中指出：“构建社会主义和谐社会，是我们推进经济社会发展的重要目标，也是经济社会发展的重要保障，要按照民主法治、公平正义、诚信友爱、充满活力、安定有序、人与自然和谐相处的要求，加快推进和谐社会建设。”①

我们要按照“十一五”规划建议的总体要求，把建设社会主义新农村作为战略重点，逐步改变城乡经济社会二元结构，逐步使8亿多农民中的一部分乃至大部分转变为工人、职员和居民，融入到城市中去，逐步减少农民数量，把留下来的那批农民安排好，并且通过发展经济，使他们尽快富裕起来，与城市居民共同享受改革发展的实惠，使农民安居乐业，使农村社会趋于稳定。胡锦涛总书记在2005年2月中央党校领导研讨班上说：“在我们这样一个农民占多数人口的国家里，农民是否安居乐业，对社会和谐具有举足轻重的作用。广大农民日子过好了、素质提高了，广大农村形成安定祥和的局面了，和谐社会建设的基础就会更加牢固。”②

① 《中共中央关于制定国民经济和社会发展第十一个五年规划的建议》，北京：人民出版社，2005年10月，第54页。

② 转引自冷溶主编《中国特色社会主义年鉴》（2006～2007），北京：京华出版社，2007年9月，第21页。

新农村建设要处理好几个重要关系* **

党的十六大以来，党中央提出了贯彻落实科学发展观、构建社会主义和谐社会两大战略思想。党的十六届五中全会通过了《中共中央关于制定国民经济和社会发展第十一个五年规划的建议》，提出了建设社会主义新农村的重大历史任务，这是贯彻落实科学发展观的重大举措。这一举措正在全国各地全面展开，形势甚好。从各地的实践来看，在推进社会主义新农村建设过程中，有几个重要关系要处理好，要在理论上有明确的认识，这样才有利于社会主义新农村建设的健康发展。

一　落实科学发展观与推进新农村建设

科学发展观是指导发展的世界观和方法论的集中体现，建设社会主义现代化必须坚持以科学发展观统领经济社会发展全局。科学发展观是建设社会主义新农村的指导方针，必须始终贯彻到新农村建设的各个方面。统筹城乡经济社会发展，把解决好“三农”问题作为党和政府工作的重中之重。通过改革和发展，破解城乡二元经济社会结构，协调城市发展和农村发展的矛盾，调整城乡关系，遏制城乡差距扩大的趋势，促进城乡协调发展，应是当前要解决的重要问题。

贯彻落实科学发展观，要坚持改革和发展，要把转变增长方式放在重要位置，使粗放式增长向集约化增长转变，使资源消耗型向资源节约型、

---

* 本文原载《学习与实践》2006 年第 6 期，发表时间：2006 年 6 月 20 日。原稿写于 2006 年 1 月 21 日。该文还收录于文集《“三农”续论：当代中国农业、农村、农民问题研究》（陆学艺著，重庆：重庆出版社，2013 年 5 月）。——编者注

** 此文为 2006 年 1 月 21 日胡锦涛同志在中南海召开的新农村建设座谈会上（我）的发言稿，后略做修改在《学习与实践》2006 年第 6 期发表。——作者注

环境友好型转变，走新型工业化道路。同时要把改变目前先进的工业生产同以手工劳动为主的小农经济并存的格局，改变现代化的城市生活同落后的农村生活并存的格局，放在重要的位置。不改变这种格局，就经济社会发展全局来说，就是最大的不协调。中国当前产生的诸多经济社会问题，十之六七，概源于此。党的十六届三中全会提出要实现五个协调发展，把协调城乡发展放在第一的位置，足见要解决城乡矛盾的迫切性。因为不解决好当前城乡发展的严重不平衡问题，工业再先进，城市再现代化，经济效率、社会效益也不会好。

党的十六届五中全会通过了《中共中央关于制定国民经济和社会发展第十一个五年规划的建议》，明确指出："建设社会主义新农村是我国现代化进程中的重大历史任务。"把建设社会主义新农村列为"十一五"时期的主要任务，是党中央审时度势作出的重大决策，是贯彻落实科学发展观的战略部署，目标就是要着力推进农村的发展，解决城乡发展不协调、不平衡的矛盾，形成城乡优势互补、良性互动、共同发展的格局。

落实科学发展观，推进新农村建设，解决好"三农"问题，是关系党和国家事业发展的全局性和根本性的问题，是在新世纪新阶段，我们必须始终不渝地高度重视并认真解决的问题。目前影响农业和农村发展的深层次矛盾尚未消除，促进农业持续增收的长效机制尚未形成，农村经济社会发展滞后的局面也还没有改变，统筹城乡发展的体制机制还没有全面建立起来。所以，我们对建设新农村，解决"三农"问题的艰巨性、复杂性和长期性，要有足够的认识。要解决好这些问题，当然要充分调动广大农民和农村干部的积极性，也需要把各级政府、各有关部门和各方面的积极性调动起来，才能把这件大事办好。因为真要把这件称得上是世纪性的难题解决好，光有农村干部、农民群众和主管农村工作的部门的努力，是远远不够的，还必须有其他各有关部门、各级干部的重视和努力，才能使之逐步得到解决。

半年多来，党中央发布了十六届五中全会的文件，发布了2006年中央一号文件，在中央党校举办了省部级主要干部"建设社会主义新农村专题研讨班"，胡锦涛总书记和温家宝总理作了重要讲话，回良玉、贺国强等领导人和四位部长都讲了话，阐明了新农村建设的意义和任务，也对各地各部门提出了明确的要求。广大农村干部、农民群众和各级主管、分管农村的领导干部，都响应党中央的号召，已经积极行动起来，正在开展建设社会主义新农村的实践，有些部门从领导到干部也正在开展调查研究，制定规划，探索支持新农村建设的行动。但是有些部门的同志，还基本上停留在开会、作报告、转发文件的阶段。有的同志还认为这是地方、农村的事，与自己部门、自己的工作没有多少关系。有的同志甚至担心把精力投入农村多了，会不会有效果，会不会影响本部门、本单位的利益。很明显，这是不对的。

应该明确的是，建设社会主义新农村绝不只是地方政府、主管分管农业部门的工作，而是关系社会主义现代化事业发展全局的重大历史任务，各级党委和政府各部门都要把思想统一到党中央的决策和部署上来，都要把建设新农村作为大事来办。当前可以采取在20世纪50~60年代就提出并长期执行过的“各行各业都要支持农业”的政策，只有各行各业群策群力，共同推进社会主义新农村建设，才能把解决“三农”问题这件大事办好。

二 建设社会主义新农村和城镇化发展

20世纪90年代中期以来，我国的城镇化发展很快，成绩很好，现在又提出新农村建设，会不会影响城镇化的进程？怎么处理好这两者之间的关系？

历史经验表明，工业化、城市化是经济社会发展的必然趋势。中国要实现社会主义现代化，一定要搞好工业化、城市化。“三农”问题的最终解决，也要靠工业化、城市化的发展。新农村建设和城镇化发展不是对立的，而是相辅相成、相互促进的。只有工业化、城镇化搞好了，才能以工哺农、以城带乡，才能把农村的劳动力转移出去，才能有力量给新农村建设提供各方面的支撑。推进新农村建设，农业、农村经济发展了，为工业化和城市化提供粮食、各种农产品和工业原料，这是工业化、城市化发展的基础。同时，也只有农村发展了、农民富裕了，农民有了购买力，农村市场才能扩大，工业才能持续健康地发展，城镇化才能持续推进，实现城乡协调发展。

中国由于长期实行计划经济体制，形成了城乡二元经济社会结构的体制，形成了工业化、城镇化和农村发展两个相互割裂、各自为战的封闭系统。20世纪90年代中期以前，只注意发展经济，集中搞工业化，造成城镇化严重滞后于工业化的局面。20世纪90年代中期以后，城镇化速度加快了，但因为城市化只是在有城市户籍人口的圈子里展开，在城市区域范围里发展，没有按照城乡统筹、城乡协调的原则办事，所以虽然城市建起来了，还建得相当快，但并没有很好地带动农村有相应的发展。值得反思的是，在城市建设方面还凭借重城轻乡的旧体制，占用了国家绝大部分的基本建设资金，低偿、少偿征用农民承包耕地。虽然许多农村的土地、资源农转非了，但限制农民进城，农民不能农转非，农村劳动力进城了，也只能当农民工，实行“经济上接纳，社会上排斥”的体制。从统计数据看，2005年的城市化率已达到43%。如果把进城务工经商的约1.4亿农民排除在外，那有城镇户籍的居民，只有32%。① 这引起了一系列的经济、社会问题：一是城乡差距急剧扩大；二是城乡关系不正常，城乡矛盾突出，城乡冲突增加；三是农村市场屡扩不大，工业品没有销路。这样的城镇化是不可持续的，必须加以调整。

建设社会主义新农村，一定要落实科学发展观，统筹城乡经济社会发展，不能就城市发展城市，也不能就农业发展农业、就农村发展农村，一定要在继续完善社会主义市场经济体制的条件下，把继续推进城镇化和推进新农村建设有机地结合起来。要通过深化改革，调整目前的城镇化方针，要认真探讨工业反哺农业、城市支持农村的方式和做法，使党中央在新阶段提出的这个新方针落到实处，而不是停留在文件上。推进新农村建设，要按照“生产发展、生活富裕、乡风文明、村容整洁、管理民主”的要求，第一位的任务是要把农业生产和农村经济搞好，保证国民经济发展对粮食和农产品需求的供给，支持城镇化的发展。我国是一个人口众多的大国，即使工业化、城镇化健康发展了，大量的农村剩余劳动力、农业人口转到二、三产业去就业，转到城市里去了，从可预见的几十年里，仍将会有5亿~6亿农民生活在农村。所以，我们要按照城乡统筹、协调发展的原则，统一做好城乡发展和新农村建设的规划，分期、分类推进，在加快城镇化的同时，逐步把农村的经济发展好，把社会和生态环境建设好，使广大农民也能享受现代化的成果。

从世界工业化国家的发展看，一个工业化、城市化、现代化国家，其农业在GDP中的份额是逐渐减少的，一般会降到15%以下；从事农业的劳动力，在总就业人口中也是逐渐减少的，一般会降到20%左右；农村人口一般会降到总人口的50%以下。2004年中国的农业增加值在GDP中只占13.1%。但从事农业的劳动力占总就业人口的46.9%，农村人口占总人口的58.2%，农业户口人员占总人口的70%。可见中国的农民穷、农村落后、

① 参见国家统计局编《中国统计摘要·2005》，北京：中国统计出版社，2005年5月，第40页。

农业弱的问题是经济结构和社会结构不合理的表现。不解决这种结构性矛盾，“三农”问题就解决不好。

“三农”问题的解决，靠农村、农民自身是解决不了的，而要通过工业化、城市化的发展，把农村的部分、大部分、绝大部分农业人口逐步转变为二、三产业的劳动者，转变成城市居民。只有农民减少了，才能发展规模经营的农业，农业产业化才能实现，农民才能富裕起来。

在现在的城乡格局、城乡关系条件下，社会主义新农村是建设不起来的。一定要统筹城乡经济社会发展，通过工业化、城市化的健康发展，真正实现“以工哺农，以城带乡”，实现城乡同发展、共繁荣，社会主义新农村才能建设得起来。从这个意义上说，建设社会主义新农村，是国家整个工业化、城市化的一个重要组成部分。①

三　社会主义新农村建设与农村综合改革

总结回顾50多年来的农村工作，我得出了一条基本经验：凡是符合农民切身利益，农民自愿自觉自主积极参加的工作就一定能够成功，如土地改革、家庭联产承包制、税费改革等；凡是有损农民切身利益，农民被动地参加的工作就一定失败，如统购统销、人民公社、农业学大寨等。

建设社会主义新农村，实现“生产发展、生活宽裕、乡风文明、村容整洁、管理民主”的目标，是符合农民切身利益的。农民早就盼望发展致富了。但是，由于目前在诸多方面仍实行着“城乡分治，一国两策”的城乡经济社会二元结构体制，农民生在农村，就入了农业户口，要转为城镇户口，非常困难。而在农村，靠一亩三分田是富不了的。

农民不能进城变为职工，变为市民，9亿多农民就困在这十多亿亩土地上，农民肯定富裕不起来，新农村肯定也是建设不好的。要想建设社会主

① 座谈会结束后，胡锦涛同志邀我们参会的同志一起共进午餐。席间，胡锦涛同志同我们交谈。他问我：“学艺同志，像我们这样一个GDP中第一产业还占15%的发展中国家，城市化发展到多少为好？”我说：“不同地区和国家城市化不同，拉美国家高，多数国家在60%以上，东南亚国家低一些，泰国接近50%，印度还不如我们。按我们现在的工业化水平，发展到50%是适当的。”林毅夫说：“1960年，日本的GDP中农业占16%，那年他们的城市化率已达到60%。我们搞到50%，应该没有问题。”我说：“2004年我国的城市化率是41.6%，但其中有近一亿人是没有非农户口的农民工等人员，由此产生了种种社会问题。按1999年的统计标准，城市化率只有34.1%，所以，还有一个要搞一体化的城市化的问题。”——作者注

义新农村，就要对城乡二元结构进行改革，把农民从计划经济体制下形成的种种束缚中解放出来。1978 年以后实行的家庭联产承包制等改革，只是把农民的双手放开了，但双脚和身子还没有放开，产生了种种问题。所以，推进社会主义新农村建设，就应该同时进行农村的综合改革。

第一，要改革早已不合时宜的户籍制度，给农民进城当工人、当市民的权利，恢复农民本来有的国民待遇。这个可以先从已经进城从事二、三产业劳动多年的农民工做起。

第二，要改革现行的土地制度。所谓集体所有，原本是生产小队集体经济所在地的农民群体所有，但现在这个集体经济单位已经名存实亡了。有关法规规定，由村民委员会行使土地发包的职权，也就是行使土地所有者的权利。原来这个农民群体对这块集体所有的土地无权行使主权，产权很不明晰，由此产生了许许多多的纠纷。要通过改革，建立让农民有长期使用权的法律保障。土地承包权也是物权，受法律保护，任何人不能侵犯。保护基本农田是我们的国策。在这个问题上，国家和农民的利益是一致的。一定要制定相关法律，使农民有受法律保护的可以长期使用的土地承包权，使广大农民无后顾之忧，这样农民就有了参加社会主义市场经济竞争的基本条件。

第三，要改革 1994 年以来的财政体制。这个体制下的财权事权不相称，对欠发达、不发达地区的县乡太不公道，这是形成前些年农民负担屡减不轻和目前县、乡、村三级组织有巨额债务的主要原因。取消农业税以后，这些地区县乡的财政更困难了。县乡财政拮据，必然还要打农民的主意，所以这也是造成农村干群关系紧张、农村社会不安宁等问题的重要原因。

第四，要通过改革，调整国民收入分配的格局，大量增加对解决好“三农”问题的投入。建设社会主义新农村是要有投入的，现在国家也已经具备这方面的财力。

总之，要通过改革，破除城乡二元结构的束缚，为农民创造一个能发展、能致富的制度环境，农民有了自愿自主参加新农村建设的积极性，社会主义新农村建设的目标就有希望实现。说到建设社会主义新农村的目标，从国际的经验来看，各地可以定一些量化的目标：第一，农民是不是真的减少了，如 10 年以内降到 50% 以下，20 年以内降到 40% 以下？第二，农民的收入是不是真的提高了，提高到城市居民可支配收入的百分之六七十？第三，是否形成了一个使农民能够安居乐业，能发展的经济、政治、社会和生态的制度环境？

四　建设社会主义新农村，要处理好干部和农民的关系

近几个月来，我到各地农村去调查，听到各种议论声。对于党中央提出的建设社会主义新农村这个战略决策，上至省级领导，下到乡镇干部，积极性都很高，层层开会，组织工作班子，展开专题研讨，制定规划，有的已经开始行动。下到村里，多数农民已经知道社会主义新农村建设这件事了，东部沿海比较富裕地区的农民，消息灵通一些，早知道国家要进行社会主义新农村建设，还听说市里、县里正在做规划，怕将来的建设，要把他们规划到新社区里去，怕拆他们的老房，占他们种的田地，但还不知道具体是什么政策，心有疑虑。总的印象是，干部这一头，积极性很高；农民这一边，积极性还没有真正被调动起来，他们在等待观望。

干部有积极性，一方面是响应党中央的号召，把建设社会主义新农村作为解决好“三农”问题的契机，推进开展整体工作；另一方面，确实也有一部分干部，把建设社会主义新农村看作一个建功立业、创造形象工程、在上级面前有所表现的好机会。有的地方的干部，已经行动起来，拆旧房、平马路，在路旁建新房，刷墙壁，写标语，准备好让上级领导来视察。若干年来，每逢上边有什么大的举措，地方干部基本都是这一套做法。这在社会学上叫“路径依赖”，习惯成自然了。更有甚者，有一些干部则看准了，他们把建设社会主义新农村看作一次通过大搞城镇、新村规划，可以拆房、占地以地生财的好时机。我听到有一位县委书记说，他们县准备用10年时间，把全县几千个自然村全部拆除，把农民规划到几百个居民小区里去，这样可以腾出10万亩土地，以解决城市、工业建设用地紧缺的困难。这样代民做主的城市化、新农村建设的各种规划，正在下面比较普遍地制定。这种做法，未能真正理解和把握新农村建设的内涵和要求，如果真的按照这种规划实行起来，那后果将极其严重。

当今社会，利益已经多元化了，干部利益同农民的利益并不完全一致，在一些具体问题上，有的则是很不一致。我们对此一定要有清醒的认识。建设社会主义新农村，既是经济建设，也是政治建设、社会建设和文化建设，涉及已经分化了的农村各个阶层的切身利益。领导这场建设，一定要适时适地地制定好各种政策，协调好各个阶层的利益关系，尤其是要协调、处理好各级干部同农民的关系。如果按照上面讲到的那位干部准备搞的那

样的规划去实行，那么建设社会主义新农村的后果将不堪设想。

建设社会主义新农村，是要解决好“三农”问题，而“三农”问题的核心是要解决好农民的问题。建设社会主义新农村的主体是农民，只有使广大农民有了建设新农村的积极性，自觉自主地积极参加了，新农村建设才能成功。所以，建设社会主义新农村应该让农民做主。

五　要建立一个协助党中央统筹城乡协调发展，做好建设社会主义新农村工作的办事机构

解决好“三农”问题，是全党工作的重中之重。建设社会主义新农村，是党中央审时度势作出的重大战略决策，是关系全局的一件大事，也是一件十分艰巨的事，是需要全党全国人民上下齐心、共同努力、长期奋斗才能完成的历史任务。要把这件大事实实在在地办好，既需要充分发动群众，调动广大干部和亿万农民的积极性，也需要有统一领导、运筹帷幄、调查研究、统筹协调、分类指导、逐步推进的决策机构和办事机构。

从历史上看，在重大历史任务转变的关键时期，都有成立这样的办事机构的实例。1952 年，当土地改革结束，即将进入“一化三改”的重要时期，党中央决定，由毛泽东同志亲自主持组建成立中央农村工作部，协助党中央组织与领导扩大农民的互助合作运动，代表党中央对各涉农部门和各地的工作加以指导。1978 年党的十一届三中全会，决定把党的工作转向以经济建设为中心的轨道。1979 年初，决定成立国家农业委员会，作为国务院指导农业建设的职能机构，同时兼理党中央委任的农村工作任务，并指导各省、市、自治区农委和相关部门的工作。

这两个工作机构建立之后，协助党中央做了大量的工作，卓有成效，特别是农委，后来改为中央农村政策研究室，协助党中央推动农村率先改革，调查研究，制定各种政策，起草五个中央一号文件，推动了农业、农村经济工作大发展。后来其因为各种原因被撤销了。实践证明，中国是个农民人口占绝大多数的大国，农村工作千头万绪，十分需要有一个协助党中央办理农村工作的机构。

中央农村政策研究室被撤销之后，虽然党中央一贯重视农业和农村工作，也有多次重要的决策，特别是有些关于农村工作的指导思想是很正确的，如提出了“千方百计增加农民收入”“多予、少取、放活”“八七扶贫计划”“统筹城乡经济社会发展”等方针，但正确的决策和方针是需要有机

构、有人去落实的。因为没有这样的机构，政策文件发下去，热一阵子，也就过去了，问题依然故我。而且许多问题越积越多，最后积重难返！有人说："现在的农业是弱势产业，农村是最落后的社区，农民是最大的弱势群体，涉农部门是弱势部门，负责农业工作的领导干部是弱势领导。例如，在省里、市里、县里负责农村工作的副省长、副市长、副县长，大多数不是党委常委，在支农需要的人、财、物上没有权力，想帮助农业、农村发展，但无能为力，只能同农民一起哀叹，爱莫能助！"农业、农村、农民问题积累得这样严重，对于我们这个年年讲农业重要，常常把农村、农业工作列为政府工作第一位的国家来说，真是个说不清为什么的问题。"三农"问题不能只有很多人讲话，没有几个人做事，这样的状况不能再继续下去了。①

党的十六大以来，党中央把"三农"工作列为党的工作的重中之重，近几年又出台了多个重大的决策，现在又提出建设社会主义新农村，这是解决农村问题的战略性决策。要办好这件事，确实有许许多多理论和实际问题要解决，比如，要统筹城乡关系的各项事宜，要协调各地各部门的关系，要处理好农村内外各种利益关系，要制定各种政策。所以我建议，在办这件大事之前，就着手建立一个办事机构，协助党中央把这件大事办好。

① 座谈会开始前，党中央农村工作领导小组办公室陈锡文同志对我说："你们发言，要控制在20分钟以内，不要拖，总书记还有事。"还说："良玉（回良玉）同志请你在会上讲一下，在农口要成立一个办事机构的问题。"我说："我在讲稿中已经准备了，会讲到的。"——作者注

江苏省新农村建设规划应该立即叫停*

2006年2月19日《新华每日电讯》刊登了一条消息：江苏今年将全力推进镇村布局规划。根据规划，全省24万个自然村将缩至4万余个。建设厅有关人士说："目前江苏有4000万农村人口，分布在24万个自然村里。自然村规模小，集聚度低。……居住分散，造成土地浪费，也不利于农村的基础设施建设和环境建设，只有集中居住，才便于统一建设排水、通信、公路、污水、垃圾处理等公共基础设施。"① 这是一个明显违背党中央关于扎实推进社会主义新农村建设的方针，严重脱离实际，违背广大农民的意愿，将损害农民的利益，只是少数人的主观臆想的规划，对当前正在开展的社会主义新农村建设事业十分不利，如果让这种为农民做主的规划推行下去，那不仅对江苏4000万农民不利，而且会对各地的新农村建设产生误导，引起跟风，后果严重，所以应该立即明令停止推进这种规划。

第一，建设社会主义新农村，必须统筹城乡经济社会发展，坚持以经济建设为中心，协调推进农村的经济、政治、文化、社会发展和党的建设，推动农村走生产发展、生活富裕、生态良好的文明发展道路。当前第一位的是要全面加强生产力建设，要做规划，也应该是先做本省、本县、本镇、本村的生产建设和农民增收等方面的规划。新农村建设的20字方针中，"生产发展、生活宽裕"是第一位的，是最关键、最重要的，也是新农村建设的出发点和落脚点。只有经济水平上去了，农民收入提高了，其余的建设才能上得去。江苏省建设厅在新农村建设开始的时候，就要推行这种大

---

* 本文源自作者手稿，该稿写于2006年2月20日。该文收录于《中国社会结构与社会建设》（陆学艺著，北京：中国社会科学出版社，2013年8月）。文集收录时有个别文字错误。——编者注

① 《江苏全力推进镇村布局规划将缩减自然村约20万个》，中央政府门户网站，http://www.gov.cn/jrzg/2006-02/18/content_203707.htm。

规模撤并自然村的所谓规划。这显然是违背党中央关于社会主义新农村建设方针的，是本末倒置的举措。

第二，建设社会主义新农村是一项惠及广大农民群众的民心工程，要从农民群众最关心、要求最迫切、利益最直接的事情抓起，不断让农民群众得到实实在在的好处，调动广大农民投入新农村建设的积极性，这是使社会主义新农村建设取得成功的基本保证。现在，新农村建设刚刚启动，江苏省建设厅就抛出“今年将全力推进镇村布局规划”，并扬言“全省24万个自然村将缩减至4万余个”。这样的“规划”如果传到农村，那江苏省4000万农民会怎样想，他们还没有得到实实在在的好处，就要面临拆掉自家世代居住的房子，被占掉祖宗传承的宅院，搬到所谓的集中居住区去的情况。中国农民历来有“安土重迁”“金窝银窝不如自己的草窝”的传统习惯。这样要大规模搬迁农民的规划，农民能接受吗？如果这个规划是作为江苏社会主义新农村建设的开局部署的，那广大农民群众对这样的建设会有积极性吗？会主动参加吗？这种违背农民意愿，损害绝大多数农民利益的所谓规划，将直接打击广大农民群众参加社会主义新农村建设的积极性，如果真的实施起来，那就不是惠及广大农民群众的民心工程，而将是直接损害农民利益的伤心工程。

第三，建设社会主义新农村，实现“生产发展、生活宽裕、乡风文明、村容整洁、管理民主”的目标，内容涵盖了社会主义新农村建设的方方面面。应该把握方向，明确思路，找准重点，扎实推进，把这件关系社会主义现代化建设事业全局的大事办好。应该明确，社会主义新农村建设，绝不是新村建设，也不仅是村容村貌的建设，更不能把抓村容村貌建设放在第一或优先的位置。现在有些地区，已经有了把社会主义新农村建设曲解为村容村貌建设的苗头和倾向，有的提出了300人以下的自然村一律拆并，有的上万人的乡镇的村民要归并为4个村，有一个近百万农民的县，正在做并建为100多个集中居住区的规划。当初酝酿社会主义新农村建设这件大事的时候，有的同志就担心，怕引起大拆大建的歪风，成为新一轮大搞形象工程的借口。现在这股邪风正在有些农村刮起来。江苏省建设厅的这个规划就是一个风标。试想这个把24万个自然村归并为4万多个集中居住区的规划真要实施，那将会是一个什么情景？那就是说江苏省4000万农民1000多万农户中的83%（830多万家）的房屋都要被拆毁，再另建新居。这不是空前绝后的大拆大建吗？这不是要把两千多年来在十万平方公里江苏大地上建起来的农民房舍、农村建筑、农村文化基本上都拆毁重建吗？做这样规划的同志真该走出南京城里的办公室，到农村去好好看一看、想一想，你们设计的社会主义新农村的蓝图，符合广大农民群众的意愿吗？符合党中央的方针吗？是能够实施的吗？

第四，社会主义新农村建设是正在进行的一项巨大的系统工程。在利益多元化的当今中国，各个阶层的人员对待新农村建设的态度和作为是不一样的。从新华社记者报道的信息来看，江苏省建设厅抛出的这个规划，他们要拆并 24 万个自然村的真实目的，恐怕不是真正要搞社会主义新农村建设，“醉翁之意不在酒”，在乎可以征占农民的土地！建设厅有关人士与记者 400 多字的谈话中，两次提到土地问题。他说：“实施规划后，不仅大大有利于促进农村基础设施建设，而且还能节约大量土地资源。以常熟市为例，如果将现有自然村归并进 125 个居住点的话，可节约土地 10 万亩。”[①] 以常熟市为例推算，全省共 67 个县（市），将可腾出 400 万 ~ 500 万亩土地，这是一项巨大的资源，也是一笔总值上万亿元的财富。某些人看上了这笔本来属于农民和国家的财富，所以推出了这样主观、荒唐、大拆大迁的所谓规划。他们也不想一想，如果真的把常熟数千个自然村的 30 多万农户共上百万人口归并住进了 125 个居民点，那常熟还是常熟吗？还是江南水乡的常熟吗？还有常熟市的社会主义新农村吗？

前面说过，建设社会主义新农村的出发点和落脚点是实现“生产发展、生活宽裕、乡风文明、村容整洁、管理民主”的目标。但江苏省建设厅推出的这个规划，如果对其做点评论的话，恐怕他们的出发点和落脚点，只落在了这 400 万 ~500 万亩的土地资源上。前几年，少数干部尝到了“以地生财”的甜头。江苏省人多地狭，可供开发占用的土地资源已经很稀缺了，特别是苏南地区土地资源尤为稀缺，于是他们把目光转到了农民的宅基和庭院上，企图通过大规模拆迁，驱赶农民到居民点集中居住，强占他们的土地，这难道不是又一次对江苏农民的剥夺吗？

第五，建设社会主义新农村，通过发展生产力，增加农民收入，改善农民的生活和境遇，缩小城乡差别，协调城乡关系，是落实科学发展观、构建社会主义和谐社会的必然要求。近几年，党和国家十分重视农业和农村工作，统筹城乡经济社会发展，实行了如减免农业税，增加对农村、农业的投入，重建农村合作医疗体制等一系列支农惠农政策，得到了广大农

① 《江苏全力推进镇村布局规划将缩减自然村约 20 万个》，中央政府门户网站，http://www.gov.cn/jrzg/2006-02/18/content_203707.htm。

民的衷心拥护，农村形势是好的，全国农村社会是稳定的。扎实推进社会主义新农村建设，将会使农村形势越来越好。但是如果不能正确地执行党中央关于社会主义新农村建设的正确方针，不按自然规律、经济规律和社会发展规律办事，不分轻重缓急，不抓重点，乱干一气，推行像江苏省建设厅这样的大拆大建的规划，让少数干部再搞劳民伤财的形象工程，那就会把社会主义新农村建设引入歧途，破坏来之不易的农村大好形势，危及农村的社会稳定。

试想如果按照江苏省建设厅把24万个自然村归并为4万多个集中点的规划实施，要拆毁江苏省1000多万农户中83%农户的房屋和家院，让83%的农民大搬家，腾出的宅基和场地让少数人去“以地生财”，搞政绩工程。江苏4000万农民能答应吗？一面是广大农民群众要保卫自己的家院，捍卫自己的利益，一面是少数干部要抢占农民的土地，发财升官。一个要保护，一个要抢劫；一个人多势众，一个拥有强大的权力。如果真要实施这个规划，一场为争夺土地资源的严重斗争和冲突就在所难免，那么历来各项工作都走在前面的江苏农村就不得安宁了。

第六，为了正确执行党中央关于社会主义新农村建设的方针，保证这件关系全局的大事办得健康、办得顺利，真正办好（因为这是9亿农民和广大干部参加的十分宏大的建设事业），应该密切关注这项事业的进展动态，不断地调查研究，不断地总结经验，不断地发现新问题。不仅要及时地推广成功的经验和典型，而且要及时地纠正建设事业进展中的不良倾向，矫正航向，使之健康顺利地发展。江苏省建设厅近期抛出的这个规划，不切实际，不符合广大农民的切身利益，不符合社会主义新农村建设的大方向，应该立即明令停止。

日日新，又日新，新农村建设要抓住“牛鼻子”*

城乡的协调发展问题是当前中国的主要矛盾，70%的问题都可以归结到这一点

主持人：新一届中央领导集体高度重视“三农”问题，从“全党工作的重中之重”到“两个趋向”，再到建设社会主义新农村目标和任务的明确提出，体现了我党对“三农”问题的重视程度日趋加深。怎样看待中央现在提出的建设社会主义新农村？

陆学艺（中国社会科学院社会学研究所原所长、中国社会学会会长）：现在中央提出社会主义新农村建设，这步棋走得很高明。城乡的协调发展问题是当前中国的主要矛盾，70%的问题都可以归结到这一点。前年①重点提科学发展观，去年重点提和谐社会，今年把解决“三农”问题、建设社会主义新农村作为重点，比较顺理成章，也有利于统一思想。这步棋很高明。“十一五”规划的战略重点是解决“三农”问题，可以说建设社会主义新农村不仅是“十一五”工作的重点内容，也是贯彻落实科学发展观、构建社会主义和谐社会的必然要求。不解决这一问题，中国的现代化问题解决不了。建设社会主义新农村，提高农民的购买力，提高农民的生活质量，有利于扩大内需，也有利于社会的和谐。

---

* 本文源自《北京日报》2006 年 3 月 6 日第 18 版。该文为在该报组织的专家座谈会上陆学艺、邓伟志、乔新生等专家的发言摘要，本文仅收录陆学艺的对话摘要，并采用《北京日报》原文标题。——编者注

① 此处指 2004 年。——编者注

当前农业和农村发展仍然处在艰难的爬坡阶段

主持人：中共中央、国务院在《关于推进社会主义新农村建设的若干意见》中提出，“当前农业和农村发展仍然处在艰难的爬坡阶段”，这可以说是对我国“三农”问题形势的一个重要判断，怎样看待这样一个判断？

陆学艺：中央把“三农”作为“重中之重”，提出建设社会主义新农村是具有战略意义的。关于“爬坡阶段”，可以通过两句话来理解：第一，“三农”问题当中的农业问题已基本解决，即解决了吃饭问题；第二，农村、农民问题这两个问题还没有解决。

“三农”问题的核心是农民问题。说农民问题没有解决，具体来看，一是人口太多、绝对量大。总的来看，农村人口一直是增加的。二是农民太穷。尽管近年来农民的收入较以往有了很大增加，但相对于城市来讲，没有得到其应得的份额。这里的穷，还有一点，就是在公共产品的享用上太少，卫生、医疗、教育等严重不足。三是农民的穷，实质上是权利的贫穷，经济权、政治权都没有保障。

说农村问题没有解决，主要表现在城市先进、农村落后，城乡差距大。其中，主要的原因是体制上的问题。如何解决这些问题？我觉得，最大的障碍是原来计划经济的体制问题还没有解决，根子还是“二元结构”，这种“二元结构”是中国特有的经济社会结构，支撑它的计划体制还没有改。一是户籍制度，二是土地制度。现在很多地方还是用计划经济的手段去拿土地，再用市场经济的办法拍卖出去。这利润太大了，受害的只能是农民。这些都是在用计划经济的办法去搞市场经济。这些都需要逐步改。“艰难的爬坡阶段”可以从以上两方面理解。

凡是不符合农民利益的、侵害农民权利的，肯定搞不成

主持人：建设社会主义新农村可以说是一个长期复杂的系统工程，内容涉及方方面面，但切入点在哪里呢？

陆学艺：我觉得要从改革开始，具体说要从改革户籍制度、土地制度和现有的财政分配制度这三项开始。很多基层干部的工资都发不出来，再多的转移支付也会变形。把这三条都改革了，其他的问题都容易解决。当

然，这些改革本身就是一个逐步改革的过程。

主持人： 建设社会主义新农村，当前存在两种倾向：一是处处套用新农村建设的名词，实际上搞得仍然是老一套，“旧瓶装新酒”；二是不切实际地求新，把新农村建设简单地等同于建新村、盖新房。这既违背了农民的意愿，也无益于新农村的长期建设和发展。新农村建设中如何防止这两种倾向？

陆学艺： 建设社会主义新农村，农民是主体，农民是主人。从农村的发展史来看，凡是农民拥护的、愿意搞的，肯定都能成功，如土地改革、家庭联产承包责任制等；凡是不符合农民利益的、侵害农民权利的，肯定搞不成，如人民公社、农业学大寨等。所以，建设社会主义新农村，要帮农民、支持农民，让农民当家做主，而不是替农民做主。现在建设社会主义新农村，有两个方面的积极性：一个是农民有积极性，很快会发动起来；另一个是县、乡村干部有积极性，也会很快发动起来。后一方面的积极性，有积极性，这是好的，但其中有一股邪风，就是有的喜欢搞“形象工程”“政绩工程”，这样农民就得不到实惠，因此，对这一积极性，必须引导到让农民做主上来。

新农村建设必须要让农民当家作主*

陆学艺认为，新农村建设是农民的事业，只有农民积极参加，才能成功。“实践还证明，与农民顶牛是顶不过的。”

陆学艺认为，如今中国社会已经是多元化的了，不同的阶层对中央政策有不同的理解和做法。从省委书记到村支书，是响应中央号召的，但也会有个别干部把这个建设过程看成是发财的机会又来了。比如，对于中央提的五句话“生产发展、生活宽裕、乡风文明、村容整洁、管理民主”，有的干部就在“村容整洁”上动脑筋，不是动真正把村子搞好的脑筋，而是动怎么通过整洁村子弄农民口袋里的钱的脑筋，这只能增加社会矛盾。

新农村建设要解决哪些问题?

陆学艺说，一是乡镇机构要减少，但要裁减庞大机构很困难，现在各级布置下去的工作非常多，客观无法完全减掉；二是现在的财政体制不改，不仅老债还不了，也无财政保证乡镇的正常运转；三是要缓解干群关系。

---

* 本文源自《内蒙古日报》（汉）2006年3月20日第7版《营造氛围 集聚力量 全盘统筹 加快发展——建设社会主义新农村新牧区政策解读（十）》一文。该文为该报组织的解读新农村建设政策的观点摘要，本文仅收录陆学艺的观点摘要，题目为文中陆学艺发言部分的小标题。——编者注

当前农村形势和社会主义新农村建设*

一 当前的农村形势

中共中央提出社会主义新农村建设的重大课题，如果把社会主义新农村建设这个问题解决好，那么社会主义现代化就可以迈向一个新的门槛。社会主义新农村建设是我国社会主义现代化进程中确定的重大历史任务。胡锦涛同志说："要从建设中国特色社会主义事业的全局出发，深刻认识建设社会主义新农村的重要性和紧迫性，切实增强做好建设社会主义新农村各项工作的自觉性和坚定性，积极、全面、扎实地把建设社会主义新农村的重大历史任务落到实处，使建设社会主义新农村成为惠及广大农民群众的民心工程。"①

2002 年 12 月 26 日中央政治局会议第一次提出解决好"三农"问题是全党工作的"重中之重"。2003 年和 2004 年，党中央领导同志曾多次指出我们现在处于战略的机遇期，同时处在矛盾多发的关键时期。温家宝指出，这个关键时期如果处置得好，就能顺利地解决现代化过程中的许多社会问

---

* 本文原载《江西社会科学》2006 年第 4 期，发表时间：2006 年 4 月 25 日。该文原为作者 2006 年 3 月 7 日在中国社会科学院社会学研究所做的同名讲座稿，经修改后公开发表，人大复印报刊资料《中国政治》2006 年第 8 期转载。该文部分内容曾以"发展变化中的中国农业、农村与农民"为题摘发于《中国社会科学院研究生院学报》2006 年第 4 期（2006 年 7 月 15 日），发表时有少量内容的增补。该文还收录于文集《"三农"续论：当代中国农业、农村、农民问题研究》（陆学艺著，重庆：重庆出版社，2013 年 5 月）。本文主要依据《江西社会科学》所发论文的内容刊印，同时根据《中国社会科学院研究生院学报》所发论文做少量增补。——编者注

① 参见《胡锦涛在中共中央政治局第二十八次集体学习时强调：统一思想、科学规划、扎实推进，使建设社会主义新农村成为惠及广大农民群众的民心工程》，《人民日报》2006 年第 1 版。

题；如果处置不好，就会引起两极分化、大量失业等社会问题，导致社会矛盾急剧增加。①

我们现在正处在这样一个既是战略机遇又是矛盾多发的关键时期。一方面，我国经济发展的形势很好，综合国力已经名列世界第四；另一方面，我国存在不少社会问题，面临的社会矛盾可能更复杂、更突出。这两方面都是事实，这些矛盾也是客观存在的。怎么来看待这个问题呢？党的十六届四中全会强调要统筹、协调发展，实际上就是要解决好五对矛盾。当前最重要的是经济发展和社会发展不协调，城市发展和农村发展不协调，城乡关系不合理、不正常的矛盾。这两大矛盾是交叉的，有的矛盾既可以说是经济社会矛盾，也可以说是城乡矛盾。仔细分析我国当前存在的诸多矛盾会发现，70%的矛盾是城乡矛盾，或者是由城乡矛盾所引发的矛盾。所以，当前城乡矛盾是中国社会需要解决好的主要矛盾。

“在复杂的事物的发展过程中，有许多的矛盾存在，其中必有一种是主要的矛盾，由于它的存在和发展，规定或影响着其他矛盾的存在和发展。”“研究任何过程，如果是存在着两个以上矛盾的复杂过程的话，就要用全力找出它的主要矛盾。捉住了这个主要矛盾，一切问题就迎刃而解了。”这是马克思研究资本主义社会告诉我们的方法。“万千的学问家和实行家，不懂得这种方法，结果如堕烟海，找不到中心，也就找不到解决矛盾的方法。”② “三农”问题是我国当前要解决的主要矛盾，真正解决好了，经济、社会发展中的许多问题就能得到基本解决。当然还会有新的问题出来，还要不断地加以解决。

党中央提出要扎实推进社会主义新农村建设，解决好“三农”这个“重中之重”的问题。打个比喻，像当年解放战争，到了决战阶段，辽沈、平津决战都打赢了，最后就是要打一场“淮海战役”，要集中主要的人力、物力、财力打赢这场“淮海战役”，决战胜了，南京自然也就快解放了。同理，若是把“三农”问题解决好了，中国的社会主义现代化建设也就取得了基本的胜利。如果打不下来，那么许多问题就要被拖下去，进而又会产生各种新的问题。为什么说城乡矛盾是主要矛盾？必须从“三农”问题说起。在欧洲、美国、日本并没有类似中国的“三农”理论。“三农”理论是中国改革开放以后在实践中逐渐形成的，亦即在20世纪80年代后期90年

① 参见温家宝《提高认识统一思想牢固树立和认真落实科学发展观——在省部级主要领导干部“树立和落实科学发展观”专题研究班结业式上的讲话》，《人民日报》2004年第2版。

② 毛泽东：《矛盾论》，载《毛泽东选集》第1卷，北京：人民出版社，1991年7月，第320、322页。

代中期逐渐形成的。这个理论是一个很好的观察和分析问题的框架。日本《产经新闻》的记者来采访，我用“三农”理论分析中国和日本的农村问题。日本当前的状况是农民问题、农村问题解决了，但农业问题还没有解决。中国和日本不同，中国的“三农”问题可以概括为：农业问题基本解决了，但农村问题、农民问题还很严重。

（一）农业问题

新中国成立以后，党中央历来高度重视农业问题，也为此做了很大的努力。改革开放以后，农村率先改革，按照邓小平同志提出的“一靠政策，二靠科学”① 的方针，经过 20 多年，先后取得了 1984 年、1990 年、1996 年和 2004 年四次农业特大丰收。1996 年农业特大丰收，粮食总产超过 1 万亿斤，其他主要农产品也大丰收，中国的农业发展进入了一个新阶段。从此改变了粮食和主要农产品长期短缺的格局，形成了常年总量基本平衡，丰年有余的新格局，较好地解决了 13 亿人口的吃饭问题（见表 1）。所以说，农业问题基本得到了解决，因为我国的农业可以解决全国人民的吃饭问题，可以满足国民经济发展的需要。从 1997 年开始，农产品的进、出口相抵一般都能基本平衡，有几年还略有出超。前几年，我们常常宣传“用 7% 的土地养活了 22% 的人口”。1996 年，国家土地局公布了花费 10 年时间测量的全国土地的结果，耕地总量是 19.5 亿亩。这几年征用、占用耕地较多，加上退耕还林，2004 年还有 18.4 亿亩。可以说我国用占世界近 9% 的耕地，供养了占全球近 21% 的人口。目前世界总人口达到 65 亿，中国是 13 亿多，已经不足世界总人口的 21%。就出口问题而言，我们出口了许多衣服、鞋子等，原料基本都是农产品。因此，我国“三农”问题的基本状况是农业问题基本解决了，但农村问题、农民问题还没有得到解决。

表 1　改革开放以来历年粮食和主要农产品变化状况

年份	粮食总产（万吨）	人均（公斤）	棉花总产（万吨）	人均（公斤）	肉类总产（万吨）	人均（公斤）	水果总产（万吨）	人均（公斤）
1978	30477	318.74	216.7	2.27	856.3	8.96	657.0	6.87
1980	32056	326.69	270.7	2.76	1205.4	12.28	679.3	6.92
1984	40731	392.84	625.8	6.04	1540.6	14.95	984.5	9.50

① 邓小平：《邓小平文选》第 3 卷，北京：人民出版社，1993 年 10 月，第 17 页。

续表

年份	粮食总产（万吨）	人均（公斤）	棉花总产（万吨）	人均（公斤）	肉类总产（万吨）	人均（公斤）	水果总产（万吨）	人均（公斤）
1985	37911	360.70	414.7	3.95	1760.7	16.75	1163.9	11.07
1990	44624	393.10	450.8	3.97	2513.5	22.14	1874.4	16.51
1991	43529	378.26	567.5	4.93	2723.8	23.67	2176.1	18.91
1996	50454	414.39	420.3	3.45	3694.7	30.35	4652.8	38.21
1997	49417	401.74	460.3	3.74	4249.9	34.55	5089.3	41.37
1998	51230	412.42	450.1	3.62	4598.2	37.02	5452.9	43.90
2000	46218	366.04	441.7	3.50	4838.2	38.32	6225.1	49.30
2002	45706	356.97	491.6	3.84	5228.9	40.83	6952.0	54.30
2003	43070	334.29	486.0	3.77	5506.3	42.74	14517.4	112.68
2004	46947	362.22	632.4	4.88	5776.8	44.57	15340.9	118.36
2005	48402	371.26	571.4	4.38	6157.6	47.20	16120.1	123.65

注：该表根据《中国社会科学院研究生院学报》所刊发论文《发展变化中的中国农业、农村与农民》增补。——编者注

资料来源：国家统计局编《中国统计年鉴·1985》，北京：中国统计出版社，1985 年 10 月，第 269、273 页；国家统计局编《中国统计年鉴·1997》，北京：中国统计出版社，1997 年 1 月，第 41、390 页；国家统计局编《中国统计年鉴·2001》，北京：中国统计出版社，2001 年 1 月，第 36、380～382 页；国家统计局编《中国统计年鉴·2002》，北京：中国统计出版社，2002 年 9 月，第 40、462～464、469 页；国家统计局编《中国统计年鉴·2006》，北京：中国统计出版社，2006 年 5 月，第 18、126～129 页。

（二）农民问题

第一，农民众多。世界上的工业化国家在工业化和城市化的过程中，农业劳动力是减少的，农民是减少的。1952 年我国农业人口是 50139 万人，1958 年是 55273 万人，之后出现了“三年困难”时期。到 1978 年，农民达到 79014 万人。[①] 20 年下来，增加了 24310 万农民，平均每年增加 1215.5 万农民。1978 年以后农民数量仍在增加。到 2000 年，虽然相对数字在减少，但绝对数字还是增加的，达到 94244 万人。从 2001 年农民数量开始减少，具体数字是 94175 万人，以后逐年缓慢减少。所以，直到现在我国还是 9 亿农民。[②]

① 国家统计局编《中国统计年鉴·1983》，北京：中国统计出版社，1983 年 10 月，第 103 页。

② 国家统计局编《中国统计摘要·2003》，北京：中国统计出版社，2003 年 5 月，第 38 页；国家统计局编《中国统计摘要·2004》，北京：中国统计出版社，2004 年 4 月，第 37 页。

从1952年到2006年，工业化发展了50多年，中国变成工业大国了，农民反而越来越多。中国13亿人口，其中9亿多为农民。因此，农民众多是一个大问题。

第二，农民太穷。首先，农民太“穷”是相对于改革开放以来取得这么好的成绩，而农民却没有得到相应的实惠而言的。相对于农民本身来说，生活水平提高了，因为基本解决了温饱问题。1978年，我国有2.5亿贫困人口，现在只有2000多万人了。其次，相对于城市居民而言。第二次世界大战以后，几个成功实现了现代化的国家和地区，在工业化、现代化过程中，城乡差别都是缩小的。在中国，改革开放以后，1978~1985年，城乡差别是缩小的。1986年以后，特别是1994年以来，城乡差距不断扩大。温总理在政府工作报告中提到2005年城市居民收入增长9.6%，农民收入增长6.2%，[①] 可见差距还是扩大的。

第三，农民分化。首先，职业分化。现在我国有9亿多农民，有49695万劳动力，其中从事以农业为主的农业劳力有3亿多人。另外，接近两亿的是农民工，其中离土离乡进城的农民工有1.2亿人。20世纪80年代以来，农民逐渐分化。其中，有乡镇企业的干部和工人，有从事商业、饮食业、服务业的人员，有科技人员、民办教员、医生等。他们有的已经离开农村，在城市中生活。但是，这些人员国家认定的身份仍然是农民，是农业户口。1989年我写过一篇文章——《社会学要重视研究当今农民问题》，正是反映这个问题的。其次，财产和收入分化。农业户口里有些人已经相当富有，有的人已经是亿万富翁，有的还很穷。过去在一个公社、一个生产大队里，大家一起生产、一起生活，收入相差无几。现在在同一个乡或一个村里，少数人很富，住上了别墅式房子，但大多数人还贫穷，住着平房，相差悬殊。根据国家统计局的调查，2004年，农民年收入600元以下的占2.43%，601~1000元的占6.07%，1001~3000元的占51.37%，3001~5000元的占25.11%，5001元及以上的占15.02%。[②] 足见当前我国农民财产和收入分化的程度。

第四，农民太弱。农民被普遍认为是弱势群体，不少人呼吁要给农民以国民待遇。我曾经在几次会议上强调不是“给”，而是要“恢复”农民的国民待遇。农民群体太弱主要表现在两个方面：首先，农民丧失了保护自

---

① 参见温家宝《政府工作报告》（2006年3月5日），载国务院研究室编写组编《十届全国人大四次会议〈政府工作报告〉学习问答》，北京：中国言实出版社，2006年3月，第2页。

② 国家统计局编《中国统计年鉴·2005》，北京：中国统计出版社，2005年9月，第359页。

己的生产资料、耕地、宅基地甚至房子的权利。他们不能保护自己承包的耕地，因为他们的耕地随时都有被征用的可能；他们也不能保护自己的房子，因为他们的房子随时都有被强制拆迁的可能。因为房子的宅基地不属于他们，是集体所有的，所以农民连把房屋当作贷款抵押的权利都没有。前几年，我国刮起了一股大办工业园、科技园、大学城的邪风，有3.6万平方公里（5400万亩）的耕地不声不响地被占掉了，有4000多万农民成为失地农民。农民无力保护自己赖以生存的承包耕地，可见农民权利的微小。幸党中央、国务院三令五申，才把这股风刹住了。其次，组织上的薄弱。干部、工人是工会会员，老板可以组织工商联合会，还可以组织各种俱乐部，温州老板到了北京、成都等地可以组织"温州商会"，等等。他们这样做，就有了自己的组织，可以维护、争取他们自己的权利。但是农民没有属于他们自己的组织（如"农会"），所以他们维护、争取自己的权利就无从谈起。

（三）农村问题

1911年辛亥革命以前，在封建社会时期，中央政府只管到县，向县派出行政长官，乡以下靠乡绅和自治组织管理。民国以后，仍提倡乡村自治，有一部分省在县以下设区公所、乡公所，由县政府任命区长或乡长。1949年新中国成立以后，开始还是承袭旧制，在县以下设区、设乡管理。1954年颁布的《中华人民共和国宪法》开始实施，确定乡镇政府是一级政权组织，设乡（镇）人民委员会。1958年人民公社化，实行政社合一的体制，行政事务由公社委员会施行。公社实行"三级所有，队为基础"，公社下设生产大队，大队下设生产小队。公社、大队、小队既是集体经济组织，也是行政组织，把全国5亿多农民全部组织到人民公社体制里面去了。

1983年，撤销人民公社体制，改公社为乡镇人民政府，改生产大队为村民委员会，改生产队为村民小组。到1984年，全国共建乡镇人民政府91171个，建村民委员会926439个，农户总数为18792.6万户，农村总人口为84300.5万人。到2004年，全国的乡镇总数为36952个，村委会652718个，农户总数为24971.4万户，农村总人口为94253.7万人。①

为什么1984～2004年农户总数、农村人口大量增加了，而乡镇和村的数量反而大量减少了？这主要有两方面的原因。一是这20年是中国大规模

---

① 国家统计局编《中国统计年鉴·1985》，北京：中国统计出版社，1985年10月，第237页；国家统计局编《中国统计年鉴·2005》，北京：中国统计出版社，2005年9月，第445页。

城市化的阶段。1984 年，全国只有 297 个市、2968 个镇。到 2004 年，全国已有 661 个市（平均每年增加 18 个市）、19883 个镇（平均每年增加 846 个）。[①] 与此同时，乡和村的数量则大量减少。同 1984 年相比，2004 年乡镇减少了 54219 个（平均每年减少 2711 个），村减少 273721 个（平均每年减少 13686 个村）。乡镇和村的数量之所以减少这么多，一个重要原因是城市扩大，把这些乡和村改为城区了。如广州市，1978 年建成区只有 87 平方公里，而 2003 年已扩大至 240 平方公里，增加了 153 平方公里，扩大了近两倍。有 10 多个乡镇、150 多个村被城市化了。另一个重要原因是，在 20 世纪 90 年代后期，国家调整县以下的行政区划，大规模地并乡并村。例如，2000 年全国仍有乡镇 43735 个，2004 年乡镇只有 36952 个，减少 6783 个，平均每年减少 1696 个。2000 年有行政村 734715 个，2004 年只有 652718 个，减少 81997 个，平均每年减少 20499 个。[②] 20 世纪 80 年代，全国有 365 万个自然村，2004 年只剩下 257 万个了。

以上是中国农村行政组织的沿革。就农村发展来说，新中国成立以来，特别是改革开放以来，进行了大规模的农村建设，农村的面貌已发生了根本性的变化。现在全国所有乡镇、93% 的行政村都通了公路，90% 以上的村通了电，通了电话，可以看电视。20 世纪 80 年代以来，平均每年有 2% 的农户自建新房，年竣工面积在 4 亿平方米，其中 50% 是楼房，有的已住上了别墅式的洋房。2004 年底，全国农村实有住宅面积达 205 亿平方米，人均居住面积为 27.9 平方米。耐用消费品、家用电器正在大量地进入农家。2004 年，农村每百户农家拥有彩电 75 台、洗衣机 37.3 台、电冰箱 17.8 台。[③] 农村教育事业有了很大发展，九年制义务教育已基本普及，青壮年中的文盲已降到 10% 以下。

与 1978 年改革开放前相比，中国的农村已经有了很大的发展，但是与改革开放以来经济发展所取得的巨大成绩相比，特别是与城市发展相比，农村的发展是滞后的，有很大的反差，显得很不相称、很不协调。[④]

---

① 国家统计局编《中国统计年鉴·1985》，北京：中国统计出版社，1985 年 10 月，第 1 页；国家统计局编《中国统计年鉴·2005》，北京：中国统计出版社，2005 年 9 月，第 3、377 页。

② 国家统计局编《中国统计年鉴·2005》，北京：中国统计出版社，2005 年 9 月，第 445 页。

③ 国家统计局编《中国统计年鉴·2005》，北京：中国统计出版社，2005 年 9 月，第 333、367、370 页。

④ 以上 5 个自然段根据《中国社会科学院研究生院学报》所发论文《发展变化中的中国农业、农村与农民》增补。——编者注

农村是以农民为主要群体聚居的社区。国际上的现代化国家，在城市化和工业化初期，一般都是农业支援工业、农村支持城市，等到城市化搞起来、工业有了一定的积累以后，反过来，实行“工业反哺农业、城市支持农村”，提高农民收入，兴办社会事业，搞好教育、医疗等公共服务，把农村的基础设施建设好（如农村的道路、电讯、地下排水等，基本上与城市没有什么差别），逐步实现城乡一体化。在中国却不是这么回事，包括水利、道路等在内的基础设施建设，都是依靠农民自己筹资出力出地建设的。农村修路是自己出地、自己出工、自己买炸药，等到道路建好后，却收归交通部门管理，农民的拖拉机要上路，就需要交纳包括养路费等在内的各种费用。农村、农民用电，变压器、电线和电线杆子都需要自己出钱买，建好以后却都属于电力部门，而且电力局照样收电费。尽管现在国家通过改革把电价降下来了，但这对农村、农民来说仍然是不公平的。当前我国的政策，对城市和城市居民是一套政策，对农村和农民是另一套政策。其根据就是所谓的户口制度，对农业户口是这样一回事，而对非农业户口则是另外一回事，这就是城乡分割的“二元体制”，是“城乡分治，一国两策”的格局。这些年，特别是 20 世纪 90 年代中期以后，城乡分割的格局几乎没有什么变化，有的还越来越严重，城乡差距越来越大。最后的结果是，城里的建设是一个样，农村的建设是另一个样。人们戏谑道：“中国城市建设像欧洲，农村建设像非洲。”城乡居民因为户口的不同，导致他们在以下 15 个方面存在明显的差距。

第一，收入差距。当前农民和城市居民的收入差距还在逐步扩大。1978 年城乡居民的收入差距为 2.57∶1，1985 年缩小为 1.86∶1，1986 年以后有所反弹，1995 年城乡居民收入的差距是 2.71∶1。2005 年农民人均收入是 3255 元，城市居民可支配收入是 10493 元，城乡居民的收入差距是3.22∶1，可见城乡差距之大（见表 2）。但这只是其中的一个方面。

表 2　改革开放以来城乡居民收入差距状况

单位：元

年份	农民年人均纯收入	城镇居民年人均可支配收入	城乡居民收入差距（城镇居民年人均可支配收入：农民年人均纯收入）
1978	133.6	343.4	2.57∶1
1985	397.6	739.1	1.86∶1
1990	686	1510	2.20∶1

续表

年份	农民年人均纯收入	城镇居民年人均可支配收入	城乡居民收入差距（城镇居民年人均可支配收入：农民年人均纯收入）
1995	1578	4283	2.71∶1
1997	2090	5160	2.47∶1
1999	2210	5854	2.65∶1
2000	2253	6280	2.79∶1
2001	2366	6860	2.90∶1
2002	2476	7703	3.11∶1
2003	2622	8472	3.23∶1
2004	2936	9422	3.21∶1
2005	3255	10493	3.22∶1

注：该表根据《中国社会科学院研究生院学报》所刊发论文《发展变化中的中国农业、农村与农民》增补。——编者注

资料来源：国家统计局编《中国统计摘要·2006》，北京：中国统计出版社，2006年9月，第108页。

第二，消费差距。2003年城乡消费差距的数据：城市居民的消费支出是6511元，农民人均生活消费支出是1943元，城乡消费差距比是3.35∶1。① 实际的消费差距比这个数字还要大，因为城市居民消费的好多项目是农村居民所没有的，如住房补贴、医疗补贴、电话补贴、煤气补贴，甚至还有车补等。

1978年，农业人口占全国总人口的82%，城市居民仅占18%。当年占全国总人口82%的农民购买67.6%的社会消费品。2003年，农业人口占总人口的70.8%，只购买35.1%的社会消费品，② 农民的消费份额减少了。三个多农民买的社会消费品还抵不上一个城市居民。因此可以说，解决了农村、农民问题，也就是解决了城市问题。如果将9亿农民的购买能力提高到城市居民购买能力的70%，那么现在所有的商品都会销售出去。但目前的问题是，他们没有这样的购买能力，所以要想办法提高他们的购买能力。

第三，就业差距。在计划经济时期，城市居民的就业，政府是全包的。农民只要有地种，就算就业，劳动部门不管农民的就业。原来还限制农民

① 国家统计局编《中国统计年鉴·2004》，北京：中国统计出版社，2004年9月，第360、386页。

② 国家统计局编《中国统计年鉴·2004》，北京：中国统计出版社，2004年9月，第95页；国家统计局编《中国统计摘要·2004》，北京：中国统计出版社，2004年5月，第37页。

到城镇二、三产业就业。1984年，农民也有了身份证，国家允许农民可以自带口粮进城务工经商，从此农民工逐年多了起来。

1992年以后进城务工的农民更是大量增加，形成民工潮。进城的农民工，干了同城镇工人一样的活，但同工不同酬，工资等收入相当于城镇工人的1/2左右。而且只要经济有波动，首先裁减的是农民工，甚至有些城市还规定一些好的行业，不许农民工干。近几年，政府出台了不少保护农民工的政策，农民工的情况才好一点。

第四，教育方面的差距。自20世纪60年代实行严格限制农业户口转为非农业户口的户籍制度以后，农民的子女就学被严格限制在本村、本乡、本县，农村青年不能报考城市里较好的初中和高中，实际也就限制了他们到高校接受教育的机会。自此，高校中农村学生的比重逐年降低。

国家的教育资源向城市倾斜。国家制定了《中华人民共和国义务教育法》，在实施过程中，城市的青少年，可享受义务教育，而农村则反而要农民出钱办教育。从统计数据来看，现在的小学、初中的入学率已经很高了，但中途辍学的学生很多，不少地区初中一年级有三个班，到初中二年级只有两个班，初中三年级只有一个班了。2004年有关部门有个统计：与农民的学历状况相比，城市居民具有高中学历的人数是农民的3.5倍，中专为16.5倍，大专为55.5倍，大学本科为281.55倍，研究生为323倍。当年，10000个农民中，只有两个具有本科学历，而在10000个城市居民中则有563个具有本科学历。现在4.6亿农村劳动力中，高中及以上学历的占13%，初中程度的占50.3%，而小学文化程度的占29.2%，文盲、半文盲占7.5%，平均受教育年限不到8年。这种受教育水平的差距，预示着今后几十年，城乡差距仍难以缩小。

第五，医疗差距。众所周知，城乡医疗差距本来就很大，因为城市居民可以享受公费医疗，而农民则不享受公费医疗。国家仅有的医疗资源，85%放到只占人口30%的城市，而占人口70%的农村，只得到15%的医疗资源。2003年"非典"以后，农村医疗问题就显得更加突出。更为严重的是，当前城乡差别的恶果已经影响到下一代。据2000年第三次全国营养普查，6岁儿童的平均身高，农村是110厘米，城市是113厘米，相差3厘米；16岁青年的平均身高，农村是158厘米，城市是164厘米，相差6厘米。而农村的青年和儿童占70%。当前城市居民多患糖尿病、高血压、高血脂等，多数是富贵病。甚至现在连城市里面的宠物狗都得肥胖病了。农民得的病是肝炎、肺结核、痢疾、地方病（血吸虫、克山病等）。显然这样发展下去是不行的，因为有这样的差别存在，农村肯定是繁荣不起来的。有关方面发现农村的医疗方面“缺医少药”的状况比“文化大革命”时期还严重。因为在改革开放前，农村有乡镇卫生院、村卫生所，还有赤脚医生，而现在这些实质上都名存实亡。近几年，国家越来越重视农村的医疗问题，情况正在好转。

第六，科技文化方面的差距。科技兴国是我国的基本国策，我国在科技方面取得了很大的成就。改革开放以来，农民自发地学科学、用科学的热情很高，科学种田有了很大发展。但原来有的农业科技推广网，因体制、财政等方面的原因，几次撤并、改制，弄得网破、线断、人散，反而衰败。过去农村还有文化站等传播科技文化的机构或场所，现在连文化站多数也解散了。一些条件好点的农村还可以接收到电视信号，看上电视，但一些偏远的地方什么都看不到，甚至几个月也看不了一场电影。就连原来的流动放映队都销声匿迹了。

第七，社会保障方面的差距。我国现在建立起来的社会保障制度，主要包括基本养老保险制度、基本医疗保险制度、失业保险制度和城市居民最低生活保障制度等。但这张社会保障制度网主要是覆盖城市居民的，农村还只是触及了一个角。以基本养老保险制度为例，2004 年，我国城镇居民参加养老保险的人数为 16353 万人，其中，参保职工 12250 万人；离退休人员 4103 万人，老年职工是可以按月领养老金的。现在农村的老年人比城里的老人无论是绝对数还是相对数都多，但农村参加养老保险的只有 5382 万人,① 多数农村老人还享受不到社会保障，主要是靠家庭养老。

1999 年我国实行城市居民最低生活保障制度，2004 年已有 955.5 万户、2205 万人得到最低生活保障，数额各地不同。农村方面，只有少数省市开始在农村实行最低生活保障制度。到 2004 年，全国有 8 个省、1206 个县（市）实行，已有 235.9 万户、488 万农民得到最低生活保障的资助。② 但多数地区，绝大部分的农村还没有建立这种制度。

第八，基础设施建设方面的差距。20 世纪 90 年代中期以后，社会财力向城市集中，城市的基本建设步伐突飞猛进，高楼大厦、大马路、立交桥、大广场、轨道交通、种花种草、喷泉绿地、亮化美化，可以说城市建设相

① 国家统计局编《中国统计年鉴·2005》，北京：中国统计出版社，2005 年 9 月，第 798 页，第 334 页。

② 国家统计局编《中国统计年鉴·2005》，北京：中国统计出版社，2005 年 9 月，第 793 页。

当好了。但这些年，农村特别是中西部农业地区的农村，主要是给城市做贡献，并没有随着经济的腾飞得到相应的发展，反而背了一身债，已无力搞基础设施建设，多数农村的发展停滞不前，乃至凋敝破败。高等级公路虽然已修到村边，但入村还是泥路，垃圾乱堆，污水横流，猪羊与人混行，柴火垛在屋旁。到2004年，全国还有7%的村不通汽车，7%的村不通电话，也看不到电视，有46%的村没有自来水，有的还饮用被污染了的河水。据建设部对部分省市的典型调查发现，96%的村庄没有排水设施，89%的村庄垃圾随意排放，72%的村庄农民住房与畜禽厩舍混杂，几乎所有的村庄还在使用传统旱厕。农村基础设施严重落后的状况，既是农村贫穷的表现，也是我们长期没有把农村基础设施建设列入国家建设计划体制的恶果，使农民生产生活的提高受到了限制。

第九，住房的差距。农民的住房面积历来比城镇居民住房面积多一点。据统计资料显示，1978年，农村人均居住面积为8.1平方米，城镇人均居住面积为4.2平方米。城乡之比为1.93∶1；1985年，农民人均14.7平方米，城镇人均6.66平方米，城乡之比为2.21∶1。[①] 但到20世纪90年代中期以后，城市住宅建设面积大量增加，1996年为3.95亿平方米，2004年增加到5.69亿平方米，而农村住房建设面积则逐步减少，1996年为8.28亿平方米，2004年为6.8亿平方米。1996年，城镇居民人均居住面积为17平方米，2004年为25平方米，1996年农民人均居住面积为21.7平方米，2004年为27.9平方米，城乡之比为1.12∶1。[②] 同时，城乡居民住房的质量本来就有差别，城市住房的质量好于农村，现在这种差距是越来越大。

城乡居民住房的差别不仅体现在质量上，而且体现在住房的所有制上。经过20世纪90年代后期城镇的住房体制改革，城镇住房大部分是城镇居民私有的。2004年，城镇居民每户以3.2人计，每户住房80平方米，每平方米平均以1500元计，每户住房资产就有12万元。城镇居民拥有的住房有房产证，也有长期使用的地产证。这个住房城镇居民可以出租、出卖、抵押、继承。而农民则不同，即使是祖传几代的老房，因为宅基地被宣布为集体所有，农民可以居住，也可以出租，可以继承，但不能出卖，也不能抵押，如到银行贷款做抵押物就不行。

第十，土地的所有权和使用权方面的差距。农村改革实行家庭联产承

① 国家统计局编《中国统计年鉴·1986》，北京：中国统计出版社，1987年10月，第686页。

② 国家统计局编《中国统计年鉴·2005》，北京：中国统计出版社，2005年9月，第370页。

包责任制，农民承包土地，取得了土地的使用权。村民委员会成为发包单位，成为实际行使所有权的主体。现行的征占农村土地办法，村民委员会只能把土地卖（出让）给国家土地管理部门，再由土地管理部门出让（卖）给征用部门或单位。前者只取得计划经济时期规定的土地年收入最高 30 倍的收入，而后者则可以以市场价格出售给用地单位。中间的巨大差额则由各级土地管理部门和政府所得。更有甚者，即使这点很少的土地转让费，拥有土地使用权的农民也不能全部得到，因为村委会（集体）要截留一部分，甚至是大部分。农民被动出让了自己赖以生存的耕地使用权，并不能得到应有的补偿，因此，很多失地的农民，收入和生活水平都有较大幅度的下降。

相比较而言，城市里国家或集体企业的职工，并没有土地的所有权和使用权，但他们在转制、改制过程中，却享有土地转让的利益。在许多大中城市里的国有企业、集体企业，即使破产了，也还有大片厂房和场地，这些在 20 世纪 50 ~ 70 年代占用的土地（原来也是农地）升值很多。有的企业，把这些土地出卖了，得到大笔资金，用来为职工购买社会养老、医疗、失业保险，或直接分配给职工。还有的企业，用这些场地，同房地产商结合，开发为商用或住宅用房，每年取得大量的租金。所以，企业虽然不存在了，但职工仍可分得相应的收入，有的甚至比上班所得还高一些。

第十一，参军方面的差距。《中华人民共和国宪法》规定："依照法律服兵役和参加民兵组织是中华人民共和国公民的光荣义务。"同样是服兵役，因为农业和非农业户籍不同，待遇就很不相同。城市青年应征，应征者及其家属有种种优惠，其开支都由当地的财政支付。如 2005 年 10 月，北京东城区征兵公告：城镇青年应征后，义务兵服役两年，每年可得到 1 万元的补贴。服兵役届满回来后，由政府安置工作。如有自动择业的，可以获得两万元的一次性补助。与此相比较，农业户口的青年应征参军，就没有这样优惠的待遇。有的经济不发达地区，青年参军是寻找向上流动的一种机会，所以争相应征入伍。多数农民青年到部队后，希望通过个人的努力留在部队，因为他们一旦退役回乡，多数仍回乡务农。拥军优属，是中国的优良传统，但优待的项目和数额，要看当地乡镇政府和村委会的经济实力，政府财政并没有这笔开支项目。近几年，税费改革，特别是免交农业税后，"三提五统"中的拥军优属费没有了，逢年过节，再慰问军属，就成了乡镇、村干部在新形势下要解决的一个难题。

第十二，金融信贷方面的差距。金融信贷是市场经济的血脉。农村实行家庭联产承包责任制，农民开始自己经营，事实上就是开始走市场经济的道路，农村就应该逐步改革原来计划经济时期的金融信贷体制，以适应农村经济发展的需要。有一个时期，农业银行和其他金融单位纷纷在乡镇设点，扩充业务，同时在国务院农村发展研究中心的支持下，还办起了农村合作基金会。但是到了1993年、1994年以后，有关方面借口整顿金融秩序，连农业银行索性也撤走了。现在乡镇以下只剩下一个农村信用合作社。20世纪90年代中期以后，邮政储蓄所延伸到农村，经营方针明确为只存不贷。

拥有9亿农民的农村，要搞现代化的农业，要发展农村社会主义市场经济，却只有一个农村信用合作社，没有相应的金融机构的信贷支持。现在这套金融体制，每年从农村吸走几千亿的存款，流向存款已经有几万亿的城市。农村经济怎能发展？农民怎能致富？据2005年的统计，2003年，全国城乡居民储蓄共103617.3亿元。其中，农户储蓄18177.7亿元，占17.5%，人均1986元。而城市居民户存款85439.6亿元，人均22677元，相差十多倍。①

第十三，婚姻和计划生育的差距。国家实行城乡分治的户籍制度以后，严格限制农业户口转为非农业户口，后来又规定：婚生子女随母亲户口登记。所以，20世纪60年代中期以后，逐渐形成了城里人找城里人结婚、农村人找农村人结婚，城乡间基本上不通婚的格局。20世纪80年代中期以后，随着大量的农民工进城打工，这种状况有所变化，特别是近几年户籍管理政策又有了新的规定：婚生子女也可随父亲户口登记。城乡不同户籍人口之间通婚的才稍有增加，但仍未改变城乡之间不通婚的基本格局。

城乡间的计划生育政策不同。非农业人口一对夫妇，只能生一个孩子，这个目标现在基本上已经达到了。农业人口的一对夫妇生一个孩子后，符合若干条件，一般还准许再生一个孩子。在城市里，领了独生子女证的家庭，每年可以领到一笔独生子女费，资金由单位或财政支付。而在农村里，即使是独生子女家庭，也没有这个优惠待遇。前几年，国家出台了一项政策，对农村里的独生女户，男满60岁、女满55岁的家庭，可以领到每年600元的补贴，资金由政府财政支付。此项优惠政策受到了农民的欢迎。

---

① 国家统计局编《中国统计年鉴·2005年》，北京：中国统计出版社，2005年9月，第335~336页；国家统计局编《中国统计摘要·2004》，北京：中国统计出版社，2004年5月，第37页。

第十四，社会地位差异悬殊。中国自 1958 年实行了城乡分隔的户籍管理制度，并以这种户籍制度为标准实行一国两策。对非农业户口城镇人员实行一种政策，对农业户口（农民）实行另一种政策。久而久之，就形成了有非农业户口的城镇居民的社会地位普遍高于农民的格局。社会地位高的居民取得较高的社会地位收益，社会地位低的居民没有这种社会地位收益，甚至是负面的地位收益。[①] 社会地位的高低，不仅在经济上，而且在政治、社会和文化上都有表现，这同实行社会主义市场经济体制是很不相适应的。[②]

第十五，城乡交换不等价、不合理。完善的社会主义市场经济体制应该是城乡统一的市场，城乡关系应该是平等、合理的，等价交换应该是最基本的原则。由于长期实行计划经济体制，实行“城乡分治，一国两策”形成了城乡二元经济社会的格局。改革开放以后，在诸如土地、就业、社会保障等方面的二元体制仍未得到应有的改革，所以城乡关系至今仍不正常、不合理，表现在城乡交换上，仍是不等价的交换，天平向城市倾斜。最近农业部有个老领导说：“目前，中国的农村和农民还在通过三个‘剪刀差’，为国民经济发展做贡献。”

一是工农产品的“剪刀差”。工业产品的价格高于其价值，而农产品的价格低于其价值，两相交换，农民吃了很大的亏。据有关专家估算，近几年通过工农产品的“剪刀差”，农民向城镇做的贡献，都在 1000 亿元以上。

二是征地价格的“剪刀差”。按照现行的土地政策，农村集体向征地用地单位出让土地，不能直接买卖，必须先由政府土地管理部门征用，由政

① 据华中科技大学的学者测算，城镇居民的社会地位收益约为当年人均可支配收入的 70%。他以 2000 年城镇居民可支配收入 6280 元为例，当年的社会地位收益为 4400 元（参见李卫兵：《地位收益：中国城乡收入差距日益扩大的原因》，《中国农村经济》2005 年 12 期，第 30 页），所以实际年收入为 10676 元。当年农民人均年收入为 2253 元。当年统计局公布的城乡居民收入差距为 2.79∶1。如果再加上城镇居民的社会地位收益，则为 4.74∶1。这与有关方面说的现在城乡收入差距实际已达到 5∶1 或 6∶1 的说法是相近的。

② 一场车祸，当场轧死了三个孩子，只因其中两个是城市户口，一个是农业户口，就有不同的判决结果（参见《农村少女遭车祸身亡赔偿不及城市户口同学一半》，《中国青年报》2006 年 1 月 24 日）：遭遇同一车祸的两个城市女孩都得到 20 多万元赔偿，而农村户口女孩却只得到 5 万多元的赔偿。按有关条例：法院判定，赔偿城市女孩的钱要比农村女孩的钱多好几倍！2003 年 12 月 4 日通过的《最高人民法院关于审理人身损害赔偿案件适用法律若干问题的解释》（以下简称《解释》）中明确规定：死亡赔偿金按照受诉法院所在地上一年度城镇居民人均可支配收入或者农村居民人均纯收入标准，按 20 年计算。该《解释》自 2004 年 5 月 1 日起施行。

府卖给用地方。征地价格低，出售价格高。据国务院发展研究中心一项研究统计，农民和村委会只能得到土地出售价格的10%～15%。20世纪90年代末至21世纪初以来，平均每年有3000多亿元土地费用转到城市了。

三是工资“剪刀差”。农民工进城打工，因为农民工的户籍是农业户口，所以与有城市户籍职工的待遇不同，干同样的工作，但“同工不能同酬，同工不能同时，同工不能同权”。仅以工资一项相比较，据有关部门调查统计，2004年，农民工的月工资要比城镇职工低500～800元。当年农民工1.2亿人，以相差600元/（人·月）计，这个工资“剪刀差”就有8640亿元留在用工的城镇了。

从上述存在的这些城乡差别的状况来看，农村问题之所以如此严重，是我们长期实行计划经济体制、实行城乡分治，形成了中国特有的城乡二元经济社会结构，而还没有进行应有的改革的结果。说到底，农业、农村、农民问题存在着结构性、体制性的问题。2004年，全国的GDP中，农业只占13.1%，而从事农业的劳动力占总就业劳动力的46.9%，当年的农业人口占总人口的70%。[①] 经济结构与社会结构中的就业结构、人口结构严重背离，农民怎能不穷？之所以出现上述经济结构与社会结构不协调，诸多城乡差别的问题，是因为原来计划经济体制下形成的户口、就业、教育、医疗卫生、社会保障等方面的体制，还没有改革调整过来。现在，党中央提出要扎实推进社会主义新农村建设，其中的一个重大任务，就是要继续深化改革，建立新的体制和机制，调整结构，使经济社会协调发展，使城市和农村协调发展，逐步解决好我国的“三农”问题。

总之，如果农村发展繁荣不起来，城市也不会好。而且不只是经济、社会发展不好，社会风气也不会好，文明程度也不会高，城市管理也不会好。费孝通教授在小城镇调查中发现，哪个小城镇繁荣，一定是周围乡下的农业生产好，农民富裕。农民有钱上街买东西、消费，那个小城镇就繁荣。而哪个城镇凋敝，一定是周围的农村经济不行，农民贫穷，买不起东西，所以它的商店、理发店、饭馆都很少有人消费。北京与上海相比就是一个鲜活的例子。北京的条件要比上海好，政治、经济、文化及众多的人才等方面的条件更优越。但是，上海的经济繁荣程度，人民生活的宽裕程度，历来都比北京好。北京在商业、交通管理、餐饮业、服务行业等方面

---

① 国家统计局编《中国统计摘要·2006》，北京：中国统计出版社，2006年5月，第22、39、44、121页。

也都赶不上上海。什么原因呢？当然有各方面的原因，但是其中一个原因就是，上海周围是江苏的无锡、苏州、常州，浙江的杭州、嘉兴、湖州、宁波、绍兴，一个比一个富，农民都很富裕。所以，上海的高档商店、豪华宾馆、娱乐场所、婚纱摄影常常是客满的，十分兴旺，旅游业也很发达，上海的东方明珠每天有很多人参观游览。磁悬浮列车刚运营那两年，哪怕车票倒卖800元钱一张，也有人去。与此形成鲜明对比的是，北京周围的农村和地区经济不发达，一个比一个穷，所以，北京就没有上海那么繁荣。现在农村这样穷，农民生活这样苦，城市能发展得好吗？城乡关系要协调，城乡矛盾要解决，这个问题到了不解决就不行的时候了。

二　建设社会主义新农村是工业化、城市化发展的一个重要组成部分

纵观世界历史，我国目前还处在农业、农村社会向工业化和城市化社会转型的时期，中国要现代化，必须搞好工业化和城市化。“三农”问题的最终解决，也要靠工业化和城市化的发展。

改革开放以来，先是工业化发展很快，1998年以后，城市化也发展得很快，才有了今天中国的繁荣和兴旺。但是，因为存在城乡二元经济社会结构的体制，城市发展是在有城市户籍的人的圈子里发展，没有或很少带动农村的发展，因此是畸形和不健康的。归纳起来，有以下几个问题。第一，凭借计划经济体制时重城轻乡的优惠。例如，国家每年大量的基础建设资金，绝大部分是放在城市的，非农业人口只占总人口的30%，城市却每年取得大约85%的经费和资源，这是城市发展快、农村发展慢的重要原因。第二，凭借城市领导农村的权力，平调农村的资源，转为城市发展的条件。例如，低偿少偿占用农民承包的耕地等，这是城市发展快、农村发展慢、农村落后的原因。第三，凭借早已不合时宜的户口制度，对农民工实行“经济上接纳，社会上排斥”的体制。只要农民工拼命干活，只给最低的工资，不给劳动保护和社会保障，把农民工赡养老人、教育子女的负担全推给农村，农民工病了、残了、老了就被推还给农村。多数地区的城市化，只顾城市本身的发展，高楼大厦，楼堂馆所，豪华奢靡，美其名曰与国际接轨，只搞物的城市化，不搞人的城市化，把农村的粮食、工业原料、土地、水库甚至大的好看的树木都农转非，统统弄到城里，但不准农民农转非。农民进城打工了，也不准他们农转非，这样只化物不化人的城

市化，城乡关系怎能协调？农村怎能不落后？农民怎能不贫穷？

从世界工业化国家的发展看，一个工业化、现代化国家，农业在GDP中的份额是逐渐减少的，一般会降到15%以下；从事农业的劳动力，在总就业人口中也是逐渐减少的，一般会降到20%左右；农村人口一般会降到50%以下。2004年中国的农业增加值在GDP中，只占13.1%；但从事农业的劳动力占总就业人口的46.9%；农村人口占58.2%，农业户口的人员占总人口的70%。可见中国的农民贫穷、农村落后、农业薄弱的问题，是结构不合理的表现。不改变这种46.9%的劳动力只有13.1%GDP的结构性矛盾，“三农”问题就解决不好。中国现在的问题最重要的是城市里的工业、商业、服务业的效益还不大好。我们已经是世界制造业大国，每年生产了这么多工业品，每年出口了这么多商品。但因为我们的技术还不行，缺乏核心技术，缺乏专利，也没有几个名牌，多数工厂是搞装配、搞贴牌生产，一台DVD只赚几美元，一个芭比娃娃国外卖35美元，而我们只赚几十美分。再加上我们的经营管理还不行，所以经济效益不好，赚不了多少钱，而是单纯靠廉价的劳动力、廉价的土地在支撑。所以从全局来看，还必须把工业化搞好，大大地提高工业、商业、服务业的效益，才能真正反哺农业、支持农村。

“三农”问题的解决，靠农村、农民自身是解决不了的。要通过工业化、城市化的发展，把农村的部分、大部分或绝大部分农业人口逐步转变为二、三产业的劳动者，转变成城市居民。农民减少了，才能发展规模经营的农业，农业产业化才能实现，农民才能富裕起来，农村才能建设好。

建设社会主义新农村，在当前的城乡格局、城乡关系条件下，是建设不起来的。一定要统筹城乡经济社会发展，通过工业化、城市化的健康发展，真正实现“以工哺农，以城带乡”的方针，实现城乡同发展、共繁荣，才能建设得起来。因此，建设社会主义新农村，是国家整个工业化、城市化的一个重要组成部分。

三　建设社会主义新农村本身是一场改革

改革的目标是要充分调动农民的生产积极性。农民有没有自觉自主地投入社会主义新农村建设的积极性，是新农村建设成败的关键。

总结回顾50多年来的农村工作，有一条基本经验：凡是有利于实现农民切身利益、农民自愿自觉自主积极参加的农村工作就一定能够成功，如土地改革、家庭联产承包制、税费改革等；凡是不利于农民切身利益，农民被动参加的农村工作就一定会失败，如统购统销、人民公社、农业学大寨等。建设社会主义新农村，实现“生产发展、生活宽裕、乡风文明、村容整洁、管理民主”的目标，是符合农民切身利益的。农民早就盼望发展致富了。但是，由于目前仍在实行“城乡分治，一国两策”的城乡经济社会二元结构体制，农民想发展致富也不能啊！有位学者总结说：“在城乡二元结构条件下，‘人不能往高处走，水不能往低处流’。”所谓“水不能往低处流”，指资金、技术、精神文明等流不到农村；所谓“人不能往高处走”，指农村人不能进城来，不能享受同等的国民待遇。农民工进城来，孩子不要说上幼儿园、托儿所——那都太奢侈了，就连上个小学都没办法，当公务员也没办法，农民没有办法变成市民。这是由城乡二元体制造成的。这个说法很有道理。“人不能往高处走”，农民不能进城变为市民，9 亿多农民就困在这十多亿亩土地上，新农村肯定是建设不好的。“水不能往低处流”，工业反哺不到农业、城市支持不到农村，靠农村本身建设新农村，也是建不起来的。

建设社会主义新农村，就要进行对城乡二元结构的改革，把农民从计划经济体制下形成的种种束缚中解放出来。1978 年以后，实行了家庭联产承包制等的改革，只是把农民的“双手”放开了，可以干一些活了，但“双脚和身子”还没有完全放开，实际上还是束缚在土地上，这就产生了种种问题。所以，必须在以下几个方面进行体制性的改革。

第一，要改革早已不合时宜的户籍制度，给农民有进城当工人、当市民的权利，恢复农民本该有的国民待遇。可先从已经进城从事二、三产业劳动多年的农民工做起。

第二，要改革现行的土地制度。所谓集体所有，原本应该是生产队集体的农民所有。当年《人民公社六十条》规定的是“三级所有，队为基础”，生产队是基本核算单位。1984 年以后，人民公社改制为乡镇，生产大队改为行政村，生产队改为村民小组。实行的结果是生产队这个进行基本核算的集体经济单位，实际上不存在了。后来行政村、村委会成了集体土地的发包者，实际行使土地集体所有的主权。所以现在农村土地的产权很不明晰，由此产生了许许多多的纠纷。要通过改革，建立起给农民土地经营权有长期保障的体制。土地承包权也是物权，受法律保护，任何人不能侵犯。保护基本农田是我们的国策，但是现在侵占农民承包耕地的情况随处可见。在这个问题上，国家和农民的利益是一致的。农民有了受法律保护的可以长期使用的土地承包权。占用农民土地，必须给予应有的补偿，土地出让金主要给予农民。农民有了受法律保护的土地经营权，无后顾之忧，就有了参加社会主义市场经济竞争的基本条件，也是农民参加社会主义新农村建设的基本保证。

第三，要改革 1994 年以来的财政体制。1994 年财政体制的基本特点就是财权事权不相称，对欠发达、不发达地区的县乡太不公平，是造成目前县、乡、村三级机构巨额债务的主要原因。取消了农业税，这些地区县、乡的财政更加困难。县、乡财政拮据了，必然要打农民的主意，所以上述财政体制也是造成农村干群关系紧张、农村社会不安定的重要原因。

第四，要通过改革，调整国民收入分配的格局。通过改革调整国民收入分配的格局，大量增加解决“三农”问题的投入，建设社会主义新农村需要投入。我国现在已具备了这方面的财力和实力。

总之，要通过改革，破除城乡二元结构的束缚，为农民创造一个能发展致富的制度环境，农民有了自愿自主参加建设新农村的积极性，实现社会主义新农村建设的目标就指日可待。

四　建设社会主义新农村，一定要处理好干部和农民的关系

从党中央提出社会主义新农村建设以来，对于建设社会主义新农村重大战略决策，上至省级领导，下到乡镇干部，还有一部分支部书记，积极性都很高。层层开会，组织工作班子，专题研讨，制定规划，有的已经开始行动。但是下到村里，多数农民还不知道社会主义新农村建设要干什么事。东部沿海比较富裕地区的农民，消息灵通一些，已经知道这件事，还听说市里、县里正在做规划。农民担心将来的建设，要把他们规划到新社区里去。担心拆他们的老房，占他们的田地，不了解具体的政策，仍心存疑虑。总的情况是，干部这一边，积极性很高，而农民这一边，积极性还没有真正被调动起来，有的还在等待观望。

干部有积极性，一方面是响应党中央的号召，把建设社会主义新农村作为解决好“三农”问题的契机，推进整体工作的结果；另一方面，确实也有一部分干部，把建设社会主义新农村看作一个建功立业、创造形象工程、能够在上级面前积极表现的好机会。更有甚者，有一些干部则看准了这是一次通过大搞城镇、新村规划可以拆房、占地的好时机，又可以“以

地生财”。我听到一位县委书记说，他们县准备用10年时间，把全县几千个自然村全部拆除，把农民规划到几百个居民小区里去，这样就可以腾出10万亩土地，以解决城市、工业建设用地紧缺的困难。还有一位县委副书记向我介绍，他们已做了把县城扩大到占地800平方公里的远景规划。这是我直接听到的两个比较极端的实例。类似这样代民做主的城市化或新农村建设的各种规划，当前似乎比较普遍。如果真按照这种计划和规划实施，那后果将极其严重。当今社会，利益已经多元化了，干部利益同农民利益并不完全一致。在一些具体问题上，有的则很不一致。例如，在对待土地问题上，农民把土地视为安身立命的命根子。土地既是他们赖以生产生存的生产资料，也是最重要的社会保障。但有相当一部分干部，则把土地看作可以产生巨大财富的“金鹅”，想方设法把耕地转为非农用地。因此，我们对这种利益格局一定要有清醒的认识。建设社会主义新农村，既是经济建设，也是政治建设、社会建设和文化建设，涉及已经分化了的农村各个阶层的切身利益。进行这场新农村建设，一定要通过调查研究，掌握新农村建设的发展趋势，适时适地地制定好各种政策，协调好各个阶层的利益关系，尤其要协调、处理好各级干部同农民的关系。如果按照前文所讲的那两位干部所做的规划去实行，那建设社会主义新农村的后果不堪设想。

建设社会主义新农村，要解决好“三农”问题，而“三农”问题的核心是要解决好农民问题。所以，建设社会主义新农村的主体应该是农民，只有通过改革把广大农民建设社会主义新农村的积极性调动起来，自觉自主地积极参加，新农村建设才能成功。因此，社会主义新农村建设一定要让农民做主。

五　对社会主义新农村建设任务前景的预测和基本判断

社会主义新农村建设是整个社会主义现代化建设的一个重大战略步骤，一定要切实抓好。这件大事做好了，处于这个关键时期的基本问题也就解决了，就会使中国的经济社会发展建立在坚实的基础上，使社会主义现代化事业大大地向前推进。从总体形势来看，对社会主义新农村建设的前景可做如下分析。

第一，党中央对社会主义新农村建设已经有了相当长时间的酝酿，是审时度势做出的重大决策，是按照科学发展观统筹经济、社会发展全局做出的安排。2003年，我和农业部的一位老干部给党中央写了一个建议，建议2003年召开党的十六届三中全会的时候要专门研究解决"三农"问题。现在回过头来看，中央已经看到了"三农"问题的重要性。党的十六届三中全会先提出要树立全面、协调、可持续的科学发展观，十六届四中全会提出构建社会主义和谐社会，党的十六届五中全会提出并集中讨论社会主义新农村建设的问题，这个思路显然是很顺畅的。2006年既是"十一五"规划开始的第一年，也是社会主义新农村建设的第一年。由此可以看出，党中央做出这样的部署是准备了相当长时间的，是精心设计的战略安排。

回顾这个阶段，党的十六大提出了"统筹城乡经济社会发展"；2002年提出解决好"三农"问题是全党工作的"重中之重"；后来提出"科学发展观""构建社会主义和谐社会"；2004年在中央经济工作会议上胡锦涛同志提出，在工业化国家发展初期，农业支持工业，乡村支持城市，工业化发展到一定程度以后，工业反哺农业，城市带动农村发展。[①] 我国现在到了"反哺"的阶段，而且我们的经济等方面已有了相当的实力，有了反哺农业、支持农村的条件。"十一五"规划专门提出了建设社会主义新农村这个重大历史任务，提出了20字的目标。近几年的春节以后，中央党校都举办党政领导干部研讨班。2004年，温家宝同志讲"科学发展观"，2005年胡锦涛同志讲"社会主义和谐社会"。研讨班一般都是举办两三天。2006年，党中央抓社会主义新农村建设，力度比往年还要大。例如，这次研讨班与以往不同，胡锦涛同志亲自第一个开讲，接下来是回良玉和其他六位同志讲，最后是温家宝同志做总结。层层培训，中央党校讲了，行政学院讲了，各省的培训班讲了，一直传达到村支部书记，把这个精神贯彻到底。先统一思想，再往下部署，这种解决"三农"问题的思路是比较明确的。

第二，党的十六大以来，中央和各地为解决好"三农"问题做了很多工作，已经初见成效。农村综合生产能力提高了，农民的收入增加了，已经解决了一批问题。农民认为新中国成立以后，农村发展的黄金时期有两个"六年"，第一个"六年"是土地改革后的1949～1955年，第二个"六年"是1978～1984年，把土地还给了农民，城乡差距缩小了一些。从2004年开始，一个农村发展的新的黄金时期正在形成，并且这两年发展势头很好。当前提出了社会主义新农村建设，只要扎实地推进下去，农村的发展

① 参见王伟光主编《建设社会主义新农村的理论与实践》，北京：中共中央党校出版社，2006年2月，第38页。

前景将是很乐观的。

这几年关于农村问题已经做了很多事情，比如农民工问题、税费改革问题、中西部建设问题、农村医疗问题、增加农业投入的问题等，总的来说也是很成功的。如关于农民工问题，首先解决的是遣返问题，后来解决的是拖欠农民工的工资问题，又解决了加入工会的问题、最低社会保障的问题等。当然这些问题还没有得到彻底解决，但基本上都在逐步朝着积极的方向发展。又如关于免除农业税的问题，并不是2004年首次提出的，2001年在党中央有关会议上，就提出了免交农业税的问题。因为农业税总计300多亿，仅占财政收入的1%，完全可以免除。2004年决定了这个问题，2005年有28个省免去了农业税，2006年所有省市全部免除。从基层调查了解到，农民说“皇粮国税”是历朝历代都要交的，免了农业税是共产党做的开天辟地的最重要的一件大好事。2003年以前，1000多万件的信访件里有一半以上涉及税费问题。现在免除了农业税，这类信件就基本没有了。农民说乡村干部再也没有借口到家来收费，干部也没有理由去收农民的钱了，这一下完全改变了干群关系，特别是改变了党群关系。这与其说主要是经济效果，还不如说主要是政治效果，农村老百姓都拍手称好。

第三，国家已经具备建设社会主义新农村的实力。以前农村问题每年都讲，而且每年都认为很重要，每年都放在政府工作的第一位，但是农民并不这样认为。农民们批评中国的“农业问题”是“三口百会”农业。所谓“三口”，就是国家提出“口号”，但是不拿什么钱；地方政府只是“口头”传达；到了农民那里，反正国家不供应农村粮食，农民自己的“口粮”自己解决。所谓“百会”，就是各级开100个农业“会议”。这就是所谓的“三口百会”农业。农业问题年年讲都很重要，但是年年都解决不了。现在不同了，国家提出社会主义新农村建设就是要解决这个问题，而且具备了解决这个问题的实力。温家宝总理在政府工作报告中讲，2005年国家财政收入是31628亿元，比上年增加了5232亿元，这比1994年全年的财政收入5218亿元还多一点。[①] 11年工夫共增加26410亿元，平均每年增加2401亿元。国家已有实力解决“三农”问题，能够拿出相当的资金投入社会主义新农村建设。

---

① 参见温家宝《政府工作报告》（2006年3月5日），载国务院研究室编写组编《十届全国人大四次会议〈政府工作报告〉学习问答》，北京：中国言实出版社，2006年3月，第1页；国家统计局编《中国统计年鉴·1995》，北京：中国统计出版社，1995年8月，第215页。

以上是社会主义新农村建设取得成功的有利的一面，同时我们要看到还有不利的、不容易解决好的一面。

第一，社会主义新农村建设是一项非常艰难和巨大的事情。严格说来，“三农”问题从1958年开始直到现在，有近50年的历史了。我国从5亿农民到9亿农民，城乡矛盾不仅没有解决，而且越来越突出。这个问题积累的时间太久，问题也太大、太多。现在全世界7个人里面就有1个中国农民，全世界的4个农民里面就有1个中国农民。因此，在这样的一个格局里，要把社会主义新农村建设这件大事解决好，就要把它作为一个长期的、重大的问题来解决，确实需要我们全党、全国人民全力以赴地、坚持不懈地去解决。

第二，社会主义新农村建设不能只停留在口号上。社会主义新农村建设需要全党和全国人民共同努力，只讲口号不能解决问题。有人指出，现在农民是最大的弱势群体，农民工也是弱势群体；农业是“三次产业”里最弱势的产业；农村是中国最大最落后的社区；和农村相关部门是弱势部门；主管农业的部门也是弱势部门，在各部委局的位置都是边缘的；主管农业的领导也是弱势领导，在省、市、县里，主管农业的副职多数不是常委。当前一些有权有势的部门对社会主义新农村建设基本上没有什么动作。我们说农业用点钱是很必要的。2006年“一号文件”中提到今年财政有三个“高于”的投入，2006年“国家财政支农资金增量要高于上年，国债和预算内资金用于农村建设的比重要高于上年，其中直接用于改善农村生产生活条件的资金要高于上年”。① 国家的支农资金增量要高于去年，增量增加422个亿。中国的文字表达出来是“高于”。如果仔细分析就会发现，2006年国家财政支农资金是3397亿多元，比2005年增加422亿元，2005年比2004年增加349亿元。这是什么概念？增量确实高于上一年，但支农资金在财政总支出的比重却下来了。因为2005年财政收入增长19.8%，支农资金只增长12.1%。另外，国债和预算内资金用于农村建设的比重要高于上年，但国债资金总量2006年比2005年的800亿元减少到600亿元，所以比重增加了，但钱少了。中国的文字很讲究，一个讲“增量”，一个讲“比重”，都是“高于上年”，但含金量不一样。这反映出有关部门还是比农

① 《中共中央、国务院关于推进社会主义新农村建设的若干意见》（2005年12月31日），载中共中央文献研究室编《十六大以来重要文献选编（下）》，北京：中央文献出版社，2008年4月，第141页。——编者注

业部门会算账。如果真正要动员全党、全国人民来进行社会主义新农村建设，那确确实实需要实实在在的投入，因为我们在农村农业方面的欠账实在太多。

第三，社会主义新农村建设正在全国各地展开，因为党中央和各级领导都很重视，总的发展形势是很好的，各地都动起来了，但发展并不平衡。有少数县乡，没有全面领会社会主义新农村建设20字方针的精神，把解决好“三农”问题作为出发点和落脚点，而是按照过去抓中心工作的模式，层层树典型、搞样板，精心准备参观点，那是供上级领导看的。特别是有的地方，把“生产发展，生活宽裕，乡风文明，村容整洁，管理民主”中的“村容整洁”作为重点，修马路，搞广场，粉饰门面，又搞大拆大建，而不是把发展生产、增加农民收入放在第一位，当然会同农民的利益和要求相矛盾，肯定是要出问题的。

第四，应该尽快组建主持推进社会主义新农村建设的办事机构。当前党中央作出社会主义新农村建设的重大决定，就涉及具体主管或主持新农村建设的机构或部门来具体执行和操作。目前我国有的省市还设有具体主管农业事务的部门或机构，如江西省有“农工部”，北京和上海还有“农办”。但是，多数地区连具体落实工作的机构、部门或具体单位都没有，这与社会主义新农村建设这样重大的决策是极不相称的。社会主义新农村建设的路线定了，战略部署定了，党中央今后还要采取一系列的措施，继续大力推进社会主义新农村建设。关键是要做贯彻落实的工作，扎实地推进，没有一个具体主持和主管的办事机构而进行新农村建设几乎是不可想象的。因此，各级党政部门必须尽快组建相应的办事机构，使得社会主义新农村建设的政策和措施得到积极而有效的贯彻落实。

总体来说，国际、国内的形势要求我们必须解决好“三农”这个问题，各地各部门都开始行动了。农村总体来说通过50多年的发展，也具备了一个好的基础，有希望、有信心把社会主义新农村建设这件事办好。

让农民当家作主是建设新农村的重点*

一　现在到了解决农村问题的时候

这些年，因为农村改革不到位，所以农村问题越闹越大。纵观舆论和政策，对农村改革的争论很多，政策也不少，但统一而具体的规划并不多，各方分歧仍然较大。在这两三年里，相比其他领域的改革，农村改革已经被放到中国改革重中之重的位置。

2003年10月，中共十六届三中全会作出《中共中央关于完善社会主义市场经济体制若干问题的决定》，提出"五个统筹"。其中，"城乡统筹"旨在从根本上改变长期以来实施的城乡隔离政策和对"三农"的歧视性政策。2004年10月，中共十六届四中全会作出《中共中央关于加强党的执政能力建设的决定》，强调社会公平和社会正义，提出"构建社会主义和谐社会"，宣布五年内逐步取消农业税。2005年10月，中共十六届五中全会通过《中共中央关于制定国民经济和社会发展第十一个五年规划的建议》，首次提出建设社会主义新农村蓝图——"生产发展、生活宽裕、乡风文明、村容整洁、管理民主"，强调全面建设小康社会的重点在农村，确定了"工业反哺农业、城市支持农村"的方针。至此，解决好"三农"问题成了全党工作的重中之重，老大难的农村问题到了该解决的时候。

---

* 本文原载清华大学中国与世界经济研究中心主办的《中国与世界观察》2006年第2期，发表时间：2006年7月。该文收录于《"三农"续论：当代中国农业、农村、农民问题研究》（陆学艺著，重庆：重庆出版社，2013年5月）。——编者注

二 “三农”问题的核心是农民问题

这些年，中国的城市化有了很大进展，但农民仍然占据总人口的绝大多数。尽管国家统计局把1.2亿的农民工和家属都统计进城里，但按户口统计的农村人口还有9亿，占了总人口的70%。当下的中国，存在着两大主要矛盾，或者说两大不协调：一是经济发展与社会发展不协调；二是城市发展与农村发展不协调。其中，城市发展与农村发展不协调尤为严重，据我看来，现在社会上的经济矛盾和社会矛盾中有70%都跟这一不协调相关。比如，农民工问题、矿难事件（死的都是农民）、教育不平衡问题、医疗医保问题，要么全是、要么主要是农民问题。

尽管强调农村建设已经有近十年了，但越讲城乡差距越扩大，农民在国民收入分配中的比例年年在降，现在已经降到只占国民总收入的百分之三十五六。农民收入的下降，与农产品卖不出去有很大关系。与此同时，上访的农民越来越多，群体事件大量增加，年递增17%，这一数据表明，在总体上，社会不安定的东西比经济增长的速度还要快。现在，人们不必谈什么社会治安，也无须看什么统计表，只要看看城里居民楼房窗户外面铁栅栏的多少，就能感受到社会潜在不安定的普遍性和严重性：一楼有，肯定是正常的；但二楼、三楼也有，就有问题了；到四楼、五楼还有，就相当有问题了；甚至七楼、八楼都有，这问题就很严重了。另外，电视里经常播“盼盼防盗门”等广告，像这样的东西多了，就表明我们这个社会不太安定。而这种事情恰恰跟农村的落后与贫困有着非常大的关系。

农村为什么贫穷，农民为什么困难？我们每年从农村拿地300万亩，平均一亩只用五六万元的低价买入，转手后高价卖出。上海、北京砸了几千亿元基本建设的钱，是从哪里来的？主要是从土地的差价中获取的。如果这些钱给了农村、农民，会怎么样？全国有1.2亿农民工，农民工的收入和城市职工的收入的比值是1∶2，月差500元，1.2亿的农民工一年就差了六七千亿元。如果农民工与城镇职工收入一样，又会怎样？

在今天的中国，贫富差距日益拉大成了一个严重的问题，其中主要是城乡差距拉大的问题。只有我们把这个问题解决了，才有希望实现社会的安定，建立和谐社会。正如前文所说，现在就已经到了解决问题的时候。这几年，党中央领导对城乡差距问题十分重视，并有了积极的想法，做了一些好的决定，如减免农业税，“以工促农，以城带乡”。这些决定的实施，效果明显。比如，免除农业税，政府只是每年少收了三四百亿元，但得到了很多的正面效果，其中主要是政治效果——农村的党群关系好多了。

三 凡是农民拥护的都是成功的

“十一五”规划提出建设社会主义新农村。但是，我认为，新农村建设不是光拿五个词——“生产发展、生活宽裕、乡风文明、村容整洁、管理民主”——说说就行的，这只是一个目标，具体如何做？我现在还看不出来。在此，回顾一下历史是有益的。新中国50多年进程、改革开放近30年进程表明，凡是农民拥护的都是成功的：土地改革也好，土地承包制也好，凡是涉及提高农民利益的事情，就能够调动农民的积极性，就能够做好。而如果是违背了人民的利益的事情，那肯定会办不成，肯定会失败。

从历史经验教训看新农村建设，发现里面潜藏着一个问题：如果我们不统一改革，不把农民的积极性调动起来，不让农民当家作主，那这样的社会主义新农村建设是会出问题的。类似这样的问题，尽管已经讨论了很多年，但就是不下决心解决。比如，户口制度是1958年制定的，城里人、农村人被户口划分开，这是今天农民工问题的根源。解决农民工问题其实很简单，只要把户口当中“农民”这两个字去掉就可以了。虽然早在1985年讨论农村第二步改革时，就已经有人提出过这个问题，但到今天近20年过去了，这两个字就是动不了、去不掉。

除户口制度需要改革外，土地制度不改革也不行。你的土地我买了，你拿不着钱，是我拿钱，天下还有这样的美差吗？但这事的确发生在今天的中国，农民没了地，地方政府拿了钱，各部门都拿了钱。对此，中央政府为保护农民的命根子，三令五申，包括温家宝总理都批了许多次，但作用不大，农民的地很难保住。设想，如果把土地的权利交给农民自己保护，会怎样？就能保护好，农民从中就能得到更大的利益。

另外，这些年进行的财税体制改革也存在问题。1994年实行的中央与地方的分税改革，有好的一面，保护了大局。正如我们有的领导所说的，自从这个改革以后，白花花的银子都上来了。但他们不知道，困难在县、乡、村三级，估计现在仅靠每年不超过一万亿元运转庞大的基层，远远不够。现在，农民在不停地骂县、乡两级政府。我们下乡去调研，发现县、乡两级实实在在地承受着分税改革之痛、之苦。我想，免除农业税后，县、乡两级的日子会更难过。

四　新农村建设要让农民当家作主

自2005年中共第十六届五中全会公布后，国家开始积极推动对农村的改革，对新农村的建设，各地从省级干部到下面县乡层面的书记都很关注，都说好。但在农民那里，只要我们亲自去听听，就会感受到明显的不一样。比如，我是无锡人，到家乡走走问问，随处随时听到的是什么人侵占了我们的房子、什么人侵占了我们的田地。的确，基层政府的规划大多是这样的。在“十一五”规划和新农村建设政策之前几年，对农村土地他用这块，尽管基层政府驱动性强，但上头不准其办，就给压制住了。现在，地方政府感到好了，有了新农村建设这个大背景，又可以搞大规划、搞征地了。据新华社南京2006年2月18日电，江苏省建设厅介绍说，江苏在2006年将全力推进镇村布局规划。目前，江苏有4000万农村人口，分布在24万个自然村落里，这些自然村规模小，集聚度低。根据规划，这24万个自然村将缩减至4万余个。其中，2006年将对1000个村实施新农村居住示范点工程，每个村庄集中约100户，配置一个公共服务中心、一组村内道路、一座生活污水处理设施等，吸引农民将新建、翻建农房建到规划点上。江苏建设厅的官员还举了一个例子：常熟市一个市100万的农村人，要归并到125个村中，从而可以省出十万亩地。看到这样的报道，我想：这还是农村吗？这十万亩地对一个市委书记来讲是什么用地？据我在无锡乡里的调研发现，农民最怕的就是修马路、拆房子、建新城，因为不仅是担心建不起来，而且侵占了他们的土地。

上面的例子，当然不会只发生在江苏一个省。我觉得，坚持社会主义新农村建设，一定要改革，而改革如果不能把农民的积极性调动起来，农民自己不敢干，那肯定是干不好的，只让干部干，结果必然是一团糟。因此，我的结论是，社会主义新农村建设要让农民当家作主。

新农村建设要给农民自主权*

2005年10月召开的党的十六届五中全会，明确提出了建设社会主义新农村的重大历史任务，为做好新时期“三农”工作指明了方向。一年来，党中央、国务院采取了一系列重大举措，先后发出了《中共中央 国务院关于推进社会主义新农村建设的若干意见》《国务院关于解决农民工问题的若干意见》等重要文件。各地在建设社会主义新农村中也采取了许多切实有效的措施，特别是今年①我国夏粮喜获丰收，农民收入继续增加，农村社会事业发展步伐加快。可以说，社会主义新农村建设有了良好的开局。

那么如何正确看待社会主义新农村的现状？在新农村建设中如何尊重和保障农民的人权？保护农民的权益还需要注意哪些问题？为此，本刊记者专访了著名“三农”问题专家、中国社会科学院社会学研究所原所长陆学艺。

新农村建设符合广大农民的利益

记者：党的十六大以来，“三农”工作一直受到党中央、国务院的高度重视。党的十六届五中全会提出了建设社会主义新农村的重大历史任务。从一年来的实践看，您怎样评价新农村建设的现状？它对解决好“三农”问题有怎样的促进作用？

陆学艺：党的十六大以来，中央和各地为解决好“三农”问题做了很多工作，已经初见成效。农村综合生产能力提高了，农民的收入增加了，

---

* 本文原载《人权》2006年第5期，发表日期：2006年10月10日。该文系该刊记者对陆学艺的专访。该文还收录于《“三农”续论：当代中国农业、农村、农民问题研究》（陆学艺著，重庆：重庆出版社，2013年5月），收录时重新整理。——编者注

① 此处指2006年。——编者注

已经解决了一批问题。农民普遍认为，新中国成立以后农村发展的黄金时期有两个“六年”：第一个“六年”是土地改革后的1949~1955年，第二个“六年”是1978~1984年，这个时期，把土地还给了农民，城乡差距缩小了一些。从2004年开始，农村发展势头很好。2005年又提出了社会主义新农村建设，这样扎实地推进下去，农村的发展前景将是很乐观的。可以说，一个新的农村发展的黄金时期正在形成。

新农村建设的主体是农民，农民有改善自己环境的积极性，所以，党中央提出新农村建设是必要的，是符合广大农民的利益的。现在各地都在认真开展，这是很好的事情。

记者：请您具体谈谈我们主要解决了农民的哪些权益问题？哪些还需要进一步推进？

陆学艺：近年来，关于农村问题已经做了很多工作，如农民工问题、税费改革问题、中西部建设问题、农村医疗问题、增加农业投入问题等。关于农民工问题，开始解决的是遣返问题，后来解决的是拖欠农民工工资问题，之后又解决了加入工会的问题、社会保障问题，等等。2006年1月，国务院出台了《关于解决农民工问题的若干意见》。当然这些问题还没有彻底解决，但都在朝着积极的方向发展。

又如，免除农业税的问题。2005年就有28个省免去了农业税，2006年全部免除。我们到基层去调查，农民说“皇粮国税”是历朝历代都要交的，免了农业税是共产党做的开天辟地的一件大好事。农民说，现在乡村干部再也没有借口到家里来收费了，这一下完全改变了干群关系，特别是改变了党群关系。这与其说主要是经济效果，还不如说是政治效果，农村老百姓都拍手称快。

当然，现在“三农”问题特别是农民问题还十分严峻，主要表现在以下两个方面。一是农民太多。世界上的工业化国家在工业化和城市化过程中，农业劳动力减少，农民减少。但在我国，从1952年到2006年，工业化经历了50多年，中国变成工业大国了，农民反而越来越多，13亿人口中有9亿多农民，这是一个大问题。二是农民太穷。这是相对于城市居民而言的。2005年城市居民收入增长9.6%，农民收入增长6.2%，可见差距还是很大的。

二元经济结构仍然困扰着“三农”工作

记者：的确，现在农民不仅多而且穷，所以中央提出新农村建设就显得更为必要。您认为，解决“三农”问题的核心在哪里？怎样才能彻底解决这些问题？

陆学艺：我认为，“三农”问题的关键是要改革现在的城乡二元结构体制。农民早就盼望发展致富了，但是由于目前仍实行“城乡分治，一国两策”的城乡经济社会二元结构体制，农民想发展致富也很难。

有位学者总结说：在城乡二元结构条件下，“人不能往高处走，水不能往低处流”。所谓“水不能往低处流”，就是资金、技术、精神文明等流不到农村；所谓“人不能往高处走”，则是农村人不能进城来，不能享受同等的国民待遇。农民工进城来，孩子不要说上幼儿园、托儿所——那都太奢侈了，上个小学都没办法，当公务员也没有办法，农民没有办法变成市民。这就是城乡二元体制造成的。我认为，他的说法很有道理。“人不能往高处走”，农民不能进城变为市民，9亿多农民就困在这10多亿亩土地上，新农村建设肯定难以做好；“水不能往低处流”，工业反哺不到农业，城市支持不到农村，靠农村本身建设新农村，也是建不起来的。

建设社会主义新农村，就要对城乡二元结构进行改革，把农民从计划经济体制下形成的种种束缚中解放出来。这里最关键的是户籍制度问题。虽然现在允许农民流动，但身份不能流动。农民工在城里的一个单位干得再好，最终也要回原居住地生活，这样就带来了一系列的问题，如子女上学、社会保障等问题。

记者：看来，新农村建设还必须通盘来考虑。光是农村建设农村，恐怕还不行。

陆学艺：党的十六大提出，要统筹城乡关系，这也是新农村建设的基本原则。“三农”问题的解决，要通过工业化、城市化的发展，把农村的绝大部分农业人口逐步转变为二、三产业的劳动者，转变为城市居民。农民减少了，规模经营的农业才能搞，农业产业化才能实现，农民才能富裕起来，农村才能建设好。建设社会主义新农村，一定要统筹城乡经济社会发展，通过工业化、城市化的健康发展，真正实现“以工促农，以城带乡”的方针，实现城乡同发展、共繁荣。所以说，建设社会主义新农村，是国家整个工业化、城市化的一个重要组成部分。

新农村建设要让农民当家作主

记者： 新农村建设经过一年的实践，取得了不少成绩，但我们从媒体上看到，也出现了一些值得注意的问题。比如，有的地方把新农村建设简单地等同于村庄建设、新房建设；有的地方急于求成，脱离农村实际，超越发展水平，把新农村建设作为短期工作目标来要求和部署等。您认为，出现这些问题的原因是什么？

陆学艺： 的确，这种现象比较严重。中央提出新农村建设后，各地纷纷做起来，有些地方做得很不错，但有些地方搞了一些“形象工程”。在一些地方，一些干部为了表现他们的政绩，建造大广场、大马路，有的地方甚至迁村、拆房，占用农民的土地。有人气愤地说，这不是“新农村建设”，而是“新农村建筑”。这种做法肯定不符合农民的利益和愿望。所以，我的看法是，新农村建设要让农民当家作主。少数干部搞一些“形象工程”，正是非农民在为农民当家作主。新农村建设本来是符合农民愿望的，但是在现在这种二元结构的体制下，往往做了一些不符合农民愿望的事。

记者： 近来以新农村建设的名义占用农民耕地的现象，引起了人们的注意。的确，免除农业税后，土地成了农村的焦点问题。您能谈谈土地保护的关键是什么？

陆学艺： 我们在农村搞了个家庭联产承包责任制，但我认为，这个制度目前还不完善，还需改革。当前维护农民利益的关键在于土地制度。土地制度不改，农民的土地很难保住。土地是农民的根，是农民最基本的生产资料。所以，在土地问题上，中央政府和农民站在一起，要保护农民的命根子，如果把保护土地的权利交给农民，就能保护起来。

记者： 您曾经提出，新农村建设，关键是要充分调动农民的积极性，那么具体来说，需要给农民哪些权利？哪些问题是您最担忧的？

陆学艺： 建设社会主义新农村的主体是农民，“三农”问题的核心是要解决好农民问题。所以，只有通过改革把广大农民建设新农村的积极性调动起来了，农民自觉地参加了，新农村建设才能成功。所以，建设社会主义新农村要让农民做主，要给农民以自主权。

回顾历史，新中国成立 57 年以来，凡是农民拥护的事情，都会成功，因为这些事情调动了农民的积极性。土地改革、家庭联产承包责任制、税费改革等，农民要干的事都干成了。凡是损害农民利益的事情，怎么推也没用，肯定要失败。如果我们不通过改革，把农民的积极性调动起来，让农民当家作主来搞社会主义新农村建设，那么我觉得它就会变成口号，甚至会引发一些问题。我认为，在新农村建设中，最需要给农民的权力就是自主权。

打造农村发展第三个“黄金时代”的建议书*

读到河南信阳市委书记王铁的新著《浪激村潮——中国新农村建设十大问题探究》，不由得想起一件往事。1982年，我出版关于包产到户的调查研究论文集的时候，请当时在中央政策研究室工作的吴象同志作序。他在序言中说：“国务院副总理姚依林最近在一次会议上指出：从1979年到1981年，我国农业总产值增长18%，平均每个农民的收入增长66%，这是我们国家农业发展的黄金时代。”甘肃人民出版社出书的时候，编者就把书名定为《农业发展的黄金时代》。近几年，我到各地农村去调查，听老农民、老村干部口述历史，从东到西、由南到北有一个共同的结论：新中国成立以来，农村发展有两段是最好的，一是1949～1955年，二是1978～1984年。回忆起这两段历史，老农们总是满怀深情，滔滔不绝。

考诸文献可知：他们的说法是真实的。新中国成立57年来，只有这两个6年，粮食、棉花、农业总产值和农民收入是逐年增产、增长的。1949～1955年，粮食总产平均每年递增8.4%，棉花总产平均每年递增22.7%，农业总产值平均每年递增9.9%；1978～1984年，粮食总产平均每年递增4.95%，棉花总产平均每年递增19.3%，农业总产值平均每年递增15.7%，农民人均纯收入平均每年递增17.7%。[①] 其余45个年份，这样连续增产增收的都没有超过[②]三年的。

---

* 本文原载《农民日报》2007年3月14日第5版。原稿写于2007年2月2日，系陆学艺为王铁《浪激村潮——中国新农村建设十大问题探究》一书所撰写的书评，《人民日报》2007年3月30日第9版转摘了该书评，题为“再造农业发展黄金期——〈浪激村潮——中国新农村建设十大问题探究〉简评”。——编者注

① 国家统计局编《中国统计年鉴·1985》，北京：中国统计出版社，1985，第24页；国家统计局编《中国统计年鉴·1989》，北京：中国统计出版社，1989，第198～199、742页。

② 《农民日报》文此处有“这”字，语焉不详，应为打印错误。现根据作者手稿删除。——编者注

党的十六大以来，党中央把“三农”工作作为重中之重，特别是2004年初以来，国家提出了“多予、少取、放活”的方针，明确指出已到了以工促农、以城带乡的发展阶段，出台了如增加对农业的投入、减免农业税、给种粮农民直补、给予良种和购买农机具补贴、在农村重建合作医疗体系、设立农村最低保障等惠农新政策。从2004年以来，粮食、农业增加值、农民人均纯收入等已经连续三年增产增收。

2005年，党的十六届五中全会做出了建设社会主义新农村的重大战略决策，为今后农村的经济、政治、文化和社会发展指明了方向，现在全国各地的新农村建设正在蓬勃发展。农业增产，农民增收，政治稳定，社会事业发展，一些重点、难点问题正在逐步解决，形势很好。第三个农村发展的“黄金时代”正在到来。从发展趋势看，这个“黄金时代”的内涵会更宽更好，持续的时间会更长。

社会主义新农村建设是一项关系亿万农民切身利益的系统工程，“生产发展、生活富裕、乡风文明、村容整洁、管理民主”的方针已经定了，关键的问题是如何具体地贯彻落实。可喜的是，为了实现这一宏大的历史任务，各地的干部和群众都在从理论上和实践中加以探索。王铁同志根据党中央关于社会主义新农村建设的精神，结合长期在农村工作的实践和思考①，写出了《浪激村潮——中国新农村建设十大问题探究》一书，围绕新农村建设的“20字方针”，对新农村建设必须着力解决的产业、规划、土地、环境、组织建设、政策扶持等，进行了深入、系统的探讨，描绘了当前农村发展的现状，阐述了农村发展的政策。可以认为，这是一本关于打造农村发展第三个“黄金时代”的建议书。

《浪激村潮——中国新农村建设十大问题探究》的作者在总论和后记中都明确指出：“新农村建设是中国农村变革的第三次浪潮。第一次浪潮是上世纪50年代初开展的土地改革，解决了中国农民‘耕者有其田’的问题；第二次浪潮是上世纪70年代末80年代初开展的家庭联产承包，基本上解决了广大农民的温饱问题，我国整体上实现了初级形态的小康目标。在新农村建设的第三次浪潮下，我们党带领广大农民全面建设更高水平的小康社会，中国农村发展必将驶上快车道。”② 应该说，该书的定位是正确的，新

① 《农民日报》原文为“思索”字，现根据作者手稿校正。——编者注

② 王铁：《浪激村潮——中国新农村建设十大问题探究》，郑州：河南人民出版社，2006年5月，第1页。

农村建设，就是打造第三个农村发展的“黄金时代”。亿万农民早就企盼这个“黄金时代”的来临，党和国家也需要通过新农村建设使“三农”问题得到解决，更好地推进中国特色社会主义现代化事业。

《浪激村潮——中国新农村建设十大问题探究》一书论述的产业发展、村镇规划、土地调整、环境建设、人口压力、文化教育、医疗卫生、组织建设和政策扶持等问题，都是当前新农村建设中需要解决好的重要问题。作者根据河南信阳的实践，以全国各地正在开展的新农村建设为背景，以新农村建设的组织者、实践者的视角，对这些重要问题作了深入的探索和阐述。因为作者有实践心得，又掌握了大量的资料，视野宽广，信息量大，有理有据，很有说服力，所以提出的政策建议也有较强的针对性和可操作性。值得指出的是，《浪激村潮——中国新农村建设十大问题探究》的第十章，作者收集了全国新农村建设成功的 30 个典型村镇的资料，区分为资源开发型、村企合一型、生态庄园型、文化旅游型、农业产业型和三产主导型等八种模式，做了简明的描绘和介绍。这既说明新农村建设有极其深厚的群众基础，广大干部和农民有无限的创新精神，已经创造了多种形式的成功典型，也从另一个侧面论述了前面讲到的那些重大问题是可以解决好的。某一个村镇重点解决好其中的一个或几个问题，就可以使本村、本镇工作大大向前推进，并取得突破性的进展。榜样的力量是无穷的。

总体说来，《浪激村潮——中国新农村建设十大问题探究》是一本理论和实践相结合、史论结合，探讨新农村建设实践的一本好书。作者对社会主义新农村建设提出了一系列很有价值、很有启发意义的新思路、新观点，对各地正在开展的新农村建设很有借鉴意义，我称之为一份打造农村发展第三个“黄金时代”的建议书，值得一读。我也希望有更多在新农村建设一线工作的同志和理论工作者，多写这样的好书，为实现社会主义新农村建设这一重大的历史任务出谋划策、作出贡献。

为新农村建设提供精神食粮和智力支持*

党的十六大以来，党中央提出了科学发展观、构建社会主义和谐社会两大战略思想，这是指引我们在新世纪新阶段继续推进改革开放、积极推动经济发展和社会全面进步、建设中国特色社会主义现代化事业的总方针。党的十六届五中全会提出了推进社会主义新农村建设的重大历史任务，这是贯彻落实两大战略思想的体现。从国家当前面临的经济社会形势全局看，我国的经济建设和工业化、城市化发展已经取得了举世瞩目的巨大成就，相比之下，我国的农业还比较脆弱，农村还比较落后，农民还比较贫苦，所以在“十一五”及今后一个相当长的时期内解决好“三农”问题，仍然是我们工作的重中之重。好在经过多年的努力，我们现在已经创造了解决好“三农”问题的条件。胡锦涛同志指出：“现在总体上已到了以工促农、以城带乡的发展阶段。我们应当顺应这一趋势，更加自觉地调整国民收入分配格局，更加积极地支持‘三农’发展。”① 胡锦涛同志的这个判断是完全正确的，提出的方针也是完全正确的。近几年，各级党和政府以及相关部门执行了这个方针，采取了多项支农惠农政策，增加了对“三农”的投入，减免了农业税，给粮食直接补贴，大力发展农村的教育、科技、医疗卫生等社会事业，建立农村最低生活保障制度，等等，已经收到了立竿见影的成效。最近三年，是新中国成立以来农业农村发展形势最好、农民得到实惠最多的时期之一。但是，我们也应该看到，我国的农业和农村结构已经进入要进行战略性调整的重要阶段，面对农村经济社会正在发生的急

---

* 本文源自《“三农”续论：当代中国农业、农村、农民问题研究》（陆学艺著，重庆：重庆出版社，2013 年 5 月），第 166 ~ 168 页。原稿写于 2007 年 4 月 5 日，系陆学艺为由其担任总主编的重庆出版社出版的“新时代新农村建设书系”撰写的总序。——编者注

① 转引自王伟光主编《建设社会主义新农村的理论与实践》，北京：中共中央党校出版社，2006 年 2 月，第 38 页。

剧深刻的变化，农业、农村发展面临的种种矛盾和挑战，要解决的问题千头万绪，需要党和政府的各级干部、各行各业的同志们以及各界人士都来关注“三农”“研究三农”，支持“三农”，为解决好“三农”问题出谋划策，贡献力量，把社会主义新农村建设好，这既是9亿多农民的殷切期盼，也是21世纪中国在世界崛起的最重要的基础和力量源泉。

重庆出版社的领导和同志们，正是认识到党中央提出推进社会主义新农村建设战略的重要意义，心系“三农”，经过酝酿，决定策划组织出版一套“新时期新农村建设书系”，为推进社会主义新农村建设、为广大农村干部和农民提供丰富的精神食粮和强大的智力支持，我认为这是一件很有意义的、很值得支持的好事。

“新时代新农村建设书系”按照中央提出的“生产发展、生活宽裕、乡风文明、村容整洁、管理民主”的建设社会主义新农村的目标要求组织编写，内容涵盖农村政治、经济、文化、社会建设与管理和农业科技等方面，分为社会主义新农村建设理论探索、劳动经济技能培训、新型农民科技培训与自学、生态家园建设、乡村文化与娱乐、民主与法制、健康进农家等系列，每个系列由几套小丛书组成，从2007年起陆续出版。它旨在帮助县（市）乡（镇）各级干部更新观念、拓展思路，提高建设社会主义新农村的理论水平和决策能力；帮助广大在乡务农农民和进城务工农民掌握先进适用的技术，增加经济收入，提高科学文化素质、致富能力和生活质量，造就有文化、懂科技、会经营的新型农民，为加快农村全面小康和现代化建设步伐作出应有的贡献。

这套书系有三个主要的特点：一是理论密切联系实际，紧扣新农村建设中的热点和难点问题，具有创新性和启发性；二是面向现代农业和国内外大市场，介绍新观念、新知识和新技术，具有先进性、实用性和可操作性；三是门类多样，形式活泼，通俗易懂，图文并茂，具有可读性。我认为从理论与实践的结合上、从读者的阅读需求上做这样的设计安排是比较合乎实际的。

建设社会主义新农村是一项长期而艰巨的任务，前进道路上要解决的问题还很多，因此，加强对社会主义新农村建设的理论研究十分重要。比如，现代农业建设、农村综合改革、农业土地产权制度改革、农村金融改革、农业科技创新与转化、农民专业合作经济组织建设、贫困山区的脱贫致富、农村生态环境建设、农村民主政治建设等若干重大的理论问题和实践问题都有待进一步深入研究。同时，及时总结新农村建设中的经验教训，积极探寻新农村建设的各种模式，以及弄清城镇化与新农村建设、全球化与新农村建设、工业化与新农村建设之间的关系，都是很有必要的。

农民是建设新农村的主体。他们对享受丰富多彩的精神文化生活，掌握先进的科学技术，建设幸福美好的家园有着强烈的渴求。本书系如能为满足农民朋友的这些需求贡献涓滴力量，当是编委、作者和出版者都感到欣慰的事。

我殷切地期望本书系的出版能受到从事新农村建设的广大农民朋友和农村基层干部的欢迎，对推进新农村建设的政府部门领导干部、从事“三农”问题研究的学者和关心新农村建设的社会各界人士也有所启发，在推进社会主义新农村建设中发挥积极的作用。希望大家多提宝贵意见，并惠赐佳作。